博士论文
出版项目

罗马波斯战争研究
（公元前66年至公元628年）

A Study of Roman-Persian Wars（66BC-628AD）

龙　沛　著

中国社会科学出版社

图书在版编目（CIP）数据

罗马波斯战争研究：公元前66年至公元628年／龙沛著 . —北京：中国社会科学
出版社，2024.3（2025.1重印）
ISBN 978 - 7 - 5227 - 3040 - 0

Ⅰ.①罗…　Ⅱ.①龙…　Ⅲ.①战争史—研究—世界—公元前66 - 公元628
Ⅳ.①E192

中国国家版本馆 CIP 数据核字（2024）第 044301 号

出 版 人　赵剑英
责任编辑　安　芳
特约编辑　刘中平
责任校对　张爱华
责任印制　李寡寡

出　　　版　中国社会科学出版社
社　　　址　北京鼓楼西大街甲 158 号
邮　　　编　100720
网　　　址　http://www.csspw.cn
发 行 部　010 - 84083685
门 市 部　010 - 84029450
经　　　销　新华书店及其他书店

印　　　刷　北京君升印刷有限公司
装　　　订　廊坊市广阳区广增装订厂
版　　　次　2024 年 3 月第 1 版
印　　　次　2025 年 1 月第 2 次印刷

开　　　本　710×1000　1/16
印　　　张　31.5
字　　　数　443 千字
定　　　价　168.00 元

出 版 说 明

　　为进一步加大对哲学社会科学领域青年人才扶持力度，促进优秀青年学者更快更好成长，国家社科基金 2019 年起设立博士论文出版项目，重点资助学术基础扎实、具有创新意识和发展潜力的青年学者。每年评选一次。2022 年经组织申报、专家评审、社会公示，评选出第四批博士论文项目。按照"统一标识、统一封面、统一版式、统一标准"的总体要求，现予出版，以飨读者。

全国哲学社会科学工作办公室

2023 年

帝国之战与文明冲突

——《罗马波斯战争研究（公元前66年至公元628年）》序

龙沛博士的博士论文《罗马波斯战争研究（公元前66年至公元628年）》即将出版，特此作序。

这篇博士论文以中东和地中海地区的两大帝国——罗马和波斯历经几个王朝（晚期罗马共和国—罗马帝国—拜占庭帝国 vs 帕提亚—萨珊帝国）、接近7个世纪（公元前66年至公元628年）的空前大战为主题，根据丰富的历史资料，深刻分析了堪称世纪大变局的这一时期中东—地中海地区政治、军事、经济、社会、民族、宗教、文化和国际关系的互动变化，涉及欧洲、西亚、北非、中亚、南亚、东亚多个区域和国际关系、文明研究等多个研究领域与理论，展现出宏大的研究视野、系统的综合分析能力和缜密的逻辑思维。

本书的核心是战争，而战争是中东古往今来挥之不去的永恒的历史特色。众所周知，中东是"三洲五海"（五海即地中海、黑海、里海、阿拉伯海和红海）之地、陆上和海上连接亚非欧三大洲的地理要冲。由此，自古以来中东就是民族迁徙、商旅往来的要道、兵家必争之地。就军事征战而言，中东王朝的用兵主要有三个目标：领土和地缘优势，财富，威望。领土意味着农田、城市和人口，因此版图的扩大势必增加一国相对于邻国的实力；同时，领土的扩大也使得一国获得更多的战略要地，从而增加自身的地缘优势。财富在这里主要涉及由重要的交通区位形成的海陆商路，因为有关国家的政府可以通过对过往商旅、船队的征税充盈国库，同时获得重要的战略物资（制造兵器的铜、锌、铁和马匹等）。威望则是一国之君震慑邻国君主和本国贵族、维护个人统治所需要的。

古人云："国之大事，在祀与戎。"可见，战争对一国之君具有强烈的吸引力，而战争的规模则受制于国家的版图和性质。一般而论，古代国家的结构经历了从城邦到王国、帝国的演变，这种演变不但表明国家版图的扩大，而且显示出国家的政治、军事、经济体制和主体民族地位的深刻变化。仅就民族问题而言，城邦和王国的民族构成是相对单一的，而帝国必然存在着多民族的结构，从而蕴含着治理的复杂和稳定性的缺失。再就战争的组织来看，国家规模的扩大势必与军队规模的扩大和组织的复杂程度成正比。在中东，随着历史进入王国和帝国时代，以早期文明的发祥地为中心形成了西亚和北非的两大政治中心两河流域和埃及的国家——阿卡德、古巴比伦、亚述、新巴比伦、埃及古王国、埃及新王国，再其后是伊朗高原的国家——埃兰、米底和波斯及小亚细亚的赫梯。上述国家轮番成为中东的霸主，多数地区战争均在它们之间爆发，而最主要的战场也位于它们之间，即新月地带（包括大叙利亚和两河流域），如亚述与新埃及王国、托勒密王朝与塞琉古王朝之间的叙利亚战争。从公元前6世纪开始，中东和地中海地区连续出现了多个横跨亚非欧、幅员辽阔的帝国，日本学者谢世辉称其为"大帝国"，包括波斯帝国、亚历山大帝国和罗马帝国。[①] 比较而言，这种超级帝国无一例外地形成于领土辽阔、人口和资源更为丰富的西亚和南欧，而东北非的埃及受地理环境和领土、人口的局限而难以与它们抗衡，甚至在上古后期沦为它们的一个省份。

大帝国的兴起揭开了中东政治、军事史册新的一页。幅员的空

---

① ［日］谢世辉：《世界历史的变革——向欧洲中心论挑战》，蒋立峰译，人民出版社1989年版。

前辽阔、强大的中央集权国家、雄厚的财力、空前的社会动员能力、有效的宗教—文化支撑、良好的基础设施、① 组成复杂而战斗力强的军队，② 所有这些意味着战争同时具有了大幅度超越往昔的地理空间、参与民族和激烈程度。罗马波斯战争就是在这一历史背景下展开的世纪大战，虽然主要交战国只有两个，但这场系列战争却"成为古代持续时间最长、波及地域最广、涉及国家和族群最多的战争"③，其波及范围和影响几乎辐射到了整个亚欧大陆。

罗马波斯战争不仅仅是两个帝国、两支军队之间的鏖战，而且是双方政治、军事、经济、意识形态、文化之间的全面对抗，是古代世界上演的第一幕东西方大对决。就经济而论，它是两大帝国为瓜分丝绸之路创造的巨大利润的生死之战。中东作为东西方之间重要的贸易通道，自远古以来就逐渐形成了多条闻名遐迩的贸易路线，如从小亚到波斯的"黑曜石之路"和从阿富汗经波斯和两河流域延伸到地中海沿岸的"青金石之路"、纵贯阿拉伯半岛的"香料之路"，上述早期贸易路线的开辟为后来的丝绸之路奠定了基础，后者的标志便是公元前126年西汉的张骞通西域，而波斯是丝绸之路上极为重要的贸易中转站。精于此道的波斯人从过境贸易中赚得盆满钵盈，而丝路西端的罗马则因此饱受物价高昂、金银外流之苦，这是形成双方军事对抗、建立各自的联盟体系的重要原因（如拜占庭与控制草原丝路的突厥人形成对付波斯的联盟）。

罗马波斯战争还有重要的意识形态和文化背景。罗马在内部社会经济变动和观念变迁的基础上，形成了境内东西方的各种宗教流派交互影响，最终促成基督教的流行及取代罗马国教成为官方正统宗教的局面。其实，基督教形成的背景是中东的希腊化及东

---

① 两大帝国均拥有贯穿本土的庞大的驿道系统，即所谓的"条条大路通罗马"。

② 参见拙文《关于上古中东帝国的几个问题》，《西北大学学报》2000年第4期。

③ 龙沛：《罗马波斯战争研究（66BC－628AD）》，博士学位论文，西北大学，2021年，第Ⅰ页。

西方的宗教碰撞融合，而这一新宗教同时吸收了东方的犹太、波斯、埃及的宗教元素和西方的希腊文化，从而为其在欧洲的正统地位的确立奠定了基础。而且，追根溯源，基督教是从犹太教发源的，是对罗马政府压制犹太人的某种抵抗，因此，基督教在罗马的国教化颇具讽刺意义。但犹太人依然有部分人坚守犹太教的信仰，后者所具有的完全的一神论和反偶像崇拜的特征充分体现出不同于欧洲的中东宗教的本色，而波斯官方的宗教祆教也具有反偶像崇拜的特点。如果说罗马波斯战争在政治和军事上的较量主要体现在物的方面，拥有明确的战线，而双方的意识形态和文化较量则更加抽象，并且深入对手的国境，如作为罗马臣民的犹太人的反叛。然而，两大帝国的文化对抗不仅仅表现在祆教、犹太教与基督教的对立上，它同时无情地渗入基督教本身，体现在欧洲的正统基督教与中东的地方"异端"的矛盾上。如上所述，基督教的最终官方教义明显地渗透着希腊宗教文化的元素，其突出表现是不彻底的一神论和反偶像崇拜，即"三位一体"理论和教堂中随处可见的玛丽亚、耶稣及天使形象。因此，中东的一神论传统孕育出了阿里乌派、阿波利拿里派、聂斯脱利派、一性论派和一志论派等所谓地方"异端"，而这些异端理所当然地受到拜占庭当局的排斥。其中，被驱逐到波斯的聂斯脱利派因此得到萨珊政府的保护，其地位甚至超过了祆教。总之，罗马波斯战争中的意识形态战线可以说是错综复杂，变幻莫测。

正如本书最后分析的，罗马波斯战争的长期影响在于其削弱了两大帝国及其联盟体系，破坏了中东固有的贸易路线，为阿拉伯半岛部落社会的崛起提供了重大的历史机遇。阿拉伯穆斯林大军以摧枯拉朽之势，横扫两大帝国的国家机器，在西亚北非的辽阔领土上建立了一个空前未有的大帝国。基于中东的文化传统、同时部分吸收了希腊文化的伊斯兰教随之兴起，基督教的地盘大大萎缩，而祆教随着萨珊国家的解体和宗教精英的外逃而最终灭亡。中东的历史由此进入了中古时代，两大帝国的废墟（虽然拜占庭帝国尚未崩溃）

为伊斯兰文明的崛起提供了肥沃的土壤。

　　是为序。

黄民兴

2023 年 7 月 22 日

摘　　要

　　公元前 66 年至公元 628 年间，以地中海盆地为核心的罗马—拜占庭帝国与以伊朗高原及美索不达米亚平原为核心的帕提亚—萨珊帝国之间发生了一系列周期性相互攻伐，即所谓的"罗马波斯战争"。罗马波斯战争从广义上延伸，可以指公元前 1 世纪至公元 7 世纪期间罗马人（晚期罗马共和国、罗马帝国和早期拜占庭帝国）与波斯人（帕提亚帝国和萨珊帝国）为争夺西亚地区进行的长达近 7 个世纪的政治、军事、宗教和文化较量。双方交往的方式以战争为主，但战争背后牵涉东西方两大文明之间在各个领域和层次的全方位对抗。从欧亚草原游牧民族到高加索和阿拉伯沙漠诸王国、部落乃至非洲诸王国，两大帝国内外众多国家和族群在不同程度上参与罗马波斯战争，罗马波斯战争的行为体数量和交往复杂性远远超出罗马和波斯两大帝国本身。罗马波斯战争贯穿双方国家地缘安全战略、宗教意识形态、经济贸易利益、文化同化与抗拒的全方位博弈。罗马波斯战争成为古代持续时间最长、波及地域最广、涉及国家和族群最多的战争，造成了极为深远的历史影响。

　　从宏观历史背景和古代地中海—西亚文明圈的交往发展趋势来看，罗马波斯战争是古典时代后期罗马人和波斯人在西亚和东地中海地区双向对冲扩张的结果。罗马、波斯双方均渴望完全继承亚历山大大帝留下的希腊化世界遗产，尤其是塞琉古王朝在西亚的政治遗产，因而双方冲突不可避免。塞琉古王朝作为希腊化世界疆域最辽阔的国家，其鼎盛时期将整个西亚地区和中亚一部分囊括其中，塞琉古帝国的疆域构成了亚历山大大帝希腊化遗产中最大的一部分，也继承了原波斯阿契美尼德王朝的大部分亚洲疆土。因此，罗马人和帕提亚人都把征服塞琉古王朝的西亚属地作为复兴亚历山大帝国和波斯帝国的必要手段。塞琉古王朝在两河流域和叙利亚地区大力经营，客观上为后来罗马人和帕提亚人在西亚地区的统治奠定了政治和经济基础。帕提亚帝国在塞琉古王朝东都塞琉西亚对岸营建新都泰西封，并与萨珊帝国接续统治 600 余年。罗马—拜占庭帝国则将塞琉古王朝故都——叙利亚的安条克作为其在东方的统治中心。因此，罗马波斯战争首先是双方争夺并维护塞琉古王朝西亚遗产的战争，塞琉古王朝也正是在罗马和帕提亚的东西夹击下走向衰亡。罗马和帕提亚在西亚和东地中海的扩张于公元前 2 世纪初开始，历时百余年，至公元前 1 世纪中叶双方在西亚正式接触。

通过对东地中海和西亚地区的双向扩张，罗马共和国和帕提亚帝国最终将亚历山大大帝留下的希腊化世界基本瓜分完毕。最终罗马共和国控制小亚细亚、黎凡特和埃及，而帕提亚帝国控制两河流域和伊朗高原地区，近东地区形成罗马—帕提亚两极格局。此时双方若要继续原先的扩张方向，就必然与对方爆发冲突，这便是持续600 余年的罗马波斯战争的开始。罗马波斯战争总体根源为双方对西亚和东地中海地区霸权的争夺，但双方各自在不同时期的战略态势、文化秉性、意识形态和国家实力决定了双方在战争中战略目标、战术手段及交往方式的不同，但总体上具有连续性和继承性。罗马波斯战争既具有长时段、高烈度和长周期的特点，又具有间歇性、突发性和妥协性特征。双方长达近 7 个世纪的较量对两大帝国内外各民族而言既是机遇也是挑战。欧亚草原和沙漠游牧部落通过深度参与罗马波斯战争加快了其文明化进程，并最终改写西亚和地中海地区文明秩序。但两国交界处的高加索和西亚诸小国由于处于两大帝国夹缝中均未逃脱被肢解和灭亡的命运。罗马波斯战争对两大帝国本身既是双方国运的生死较量，又是统治者个人野心和帝国理想的主观驱动。在罗马波斯战争期间，两国由于综合国力大体势均力敌且理想战略纵深重合，罗马与波斯任何一方建立绝对安全疆界的努力均从根本上损害对方的安全，导致双方在西亚长期形成二元对抗僵局和两极安全困境。

罗马波斯战争作为古代世界旷日持久、勾连东西的文明大战，对现代西方和东方文明对彼此的历史认知产生了许多潜在的深刻影响。在文明理想和统治者意志层面上，罗马人恢复亚历山大大帝事业的理想和波斯人恢复居鲁士大帝事业的宏愿在西亚和东地中海地区形成战略对冲，双方均不具备凌驾于对方的绝对政治和军事优势，仅在不同时期先后占据相对优势。双方综合国力对比在 7 个世纪内经历了此消彼长的复杂变化，但总体在西亚和东地中海保持战略均势，双方对对方领土的征服成果均不能持久。罗马波斯战争后期，随着两大帝国交界处的缓冲国和附庸国相继被瓜分和吞并（亚美尼亚、加萨尼和莱赫米王国等），两国战争烈度在 7 世纪初达到最高峰，且均一度将对方逼至绝境。与此同时，阿拉伯沙漠各部落由于长期参与罗马波斯战争，其政治组织、军事技术和文明程度迅速提高，终于在各种内外因素的催化下诞生了中东地区最后一个一神教——伊斯兰教和阿拉伯人统一国家——麦地那乌玛政权。罗马人和波斯人在 7 世纪初的生死大战之后国家实力消耗殆尽，而西亚和东地中海地区因长期处于战争前线经济凋敝、民怨沸腾，两国在阿拉伯沙漠边缘构建的附庸国体系也于此时彻底瓦解，遂使得阿拉伯人大征服的门户洞开。罗马波斯战争是希腊罗马文明和波斯文明在古代的终极对决，见证了古代世界帝国的发展极限。罗马波斯战争和欧洲民族大迁徙、阿拉伯—伊斯兰文明兴起等重大历史事件相互影响，最终导致了古典时代的结束和中世纪的到来。

关键词：罗马波斯战争，地缘政治，国际体系，文明交往

Abstract

Between 66 BC and 628 AD, a series of periodic interactions oc-
curred between the Roman-Byzantine Empire with the Mediterranean Basin
as the core and the Parthian-Sassanian Empire with the Iranian Plateau and
Mesopotamia Plain as the core. This is the so-called "Roman-Persian
Wars". The Roman-Persian Wars extends in a broad sense. It can refer
to the competition between the Romans (late Roman Republic, Roman
Empire, and early Byzantine Empire) and Persians (Parthian Empire and
Sassanian Empire) between the 1st century BC and the 7th century AD
Political, military, religious and cultural contests that lasted for seven
centuries. The method of communication between the two sides is mainly
through wars, but behind the wars involves all-round confrontation be-
tween the two major civilizations of the East and the West in various fields
and levels. From the Eurasian steppe nomads to the Caucasian and Arabi-
an desert kingdoms, tribes and even the African kingdoms, many coun-
tries and ethnic groups participated in the Roman-Persian Wars to varying
degrees. The number of actors in the Roman-Persian War and the com-
plexity of their exchanges were far Beyond the two empires of Rome and
Persia. The Roman-Persian War runs through the all-round game of geo-
security strategy, religious ideology, economic and trade interests, cul-
tural assimilation and resistance of both countries. The Roman-Persian
War became the war that lasted the longest in ancient times, affected the

widest area, and involved the most countries and ethnic groups in Western Eurasia, and had a profound historical impact.

Judging from the macro-historical background and the development trend of the ancient Mediterranean-Western Asian civilization circle, the Roman-Persian Wars was the result of the two-way hedging and expansion of the Romans and Persians in West Asia and the Eastern Mediterranean in the late classical era. Both Romans and Persias aspire to fully inherit the Hellenistic world heritage left by Alexander the Great, especially the political heritage of the Seleucid dynasty in West Asia, so conflicts between the two sides are inevitable. As the largest country in the Hellenistic world, the Seleucid dynasty included almostly the entire West Asia region and a part of Central Asia in its heyday. The territory of the Seleucid empire constituted the largest part of Alexander the Great's Hellenistic heritage and inherited most of the Asian territory of the Achaemenid dynasty of Persia. Therefore, both the Romans and Parthians regarded the conquest of the West Asian territories of the Seleucid dynasty as a necessary means to revive the Alexander and Persian empires. The Seleucid dynasty operated vigorously in Mesopotamia and Syria, and objectively laid the political and economic foundation for the Romans and Parthians to rule in West Asia. The Parthian Empire built the new capital Ctesiphon on the opposite bank of Seleucia on the Tigris, the eastern capital of the Seleucid Empire, and was continued by the Sasanian Empire for more than 600 years. The Roman-Byzantine Empire took Antioch, the former capital of the Seleucid dynasty, as its center of rule in the Near East. Therefore, the Roman-Persian War was first of all a war between the two sides to fight for and maintain the Seleucid dynasty's West Asian heritage. The Seleucid dynasty also fell into decline under the influence of Rome and Parthia. The expansion of Rome and Parthia in West Asia and the Eastern Mediterranean began at the beginning of the second century BC and lasted more than a hundred years. By the middle of the first century BC, the two sides officially contacted in West Asia.

Through the two-way expansion in the Eastern Mediterranean and West Asia Region, the Roman Republic and the Parthian Empire finally divided the Hellenistic world left by Alexander the Great. Eventually, the Roman Republic controlled Asia Minor, the Levant and Egypt, while the Parthian Empire controlled the Mesopotamia and the Iranian plateau. The Near East formed a Roman-Parthian polar pattern. At this time, if the two sides want to continue their original expansion direction, conflicts will inevitably break out with each other. This is the beginning of the Roman-Persian Wars that lasted more than six hundred years. The root cause of the Roman-Persian Wars was the two sides' struggle for hegemony in West Asia and the Eastern Mediterranean. However, the strategic posture, cultural characteristics, ideology, and national strength of the two sides in different periods determined the strategic objectives, tactics and methods of communication between the two sides. The Roman-Persian War not only had the characteristics of long duration, high intensity and long period, but also intermittent, sudden and compromise characteristics. The 7-century contest between the two empires is both an opportunity and a challenge for the two emperors and nationalities at home and abroad. Eurasian steppe and desert nomadic tribes accelerated their civilization process through deep participation in the Roman-Persian Wars, and eventually rewritten the civilized order of West Asia and the Mediterranean. However, the small countries of the Caucasus and West Asia at the border of the two countries have not escaped the fate of being dismembered and destroyed because they are in the cracks between the two empires. The Roman-Persian War against the two empires itself was not only a life-and-death contest between the two empires, but also a subjective drive for the rulers' personal ambitions and imperial ideals. During the Roman-Persian War, the two countries were generally evenly matched in their overall national strength and their ideal strategies overlapped deeply. The efforts of either side of Rome and Persia to establish an absolute security boundary fundamentally compromised the security of each other, leading to a long-term dual confrontation deadlock in West Asia.

The Roman-Persian Wars, as a long-lasting civilization wars in the ancient world between the East and the West, had many potential and profound effects on the modern Western and Eastern civilizations' historical understanding of each other. At the level of civilization ideals and rulers' will, the Romans' ideals of restoring the empire of Alexander the Great and the Persians' ambitions of restoring the empire of Cyrus the Great formed a strategic hedging in West Asia and the Eastern Mediterranean. Neither party has absolute political peace over the other. Military superiority only holds relative superiority in different periods. The comparison of the overall national strength of the two sides has undergone complex changes in seven centuries. However, as a whole, the strategic balance of power in West Asia and the Eastern Mediterranean has been maintained, and the results of the conquest of each other's territory by both sides cannot be sustained. In the later period of the Roman-Persian Wars, as the buffer states and vassal states at the junction of the two empires were partitioned and annexed one after another (Armenia, Ghassanid, and Lakhmid kingdoms, etc.), the intensity of the war between the two countries reached its peak in the early 7th century. Evenly push the opponent to desperation. At the same time, due to their long-term participation in the Roman-Persian Wars, the various tribes in the Arabian desert have rapidly improved their political organization, military technology, and civilization. Finally, under the catalysis of various internal and external factors, the last monotheistic religion in the Middle East was born. The Ummah regime in Medina. The Romans and Persians ran out of national power after this war of life and death at the beginning of the 7th century. West Asia and the Eastern Mediterranean were on the front lines of the war for a long time with economic decline and popular dissatisfaction. The vassal system built by the two empires on the edge of the Arabian desert was also completely disintegrated, opening the door to the Arab Conguest. The Roman-Persian Wars was the ultimate confrontation between Greco-Roman civilization and Persian civilization in ancient times, and it witnessed the limits of the development of ancient world empires. The Roman-Persian Wars, the great migration of European nations, the rise of Arab-Islamic civilization and other major historical events influenced each other, which eventually led to the end of the classical era and the arrival of the Middle Ages.

Key Words: Roman-Persian Wars, Geopolitics, International System, Civilization Contact

目　　录

Content

第 一 章

绪 论

盛开于凯撒长眠之土上的玫瑰，在逝者鲜血的浇灌下艳压群芳。[①]

——奥马尔·海亚姆《鲁拜集》

第一节 研究缘起

战争与大国兴衰和文明冲突之间的关系是历史研究的永恒话题，亦是国际关系研究的古老命题。本书的核心议题"罗马波斯战争"，和中东历史上更加著名的"十字军东征"以及当代的"阿以冲突"等重大历史和现实事件相比，往往没有后两者那样的大众知名度和关注度。但如果说有一系列战争曾经最深刻地改变了古代中东文明的发展历程并在潜移默化中形塑了当代中东头号反美大国——伊朗对西方文明的历史认知，那便是这场开启于公元前1世纪并于公元7世纪初达到高潮的"罗马波斯战争"（Roman-Persian Wars）。在中东文明史上，7世纪阿拉伯—伊斯兰文明的兴起构成前伊斯兰中东文

---

① Omar Khayyām, *The Rubāiyāt*, *translated by Robert Graves & Ali Shah*, *Garden City*, New York：Double Day, 1968, XIX.

明与伊斯兰中东文明的历史分界，并奠定了现代中东文明的基本政治、宗教和文化基调。然而，伊斯兰文明为什么会在7世纪初的阿拉伯半岛破茧而出？如果没有罗马和波斯两大帝国之间那场旷日持久的战争，伊斯兰教能否顺利冲出半岛并于日后发展为一个成功的普世性宗教？以上都是相比研究当代中东问题而言更加深刻而缺乏现代中东学者关注的问题。而从当代国内外古史学科体系来看，由于以古代地中海文明为主要研究对象的"古典学"和以古代近东文明为主要研究对象的"东方学"在学科设置、理论体系和研究视角上彼此独立，导致关于罗马—拜占庭帝国（Roman-Byzantine Empire）和帕提亚—萨珊帝国（Parthian-Sasanian Empire）的研究成果虽然十分丰硕，但两大帝国对中东的统治以及它们之间复杂的交往关系一直没有得到国内外学者系统的对比性、综合性研究。而国内学者由于语言条件的限制，其对帕提亚—萨珊帝国历史的基础研究也极为薄弱。这样的研究现状与两大帝国分治中东地区近七百年之久的历史事实相比是极不相称的。

而在现代中东学者关于中东通史的著述中，前伊斯兰时期尤其是罗马—波斯时期（约公元前1世纪至公元7世纪初）的中东历史所占的篇幅可谓寥寥。20世纪中东史巨擘伯纳德·刘易斯在其代表作《中东：激荡在辉煌的历史中》[1] 中为纠正罗马—波斯帝国在现代中东通史撰写中的"低存在感"有着经典性的表述："我之所以以基督纪元而不以伊斯兰纪元作为本书的开端，正是为了挽救长期被忽视的拜占庭帝国和萨珊波斯帝国。"可是即使是刘易斯的著作也未能对公元前1世纪—公元7世纪罗马—波斯帝国对中东统治的演变及其特点进行详尽深入的解读。而在国内学者的中东通史著作中，以伊斯兰文明兴起作为中东历史叙事的开端更是成为普遍的趋势，前伊斯兰时期的中东历史往往被一笔带过，而在古代西亚文明发展

---

[1] Bernard Lewis, *The Middle East: A Brief History of the Last 2000 Years*, Scribner: New York, 1995, pp. 33–50.

链条"终端"上的帕提亚—萨珊帝国史更是乏人问津。因此，国内学界对前伊斯兰时期中东"非伊斯兰文明"研究的忽视状态亟待改变。事实上，研究中东历史上的"罗马波斯时代"具有多方面的学理和现实意义。"罗马波斯时代"中东文明的演进轨迹绝不应为伊斯兰文明的兴起所遮蔽。恰恰相反，罗马波斯时代中东的文明交往、冲突和变迁正是伊斯兰文明兴起的历史和逻辑根源。在中东文明史演进序列中，罗马—拜占庭帝国和帕提亚—萨珊帝国分治中东的"罗马波斯时代"构成连接中东历史上希腊化时代（Hellenistic Age，公元前 4 世纪末至前 1 世纪末）和古典伊斯兰时代（Classical Islamic Age，公元 7 世纪初至 10 世纪）的关键文明链条，其研究价值自然是不言而喻的。

首先，罗马波斯时代中东地区的帝国统治、宗教传播和社会经济结构演变为伊斯兰时期中东文明的诸多核心要素奠定了基础。从宏观上看，"罗马波斯时代"既是公元前 4 世纪亚历山大东征后中东"希腊化时代"东西方文明深入交往交融的结果，也是 7 世纪初阿拉伯—伊斯兰文明兴起的根本历史前提。这一时期中东文明交往的主体是以希腊罗马文明为代表的地中海印欧文明和以波斯—伊朗文明为代表的西亚印欧文明，而古老的西亚闪米特文明处于相对被动的交往地位。必须指出的是，罗马和波斯在中东的"东西对峙格局"是希腊化时期东方帕提亚王朝（即安息王朝）和西方罗马共和国在双向扩张过程中逐渐解构和瓜分"希腊化世界"政治遗产的结果。公元前 3 世纪中叶，出身中亚伊朗语族游牧部落的帕提亚帝国在希腊化世界中"异军突起"。经过百余年的发展，至公元前 2 世纪末至前 1 世纪初，帕提亚帝国彻底颠覆了希腊化塞琉古王朝在伊朗的统治并与从地中海东扩至西亚的罗马共和国发生了历史性的相遇，从而开启了中东历史上的"罗马波斯时代"。

实际上，作为古典希腊和波斯文明的继承者，罗马—拜占庭帝国和帕提亚—萨珊帝国分别代表了前伊斯兰时期地中海和西亚文明发展的顶峰。罗马—拜占庭帝国在统一了地中海世界的同时，帕提亚—萨珊帝国也完成了古代伊朗文明的复兴。而所谓中东历史上的"罗马波斯时代",正是指罗马—拜占庭帝国和帕提亚—萨珊帝国分治中东地区近7个世纪的时间段。可以说,在中东文明演进序列中,"罗马波斯时代"上承亚历山大大帝开启的希腊化时代,下启古典伊斯兰文明时代。在这近七百年的时间里,中东地区先后出现具有密切交往和继承关系的四大帝国——帕提亚帝国、罗马帝国、萨珊波斯帝国和拜占庭帝国以及三大世界性宗教——基督教、摩尼教和伊斯兰教,同时古老的犹太教和祆教在这一时期也得到了进一步的深入发展并走向成熟。因此,研究罗马波斯时代有助于构建中东前伊斯兰文明与伊斯兰文明之间的序列链,同时对于理解伊朗文明的延续性和断裂性、伊朗民族对抗强权秉性的历史根源而言也有着极重要的价值。不仅如此,正是在"罗马波斯时代",形成了以中国为起点、波斯和内亚草原民族为中介、罗马—拜占庭帝国为终端的横跨欧亚大陆的陆海丝绸之路贸易网。罗马波斯时代的丝绸之路西段贸易也因此构成了前伊斯兰时期中西交通史乃至文明交往史的重要组成部分。因此,研究罗马波斯时代对于前伊斯兰时期中西贸易和交通史研究而言也有着相当的价值。

其次,"罗马波斯战争"构成罗马波斯时代中东历史的核心主题,全面深刻地规定和影响着罗马波斯时代中东的政治、宗教和社会经济特征。因此,对罗马波斯战争的研究又具有超出一般意义军事史和战争史的丰富内涵。罗马波斯时代既是"最好的时代",也是"最坏的时代"。罗马波斯时代中东历史的核心特征可以用"两极对立"和"冲突频发"来概括。为了将对方逐出西亚,建立自己在东地中海和西亚地区的单极霸权,罗马和波斯势必爆发冲突,而解决冲突的办法便是循环往复、不止不休的"罗马波斯战争"。因此,研究"罗马波斯时代"的中东离不开对"罗马波斯战争"的研究。在君王名将们的野心和地缘政治霸权争夺的双重驱动下,两大帝国在近七百年间共进行了数十次大规模战争,小规模冲突不计其数。西亚各族人民在罗马波斯战争中可谓饱受火与剑的摧残。在时断时续的罗马波斯战争中，两河流域和高加索成为双方反复争夺的核心地区，当地的亚美尼亚人、格鲁吉亚人、阿拉伯人、犹太人、库尔德人乃至内陆欧亚草原部落和帝国都不同程度地卷入了罗马波斯战争。

罗马波斯战争与世界历史上其他持续时间短的战争不同，它具有与双方国内政局变动、附庸国与宗主国关系、宗教少数群体地位和跨境贸易竞争深度联动和相互诱发的特点。因此，罗马和波斯对对方及其附庸、同盟者的军事征伐往往与国家宗教政策、跨境长途贸易和远距离制衡外交息息相关。在罗马—拜占庭帝国和帕提亚—萨珊帝国统治下，中东各民族和宗教团体既获得了空前的历史发展机遇，也经历了血与火的惨痛洗礼。早期基督教徒和犹太人在罗马帝国治下经历了无数惨痛的迫害和镇压。而基督教在成为罗马帝国和亚美尼亚国教之后，又被信仰祆教的萨珊波斯帝国视为帝国内部的不稳定因素和对罗马—拜占庭帝国和亚美尼亚发动战争的借口。基督教不仅最终在罗马帝国取得胜利，其分支聂斯托利派还在萨珊波斯帝国生根发芽，形成了不受罗马—拜占庭帝国控制的"东方教会"。在罗马帝国和基督教的双重压力下，大量的犹太人迁往阿拉伯半岛，基督教的传播则紧随其后。犹太教和基督教在阿拉伯半岛的传播与对抗对当地阿拉伯人的宗教文明生态产生了深刻的影响。两大一神教对阿拉伯半岛传统部落社会的持续冲击最终为伊斯兰教的产生奠定了坚实的基础。而自公元4世纪起，在罗马波斯政治宗教双重对峙体系下，阿拉伯半岛也成为双方博弈的重要战场，而扼守红海商路的也门逐渐成为"罗马波斯战争"向阿拉伯半岛延展的地缘政治博弈"焦点地区"。而公元6—7世纪是六百多年来罗马波斯关系演变的转折点，在这一时期双方的零和斗争特点乃至战争频烈度和过去相比更加突出，终于导致7世纪初两大帝国的生死决战。

除了持续不断的帝国霸权诉求和复杂曲折的宗教争端外，罗马波斯战争更是影响公元1—7世纪丝绸之路西段通道稳定与否的关键变量。为了垄断丝绸之路西段的贸易利润，罗马—拜占庭帝国在阿拉伯半岛、红海、东非和南俄、中亚草原纵横捭阖，试图通过北方草原丝路和红海贸易线绕开波斯商人的控制；而萨珊波斯帝国则针锋相对，在牢固地控制陆上贸易通道和波斯湾—印度西海岸贸易线的同时，为一劳永逸地垄断海上丝绸之路，萨珊王朝不惜于6世纪70年代出兵跨海远征阿拉伯半岛，扶植被亲拜占庭的东非阿克苏姆王国摧毁的也门希木叶尔王国残余势力，从而形成了世界历史上不多见的帝国"代理人战争"模式。事实上，6世纪"罗马波斯战争"在阿拉伯半岛的延展深刻改变了当地的政治宗教生态、商业贸易格局和社会经济结构，是7世纪初伊斯兰教在汉志（Hijāz）地区兴起的关键外部驱动力。进入7世纪，两大帝国在西亚和东地中海地区的争霸战争进入最后的白热化阶段，公元626年的君士坦丁堡围攻战及同年拜占庭帝国在南高加索地区对波斯的反攻更是将同时期南俄草原和中亚游牧帝国卷入其中。而就在萨珊波斯帝国最后一次大规模西扩被拜占庭帝国"翻盘"的十年间（620—630年），伊斯兰教先知穆罕默德在阿拉伯半岛的传教事业取得了重大突破。拜占庭帝国收复失地、希拉克略在耶路撒冷迎回被波斯掠走的基督圣物"真十字架"的公元630年，也是穆罕默德入主麦加、政教合一的伊斯兰国家正式形成之年。此时阿拉伯人已经统一在伊斯兰旗帜下，并做好了对罗马、波斯两大帝国展开大规模征服战争的准备。

由此可见，罗马波斯战争间接为伊斯兰教的萌芽和扩张不自觉地充当了中东乃至世界历史发展的"助推器"。因此，研究罗马波斯战争可以为阿拉伯—伊斯兰文明的起源机制提供崭新的解释范式。而以往脱离"罗马波斯战争"大背景而研究并阐释伊斯兰文明兴起机理的尝试和论断都在一定程度上存在解释力的不足。由上可知，罗马波斯战争无论从战争规模、波及地域、牵涉宗教族群类型、持续时间和世界影响上都远非公元前5世纪的"希腊波斯战争"可比。然而，现代学界对"希腊波斯战争"的讨论远远多于"罗马波斯战争"，这实际上不利于从历史纵深上把握古代东西方文明认知、交融与冲突规律的历史演进。事实上，罗马波斯战争不仅是同时代史家津津乐道的话题，也是现代学者研究这一时期中东乃至世界历史无法回避的问题。由上可知，罗马波斯战争构成了公元前 1 世纪至公元 7 世纪中东历史发展的主旋律，因此以"罗马波斯战争"作为研究这一时期中东历史的切入点具有"牵一发而动全身"的作用。

再次，研究罗马波斯战争将为从欧亚整体史视域下解读公元前 1 世纪至公元 7 世纪的世界历史和国际关系演进提供坚实的历史素材和案例。研究罗马波斯战争，对于理解古代文明的发展趋势、古代世界的国际关系、帝国政治和霸权的本质乃至"东方"与"西方"对彼此的历史和现实认知也都有着不可估量的意义。而欲从欧亚整体史视域下解读罗马波斯时代的中东历史，便离不开对罗马波斯战争原因背景、参与角色、动力机制、演变历程和历史影响的全方位解读。"罗马波斯战争"的内涵极为丰富，它是公元前 1 世纪至公元 7 世纪罗马人（包括晚期罗马共和国、罗马帝国和早期拜占庭帝国）与波斯人（帕提亚帝国和萨珊帝国）为争夺西亚及其周边地区展开的断断续续近 7 个世纪的政治、军事、宗教和文化较量。罗马波斯战争背后牵涉东西方两大文明之间在各个领域和层次的全方位对抗。从欧亚草原游牧民族到高加索和阿拉伯沙漠诸王国、部落乃至非洲诸王国，两大帝国内外众多国家和族群在不同程度上参与罗马波斯战争。因此，罗马波斯战争的行为体数量和交往复杂性远远超出罗马和波斯两大帝国本身。

罗马波斯战争贯穿双方国家地缘安全战略、宗教意识形态、经济贸易利益、文化同化与抗拒的全方位博弈。罗马波斯战争对两大帝国本身既是双方国运的生死较量，又是统治者个人野心和帝国理想的主观驱动。罗马波斯战争在具体军事较量中表现为争夺高加索、黎凡特、两河流域等战略要地，并辅之以干涉对方王位继承、构建（己方）和瓦解（对方）附庸国体系、展开多边制衡外交以及开辟和垄断东西方贸易路线等战略手段。罗马波斯战争将古代晚期欧亚草原游牧世界、地中海文明圈和西亚文明圈卷入其中，并与同时期内陆欧亚及远东国际形势紧密牵动。罗马波斯战争既具有长时段、高烈度和长周期的特点，又具有间歇性、突发性和妥协性特征。双方长达近 7 个世纪的较量对两大帝国内外各民族而言既是机遇也是挑战。欧亚草原民族和沙漠游牧部落（匈人、日耳曼人、阿瓦尔人、斯拉夫人、阿拉伯人等）通过直接或间接参与罗马波斯战争加快了其文明化进程，并最终由他们彻底改写了西亚和欧洲—地中海地区文明秩序。但两国交界处的高加索和西亚诸小国由于处于两大帝国夹缝中均未逃脱最终被吞并、瓜分和灭亡的命运。由上可知，罗马波斯战争是古代持续时间最长、波及地域最广、涉及国家和族群最多的战争，造成了极为深远的世界性历史影响。因此，罗马波斯战争的演进历程、动力机制和对后世中东乃至世界历史的深远影响都是研究罗马波斯战争必要的题中之义。

最后，罗马波斯战争作为古代世界旷日持久、勾连东西的文明大战，对现代西方和东方文明对彼此的历史认知产生了许多潜在的深刻影响。而研究罗马波斯战争可以从长时段的视角阐释当代中东许多复杂问题的根源，并为现代国际关系理论研究提供一个无法复制的"前现代"案例，尤其是为研究现代国际体系理论、国家间冲突理论乃至探索超越民族国家的治理模式提供历史借鉴。罗马波斯战争是希腊罗马文明和波斯文明在古代的终极对决，实际上已经在某种程度上见证了古代世界帝国的发展极限和治理能力。在罗马波斯战争期间，两国由于综合国力大体势均力敌且理想战略纵深重合，罗马与波斯任何一方建立绝对安全疆界的努力均从根本上损害对方的安全，导致双方在西亚长期形成二元对抗僵局和两极安全困境。在文明理想和统治者意志层面上，罗马人恢复亚历山大大帝事业的理想和波斯人恢复居鲁士大帝事业的宏愿在西亚和东地中海地区形成战略对冲。罗马波斯战争后期，随着两大帝国交界处的缓冲国和附庸国相继被瓜分和吞并。两大帝国战争烈度在 7 世纪初达到最高峰，且均一度将对方逼至绝境。与此同时，阿拉伯沙漠各部落由于长期直接或间接参与罗马波斯战争并受到罗马波斯文明的长期渗透，又始终保持着游离于两大帝国权力体系之外的自主独立性，因而其政治组织、军事技术和文明程度迅速提高。正是在 7 世纪初"罗马波斯战争"愈演愈烈这样的特殊环境下，阿拉伯半岛终于诞生了中东地区最后一个一神教——伊斯兰教和穆斯林统一国家——麦地那乌玛政权。罗马人和波斯人在 7 世纪初的生死大战之后国家实力消耗殆尽，而西亚和东地中海地区因长期处于战争前线而经济凋敝、民怨沸腾。两大帝国在阿拉伯沙漠边缘构建的附庸国体系也于此时彻底瓦解，遂使得阿拉伯人大征服的门户洞开。阿拉伯人早期征服结束后，拜占庭帝国永久丢失北非和黎凡特沿岸，而萨珊帝国彻底灭亡。由此可见，罗马波斯战争和欧洲民族大迁徙、阿拉伯—伊斯兰文明兴起等重大历史事件相互影响，最终导致了古典时代的结束和中世纪的到来。

在国际关系学理意义上，罗马波斯战争的结局也凸显了古代世界随着国家平均规模的扩大导致的进攻性现实主义困局，对于判定和解释现代学者之间充满争议的"文明冲突论"也具有不可多得的案例意义。另外，与罗马—拜占庭帝国的长期征战构成古代伊朗诸王朝对外关系和波斯人历史记忆的重要内容，因而可能对现代伊朗民族对抗强权性格的形成产生潜移默化的深远影响。尤其是罗马波斯战争对伊朗—波斯文明世界观念的形塑值得进行深入研究。而有着对抗"西方"悠久历史的伊朗人在与美国等现代西方霸权的较量中也从不缺乏其来自历史深处的底气。当代伊朗在什叶派新月走廊地区的强大影响力与其历史上帕提亚—萨珊帝国在肥沃新月地区与罗马—拜占庭帝国的抗衡颇有异曲同工之处。而通过对罗马波斯战争的深入研究似可窥见，伊斯兰文明的诞生离不开旷日持久的罗马波斯战争给当时西亚社会所造成的"末世图景"和"天启氛围"。而穆斯林终结罗马波斯战争、给中东地区带来伊斯兰秩序（Pax Islamica）的"不世之功"，从某种程度上可能构成现代伊斯兰主义者恢复先知时代政治宗教生活的内在动力。而在伊斯兰极端主义者看来，当代美国在中东的霸权主义、中东诸世俗政权的动荡失序以及什叶派和逊尼派阵营的深刻对立或许是古代罗马波斯争霸统治中东时期一元文明秩序缺位的当代显现，因此必须用"圣战"和全面回归先知时代生活方式的办法加以对抗。因此，无论是作为建构古代欧亚大陆整体史的关键环节而言，还是从解读现代东西方文明冲突的历史根源来讲，乃至拓宽国际关系史的研究范畴、构建突破"威斯特伐利亚体系的框架"的新型国际关系理论而言，罗马波斯战争都具有重要的研究意义和价值。

第二节　史料

罗马波斯战争的时空范围涵盖公元前 1 世纪至公元 7 世纪西亚和东地中海地区，涉及的行为体主要包括罗马—拜占庭帝国和帕提亚—萨珊帝国以及高加索、两河流域、阿拉伯半岛和东非地区诸部落和王国，再加上欧亚草原诸游牧部落和帝国。罗马波斯战争涉及的时空范围和行为体的广大复杂决定了相关史料来源的庞杂，但并非无迹可寻。实际上，罗马波斯战争的主体史料来源无非罗马—拜占庭帝国时期的古典和古代晚期文献史料以及帕提亚—萨珊帝国时期的钱币、铭文、岩刻、印章和纸草等实物史料。问题的关键在于在这个时空范围内如何合理地使用和辨析这些史料，其中最要紧的是如何通过文献史料和实物史料的互证来还原罗马波斯战争的具体历史细节。众所周知，罗马—拜占庭帝国以丰厚的文献和实物史料著称，但即使罗马—拜占庭史料也普遍存在着文献主观性和实物断裂性的特点。古典作家对波斯诸帝国的记载虽然极大地弥补了波斯方面史料的匮乏，但在使用时无疑需要慎之又慎，尤其是在甄别古典文献中关于双方战争胜负和主要当事人的评价时，必须对照同时期的钱币、铭文、印章等实物史料。波斯方面的史料虽然相对匮乏，但在许多关键的历史细节上可以参考和佐证古典作家和罗马—拜占庭实物史料记载的信息。因此，只有详细周密地对比古典和古代晚期的各种文献和实物史料，并结合近现代的考古成果，才能准确还原罗马波斯战争的真实面貌。由于罗马波斯战争涉及的时空范围广大和行为体众多，有必要按时期分别列出罗马波斯战争各阶段的主要史料来源。①

（一）希腊罗马（拜占庭）文献史料

罗马波斯战争按时间可分为四个阶段：即罗马共和国—帕提亚帝国阶段，早期罗马帝国—帕提亚帝国阶段，晚期罗马帝国—萨珊帝国阶段和早期拜占庭帝国—萨珊帝国阶段。由于希腊、罗马和拜占庭史料构成了罗马波斯战争史料最重要的一极，且由于史料丰富也可以有必要进行分阶段的详述。因此下文将论述罗马波斯战争四大阶段对应的希腊、罗马、拜占庭文献史料。而来自波斯、阿拉伯、亚美尼亚等非希腊、罗马的著述、钱币、铭文、考古等文献和实物史料，后面专列一章详述。另外，希腊、罗马（拜占庭）的钱币、铭文等实物史料也极为丰富，但由于笔者精力和能力所限，无法一一列举，但会在正文中需要时列出。需要说明的是，由于笔者语言条件的限制，本书对绝大部分史料的使用以英译本为主。但在需要说明某一人物的衔号或有多种语言名称的地名时，笔者会根据所能查阅到的信息对之辅以希腊语、拉丁语和（中）波斯语的原词或转写，以作为英译本和其他材料的对照。

1. 罗马共和国—帕提亚帝国阶段（公元前66—前27年）

罗马共和国—帕提亚帝国阶段是罗马波斯战争的第一阶段，起于公元前66年双方围绕缓冲国归属爆发冲突，正式结束于公元前20年屋大维与帕提亚媾和，主要涉及双方三大战事：公元前55—前53年的克拉苏（Marcus Licinius Crassus，罗马共和国"前三巨头"之一）东征帕提亚、公元前40—前38年帕克如斯（Pacrus I，时任帕提亚王储和共治者）西征罗马和公元前36年的安东尼（Marcus An-

---

① 文中部分专有名词的译法（尤其是萨珊波斯、帕提亚王朝和亚美尼亚君主及其称号）可能与主流译法有别，个中疏漏错误之处一概由笔者负责。

tonius，罗马共和国"后三巨头"之一）东征帕提亚。此阶段的主要
史料是涉及晚期罗马共和时代的古典史料。记载晚期罗马共和时代
的古典史料主要包括阿庇安（Appian，95—165 年）的《罗马史》①、
斯特拉波（Strabo，约公元前64—公元24 年）的《地理学》②、老普
林尼（Pliny the Elder，23—79 年）的《自然史》③、狄奥多罗（Di-
odorus Siculus，约公元前90—前30 年）的《历史集成》④，以及查
士丁（Justin）的《腓力史摘要》⑤。阿庇安是早期罗马帝国时代的
历史学家，出生于埃及亚历山大里亚，其代表作《罗马史》中的第
十二卷是了解公元前1 世纪罗马共和国经略东方过程的重要史料，
详细交代了米特里达梯战争的起因、经过、结局以及庞培整顿罗马
东方诸附庸国和行省地区的始末，因此也是了解公元前1 世纪近东
地区罗马—帕提亚两极格局形成背景的关键史料；斯特拉波和老普
林尼分别是共和晚期至帝制初年以及早期帝国时代的学者，其代表
作《地理学》和《自然史》虽然是地理学和博物学著作，但其中包
含了大量共和晚期和早期帝国时代西亚和东地中海地区的政治沿革、
历史变迁、山川地理、文化风俗等史地信息，尤其是斯特拉波的
《地理学》对罗马东地中海诸行省、附庸国、部落、东方帕提亚帝
国、阿拉伯半岛和印度地区有着详尽的记载。由于斯特拉波本人出

① Appian, *Roman History*, with an English translation by Horace White, Cambridge, Mass.: Harvard University Press, 1913；［古罗马］阿庇安：《罗马史》，谢品巍译，商务印书馆1976 年版。

② Strabo, *Geography*, with an English translation by Hotace Leonard Jones, Loeb Classical Library, Harvard University Press, 1930；［古希腊］斯特拉博：《地理学》，李铁匠译，上海三联书店2014 年版。

③ Pliny, *Natural History*, with an English Translation by H. Rackham, Cambridge, Mass.: Harvard University Press, 1942；［古罗马］普林尼：《自然史》，李铁匠译，上海三联书店2018 年版。

④ Diodorus Siculus, *Library of History*, Loeb Classical Library, with an English Translation by C. H Oldfather, Harvard University Press, reprinted 1998.

⑤ Justin, *Epitome of the Philippic History of Pompeius Trogus*, translated by J. C. Yardly Altlanda, Altlanda Ga：Scholars Press, 1994.

生于小亚细亚本都的阿玛西亚（Amasia），因此《地理学》中对罗马帝国时期小亚细亚诸行省和高加索诸王国与部落的地理形势、行政沿革、文化风貌的记载可信度最高。

总而言之，斯特拉波的《地理学》和老普林尼的《自然史》为我们研究共和晚期和早期帝国时代罗马东方和西亚地区的历史地理提供了珍贵的一手资料。另外，共和晚期希腊史家狄奥多罗的著作《历史集成》和2世纪罗马史家查士丁的《腓力史摘要》是了解早期帕提亚帝国历史的重要史料，有助于还原帕提亚帝国从里海东南小国发展为西亚大帝国的历史进程。另外，必须提到的是帝国时期的希腊传记作家普鲁塔克（Plutarch，46—120年）的《希腊罗马名人传》（*Parallel of Lives*），该著作中关于苏拉（Sulla，公元前138—前78）、卢库鲁斯（Lucullus，公元前117—前56年）、克拉苏、庞培、凯撒、安东尼、西塞罗等晚期共和时代重要政治军事人物的传记是了解这一阶段罗马波斯战争中克拉苏东征和安东尼东征两大战事前因后果的重要资料。公元前40—前38年的帕克如斯西征与同时期罗马共和国内战密不可分，因此阿庇安的《内战史》[①] 也是了解帕克如斯西征始末的重要资料。

2. 早期罗马帝国—帕提亚帝国阶段（公元前27—公元217年）

公元前27年屋大维建立元首制（Principate），晚期罗马共和国正式过渡为罗马帝国。公元前20年屋大维以外交手段使罗马与帕提亚达成和解，也标志着晚期罗马共和国与帕提亚的战争告一段落。进入1世纪后的早期罗马帝国—帕提亚帝国阶段是罗马波斯战争的第二阶段，起于公元初年双方对亚美尼亚王位候选人的争夺，终于公元217年罗马皇帝马克里努斯（Macrinus，217—218年在位）与帕提亚君主阿塔巴努斯五世（Artabanus Ⅴ，208—224年在位）媾和，主要涉及双方五大战事：公元58—63年的亚美尼亚战争、公元

---

① Appian, *Roman History*: *The Civil Wars*, translated by Horace White, Loeb Classical Library, Harvard University Press, 1913.

113—117 年的图拉真皇帝（Trajan，98—117 年在位）发动的帕提亚战争、公元161—166 年的罗马皇帝马可·奥勒留（Marcus Aurelius，161—180 年在位）的副帝维鲁斯（Lucius Verus，161—169 年在位）指挥的帕提亚战争、公元 197—198 年塞维鲁皇帝（Septimius Severus，193—211 年在位）发动的帕提亚战争和公元216—217 年卡拉卡拉皇帝（Caracalla，211—217 年在位）发动的帕提亚战争。此阶段的主要史料是早期帝国时代的古典史料，最重要的当属罗马史家塔西佗（Tacitus，55—120 年）的《编年史》① 《历史》② 和狄奥·卡西乌斯（Dio Cassius，155—235 年）的《罗马史》③。塔西佗的《编年史》包括公元 14—68 年间朱里亚·克劳迪王朝的提比略（Tiberius，14—37 年在位）、卡里古拉（Caligula，37—41 年在位）、克劳迪（Claudius，41—54 年在位）和尼禄（Nero，54—68 年在位）四帝时期的历史，是了解公元 1 世纪罗马—帕提亚关系、亚美尼亚问题演变和公元58—63 年亚美尼亚战争的重要史料；塔西佗的《历史》涵盖公元69—96 年弗拉维王朝诸帝的历史，此期间罗马—帕提亚双方未有战事，但这一时期是罗马帝国重整东部各行省和附庸国的关键期，而《历史》提供了该时期罗马帝国东方诸行省和附庸国建制、废立和沿革的主要信息。

继塔西佗之后，罗马帝国直至 3 世纪初的主要史料来源是狄奥·卡西乌斯的《罗马史》和安条克的赫罗狄安（Herodian of Antioch，约 170—240 年）的《马可·奥勒留去世至戈尔迪安三世继位

---

① Tacitus, *The Annals of Tacitus*, Loeb Classical Library, with an English Translation by John Jackson, London：William Heinemann Ltd, 2004；［古罗马］塔西佗：《编年史》，王以铸译，商务印书馆 1981 年版。

② Tacitus, *Histories*, translated by Clifford H. Moore, Loeb Classical Library, Harvard University Press, William Heinemann Ltd, 1930；［古罗马］塔西佗：《历史》，王以铸、崔妙因译，商务印书馆 1981 年版。

③ Cassius Dio, *Dio's Roman History*, with an English translation by Earnest Cary, Harvard University Press, 1957.

的罗马帝国史》①。狄奥·卡西乌斯的《罗马史》对公元113—117
年图拉真东征、公元161—166年维鲁斯东征和公元197—198年塞
维鲁东征的记载较为详细可靠。但狄奥·卡西乌斯《罗马史》对公
元216—217年卡拉卡拉东征经过的记载，尤其是公元217年尼西比
斯战役（Battle of Nisibis）的细节存在较多缺失，因此必须同时借助
罗马史家赫罗狄安的《罗马帝王史》，而后者是了解公元180—238
年间罗马帝国历史的重要史料，其中就包括卡拉卡拉东征和尼西比
斯战役的具体过程。塔西佗和狄奥·卡西乌斯均为罗马元老出身的
古典史家，其史观代表了罗马帝国贵族阶层的立场，其作品中对罗
马皇帝政策的批判态度和记述东方国家历史的倾向需要客观对待。
关于赫罗狄安的籍贯，后世学者推测可能为埃及的亚历山大里亚或
叙利亚的安条克，但两种观点均不能完全令人信服，然而基本可以
肯定他出生在帝国东部地区。后世学者也指出赫罗狄安的《罗马帝
王史》在描述公元197年塞维鲁东征帕提亚时期历史时有许多错讹
之处，因此在使用该作品时需和狄奥·卡西乌斯的《罗马史》相对
照；最后，是关于1—2世纪东西方贸易和环境史的史料。这些史料
对了解罗马帝国对东方商路的探索历程以及罗马波斯战争所涉及的
生态史、环境史和医疗史研究极为重要，其中核心议题是1—2世纪
罗马帝国的印度洋贸易情况和马可·奥勒留时期席卷罗马帝国全境
的"安东尼瘟疫"（Antonine Plague）：早期帝国时代罗马与东方的
贸易以及海上丝绸之路的情况，除参考斯特拉波的《地理学》以及
老普林尼的《自然史》外，还需参考2世纪匿名希腊作家（后世学
者推测可能是阿里安）的《红海周航纪》②；而关于公元161—166
年维鲁斯东征帕提亚引发的"安东尼瘟疫"的情况，需参考2世纪

---

① Herodian of Antioch, *History of the Roman Empire From the Death of Marcus to the Accession of Gordian III*, *Translated by Edward C. Echols and Transcribed by Roger Pearse*, Ipswich, 2007.

② L. Casson, *The Periplus Maris Erythraei：Text with Introduction*, Translation, and Commentary, Princeton：Princeton University Press, 1989.

罗马医学家盖伦（Galen，约129—199年）的《著作集》①。这一时期还有一位重要的罗马—犹太史家弗拉维斯·约瑟夫斯（Flavius Josephus，37—100年），其著作的具体情况和对罗马波斯战争的参考价值将在"非希腊罗马史料"一章中详述。

3. 晚期罗马帝国—萨珊帝国阶段（公元226—395年）

公元226年萨珊王朝正式取代帕提亚王朝，成为罗马帝国在东方的新对手，罗马波斯战争由罗马—帕提亚战争向罗马—萨珊波斯战争演进。晚期罗马帝国与萨珊王朝的战争起于阿达希尔一世（Ardashir I，224—240年在位）以恢复阿契美尼德王朝旧疆为借口，向亚历山大·塞维鲁皇帝（Alexander Severus，222—235年在位）宣战，终于公元387年罗马、波斯双方对亚美尼亚王国的正式瓜分。此阶段的战事又可细分为阿达希尔一世与亚历山大·塞维鲁皇帝的战争（起讫231—235年）、沙普尔一世（Shapur I，240—270年在位）与罗马帝国连续三任皇帝戈尔迪安三世（Gordian Ⅲ，238—244年在位）、阿拉伯人菲利普（Philip the Arab，244—249年在位）和瓦勒良（Valerian，253—260年在位）的战争（起讫240—260年）、萨珊君主纳塞赫（Narseh，293—301年在位）与戴克里先共治的副帝加莱里乌斯（Galerius，284—305年为副帝，305—311年为东部帝国皇帝）的战争（起讫296—298年）、沙普尔二世（Shapur Ⅱ，309—379年在位）与罗马皇帝君士坦提乌斯二世（Constantius Ⅱ，337—361年在位）和尤里安（Julian，361—363年在位）的波斯战争（起讫338—363年）四个分阶段。其中，第一分阶段的史料来源，如上所述，仍是赫罗狄安的《罗马帝王史》以及阿达希尔一世时期的萨珊岩刻（波斯史料将在后文详述）；从第二分阶段开始，罗马帝国全面进入3世纪危机，直至戴克里先登位才结束了政治动荡局面。

关于3世纪危机期间的罗马史料主要来自4世纪以后的晚期古

---

① Galen, *Galen on Anatomical Procedures*：*Translation of the Surviving Books with Introduction and Notes*，Oxford University Press，1999.

代作家，如 4 世纪的晚期古典史家、亲自参与过对波斯战争的阿米安（Ammianus Marcellinus）的《罗马史》①、奥勒留·维克托（Aurelius Victor）的《罗马皇帝简史》②、佐西穆斯（Zosimus，活跃于 5 世纪末 6 世纪初）的《新史》③、尤特罗庇乌斯（Eutropius，约320—387 年）的《罗马国史大纲》④ 等，其中以阿米安的《罗马史》价值最高；另外，成书于 4 世纪的匿名作者的《奥古斯塔历史》⑤ 是一部包括从哈德良（Hadrian，117—138 年在位）到卡里努斯（Carinus，283—285 年在位）时期的罗马皇帝传记集，但其史料价值、成书年代、作者信息等颇有争议，使用时需参考其他史料佐证。

　　公元 3—4 世纪的罗马史编纂除了同时代作家著作外，还包括中世纪拜占庭时期的通史性著作。拜占庭帝国科穆宁王朝时期的史家佐纳拉斯（Zonaras）的《精粹历史》⑥ 是一部记述从创世纪到拜占庭皇帝阿列克谢一世（Alexios I Comnenos，1081—1118 年在位）时期历史的鸿篇巨制，其中关于 3—4 世纪的部分：《从亚历山大·塞维鲁皇帝至狄奥多西一世》由于引用了许多已经失传的史料而具备极高的价值，是研究公元 3—4 世纪罗马史的重要参考。另外，研究第二阶段沙普尔一世与罗马的战争史，也须参考沙普尔一世时期留

---

　　① Ammianus Marcellinus, *Res Gestae*, trans by J. C Rolfe, Cambridge, Massachusetts：Harvard University Press, 1939.

　　② Aurelius Victor, *De Caesaribus*, translated with an introduction and commentary by H. W. Bird, Liverpool University Press, 1994.

　　③ Zosimus, *Zosimus New History*, a translation with commentary by Ronald T. Ridley, Australian Association for Byzantine Studies, Department of Greek, University of Sydney, 2006.

　　④ Eutropius, *Brevarium*, translated with an introduction and commentary by H. W. Bird, Liverpool University Press, 2011；[古罗马] 尤特罗庇乌斯：《罗马国史大纲》，谢品巍译，上海人民出版社 2011 年版。

　　⑤ *The Historia Augusta*, translated by David Magie, Loeb Classical Library, Harvard University Press, 1921, 1924, 1932, 1951 - 1952, 1959 - 1960.

　　⑥ Zonaras, *The History of Zonaras：From Alexander Severus to the Death of Theodosius the Great*, trans by Thomas M. Banchich and Eugene N. Lane, Routledge, 2009.

下的岩刻（后文详述）。纳塞赫时期萨珊王朝与罗马的战争还可参考纳塞赫在两河流域留下的《帕古里铭文》（*Paikuli Inscription*）。沙普尔二世时期萨珊王朝与罗马的战争主要的史料来源便是阿米安的《罗马史》，但由于该著作关于公元 353 年之前的部分未能保存下来，因此对于公元 338—353 年间萨珊王朝与罗马帝国的战和，需参考同时代其他的晚期古代作家。

另外，这一时期（4 世纪后）出现了不同于古典史学传统的"教会史"之滥觞，而这些教会史对于研究晚期罗马帝国和萨珊王朝的宗教政策，尤其是两大帝国对古典异教、犹太教和基督教的政策演变具备不可或缺的参考价值，其中代表作品有"教会史之父"尤西比乌斯（Eusibius of Caesarea，约 260—340 年）的《教会史》① 和奥罗修斯（Paulus Orosius，约 375—420 年）的《驳异教历史》等。另外，5 世纪拜占庭教会史家索佐门（Sozomen）的《教会史》（见下文）还详细记载了沙普尔二世时期萨珊王朝大规模迫害基督徒的情况。最后，晚期罗马帝国的中央集权化、官僚化和军事改革进程与波斯威胁、波斯战争有着紧密的内在联系。而关于晚期罗马帝国的军事改革和技战术演变，可以参考成书于 5 世纪初的，详尽记载 4 世纪末 5 世纪初晚期罗马帝国军政组织结构的原始文献《职衔录》（*Notitia Dignitatum*）。《职衔录》对晚期罗马帝国从上到下各级军政官职名称以及野战军和边防军编号、组织、兵种装备和地域分布记载较为全面，是了解晚期罗马帝国军政结构和军队组织情况的必备文献。

4. 早期拜占庭帝国—萨珊帝国阶段（395—628 年）

公元 330 年罗马帝国皇帝君士坦丁一世（Constantine I，306—337 年在位）迁都君士坦丁堡，395 年狄奥多西一世（Theodosius I，

---

① Eusebius of Caesarea, *The Ecclesiastical History*, with an English translation by Kirsopp Lake and J. E. I. Oulton, Loeb Classical Library, Cambridge, Mass., 1926 – 1932, 2 Vols；［古罗马］尤西比乌：《教会史》，［英］梅尔英注，瞿旭彤译，生活·读书·新知三联书店 2009 年版。

379—395 年在位）死后将帝国一分为二（罗马帝国的"分治"自戴克里先始，狄奥多西一世分治之后固定化和永久化），东部帝国逐渐转化为早期拜占庭帝国（现代学者多以君士坦丁一世为拜占庭帝国历史开端，而本书为研究方便将公元 330—395 年的罗马—拜占庭史归为晚期罗马帝国阶段，公元 395 年之后为早期拜占庭帝国阶段）。早期拜占庭帝国—萨珊帝国阶段的罗马波斯战争是罗马波斯战争的第四阶段也是最后一个阶段，起于公元 421 年拜占庭皇帝狄奥多西二世（Theodosius II，408—450 年在位）拒绝萨珊君主巴赫兰五世（Bahram V，420—438 年在位）要求引渡被其迫害驱逐至拜占庭的波斯基督徒而引发的战争，终于公元 628 年萨珊王朝向拜占庭帝国求和，按时间可分为"5 世纪和平"期间的两次小规模战争（421—422 年战争与 440—441 年战争）、6 世纪初的"阿纳斯塔修斯战争"（Anastasian War，502—506 年）、526—562 年查士丁尼一朝与波斯时断时续的"伊比利亚战争"（Iberian War，起讫 526—532 年）和"拉齐卡战争"（Lazic War，起讫 540—562 年）、572—591 年拜占庭与波斯之间的连年中小规模战争以及公元 602—628 年拜占庭与波斯的最后大战五个分阶段。

公元 421—422 年以及 440—441 年的罗马波斯战争，皆因萨珊帝国对其境内基督徒政策变动所致，持续时间短，并未从根本上损害 5 世纪两大帝国的和平基调。这一分阶段的史料主要是拜占庭教会史著作和同时代的亚美尼亚史料（亚美尼亚史料将在后文详述），时间上主要对应拜占庭皇帝狄奥多西二世的统治时期。而涵盖这一时期的拜占庭史料主要有教会史家苏格拉底（Socrates Scholasticus）的《教会史》①、巴勒斯坦籍教会史家索佐门（Sozomen）的《教会史》②、叙利亚籍教会史家提奥多里特（Theodoret of Cyrus）的《教

---

① Socrates Scholasticus, *The Ecclesiastical History of Socrates Scholasticus*, *NPNF 2 - 02*, pp. 2 - 281, general editor Philip Schaff, New York, 1886.

② Sozomen, *Ecclesiastical History of Sozomen*, *NPNF 2 - 02*, pp. 282 - 613, general editor Philip Schaff, New York, 1886.

会史》① 以及 6 世纪叙利亚籍教会史家埃瓦格里乌斯（Evagrius，536—594 年）的《教会史》② 等，其中以苏格拉底和埃瓦格里乌斯的著作最有价值。除此之外，索佐门的著作主要以苏格拉底的著作为来源，可作为苏格拉底著作的参考。而提奥多里特的著作专门以 4—5 世纪初拜占庭帝国内部教派斗争为研究对象，尤其是尼西亚正统派和聂斯托利派的斗争。因此，提奥多里特的《教会史》对于了解这一时期拜占庭帝国政教关系、基督教教派斗争以及聂斯托利派被判为异端后向萨珊帝国境内东向发展的历史背景极为重要。

第二分阶段即 502—506 年的"阿纳斯塔修斯战争"标志着"5 世纪和平"之后罗马波斯战争在 6 世纪的逐步和全面升级，其主要史料来源是叙利亚编年史家约书亚·斯提利特（Joshua the Stylite）的《编年史》③。约书亚·斯提利特的著作因为注重对历史人物动机、经济利益、部落与帝国政治关系等现实客观视角而被誉为"叙利亚的修昔底德"，其著作具有很高的史料价值，也是了解公元 502—506 年罗马波斯战争的核心史料；第三分阶段（526—562 年）和第四分阶段（572—591 年）的史料最为齐全，包括四部 6 世纪拜占庭史家——普罗科比（Procopius of Caesarea，约 500—570 年）的《战争史》④、阿加西亚斯（Agathias，530—582/594 年）的《历史》⑤、米

---

① Theodoret, *Ecclesiastical History*, *Dialogues*, *Letters of Theodoret*, *NPNF 2 – 03*, pp. 3 – 523, general editor Philip Schaff, New York, 1892.

② Evagrius Scholasticus, *The Ecclesiastical History of Evagrius Scholasticus*, trans by M. Whitby, Liverpool: Liverpool University Press, 2000.

③ *The Chronicle of Pseudo-Joshua the Stylite*, translated with note and introduction by F. F. Trombley and J. W. Watt, Liverpool University Press, 2000.

④ Procopius, *History of the Wars*, trans by H. B Dewing, The Loeb Classical Library, Cambridge: Harvard University Press, 2006；［东罗马］普罗柯比：《战史》，崔艳红译，陈志强校注，大象出版社 2010 年版。

⑤ Agathias, *The Histories*, translated with an introduction and short explanatory notes by Joseph D. Frendo, Berlin and New York, 1975.

南德（Menander the Guardsman）的《历史》① 以及西奥菲拉克特·西摩卡塔（Theophylact Simocatta）的《历史》② 构成了公元526—591 年间拜占庭史乃至罗马波斯战争史的连续记述：首先，查士丁尼时代最著名的拜占庭史家普罗科比的《战争史》对公元526—532 年的罗马波斯为争夺高加索爆发的"伊比利亚战争"（Iberian War）、540—545 年萨珊王朝库斯洛一世（Khosrow I，531—579 年）对拜占庭的战争以及541—551 年两国对高加索拉齐卡（Lazica）地区的争夺战有详细的记载；阿加西亚斯和米南德的《历史》前后相续，他们的著作分别续写普罗科比和阿加西亚斯的著作至公元558 年和公元582 年，因此是了解公元552—562 年间的"拉齐卡战争"、公元561—562 年两国缔结"五十年和平条约"磋商过程以及公元572—582 年间两国重新爆发战争进程的重要史料。同理，西奥费拉克特·西摩卡塔的《历史》也是了解公元582—591 年间罗马波斯战争以及公元591 年拜占庭帝国与波斯媾和经过的重要史料。

　　第四分阶段即公元602—628 年的罗马波斯战争是最后的高潮阶段，但缺少当代史料，主要史料来源是8 世纪后的拜占庭史料汇编，同时还包括7 世纪的亚美尼亚史料（亚美尼亚史料后文详述）以及中世纪成书的各种编年史。其中拜占庭史料主要包括8—9 世纪初的拜占庭编年史家忏悔者塞奥法尼斯（Theophanes the Confessor，765—818 年）的《编年史》和7 世纪君士坦丁堡匿名教士所写的《复活节编年史（284—628 年.）》（*Chronicle Paschale*，284 – 628AD）③。塞奥法尼

---

① Menander, *The History of Menander the Guardsman*, *introductory Essay*, *Text*, *Translation*, *and Historiographical*, trans by R. C. Blockley, Liverpool：F. Cairns, 1985.

② Theophylact Simocatta, *The History of Theophylact Simocatta*, English Translation with Introduction and Notes, trans by Michael and Mary Whitby, Oxford：Clarendon Press, 1986.

③ Theophanes, *The Chronicle of Theophanes Confessor*：*Byzantine and Near Eastern History*, *AD 284 – 813*, trans by Cyril Mango and Roger Scott, Oxford：Clarendon Press, 1997；*Chronicon Poschale 284 – 628AD*, translated with notcs and Introduction by Michael Whitby and Mary Whitby, Liverpool：Liverpool University Prass, 1989.

斯的《编年史》以编年体例详述了公元 602—628 年的罗马波斯战争，尤其是希拉克略皇帝（Heraclius I，610—641 年在位）的波斯战争。由于作者生活的时代距离 7 世纪初有相当长时间，因此其《编年史》中关于萨珊王朝君主在位时间错讹较多。但在 7 世纪拜占庭帝国内政、外交及军事史等其他方面，塞奥法尼斯的《编年史》都具有较高的价值，甚至是了解希拉克略时代一些具体史实的唯一拜占庭史料。塞奥法尼斯《编年史》的另一个缺憾在于，对公元 626 年君士坦丁堡围城战的经过记载极为简略，因此详细记载了该次战役经过的《复活节编年史》对于补充塞奥法尼斯《编年史》关于 7 世纪罗马波斯战争细节的意义就不言而喻了。另外，关于这一阶段的罗马波斯战争，出现了成熟了的军事学专著，即拜占庭帝国莫里斯皇帝（Maurice，582—602 年在位）的《战略学》①。《战略学》是莫里斯皇帝继位前担任拜占庭帝国东方军事全权统帅（Magister Milltum per Orientem）时，结合自己的亲身军旅经验写成的论述拜占庭军队组织、装备和战略战术的军事学专著（是否为莫里斯本人所著学界仍有争议），该书后来成为莫里斯皇帝时期拜占庭帝国军事改革的指导思想。莫里斯在《战略学》中详尽分析了同时期拜占庭、波斯、阿瓦尔、法兰克等国家和民族军队技战术的优劣，是了解这一时期罗马波斯战争军队组织和技战术情况的唯一军事学著作。

最后，公元 602—628 年为罗马波斯战争的最后高潮阶段，也见证了拜占庭帝国从戴克里先时代以来的央地三级权力（大政区、政区、行省）结构向总督制、军区制二级权力结构的全面转型。希拉克略皇帝对"军区制"的改革和推广是在 7 世纪初波斯大举入侵、拜占庭国土骤减、国家社会处于深刻政治军事危机大背景下挽救拜占庭帝国命运的战略性改革。因此关于早期拜占庭军区制的史料对

---

① Maurice, *Maurice's Strategikon*, Hand Book of Byzantine Military Strategy, trans by G. T. Dennis, University of Pennsylvania Press, Philadelphia, 1984；［拜占庭］莫里斯一世：《战略：拜占庭时代的战术、战法和将道》，王子午译，台海出版社 2019 年版。

了解罗马波斯战争背景下拜占庭帝国如何启动军区制改革，解析拜占庭帝国最终成功逆转对波斯战局的原因至关重要。关于拜占庭帝国军区制最重要的材料是 9 世纪马其顿王朝皇帝君士坦丁七世（Constantine Ⅶ，913—959 年在位）的专著《论军区》（*De Thematibus*）①。但即使是该著作，也未能详细地记载 7 世纪拜占庭帝国军区的情况，其主要原因仍然是 7 世纪"黑暗时代"拜占庭史料的匮乏和当时军区制处于"萌芽阶段"的历史事实所致。事实上，由于同时代拜占庭史料的匮乏，复原希拉克略皇帝反击波斯战争的具体细节、弄清拜占庭帝国如何渡过 7 世纪前期的军事危机仍然具有不小的难度。因此，在拜占庭史料的基础上参考同时代亚美尼亚和阿拉伯方面的史料就显示出了极重要的意义。

（二）"非希腊罗马"史料

以希腊罗马（拜占庭）史料为代表的古典文献虽然是研究罗马波斯战争最重要的史料来源，构成所有史料来源中最重要的一极。但如前所述，即使是希腊罗马（拜占庭）史料也存在着史料的时空断层和史观的地中海中心主义倾向等问题。因此，以犹太、亚美尼亚、波斯和阿拉伯史料为代表的"非希腊罗马史料"的重要性就不言而喻了。犹太人、亚美尼亚人和阿拉伯人是近七百年罗马波斯战争的重要参与者和见证者，且犹太、亚美尼亚和阿拉伯作家（史家）留下了相对较为丰富的文献资料，因此犹太、亚美尼亚和阿拉伯史料是对希腊罗马（拜占庭）史料的重要补充；波斯人（包括帕提亚人）是罗马波斯战争中与罗马—拜占庭一方并立的另一极，但前伊斯兰时期的波斯人缺少希腊罗马人那样的"民间修史传统"，而是热衷于通过建造各种官方纪念性岩刻来纪念军国政教大事并以口头传唱的方式记录宫廷、宗教、社会和文化生活。与希腊罗马（拜占庭）史料和犹太、亚美尼亚、阿拉伯史料以文献史料为主相比，波斯史

---

① G. Moravcsik（ed.），*Constantine Porphyrogenitus*：*De Administrando Imperio*，2nd revised edition，Washington D. C：Dumbarton Oaks Papers for Byzantine Studies，1967.

料主要为岩刻、钱币、印章、陶器等实物史料以及以帕提亚语、中波斯语（Middle Persian）等中古伊朗语言形成的宗教文学作品。前伊斯兰时期的波斯史料虽然极度缺乏系统的世俗编年记史传统，但许多中古伊斯兰时期的波斯和阿拉伯史料大量引用已经佚失的波斯官方史志，从中可以窥得萨珊帝国时期伊朗官方历史编纂的原貌。另外，波斯史料在实物和宗教文学题材方面的相对丰富正好可以与希腊罗马（拜占庭）史料等文献史料相互对照，从而修正彼此在史料和史观上的不足之处。现将以上所述的各种"非希腊罗马史料"简述如下：

1. 犹太史料

自居鲁士大帝时代以来，犹太人便在波斯诸王朝辖下获得高度的政治和宗教自治。大量未返回耶路撒冷的"巴比伦之囚"继续生活在波斯诸王朝治下的美索不达米亚诸城，为犹太和波斯双方的长期接触和相互理解及认同奠定了基础。有着相似天启、末世和救赎观的犹太教与祆教在两大民族长期接触中的相互学习和馈赠，以及波斯帝国对犹太人商业特长的需求都使得双方形成长期稳定的互利交往关系，这样的传统也延续至帕提亚—萨珊帝国时期。而犹太人与罗马帝国的交往则从一开始的友善迅速降格为罗马一方对犹太政治宗教传统的压制和侵犯，以及由此导致的犹太人持续不断地反抗斗争。这使得自公元1世纪起罗马和犹太关系便充满仇恨和血腥冲突。犹太人与罗马和波斯帝国截然不同的交往关系自然会影响到同时期的罗马波斯关系，其表现便是西亚各地的犹太人都普遍"亲波斯"和"反罗马"。而自公元2世纪起被罗马帝国逐出耶路撒冷之后，犹太人便分别以美索不达米亚和巴勒斯坦的加利利（Galilee）为根据地，形成罗马波斯治下西亚地区最具特色和重要性的第三方族群，因而犹太人是罗马波斯战争中重要的第三方见证者（甚至是参与者）。犹太人坚定地反抗罗马—拜占庭帝国的政治统治和宗教压迫，同时又在帕提亚—萨珊帝国境内享有长时期的政治宗教自由。犹太人与罗马—拜占庭帝国和帕提亚—萨珊帝国之间错综复杂的关系在犹太文献史料中得到了大量的反映。罗马波斯战争最重要的犹太史料来源是公元 1 世纪罗马—犹太史家弗拉维斯·约瑟夫斯（Flavius Josephus）的《犹太战争》①和《犹太古史》②。《犹太战争》主要内容为公元 66—73 年罗马帝国境内犹地亚（Judea）行省爆发的犹太人大起义，即罗马人的"犹太战争（Jewish War）"，是弗拉维斯·约瑟夫斯在归顺罗马后对犹太战争经过的翔实记述，其中许多内容涉及许多公元 1 世纪罗马帝国与帕提亚帝国的关系。与《犹太战争》是"当代人写当代史"不同，约瑟夫斯的《犹太古史》则记载了创世以来犹太人及其周边民族的历史，下限即为公元 66 年爆发的犹太战争。对于公元前 1 世纪晚期罗马共和国和帕提亚帝国的关系，《犹太古史》可以与迪奥多罗的《历史集成》以及卡西乌斯·狄奥的《罗马史》相互对照。公元前 40—前 37 年间帕提亚帝国入侵叙利亚、巴勒斯坦（犹地亚）的过程以及同时期犹地亚地区的政局变化，在《犹太古史》得到了较为详细的反映，并可与希腊文旧约《圣经》中的相关内容进行对照。

公元 135 年巴尔·科赫巴（Bar Kokhba Revolt）起义失败后，犹太人进入大流散时期。约瑟夫斯独一无二的古典—犹太双重史家身份遂后继无人，成为犹太历史编纂的孤星。然而大流散时期也开启了犹太宗教律法文献编纂在 4—6 世纪的全盛，其代表成果便是《塔木德》（Talmud）。《塔木德》是在 4—6 世纪罗马—波斯西亚对峙时代分散在两大帝国境内的两大犹太人聚居群体——巴比伦尼亚犹太人（即居住在萨珊波斯所辖美索不达米亚境内的犹太人）和巴勒斯坦加利利犹太人（主要在太巴列和凯撒里亚）为保存犹太律法传统分别独立完成的口传律法汇编，即《耶路撒冷塔木德》（Jerusalem

---

① Josephus, *The Jewish War*, translated by H. St. J. Thackeray, Loeb Classical Library, London and New York: William Heinemann and G. P. Putnam, 1927 – 1929.

② Flavius Josephus, *Antiquities of the Jews*, new updated version of Whiston's translation, Hendrickson Publishers, 1987.

Talmud，也称 "巴勒斯坦塔木德"）① 和《巴比伦塔木德》（*Babylo-nian Talmud*）②，其中尤以《巴比伦塔木德》最为重要。《耶路撒冷塔木德》和《巴比伦塔木德》分别反映了古代晚期罗马和波斯境内犹太聚居群体的社会、宗教和经济生活，是研究犹太人在罗马波斯时代之政治经济角色和其与统治帝国之关系的重要宗教和律法史料。《耶路撒冷塔木德》对晚期罗马帝国和早期拜占庭帝国治下巴勒斯坦及其周边地区的族群社会有着较多的反映，以色列古典学者、特拉维夫大学教授本杰明·伊萨克（Benjamin H. Issac）甚至将之作为研究罗马—拜占庭帝国东方军事体系沿革的关键性史料。而《巴比伦塔木德》是研究帕提亚—萨珊波斯帝国治下两河流域犹太人社会生活的重要史料。《耶路撒冷塔木德》的缺陷在于其编纂在 5 世纪时由于各种原因戛然而止，因此不足以反映 5—7 世纪早期拜占庭帝国东方诸省的政治、社会和族群关系。而《巴比伦塔木德》于公元 3 世纪开始编纂，至 6 世纪基本完成，是萨珊波斯所辖两河流域境内各大犹太聚居区的拉比（Rabbi）历时两百余年合力完成，因此其编纂时间之长、内容之完善远远超过《耶路撒冷塔木德》。除了极少数时期外，在萨珊波斯帝国治下的犹太人享有高度的政治和宗教自治，并在萨珊帝国的社会经济生活尤其是国内外贸易中扮演重要角色，而《巴比伦塔木德》正是研究萨珊帝国治下犹太人社会经济生活及犹太人与萨珊帝国境内其他族群关系之历史演变的重要史料。

2. 亚美尼亚史料

亚美尼亚是罗马波斯战争中最重要的中间和缓冲国家，来自亚美尼亚的史料则是罗马波斯战争中 "非希腊罗马史料" 中的重要一极。涉及古代晚期罗马波斯关系的亚美尼亚史料主要集中分布于公

---

① Jacob Neusner and J. Aronson, *The Yerushalmi-the Talmud of the Land of Israel: a introduction*, 1993.

② Jeffrey L. Rubenstein, *The Culture of the Babylonian Talmud*, The Johns Hopkins University Press, 2003.

元5—7世纪，同时散见于公元10—13世纪的亚美尼亚文献史料。公元406年亚美尼亚教士梅斯罗普·马什图茨（Mesrop Mashtots）创立亚美尼亚字母，为5世纪亚美尼亚历史编纂"黄金时代"的来临打下了坚实的基础。除民族文字的创立外，5世纪亚美尼亚史学的繁荣也是亚美尼亚基督教化以及亚美尼亚基督教民族化进程深入发展的必然结果。这一时期涌现出了以摩西·霍列纳契（Movses Khorenatsi）的《亚美尼亚史》[①] 为代表的里程碑式作品。摩西·霍列纳契师承梅斯罗普，首次以亚美尼亚文书写本民族历史，因此被后世誉为"亚美尼亚历史之父"。摩西的《亚美尼亚史》深受早期拜占庭"教会史"书写范式的影响（尤其受到凯撒里亚的尤西比乌斯《教会史》等著作的影响），表现出浓厚的基督教色彩，同时充满亚美尼亚民族主义情怀。摩西的《亚美尼亚史》充分利用了古代亚美尼亚民间口头传说以及各种遗失的古代文献，包含了许多其他存世文献未能反映的关键信息（如帕提亚王朝的七大世家起源及其政治角色）。但由于该书缺乏古典著作那样严谨求实的考据和分析，因此其史料信息的真实性须结合其他史料乃至考古证据加以辨析。4世纪亚美尼亚从琐罗亚斯德教向基督教社会的转型是与同时期罗马帝国基督教化进程以及罗马波斯关系的演变密不可分的，而5世纪的亚美尼亚作家阿加桑格罗斯（Agathangelos）的《圣格里高利史》[②] 便是反映4世纪亚美尼亚基督教化进程的重要史料。《圣格里高利史》讲述了4世纪初信仰异教的亚美尼亚国王提里达特三世（Tiridate Ⅲ）在有着亚美尼亚"波斯内奸"后代身份的基督圣徒"光耀者"格里高利（Gregory the Illuminator）的感召下皈依基督教并以基督教为亚美尼亚国教的曲折经过。尽管该著作受时代的局限性而充满了宗教神迹和圣徒传记色彩，却不失为研究亚美尼亚基督

[①] Movses Khorenatsi, *History of the Armenians*, translation and commentary of the literary sources by R. W. Thompson, Harvard University Press, 1978.

[②] Agathangelos, *History of the Armenians*, trans by Robert W. Thomson, State University of New York Press, 1974.

教化进程及罗马波斯两大帝国在该进程中所扮演的角色的重要原始文献。

公元5—7世纪的亚美尼亚历史编纂也深受同时代罗马波斯对峙格局的影响，对域外帝国统治的依附和反抗自然成为亚美尼亚史家关注的重要主题。从公元前1世纪起，亚美尼亚就在罗马—拜占庭和帕提亚—萨珊两大帝国的夹缝中艰难生存。即使公元5世纪后亚美尼亚安息王朝覆灭，亚美尼亚人也从未停止反抗两大帝国控制、争取政治和宗教自由的斗争。至5世纪中叶，亚美尼亚人反抗萨珊帝国政治宗教控制的斗争达到高潮，遂有公元451年的阿瓦拉耶之战（Battle of Avarayr）。在此次战役中，亚美尼亚基督教贵族瓦尔丹·马米科尼扬（Vardan Mamikonian）带领不屈的亚美尼亚军队奋战牺牲，瓦尔丹由此成为亚美尼亚教会圣徒及亚美尼亚民族精神的标杆。而5世纪的亚美尼亚史家以利舍（Elishe，又作Yeghishe或Eliseus）的《瓦尔丹史》① 是研究这一重大历史事件的原始史料。5—6世纪较重要的亚美尼亚史料还包括鲍斯托斯·布赞（P'awstos Buzand，又作Faustus of Byzantium）的《亚美尼亚史》② 以及加扎尔·帕普特茨（Larzar Parpetsi）的《亚美尼亚史》③。另外，7世纪初罗马波斯战争的最后高潮阶段在亚美尼亚史料中也有反映，其中最重要的史料是7世纪亚美尼亚主教塞比奥斯（Sebeos）的《亚美尼亚史》④。

塞比奥斯的著作以独特的"亚美尼亚视角"讲述了公元590—

---

① Elishe, *History of Vardan and the Armenian War*, translation and commentary by R. W. Thompson, Harvard University Press, 1982.

② Buzandaran Patmutiwnk, *The Epic Histories Attributed to Pawstos Buzand*, translation and commentary by N. G. Garsoian, Cambridge, 1989.

③ Larzar Parpetsi, *The History of Lazar Parpetsi*, translation and commentary by R. W. Thompson, Occasional Papers and Proceedings, Columbia University, Program in Armenian Studies, Georgia, 1991.

④ Sebeos, *The Armenian History Attributed to Sebeos*, translated with notes by Robert Thomson, Liverpool University Press, 1999.

661 年间西亚和东地中海世界的历史变迁。尤其是关于公元 602—628 年间拜占庭帝国和萨珊波斯帝国的生死大战，塞比奥斯提供了许多拜占庭史料所未能涉及的关键信息，并对有着"世界毁灭者"之称的萨珊君主库斯洛二世（Khosrow Ⅱ，590—628 年在位）着墨颇多。塞比奥斯的著作是研究 7 世纪拜占庭和波斯军队在南高加索的作战情况以及罗马波斯双方对彼此认知变化的关键史料来源，同时也详细地反映了公元 626—650 年间波斯在亚美尼亚的统治由于拜占庭、突厥和阿拉伯军队的频繁进攻而土崩瓦解的过程。由于 5 世纪后亚美尼亚本部长期被波斯统治，该时期涌现的著作对于研究缺少世俗文献史料的萨珊帝国而言有着不可或缺的价值。塞比奥斯的著作虽以拜占庭皇帝为题，但是以一个萨珊治下的亚美尼亚贵族的身份写作。因此，塞比奥斯笔下的罗马波斯战争和伊斯兰征服战争都是以"波斯亚美尼亚"为主视角，其史著力图展现波斯在亚美尼亚统治的细节及其终结。另外，塞比乌斯的著作同时也是详细记载早期伊斯兰军事征服活动的重要"非伊斯兰史料"，因此其价值自然不可估量。1999 年，著名亚美尼亚学家罗伯特 W. 汤普森（Robert W. Thomson）将可能为塞比奥斯撰写的其他同时代亚美尼史料同塞比奥斯的《亚美尼亚史》一起，汇编为《归属于塞比奥斯的亚美尼亚史》（*Armenian History Attributed to Sebeos*），从而为现代学者研究 7 世纪罗马波斯战争和古代晚期亚美尼亚历史提供了宝贵的史料参考。

3. 波斯史料

帕提亚—萨珊帝国是罗马波斯战争中的两大核心行为体之一，但来自帕提亚—萨珊波斯的世俗文献史料却远不如对应的罗马—拜占庭史料丰富，这其实与前伊斯兰时期西亚民间纪史传统发育不成熟密切相关。自苏美尔—巴比伦时期以来，西亚诸王朝和帝国均重视官方纪史，其表现形式便是苏美尔王表、亚述王表、巴比伦法律文书以及不胜其数的君王记功碑铭等大量以楔形文字泥板为书写载体的"官方史料"。另外，巴比伦—亚述时期关于民间商业往来、土地关系等内容的楔形文字史料也较为丰富。苏美尔—巴比伦—亚述的官方纪史传统直接影响到古代波斯诸帝国对自身历史的书写方式。而伊朗高原的地理环境又使得波斯人的官方纪史传统独具自身特色。其表现便是从阿契美尼德王朝到萨珊王朝均在伊朗高原各地留下了较为丰富的纪念性岩刻（铭文），其中尤以阿契美尼德王朝的贝希斯敦岩刻铭文（Behistun Inscription）和萨珊王朝的琐罗亚斯德天房铭文（Ka'ba-ye Zartosht Inscription）最为著名。帕提亚—萨珊时期文献史料的匮乏是多种原因造成的：由于前伊斯兰时期西亚地区严格的社会分层和祭司集团对教育、文化乃至学术表达的垄断，使得古代西亚较为缺乏古典地中海世界那样成熟自由的"非官方"世俗修史传统。因此前伊斯兰时期波斯本土难以涌现出如希罗多德《历史》、修昔底德《伯罗奔尼撒战争史》以及普罗科比《战争史》这样直接反映大国政治军事斗争的系统史著。除以上原因外，公元 1 世纪后楔形文字的废弃，以及当时西亚纸张书写技术的尚不普及，也导致了帕提亚—萨珊帝国时期文献史料的相对匮乏。这在"官方史料"极大丰富的巴比伦—亚述时期尚不会对现代学者研究该时期历史造成重大的困难。然而由于古代波斯三大王朝的官方史料也屈指可数（萨珊官方史料在后来的战乱中遗失，而帕提亚时期即使是官方纪念性岩刻也遭到严重损毁），其民间留下的史料和同时期希腊罗马史家的著述相比更是寥若晨星。这就给现代学者研究前伊斯兰时期波斯诸帝国历史造成了相当大的困难。如果仅仅依靠波斯方面的几处岩刻铭文，显然无法还原近千年的前伊斯兰波斯诸帝国历史。希腊罗马史料对波斯诸帝国的记载虽然丰富，但过于依赖希腊罗马史料又会陷入"东方主义"和"地中海中心"的史观窠臼。这也正是现代伊朗学研究者正在努力克服的问题。研究"罗马波斯战争"当然离不开波斯史料的支撑，但如何梳理、筛选和使用各种类型的波斯史料显然是摆在学者面前的重大课题。其实，前伊斯兰时期的波斯史料并非无章可循。本书在总结现代伊朗学研究成果的基础上，将帕提亚—萨珊时期的波斯史料分为文献史料和实物史料两大类别，并简述如下：

帕提亚—萨珊时期的文献史料主要是中波斯语/巴列维语文献

（Middle Persian / Pahlavi Texts）。中波斯语是帕提亚—萨珊时期伊朗的官方用语和民间通用语，广义上可包括帕提亚语和萨珊时期的狭义"巴列维语"或"中波斯语"。中波斯语使用的是巴列维字母（Pahlavi Script），是一种由阿契美尼德王朝的皇家阿拉米字母（Imperial Aramaic）发展而来的字母书写体系。中波斯语上承楔形文字书写的古波斯语（Old Persian），下启阿拉伯字母书写的新波斯语（New Persian）。中波斯语是印欧语系伊朗语族语言及书写体系发展的重要阶段，与粟特语（Sogdian）、花剌子模语（Khwarezmian）和巴克特里亚语（Bactrian）一起构成中伊朗语（Middle Iranian Languages）的重要组成部分。"Pahlavi"一词本是古波斯语"Parthava"的中波斯语形式，而"帕提亚"（Parthia）正是"Parthava"的拉丁转写。帕提亚和萨珊时期的两种"巴列维语"实际上是中波斯语在伊朗北部和南部地区的两种方言。但两种巴列维语各自的书写体系、字母发音等并不可以完全等同，其释读具有相当的难度。现代伊朗学研究者大多数主张将帕提亚语和萨珊巴列维语区分开来，并以萨珊巴列维语作为严格意义上的"中波斯语"。安息语文献中的绝大部分为 20 世纪在中亚和中国新疆吐鲁番地区出土的摩尼教安息语文献（Manichaean Parthian Texts）[1]。同时摩尼教创始人摩尼（Māni）在公元 3 世纪将自己的教义以中波斯语写成《沙普拉甘》（Shapuragān）[2] 进献沙普尔一世，该著作是研究中古波斯摩尼教教义的基础文献。而萨珊时期的中波斯语文献主要为反映中古波斯政教治理和社会生活的宗教法律文书和吟游诗人文学。

帕提亚—萨珊时期是古代伊朗祆教文明在后希腊化时代（Post-Hellenistic Age）全面复兴并走向成熟的时期。因而这一时期出现了大量的以中波斯语对祆教古经《阿维斯塔》（Avesta）做的注解文

---

① Desmund Durkin-Meisterernst, *Dictionary of Manichaean Middle Persian and Parthian*, Brepolis Publishers, Turnhout, Belgium, 2004.

② Jess Peter Asmussen（comp.）, *Manichaean Literature：Representative Texts, Chiefly from Middle Persian and Parthian Writings*, Scholars Facsimiles & Reprints, 1975.

献，即《赞德·阿维斯塔》（Zand-Avesta，意为对阿维斯塔的注解）①。《赞德·阿维斯塔》包括帕提亚—萨珊乃至早期伊斯兰时期（最迟至10世纪）伊朗祆教学者搜集、编订、整理和注释的各种中波斯语文献，其中最重要的是《丁卡尔德》（Denkard，意为"宗教行事"）②、《万迪达德》（Vendidad，意为"驱魔"）③ 和《班达喜兴》（Bundahishn，意为"创世纪"）④。这三部中波斯语文献是研究古代伊朗祆教教义、仪轨和波斯民族宗教观、世界观的核心，并反映了大量帕提亚—萨珊时期伊朗的社会现实。另外，《正直人维拉兹之书》（Arda-Viraf-Nāmak）⑤、《古代哲人格言选录》（Chīdag Andarz Poryotkeshān）和《扎兹帕兰精选》（Wīzīdagīha-ī Zadsparam）也是《赞德·阿维斯塔》的重要组成部分。最后，萨珊时期精密严谨的国家治理和社会分层也导致了大量中波斯语法律和行政文书的产生，其中的代表便是《教义问答》（Pahlavi Rivayats）、《千条判决书》（Madigani Hazār Dādestān）⑥、《伊兰沙赫尔诸省府志》（Šahrestāniha-i Eranšahr）⑦ 和

---

① Mary Boyce, *Textual Sources for the Study of Zoroastrianism*, The University of Chicago Press, 1984.

② Sanjana Denkard, *The Denkard*, edited and translated by D. P. Sanjana, Vol. xvi, Kegan Paul, Trench, Trubner and Co., London, 1917 provides a complete but outdated translation.

③ *Pahlavi Vendidad*, edited and translated by B. T. Anklesaria, Bombay, 1949.

④ *Bundahiš*, edited and translated by B. T. Anklesaria, Zand-i Akasih, Bombay, 1956; into Persian by M. Bahar, Bondaheš, Tus Publishers, 1369.

⑤ *Arda-Viraf-Nāmak*, the Pahlavi text prepared by Destur Hoshangji Jamaspji Asa / rev. and collated with further mss., with an English translation and introd., and an appendic containing the texts and translations of the Gosht-i Fryano, and Hadokht-nask, by Martin Haug, assisted by E. W. West. Library University of Chicago, Bombay: Govt. Central Book Depot, 1872.

⑥ *Madigani Hazār Dādestān*, edited and translated by A. Perikhanian, *The Book of a Thousand Judgments*, Mazda Publishers, Costa Mesa, 1997.

⑦ *Šahrestāniha-i Eranšahr*, *A Catalogue of the Provincial Capitals of the Eranšahr*, J. Markwart, ed. G. Messina, Pontificio Istituto Biblico, Rome, 1931, and T. Daryaee, *Šahrestaniha i Eranšahr*, *A Middle Persian Text on Geography*, *Epic and History*, Mazda Publishers, Costa Mesa, 2002.

《坦萨尔书信》（*Nāma-ye Tansar*）①。这四部中波斯语文献对研究帕提亚—萨珊时期伊朗的政治制度、政教关系和社会治理意义重大。

　　萨珊时期伊朗也出现了系统的官方纪史工程，其成果即最终成书于公元 6—7 世纪的中波斯语萨珊官方史志《众王之书》（*Khwadāy-Nāmag*）。该书原本今已不存，但却是阿拉伯史料《泰伯里史》（*Tārīkh-ī Tabarī*）第五卷（后文详述）和波斯史诗《列王纪》（*Shāhnāmeh of Ferdowsī*）的主要材料来源。除了行政和宗教律法文书外，帕提亚—萨珊时期的中波斯语哲学、教谕文学和人物传记也深刻地反映了这一时期伊朗民族的精神风貌。其中的代表作是有着浓厚古代西亚教谕文学风格的《阿苏里之树》（*Drakht-ī Asurīg*）②、反映祆教救世主信仰和宿命观的《扎勒朗回忆录》（*Ayadgar-i Zarerān*）③ 以及反映早期萨珊历史但成书较晚的《阿达希尔行传》（*Kārnāme-ye Ardaširi Bābakān*）④。以上这些帕提亚语和中波斯语文献都是研究帕提亚—萨珊时期伊朗历史不可或缺的。

　　帕提亚—萨珊时期的实物史料主要包括铭文（Inscription）、钱币（Numismatic）、印章（Seal，也包括陶片 Ostraca）和纸草（Papyri）四种类型，而其中每一种史料都对还原帕提亚—萨珊时期伊朗历史具有不可替代的意义。限于篇幅，这里主要介绍帕提亚—萨珊时期的"核心"史料——岩刻铭文。而关于帕提亚—萨珊时期钱币、

---

　　① *Nāma-ye Tansar*, ed. M. Minoi, Tehran, 1352. English translation by M. Boyce, The Letter of Tansar, Rome, 1968.

　　② *Drakht-ī Asurīg*, *Manzume-ye Draxt-e Asurik*, edited and translated into Persian by M. Navabi, Tehran, 1346; into English by C. J. Brunner, "The Babylonian Tree, A Western Middle Iranian Verse Text", Special Supplement to the Grapevine, Selected Texts from PreIslamic Iran.

　　③ *Ayadgar-i Zarerān*, edited and translated in German by D. Monchi-Zadeh, Uppsala, 1981; into Persian by B. Gheiby, Pahlavi Literature Series, Nemudar Publication, Bielefeld, 1999.

　　④ *Kārnāme-ye Ardaširi Bābakān*, edited and translated into English by E. K. Antia, Bombay, 1900.

印章和纸草等实物史料的研究，将在后文详述。岩刻铭文及雕塑是帕提亚—萨珊时期官方纪史的主要表达方式，集中体现了帕提亚—萨珊王朝的政治理念和意识形态，是对波斯君权神授理念、在位君主赫赫武功以及波斯贵族宫廷生活的直接反映。帕提亚时期的纪念性岩刻不多且损毁严重，主要集中在伊朗境内的贝希斯敦和萨普里·佐哈布（Sarpul-ī Zohab）两地。帕提亚时期的岩刻艺术充分反映了帕提亚王朝的内亚骑射风俗，主要表现君王骑马征战和从祆教和先王处接受神圣王权的形象。帕提亚时期的纪念性岩刻虽然远不如萨珊王朝保存完好，但却为萨珊时期的同类作品的表达方式奠定了坚实的基础。

在萨珊君主的纪念性岩刻中，最重要的当属沙普尔一世（Shapur Ⅰ，241—272 年在位）在纳克什·鲁斯塔姆（Naqsh-e Rostam）建造的岩刻及其铭文（*Inscription of Shapur I at Ka'ba-ye Zartosht*，即沙普尔一世的琐罗亚斯德天房铭文，简称"SKZ"）[1]。另外，沙普尔一世还在毕沙普尔（Bishapur）建造了描绘三位罗马皇帝"臣服"于自己的岩刻。这些铭文和岩刻都生动地反映了沙普尔一世时期对罗马帝国的"辉煌胜利"，是研究公元 3 世纪罗马波斯战争的重要实物史料。除沙普尔一世之外，最重要的萨珊岩刻当属历任沙普尔一世、霍尔木兹一世（Hormizd Ⅰ，272—273 年在位）、巴赫兰一世（Bahram Ⅰ，273—277 年在位）以及巴赫兰二世（Bahram Ⅱ，277—293 年在位）四朝高级祭司的卡特尔（Kerdir）在纳克什·鲁斯塔姆、纳克什·拉贾布（Naqsh-e Rajab）和萨尔·马什哈德（Sar Mashhad）三地（均在今伊朗法尔斯省境内）留下的纪念性铭文。[2] 这些铭文详述了卡特尔辅佐和废立三代萨珊君主、迫害摩尼教和其他宗教并逐步问鼎萨珊帝国最高宗教权威的过程。卡特尔先后担任"Herpat""叶

---

① W. B. Henning, "The Great Inscription of Šāpūr I", *Bulletin of the School of Oriental and African Studies* 9 (1939), pp. 823 – 849.

② D. N. MacKenzie (trans.), "The Katir Inscriptions", *Henning Memorial Volume*, London: Lund Humphries, 1970.

尔勃""Mowbed""穆贝德"（穆贝德和叶尔勃的位阶高低在萨珊时期有所变动，早期穆贝德高于叶尔勃，后期则叶尔勃高于穆贝德），最后获"Magupat（即Mowbed的早期形式）"即"众祭司之主"的尊号。卡特尔是萨珊王朝早期权势最为显赫的大祭司，也是萨珊王朝唯一一位给自己建造纪念岩刻和铭文的大祭司。他留下的铭文是对萨珊王朝早期政教关系和宗教政策变动的直接反映，具有重要的研究价值。除沙普尔一世和卡特尔铭文外，较为重要的当属纳塞赫（Narseh，293—301年在位）时期留下的帕古里铭文（Paikuli Inscription，位于今伊拉克库尔德斯坦境内）①。帕古里铭文在萨珊岩刻铭文序列中地位十分重要。它是萨珊王朝第一份彻底抛弃希腊语的安息语—中波斯语双体铭文（之前为希腊语、帕提亚语和中波斯语三体铭文），也是最后一份使用安息语的萨珊铭文（之后的萨珊铭文完全为中波斯语即南巴列维语铭文）。纳塞赫时期是萨珊帝国政教关系、宗教政策乃至与罗马帝国关系再次发生重大变动的时期，而帕古里铭文则是反映纳塞赫时期以上重大事件的原始史料。

　　公元4世纪后萨珊君主留下的岩刻迅速减少，而铭文则难觅踪迹。公元6世纪萨珊帝国两代君主——卡瓦德一世和库斯洛一世的改革复兴使得这一时期的实物史料再次增多，主要为反映这一时期行政管理和商业贸易的印章、纸草以及羊皮纸文献（部分中波斯语纸草已经破译，但尚未有英文译本）②。这些实物史料对还原公元6世纪萨珊帝国的政治、军事、税制改革以及陆海过境贸易都具有极大的价值。最后，7世纪初萨珊帝国对拜占庭帝国粮仓——埃及的短暂军事占领（619—628年）使得这一时期的埃及纸草文献对研究萨珊末期军队情况而言至关重要（部分埃及纸草甚至记载了驻埃及

① Helmut Humbach and Prods. O. Skjærvø（trans.），*The Sasanian Inscription of Paikuli*，Wiesbaden，1983.

② Rica Gyselen，*The Four Generals of the Sasanian Empire：Some Sigillographic Evidence*，Vol. 14 of Conference，Rome，2001.

波斯军队的饮食清单）。① 而安提诺伊（Antinoe）出土的埃及羊毛织毯绘画则生动地反映了晚期萨珊波斯帝国的军事文化特色，是研究萨珊波斯艺术不可多得的实物史料。②

4. 古典伊斯兰史料

罗马波斯战争最后较重要的"非希腊罗马史料"是公元7—12世纪的古典伊斯兰史料（Classical Islamic Sources）。公元7世纪阿拉伯人对萨珊王朝和拜占庭帝国东方诸省的征服在彻底改写中东政治、宗教和文化版图的同时，也宣告了中东史学编纂新时代的到来。伊斯兰教在中东的传播极大地冲破了前伊斯兰时期中东尤其是西亚地区的社会分层和等级限制，使得中东地区的社会文化氛围摆脱了祭司和书吏集团对教育和学术表达近千年的垄断状态。另外，希腊罗马拜占庭史学对近东的持久影响、萨珊王朝的官方纪史传统以及公元751年怛罗斯战役（Battle of Talas）后中国造纸术的西传，都为古典伊斯兰时代中东史学编纂在公元9—12世纪迎来其历史上的"黄金时期"创造了条件。而萨珊帝国四百余年的帝国治理经验对阿拉伯帝国产生了不可估量的影响，萨珊王朝历史自然成为古典伊斯兰史学的重要表述对象和垂训历代伊斯兰王朝统治者的"历史范本"。正是由于古典伊斯兰时期阿拉伯史学的繁荣，刺激了公元9世纪后波斯民族语言文化的复兴。为了对抗伊斯兰教的强势地位，大量仍坚守祆教信仰的波斯学者开始系统整理中波斯语祆教文献。而公元10世纪后新波斯语（New Persian）在东部伊斯兰世界的出现和普及，使得波斯诗人菲尔多西（Abu-Qasem Ferdowsī Tūsī，940—1020年）得以撰写其皇皇巨著——波

---

① E. Venetis, "The Sasanian Occupation of Egypt (7 cent. AD) According to some Pahlavi Papyri Abstracts", *Graeco-Arabica*, Vol. 9, 2001.

② "Textile Fragment from Antinoe in Egypt", in R. Ghirshman, *Iran: Parthians and Sasanians*, London, 1962, p. 289, Photo., R. Basset.

斯民族史诗《列王纪》（*Shahnameh*）①。《列王纪》虽然是文学作品，却是唯一详尽记载前伊斯兰时期伊朗诸王朝（包括神话传说中的王朝）历史的波斯文献。而研究帕提亚—萨珊王朝历史，更离不开对《列王纪》的研究。另外，10世纪后许多阿拉伯史著被译为新波斯语乃至后来的突厥语，因而进一步丰富了古典伊斯兰史料的多样性。古典伊斯兰史料（包括《列王纪》）中关于萨珊王朝的核心资料来源即已经佚失的萨珊官方史志《众王之书》（*Khwādaynāmag*）②。因而通过研读古典伊斯兰史料对萨珊王朝的记载，可以有效地与希腊罗马拜占庭史料对波斯的记载进行对照，从而最大限度地还原萨珊王朝的四百年政治、宗教和军事历史。现将涉及萨珊王朝历史的古典伊斯兰史料简述如下：

记载萨珊王朝历史的古典伊斯兰史料首推9世纪波斯学者泰伯里（al-Tabarī，838—923年）以阿拉伯语写的40卷世界通史性巨著《历代先知与帝王史》（*Tarīkh al-rusul wa-al-mulūk*，波斯语译本为 *Tārīkh-ī Tabarī*，即《泰伯里史》）。该书第5卷《萨珊人、拜占庭人、莱赫米人和也门》（*The Sasanids, the Byzantines, the Lakhmids and Yemen*）③ 以萨珊王朝为主视角，叙述了公元3—7世纪中东各王朝、帝国和族群历史。《泰伯里史》第5卷的价值在于保存了萨珊官方史志《众王之书》的许多内容，有些地方甚至逐字逐句地引用《众王之书》。《泰伯里史》对萨珊王朝的家族谱系提供了许多与其他史料不同的记载，有助于后世学者通过对比辨析揭示萨珊王朝的

① Abolqasem Ferdowsi & Dick Davis（trans.），*Shahnameh*：*The Persian Book of Kings*，foreword by Azar Nafisi，Penguin Classics，2007；［波斯］菲尔多西：《列王纪全集》，宋丕方、张鸿年译，商务印书馆2017年版。

② Jaakko Hameen-Anttila，*Khwādaynāmag*：*The Middle Persian Book of Kings*，Studies in Persian Cultrual History，Vol. 14，Leiden & Boston：Brill，2018.

③ al-Tabarī，*Tarīkh al-rusul wa-al-mulūk*，ed. M. J. de Goeje，Leiden，1879－1901，English translation with copious notation is by C. E. Bosworth，The *History of al-Tabarī*，*Vol. V*，*The Sasanids*，*the Byzantines*，*the Lakmids*，*and Yemen*，State University of New York Press，1999.

家族起源。继泰伯里之后，记载萨珊王朝的伊斯兰史家当数有着
"阿拉伯的希罗多德"之称的马苏第（al-Mas'ūdī, 856—956 年）。马
苏第震古烁今的史著《黄金草原及珠玑宝藏》（*Murūj al-Dhahab wa-Ma'ādin al-Jawhar*，英译本为 *The Meadows of Gold and Mines of Gems*，
以下简称《黄金草原》）① 是古典伊斯兰时期囊括史学、地理学和博
物学等众多学科的综合性史著。《黄金草原》记载了自创世纪以来古
代世界各民族的历史起源、地理分布和风俗物产，下至 9 世纪阿拔
斯王朝中期历史，而其中对波斯萨珊王朝历史也着墨不少。对本书
的研究范围而言，《黄金草原》最有价值的部分是第 17 章对古代高
加索地理和诸民族历史的记载，以及第 21—24 章关于古波斯诸王朝
历史的记载（第 24 章专述萨珊王朝）。

　　继马苏第之后，记载萨珊历史的重要古典伊斯兰史家是 10 世纪
的著名穆斯林学者比鲁尼（al-Bīrūnī, 973—1050 年）。比鲁尼的
《古代民族编年史》（*Athar al-Baghiya*，英译本为 *The Chronology of Ancient Nations*）② 第 9、10、11 章分别介绍了古代波斯人、粟特人和
花剌子模人的历法和宗教庆典，第 13—18 章则分别记载了古代犹太
人、希腊人、叙利亚基督徒、聂斯托利派基督徒和摩尼教徒（阿拉伯
人称摩尼教徒为 "Sabians"）的宗教历法和重要节日。《古代民族编年
史》保存了大量已佚失的古代文献，尤其是对研究帕提亚—萨珊时期
祆教教义及仪式变迁和东派基督教（即包括叙利亚雅各派基督徒、聂
斯托利派基督徒等在内的 "东方正教会"）的仪式有着重要的价值。
除以上三部著作外，提供萨珊时期关键历史信息的伊斯兰史料还包括
9 世纪穆斯林博物学家迪纳瓦里（Abu Hanifa Dinawari, 815—896 年）

---

① Ali ibn Husayn Mas'ūdī, *Murūj al-Dhahab wa Ma'ādin al-Jawhar*, edited by Barbier de Meynard, Paris, 1869；［古阿拉伯］马苏第：《黄金草原》，耿昇译，人民出版社 2013 年版。

② al-Biruni, *Athar al-Baghiya*, an al-qurunal-akhaliah, E. Sachau, as Chronologie orientalischer Völker, Leipzig, 1878.

的《通史》（*al-Akhbār al-Tiwāl*，英译本为 *General History*）①、9 世纪
穆斯林地理学家雅库比（Ahamad al-Yaqubī，—897 年）的《伊本·
瓦迪赫史》②、10 世纪担任萨曼王朝（Samanids）重臣的波斯史家巴
拉米（Muhammad Bal'amī）对《泰伯里史》作的新波斯语译本《巴
拉米史》（*Tārīkh-ī Bal'āmī*，也称 *Tarjumīh-ī Tārīkh-ī Tabarī*）③、讽喻
诗人泰阿利比（al-Tha'ālibī，961—1038 年）的新波斯语文学作品
《关于波斯王的报告》（*Gharar Axbar al-mulâk al-Fars wa Sayrhum*）④、
12 世纪塞尔柱帝国波斯史家巴尔赫伊（al-Balkhī）记述法尔斯当地
历史变迁的《法尔斯志》（*Fārsnāma*）⑤ 以及 12 世纪伊斯兰史学集
大成者伊本·阿西尔（Ali ibn al-Athīr，1160—1233 年）的 11 卷
《历史大全》（*Al-Kamil fi al-Tārīkh*，英译本为 *The Complete History*）⑥
等。由此可见，涉及古波斯尤其是萨珊王朝历史的伊斯兰史著总体
上看极为丰富，有着重要的参考和研究价值，但限于篇幅仅列举以
上代表性著作。

综上所述，犹太、亚美尼亚、波斯和古典伊斯兰时期的众多
"非希腊罗马"史料是研究帕提亚—萨珊王朝历史乃至罗马波斯战争
的重要史料基础。它们和希腊罗马拜占庭史料相比具有毫不逊色的
学术价值。而只有通过详细对比两大史料来源，同时结合现代学者
的考古和学术研究成果，才能为研究罗马波斯战争乃至古代晚期中
东历史打下坚实的基础。

---

① Abu Hanifa Ahmad Dinawari, *al-Akhbār al-Tiwāl*, edited by Abd al Mun'im' Amir
Jamal al-Din al-Shayyal, Cairo, 1960.

② Ahmad b. Abī Ya'qūb, *Ibn Wādhih qui Dictur al-Ya'qūbī*, *Historiae*, edited by
M. T. Houtsma, Leiden, 1969.

③ Bal'amī, *Tarjumihi Tārīkh-i Tabarī*, edited by M. J. Mashkur, Tehran, 1959.

④ al-Tha'ālibī, *Gharar Axbar al-mulâk al-Fars wa Sayrhum*, ed. H. Zotenberg, Paris,
1990.

⑤ Ibn Balkhī, *Fārsnāma*, edited by Mansur Rastgar Fasai, Shiraz, 1995.

⑥ Ibn el-Athiri, *Chronicon quod Perfectissimum inscribitur*, edited by C. J. Tornberg,
Upsala 1851–1853, Lugduni Batavorum, 1867–1876.

第三节　研究现状

　　国内外学界涉及"罗马波斯战争"的研究并不系统，具有很强的专题性和分散性。总体上看，对前伊斯兰时期罗马波斯关系的研究不乏短时段框架下的优秀著述和论文，而系统论述公元前 1 世纪至公元 7 世纪罗马拜占庭帝国与帕提亚—萨珊帝国交往的著作尚未问世。按学者和著述的专业和研究内容来看，关于"罗马波斯战争"及背后所涉及的公元前 1 世纪—公元 7 世纪的"罗马波斯关系"的研究主要分散在罗马—拜占庭史研究、古代伊朗研究、古代晚期研究（Late Antique Studies）以及古代中西（欧亚）交通贸易史研究四大区域。而这四大学术区域中的每一个又可细分为若干次区域。这里先作简要的介绍，然后再分别详述。

　　首先，罗马—拜占庭史研究构成罗马波斯战争研究的必要参考和主要成果来源，无论是罗马史研究中的罗马军事研究、罗马行省研究、罗马—拜占庭边疆研究、罗马东方研究还是拜占庭史研究中的同类议题都对罗马波斯战争研究意义重大，且以上领域内的罗马—拜占庭研究成果可以说非常丰富；其次，古代伊朗研究是现代伊朗学（Iranian Studies 或 Iranology）的重要组成部分，古代伊朗研究的核心对象便是阿契美尼德王朝、帕提亚王朝、萨珊王朝和作为前伊斯兰时期波斯—伊朗文明核心要素的琐罗亚斯德教。现代伊朗学研究者在研究帕提亚—萨珊王朝历史时，当然不会回避帕提亚—萨珊帝国与同时期罗马—拜占庭帝国的关系。他们的研究成果与希腊罗马史学者的成果相比，虽然在数量上远远不及，却具有极高的学术价值；再者，古代晚期研究是从晚期罗马帝国研究和早期拜占庭研究中发展出来的新兴议题。古代晚期研究主要关注公元 3—7 世纪地中海世界及其周边地区由古典时代向中世纪的"转型"，并从某种程度上纠正传统的"古典地中海衰落论"。古代晚期研究对罗马波斯战争研究而言意义重大，而且对古代晚期西亚世界与地中海世界的互动也越来越成为当代古代晚期学者关注的议题。因此，研究罗马波斯战争需要在汲取古代晚期研究成果的基础上，进一步加强加深对以萨珊波斯帝国和早期哈里发国家为代表的古代晚期西亚文明在古典世界向中世纪世界转型过程中所发挥作用的研究，从而使自 20 世纪初以来便长期争论不休的"皮朗命题"（Pirenne Question）得到新的诠释。最后，罗马波斯战争研究离不开古代中西（欧亚）交通贸易史研究的支撑。18 世纪以来欧洲以法、德学者为代表的"东方学家"和"汉学家"们为古代中西（欧亚）交通贸易史研究做出了重大贡献，其代表成果如德国东方学家夏德（Friedrich Hirth，1845—1927 年）的《大秦国全录》（*Ancient China and the Roman Orient*，1885 年）等都是研究罗马波斯时代中西交通史不可或缺的著作。而国内中西交通史学家张星烺先生的《中西交通史料汇编》为国内学者研究古代中西交通史奠定了坚实的基础，该史料汇编也是研究罗马波斯战争时期中西交通贸易需参考的重要著作。以下就罗马—拜占庭史研究、古代伊朗研究、古代晚期研究、中西交通史研究中与罗马波斯战争研究密切相关的现代学术成果分别进行介绍。

（一）罗马—拜占庭史研究

现代罗马—拜占庭史学者的研究成果中，对研究罗马波斯战争而言具有重要参考价值的研究成果主要分为通史和断代史著作、专题性著作和专题性论文三大类。通史性著作方面，最有价值的是 19—20 世纪四位罗马—拜占庭史大家关于罗马帝国史（尤其是晚期罗马帝国史）的通史性著作，即布里（J. B. Bury）的《罗马帝国史：从建立到马可·奥勒留》① 及其续作《晚期罗马帝国史：从狄

---

① J. B. Bury, *A History of the Roman Empire：From its Foundation to the Death of Marcus Aurelius* (27 *BC* – 180*AD*), New York：Harper & Brothers Publishers, 1893.

奥多西一世到查士丁尼》①、琼斯（A. H. M. Jones）的《晚期罗马帝国史284—602 年：社会经济和行政考察》②、20 世纪拜占庭史权威瓦西列夫（A. A. Vasiliev）的《拜占庭帝国史》③ 以及古代晚期研究著名当代学者艾维尔·卡梅伦（Averil Cameron）的《晚期罗马帝国》④。近年来罗马—拜占庭学界也涌现出了不少晚期罗马帝国研究的通史性新作，其中代表性较强的有斯蒂芬·米歇尔（Steven Mitchell）的《晚期罗马帝国史》⑤ 以及菲利普·萨宾（Philip Sabin）、汉斯·维斯（Hans wan Wees）与米歇尔·怀特比（Michael Whitby）合著的《剑桥希腊罗马战争史第二卷：从晚期共和至晚期帝国的罗马》⑥ 等。研究罗马波斯战争，必须对从共和晚期至早期拜占庭帝国的罗马—拜占庭通史进行综合性的把握，因此以上罗马—拜占庭史的通史性著作都具备重要的参考价值。罗马—拜占庭研究中的断代史著作主要以罗马—拜占庭王朝和皇帝为分期和主题，参考罗马—拜占庭断代史著作可以对某位罗马—拜占庭皇帝时期的罗马波斯关系进行针对性研究。对罗马波斯战争具有重要参考价值的罗马—拜占庭断代史著作数量众多，限于篇幅此处不再列举。

专题性著作方面，对罗马波斯战争研究有重大价值的是主要涉及罗马东方军事体系、边疆行省治理和宗教文化互动（尤其是基督教史）等议题的专题性著作。首先，在罗马—拜占庭东方边疆研究

---

① J. B. Bury, *History of the Later Roman Empire：From the Death of Theodosius I to the Death of Justinian*, Vol. Ⅰ－Ⅱ, Macmillan & Co Ltd, 1923－1958.

② A. H. M. Jones, *The Later Roman Empire 284－602：A Social Economic and Administrative Survey*, Vol. Ⅰ－Ⅲ, Oxford：Basil Blackwell, 1964.

③ A. A. Vasiliev, *History of the Byzantine Empire*, University of Wisconsin Press, 1952；［美］A. A. 瓦西列夫：《拜占庭帝国史》，徐家玲译，商务印书馆 2019 年版。

④ Averil Cameron, *The Later Roman Empire：AD 284－430*, Fontana Press, 1993,

⑤ Steven Mitchell, *A History of the Later Roman Empire*, AD 284－641, 2nd edition, Wiley Blackwell, 2015.

⑥ Philip Sabin, Hans wan Wees and Michael Whitby, *Rome from the late Republic to the Late Empire*, *The Cambridge History of Greek and Roman Warfare*, *Vol.* 2, Cambridge University Press, 2008.

方面，早期罗马—拜占庭史家琼斯的《罗马帝国东部行省城市》①
是研究罗马东方行省治理与城市演变的经典著作。作者在该书中关
于罗马东方城市政治、经济与文化功能的论断至今仍然具有重要的
参考价值。而沃威克·保尔（Warwick Ball）的《罗马在东方：一个
帝国的转型》② 则是当代罗马东方研究的代表性著作。该书分章节
详述了罗马帝国的东方边疆、行省、属国的政治治理、历史变迁及
文化交互影响，以丰富的历史、建筑和考古证据阐释罗马人对东方
行省文化的深度接受以及东方文化（包括波斯）在罗马帝国向拜占
庭帝国转型过程中的重要作用。该书难能可贵之处是对罗马帝国与
阿拉伯诸王国、部落、族群以及安条克（Antioch，罗马叙利亚首
府）、波斯特拉（Bostra，罗马阿拉伯行省首府）等都市在罗马东方
政治治理及过境贸易中的作用进行了系统的归纳和总结，不足之处
是对当时帕提亚—萨珊帝国对罗马东方政策的影响缺乏详尽的专门
论述；密特福德（Timothy Bruce Mitford）的《小亚细亚以东：罗马
帝国的隐形边疆》③ 是近年来罗马—拜占庭边疆研究的代表性著作。
该书以钱币、铭文、建筑遗存等丰富的考古证据为基础、结合古代
文献的记载系统揭示了公元前 1 世纪至公元 4 世纪罗马帝国在小亚
细亚东部、南高加索和叙利亚—美索不达米亚北部诸地区的军团部
署、道路建设、要塞营垒的历史演变和阶段性特征。该书详细考察
了这一时期罗马帝国东方军事政策、边界变化、道路维护以及军队
调遣情况，尤其是对罗马东方属国、行省和军团建制严格论述系统
周密，因而是了解罗马帝国东方治理结构及其演变的必要参考著作；
彼得·艾德威尔（Peter M. Edwell）的《罗马与波斯之间：罗马控制

---

① A. H. M. Jones, *Cities of the Eastern Roman Provinces*, *Oxford University Press*,
1937.

② Warwick Ball, *Rome in the East：The Transformation of a Empire*, London & New
York：Routledge, 2000.

③ T. B. Mitford, *East of Asia Minor：Rome's Hidden Frontier*, Oxford：Oxford Univer-
sity Press, 2018.

下的幼发拉底河中游、美索不达米亚和帕尔米拉》① 以公元前 1 世纪—公元 3 世纪罗马帝国的东方边疆尤其是叙利亚—美索不达米亚地区为核心研究对象，系统考察了公元前 1 世纪—公元 3 世纪初罗马帝国在幼发拉底河区域的军事组织、边界变动及帕尔米拉等边疆城市在罗马波斯关系中的角色；另外，在晚期罗马—早期拜占庭帝国与东方民族尤其是阿拉伯人关系方面，最权威的著作当数伊尔凡·沙希德（Irfan Shahid）的《4 世纪的拜占庭与阿拉伯人》②；而系统论述公元 1—7 世纪罗马—拜占庭帝国东方边疆与军事体系演变的著作当属以色列学者本杰明·艾萨克（Benjamin Issac）的《帝国的边界：罗马军队在东方》③。该书从一个以色列古典学者的视角论述了罗马—拜占庭帝国东方军事体系的沿革及特征。其独特的价值在于作者大量使用了犹太律法史料《塔木德》来证明罗马东方军队具有维持治安、巩固征服和占领区域、镇压地方盗匪、维护道路畅通等多样化的内部治理"功能"，而不仅仅是一支热衷于对外征战的军队。伊萨克还在其著作中提出了罗马和波斯共同防御的高加索隘口是高加索山脉中段的达里尔关（Dariel Pass）而非里海西岸的打耳班关（Darband）的创造性观点。

其次，在关于罗马波斯战争的专题性史料汇编和专著中，较具代表性的是希尔顿（R. M. Sheldon）的《浴血黄沙：罗马人的帕提亚战争》④。该书是近年来罗马史学者研究罗马—帕提亚战争的代表性著作，该书对公元前 1 世纪至公元 3 世纪初罗马和帕提亚之间的

---

① Peter M. Edwell, *Between Rome and Persia*: *The Middle Euphrates*, *Mesopotamia and Palmyra under Roman control*, London & New York: Routledge, 2008.

② Irfan Shahid, *Byzantium and the Arabs in the Fourth Century*, Washitong D. C: Dumbarton Oaks Research Library and Collection, 1984.

③ Benjamin Issac, *The Limits of Empire*: *Roman Army in the East*, Oxford: Clarendon Press, 1990；［以色列］本杰明·艾萨克：《帝国的边界：罗马军队在东方》，欧阳旭东译，华东师范大学出版社 2018 年版。

④ R. M. Sheldon, *Rome's Wars in Parthia*: *Blood in the Sand*, London & Portland: Valentine Michell, 2010.

历次重大战争的来龙去脉进行了详细的回顾和分析，指出了罗马统
帅或统军帝王们发动历次帕提亚战争的政治动机和经济考量，尤其
强调情报（Intelligence）在历次罗马—帕提亚战争中的重要作用；迈
克尔·道强（Michael H. Dodgeon）、萨缪尔·刘（Samuel N. C. Lieu）和
乔弗里·盖特利克斯（Geofrey Greatrex）合作完成的《罗马东方边疆与
波斯战争：226—363 年》① 及其续编《罗马东方边疆与波斯战争：
363—630 年》② 是三位罗马—拜占庭史学者对 3—7 世纪罗马波斯战争
所涉及文献史料进行的汇编。这两部著作尽可能地收录了涉及 3—
7 世纪罗马波斯战争的各种希腊罗马和早期拜占庭文献，可以说是
对 3—7 世纪罗马—拜占庭帝国与萨珊帝国战争最详尽的研究成果，
具有极大的学术参考价值。另外，关于罗马—拜占庭帝国的东方军
事战略研究，不得不提的是"大战略理论"（Grand Strategy Theory）
的代表学者——美国战略理论和军事史家爱德华·勒特韦克
（Edward N. Luttwak）的两部论述罗马—拜占庭帝国军事战略的著
作，即《罗马帝国的大战略：从公元一世纪到三世纪》③ 与《拜占
庭帝国大战略》④。尽管"大战略理论"问世以来争议不断，但这两
部著作对从宏观上考察罗马—拜占庭帝国东方军事战略史而言具有
其他罗马—拜占庭研究著作不可替代的意义。除此之外，在罗马—
拜占庭军事史方面值得参考的著作还有保罗·艾德坎普（Paul Erd-

---

① M. H. Dodgeon, Samuel N. C. Lieu and Geoffrey Greatrex, *Roman Eastern Frontier and The Persian Wars AD* 226 – 363: *A Documentary History*, London & New York: Routledge, 1991 – 2002.

② M. H. Dodgeon, Samuel N. C. Lieu and Geoffrey Greatrex, *Roman Eastern Frontier and The Persian Wars AD* 363 – 630, London & New York: Routledge, 2002 – 2005.

③ Edward N. Luttwak, *The Grand Strategy of the Roman Empire*: *From the First Century A. D to the Third*, Johns Hopkins University Press, 1976；［美］爱德华·勒特韦克：《罗马帝国的大战略：从公元一世纪到三世纪》，时殷弘、惠黎文译，商务印书馆 2008 年版。

④ Edward N. Luttwak, *The Grand Strategy of the Byzantine Empire*, The Belknap Press of Harvard University Press, 2009；［美］爱德华·勒特韦克：《拜占庭帝国大战略》，陈定定、王悠、李希瑞译，社会科学文献出版社 2018 年版。

kamp）主编的《罗马军队手册》①、德布罗瓦（E. Debrowa）主编的《东方的罗马和拜占庭军队》② 以及沃伦·特里戈德（Warren Tread-gold）的《拜占庭和它的军队：284—1081 年》③ 等。

再者，是涉及罗马—拜占庭帝国基督教演变及其与东方宗教文化的交融冲突议题的著作。这方面的著作主要内容包括早期基督教的发展与分化、罗马—拜占庭帝国的基督教神学争端以及密特拉教（Mithraism）、摩尼教等东方（或源自东方的）宗教对罗马帝国的影响。在早期基督教史方面，必须提及的是早期基督教史家塞勒斯（R. V. Sellers）的关于罗马—拜占庭帝国早期基督教发展的经典著作《两种古代基督论：早期基督教时代亚历山大和安条克教义学派研究》④；另外，格兰维尔·唐尼（Glanville Downey）的《叙利亚的安条克史：从塞琉古到阿拉伯征服》⑤ 是研究罗马—拜占庭帝国东方首府——安条克从希腊化时期至阿拉伯征服近千年中历史演变的经典著作，有助于从宏观上把握安条克在罗马—拜占庭帝国东方行政治理、军事活动、经济贸易和宗教文化交流中的特殊地位。卡洛斯·索布林霍（Carlos R. Galvão-Sobrinho）的《教义与权力：晚期罗马帝国的神学争端与基督教领导权》⑥ 对晚期罗马帝国（早期拜占庭帝国）的神学争端进行了综合性回顾，尤其是对基督教阿里乌派

---

① Paul Erdkamp（ed.），*A Companion to the Roman Army*，Blackwell Publishing，2007.

② E. Debrowa，*Roman and Byzantine Army in the East*，Uniwersytet Jagielloński，1994.

③ Warren Treadgold，*Byzantium and Its Army*：284 – 1081，Stanford University Press，1996.

④ R. V. Sellers，*Two Ancient Christologies*：*A Study in the Christological Thought of the Schools of Alexandria and Antioch in the Early History of Christian Doctrine*，London：Society for Promoting Christian Knowledge，1940.

⑤ Glanville Downey，*A History of Antioch in Syria*：*from Seleucus to the Arab Conquest*，Princeton & New Jersey：Princeton University Press，1961.

⑥ Carlos R. Galvão-Sobrinho，*Doctrine and Power*：*Theology Controversy and Christian Leadership in the Later Roman Empire*，University of Californian Press，2013.

（Arianism）与三位一体派（Trinity）争论进行了深度的研究，但该书缺陷是没有涉及对基督教一性派和聂斯托利派与正统派关系的讨论。沃克·蒙泽（Volker L. Menze）的《查士丁尼与叙利亚正教会的形成》① 是考察早期拜占庭帝国治下东方非正统基督教尤其是一性派基督教发展历程的代表性专著，主要探讨 6 世纪拜占庭帝国东方叙利亚地区一性派基督教的起源、组织与分化历程；而关于基督教聂斯托利派的起源、发展和传播史，最权威的著作是早期基督教史学者奥布雷·维恩（Aubrey R. Vine）的《聂斯托利派教会：亚洲聂斯托利派基督教从波斯分裂到现代亚述人的一部简史》② 以及当代学者威尔海姆·鲍姆（Wilhelm Baum）和迪耶特马尔·温克勒（Dietmar W. Winkler）合著的《东方教会：一部简史》③。而菲利普·金肯斯（Philip Jenkins）的《遗失的基督教史：中东、非洲和亚洲的千年基督教黄金时代及其消亡》④ 则是一部综合论述东方非正统基督教派别形成、发展与衰亡历史的著作，有助于从整体上把握古代晚期中东基督教的传播、分化与兴衰史。最后，在东方宗教对罗马帝国的影响研究方面，罗杰·贝克（Roger Beck）的《罗马帝国的密特拉崇拜：关于无敌太阳神的秘仪》⑤、艾恩·加德纳（Iain Gardner）与萨缪尔·刘（Samuel N. C. Lieu）合编的《罗马帝

---

① Volker L. Menze, *Justinian and the Making of the Syrian Orthodox Church*, Oxford University Press, 2007.

② Aubrey R. Vine, *The Nestorian Churches*: *A Concise History of Nestorian Christianity in Asia from the Persian Schism to the Modern Assyrians*, London: Independent Press, Ltd, Memorial Hall, E. C. 4, 1937.

③ Wilhelm Baum and Dietmar W. Winkler, *The Church of the East*: *A Concise History*, London & New York: Routledge Curzon, 2003.

④ Philip Jenkins, *The Lost History of Christianity*: *The Thousand Year Golden Age of the Church in the Middle East*, Africa and Asia-And How It Died, Harper Collins ebooks, 2008.

⑤ Roger Beck, *The Religion of the Mithras Cult in the Roman Empire*: *Mysteries of the Unconquered Sun*, Oxford Unversity Press, 2006.

国的摩尼教文献》以及埃里克·奥尔林（Eric M. Orlin）① 主编的
《罗马的外来神祇：创造罗马帝国》② 都是研究东方宗教文化（尤其
是波斯祆教和摩尼教）对罗马帝国影响的上乘之作。

专题性论文方面，罗马—拜占庭史学者在近 1 个世纪内发表了
大量涉及公元前 1 至公元 7 世纪罗马波斯关系的论文，其中具有代
表性的如下：克劳迪·埃里尔斯（Claude Eilers）主编的《罗马世界
的外交官与外交政策》③ 是研究罗马外交政策的论文集，包括当代
罗马史学者研究罗马外交理念与政策的 9 篇论文。其中涉及罗马东
方政策、帕提亚战争以及罗马帝国与其黑海属国关系的议题对罗马
波斯战争研究具有不错的参考价值，如其中亚历山大·雅各布森
（Alexander Jacobson）撰写的《晚期共和时期的公众舆论、外交政策
与"正义战争"观》④ 一文，便讨论了苏拉（Sulla）、卢库鲁斯
（Lucullus）和克拉苏（Crassus）时期以上诸因素对当时罗马—帕提
亚关系的影响；尼古拉斯·莱特（Nicholas L. Wright）的《塔康迪莫
图斯家族：在罗马和东方之间的晚期希腊化王朝》⑤ 以早期罗马帝国
在小亚细亚东部的属国塔康迪莫迪德公国为视角，探讨了罗马东方属国
在帝国东方治理和军事战略中的作用；莱特福特（C. S. Lightfoot）的《4
世纪视角下的图拉真帕提亚战争审视》⑥，从 4 世纪文献记载和罗马波

---

① Iain Gardner and Samuel N. C. Lieu（eds.），*Manichaean Texts from the Roman Empire*，Cambridge University Press，2004.

② Eric M. Orlin，*Foreign Cults in Rome：Creating a Roman Empire*，Oxford University Press，2010.

③ Claude Eilers（ed.），*Diplomats and Diplomacy in the Roman World*，Leiden & Boston：Brill，2009.

④ Alexander Jacobson，"Public Opinion，Foreign Policy and 'Just War' in the Late Republic"，in Claude Eilers（ed.），*Diplomats and Diplomacy in the Roman World*，pp. 45 – 72.

⑤ Nicholas L. Wright，"The House of Tarkondimotos：A Late Hellenistic Dynasty between Rome and the East"，*Anatolian Studies*，Vol. 62，2012.

⑥ C. S. Lightfoot，"Trajan's Parthian War and the Fourth-Century Perspective"，*The Journal of Roman Studies*，Vol. 8，1990.

斯关系的角度重新审视了 2 世纪初罗马图拉真皇帝东征帕提亚的动机、经过及影响；另外，对公元前 1 世纪罗马—帕提亚关系演变探讨最深入的当数罗马史学者亚瑟·吉文尼（Arthur Keaveney）的两篇经典论文《公元前 95—前 64 年间罗马和帕提亚的协定》① 和《国王与战争统帅：公元前 64—前 53 年的罗马—帕提亚关系》②。这两篇文章通过充分利用古典文献，梳理了公元前 1 世纪罗马共和国和帕提亚帝国关系发展的来龙去脉，并指出了在晚期罗马共和国的帕提亚政策为何从理性克制转变为冲动的根源；当代罗马东方考古学家、英国兰彻斯特大学教授西蒙·詹姆斯（Simon James）的《杜拉—幼罗波斯围城工事中的策略、战斗与“化学战争”》③ 通过辩证分析前代考古学家对罗马波斯边境城市杜拉—幼罗波斯的考古发掘成果，结合现代科学手段，大胆提出了萨珊波斯军队在公元 256 年杜拉—幼罗波斯围城战中对坑道中的罗马军队使用了硫磺、松脂等“化学武器”的观点。该文同时对杜拉—幼罗波斯的城市布局、军事设施乃至宗教场所在公元 1—3 世纪的历史演变进行了系统的回顾，因而是研究边境要塞城市在罗马波斯战争中地位与角色的重要成果；布洛克利（Roger C. Blockley）的《4 世纪末罗马和波斯对亚美尼亚的瓜分》④ 系统地探讨了 364—387 年间罗马波斯关系的演变及双方最后达成的瓜分亚美尼亚协定，并指出该协定与其说是瓜分，不如说是对 3 个世纪以来罗马和波斯在亚美尼亚反复争夺形成的既成控制格局的一种肯定和默认；赫勒迪罗（A. F. Heredero）、福恩特（D. H. Fuente）以及普里耶托（S. T. Prieto）主编的论文集《新视野

---

① Arthur Keaveney, "Roman Treaties with Parthia circa 95 – 64 B. C", *The American Journal of Philology*, Vol. 102, No. 2, 1981.

② Arthur Keaveney, "The King and the War-Lords: Romano-Parthian Relations Circa 64 – 53B. C. ", *The American Journal of Philology*, Vol. 103, No. 4, 1982.

③ Simon James, "Stratagems, Combat and 'Chemical Warfare' in the Siege Mines of Dura-Europos", *American Journal of Archaeology*, Vol. 115, No. 1, Jan. 2011.

④ Roger C. Blockley, "The Division of Armenia between Romans and Persians at the End of the Fourth Century A. D. ", *Historia: Zeitschrift für Alte Geschichte*, 2nd Qtr. , 1987.

下的古代晚期东罗马帝国》① 收录了当代罗马—拜占庭研究前沿学者的 18 篇论文，其中德国学者约翰尼斯·尼耶霍夫·帕纳乔提迪斯（Johannes Niehoff-Panaqiotidis ）的《拜占庭及其东部边疆》②、胡安·西格尼斯·柯德纳（Juan Signes Codoñer）的《基督教民族的新字母体系：4—10 世纪拜占庭共同体的边疆战略》③ 和伊莎贝尔·莫伦诺·费勒罗（Isabel Moreno Ferrero）的《东方因素对阿米安戏剧化描述的影响：呈现、实践与修饰》④ 等论文对研究 4—7 世纪的罗马波斯战争都具有不错的参考价值。

（二）古代伊朗研究

罗马波斯战争中波斯一方主要指帕提亚帝国和萨珊帝国，因此现代伊朗学研究者关于帕提亚王朝和萨珊王朝乃至琐罗亚斯德教的研究成果对于本书而言具有重大价值。而在介绍帕提亚—萨珊时期的伊朗学研究成果之前，有必要对伊朗学（Iranian Studies，严格来说应是 Iranology）的起源、定义和研究范围进行介绍。伊朗学研究指通过研读古代伊朗语文本和各种其他史料来对古代伊朗—波斯文明的起源、前伊斯兰时期伊朗诸王朝历史及文明特征进行的研究。伊朗学研究与希腊罗马古典学研究、亚述学研究和印欧比较语言学研究等其他古史学科存在着密切的关系，同时又结合了考古学、历

---

① A. F. Heredero, D. H. Fuente and S. T. Prieto（eds. ）, *New Perspectives on the Late Antiquity in the East Roman Empire*, Cambridge Scholars Publishing, 2014.

② Johannes Niehoff-Panaqiotidis, " Byzantine and the East Frontier ", in A. F. Heredero, D. H. Fuente and S. T. Prieto（eds. ）, *New Perspectives on the Late Antiquity in the East Roman Empire*, pp. 102 – 115.

③ Juan Signes Codoñer, "New Alphabets for the Christian Nations: Frontier Strategies in the Byzantine Commonwealth between the 4th and 10th Centuries", in A. F. Heredero, D. H. Fuente and S. T. Prieto（eds. ）, *New Perspectives on the Late Antiquity in the East Roman Empire*, pp. 116 – 162.

④ Isabel Moreno Ferrero, "The Influence of the Orient on the Dramatic Representation of Ammianus Marcellinus's Res Gestae: Staging, Conduct and Ornament ", in A. F. Heredero, D. H. Fuente and S. T. Prieto（eds. ）, *New Perspectives on the Late Antiquity in the East Roman Empire*, pp. 202 – 229.

史学、钱币学、铭文学（Epigraphy）、印章学（Sigillography）和纸草学（Papyrology）等众多古代研究学科。现代伊朗学研究发源于 18 世纪英国殖民统治者在印度与当地袄教徒（即所谓"帕西人"）的接触，正式起步于 19 世纪东方学家对古波斯楔形文字的破译。1843 年英国学者亨利·罗林森（Henry Rawlinson）成功地破译了阿契美尼德王朝在伊朗高原留下的贝希斯敦铭文，从而揭开了古波斯历史的神秘面纱。然而，帕提亚—萨珊时期使用的巴列维语（Pahlavi）则与古波斯楔形文字完全不同。巴列维字母是由阿契美尼德王朝的皇家阿拉米字母（Imperial Aramaic）发展而来，包括安息巴列维语（Arsacid Pahlavi，又称帕提亚语、安息语）、萨珊巴列维语（Sasanian Pahlavi，又称 Middle Persian 即"中波斯语"）和后期巴列维语（Post-Conquest Pahlavi）三种类型。巴列维语书写体系由于大量借用阿拉米语表意词和一字多音，因此和古波斯楔形文字相比更为复杂难懂。

由于巴列维语文献解读的相对滞后，早期伊朗学研究者主要根据西方古典史料和出土钱币来展开对帕提亚—萨珊王朝历史的研究，代表性著作如法国学者圣马丁（J. S. Martin）编撰的《安息王朝史料残篇》① 和英国学者林德赛（Lindsay）的《帕提亚人的钱币与历史》② 等。研究帕提亚史的早期著名学者主要包括乔治·罗林森（George Rawlinson）和德贝沃伊斯（Debevoise）。而无论是乔治·罗林森开帕提亚史研究先河的代表作《第六个古代东方君主国》③ 还是德贝沃伊斯关于帕提亚史的经典著述《帕提亚政治史》④ 都尚停留在依赖古典文献和实物史料研究帕提亚史的阶段。而早期伊朗学研究者关于萨珊王朝史的代表作——丹麦伊朗学家克里斯滕森

---

① J. S. Martin, *Fragments d'une Historie des Arsacides*, Paris, 1850.

② Lindsay, *History and Coinage of the Parthians*, Cork, 1852.

③ George Rawlinson, *The Six Great Oriental Monarchy*, London：Longmans, Green & Co, 1873.

④ Debevoise, *A Political History of Parthia*, Chicago University Press, 1938.

（Arthur Christensen）的《萨珊王朝治下的伊朗》① 也同样存在利用伊朗本土文献史料不足的缺憾。实际上，帕提亚—萨珊时期的巴列维语文献存世数量极为有限，大部分都以近代印度帕西人整理的当地语言译本的形式保留下来。因此，解开帕提亚—萨珊时期伊朗历史的钥匙在于通过现存祆教文献复原帕提亚—萨珊时期的祆教原典（将在史料部分详述）。而随着 20 世纪中叶以来伊朗学研究者的不懈努力，帕提亚—萨珊时期的巴列维语文献的大部分已经译出，从而为 20 世纪下半叶以来的帕提亚史和萨珊伊朗史研究奠定了坚实的基础。21 世纪以来，在前代伊朗学者的研究基础上，国外伊朗学研究在帕提亚—萨珊伊朗史研究领域取得了更明显的进展，涌现出大量关于帕提亚—萨珊时期伊朗历史的专著和论文集，其中涉及的议题和研究领域也在不断拓宽。以下便对 20 世纪下半叶至 21 世纪初的帕提亚—萨珊伊朗史研究成果作简要的介绍：

20 世纪下半叶以来至 21 世纪初，国外学界涌现出了许多论述帕提亚—萨珊时期伊朗历史的通史著作和祆教史方面的专题性著作。在帕提亚—萨珊断代史方面，罗辛斯基（P. Lozinsky）的《帕提亚人的原初故乡》②、柯立芝的（M. A. R. Colledge）的《帕提亚人》③、西普曼恩（K. Shippmann）的《帕提亚历史的基础》④、费耐生（R. N. Frye）的《古代伊朗史》⑤ 以及沃尔斯基（J. Wolsky）的《安息帝国》⑥ 是这方面的代表性著作。而在帕提亚—萨珊史料、考古与艺术专题研究方面，当以格尔什曼（Roman Ghirshman）的《波

①　Arthur Christensen, *L'Iran sous les Sassanides*, Copenhagen, 1944.

②　P. Lozinsky, *The Original Homeland of the Parthians*, Gravenhage, 1959.

③　M. A. R. Colledge, *The Parthians*, New York, 1967.

④　K. Shippmann, *Grundzüge der parthischen Geschichte*, Darmstadt, 1980.

⑤　R. N. Frye, *The History of Ancient Iran*, Munich: Handbuch der Altertumswissen-schaften, Ⅲ. 7, 1984.

⑥　J. Wolsky, *L'empire des Arsacides*, Leuven, 1993.

斯艺术：帕提亚和萨珊王朝》① 及约瑟夫·维西霍福尔（Josef Wiesehöfer）的《帕提亚帝国及其见证：安息王朝的史料与文献》② 等为代表。通史性著作方面，最有代表性的当数英国伊朗学家亚沙特尔（Ehsan Yarshater）主编的《剑桥伊朗史第3卷：塞琉古、帕提亚和萨珊时期》③，该书至今仍然是研究帕提亚—萨珊时期伊朗历史必备的参考著作；而在袄教史专题著作方面，不得不提的是英国著名伊朗学家、伦敦大学亚非学院教授玛丽·博伊斯（Mary Boyce）的三卷本《袄教史》④。玛丽·博伊斯的三卷本《袄教史》是在她对伊朗本地现存袄教徒社团进行多年实地调研的基础上，结合古代伊朗文本进行深入研究后撰写的专著，因而该著作可以说集20世纪古代伊朗研究之大成。

进入21世纪初，国外伊朗学研究者又推出了不少关于前伊斯兰时期伊朗通史和断代史的优秀著作。其中最有价值的当数德国伊朗学家约瑟夫·维西霍福尔的《古代波斯：从公元前550年—公元650年》⑤、加利福尼亚大学伊朗学教授图拉吉·达雅伊（Turaj Daryaee）的《萨珊波斯：一个帝国的兴起与衰亡》⑥ 以及卡韦赫·法鲁赫

---

① Roman Ghirshman, *Persian Art*, *Parthian and Sassanian Dynasties 249 B. C － 651 A. D*, New York, 1962.

② Josef Wiesehöfer, *Das Partherreich und Sein Zeugnisse*：*The Arsacid Empire*：*Sources and Documentation*, Stuttgart, 1998.

③ Ehsan Yarshater（ed.）, *The Cambridge History of Iran*, Vol. 3：The Seleucid, Parthian and Sasanian Periods, Cambridge：Cambridge University Press, 1983.

④ Mary Boyce, *A History of Zoroastrianism*, *Vol.* 1：*The Early Period*, Leiden & Boston：Brill, 1975；Mary Boyce, *A History of Zoroastrianism*, *Vol.* 2：*Under the Achaemenians*, Leiden & Boston：Brill, 1982；Mary Boyce, *A History of Zoroastrianism*, *Vol.* 3：*Zoroastrianism under Macedonian and Roman Rule*, Leiden & Boston：Brill, 1991.

⑤ Josef Wiesehöfer, *Ancient Persia*：*From 550 BC － 650 AD*, an English translation from German by Azizeh Azodi, London & New York：I. B. Tauris, 2001.

⑥ Turaj Daryaee, *Sasanian Persia*：*The Rise and Fall of an Empire*, London & New York：I. B. Tauris, 2009.

（Kaveh Farrokh）的《沙漠阴影：战争中的古代波斯》①。其中，图拉吉·达雅伊教授的《萨珊波斯：一个帝国的兴起与衰亡》从王朝历史纵线、政治经济宗教社会等横断面和文献来源三个方面综合论述了萨珊王朝的政治、经济和文化史，堪称研究萨珊伊朗史的必备入门著作；而在帕提亚—萨珊时期伊朗历史的专题性著作方面，最有代表性的当数俄亥俄州立大学教授帕尔瓦内赫·博沙利亚提（Parvaneh Pourshariati）的《萨珊帝国的衰落与灭亡：萨珊—帕提亚贵族共同体与阿拉伯人对伊朗的征服》②、加利福尼亚大学伊朗学助理教授拉西姆·沙耶干（M. Rahmi Shayegan）的《安息人和萨珊人：后希腊化时代至古代晚期波斯的政治理念》③ 以及伊伯哈德·索尔（Eberhard W. Sauer）主编的论文集《萨珊波斯：在罗马和欧亚草原之间》④。其中，博沙利亚提的在其著作中《萨珊帝国的衰落与灭亡：萨珊—帕提亚贵族共同体与阿拉伯人对伊朗的征服》中大胆质疑传统的"萨珊王朝中央集权范式"（Sasanian Centralization Paradigm），以大量原始材料为据指出萨珊王朝在政治结构、贵族传统和央地关系等诸多领域与帕提亚王朝存在一脉相承的关系，并将"萨珊—帕提亚贵族共同体"（Sasanian-Parthian Confederation）作为理解帕提亚—萨珊时期伊朗历史的核心要素，从而确立了当代帕提亚—萨珊伊朗史研究的全新议题；而拉西姆·沙耶干的《安息人和萨珊人：后希腊化时代至古代晚期伊朗的政治理念》则以古典和波斯史料及当代其他伊朗学家研究成果为基础。作者在该书中详尽地回顾

① Kaveh Farrokh, *Shadows in the Desert*：*Ancient Persia at War*, Osprey Publishing, 2007；［英］卡韦赫·法鲁赫：《伊朗前传：波斯千年战争》，高万博、李达译，江苏凤凰文艺出版社 2020 年版。

② Parvaneh Pourshariati, *Decline and Fall of the Sasanian Empire*：*Sasanian-Parthian Confederacy and the Arab Conquest of Iran*, London & New York：I. B. Tauris, 2008.

③ M. Rahmi Shayegan, *Arsacids and Sasanians*：*Political Ideology in Post-Hellenistic and Late Antique Persia*, Cambridge University Press, 2011.

④ Eberhard W. Sauer（ed.）, *Sasanian Persia*：*Between Rome and Steppes of Eurasia*, Edinburgh University Press, 2017.

了帕提亚—萨珊史中各种经典议题的研究史及前沿动态，并在帕提亚—萨珊王朝是否有意复兴阿契美尼德王朝遗产（Achaemenid Heritage）方面提出了自己十分独到的见解。该书展现了作者扎实的希腊、拉丁、巴列维和波斯语文献解读功力，可以说是当代帕提亚—萨珊伊朗史研究领域的重磅作品；最后，伊伯哈德·索尔主编的论文集《萨珊波斯：在罗马和欧亚草原之间》收录了当代萨珊伊朗史研究领域的 12 篇论文。该论文集翔实地反映了当代萨珊伊朗史研究的最新动态，涉及萨珊王朝的农业灌溉、畜牧业、边境防御工事、与罗马的文化交流以及与印度的贸易等众多传统和新兴议题，堪称当代萨珊史研究的代表性成果，其参考价值自然不言而喻。

（三）古代晚期研究

古代晚期研究（Late Antique Studies）是 20 世纪下半叶以来从罗马—拜占庭研究中分离出来并逐渐走向成熟的一个相对独立的新兴研究领域，是 20 世纪以来晚期罗马和早期中世纪（包括拜占庭）研究深入发展的产物。古代晚期研究旨在揭示从古典时代到中世纪地中海及其周边文明的"延续"特性和"转型"过程，尤其强调晚期罗马帝国（包括东部和西部）甚至西欧日耳曼诸王国对古典遗产的继承和保存，以反思和修正传统的"罗马世界衰落"范式。所谓"古代晚期"（Late Antiquity）即指希腊罗马古典时代（Classical Antiquity）之后、中世纪盛期（High Medieval Age）之前的这段历史时期，而不同学者对古代晚期的时间上下限采取的分期也有所不同。古代晚期研究的时间范围大体上约为公元 3—7 世纪即晚期罗马帝国和早期拜占庭帝国时期，而研究对象则超出了晚期罗马—早期拜占庭帝国，扩展至包括西欧日耳曼诸国和西亚波斯、阿拉伯、高加索甚至南俄草原等地中海世界各个部分及其周边地区。

古代晚期研究与罗马波斯战争研究也存在着密切的交集。现代学者对罗马波斯战争的许多研究成果往往立足于古代晚期研究的大框架之下。而当代学者的古代晚期研究也越来越表现出关注古代晚期非希腊罗马族群及其文明的趋势。古代晚期研究的以上特征促使其逐渐超越了传统意义上的晚期罗马/早期拜占庭研究，成为连接古典学、拜占庭学、伊朗学、伊斯兰研究等众多学科的"沟通平台"。而罗马波斯战争所涉及的研究议题与古代晚期研究的秉性和宗旨在许多方面可谓"不谋而合"。因此总结和梳理当代学者的古代晚期研究成果是研究罗马波斯战争所必需的，也是古代晚期研究进一步跳出地中海传统视角和研究范式、走向古代晚期欧亚大陆整体史研究的应有之义。

关于古代晚期研究的早期成果，可参见古代晚期研究代表人物——牛津大学教授彼得·布朗（Peter Brown）的《古代晚期的世界：从马可·奥勒留到穆罕默德》① 及其续作《古代晚期的构建》②。而另一位古代晚期研究著名学者——牛津大学教授艾维尔·卡梅伦（Averil Cameron）的《古代晚期的地中海世界：公元395—600年》③也是研究古代晚期的必读著作。而关于古代晚期的新近研究成果则以鲍尔索克（G. W. Bowersock）与彼得·布朗等学者主编的《解读古代晚期：后古典世界研究文集》④、艾维尔·卡梅伦等古代晚期学者撰写的《剑桥古代史》第二版第14卷《古代晚期：帝国与继承者》⑤ 以及菲利普·罗素（Philip Rousseau）主编的《古代晚期研究指南》⑥ 为代表。

在当代古代晚期研究成果中，涉及传统议题即早期拜占庭史方

---

① Peter Brown, *The World of Late Antiquity*：*From Marcus Aurelius to Muhammad*, Thames and Hudson, 1971.

② Peter Brown, *The Making of Late Antiquity*, Harvard University Press, 1993.

③ Averil Cameron, *The Mediterranean World in Late Antiquity*, 395 – 600*AD*, London & New York：Routledge, 1993.

④ G. W. Bowersock, Peter Brown and Oreg Grabar（eds.）, *Interpreting Late Antiquity*：*Essays on the Postclassical World*, The Belknap Press of Harvard University Press, 2001.

⑤ Averil Cameron, Bryan Ward-Perkins and Michael Whitby（eds.）, *The Cambridge Ancient History*, *Vol.*14：*Late Antiquity*：*Empire and Successors*, *AD* 425 – 600, Cambridge University Press, 2000.

⑥ Philip Rousseau（ed.）, *A Companion to Late Antiquity*, Blackwell Publishing, 2009.

面的代表性研究成果前文已经提及，这里不再复述。而在涉及罗马
波斯战争的古代晚期研究成果中，当以蒂格纳斯（Beate Dignas）和
温特（Engelbert Went）合著的《古代晚期的罗马和波斯：邻居与对
手》① 和艾维尔·卡梅伦（Averil Cameron）等在《古代晚期与早期
伊斯兰研究》（*Studies in Late Antiquity and Early Islam*）第三卷中撰
写的《拜占庭与早期伊斯兰时代的近东》（*The Byzantine and Early
Islamic Near East*）② 最具参考价值。蒂格纳斯和温特的《古代晚期
的罗马与波斯：邻居与对手》一书系统地回顾了公元 3—7 世纪罗马
—拜占庭帝国与萨珊波斯帝国之间的战争、外交、宗教与贸易竞合
关系，内容涉及罗马与波斯双方政治理念、外交方式、军事战略、
宗教政策、边疆族群关系和信息交流等古代晚期罗马波斯关系的各
个方面。尤其是该书系统论述了罗马和波斯在阿拉伯半岛实施的
"代理人"对抗战略、萨珊帝国的战俘迁徙政策以及罗马波斯两大帝
国在冲突之外存在的共同经贸和安全利益。该书对古代晚期罗马波
斯之间的交往关系得出了较为客观公允的结论，从而跳出了传统以
罗马—拜占庭帝国为中心论述罗马波斯关系的叙事模式，因而是当
代学者研究古代晚期罗马波斯关系的经典之作；而卡梅伦教授的
《拜占庭与早期伊斯兰时代的近东：国家，资源与军队》则将古代晚
期拜占庭、波斯和早期阿拉伯伊斯兰社会作为核心研究对象，深刻
地揭示了 7 世纪初罗马波斯战争与阿拉伯—伊斯兰文明兴起之关系；
另一位古代晚期研究著名学者约翰逊（James Howard-Johnson）的代
表论文集《东罗马，萨珊波斯与古典时代的结束：基于史料的历史
研究》③ 则是系统考察罗马波斯战争与古典世界结束之关系的代表

---

① Beate Dignas & Engelbert Went, *Rome and Persia in Late Antiquity*：*Neighbors and Rivals*，Cambridge University Press，2007.

② Averil Cameron & Laurence I. Conrad（eds.），*The Byzantine and Early Islamic Near East*，Princeton & New Jersey：Darwin Press，Inc，1992.

③ James Howard-Johnson，*East Rome，Sasanian Persia and End of Antiquity*：*Historiographical and Historical Studies*，Ashgate Variorum，2006.

性成果。该书对 6—7 世纪拜占庭帝国和萨珊波斯帝国的政治军事战略、经济贸易结构进行了详尽周密的分析，而其中对萨珊帝国军事战略、经济贸易和宗教政策的解读则更加具备古代晚期研究的宏大视野；格雷戈·费希尔（Greg Fisher）的《帝国之间：古代晚期的阿拉伯人，罗马人和萨珊人》① 则考察了阿拉伯人在古代晚期罗马波斯关系中扮演的复杂角色；除此之外，奥洛佛·海洛（Olof Heilo）的《东罗马与伊斯兰的兴起：历史与先知》② 则关注拜占庭帝国与伊斯兰文明兴起之关系，而琳达·琼斯·哈尔（Linda Jones Hall）的《罗马治下的贝鲁特：古代晚期的贝鲁特》③ 则是立足古代晚期视角研究拜占庭帝国时期黎巴嫩的代表性著作；另外，李（A. D. Lee）的《古代晚期的战争：一部社会史》④ 综合考察了古代晚期地中海和西亚世界的战争形态及其与当地多元社会之间的关系，其中包含对罗马波斯战争中个人与帝国、王朝乃至多族群社会关系的细致解读，从而为现代学者研究罗马波斯战争提供了极为新颖的视角。

其他涉及古代晚期罗马—拜占庭帝国东方政策及罗马波斯关系的古代晚期研究成果还包括福欧登（G. Fowden）的《从帝国到共同体：古代晚期的一神主义及其后果》⑤、罗杰·巴戈纳尔（Roger S. Bagnall）的《古代晚期的埃及》⑥、泽伦丁（Holger M. Zellentin）与伊里辛斯奇（Eduard Iricinschi）合著的《古代晚期的异端与身份

---

① Greg Fisher, *Between Empires: Arabs, Romans and Sasanians in Late Antiquity*, Oxford University Press, 2011.

② Olof Heilo, *Eastern Rome and the Rise of Islam: History and Prophecy*, London & New York: Routledge, 2016.

③ Linda Jones Hall, *Roman Berytus: Beirut in Late Antiquity*, London & New York: Routledge, 2004.

④ A. D. Lee, *War in Late Antiquity: A Social History*, Blackwell Publishing, 2007.

⑤ G. Fowden, *Empire to Commonwealth: Consequences of Monotheism in Late Antiquity*, Princeton University Press, 1993.

⑥ Roger S. Bagnall, *Egypt in Late Antiquity*, Princeton University Press, 1995.

认同》①、李·列文（Lee Levine）主编的《古代晚期的加利利》②、克里斯托弗·哈斯（Christopher Haas）的《古代晚期的亚历山大里亚：地理结构与社会冲突》③、伊沙·科尔（Yishai Kiel）的《巴比伦塔木德中的性观念：基于古代晚期基督教与萨珊帝国背景下的研究》④ 以及斯图亚特·门罗－海伊（Stuart Munro-Hay）的《阿克苏姆：一个古代晚期的非洲文明》⑤ 等。

（四）中西交通史研究

罗马波斯战争与公元前 1 世纪至公元 7 世纪中西交通贸易史密切相关，而罗马—拜占庭帝国与帕提亚—萨珊帝国无疑构成丝绸之路中西段陆海过境贸易的核心参与者。因此，国内外学界关于该时期中西交通贸易史的研究成果对于研究罗马波斯战争的地缘和经济动力而言具有重要价值。19 世纪末以来国外学界相继涌现出众多涉及罗马波斯时期中西交通贸易史的研究成果，其中代表性较强的如英国东方学家亨利·裕尔（Henry Yule，1820—1886）的《东域纪程录丛：古代中国见闻录》⑥ 以及德国东方学家夏德（Friedrich Hirth，1845—1927）的《大秦国全录》⑦。另外，德国学者阿尔伯特·赫尔

---

① Holger M. Zellentin & Eduard Iricinschi, *Heresy & Identity in Late Antiquity*, Mohr Siebeck 2008.

② Lee Levine（cd.）, *The Galilee in Late Antiquity*, Harvard University Press, 1994.

③ Christopher Haas, *Alexandria in Late Antiquity：Topography and Social Conflict*, The Johns Hopkins University Press, 1996.

④ Yishai Kiel, *Sexuality in the Babylonian Talmud：Christian and Sasanian Contexts in Late Antiquity*, Cambridge University Press, 2016.

⑤ Stuart Munro-Hay, *Aksum：An African Civilization of Late Antiquity*, Edinburgh University Press, 1991.

⑥ Henry Yule, *Cathay and the Way Thither：Being a Collection of Medieval Notices of China*, Cambridge University Press, 1866；［英］H. 裕尔撰，［法］H. 考迪埃修订：《东域纪程录丛：古代中国见闻录》，张绪山译，云南人民出版社 2002 年版。

⑦ Friedrich Hirth, *Ancient China and the Roman Orient：Researches into their Ancient and Mediæval Relations as Represented in Old Chinese Records*, 1885；［德］夏德：《大秦国全录》，朱杰勤译，商务印书馆 1964 年版。

曼（Albert Herrmann）的《中国和叙利亚之间的古代丝绸之路》①以及美国学者费雷德里克·J. 梯加特（Fredrick J. Teggart）的《罗马与中国：历史事件的关系研究》②也是早期中西交通史领域的代表性著作。在这些代表性著作中，英国学者亨利·裕尔的《东域纪程录丛：古代中国见闻录》搜集了涉及古代中国与罗马帝国交往的大量一手史料，并在此基础上系统梳理了古代罗马帝国与古代中国相互认知的演进历程，尤其对拜占庭帝国如何认识中国丝绸并引进蚕种和丝织技术的来龙去脉进行了专门的研究；而夏德的《大秦国全录》是近代以来西方学界第一部系统论述古代中国（汉朝）与罗马帝国关系的著作。夏德对汉文史料中的"大秦"即罗马帝国东部地区（小亚细亚、叙利亚和埃及等）的判断至今仍然为大多数中西交通史学者所认同；而阿尔伯特·赫尔曼的《中国和叙利亚之间的古代丝绸之路》则首次专门探讨了罗马叙利亚行省在罗马东方贸易尤其是丝绸贸易中的地位与作用；费雷德里克·J. 梯加特的《罗马与中国：历史事件的关系研究》则首次做出了将汉代中国与同时期西域诸国、波斯帕提亚帝国和罗马帝国发生的历史事件（尤其是族群迁徙、冲突和战争）作为一个有机的整体联系起来的大胆尝试。虽然部分梯加特关于罗马—汉朝时期中西历史事件的因果联系至今看来显得较为牵强且缺乏足够原始史料的支撑，但他的著作对于本书思考罗马波斯战争与丝绸之路贸易和欧亚游牧民族迁徙之间复杂的瞬时互动关系不无裨益。

　　20 世纪下半叶以来，国外学界关于古代中西交通史的代表著作

---

① Albert Herrmann, *Die alten Seidenstrassen zwischen China und Syrien：Beiträge zur alten Geographie Asiens. Berlin：Weidmannsche Buchhandlung*, 1910.

② Fredrick J. Teggart, *Rome and China：A Study of Correlations in Historical Events*, 1939；[美] 费雷德里克·J. 梯加特：《罗马与中国：历史事件的关系研究》，丘进译，大象出版社 2000 年版。

则以英国学者 G. F. 赫德逊（G. F. Hudson）的《欧洲与中国》[①] 和法国学者让－诺埃尔·罗伯特（Jean-Noel Robert）的《从罗马到中国——恺撒大帝时代的丝绸之路》[②] 为代表。另外，同时期的苏联和日本学者在古代中西交通史和丝绸之路史研究方面也做出了卓越的贡献。其中，皮古列夫斯卡娅的《拜占庭通往印度之路》是研究早期拜占庭帝国与古代印度贸易商业关系的代表性著作，其主要的史料来源即 6 世纪基督教修士科斯马斯（Cosmas Indicopleustes）的《基督教国家风土记》（*Christian Topography*）；法国汉学家让－诺埃尔·罗伯特的《从罗马到中国——恺撒大帝时代的丝绸之路》则以生动的笔触描述了早期罗马帝国与西亚、南亚、中亚和远东地区的交通贸易往来，并考察了印度、帕提亚帝国、贵霜帝国、帕尔米拉和亚历山大里亚等东方国家、地区与罗马帝国主要内地和边境城市的贸易关系，其主要的史料来源是 1 世纪希腊匿名作家的《红海周航纪》。国内学者对古代中西交通贸易史的研究成果，当以国内中西交通史学奠基人张星烺先生的《中西交通史料汇编》最为重要，《中西交通史料汇编》的第一编"古代中国与欧洲之交通"包含了大量汉代中国与罗马帝国关系的史料，而第三、四、六、七编集中论述了古代中国与阿拉伯、亚美尼亚、伊朗和中亚的交通贸易史料。而无论阿拉伯、亚美尼亚还是伊朗、中亚地区都是罗马波斯时代丝绸之路西段贸易的重要参与者，因而以上史料汇编对罗马波斯战争研究而言具备重要的史料参考价值。另外，国内学者关于中西交通史和丝绸之路史的代表成果可参见林英的《金钱之旅——从君士坦

[①] G. F. Hudson, *Europe & China: A Survey of Their Relations from the Earliest Times to 1800*, 1961；［英］赫德逊：《欧洲与中国》，王遵仲、李申等译，中华书局 2004 年版。

[②] Jean-Noel Robert, *De Rome a la Chine*, 1997；［法］让－诺埃尔·罗伯特：《从罗马到中国——恺撒大帝时代的丝绸之路》，马军、宋敏生译，广西师范大学出版社 2005 年版。

丁堡到长安》①、林梅村的《丝绸之路考古十五讲》② 以及石云涛的《三至六世纪丝绸之路变迁》③ 等。

（五）国内研究现状

就笔者目前搜集到的资料来看，国内尚无学者对公元 1—7 世纪罗马—拜占庭帝国与帕提亚—萨珊帝国之间的战争乃至其他各方面的交往关系进行整体性研究。关于罗马—拜占庭帝国的通史著作，可参考陈志强的《拜占庭帝国通史》④；而涉及帕提亚—萨珊王朝的断代史著作，可参考李铁匠的《伊朗古代历史与文化》⑤ 以及孙培良的《萨珊朝伊朗》⑥，这里兹不赘述。而与罗马波斯战争直接相关的国内论文和专著以研究某一短时段内的具体历史事件为主，兼及罗马—拜占庭帝国东部边疆军事战略和防御体系的变迁，而其中具有较强参考价值的论著数量明显稀少。这些成果大体可以分为研究罗马—帕提亚关系以及拜占庭—萨珊关系两大类别，笔者拟按照罗马波斯战争的四个时间段来对之进行简要整理和评述。由于篇幅限制，笔者主要仅就以下罗列成果中的四篇代表性论文进行详细分析：

国内研究晚期罗马共和国、罗马帝国和帕提亚帝国关系的代表性学位论文是张文久的《试析公元前 53 年至公元前 36 年帕提亚与罗马的军事冲突》⑦ 和朱祺的《罗马—帕提亚帝国关系中的亚美尼亚因素探析（公元前一世纪至公元三世纪初）》⑧，而涉及罗马—帕

---

① 林英：《金钱之旅——从君士坦丁堡到长安》，人民美术出版社 2004 年版。

② 林梅村：《丝绸之路考古十五讲》，北京大学出版社 2006 年版。

③ 石云涛：《三至六世纪丝绸之路变迁》，文化艺术出版社 2007 年版。

④ 陈志强：《拜占庭帝国通史》，上海社会科学院出版社 2013 年版。

⑤ 李铁匠：《伊朗古代历史与文化》，江西人民出版社 1993 年版。

⑥ 孙培良：《萨珊朝伊朗》，西南师范大学出版社 1995 年版。

⑦ 张文久：《试析公元前 53 年至公元前 36 年帕提亚与罗马的军事冲突》，硕士学位论文，东北师范大学，2015 年。

⑧ 朱祺：《罗马—帕提亚帝国关系中的亚美尼亚因素探析（公元前一世纪至公元三世纪初）》，硕士学位论文，西南大学，2020 年。

提亚关系的期刊论文仅见高克冰的《丝绸之路贸易与罗马帝国—帕提亚的政治关系辨析》①、许礼捷的《哈德良时期运输方式的改变与罗马东方领土的丧失》②，以及王阳、宫秀华的《罗马帝国东部边疆防御体系的构筑及其战略意义》③。其中，张文久的《试析公元前53年至公元前36年帕提亚与罗马的军事冲突》较好地利用了西方古典文献对于共和晚期罗马—帕提亚关系的记载，梳理了从克拉苏到安东尼时代罗马和帕提亚之间发生的主要战事。但是该文对于帕提亚帝国情况的介绍，由于语言条件的限制没有进一步展开。比如其在引用老普林尼和斯特拉波对帕提亚帝国政治制度的记载时，将帕提亚帝国的贵族御前会议与罗马共和国的元老院（Senate）等同并进行对译，而没有从出土的帕提亚语文书和巴比伦天文日志中找到直接指代帕提亚时期官职和机构的伊朗语或阿卡德语词，容易造成对读者的误导。另外，该文对于共和晚期罗马—帕提亚战争的历史意义尤其是罗马—帕提亚战争对罗马人帕提亚观念的塑造缺少进一步的解读和论证，也是一大缺憾。朱祺的《罗马—帕提亚帝国关系中的亚美尼亚因素探析（公元前一世纪至公元三世纪初）》是国内第一篇从亚美尼亚视角研究古典时期罗马—帕提亚关系的学位论文。该论文的突出优点是很好地利用了古典和古代晚期亚美尼亚史家的记载以及部分现代国际关系理论来辅助希腊罗马史料进行研究，并对许多历史细节如亚美尼亚阿塔西亚德王朝的开国史、提格兰二世的名称以及图拉真皇帝吞并亚美尼亚的具体经过等疑难问题进行了精当稳妥的考证。但该文的缺憾是视角因为研究时段的限制而不够开阔，也就难以从长时段视角来分析古典时代罗马—帕提亚双方对

---

① 高克冰：《丝绸之路贸易与罗马帝国—帕提亚的政治关系辨析》，《内蒙古大学学报》（哲学社会科学版）2020年第3期。

② 许礼捷：《哈德良时期运输方式的改变与罗马东方领土的丧失》，《世界历史》2014年第6期。

③ 王阳、宫秀华：《罗马帝国东部边疆防御体系的构筑及其战略意义》，《外国问题研究》2019年第4期。

亚美尼亚的争夺在亚美尼亚自身历史进程中发挥的作用和影响。

国内研究晚期罗马帝国以及早期拜占庭帝国和萨珊帝国关系的论文也不够丰富，其中具有代表性的论文主要是马锋的《蛮族中的文明人：5—6 世纪拜占庭人对波斯人的认识——以拜占庭与萨珊波斯两次托孤事件为考察中心》① 以及徐进伟、徐晓旭的《论东罗马帝国皇帝阿卡狄乌斯的"托孤"》② 。另外，邹书源的《论罗马帝国的东方军事政策》③ 以及马锋的《查士丁尼时代拜占庭帝国在波斯战争中的战略选择》④ 也具有一定的参考价值。马锋的《蛮族中的文明人：5—6 世纪拜占庭人对波斯人的认识——以拜占庭与萨珊波斯两次托孤事件为考察中心》从罗马—拜占庭帝国蛮族观念和罗马—拜占庭皇位继承制度的角度分析了公元 5 世纪初拜占庭阿卡狄乌斯皇帝将狄奥多西皇子托孤于耶兹底格德一世并使狄奥多西二世成功即位的原因，同时兼及论述了公元 6 世纪初萨珊帝国卡瓦德一世将其三子库斯洛托孤于拜占庭皇帝查士丁一世失败的由来。该论文对两次托孤时间的前因后果分析缜密，具有较强的说服力。然而该文对于萨珊帝国内部权力结构的判断并不准确，如其中"萨珊王朝的军制也促使贵族成为好战分子"的观点明显过于武断。实际上，萨珊帝国的贵族阶层不能一概而论。按照美国学者博沙利亚提（Parvaneh Pourshariati）的观点，总体上萨珊帝国的祆教祭司集团支持王权，而"帕提亚七大世家"制衡王权。因而波斯教俗贵族对于萨珊帝国是否需要对外扩张以及扩张方向的选择（向中亚还是东地

---

① 马锋：《蛮族中的文明人：5—6 世纪拜占庭人对波斯人的认识——以拜占庭与萨珊波斯两次托孤事件为考察中心》，《西北大学学报》（哲学社会科学版）2020 年第 4 期。

② 徐进伟、徐晓旭：《论东罗马帝国皇帝阿卡狄乌斯的"托孤"》，《史学集刊》2020 年第 5 期。

③ 邹书源：《论罗马帝国的东方军事政策》，《南华大学学报》（社会科学版）2014 年第 2 期。

④ 马锋：《查士丁尼时代拜占庭帝国在波斯战争中的战略选择》，《中东问题研究》2017 年第 1 期。

中海？）具有不同的利益取向和自身考虑。实际上，对于以沙普尔一世、沙普尔二世、卡瓦德一世和库斯洛一世为代表的强势萨珊君主而言，发动对罗马—拜占庭帝国的战争有增强自己统治合法性、压制世俗贵族权力的考量。而德国学者亨宁·伯尔姆也指出，与急于通过对外战争加强集权的萨珊君主相比，在伊朗高原有着大片世袭封地的帕提亚贵族世家显然没有强烈的战争冲动，因此我们不能轻易得出萨珊帝国的贵族都"好战"的结论。徐进伟、徐晓旭的《论东罗马帝国皇帝阿卡狄乌斯的"托孤"》集中考察了公元 408 年东罗马皇帝阿卡狄乌斯将萨珊君主耶兹底格德一世作为未来的狄奥多西二世之监护人并由此使得狄奥多西二世顺利即位一事的原因、经过及影响。该论文详细分析了阿卡狄乌斯托孤事件的各种史料版本，并从欧亚整体史的视角阐释了阿卡狄乌斯托孤成功的原因及其对罗马波斯贸易关系以及古代晚期国家间关系新模式出现所具有的积极意义。但是该论文同样存在一些不足，首先，作者未将萨珊帝国作为和罗马—拜占庭帝国对等的政治体来进行界定，而将其称为"波斯王国"；其次，该论文对公元 299 年罗马波斯和约内容的翻译有两处不够准确或达意，即"伊比利亚国王从罗马人手中接受他王权的象征"，虽然符合原文语词，但却没有说明其实质含义是伊比利亚的宗主权由萨珊帝国转向罗马。而"底格里斯河上的尼西比斯"明显错误，盖因尼西比斯位于哈布尔上游支流流域，与底格里斯河尚有相当一段距离，不可能位于底格里斯河之上；最后，该论文在一定程度上夸大了阿卡狄乌斯托孤对于古代晚期罗马波斯关系从冲突走向暂时缓和以及双边贸易关系发展的意义。这是因为，罗马和波斯的"5 世纪和平"是由当时欧亚大陆国际形势及两大帝国内部权力格局共同决定的。阿卡狄乌斯托孤成功更多是罗马波斯"5 世纪和平"形势下的自然产物，而非造就了"5 世纪和平"。而从长时段来看，阿卡狄乌斯托孤是罗马波斯关系史上的唯一成功的"孤例"，没有成为后来的"惯例"，也无法阻止公元 6 世纪后罗马波斯之间再次进入相互敌视和战争状态。

总体而言，国内关于罗马—拜占庭帝国与帕提亚—萨珊帝国交往关系的研究虽然已经有一些初步代表性成果，但仍然亟待扩充研究时空范围、拓展研究层次并深化对相关史料的研究。因此，本书拟在综合国内外研究成果的基础上，从时段、空间、史料和理论等各方面全面拓宽关于罗马波斯关系史和罗马波斯战争史的研究，以求在这一领域贡献出自己的一份力量。

第四节　概念界定和研究方法

"罗马波斯战争"是本书的核心主题，由公元前 1 世纪中叶至公元 7 世纪初罗马—拜占庭帝国与帕提亚—萨珊帝国进行的一系列战争构成。需要指出的是，罗马波斯战争并不特指某一场战争（War），而是一组战争或战争群（Wars），包括公元前 66 年至公元 628 年间双方直接或间接发生的所有军事、外交和各种形式的对抗与交往。另外，罗马与波斯之间也不是连年进行战争。事实上，双方平均每隔 30—50 年爆发一次大规模军事冲突。而在非战时期，两国既有和平的经济往来，也有各种敌对行动，如修筑边境要塞、扶植缓冲国代理人、庇护对方国内夺权失败者（甚至扶植其夺取王位或帝位）以及对第三国开展联盟外交等。关于罗马波斯战争的起讫时间，国外学术界也有不同看法。本书拟以公元前 66 年罗马共和国和帕提亚帝国为亚美尼亚领土归属爆发冲突为起点，以公元 628 年拜占庭帝国和萨珊帝国签订和平协议为终点。但由于需交代罗马波斯战争的原因和背景，在第一章中笔者会将具体历史事件的演变历程追溯至希腊化时期。而由于公元 630 年后阿拉伯—伊斯兰大征服的大举推进，笔者对罗马波斯战争的讨论止步于公元 628 年库斯洛二世的倒台。至于公元 628 年之后萨珊帝国的迅速衰亡、拜占庭帝国的挣扎求存以及后来整个中东历史进程的发展，考虑到牵涉更复杂的史料来源和历史事件，笔者由于时间和精力原因未能在本书中进行深入探讨，而是拟于未来补充并进行拓展性研究。

本书试图以罗马波斯战争为主线来概括此阶段中两大帝国在政治、经济、军事、文化等各方面复杂交往关系的演变，虽以战争进程为主线，但不局限于分析具体战争进程，而是将罗马波斯战争置于地缘政治、国际体系、文明交往三大理论和帝国治理、族群关系和宗教生态等多重研究视角下阐释罗马—拜占庭帝国与帕提亚—萨珊帝国交往的历史背景、互动机制及各个阶段表现出的诸种特征。需要指出的是，本书以"罗马"指代公元前 1 世纪至公元 7 世纪初的罗马—拜占庭帝国，而以"波斯"指代同一时期与罗马—拜占庭帝国共存的帕提亚—萨珊帝国，与学界对"罗马"和"波斯"概念的使用存在一定的差异，因而在此说明。本节第一部分旨在论述"罗马"和"波斯"在不同文本语境中指涉含义及范围的变化，而后再分别从地缘政治、国际体系和文明交往三大理论视角下论述"罗马波斯战争"作为涵盖公元前 1 世纪至公元 7 世纪罗马—拜占庭帝国与帕提亚—萨珊帝国交往关系的核心议题何以是可能及必要的。

（一）概念辨析——"罗马"与"波斯"的指涉范围及其适用性

提到"罗马"和"波斯"，往往令人联想到"罗马帝国"和"波斯帝国"。然而"罗马"和"波斯"二词的最初含义分别指位于意大利拉丁姆平原上的"古罗马城"（urbs Roma）以及伊朗高原南部濒临波斯湾的"帕尔斯"（Pars，古波斯语 Parsa，中古以降音变为 Fars 即法尔斯，古希腊人对译为 Perse 和 Persis，并由之演变为英语的 Persia 即波斯）地区。"Pars"之名最早可追溯至新亚述时期阿卡德语铭文中用以指代伊朗高原西南地区和族群的阿卡德语转写词"Parsua"或"Parsumaš"。从历史上看，罗马帝国是从罗马城发展而来，而最早的波斯帝国是从帕尔斯地区开始兴起。从罗马史的分期来看，"罗马"经历过王政时期（公元前 7 世纪—前 509 年）、共和时期（公元前 509—前 27 年）以及帝国时期（公元前 27—公元 476 年）三个阶段，而以 476 年作为一般意义上"罗马帝国"的结束时期。而"波斯帝国"往往仅指公元前550—前330年的阿契美尼德王朝（Achaemenids），至多延伸至公元224—651年的萨珊王朝（Sasanians），因为这两个王朝都是法尔斯地区的古波斯人所建，所以可以称为"波斯帝国"。在萨珊王朝之前，"波斯"一词更多指法尔斯地区的"波斯人及其土地"，而阿契美尼德王朝之前的米底帝国和萨珊王朝之前的帕提亚帝国均有专门的"米底人"（Medians）和"帕提亚人"（Parthians）作为族群称号。由于本书的时空范围包括公元前1世纪至7世纪的罗马—拜占庭帝国和帕提亚—萨珊帝国，因此本书中的"罗马"和"波斯"概念的使用需要解决两个问题：一个是公元476年至公元7世纪初的东罗马帝国（也即早期拜占庭帝国）使用"罗马"来指代是否合适，另一个则是公元前247—公元224年的帕提亚王朝能否用"波斯"来指代。下面将对这两个问题进行详细论证。

1. "罗马"与早期拜占庭帝国的对应问题

首先，晚期罗马帝国与早期拜占庭帝国在时间上不仅具有交叉性，而且具有高度的重合性。拜占庭帝国不仅是罗马帝国的延续，更自始至终自称"罗马帝国"（希腊文 Βασιλεί Ῥωμαίων，即"罗马君主国"，对应拉丁文的"Imperium Romanum"）。"拜占庭帝国"（Imperium Byzantinum）概念在中世纪并不存在，而是由近代早期欧洲学者为研究中世纪的"罗马帝国"史的需要"发明"而来。需要强调的是，从罗马—拜占庭帝国的历史发展来看，并不存在可以将罗马帝国和拜占庭帝国截然划分开来的时间点。而目前学界通行的"324年起始说""330年起始说""395年起始说""476年起始说""查士丁尼时代起始说"等关于拜占庭帝国起始时间的划分仅仅是为了研究的方便，而不是为了说明一个全新的帝国突然取代原来的罗马帝国，这也是不符合史实的。① 实际上，从公元284年戴克里先（Diocletian，284—305年）继位起，至公元641年希拉克略一世（Herac-

① 陈志强：《拜占庭帝国通史》，第27页。

lius，610—641 年）去世，罗马帝国经历了数百年向"拜占庭帝国"的转型过程，拜占庭帝国区别于罗马帝国的一系列特征（如君主专制、东方朝仪、封建经济形态以及古典—基督教复合型文化等）都不是一朝一夕形成的，而是经历了古代晚期至中世纪早期漫长的历史演变而逐渐具备的。因此，"罗马"的概念从历史实际来看，完全能够涵括公元5—7世纪初的早期拜占庭帝国。

其次，晚期罗马帝国与早期拜占庭帝国的结束时段与本书"罗马波斯战争"的结束时段有着内在的契合性，以"罗马"指代公元395—641 年的早期拜占庭帝国既能表达早期拜占庭帝国在政治制度、经济形态乃至"帝统"上与罗马帝国密切的继承关系，又能表达早期拜占庭帝国在各个方面作为连接罗马帝国与拜占庭帝国发展阶段所具有的"过渡"特性。与公元641 年后丧失地中海地区大片领土、局促于希腊和小亚半岛的中期拜占庭帝国不同，公元395—641 年的早期拜占庭帝国在疆域上仍然保留了"东部罗马帝国"的基本特征，即以希腊、小亚细亚、黎凡特和埃及为核心的领土结构。而这一时期也是君士坦丁堡能够较好地控制和约束旧都罗马及其主教权力的时期。换言之，此时期不仅罗马帝国的"地中海世界"未遭到严重破坏，以地中海为骨架的"早期基督教世界"也具有较好的完整性和统一性（尽管内部仍有分歧）。而公元630 年代之后罗马波斯西亚对峙格局的结束以及伊斯兰征服的大举推进彻底改变了地中海世界的传统结构，形成了一个迥然不同于古典地中海世界的全新的"中世纪结构"。在这一全新的结构中，不仅基督教世界失去了地中海的半壁江山，其内部也由于罗马主教区脱离君士坦丁堡的控制而走向二元对立（乃至在查理曼时期最终形成教皇国和两个"罗马帝国"）。而晚期罗马帝国由于以上所述的背景也经历了不可逆转的领土变迁及由此带来的经济文化形态的异变，最终形成了明显区别于古典罗马帝国的一系列政治、宗教和文化特征，这些特征即构成中世纪"拜占庭帝国"的诸种基本元素。而相比之下，5—7 世纪初的早期拜占庭帝国更多地保留了"罗马帝国"的古典地中海元素，因而更适合作为晚期罗马帝国及其延伸阶段来探讨。

　　最后，"罗马"及"罗马人"作为拜占庭帝国的自我身份认同，贯穿拜占庭帝国始终，而早期拜占庭帝国不仅自认为是"罗马人"，更被同时代周边文明和族群排他性地指认为"罗马人"。君士坦丁大帝于公元330年迁都拜占庭，定新都名为"新罗马"（Roma Nova），"君士坦丁堡"（Konstantinopolis）则是俗称。在早期拜占庭史家的著述中，"罗马人"是对东部罗马帝国最常见的自我族群称谓。而早期拜占庭皇帝从未否认过自己是普世的罗马帝国皇帝，并一直使用塞巴斯托斯（$\sigma\varepsilon\beta\alpha\sigma\tau\acute{o}s$，对应拉丁文 augustus，即奥古斯都）和奥托克瑞托（$\alpha\acute{v}\tau o\kappa\rho\acute{\alpha}\tau\omega\rho$，对应拉丁文 imperator，即皇帝）作为皇帝称号，直到希拉克略时期才改用巴西琉斯（$\beta\alpha\sigma\iota\lambda\varepsilon\acute{v}s$，即希腊语的"君主"，同时 $\alpha\acute{v}\tau o\kappa\rho\acute{\alpha}\tau\omega\rho$ 和 $\sigma\varepsilon\beta\alpha\sigma\tau\acute{o}s$ 继续沿用）。而在同时期波斯和中国史料中，对早期拜占庭帝国的称呼均由"罗马"一词演变而来，即中古波斯语文献中的"From，Vrom 或 Hrom"和汉文文献中的"拂菻"。需要指出的是，8世纪后拜占庭帝国的内外文化认同均发生了较大的变化。尽管"罗马人"仍然作为拜占庭人的自称被广泛使用，但不承认君士坦丁堡罗马帝统的西部天主教世界越来越多地用"希腊人"来指称拜占庭帝国。而此时期拜占庭帝国内部，拉丁语逐渐被希腊语完全取代，帝国民族构成中希腊语人群逐渐占据绝大多数，则进一步削弱了拜占庭帝国的"罗马帝国"特性。而与此同时在东方波斯人、阿拉伯人乃至突厥人的观念中，"罗马"（Rūm）逐渐超出了指代拜占庭帝国的原有内涵，越来越被用来指代小亚细亚地区及当地说希腊语的人群。11世纪塞尔柱突厥人征服小亚细亚后，"罗马"不再成为拜占庭帝国的独家称号，而是被伊斯兰世界许多统治过原拜占庭帝国土地的王朝所借用，如塞尔柱人的"罗姆苏丹国"（Rūm Sultanate）以及奥斯曼帝国苏丹的称号之一"罗马人凯撒"（Kaysar-ī Rūmī），而天主教世界则有查理曼帝国和德意志神圣罗马帝国僭号"罗马"。由上可知，以"罗马"指代公元5—7世纪初的拜占庭帝国，不仅符合拜占庭人自身的认知，也符合同时代拜占庭帝国周边文明和民族的世界观念，且此时的"罗马"称谓尚未扩展到拜占庭帝国以外的政治实体（如查理曼帝国、罗马教皇国、神圣罗马帝国和伊斯兰诸王朝）和族群实体（如罗姆苏丹国等伊斯兰王朝治下说希腊语的前拜占庭臣民）中，因而具有较好的准确性和适用性。

2. 帕提亚帝国与"波斯"的对应问题

对现代学者而言，如果仅仅研究帕提亚时期的伊朗历史，则无须考虑"波斯"对该王朝是否适用，以"帕提亚人"或安息王朝来指代该王朝即可。但如果把前伊斯兰时期的伊朗历史作为一个整体加以考察，则不仅"帕提亚"与"波斯"的关系需要澄清，包括"米底"乃至具备政权、语言、文化和地理四重概念含义的"伊朗"与"帕提亚"的关系以及帕提亚王朝与阿契美尼德王朝和萨珊王朝的关系都有必要进行详细的论证。

首先，在现代学者的古代史乃至伊朗学研究中，"伊朗"一词是以一系列"伊朗语"及其对应的伊朗语族裔—语言人群（Iranian speaking ethno-linguistic groups）的历史、语言及文化为主要指涉和研究对象的，其时空范围远远大于作为当代主权国家的"伊朗"。而"伊朗语"与"波斯语"有很大的不同，前者的范围也远远大于后者。根据当代印欧比较语言学的权威意见，"伊朗语"可以分为古伊朗语（Old Iranian）、中古伊朗语（Middle Iranian）和新伊朗语（New Iranian）三个阶段，而"波斯语"也可分为古波斯语（Old Persian）、中古波斯语（Middle Persian）和新波斯语（New Persian）三个阶段，且与伊朗语的三个发展阶段存在对应和涵括关系。古伊朗语包括东、西两大方言群：东部方言群即从古阿维斯塔语（Avestan）发展而来的一系列古代中亚伊朗语、斯基泰语（Scythian）、萨尔马提亚语（Sarmatian）和塞语（Saka，如于阗语）；西部方言群包括米底语和古波斯语；中古伊朗语主要包括东西两大分支，东部为古伊朗语东部分支演化而来的粟特语（Sogdian）、花剌子模语（Khwarezmian）和巴克特里亚语（Bactrian），西部为帕提亚语（Parthian）和中古波斯语（Middle Persian）构成的西支中古伊朗语；现代伊朗语则主要包括现代波斯语、普什图语、库尔德语和奥塞梯语，也即现代印欧语系印度—伊朗语族伊朗语支的主要语言。之所以在此详细说明"伊朗语"的概念，是因为"帕提亚人"所操的语言——帕提亚语在伊朗历史上具有承前启后的重要作用。帕提亚语是古伊朗语东部语支斯基泰语和西部语支米底语融合而成，并在萨珊时期与古波斯语融合发展成为巴列维语，而巴列维语又是现代波斯语（新波斯语）的前身。

其次，伊朗历史上的米底人、波斯人和帕提亚人均为不同时期王朝的统治族群，王朝的更替（亚历山大东征造成的政权更替除外）并不会导致前一王朝的统治族群立即"消失"或沦为被统治者，相反前一王朝的统治族群继续存在并构成后继王朝不可或缺的政治军事力量。可以说，前伊斯兰时期伊朗的王朝更替并未导致族群上下结构与文化传承的断裂（亚历山大和塞琉古王朝除外），这与中世纪后阿拉伯人、突厥—蒙古人各异族征服王朝给伊朗带来的显著文化断裂和变迁明显不同。公元前6世纪中叶波斯人推翻米底的统治后，米底人与波斯人一起构成阿契美尼德王朝的统治族群。同时期的古典文献继续以"米底人"（Medians）称呼"波斯人"，更多的时候则是两者并提，而米底人与波斯人从很早开始就相互通婚。而公元226年萨珊王朝取代帕提亚王朝之后，同时代希腊罗马（拜占庭）作家继续以"帕提亚人"（Parthians）称呼萨珊王朝的"波斯人"（Persians），并两者混用，同时仍可经常见到"米底人"。在此需要说明，古典和拜占庭作家出于模仿希罗多德和修昔底德的史学传统以及对东方政权更替机制的模糊认识，其史著中前代王朝族群称号继续沿用至后继王朝成为屡见不鲜的现象。但另一方面，这也证明古代伊朗的王朝更替并非对前代统治族群的彻底清算，而是由新王朝主体族群与之合作形成新的统治阶级，由此带来的是米底人、帕提亚人、波斯人的族群融合趋势非常明显。而从研究现状来看，国外学者在涉及囊括帕提亚和萨珊时期的研究议题时，往往较多使用

"伊朗"来统合两大王朝及其治下的区域,这种做法既具有学术上的合理性和文化上的适切性,又容易造成对普通读者的误导。因为"伊朗"一词也可指 1935 年后由"波斯"演变而来的当代主权国家,而后者的地理范围远远小于历史上诸伊朗语人群活动的地区。而"波斯"可以指代 1935 年之前的所有统治过伊朗高原并以之为核心领土的政权。因此部分学者在撰写前伊斯兰时期伊朗通史时,采用"波斯"来避免"伊朗"一词所造成的歧义。但使用"波斯"涵盖前伊斯兰时期伊朗历史时,就会不可避免地出现"帕提亚人"与"波斯人"难以对应的问题。因此有必要对"帕提亚"与"波斯"之间的语言、地理、人群和文化联系进行充分的阐明。

　　"帕提亚人"一词的含义并非一成不变,但在其演变过程中伊朗语人群的语言文化因素始终居于主导地位。帕提亚人与"波斯人"并非简单的统治族群与被统治族群的隔离关系,而是有长期的接触与融合过程,乃至重新形塑了"波斯人"的族群、语言与文化特征①。帕提亚王朝时期的"帕提亚人"是由伊朗语各支方言人群融合而成,其中主要包括东伊朗语斯基泰人群和西伊朗语的米底人群。"帕提亚"(Parthia,希腊语 παρθία)一词最初指代波斯帝国阿契美尼德王朝的 20 个行省之一,位于伊朗高原东北部,并与花剌子模(Chorasmia)、粟特(Sogdia)和阿里亚(Aria)一起构成第 16 个纳税行省。大流士一世的贝希斯敦铭文上所列的"帕萨瓦"(Parthava)即"Parthia"一词的古波斯语形式。而"παρθίηνη,Parthia"一词系罗马人由"Parthava"的希腊语形式"Parthyene"对译而来的拉丁语形式,其复数(属格)形式"Parthorum"即可对应英文的"Parthians"。亚历山大东征灭阿契美尼德王朝后,"帕萨瓦"被塞琉古王朝作为行政单位继续沿用,但其地理范围有所扩大,即将里海东南岸的赫卡尼亚(Hyrcania)合并为"帕提亚行省"。"帕提亚人"

---

　　① John Sheldon, "The Ethnic and Linguistic Identity of the Parthians: A Review of the Evidence from Central Asia", *Asian Ethnicity*, Vol. 7, No. 1, (Feb. 2006), pp. 5 – 16.

最早指阿契美尼德王朝帕萨瓦行省使用东伊朗语（区别于米底和波斯人使用的"西伊朗语"）的土著居民，即希罗多德提到的并见于波斯波利斯朝贡浮雕中的"帕提亚人"（parthoi）。公元前250年代，里海东岸讲东伊朗语（即斯基泰语）的游牧部落帕尼人（Aparni 或 Parni）入侵塞琉古王朝帕提亚行省后，建立了所谓的帕提亚王朝（也即安息王朝）。此后的"帕提亚人"则指原帕提亚行省土著居民与游牧入侵者融合之后的族群，亦即同时期古典史家笔下的"帕提亚人"。需要说明的是，来自东伊朗语游牧部落的"帕提亚王朝"核心统治集团，与南俄草原至中亚地区广泛分布的诸斯基泰系伊朗语游牧人群具有密切的语言和文化亲缘关系。而当帕尼人入主伊朗高原之后，不仅与伊朗高原东部的东伊朗语土著居民发生融合，进而与伊朗高原西部的西伊朗语人群如米底人发生融合。因此帕提亚王朝的"帕提亚人"具有多重的含义指涉，既非原来阿契美尼德王朝时期的"帕提亚人"，也并非完全的东伊朗语"斯基泰人"，而是由东、西两支伊朗语各人群融合而成，兼具斯基泰人游牧伊朗文化和东、西伊朗语人群定居伊朗文化的特色。这便是理解"帕提亚""帕提亚人"乃至"帕提亚王朝"必须厘清的基本概念及史实。

最后，由于"帕提亚"（Parthia）一词在语源学上与"波斯"（Parsa）具有明显的同源性，而帕提亚王朝与其继承者——萨珊王朝在王室血统、贵族政治、对外关系、经济形态乃至文化特色上也具有极为密切的继承发展关系，因此以"波斯"指代"帕提亚"是本书为把帕提亚王朝纳入"罗马波斯战争"概念框架在"伊朗""波斯"和"帕提亚"三种选择之后"退而求其次"的结果，但无伤其准确性和适用性，原因如下：第一，"帕提亚人"虽不属于狭义的位于法尔斯地区的"古代波斯人"，但帕提亚人与米底人、波斯人均为印欧语系伊朗语族，三者之间具有密切的语言和文化亲缘关系。而"帕萨瓦"和"波斯"虽然最初地理位置不同，但通过比较新亚述时期的铭文和贝希斯敦铭文中的相关词汇可知，"Parsa, Parsumaš, Parsuwa, Parthava, Parsuvi"等词均为同一古伊朗语词的同源异形，其在古伊朗语中的原初含义很可能指"边界"。而"Par-sa"一词在不同地域以不同形式出现于不同历史时期，背后反映的则是古伊朗语人群在漫长迁徙过程中于不同地理区位表现出的语言文化上的遗传性和相似性。第二，帕提亚王朝入主伊朗高原后的数百年间，帕提亚人与原来的米底人、波斯人发生了大范围的族群融合，最终形成了萨珊王朝时期以帕提亚—波斯贵族集团为核心的"新波斯人"。帕提亚人最终完全融入波斯人，形成独具特色的中古波斯文化。第三，帕提亚王朝的领土以米底人、波斯人曾经统治的伊朗高原为核心，系统采用阿契美尼德王朝的行省制度、文字体系和王权仪式。尤其是在王权观念和主流文化上，帕提亚王朝明显区别于希腊—马其顿人的塞琉古王朝，同时大力推动伊朗文化的复兴，为早期萨珊王朝时期伊朗文化完全主导地位的确立奠定了基础。第四，帕提亚王朝在贵族政治以及对外交往上与萨珊王朝具有密切的传承发展关系。帕提亚贵族世家融入萨珊帝国统治集团，形成中古伊朗封建社会的核心力量，对于伊朗民族历史记忆和文化认同的构建发挥了不可替代的作用。而在对外关系上，萨珊帝国完全继承了帕提亚帝国与罗马帝国和中亚游牧民族的交往模式。因此，"罗马波斯战争"若没有罗马—帕提亚阶段作为基础和铺垫，可以说既不合情理，也不利于相关研究的展开。

　　基于此，帕提亚王朝统治集团虽来自伊朗高原外部，却从一开始就与波斯乃至"伊朗"有着千丝万缕的联系。而过分强调"帕提亚"和"波斯"的区别和差异，不如将帕提亚王朝纳入前伊斯兰时期伊朗本土王朝序列之中要合情合理。帕提亚王朝的统治，与塞琉古王朝统治对伊朗高原带来的结果是完全不同的。前者的遗产得到后继王朝的充分保存和继承，而后者的"希腊化"遗产最终被后继王朝摒弃而淡出伊朗高原。因此，帕提亚王朝是一个具备充分"波斯"和"伊朗"特性的古代西亚王朝，其本身也是波斯—伊朗历史发展的重要阶段和环节，因而"罗马波斯战争"将罗马—帕提亚阶段纳入其中不仅是合理的，而且是有必要的。①

（二）研究路径

1. 理论体系

本书将在尽可能充分利用上述希腊罗马史料和非希腊罗马史料的基础上，尝试以地缘政治、国际体系和文明交往三大理论作为解读罗马波斯战争的体系依托。其中，地缘政治理论和国际体系理论将构成本书的核心理论支撑。

首先，地缘政治理论是研究国家间交往模式的经典理论流派之一，其主要研究方法为"根据地理要素和政治格局的地域形式，分析和预测世界和地区范围的战略形势和有关国家的政治行为"。地缘政治理论的内涵丰富多样，并且与国际关系理论存在密切的交叉，甚至其本身就是国际关系理论的一种研究路径。地缘政治理论强调自然地理条件对国家和文明发展的影响，将国家视为有着独特发育、生长、兴盛和灭亡过程的社会有机体，并认为国家的发展需要广阔的地理空间。在古代世界，国家的形态多种多样。古代的世界性和区域性帝国、地方王国、自治和半自治城邦和沙漠、草原及定居部落的组合与分化决定了作为政治单位的"古代国家"在内部权力构成和外部相互关系上的复杂性与嵌合性。从地缘政治理论来看，古代国家与地理的互动关系表现为不同权力行为体（帝国、王国、城邦、部落等）之间复杂的空间分布和交互作用关系，并构成了地缘政治概念应用于古代世界的基本分析单位和逻辑环扣。对于罗马波斯战争研究而言，西亚的自然地理条件、罗马和波斯的国家疆域结构与边界、由附庸国、缓冲国和宗主国构成的罗马—波斯帝国权力体系以及不同宗教和族群在罗马—波斯帝国边界及内部的地缘分布

---

① 笔者在此并非欲将"帕提亚"与"波斯"进行完全意义上的等同，而是强调帕提亚王朝在政治文化和族群语言上与阿契美尼德王朝和萨珊王朝之间的连续性和相似性。因此，"罗马波斯战争"中的"波斯"是作为古代伊朗诸帝国所统治地域及相应政权的代称，而非狭义上仅指阿契美尼德波斯或萨珊波斯。

构成影响和规定罗马波斯战争的四大地缘因素。以下便从地缘政治角度分析"罗马波斯战争"的连续性、自相似性与缓慢异变性，并指出本书所要阐明和解决的问题。从地缘政治的视角来看，罗马波斯战争的特征主要取决于自然地理空间、政治疆域结构、缓冲附庸国体系以及帝国内部宗教格局四大因素。

其次，国际体系理论方面，本书拟采用的是"核心—中间—外围"三重结构模式，该结构的行为体组成及相互关系如下所述：

（1）核心行为体

罗马和波斯两大帝国构成罗马波斯战争中的核心行为体，按时期不同又可细分为晚期罗马共和国（Late Roman Republic，146BC—27BC）、罗马帝国（Roman Empire，27BC—395AD）、早期拜占庭帝国（Early Byzantine Empire，395AD—641AD）、帕提亚帝国（Parthian Empire，247BC—224AD）和萨珊帝国（Sasanian Empire，224AD—651AD）五个子行为体，前三者为罗马国家在三个时期的三种不同形态，而后两者则为波斯—伊朗国家在两个时期的两种不同形态。罗马和波斯两大帝国在不同时期其统治集团、疆域版图、内部统治结构和综合国力均在不断变化，但两国的核心领土和政治制度基本保持稳定，其所代表的两种文明形态——希腊罗马文明和波斯文明在罗马波斯战争期间表现出显著的稳定性和异质性特点。罗马帝国（包括拜占庭帝国）和波斯帝国（此处为泛指帕提亚和萨珊王朝，并非指阿契美尼德王朝）构成罗马波斯战争的核心行为体，但两个核心行为体之间存在互相争夺中间行为体的现象，因此还需界定罗马波斯战争中作为中间行为体的缓冲国家和族群。

（2）中间行为体

高加索、两河流域和阿拉伯沙漠北侧诸王国构成罗马波斯战争中的中间行为体，涉及亚美尼亚人、阿拉伯人、库尔德人和犹太人等大量古代西亚族群。自公元前1世纪罗马东扩至西亚后，罗马人和帕提亚人便在亚美尼亚和幼发拉底河上游发生接触，位于此地的众多土著国家和民族开始在罗马波斯战争中扮演至关重要的角色。

这些国家在保持本土文化的同时不同程度受到罗马、波斯两大文化圈的影响。如亚美尼亚的希腊化和基督教化进程深受罗马—拜占庭帝国的影响，而在罗马波斯战争中分别作为双方同盟者的加萨尼（Ghassanids）和莱赫米王国（Lakhmids）分别受到拜占庭帝国和萨珊帝国的强烈影响（前者信奉基督一性论派，后者信奉聂斯托利派）。这些国家中，高加索地区以亚美尼亚王国最为强大，亚美尼亚王国是罗马波斯战争中最重要的中间行为体，直接影响罗马波斯双方的外交和军事政策。除了以上三大地区的诸王国外，广泛分布于埃及、两河流域和黎凡特地区的犹太人也是罗马波斯战争中重要的中间行为体，这些地区犹太人的向背多次成为罗马波斯战争胜负的关键影响因素，罗马波斯战争也反过来影响了犹太人在中东的命运。

（3）外围行为体

中亚、南俄游牧民族政权和阿拉伯半岛南部的也门及东非诸王国构成罗马波斯战争中的外围行为体。在罗马波斯战争中，除了罗马、波斯两大核心行为体和高加索、两河流域、阿拉伯沙漠北侧的诸多中间行为体外，还有一类行为体存在，那就是中亚、南俄游牧民族（政权）与曼德海峡两侧的非洲之角和南阿拉伯地区（也门）的古代国家（主要是东非阿克苏姆王国和也门希木叶尔王国）。其中，欧亚大草原上的游牧民族与帝国位于罗马波斯两大帝国北侧，而东非和南阿拉伯的古代诸国位于罗马波斯两大帝国南侧。南俄罗斯草原上的游牧民族（政权）与中亚游牧民族（政权）分别与罗马—拜占庭帝国和帕提亚—萨珊帝国构成游牧世界与农耕世界中的两组南北对抗关系。这两组南北对抗关系与罗马波斯战争相结合，在6个世纪中形成一组复杂的多边外交与制衡国际体系，深刻地影响着罗马波斯战争的进程、走向和结局。在罗马波斯战争中，南阿拉伯半岛和东非古代诸王国（希木叶尔、阿克苏姆、库施王国等）扮演了南侧外围行为体角色。罗马和波斯为争夺自红海通往印度洋的古代海上丝绸之路西段的控制权，自1世纪初期就开始在红海—阿拉伯半岛—波斯湾一线进行战略布局。双方在该地区的争夺最终发展成为6世纪的代理人战争，并间接导致了阿拉伯半岛伊斯兰教势力的兴起。

（三）研究方法、意义及价值

总体上看，研究罗马波斯战争需结合历史学、考古学、经济学、地缘政治学、国际关系学、文明理论等多种交叉学科及理论。

第一，历史学为罗马波斯战争提供基本的史料支撑。罗马波斯战争具有丰厚的史料基础，但相关史料严重向希腊罗马史料倾斜，如何客观解读波斯的王朝统治、军事战略、文化秉性成为摆在学者面前的难题。

第二，经济学为罗马波斯战争提供深层次的物质动力分析，但须有考古学成果的辅助。现代考古发掘出土的海量希腊、罗马和波斯钱币有助于建构古代波斯王朝世系和经济状况，陆上和海上丝绸之路沿线地区出土的手工制品、贸易清单和纸草文献等可以再现罗马波斯时期的经济贸易细节。

第三，地缘政治学理论有助于解释罗马波斯战争的空间动力学机制。通过分析西亚的历史地理特点和罗马波斯在西亚的战略布局，可以从宏观上把握罗马波斯战争的整体进程。

第四，从现代国际关系理论尤其是英国学派理论和演化理论出发，可以解构罗马和波斯在中东的帝国体系（核心行为体、中间行为体和外围行为体），尤其是将同时期欧亚其他国家和民族（包括与罗马波斯两大帝国基本处于南北对立关系的南俄和中亚游牧诸帝国、位于罗马波斯帝国交界地带的高加索和两河流域诸王国，以及位于罗马波斯南侧的阿拉伯半岛和东非诸国等）纳入罗马波斯战争的研究中，由此推动古代晚期欧亚大陆整体史的研究。

第五，从文明交往论的角度出发，可以解释罗马波斯战争中复杂的文明交往现象。罗马波斯战争中文明交往涵盖宗教、军事、政治、经济等各个方面，是全方位、多层次的文明交往。宗教交往现象如波斯密特拉崇拜在罗马帝国的传播与"异化"、基督教聂斯托利派在波斯的传播等，军事交往现象如罗马波斯帝国相互学习对方军事装备和战术,政治交往现象如罗马波斯收养对方王储、干涉对方王位继承、包庇对方异端教派、在西亚扶植地区代理人等,经济交往现象如罗马波斯双方均尝试过开辟绕过对方的陆海商路以及在平战时期均保持相当程度的过境贸易等。尤其是罗马波斯战争具有重要的文化和宗教交往意义,有助于从宏观层面解读中东文明从希腊化时代向古典伊斯兰时代变迁跃进背后的动力机制。

　　本书首次结合古代史料和现代国际关系理论对以罗马波斯战争为代表的古代东西方文明交往冲突案例进行长时段的综合性研究,同时将罗马波斯战争背后的军事战争史、宗教文化史、经济贸易史、中东文明史等多维交叉议题作为相互关联的有机整体纳入罗马波斯战争的框架内进行考察。史料选用方面,本书突破以往以希腊罗马史料为核心史料来研究前伊斯兰时期西亚史和地中海史的传统范式,对犹太史料、亚美尼亚史料、阿拉伯史料和波斯史料等来自中东地区的各种非希腊罗马史料进行大范围筛选、梳理和整合以补充希腊罗马史料之不足。理论建构方面,本书采用现代帝国结构理论中的"核心、外围和边缘"理论以及文明交往论作为理论基石,但根据罗马波斯战争的实际将前者变化和扩展为"核心、中间和外围"三重国际体系结构,同时在使用文明交往论时立足于中东文明的本位主义属性,并主要以战争冲突、经济贸易、宗教传播和政治意识形态作为罗马波斯文明交往冲突的核心分析框架。本书的难点在于研究对象的时空范围广大,涉及众多古代帝国、文明和宗教的发展变迁。同时由于语言条件的限制,笔者对各类史料的原始文本释读能力比较欠缺。另外,本书的写作对希腊罗马史、古代伊朗史、中西交通史、内亚游牧民族史、古典政治理论、帝国边疆理论和现代国际关系理论等学科和理论内容的把握和驾驭以及各种古代史料的综合运用辨析提出了很高的要求,这也是本书写作过程中必须努力克服并超越的难题。

第 二 章

从亚历山大到庞培：
罗马波斯战争的原因和背景

罗马波斯战争的原因和背景对于理解双方冲突的性质至关重要，因此有必要在此加以详述。本章试图对罗马波斯战争的历史背景进行"考古"和中时段的分析，而这离不开对希腊化时代国际格局演变和罗马—帕提亚两极格局形成进程的把握，这后两项因素分别为罗马波斯时代形成之"因"和希腊化时代中东文明演变之"果"，并进一步导出了罗马波斯时代双方的基本交往格局。从中东文明和国际体系演变的宏观历史进程来看，公元前1世纪至公元7世纪初罗马—波斯西亚对峙格局是中东历史上一种之前未曾出现过的国际体系，并持续了近七百年之久，因而具有划时代的意义。而从文明交往的角度来看，罗马波斯体系的形成是后起的地中海文明在发展成熟之后东扩至西亚传统文明区所必然导致的结果。从苏美尔到新巴比伦时期，西亚国际体系的特征是列国混战与大一统帝国的不断交替。公元前6世纪波斯阿契美尼德王朝的建立和扩张第一次统一了古代西亚全部文明区，形成了囊括中亚、西亚和环东地中海地区的大一统帝国，并在小亚细亚西部和爱琴海地区与希腊城邦形成早期东西方文明的地理分野。公元前334—前326年的亚历山大东征灭亡了阿契美尼德王朝，首次改变了西亚传统文明格局，并使得东西方文明的传统界限一度趋于消失。而希腊—马其顿人对波斯的征服使得原本处于波斯帝国治下的环东地中海地区被纳入所谓的"希腊化世界",由此为后来罗马扩张至地中海东岸初步奠定了政治和文化基础。亚历山大东征灭亡波斯帝国之后,中东地区进入由继业者(Diadochi)希腊化王国主导的"希腊化时代"(Hellenistic Period)国际体系。

在希腊化时代前期,由希腊—马其顿裔王室建立的塞琉古王朝、托勒密王朝、帕加马王国和马其顿安提柯王朝构成希腊化世界的核心国家。一方面,塞琉古帝国由于其版图横贯中亚西亚而构成维持希腊化时期西亚秩序的主导力量;另一方面,塞琉古帝国统治中心位于东地中海的安条克使得其对东方属地和行省的控制力具有很强的不稳定性。从近东视角来看,公元前276—前168年间塞琉古王朝和托勒密王朝围绕科勒—叙利亚(Coele Syria,位于今黎巴嫩贝卡谷地)和巴勒斯坦归属进行的六次"叙利亚战争"(Syrians Wars)构成这一时期东方希腊化世界国际事务的主题。[①] 与托勒密王朝的长期战争和王室内斗严重削弱了塞琉古帝国的实力。公元前3世纪中叶第三次叙利亚战争失败后,塞琉古王朝对东方行省的控制开始出现瓦解的征兆。从公元前245年至公元前238年,希腊—巴克特里亚王国(Greco-Bactrian Kingdom)和帕提亚王国相继从中亚和伊朗高原东北部独立,自此之后,希腊化时代的国际格局遂开始日益走向多元化和复杂化。[②] 与塞琉古帝国衰落相生相伴的是罗马共和国在地中海的崛起东扩以及帕提亚王国在伊朗高原的西扩。公元前202年,罗马在与迦太基进行的第二次布匿战争中取胜后,已成为西地中海地区的绝对主导力量,此后罗马人的权力触角也开始向希腊和整个东地中海地区伸展。后来的历史发展证明,罗马共和国的东扩和帕

---

① John D. Grainger, *The Syrian Wars*, Leiden & Boston: Brill, 2010, p. 411.

② Nikolaus Leo Overtoom, "The Power-Transition Crisis of the 240s BCE and the Creation of the Parthian State", *The International History Review*, DOI, Routledge, 2016, p. 5.

提亚帝国的西扩共同构成希腊化时代后期国际体系演变的主旋律，并由此逐渐瓦解了曾经由希腊化国家主导的国际体系。而塞琉古帝国在西亚确立的统治秩序最终被罗马—帕提亚在近东形成的两极对峙国际体系取而代之。

第一节 塞琉古秩序在西亚的解体与 帕提亚帝国的西扩

通过对希腊化时代后期罗马共和国东扩和帕提亚帝国西扩的具体历史进程进行整体考察可以发现，公元前 2 世纪帕提亚帝国的形成受益于罗马东扩对塞琉古帝国造成的重创，而罗马共和国最终扩张至两河流域也受益于帕提亚帝国在公元前 1 世纪初由于内部问题导致的西扩停滞。因此，罗马的东扩和帕提亚的西扩在不同的历史时期均不同程度地受益于对方扩张进程的推进或暂缓，其最终双方在公元前 1 世纪中叶以幼发拉底河为大致界限对塞琉古帝国西亚遗产的瓜分和继承的结果。罗马共和国在东地中海的扩张始于第二次马其顿战争（The Second Macdonian War，公元前 201—前 196 年）。公元前 197 年罗马军队在色萨利的狗头山战役（Battle of Cynoscephalae）中击败马其顿国王腓力五世（Phillip V，公元前 221—前 179 年在位）之后，罗马势力扩张至爱琴海，遂与西亚传统霸主——塞琉古帝国发生冲突。而公元前 190/189 年罗马在马格尼西亚战役（Battle of Magnesia）中决定性击败塞琉古王朝，深刻地改变了此后希腊化世界的国际局势。塞琉古王朝此后一蹶不振，其对辖下广大东方属土的统治摇摇欲坠。马格尼西亚战役之后，南高加索的亚美尼亚和索菲尼王国（Sophene）立即宣告独立。而罗马势力开始在亚洲立足，并于公元前 189/188 年入侵小亚细亚并击败加拉太王国（Galatians）。公元前 165 年，不满塞琉古王朝强制希腊化政策的犹太人发动了著名的"马加比起义"（Maccabean Revolt），至公元前 143 年形成独立的犹太祭司国。犹太王国的独立进一步打击和削弱了塞琉古王朝在东方的统治，而东方强盛一时的希腊—巴克特里亚王国已于公元前 170 年代分裂为南北二部。塞琉古王朝的衰落和希腊—巴克特里亚王国的分裂使得帕提亚王国获得了向西扩张的绝佳历史机遇和国际环境。而帕提亚国王米特里达梯一世（Mithridates Ⅰ，公元前 171—前 138 年在位）正是在这样的国际环境下登上历史舞台，开始了将帕提亚王国发展为囊括伊朗高原和两河流域大帝国的历史进程。

帕提亚王国向西扩张至两河流域的进程，伴随着与塞琉古王朝和两河流域周边众多独立小王国的反复斗争，并不时受到中亚游牧民族迁徙浪潮的干扰，因此并非一蹴而就。公元前 163 年塞琉古国王安条克四世（Antiochus Ⅳ，公元前 175—前 163 年在位）去世之后，国内权臣和王室成员展开了激烈的权力斗争，同时马加比起义和托勒密王朝的干涉又进一步牵制了塞琉古王朝对东方事务的关注。从公元前 155 年起，米特里达梯一世开始对伊朗高原西部用兵，并在公元前 148 年后完成了对米底的征服。公元前 141 年，帕提亚军队夺取塞琉古王朝在底格里斯河西岸的陪都塞琉西亚（Seleucia），由此标志着帕提亚势力范围开始进入两河流域。公元前 139 年塞琉古国王德米特里二世（Demetrius Ⅱ，公元前 145 年—前 139 年在位）企图收复塞琉西亚，却被帕提亚军队击败俘虏。但米特里达梯一世并未来得及巩固征服成果便于公元前 138 年去世，使得两河流域的希腊自治城市以及以查拉塞尼（Characene，位于两河入海口）、埃利麦斯（Elymais，位于古代的埃兰王国故地）为代表的半独立王国再次蠢蠢欲动。从公元前 138 年—前 133 年，查拉塞尼和埃利麦斯多次袭扰帕提亚帝国在美索不达米亚的城市和属地。直到公元前 133 年弗拉特斯二世（Phraates Ⅱ，公元前 138—前 129 年在位）稳固统治之后，才开始加强对美索不达米亚的控制。

公元前 130/129 年，塞琉古国王安条克七世（Antiochus Ⅶ Sidetes，公元前 138—前 129 年在位）以举国之兵力发动最后一次东征。塞琉古军队前期频频得胜，两河流域大批希腊城市一度叛离帕提亚倒向塞琉古一方。公元前 129 年冬，帕提亚人利用塞琉古驻军在所征服城市里横征暴敛引发骚乱之机，突袭安条克七世并将其斩杀，遂取得了战争的决定性胜利。然而战后帕提亚军队中的塞种（Saka）雇佣兵和塞琉古希腊降兵反叛，弗拉特斯二世措手不及战死军中，其叔阿塔巴努斯一世（Artabanus Ⅰ，公元前 127—前 124 年在位）继位。随后帕提亚人再次进军埃利麦斯，并于公元前 127 年将其降服。公元前 124 年，阿塔巴努斯一世又战死于和东方游牧人的战争中，遂由阿萨西斯家族另一支的王子米特里达梯继位为米特里达梯二世（Mithridates Ⅱ，前 124—前 91/88 年在位）。米特里达梯二世继位之后，首先用兵解决自公元前 127 年起便入据美索不达米亚的查拉塞尼势力，又通过征服苏萨（Susa）把埃利麦斯纳入帕提亚帝国的直接统治之下，随后在查拉塞尼任命总督进行统治。在重新确立了帕提亚帝国在两河流域的统治地位后，米特里达梯二世于公元前 120 年（一说发生于公元前 112/111 年，即解决东疆塞种人威胁之后）进军南高加索，击败亚美尼亚王国，迫使其国王阿塔瓦兹德斯一世（Artavazdes Ⅰ，前 159—前 115 年在位）入质王子（即后来的提格兰二世）称臣，随后将帕提亚的势力范围进一步扩展至高加索的伊比利亚（Iberia）和阿尔巴尼亚（Albania）地区。[①]

在巩固两河流域南部和南高加索的势力范围后，米特里达梯二世开始集中精力平定一直侵扰帕提亚东部边疆的塞种游牧部落。公元前 119—前 115 年间，在苏伦家族（House of Suren）的帮助下，米特里达梯二世彻底击败塞种人并将其安置于赫尔曼德河流域，并将该地交给苏伦家族统治，该地此后遂得名锡斯坦（Sistan，即 Saka

---

① 本书所涉及的"伊比利亚"和"阿尔巴尼亚"若不加说明，均指与古代亚美尼亚王国毗邻的南高加索古代王国，这两个国家与欧洲的"伊比利亚半岛"（Iberia Peninsula）、古代西班牙的"凯尔特—伊比利亚人"（Celt-Iberians）和东南欧的近现代国家"阿尔巴尼亚"没有任何关系。古伊比利亚王国大约相当于现代格鲁吉亚东部，而阿尔巴尼亚王国大约相当于现代的阿塞拜疆，常作"高加索阿尔巴尼亚"（Caucasus Albania）。

之地，之前的名称为 Drangiana）。随后米特里达梯二世又收复了巴克特里亚西部直至阿姆河南岸的大片地区，从而打通了和索格底亚那（Sogdiana，即河中）的联系，并于公元前 115 年隆重接待西来的汉朝使臣[1]。在解决塞种人问题后，帕提亚帝国东部边疆始趋稳定，从而得以把精力再次转向西方。公元前 113 年，幼发拉底河中游西岸的塞琉古希腊城市杜拉—幼罗波斯（Dura-Europos）归附帕提亚，帕提亚帝国势力范围遂扩张到幼发拉底河沿岸。公元前 111/110 年，米特里达梯二世首次发行带有希腊文"王中之王（BAΣIΛEIOΣ BAΣIΛEION）"称号的铸币，此称号也在同时期巴比伦祭司撰写的天文日志中以其阿卡德语形式首次出现（Šar Šarrāni）[2]，这标志着帕提亚帝国开始进入其全盛时期。最迟至公元前 97 年，米特里达梯二世已经降服了奥斯罗恩、阿迪亚贝尼、戈尔蒂耶尼等美索不达米亚北部小国，从而完全建立起了帕提亚帝国在两河流域和南高加索的附庸国体系。大约与此同时，米特里达梯二世还通过与亚美尼亚的联姻关系与黑海南岸的本都王国（Pontus Kingdom）结成了帕提亚—亚美尼亚—本都三角同盟，帕提亚帝国在西亚的扩张至此达到顶峰。

第二节　从爱琴海到黎凡特：罗马共和国的东扩进程

在帕提亚帝国西扩的同时，西方的罗马共和国由于各种内部问

---

[1]　《汉书·西域传》记载："武帝始遣使至安息，王令将将二万骑迎于东界。"此处应为米特里达梯二世在帝国东境刚刚平定塞种人叛乱之时，遂造成 2 万帕提亚骑兵"迎接"汉使的场面，参见《汉书》卷九六上《西域传》上。

[2]　Seiro Haruta, "A Primary Source for the History of the Arshakid Parthia: Astronomical Diaries from 164 B. C. to 61B. C. ", *Oriento: Bulletin of the Society for Near Eastern Studies in Japan* 41 – 2（1998）, pp. 181 – 193.

题处于对外扩张的相对停滞期，但仍然实现了在东地中海尤其是希腊和小亚细亚地区的战略性扩张，最终于公元前 1 世纪初到达陶鲁斯山以南、幼发拉底河西岸的西里西亚，从而打通了和帕提亚帝国的联系。公元前 168 年罗马军队在彼得那战役（Battle of Pydna）中彻底击败马其顿安提柯王朝末王伯尔修斯（Perseus，公元前 179—前 168 年在位），马其顿王国随后被罗马征服并划为四个自治区。公元前 167 年，罗马元老院使节在埃及以威胁手段成功吓阻塞琉古国王安条克四世吞并埃及托勒密王朝的野心，迫使后者因担心罗马介入而撤兵回国。在公元前 146 年彻底毁灭迦太基和科林斯之后，罗马共和国在马其顿、希腊和北非分别设立马其顿、亚该亚和阿非利加行省，从而稳固了罗马共和国在希腊和北非的统治。公元前 133 年，帕加马末王阿塔鲁斯三世（Attalus Ⅲ，公元前 138—前 133 年在位）在遗嘱中将王国赠与罗马。罗马共和国遂于公元前 129 年平定阿里斯多尼克斯（Aristonicus，僭称帕加马王）叛乱之后顺利接收帕加马王国领土，并以之设立亚细亚行省，这也是罗马共和国在亚洲设置的第一个行省。[①]

亚细亚行省的设立是罗马共和国在亚洲扩张的关键性步骤。随着海外移民城市的建立和罗马公民的大批移入，小亚细亚西部诸城成为罗马共和国在东地中海地区的工商业重镇和继续向东方扩张的前沿基地。但海外领土的增加也激化了罗马共和国内部酝酿已久的社会和阶级矛盾，频繁的奴隶起义、日耳曼人的大规模南下以及共和国内部贵族与平民斗争的激化使得罗马在公元前 2 世纪的最后 30 年内无暇东顾。公元前 137—前 132 年，西西里爆发了罗马历史上第一次大规模奴隶起义，罗马共和国历时 5 年方告平定。公元前 133—前 123 年，为调整贵族与平民的土地关系，格拉古兄弟先后进行了两次激进的社会改革，但却因为贵族派的阻挠而以失败告终。从公

---

① Elizabeth Kosmetatou, "The Attalids of Pergamon", in Andrew Erskine ed. , *A Companion to the Hellenistic World*, Oxford：Blackwell, 2003, pp. 159 – 174.

元前 113 年起，以条顿人—辛布里人为主的日耳曼部落从北欧南下
高卢并与罗马共和国进行了长达 12 年的辛布里战争（Cimbrian War，
公元前 113—前 101 年），而北非努米底亚（Numidia）国王朱古达
（Jugurtha，公元前 118—前 105 年在位）也于公元前 110 年反叛罗
马。起初罗马军队在辛布里战争和朱古达战争中连遭败绩，损失惨
重。严峻的形势迫使民主派马略（Marius）于公元前 107 年上台进
行军事改革，即所谓的"马略改革"（Marian Reform）。马略改革之
后，罗马军队战斗力得到明显提升。罗马共和国遂于公元前 105 年
平定朱古达叛乱，次年又平定第二次西西里奴隶起义。公元前 102—
前 101 年，罗马军队在山南高卢成功剿灭 12 万辛布里人，从而再次
恢复了罗马共和国北疆的稳定。

　　由上可见，公元前 2 世纪末至 1 世纪初是希腊化时代后期东地
中海国际格局发生剧烈变化的时期，这一时期国际关系的主线是传
统希腊化大国（马其顿、塞琉古等）的彻底衰落和罗马、帕提亚两
个新兴强权在克服一系列国内外困难后实现了在近东权力的显著扩
展。可以说，帕提亚和罗马分别从东西两个方向上促成了传统希腊
化世界国际格局的缓慢解体。如前文，在公元前 129/128 年彻底击
败塞琉古王朝最后一次东征之后，帕提亚帝国已经成为西亚最强大
的势力。从公元前 115 年起，帕提亚帝国在击败中亚塞种游牧部落
之后又继续西扩，并于公元前 2 世纪末构建起了以亚美尼亚、奥斯
罗恩和查拉塞尼三个重要藩属国为依托，从北、西、南三个方向构
成的帕提亚极盛时期的西部疆界。与此同时，罗马共和国则在渡过
一系列深刻的社会经济危机后再次把注意力转向东方。公元前 103
年，罗马元老院派马库斯·安东尼乌斯·奥雷托（Marcus Antonius
Orator）由海上进入陶鲁斯山以南的西里西亚追剿海盗，从而标志着
罗马共和国立足西里西亚的开端。公元前 96 年，苏拉（Lucius Cor-
nelius Sulla）被任命为西里西亚总督。此后不久，新即位的亚美尼亚
国王提格兰二世（Tigranes Ⅱ，前 96—前 55 年在位）在未征得宗主
国帕提亚同意的情况下擅自入侵罗马在小亚细亚的属国卡帕多西亚

（Cappadocia），驱逐了亲罗马的阿里奥巴扎尼斯国王（Ariobazanes）。米特里达梯二世遂派使团渡过幼发拉底河进入卡帕多西亚边境以调查事态，遂有了公元前93/92年（一说为公元前96/95年）罗马与帕提亚的首次外交接触。① 根据希腊传记作家普鲁塔克的记载，苏拉在接见帕提亚使臣时故意令其与卡帕多西亚国王相对而坐。帕提亚使团回国之后，米特里达梯二世得知会谈细节，认为此次出使有损帕提亚的大国威严，遂将使团成员全部处决。②

第三节　米特里达梯战争与罗马—帕提亚近东两极格局的形成

　　罗马共和国和帕提亚帝国的初次接触虽以不十分愉快的方式草草收场，但却是地中海世界和西亚世界两个有着迥异文化背景大国之间的第一次交锋。处于极盛时期的帕提亚帝国对罗马共和国这个新兴势力一开始表现出了十分友好和尊重的姿态，但罗马一方对帕提亚使节的处置则显现出明显的傲慢和轻视，这无疑为以后两国关系的发展投下了一道阴影。尽管意义非凡，但此次外交接触并未对当时的西亚局势产生重要的持久影响。此时罗马共和国和帕提亚帝国都面对一系列严重的内部问题。一方面，罗马人在小亚细亚西部的统治并未得到当地民众的真心拥护，亚细亚行省内部酝酿着激烈的社会和阶级矛盾，而意大利本土罗马人与意大利人之间因为公民权的问题也让元老院伤透脑筋。而另一方面，米特里达梯二世晚年帕提亚国内局势也开始急转直下。因此双方在公元前90年之后的很

---

① John J. Poirot, *The Romano-Parthian Cold War: Julio-Claudian Foreign Policy in the First Century CE and Tacitus' Annales*, Phd Dissertation: *Louisiana State University and Agricultural and Mechanical College*, 2014, pp. 24 – 25.

② A. Keaveney, "Roman Treaties with Parthia circa 95-circa 64 BC", *The American Journal of Philology*, Vol. 102, No. 2, Sum. 1981, pp. 195 – 212.

长一段时间内并没有产生直接的利害冲突。经过公元前91—前88年的同盟战争（Social War）后，罗马共和国进一步调整和稳定了罗马内部贵族与平民以及罗马人与意大利人的权利关系。而帕提亚国王米特里达梯二世在此期间驾崩，随后30年间帕提亚国内数王并立混战不休。真正将罗马和帕提亚再次拉入近东棋局的标志性事件则是由本都王国挑起并持续25年之久的"米特里达梯战争"（Mithridatic Wars，公元前88—前63年）。本都王国的崛起及其与罗马的冲突是希腊化时代后期东地中海地区最引人注目的历史事件，也开启了罗马共和国东扩进程最后也是最关键的阶段。

公元前88/87年，在本都国王米特里达梯六世（Mithridates Ⅵ Eupator，公元前120—前63年在位）的运作下，罗马亚细亚行省爆发大规模叛乱。本都军队和亚细亚行省不满罗马统治的民众组成的叛军密切配合，于一夜之间将亚细亚行省各大城市共计8万罗马公民屠杀净尽，史称"亚细亚晚祷"（Asiatic Vespers）[①]。米特里达梯六世随后联络雅典跨海入侵希腊，罗马共和国被迫对本都宣战，"米特里达梯战争"由此爆发。米特里达梯战争一共打了三个阶段，在此期间罗马共和国先后派出苏拉、卢库鲁斯和庞培等名将上阵，却始终无法彻底击败米特里达梯六世。米特里达梯战争前后持续25年之久，波及希腊半岛、爱琴海、小亚细亚和黑海广大地区，与当时地中海的海盗集团及罗马内部分裂势力相结合，构成了对罗马地中海霸权的巨大威胁。米特里达梯战争的特殊性质在于，它不仅是希腊化时代后期东地中海地区最后一次对罗马势力东扩的有力抵抗，也是东方伊朗系希腊化大国与罗马争夺近东霸权的预演。本都王国是阿契美尼德王朝灭亡后小亚细亚地区由独立的伊朗当地总督建立的王国之一。由于希腊化时期伊朗文化与希腊文化在小亚细亚的长期交融混同，本都国王米特里达梯六世同时拥有希腊城邦"解放

---

① Adrienne Mayor, *The Poison King：The Life and Legend of Mithradates*, *Rome's Deadliest Enemy*, Princeton and Oxford：Princeton University Press，2010，pp. 45 – 46.

者"、亚历山大继承人和希腊化文化"代言人"、东方伊朗宗教传统和波斯帝国继承者等多种复杂的文化身份①，从而使其得以扮演这一时期挑战罗马地中海霸权最强有力的角色②。可以说，本都既是最后一个挑战罗马地中海霸权的希腊化王国，也是第一个与罗马共和国发生直接对抗的由非希腊族裔建立的东方王朝③。本都王国对抗罗马的事业虽然最终失败，但米特里达梯六世的未竟之业及其对阿契美尼德王朝和亚历山大帝国遗产的双重合法性宣称却间接被后来帕提亚王朝诸王所继承④。因此从某种程度上说，米特里达梯战争是"罗马波斯战争"的历史背景和逻辑预演。

随着公元前88年米特里达梯战争的爆发，罗马共和国被再次卷入东地中海事务，由此开启了共和时代罗马东扩的最后一个重要阶段。米特里达梯战争期间，帕提亚帝国陷入内部混乱近30年，并发生了王室统治家族的内部转移，史称"黑暗时代"（Dark Age）⑤。由于这一时期帕提亚帝国无力染指东地中海事务，因而此时处于极盛时期的本都王国和罗马共和国在希腊和小亚细亚的角逐成为这一时期东地中海国际关系的核心特征。而曾经附属于帕提亚帝国的亚美尼亚王国也在此期间以牺牲帕提亚帝国西亚霸权为代价建立起了一个短暂的横跨叙利亚、美索不达米亚和伊朗高原西部的"亚美尼亚帝国"。公元前74—前67年间，卢库鲁斯和庞培相继接任罗马东

---

① G. Dennis Glew, "Between the Wars: Mithridates Eupator and Rome, 85 – 73 B. C. ", *Chiron* Ⅱ (1981), pp. 109 – 130; "The Selling of the King: A Note on Mithridates Eupator's Propaganda in 88 B. C. ", *Hermes* 105 (1977), pp. 253 – 256.

② McGing, *The Foreign Policy of Mithridates Ⅵ Eupator, King of Pontus*, Leiden: Brill, 1986, pp. 154 – 163.

③ M. J. Olbrycht, "Mithridates Ⅵ Eupator and Iran", in *Mithridates Ⅵ and the Pontic Kingdom*, ed. Jacob Munk Hojte, Black Sea Studies 9, Aarhus: Aarhus University Press, 2009, pp. 163 – 190.

④ M. Rahim Shayegan, *Arsacids and Sasanians: Political Ideology in Post-Hellenistic and Late Antique Persia*, Cambridge University Press, 2011, pp. 307 – 310.

⑤ K. Walton Dobbins, "The Successors of Mithradates Ⅱ of Parthia", *The Numismatic Chronicle* (1966 –), *Seventh Series*, Vol. 15 (1975), pp. 19 – 45.

方指挥权之位，米特里达梯战争遂进入最后的决定性阶段。在战争的最后阶段，恢复元气的帕提亚帝国为收复被亚美尼亚攻占的旧土，遂与罗马方面达成了一些关于两国边界的协定。公元前66年庞培降服亚美尼亚国王提格兰二世之后，与帕提亚国王弗拉特斯三世（Phraates Ⅲ，公元前70—前58年在位）就亚美尼亚王位继承和位于戈尔蒂耶尼的边界问题发生争执。虽然罗马方面表现出强硬姿态，庞培考虑到米特里达梯六世在黑海东北岸的残余势力尚未剿灭，最后还是将卢库鲁斯时期从亚美尼亚征服的部分领土交还给了帕提亚，以抽出时间来彻底解决米特里达梯六世。公元前64年，庞培和弗拉特斯三世在几番争执之后就罗马和帕提亚的边界问题达成了协议，罗马认可帕提亚在阿迪亚贝尼和美索不达米亚北部的势力范围，而帕提亚将戈尔蒂耶尼作为属国交还给亚美尼亚。

在与帕提亚方面达成谅解之后，庞培率军沿高加索山和黑海东岸追击本都残余势力。公元前64年，庞培将逃亡的米特里达梯六世赶到克里米亚半岛后方撤军，随即又率军南下叙利亚、腓尼基和巴勒斯坦。罗马史家查士丁在《腓力史摘要》中记述了庞培决定废黜塞琉古王朝并由罗马直接兼并叙利亚的原因和经过：

　　提格兰（二世）被卢库鲁斯击败之后，西吉赛努斯的儿子安条克被卢库鲁斯任命为叙利亚国王。但是卢库鲁斯的赠予很快又被庞培夺走。安条克向庞培要求叙利亚王位继承权时，庞培对他说道："不论叙利亚人是否青睐你，我都不会把叙利亚交给你。我不会把叙利亚交给你这个在提格兰统治18年期间一直躲藏在西里西亚角落里的国王。现在提格兰已经被罗马人降服，你却想得到别人辛苦摘取的果实。"在庞培看来，安条克王子既未主动从提格兰手中夺得叙利亚王位，更何况当年就是他把王位让给了提格兰。安条克王子既不知道怎么保卫这个国家，更不用说他在位可能任当地的犹太人和阿拉伯人掠夺叙利亚。鉴于此，庞培将叙利亚变为罗马行省，随后整个曾经被王位争夺搞得一团糟的东方开始在罗马人治下迎来稳定的时期。①

如上所述，在拒绝塞琉古王朝流亡王子安条克·库兹克努斯（Antiochus Cyzicenus）的复位请求后，庞培选择在塞琉古王朝故都安条克设立叙利亚行省由罗马直接统治。塞琉古王朝正式灭亡，之后庞培又进军耶路撒冷降服了犹太王国。公元前 63 年，米特里达梯六世在克里米亚集结兵力企图东山再起，无奈激起当地民众叛乱而未能成行。绝望中的米特里达梯六世在侍卫的帮助下自杀身亡，持续 25 年之久的米特里达梯战争至此结束。关于米特里达梯战争与罗马东扩的关系，帝国时期的罗马史家阿庇安（Appian）有着如下经典的论述：

> 他（米特里达梯六世）在与罗马人的战争中不遗余力，在其力所能及的范围内黩武以极，从东方到西方，他掀起的战火波及整个世界。（因为他）整个世界都在战争中受到攻击，因同盟关系而受到牵连，被海盗所侵扰，或者因临近战争地区而遭受兵火。尽管这场战争是这样的一波三折，但这场战争的结果给罗马人带来了最大的利益，因为它使罗马人领土的边界从日落之处扩张到幼发拉底河。②

公元前 62 年，庞培完成其东方征服事业举行凯旋式，正式将从高加索山至亚喀巴湾的众多当地王国和部落悉数纳入罗马势力范围。吞并叙利亚至巴勒斯坦的各小国后，罗马共和国和已结束混乱时期的帕提亚帝国遂成为近东地区的绝对主导力量，而被削弱之后的亚美尼亚则成为罗马在东方牵制帕提亚的附庸。经过米特里达梯战争的洗礼，罗马共和国实现了其东方霸权的再次扩展，不仅稳固了在

---

① Justin, *Epitome of the Philippic History of Pompeius Trogus*, 40. 1.

② Appian, *Roman History*, ⅩⅦ. 119.

小亚细亚的统治，还将塞琉古王朝的最后遗产收入囊中，从而使罗马在东方有了更加可靠的战略基地。而帕提亚帝国由于罗马对本都和亚美尼亚的胜利，也趁机恢复了曾经丧失的西部疆土。至此，以幼发拉底河为界，罗马共和国和帕提亚帝国在中东形成了塞琉古王朝衰落后迥异于之前任何历史时期的东西对峙国际格局，西亚从此进入以罗马—拜占庭帝国为一极、帕提亚—萨珊帝国为另一极的"罗马波斯时代"。

第 三 章

晚期罗马共和国与帕提亚
帝国的战争

第一节　亚美尼亚问题的肇始与罗马—
帕提亚的初步交锋

　　罗马共和国和帕提亚帝国首次发生冲突是在庞培接手罗马东方军事指挥权期间（公元前 67—前 63 年），主要焦点便是亚美尼亚王位继承和两国边界问题。但是罗马将军们对帕提亚用兵的倾向从卢库鲁斯对亚美尼亚作战的后期阶段就已经表现出来。只是由于军队厌战以及罗马元老院对卢库鲁斯战功的忌惮最后才未能实施。提格兰二世战败后，与米特里达梯六世一道回国招兵买马以图东山再起，同时遣使向帕提亚国王弗拉特斯三世请求援兵。而卢库鲁斯在提格兰诺凯尔塔（Tigranocerta）击败提格兰二世之后，也派遣自己的副官（legatus）塞克斯提里乌斯（Sextilius）出使帕提亚，以确保弗拉特斯三世不会援助本都—亚美尼亚同盟。① 根据罗马史家阿庇安的记载，"卢库鲁斯派使节前往帕提亚，要求帕提亚方面在援助罗马和保

---

① Cassius Dio, *Roman History*, 36. 45. 3.

持中立两者之间二选其一。而帕提亚国王与双方都有秘密协议，因而不急于援助任何一方"①。由于弗拉特斯三世严守中立，提格兰二世和米特里达梯六世只能继续与罗马人作战。至公元前 67 年，卢库鲁斯兵锋进至美索不达米亚北部的戈尔蒂耶尼，随后为反叛提格兰二世失败被处死的戈尔蒂耶尼国王扎比耶努斯（Zarbienus）举行了盛大的葬礼。卢库鲁斯随后萌生了继续进军征服帕提亚的想法。根据普鲁塔克的记载，"卢库鲁斯决定暂时放过提格兰和米特里达梯，并通过率军进攻来尝试一下帕提亚人的力量。他认为连续击败三个天下最强的国王所获得的荣誉将不亚于一个运动员在赛场上夺冠"②。卢库鲁斯随后召集他在本都的军队准备东征，但士兵由于常年征战表现出强烈的厌战和思乡情绪。为防止军队哗变，卢库鲁斯遂放弃了东征帕提亚的计划。大约与此同时，罗马元老院传来了让卢库鲁斯撤军并遣散士兵的命令，而对米特里达梯的战争则由此时刚刚平定地中海海盗集团的庞培接手。

公元前 67 年庞培基本平定了为患整个地中海地区的海盗集团，并肃清了西里西亚海盗的最后几个沿海巢穴。随后庞培率军由西里西亚北上，在翻越陶鲁斯山脉后进军本都以接手卢库鲁斯未完成的东方战事。公元前 66 年，庞培在幼发拉底河上游西侧山地击败米特里达梯六世之后，一路尾追后者至高加索的伊比利亚和阿尔巴尼亚，并击败了由当地国王率领的军队。③ 根据普鲁塔克的记载，穷途末路的米特里达梯六世再次向其女婿——亚美尼亚国王提格兰二世求援，却被后者以 100 塔兰特的金额悬赏。对抗罗马长达 30 年的本都—亚美尼亚同盟至此烟消云散。米特里达梯六世只能越过高加索山继续北逃至科尔基斯的迪奥斯库里亚斯（Dioscurias，位于高加索山以北，黑海东岸）。庞培认为米特里达梯六世气数已

---

① Appian, *Roman History*, 13. 87.

② Plutarch, *Life of Lucullus*, 30. 1.

③ Plutarch, *Life of Pompey*, 35. 1.

尽不足为患，遂放弃追击，并引兵南下亚美尼亚首都阿尔塔沙特（Artaxata），以完成对亚美尼亚的征服。此时正好碰上亚美尼亚国王提格兰二世与其幼子小提格兰（Tigran the Younger）争位，后者得到帕提亚国王弗拉特斯三世（是小提格兰的岳父）的支持。老提格兰之前已经两次挫败儿子的篡位企图，此时决定倒向庞培来稳固自己的王位。

据阿庇安的记载，"由于庞培在蛮族人中间享有很高的声誉，老提格兰不等庞培到来便率领随从前来迎接，将亚美尼亚的一切事务都交给庞培裁决并控诉自己儿子的篡位企图。老提格兰按照蛮族人的礼节双膝跪地匍匐在庞培面前，把庞培当作自己的主人"①。随后老提格兰再次挫败由小提格兰率领前来夺位的帕提亚援军，小提格兰最后决定逃到庞培帐下以争取后者的支持。庞培明智地拒绝了小提格兰推翻父亲的建议，并以仲裁者的身份让老提格兰与儿子和解。作为臣服罗马的条件，提格兰二世被迫放弃除大亚美尼亚和索菲尼外的所有之前属于"亚美尼亚帝国"的领土和属国，亚美尼亚的疆域又回到阿塔西亚德王朝初年的势力范围内。为了安抚小提格兰，庞培将索菲尼和戈尔蒂耶尼作为小提格兰的封地，并认可后者的王储地位。普鲁塔克对庞培与提格兰二世会面过程的记载与阿庇安稍有不同（在普鲁塔克提供的叙事版本中，小提格兰也参与了会面），但大体内容则是一致的。② 小提格兰与父亲和解后，仍然对现状感到不满，并在私下里和帕提亚人继续暗通款曲。大约在公元前 65 年，小提格兰伺机谋杀父亲篡位，再次失败后被庞培拘捕。帕提亚国王弗拉特斯三世一再要求庞培释放自己的女婿小提格兰未果，庞培拒绝引渡小提格兰的理由是"小提格兰应该交给他的父亲而不是岳父处置"③。小提格兰此后一直未能得到释放，最终于公元前 62 年被庞

---

① Appian, *Roman History*, 12. 15. 104.

② Plutarch, *Life of Pompey*, 33. 1 – 3.

③ Plutarch, *Life of Pompey*, 33. 6.

培带到罗马并于庞培凯旋式结束之后被处死。① 罗马一方在小提格兰事件中的单方面独断处理为后来罗马—帕提亚关系的发展又投上了一道不愉快的阴影。

从罗马东方征服进程来看，公元前66年提格兰二世与庞培的会面标志着亚美尼亚首次以臣属国的地位被罗马降服。小提格兰篡位事件也表明帕提亚和罗马从一开始便深深地卷入对亚美尼亚的争夺。小提格兰谋反事件虽然是亚美尼亚内部权力斗争所致，但由于罗马和帕提亚在此次事件中的全程介入，已经带有罗马和波斯西亚地缘博弈的浓重色彩。这也是罗马—帕提亚近东两极格局形成后开始出现且将在未来反复发生的典型博弈模式，是两大强国争夺其中间缓冲国事务主导权的一次生动体现。最关键的是，小提格兰事件充分显示出罗马一方在西亚国际关系中的单边主义和霸权主义作风，对罗马和帕提亚日后的关系产生了明显的负面影响。正是在此次事件之后，帕提亚人开始改变曾经对罗马人的尊重友好态度。两国之间的潜在敌意、彼此提防和不信任感最终在将来演变为战场上的大规模冲突。

关于小提格兰反叛父亲的原因，学界提出了各种各样的看法。根据罗马史家卡西乌斯·狄奥的记载以及研究古典亚美尼亚史的权威学者米哈尔·马尔夏克（Michal Marciak）的观点，小提格兰最后一次反叛似乎与亚美尼亚贵族派系斗争以及位于索菲尼的王室金库的归属有关。如前文，在庞培与提格兰二世达成的协定中，小提格兰被赐予索菲尼的统治权，而索菲尼也是亚美尼亚王室金库所在地。庞培担心小提格兰日后坐大，遂派人前去接手金库，却在运送金库的过程中遭到驻扎在亚美尼亚山间要塞的部落首领（即亚美尼亚的地方贵族）的阻挠。意大利学者列奥纳多·格里格拉第（Leonardo Gregoratti）认为，小提格兰篡位事件不仅将罗马和帕提亚卷入其中，而且充分反映了亚美尼亚的贵族政治传统对王权的限制以及亚美尼

----

① Plutarch, *Life of Pompey*, 45.4.

亚封建贵族派系在罗马波斯斗争中的阵营分化。[1] 德国学者帕斯卡尔·阿斯多里安（Pascal Asdourian）则认为，古典时代（包括古代晚期）亚美尼亚王权的稳定有赖于各大封建世袭贵族纳哈拉尔（nakharar）的支持。[2] 而在小提格兰篡位事件中，亚美尼亚贵族对老提格兰集权统治的不满以及对小提格兰的支持是其引入帕提亚方面介入的重要国内推动因素。根据阿庇安的记载，提格兰二世共生有三子，均为其与本都公主，即米特里达梯六世之女所生，而小提格兰的两位长兄均因为谋反或表现出谋反的倾向而被老提格兰所杀。其中老提格兰的长子是因为公开反叛，被提格兰二世在战斗中亲手杀死。而次子被处死则是因为其在提格兰二世一次行猎坠马受伤时不去帮助父亲，反而在父亲倒地后"把王冠戴在自己头上"。两位长兄被杀之后，小提格兰一度因为恭敬孝顺、体贴父亲被老提格兰赐予王冠（可能是共治者和王储身份的证明），但也很快不满父亲的统治而举兵谋反。其实对于本都、亚美尼亚和帕提亚这样的东方君主国而言，父子相残、兄弟阋墙并不是什么新鲜事。但以上学者的研究结果表明，古典时期亚美尼亚王位继承的不稳定，除了罗马和波斯的长期渗透和争夺外，当与亚美尼亚内部封建贵族与王权之间的权力和派系斗争有着密切的关系，这也在之后的历史中不断得到证明。

---

① Leonardo Gregoratti，"*Between Rome and Ctesiphon：the Problem of Ruling Armenia*"，*in Армения—Иран：Proceedings of the Conference Armenia-Iran：History. Culture. The modern perspectives of progress*，Армения-Иран：История. Культура. Современные перспективы взаимодействий：сборник статей，2013，pp. 134 – 141.

② P. Asdourian，*Die politischen Beziehungen zwischen Armenien und Rom von 190 v. Chr. bis 428 n. Chr.，ein Abriss der armenischen Geschichte in dieser Periode*，Freiburg i. d. Schweiz，1911.

第二节　初次罗马—帕提亚战争：
克拉苏东征始末

通过之前对罗马共和国和帕提亚帝国早期交往史的回顾可以发现，从苏拉到卢库鲁斯再到庞培，罗马共和国与帕提亚帝国在近东因为米特里达梯战争及其后续问题而发生了最初的政治联系、外交接触和小规模冲突。但无论是苏拉的辱使事件，还是卢库鲁斯的未遂远征，都未能导致双方因为政治互信破裂而爆发战争。即使是庞培经略东方期间与帕提亚帝国就亚美尼亚和戈尔蒂耶尼的归属问题一度出现短暂的军事对峙，但双方的冲突规模仍然在可控范围之内。① 罗马共和国在与帕提亚帝国的早期交往中虽然不时表现出霸权主义的做派，但始终避免和帕提亚帝国产生直接的军事对抗。然而，随着米特里达梯六世的去世和提格兰二世的彻底降服，罗马共和国在东地中海世界已处于绝对的优势地位，这就必然导致其对帕提亚帝国的态度逐渐发生不可逆转的变化。随着晚期罗马共和国军事野心家逐渐把目光转向近东，帕提亚帝国不可避免地成为继本都和亚美尼亚之后罗马在东方的唯一尚未被征服的大国，因此罗马和帕提亚之间爆发冲突乃至升级为大规模战争仅仅是时间问题。

公元前60年，凯撒、庞培和克拉苏成立"前三头同盟"（First Triumvirate），标志着晚期罗马共和国向帝制的过渡阶段进入倒计时。而对于克拉苏这样的野心家来说，只有比庞培、凯撒更加辉煌的战功才能增加自己的个人权势与威望，从而维持"前三头同盟"从一开始便十分脆弱的平衡。公元前56年，"前三巨头"在意大利的小

---

① A. N. Sherwin-White, "Lucullus, Pompey, and the East", in *The Cambridge Ancient History*, *Vol. 9*: *The Last Age of the Roman Republic*, 146 – 43*B. C.*, ed. J. A. Crook, Andrew Lintott and Elizabeth Rawson, Cambridge: Cambridge University Press, 1994, pp. 229 – 273.

镇卢卡（Luca）会晤之后，克拉苏获得一年执政官任期并获准在卸任后出任叙利亚总督。众所周知，叙利亚行省是罗马共和国刚设立不久的面对帕提亚帝国的东方重镇。克拉苏的任命说明其远征帕提亚的军事计划早已提上日程并得到凯撒和庞培的默许。在克拉苏出征之前，帕提亚帝国已经发生了王室内乱，投靠罗马的帕提亚王位竞争者已成为罗马前任叙利亚总督军事介入帕提亚帝国内政的利用工具。克拉苏的接任和整军入侵则正式揭开了罗马和帕提亚之间首次战争的序幕，而克拉苏的败亡则加速了前三头同盟的解体和晚期罗马共和国向帝国转化的历史进程。

公元前55—前53年克拉苏对帕提亚的两次入侵，是在帕提亚帝国因为王位继承问题发生内乱的背景下发生的。公元前58/57年，帕提亚国王弗拉特斯三世被其子奥罗德斯（Orodes Ⅱ，公元前57—前38年在位）和米特里达梯（Mithridates Ⅲ，公元前58—前57/公元前56—前54年在位）合谋毒杀，随后二子争位引爆内战。帕提亚帝国的内乱成为刺激罗马方面干涉乃至征服帕提亚欲望并付诸实施的导火索。公元前57年，米特里达梯被奥罗德斯击败后逃往叙利亚，被时任罗马叙利亚总督加比尼乌斯（Aulus Gabinius）收留。不甘心失败的米特里达梯怂恿加比尼乌斯出兵助其回国夺位。加比尼乌斯本来答应出兵，但却因为被废黜的埃及国王托勒密十二世（Ptolemy Ⅻ Auletes，埃及艳后克娄巴特拉七世之父）此时前来求援和元老院方面的督促执行而打消了入侵帕提亚的计划，米特里达梯只得独自逃回帕提亚招兵买马。公元前56年，加比尼乌斯出兵埃及帮助托勒密十二世回国复位，却在次年卸任叙利亚总督返回罗马时被指控在担任总督期间越权用兵。关于加比尼乌斯未遂的帕提亚战争是否也属于越权行为（如果执行的话），学界有不同看法。英国肯特大学的亚瑟·吉文尼（Arthur Keaveney）认为，加比尼乌斯虽被授权管理叙利亚行省及其周边地区（包括"帕提亚"在内）事务，但其出兵帕提亚的计划并未得到元老院的允许①。公元前55年11月初，未能将入侵帕提亚计划付诸实施的加比尼乌斯卸任叙利亚总督，并由罗马共和国"前三巨头"之一的克拉苏（Marcus Licinius Crassus，公元前115—前53年）继任。在罗马"前三头同盟"中，庞培因为平定海盗、征服东方战功最为显赫。而凯撒在高卢总督期间也取得了一系列辉煌胜利，相比之下克拉苏的战功要逊色许多（克拉苏唯一值得一提的战功是平定斯巴达克奴隶起义）。克拉苏早有征服帕提亚的野心，再加上凯撒的鼓励和庞培的默许，以及比前任加比尼乌斯更长的总督任期（5年）心愿，克拉苏更加坚定了其通过征服帕提亚来加强自己在"前三头同盟"中的地位并在战功上超过其前任——卢库鲁斯（当然也包括庞培）的决心。

关于克拉苏东征的动机，传统史家的记载认为克拉苏想谋取与凯撒、庞培相媲美的战功。根据罗马史家卡西乌斯·狄奥的记载，克拉苏认为帕提亚人有他垂涎已久的财富，而帕提亚国王奥罗德斯二世立足未稳，因而克拉苏想通过对帕提亚用兵为自己赢得荣誉和财富。罗马史专家埃里克·格鲁恩（Erich Gruen）则认为，克拉苏其实是想为罗马共和国增加财富，因为他并不缺少个人财富。② 根据普鲁塔克的记载，凯撒曾写信给克拉苏对其东征计划表示赞许。考虑到之前罗马人曾多次打败如本都、亚美尼亚等东方王国，克拉苏低估了东征帕提亚的军事难度。与克拉苏同时代的罗马著名政治家和演说家西塞罗（Marcus Tullius Cicero）则指出，在凯撒的高卢战争中表现出色的克拉苏之子——小克拉苏（Publius Crassus）的野心是克拉苏发动帕提亚战争的另一个重要驱动因素。由于未获元老院

---

① Arthur Keaveney, "The King and the War-Lords: Romano-Parthian Relations Circa 64 – 53 B. C. ", *The American Journal of Philology*, Vol. 103, No. 4（Win., 1982）, pp. 414 –417.

② Erich S. Gruen, "M. Licinius Crassus: A Review Article", *American Journal of Ancient History* 2（1977）, p. 125.

授权，克拉苏东征被西塞罗称为"没有正当理由的战争（nulla cau-sa）"①，而时任保民官埃提乌斯·卡皮托（Ateius Capito）在克拉苏临行前举行宗教仪式诅咒克拉苏以表示强烈反对。

实际上，与传统观点认为的克拉苏入侵帕提亚纯属一次傲慢愚蠢的军事冒险不同，许多新近观点均认为克拉苏出征帕提亚本身并无不妥并且恰逢其时。因为直到公元前54年末米特里达梯被奥罗德斯彻底击败处死之前，帕提亚国内仍然处于不稳定状态，米特里达梯更是在夺取塞琉西亚（Seleucia，即曾经塞琉古王朝的东都，与帕提亚首都泰西封均为帕提亚在两河流域的核心城市）之后固守待援。但克拉苏却在公元前55/54年的初期军事行动中只满足于在掠夺幼发拉底河东岸的城市后回军休整，而没有继续进军帕提亚在两河流域南部的腹地支持处于不利地位的米特里达梯三世，因而浪费了这一宝贵的时机。而到公元前53年克拉苏将军队集结完毕正式对帕提亚发动进攻之时，奥罗德斯二世已经牢固掌控了帕提亚国内政局，并对克拉苏的一举一动做足了前期情报工作和应对措施。因此，正如现代学者希尔顿（R. M. Sheldon）所指出的，克拉苏东征的失败与其说是未得到元老院的支持，不如说是克拉苏拙劣的战术执行和情报工作导致的。从克拉苏东征的具体过程中可以充分看出，克拉苏的一意孤行不仅浪费了罗马一方同盟国（亚美尼亚）可以提供的有效支援兵力，而且克拉苏对帕提亚及其属国的情报活动以及军队战术和战前部署也一无所知。克拉苏不但未能通过拉拢当地精英来获取情报筹备战事，反而被暗通帕提亚的当地首领引入险途，因而他最后的悲惨失败是不可避免的。

希腊传记作家普鲁塔克详细记载了克拉苏两次入侵帕提亚战争的具体经过：公元前55年11月，克拉苏接任叙利亚总督，随后立即筹划入侵帕提亚战事。同年克拉苏率兵越过幼发拉底河，在洗劫了奥斯罗恩王国境内多座城市和要塞后撤回叙利亚越冬，以等待小

———————

① Cicero, *De finibus*, 3.75.

克拉苏的高卢援兵。大约在公元前 54 年底或公元前 53 年初，奥罗德斯二世将其弟米特里达梯彻底击败并处死，在平叛中居功至伟的便是后来在卡莱之战中扬名的大将苏莱纳斯（Surenus，即著名的帕提亚世家姓氏 Suren，罗马人不知其本名）。根据普鲁塔克的记载，奥罗德斯二世随后派使团访问克拉苏，并告诉克拉苏："如果克拉苏此次的入侵行为是元老院的决定，那么帕提亚人将会奉陪到底；如果仅仅是克拉苏的个人行为，那么考虑到他年事已高，帕提亚人将会对他宽大仁慈处理。"克拉苏在给奥罗德斯二世使团的答复中傲慢地表示，"帕提亚人会在塞琉西亚得到他们想要的答案。"帕提亚使团回国后，奥罗德斯二世遂明确了克拉苏的战争意图，并立即着手备战。公元前 54/53 年，小克拉苏率 1000 高卢骑兵加入克拉苏，后者随即在公元前 53 年初集结起由 7 个军团为主力的 4.2 万军队准备出征。开战前夕，罗马人的盟友——刚刚继位不久的亚美尼亚国王阿塔瓦兹德二世（Artavasdes Ⅱ，公元前 55—前 34 年在位）专程赶来建议克拉苏借道亚美尼亚山地，傍陶鲁斯山脉南缘东进以抵消帕提亚人骑兵优势，同时承诺提供 1.6 万骑兵和 3 万步兵助战，却被克拉苏以路途遥远为由拒绝。克拉苏最终决定直接渡过幼发拉底河沿美索不达米亚北部沙漠进军。帕提亚国王奥罗德斯二世（Orodes Ⅱ）早有准备，亲率由步弓手和少量骑兵组成的 3 万主力部队北上进攻亚美尼亚牵制阿塔瓦兹德二世，同时命大元帅（Spahbod）苏莱纳斯率 1 万骑兵西进骚扰牵制克拉苏。克拉苏在祖格马（Zeugma）渡过幼发拉底河之后，以奥斯罗恩（Osrhoene）当地阿拉伯酋长阿里亚米尼斯（Ariamnes）为向导向帕提亚领土纵深进军。阿里亚米尼斯曾在庞培东方征战中提供向导服务，但此时已被帕提亚人贿赂成为后者的间谍。阿里亚米尼斯与帕提亚前哨骑兵一道，将克拉苏引入远离河流寸草不生的沙漠地带。[1] 罗马军队在经过艰难饥渴的长途行军后，在小镇卡莱（Carrhae，即古代的哈兰）附近遭遇苏莱纳

---

① Plutarch, *Crassus*, 21. 2.

斯率领的帕提亚主力部队。公元前53年5月6日，罗马和帕提亚之间第一次著名战役——卡莱战役正式打响。

开战之前，克拉苏的副官卡西乌（Cassius Longinus）建议采用步兵居中、骑兵居两翼的传统阵型，但克拉苏最终决定摆出中空大方阵，方阵每侧由12个大队军团步兵掩护。[①] 克拉苏的将军们建议罗马人靠水扎营休整并在第二天作战，但求战心切的小克拉苏说服克拉苏与帕提亚人立即接战。于是克拉苏的士兵在饥渴疲惫中逐渐迈向帕提亚人为他们精心设计的死亡战场。双方军队进入战场后，帕提亚弓骑兵展开宽大的正面并擂鼓以威吓罗马人，同时铁甲骑兵（Cataphract，骑士和战马均由铁甲包裹防护的超重装骑兵）用粗布将铠甲包裹前进，并在进入罗马人视野后亮出铠甲以使罗马人恐慌。帕提亚骑兵迂回到罗马军阵两翼倾泻如蝗箭雨，罗马军团不胜其扰。克拉苏遂命步弓手前出阵列以驱逐帕提亚弓骑兵，但被后者的强大火力逼退。为抵御帕提亚骑兵箭矢，罗马军团步兵摆出了龟甲阵（testudo），但这样做削弱了士兵的近战能力。帕提亚统帅苏莱纳斯看准时机，命铁甲骑兵冲击罗马军阵并对罗马人造成巨大伤亡。克拉苏想等到帕提亚人箭矢耗尽后与其短兵相接，但却发现对方有数千头骆驼运输源源不断的箭矢，顿时心生恐惧。为打破困局，克拉苏命小克拉苏率1300高卢骑兵、500步弓手和8个军团大队以驱逐帕提亚弓骑兵。[②] 帕提亚骑兵佯装败退，将小克拉苏的部队引入铁甲骑兵埋伏圈后包围歼灭。小克拉苏的高卢骑兵在这次战斗中尽管寡不敌众，却表现得极为英勇。由于无法刺穿帕提亚铁甲骑兵的铠甲，许多高卢骑兵跳到帕提亚骑兵身上将其掀下战马与之同归于尽，甚至爬到帕提亚骑兵战马下面攻击没有铠甲防护的战马腹部，但仍然无法挽救局势。小克拉苏与其残余部队最后被逼至小山上，为了不被帕提亚人俘虏，小克拉苏与其士兵彼此相刺而死。帕提亚人随后

① Plutarch, *Crassus*, 23.3.
② Plutarch, *Crassus*, 23.5.

斩下小克拉苏的首级并悬挂于长矛尖上向罗马人展示，同时帕提亚全军发起总攻。克拉苏在丧子后悲恸不已，准备撤军，遂于当晚丢下4000伤兵向卡莱撤退。第二天苏莱纳斯向克拉苏提议媾和，并要求后者亲自前来会晤。克拉苏起初犹豫不决，但在士兵以哗变相威胁下决定会面。会谈过程中双方发生激烈争吵和打斗，最终克拉苏被杀死，其余士兵除卡西乌所部一万人逃回叙利亚外全部被杀。与此同时，奥罗德斯二世的主力部队在亚美尼亚击败阿塔瓦兹德二世并征服其国土。战后，帕提亚人用融化的金汁灌入克拉苏的喉咙以讽刺其贪婪[①]，苏莱纳斯则因为功高震主被奥罗德斯二世赐死。卡西乌退回叙利亚后，续任两年叙利亚代理财务官（proquaestor，实为代理克拉苏死后叙利亚总督职位虚悬期间总督事务），并以卡莱残军驻守安条克以负责罗马共和国东方防务。

　　以上便是卡莱战役的大致经过。卡莱战役作为罗马和帕提亚之间第一次正面交战，也是罗马和波斯在历史上首次直接面对对方的军事力量和作战方式，并对之后双方各自的战争方式和军事体系沿革产生了深远的影响。学界关于卡莱战役的讨论也倾向于强调克拉苏军事能力的欠缺、苏莱纳斯的优秀将才以及罗马人对帕提亚战术体系的陌生是罗马一方惨败的主要原因。那么，作为一次得到古典史家详细记载的经典战役，卡莱战役的经过是否完全可信呢？众所周知，普鲁塔克的《希腊罗马名人平行列传》（*Parallel Lives*，以下简称《平行列传》）并不是严格意义上的史学著作，而是在广泛采集前人材料和记载的基础上，经过普鲁塔克本人润色修饰而成的以道德垂训为主要写作目的的传记作品，即通过希腊罗马人物的成败事迹来反映普鲁塔克本人的价值观念并教喻当时的罗马帝国统治者。在《平行列传》中，克拉苏的传记与在伯罗奔尼撒战争中远征西西里兵败身亡的雅典将军尼西亚斯（Nicias）被放在同一组，成为普鲁塔克笔下的一对"战败被杀者"。但是正如普鲁塔克在总结对比二人

---

① Cassius Dio, *Roman History*, 40.26.3.

功过时所说的，除了结局相似外，尼西亚斯在个人品德、军事才能、财富观念和为国家献身上等方面均不是专横暴虐、善取不义之财且只谋个人功业的克拉苏所能比拟的。不仅如此，两人在各自经历的战争中承担的战败责任也是有明显区别的。伯罗奔尼撒战争中的西西里远征是在主战派亚西比德（Alcibiades）的挑唆下发动的。而最初反对把战火烧到西西里的尼西亚斯，则最终因为亚西比德在战争中的叛国行为和雅典高层的孤注一掷独自扮演了西西里惨败的替罪羊角色。因此，和克拉苏的帕提亚战争相比，尼西亚斯的西西里灾难和本人战败身亡的结局是雅典国家的悲剧强加于尼西亚斯个人身上的结果，这与克拉苏从来未得到国家（即元老院和公民大会）授权的帕提亚战争有本质的区别。与尼西亚斯相反的是，克拉苏则把自己个人的失败强加到了罗马共和国身上。但是普鲁塔克也指出，从最后结局来评价克拉苏的帕提亚战争也是有失公允的。因为如果他真的击败并征服帕提亚人，并实现其进军印度和巴克特里亚（Bactria）的战略目标的话，其功业将远远凌驾于凯撒和庞培之上。因此普鲁塔克认为，"除了结局不同外，克拉苏和亚历山大其实并没有什么本质的区别"。

　　不论如何，探讨卡莱战役中帕提亚名将苏莱纳斯的真实身份及其戏剧性结局应该从帕提亚帝国一方入手。作为这场战役中的闪耀明星，苏莱纳斯的身份和结局显得扑朔迷离。毫无疑问，"Surenus"是帕提亚贵族世家苏林（Suren）的转写形式。也就是说，古典作家得知的仅仅是这位帕提亚名将的姓氏而已，其本名似乎将永远湮没于历史的尘埃中。普鲁塔克对苏莱纳斯的记载为我们提供了一些重要的关键信息，即"他是同时代帕提亚人中的出类拔萃者，在出身、容貌和各种其他品质方面无人能及，是地位仅次于国王和有家族世袭之权加冕国王的人"[1]。普鲁塔克对苏莱纳斯的记载与《列王纪》

① Plutarch, *Life of Crassus*, 21.6; Iraj Bashiri, *Characters of Ferdowsi's Shahnameh*, *Iran Chamber Society*, 2003, p. 14.

中鲁斯塔姆的形象和事迹的相似程度（如身材、容貌、给国王加冕的权力、封地均在锡斯坦、卓越的军事才能以及均因为国王昏庸妒忌而被害致死的悲剧结局等），令许多学者倾向于认定卡莱战役帕提亚主帅苏莱纳斯即伊朗民族英雄鲁斯塔姆的原型。如前所述，在弗拉特斯三世死后奥罗德斯二世与米特里达梯三世的内战中，苏莱纳斯对奥罗德斯二世的成功上位可谓是居功至伟。可以说，普鲁塔克笔下的苏莱纳斯代表了典型的帕提亚世家贵族首领形象。苏莱纳斯所出的苏林家族不仅是帕提亚时期最显赫的贵族世家之一，更有可能在后来印度—帕提亚王国（Indo-Parthians）的创建过程中扮演了关键角色。早在米特里达梯二世东征平定塞种人叛乱的过程中，苏林家族便因为战功获得了塞种人聚居的赫尔曼德河流域（即锡斯坦）作为其封地并世代承袭。卡莱战役之后，出于对苏林世家的忌惮，奥罗德斯二世将苏莱纳斯处死。考虑到苏林世家在帕提亚帝国的强大影响力，苏莱纳斯的结局很有可能导致了苏林家族对帕提亚中央离心倾向的加强，而其主要封地——锡斯坦地区正是公元1世纪初印度—帕提亚王国崛起之地。①

尽管如此，还原帕提亚时期苏林家族的历史仍然因为史料的缺乏而面临极大的困难。由于前伊斯兰时期修史传统的缺乏和萨珊王朝对前朝遗物的"清理"，伊朗人对帕提亚王朝的历史记忆主要通过历代传唱的民间口头文学和后世编纂的史诗来保存。在萨珊王朝之前，凯扬王朝诸王（Kayānian Kings）及英雄战绩成为伊朗民族史诗歌颂的核心内容，而其中有许多事迹可以追溯到帕提亚时期。在凯扬王朝时期，锡斯坦贵族鲁斯塔姆（Rostam）出身高贵、足智多谋而战功显赫，是凯扬君主凯卡乌斯（Kay Kawus）的左膀右臂和伊朗民族精神的化身。② 鲁斯塔姆一生对君主忠心耿耿，多次在危难

---

① Ernst Emil Herzfeld, ed., "Das Haus Sūrēn Von Sakastan", *Archæologische Mitteilungen Aus Iran*, Ⅰ, Berlin: *Dietrich Reimer*, (1929), pp. 70 – 80.

② Saghi Gazerani, *The Sistani Cycle of Epics and Iran's National History: On the Margins of Historiography*, Leiden: Brill, 2015, pp. 1 – 250.

之际出兵勤王，被称为"王冠赐予者（Tājbakhsh）"和"世界冠军
（Jāhān-Pahlavān，原意即为帕提亚人中的第一人）"，但最后却因为
君主的猜忌而落得被陷害致死的悲惨结局。现代学者通过对比普鲁
塔克笔下苏莱纳斯和波斯史诗《列王纪》（Shāhnāmeh）中对民族英
雄鲁斯塔姆的记载，倾向于认定鲁斯塔姆的原型即卡莱战役中的苏
莱纳斯。实际上，鲁斯塔姆的形象经过后世的反复加工，可以说集
中古时期伊朗贵族各种优秀品质于一身，因而其历史原型未必是一
个人。苏莱纳斯的事迹为后世民族史诗中鲁斯塔姆形象的构建无疑
提供了丰满的历史素材，但简单地将苏莱纳斯与鲁斯塔姆相比定并
不一定能为我们还原历史提供有足够说服力的根据。在史诗中，鲁
斯塔姆最终死于耄耋之年，这与历史上的苏莱纳斯英年早逝相矛盾。
而前者的功绩几乎全部是在与中亚的图兰人（Turanians，伊朗人对
中亚游牧民的称呼）征战中取得的，伊朗西方的"罗马"（Rūm）
在凯扬王朝时期显然还未"登上历史舞台"。因此，苏莱纳斯的真实
身份问题，仍然是帕提亚史研究的一个长期悬而未决的疑团，有待
学界进一步探讨和研究。

第三节　卡莱战役后续及帕克如斯西征

　　卡莱战役的惨败对公元前 1 世纪的罗马共和国历史进程和罗马
人的帕提亚/东方观念有着深远的影响。在此之前，罗马人凭借卓越
的武力先后击败强大的本都和亚美尼亚王国，在东方所向披靡。在
罗马人看来，卡莱战役之前的帕提亚帝国是一个长期在外交中保持
中立的、不谋求扩张的"容易驯服的"国家，且与罗马人有着一系
列连续的"友好关系"（foedus amicitiae）。然而，帕提亚人通过卡莱
战役给了在东方战争中连战连胜的罗马人当头一棒，使得罗马共和
国意识到，东方还有一个强大的从不曾屈服于罗马霸权的帝国存在。
自此之后，从政界到民间罗马人对帕提亚逐渐形成一种复杂的敌视、

恐惧和仇恨心态。[①] 帕提亚人善战、狡猾和威胁罗马帝国安全的形象充斥于同时代的拉丁文学作品之中，帕提亚帝国逐渐成为罗马人的天敌和"东方专制主义"的堡垒和渊薮。[②] 卡莱战役爆发后，帕提亚人对罗马的态度迅速转向敌视和戒备，而克拉苏屈辱的结局葬送了恢复两国关系的最后一线希望。因此我们可以认为，卡莱战役以克拉苏个人的方式将罗马和帕提亚两大强权推入了近三百年的持续对抗之中。经过卡莱战役的惨败，罗马人深刻地意识到罗马军团面对东方骑兵时的技术劣势。在随后的历史中，以弓箭手和机械投射武器为代表的远程力量和多样化的骑兵部队在罗马军事体系中的地位逐渐上升，从而缓慢地开启了罗马军事体系的"东方化"进程。

另外，卡莱战役的胜利刺激了帕提亚帝国的扩张野心，从而将其卷入到和罗马无休止的长期冲突与战和交替之中，其直接后果便是诱发了公元前 40—前 37 年帕提亚帝国对罗马的大举入侵和征服行动，即"帕克如斯西征（Pacrus Expedition）"。帕克如斯又称帕克如斯一世（Pacrus Ⅰ，约公元前 63—前 38 年），是帕提亚国王奥罗德斯二世的王储和共治者（Co-ruler）。帕克如斯深得父王宠信，并在苏莱纳斯死后接替其位成为帕提亚军队总司令，由此成为公元前50—前 40 年代帕提亚对罗马作战的核心人物。公元前 52 年，即卡莱战役一年后，帕提亚军队乘胜入侵叙利亚，被留守安条克的财务官卡西乌率领卡莱残余军士击退。公元前 51 年，帕克如斯率军再次大举入侵叙利亚，卡西乌率军死守安条克城，罗马共和国东地中海诸省震动。时任西里西亚总督西塞罗率两个军团前去解围。帕克如

---

① Rolf Michael Schneider, "The Barbarian in Roman Art: A Countermodel of Roman Identity", in *The Roman Period in the Provinces and the Barbaric World*, ed. B. Luiselli and P. Pensabene, ⅩⅢ International Congress of Prehistoric and Protohistoric Sciences, Forli, 8 – 14 September 1996, Forli: A. B. A. C. O. edizioni, 1996, pp. 19 – 30.

② David Frendo, "Roman Expansion and the Graeco-Iranian World: Carrhae, Its Explanation and Aftermath in Plutarch", *Bulletin of the Asia Institute*, New Series, Vol. 17 (2003), pp. 71 – 81.

斯闻讯撤军，途中被卡西乌率军伏击于安提戈尼亚（Antigonea），帕提亚军队副统帅奥萨西斯（Osaces）被杀。由于战局不利，帕克如斯率残部逃回帕提亚，安条克之围遂解。

安条克之围解后，庞培派赫尔提乌斯（L. Hirtius）出使帕提亚以求停战并签订新的和平协定。但帕提亚国王奥罗德斯二世以罗马割让整个叙利亚行省作为双方休战结盟的必要条件，因而被庞培拒绝。在公元前49—前48年凯撒和庞培的内战中，帕提亚人作壁上观，但与庞培始终暗通款曲。公元前48年庞培兵败身死后，其部将凯吉利乌斯·贝苏斯（Caecilius Bassus）一度被凯撒的军队包围在叙利亚的阿帕米亚（Apamaea）。帕克如斯率军前来增援贝苏斯，失败后再次撤军回国。据罗马史家查士丁（Justin）的记载，帕克如斯回国后一度遭到父王的猜忌而被罢免军职，父子关系一度趋于紧张。因此据现代学者推测，正是帕克如斯和奥罗德斯二世的矛盾使得帕提亚人在凯撒与庞培内战结束后未能利用凯撒置身于埃及托勒密王朝内部事务（扶植克娄巴特拉七世上位）之机而再次出兵。

关于帕提亚帝国在罗马内战中支持庞培一方的原因，罗马史家查士丁认为：克拉苏的儿子小克拉苏曾经在凯撒军中服役，而庞培在东方有着与帕提亚人的长期"友好"往来；而如果凯撒在内战中取胜，势必为其曾经最大的赞助人——克拉苏复仇而东征。帕提亚人的担心不是没有道理的：凯撒为惩罚帕提亚人在内战中支持庞培并为克拉苏报仇（以及拯救未被赎回的卡莱被俘军团士兵），果然在公元前44年初计划东征帕提亚。根据普鲁塔克的记载，凯撒的帕提亚战争计划在兵力规模、行军路线和作战目标上都是"前无古人"的：公元前44年初，凯撒集结了16个军团和1万骑兵，并派阿基里乌斯·卡尼努斯（M. Acillius Caninus）率其中6个军团及辅助部队先期在希腊半岛西岸的阿波罗尼亚（Apollonia）过冬，同时另一个军团先行开往叙利亚。[1] 凯撒为准备帕提亚战争，在色萨利的德米

---

[1]　Appian, *The Civil Wars*, 2.110.

特里亚斯港（Demetrias）预先储备了大批军火，并计划于公元前44年3月18日从罗马出发，经小亚美尼亚沿高原山地东征帕提亚，然后经里海和黑海北岸返回，并计划于途中降服日耳曼人各部落，再由中欧经阿尔卑斯山返回意大利。① 然而，凯撒出征帕提亚的计划加深了共和派人对凯撒专权的敌视和不安。当时库柏勒神谕（Cybele Oracles）的占卜结果"只有王者才能征服帕提亚"更是使得共和派认为凯撒将在帕提亚战争胜利后颠覆共和国成为专制君主。在这样的背景下，以卡西乌和布鲁图为首的共和派遂计划在凯撒东征之前将凯撒暗杀。于是在公元前44年3月15日，也就是在凯撒计划出征帕提亚的三天前，凯撒在罗马元老院议事厅被卡西乌和布鲁图为首的议员们刺杀身亡，凯撒精心谋划的宏大战争计划至此流产。

在随后的共和派内战中，帕提亚人大力支持卡西乌和布鲁图对抗屋大维和安东尼，并在公元前42年的腓利比（Philippi）战役中派出一支部队加入共和派一方作战。共和派败亡后，前共和派支持者昆图斯·拉比努斯（Quintus Labienus）逃至帕提亚并唆使帕提亚人入侵罗马，由此开启了帕提亚帝国历史上最大规模的一次军事行动。关于拉比努斯的活动和帕提亚方面是否曾派军参加腓利比战役，古典作家的记载存在一定的出入：公元4世纪的罗马史家菲斯图斯（Festus）即认为拉比努斯是在腓利比战役之后逃至帕提亚宫廷的②；而罗马史家卡西乌斯·狄奥则称拉比努斯在腓利比战前已被布鲁图和卡西乌派至帕提亚以求获得援军。但由于奥罗德斯二世在罗马内战中持观望态度，因此拉比努斯实际上并未参加腓力比战役。

不管如何，腓利比战役的结局标志着共和派在罗马的彻底失败和覆灭。随后在罗马政坛内部，以凯撒的甥孙和养子屋大维（Octavius）、凯撒部将马可·安东尼（Marcus Antonius）和骑兵长官雷必达（Lepidus）为首结成了所谓的"后三头同盟"（Second Triumvi-

① Plutarch, *Caesar*, 58. 6. 7.

② Festus, *Breviarium Rerum Gestarum Populi Romani*, 18. 1.

rate）。根据"后三头同盟"的政治协定，安东尼获得罗马共和国在希腊、小亚细亚和叙利亚地区的东方诸省和附庸国，由此成为罗马在东方的最高政治军事领袖。但随着安东尼和埃及艳后克娄巴特拉七世的相遇，安东尼逐渐沉迷于享乐疏于东方防务。在克娄巴特拉七世的唆使下，安东尼在东方横征暴敛，闹得当地民众怨声载道。① 此时曾经被罗马降服的东地中海诸省内部，对罗马统治的不满正在酝酿。大约与此同时，帕提亚帝国内部奥罗德二世和帕克如斯王储实现了和解，后者重新出任统兵大将之职。而叛逃至帕提亚宫廷的拉比努斯成为帕提亚人的向导和军事顾问②，这便是公元前40年帕克如斯决定大举西征时的大体背景。

公元前40年，帕克如斯王储以拉比努斯为向导③，率帕提亚大军入侵罗马治下的东地中海地区。由于安东尼对东方防务的疏忽以及当地民众和罗马附庸统治者对帕提亚人的好感，帕克如斯的军队一路上所向披靡。在击杀安东尼任命的叙利亚总督德西迪乌斯·撒克萨（Decidius Saxa）之后，帕提亚军队攻陷叙利亚首府安条克。在扫荡叙利亚全境后，帕提亚军队在数月之内又征服了除推罗（Tyre）外（由于缺乏海军未能攻克）向南直到托勒麦欧斯（Ptole-maios，即Acre）的全部黎凡特（Levant）东地中海沿岸地区。帕提亚人随后进军巴勒斯坦，废黜亲罗马的犹太附庸希尔卡努斯二世（Hyrcanus Ⅱ），并将其外甥、与帕提亚人里应外合的安提戈努斯·马塔提亚斯（Antigonus Mattathias）扶上王位和大祭司位。④ 与此同时，拉比努斯率军从叙利亚西进小亚细亚。在占领西里西亚后，拉

---

① Appian, *The Civil Wars*, 5.9 – 10.

② Cassius Dio, *Roman History*, 48.24.4 – 8.

③ 与查士丁的记载不同，普鲁塔克认为帕提亚军队的总指挥是拉比努斯而不是帕克如斯。Justin, *Epitome of Pompeius Trogus' Philippic Histoires*, 42.4; Plutarch, *The Life of Antony*, 28.1.

④ Cassius Dio, *Roman History*, 48.25.2 – 4; Josephus, *The Jewish War*, 1.13 – 15.309, Jewish Antiquities, 14.330 – 14.

比努斯率军越陶鲁斯山脉入侵小亚细亚地区直至爱奥尼亚沿海。小亚细亚地区只有卡利亚（Caria）的三个城市斯特拉托尼西亚（Stratonicea）、米拉萨（Mylasa）和阿拉班达（Alabanda）负隅顽抗①，一时间罗马共和国在西亚的领土几乎沦陷。

安东尼此时正在埃及与克娄巴特拉七世度蜜月，得知战况后迅速返回意大利与屋大维和解并订立《布林迪西和约》（Treaty of Brundisium），再返回希腊任命文提迪乌斯（Ventidius）为帅。公元前39年初，文提迪乌斯及其副将波帕迪乌斯（Poppaedius）集结起11个军团及大量投石手由希腊渡过爱琴海进军小亚细亚。② 文提迪乌斯进军小亚细亚后，迅速将只有少量兵力的拉比努斯逐出亚细亚行省，拉比努斯率残军向叙利亚败退。公元前39年，文提迪乌斯在西里西亚门（Cilician Gate）和阿玛努斯山口（Amanus Pass）两次战役中大败拉比努斯和帕提亚联军，俘虏拉比努斯并击杀帕提亚大将法纳帕特斯（Pharnapates），拉比努斯被处死。帕克如斯闻讯率主力部队北上，与文提迪乌斯在安条克东北40公里的库莱斯提卡（Cyrrhestica）郊外决战。文提迪乌斯效仿之前西里西亚门战役中的做法，将全军布置于吉达鲁斯山（Gindarus）斜坡上，并配备大量弓箭手和投石手。帕提亚人并未汲取之前山地作战失败的教训，弓骑兵拥挤着向山坡上进攻，并很快在和罗马军团的近身搏斗中损失惨重。溃逃的帕提亚骑兵又冲乱了后阵的帕提亚骑兵，遂引发全面溃败。帕克如斯及其亲随最后全部死在罗马投石手的乱石攻击中。

公元前38年的吉达鲁斯山战役以罗马人的全胜告终，文提迪乌斯乘胜收复叙利亚和巴勒斯坦，罗马共和国对东方诸省和附庸国的统治得以恢复。帕提亚军队覆灭后，帕提亚人扶植的犹地亚国王安提戈努斯被推翻，罗马人遂扶植以东部族（Idumean）出身的希律

---

① C. A. Hersh, "The Coinage of Quintus Labienus Parthicus", *Schweiz. Numismat. Rundschau* 59（1980）, pp. 41–45.

② Appian, *The Civil Wars*, 5.65.

（Herod，前37—前4年在位）为王。安提戈努斯随后被押解回罗马，并在文提迪乌斯的凯旋式之后被处死。安提戈努斯被希律取代标志着自马加比起义以来统治犹太长达百年的哈斯蒙尼王朝（Hasmonean Dynasty）的结束。安东尼在雅典获得捷报后设宴欢庆，并启程与文提迪乌斯会合。① 根据普鲁塔克的记载，文提迪乌斯担心安东尼嫉妒其战功，没有追击败退的帕提亚人，而是决定回师惩罚在战争中一度背叛罗马、投靠帕提亚的科马基尼国王安条克一世（Antiochus I Commangene）。由于从帕提亚人手中收复罗马共和国在东地中海领土的辉煌战绩，文提迪乌斯成为罗马史上第一位被元老院授予帕提亚凯旋式的将军。实际上，文提迪乌斯是罗马共和国晚期极为难得的将才，但是古典作家对其生平着墨寥寥，并且在之后的历史中文提迪乌斯也再未扮演任何重要角色。在莎士比亚的戏剧《安东尼与克娄巴特拉》（*Antony and Cleopatra*）中，文提迪乌斯以率领罗马军队抵抗帕提亚人的形象出现，但是其戏份也没有盖过主角。不论如何，文提迪乌斯的胜利打破了帕提亚人不可战胜的神话，可以说为安东尼随后的帕提亚远征注入了一针强心剂。帕提亚国王奥罗德斯二世在这次战争中损失王子、爱将和大量军队，从此无心政事，后被其另一子谋杀。后者继位后即帕提亚国王弗拉特斯四世（Phraates Ⅳ，公元前37—前2年在位），他将与罗马后三巨头之一的马可·安东尼展开下一次对决。

公元前40—前38年帕克如斯王子的西征是帕提亚历史上唯一一次成功突破罗马东方防线、深入整个东地中海地区的大规模军事行动，对罗马共和国在东方的统治政策和战略产生了很大的影响。在此之前，罗马在东地中海诸省的统治策略以少数行省为依托和对附庸国体系的间接统治为主。除亚细亚、西里西亚、本都—比提尼亚（Pontus-Bithynia，后又一度改为附属国）和叙利亚四个直辖行省之外，罗马在东方依靠大量的附属王国进行统治，基本允许当地原来

---

① Plutarch，*The Life of Antony*，33.4.

的王室继续存在。如小亚细亚的加拉太、卡帕多西亚、科马基尼、塔康迪莫图斯（Tacondimotus）以及黎凡特的犹地亚等附庸王国等，构成了罗马共和国在东方的前哨和缓冲地带。公元前40年代帕提亚人的成功入侵使得罗马的东方政策不得不进行调整，尤其是通过培养亲罗马的王室成员加强对东方附属王国的控制，希律的上台便是这种政策的主要实践形式。另外，犹太人在这次战争中初步体现了其在数百年罗马—波斯关系中的微妙角色：在希腊化时代后期长期作为罗马被保护国的哈斯蒙尼王朝最终失去了罗马方面的信任，由此导致了哈斯蒙尼王朝的废黜和希律的上台。作为希腊罗马文化的倾心拥护者，希律的上台和统治进一步加深了犹太人内部希腊化派与传统派的对立。因此我们可以认为，帕克如斯西征的失败标志着巴勒斯坦地区犹太人归顺阿契美尼德王朝继承者的希望破灭，以及罗马帝国统治犹太人时代的全面降临。而帕克如斯未能成为第二个"居鲁士"，使得巴勒斯坦犹太人对末世救主弥赛亚的期待不减反增，这便为公元1世纪初基督教在巴勒斯坦的产生奠定了肥沃的政治和文化土壤。

　　另外，帕克如斯王子的西征失败对帕提亚帝国内部政治局势产生了巨大的冲击。在卡莱战役后一度踌躇满志的奥罗德斯二世遭此剧变，陷入了无法自拔的悲伤和精神错乱之中，由此酝酿出一场血腥的宫廷阴谋。根据查士丁的记载，得到军队战败覆灭、儿子战死消息的奥罗德斯二世"如遭到晴天霹雳一般，一连几天一言不发，不吃不喝默不作声，就像变成了哑巴一样"①。奥罗德斯二世的精神失常使得帕提亚内部各世家贵族和王室成员蠢蠢欲动，王位继承问题成为困扰帕提亚帝国的根本难题和奥罗德斯二世本人的心病。帕提亚帝国虽然实行阿萨西斯家族王位世袭制度，但却因为王位潜在继承者的众多而屡屡爆发内战。奥罗德斯二世在生前立帕克如斯为王储和共治者，便是试图以希腊化王朝的方式为帕提亚王朝权力交

---

① Justin, *Epitome of the Philippic history of Pompeius Trogus*, 42.4.

替提供政治保障机制。帕克如斯本来是继承王位的最佳人选，但他的身殒使得帕提亚帝国王位继承立即陷入诸子争位的"自然状态"。查士丁记载道，"那些为他（奥罗德斯二世）生下了如此多儿子的嫔妃们开始轮流对他吹枕边风，希望能让自己所生的儿子得宠继位"。弗拉特斯四世继位的过程可以说非常残酷血腥：先是将奥罗德斯二世毒死，继位后又将自己的几十个兄弟全部处死，随后流放大批曾经反对自己上位的贵族及其私兵。在之前克拉苏东征的章节中，可以发现帕提亚帝国内部的政治缺陷被罗马一方利用和介入已经有"前科"，而这一次也不例外。弗拉特斯四世继位后，被流放的帕提亚贵族中一个叫作莫纳西斯（Monaeses）的人便逃到罗马，这便成了之后安东尼东征帕提亚的重要诱因。①

　　帕克如斯西征虽然以彻底失败收场，但却是帕提亚与罗马交战史上极为特殊的一次战争，甚至可以说是帕提亚人唯一一次主动进攻至罗马腹地，并一度使罗马共和国在东方的统治面临瓦解的风险。而帕提亚人在战争前期在罗马东地中海诸省的顺利进展和征服，极容易使后来学者联想到这是一次帕提亚人渴望恢复阿契美尼德王朝疆域的军事实践，并被现代学者用以作为帕提亚王朝继承阿契美尼德遗产之政治企图不可推翻的"证明"。不仅如此，帕克如斯王子的西征事迹在后世的波斯和阿拉伯史料中也得到了间接的反映和"回响"。公元 10—11 世纪的波斯学者泰阿利比（al-Tha'ālibī）在其历史文学著作《关于波斯王的报告》（*Ghurar Akhbār Mulūk al-Furs wa Siyarihim*）中记载了一位叫作阿夫库尔沙（Afqūr-shah）的伊朗国王，"以他恢复凯撒王朝事业并通过西征罗马为大流士三世复仇的事迹而闻名于世"②。德国伊朗学家维西霍福尔（Josef Wiesehöfer）经过对比研究后认为，这位阿夫库尔沙国王的原型便是帕克如斯一世，

---

①　Plutarch，*Life of Antony*，37.1.

②　Hermann Zotenberg，*Histoire des rois des Perses par Abou Mansour 'Abd al-Malik ibn Mohammad ibn Isma'il al Tha'alibi*，Paris：Imprimerie Nationale，1900，pp. 458–459.

而"Afqūr"即是由帕克如斯的中波斯语形式"Pakor"演变而来。[1]
萨利比之后的穆斯林伊朗学者哈姆宰·伊斯法罕尼（Hamze
Esfāhānī）也在其著作中提到了类似的故事，不过主人公由阿夫库尔
沙变成了一个叫作阿尔沙克之子沙普尔（Shapur ibn Ashk）的国
王[2]。中古时期著名波斯史家伊本·泰伯里在其名著《泰伯里史》
（Tārīkh-ī Tabarī）中则将为大流士复仇的事迹安到了萨珊王朝开国
君主阿达希尔一世（Ardashir Ⅰ）的身上。

加州大学的沙耶干（M. Rahim Shayegan）教授认为：为大流士
三世（即凯扬王朝的 Darab Ⅱ）复仇是中古波斯文学和史学作品中
反复出现的主题，但包括阿夫库尔沙、沙普尔和阿达希尔在内的作
为"大流士复仇者"的伊朗王公们的事迹并没有经过后世穆斯林学
者的仔细考辨和区分，而是把类似的材料交织穿插在一起，由此形
成了一系列"为大流士复仇"的相似历史故事。[3] 另外，波斯史诗
《列王纪》中著名的法里东（Fereydun）国王三分天下为罗马、图兰
和伊朗本部给三个儿子却导致他们反目成仇、互相攻杀的悲剧，可
以说是波斯与罗马冲突在伊朗民族记忆中的最早体现。传统观点认
为该传奇故事起源于萨珊时期波斯和罗马的冲突与对抗。而维西霍
福尔则认为帕提亚时期帕克如斯的西征才是法里东传奇产生并不断
强化的原型历史事件，即法里东传奇反映的是"帕提亚时代伊朗与
罗马冲突遗留的历史记忆，并随着帕提亚王朝后期与罗马帝国冲突
的加剧而不断强化"。

---

①　Josef Wiesehöfer, "Rum as Enemy of Iran", in *Cultural Borrowings and Ethnic Appropriations in Antiquity*, ed. Erich S. Gruen, Oriens et Occidens：Studien zu antiken Kulturkontakten und ihrem Nachleben, Band 8, ser. ed. Josef Wiesehöfer, Stuttgart：Franz Steiner Verlag, 2005, pp. 105 – 120.

②　J. M. E. , Gottwaldt, *Hamzae Ispahanensis Annalium Libri X*, Vol. Ⅱ：Translatio latina, Leipzig：Sumptibus F. C. G. Vogelii, 1848, p. 42.

③　M. Rahim Shayegan, *Arsacids and Sasanians：Political Ideology in Post-Hellenistic and Late Antique Persia*, pp. 28 – 29.

第四节　安东尼的帕提亚远征及其影响

公元前 36 年安东尼的帕提亚远征，堪称罗马共和国末期最大规模的军事行动，双方前后投入的兵力超过 15 万人，而且罗马和帕提亚各自的属国——分别为亚美尼亚和米底—阿特罗佩特尼（Media-Atropatene）均在此次战争中投入了相当兵力。安东尼在开战前夕集结了其辖下东方诸省和附庸国所能投入的大部分兵力，包括由 16 个军团组成的 6 万军团步兵、1 万名来自西班牙和高卢的辅助骑兵（可能是屋大维提供的）以及由卡帕多西亚等罗马东方附属国征召部队组成的步骑兵共计 3 万人（包括大量的投石手和弓箭手），总兵力接近 10 万人。① 不仅如此，亚美尼亚国王阿塔瓦兹德二世也提供了6000 骑兵和 7000 步兵作为盟军助战。为避免重蹈克拉苏的覆辙，安东尼选择沿幼发拉底河上游山地与亚美尼亚盟军一同进军，其攻击目标则选定为位于伊朗高原西北部的帕提亚属国米底—阿特罗佩特尼。因而从投入的兵力和采取的行军路线来看，安东尼实际上是凯撒未遂的帕提亚战争真正的执行者。②

尽管安东尼的军事才能无法达到凯撒的水平，但与克拉苏相比，他的军事经验和前期准备工作仍然可以说是相当充足的。而且在经过之前克拉苏惨败教训和文提迪乌斯与帕提亚军队的成功作战经验的积累，罗马军队中投石手等远程部队的比重大幅提升，而帕提亚人弓骑兵和铁甲骑兵相配合的战术系统对罗马人来说也不再陌生。从情报方面来看，帕提亚流亡贵族莫纳西斯的到来使得安东尼获得了一个远征帕提亚的绝佳"向导"。因而，安东尼此次东征无论在投

---

① Plutarch, *Life of Antony*, 37. 3.

② L. Craven, "Antony's Oriental Policy until the Defeat of the Parthian Expedition", *Social Science Series* V 3. 2 (1920), University of Missouri, Missouri.

入兵力、参战兵种、行军路线和情报方面可以说做足了准备。但是安东尼充分准备的这次远征行动的最后结局仍然是一次彻底的败仗，而安东尼帕提亚战争的失败大幅削弱了其在东方的威望，更使安东尼本人的信心严重受挫。由于帕提亚战争的惨淡结局，安东尼晚年进一步沉迷于和克娄巴特拉的奢靡生活不思进取，因而他在与屋大维斗争中的最后失败也就不可避免了。

　　安东尼东征的具体经过得到了普鲁塔克的详细记载，大体过程经整理后如下：公元前 36 年 4 月底 5 月初，安东尼率东征大军在幼发拉底河西岸集结完毕，准备渡河时发现帕提亚人在东岸守备森严，于是决定避开克拉苏时期的东征路线绕道亚美尼亚山地进军。在莫纳西斯的陪同下，安东尼带领罗马军队沿幼发拉底河上游山地缓缓而行，在卡兰纳（Carana 或 Karanitis，今土耳其埃尔祖鲁姆及其附近地区）与亚美尼亚国王阿塔瓦兹德二世的军队会师。在亚美尼亚高原腹地行军达 8000 弗隆（furlong，古罗马距离单位）之后，罗马—亚美尼亚联军行进至亚美尼亚和米底—阿特罗佩特尼边境，此时大概已经是公元前 36 年的 8—9 月间。安东尼并不愿意让部队在亚美尼亚境内过冬休整，而是继续进军米底—阿特罗佩特尼。关于安东尼求战心切的原因，普鲁塔克认为安东尼一心只想早点结束战事并与克娄巴特拉团聚，"他的所作所为欠缺考虑，就像一个在药物或某种魔法的操控下无法控制自己的人一样"[1]。而大约在安东尼准备进军阿特罗佩特尼之前不久，莫纳西斯收到帕提亚国王弗拉特斯四世的宽赦信，后者以高官厚禄相许希望莫纳西斯返回帕提亚。安东尼不仅没有阻拦，反而鼓励莫纳西斯离开自己前往帕提亚宫廷。

　　按照普鲁塔克的记载，安东尼在关键时刻"放跑"莫纳西斯的动机是想对弗拉特斯四世放出和平信号，并通过莫纳西斯传达罗马方面关于释放卡莱战俘并归还军团鹰旗的要求，以此麻痹帕提亚人。许多学者认为莫纳西斯在安东尼东征中扮演了"双面间谍"（double

---

①　Plutarch, *Life of Antony*, 37.4.

agent）的角色，并倾向于认为安东尼放走莫纳西斯是一个战略性的失误。事实上，在后来安东尼败退过程中，莫纳西斯多次通风报信，使得安东尼避免了更惨重的失败。因此，像约翰·博罗特（John J. Poirot）等学者所认为的那样，安东尼的决策并无不妥①，莫纳西斯也并非安东尼的"阿里亚米尼斯"（Ariamnes，卡莱战役中误导克拉苏的当地酋长），而安东尼未能料到弗拉特斯四世会以举国之兵力御驾亲征可能才是莫纳西斯间谍活动未能发挥出预期效果的主要原因。

不管如何，莫纳西斯的离开使安东尼在接下来的战事中处于不利地位则是不争的事实。安东尼率军进入阿特罗佩特尼境内后，很快又犯了一个致命错误：将攻城辎重部队甩在后面，以主力部队快速进军。安东尼主力部队抵达米底—阿特罗佩特尼首府弗拉斯帕（Phraspa，Phraata）后，才发现由于缺少攻城武器而无法迅速攻破该城。由于损失的攻城器械无法通过硬度和长度均不够的当地木材来补充制造，安东尼只能使用垒土堆的方式攻打弗拉斯帕的坚固城墙，但收效甚微。与此同时，帕提亚国王弗拉特斯四世率5万大军前来解围，并派一支分遣队攻击被安东尼落在主力部队后面的攻城武器和补给纵队。在这次战斗中，包括补给纵队指挥官斯塔提安努斯（Statianus）统帅在内的两个军团共计1万名士兵被杀，从征的罗马附属国王、本都的波勒蒙一世（Polemon Ⅰ）也被俘虏，罗马人全部的补给物资和攻城器械被付之一炬，其中包括300辆马车和一部长80英尺的攻城冲车。② 与罗马补给纵队一同行军的亚美尼亚国王阿塔瓦兹德二世不仅没有前来救援，反而在帕提亚军队出现之后仓皇撤退回国。

补给纵队的覆灭和亚美尼亚国王及其盟军的临阵脱逃对罗马军

① John. J. Poirot, *The Romano-Parthian Cold War: Julio-Claudian Foreign Policy in the First Century CE and Tacitus' Annals*, PhD Dissertation, Louisiana State University, May 2014, pp. 57 – 60.

② Plutarch, *Life of Antony*, 38. 3.

队的士气造成了严重打击，而帕提亚人在初战胜利后士气大增。眼见破城无望的安东尼决定引诱帕提亚援军主动前来会战，因而将自己的部队分成多批外出搜寻粮草，借机引帕提亚军队出战。安东尼在与帕提亚军队作战时采取了将骑兵、军团步兵和弓箭手、投石手等远程部队以小批混编的部署方式出战，并在和帕提亚骑兵的接战中发挥了不错的作用。但由于帕提亚骑兵在战事不利时迅速撤退和罗马骑兵数量不足的劣势，安东尼的军队在第一天的交战中斩获极为有限（普鲁塔克记载只杀死 80 名帕提亚骑兵，俘虏 30 人），因此罗马军队的士气仍然十分沮丧。第二天安东尼在返回营地途中遭遇帕提亚军队主力，双方发生激战。由于帕提亚骑兵的猛烈进攻，围城的罗马军队只能放弃攻城土堆。安东尼为稳住军心，将临阵脱逃的士兵以十一抽杀的方式处死。① 由于双方的势均力敌和隆冬的降临，缺乏补给的安东尼和弗拉特斯四世临时征召的封臣们均不愿意这场战争继续久拖不决下去。因此双方开始进行外交接触，弗拉特斯四世向安东尼保证会让罗马军队安全撤离，于是安东尼终于决定放弃围攻撤军回国。

安东尼撤军回国的路程可谓"险象环生"：弗拉特斯四世并非真心想放走安东尼全身而退，而是率主力部队一路尾随，准备在恰当的时机给予罗马军队致命一击。安东尼本打算经过乌尔米耶湖东岸的无树平原地带原路返回，但当地的玛尔迪安人（Mardians）酋长提醒他沿开阔地带行军的危险性。② 于是安东尼选择沿更加崎岖的东部山区撤退回亚美尼亚。尾随的帕提亚军队先期在罗马人撤退的必经之路上将一条大河的堤坝拆毁，并于第三天对被河水阻住道路的罗马军队发起攻击。没有防备的罗马军队遭到帕提亚骑兵突袭，损失惨重。安东尼于是在接下来的几天中强化警戒，以标枪兵和投石手布置在军队的后部和两翼，骑兵布置在内线随时出击接应，同时

① Plutarch, *Life of Antony*, 39.7.

② Plutarch, *Life of Antony*, 41.1.

安东尼嘱咐士兵不可追击帕提亚骑兵过远。因此随后几天的交战中，罗马军队逐渐扳回劣势，并对帕提亚人造成了不小的伤亡。交战至第五天时，安东尼帐下一个叫弗拉维乌斯·加鲁斯（Flavius Gallus）的军官主动请缨，要求带领一支小分队主动出击。① 安东尼允准之后，加鲁斯率领士兵成功击退帕提亚人，但是却不顾其他随行军官的劝阻继续追击，结果陷入帕提亚骑兵重围。不仅如此，后续增援加鲁斯的部队兵力严重不足，导致最后罗马军队伤亡惨重，加鲁斯中箭不治身亡，直到安东尼率主力部队前来方才解围。②

　　安东尼在慰问抚恤伤兵之后继续率军缓缓撤退，帕提亚人则集结起 4 万人的主力部队前来寻求会战。帕提亚骑兵在占据安东尼军队行军道路前方的一个斜坡后，对前来的罗马军队射出箭雨。安东尼让军团士兵屈膝下蹲组成龟甲阵掩护内层的弓箭手。帕提亚骑兵误以为罗马军队疲惫不堪，于是发动近距离进攻。罗马军队则以密集的标枪和箭矢回应，双方如此这般又激战了数天之久。安东尼军队补给愈发困难，罗马人只能以野菜和草根为食，许多士兵吃了之后中毒身亡。为了提振士兵低迷的士气，安东尼以色诺芬率万人长征军返回故乡的典故激励士兵不要垂头丧气。③ 损失不轻的帕提亚人此时也发现无法彻底击败罗马人，于是两军士兵纷纷走出营帐握手言和。安东尼见状放松了警惕，决定改道平原撤军。此时身在帕提亚宫廷的莫纳西斯派自己的表兄弟米特里达梯（Mithridates）兼程前来提醒安东尼万万不可走平原道路，因为帕提亚人正等着罗马军队自投罗网。④ 安东尼找来之前的玛尔迪安人酋长询问，后者也认为不可取道平原，于是安东尼继续率军沿山路前进。在抵达一条河流之后，许多饥渴难耐的罗马士兵不听劝阻饮用有毒的河水。⑤ 在及时

① Plutarch, *Life of Antony*, 42. 2.
② Plutarch, *Life of Antony*, 43. 1.
③ Plutarch, *Life of Antony*, 45. 6.
④ Plutarch, *Life of Antony*, 46. 4.
⑤ Plutarch, *Life of Antony*, 47. 3.

制止士兵饮水后，安东尼督促士兵继续赶路至下一条河流。罗马军队到达该河之后与帕提亚人发生了最后一次交战。罗马军队按照之前的战术严阵以待，最终见取胜无望的帕提亚人放下武器让罗马人渡河离开。六天之后，罗马军队终于抵达亚美尼亚与米底—阿特罗佩特尼的界河——阿拉斯河（Araxes）并成功渡河返回亚美尼亚境内。①

以上便是公元前36年安东尼帕提亚战争的大致经过。根据普鲁塔克的记载，安东尼从弗拉斯帕撒军至亚美尼亚历时27天，其间打退帕提亚人的进攻18次。安东尼此次东征共损失了大约3.2万名士兵，其中相当一部分是撤军途中的非战斗减员。若与卡莱战役相比，安东尼的远征损失绝不小于克拉苏。但由于地形和战术安排的妥当，安东尼的帕提亚战争并没有带来毁灭性的惨败，当然也未达成其最初战略目标。此次远征失败最重要的原因在于亚美尼亚盟友的背叛，因此安东尼下定决心找机会惩罚阿塔瓦兹德二世。在刚撤军返回亚美尼亚时，安东尼考虑到需要亚美尼亚国王阿塔瓦兹德二世提供食物、饮水等补给物资，因而没有立即惩罚其在战争期间的背叛行为。安东尼离开亚美尼亚并返回其治下的罗马行省之后，与克娄巴特拉在黎凡特地区的白村（介于西顿和贝利图斯之间）进行了会面。克娄巴特拉以个人的名义将许多衣物和钱财分发给安东尼的罗马士兵。大约与此同时，帕提亚帝国与其属国米底—阿特罗佩特尼发生龃龉，其国王——另一个阿塔瓦兹德（Artavazdes）派使者前来请求与安东尼结盟共同对付宗主帕提亚。安东尼欣然允诺，但由于克娄巴特拉的缘故将作战计划推迟至公元前34年。

公元前34年，安东尼再次率军出发前往米底—阿特罗佩特尼以履行和后者的联姻同盟。在再次返回经过亚美尼亚时，安东尼将阿塔瓦兹德二世及其家属悉数捉拿，并押解回埃及。安东尼在埃及驻留期间与克娄巴特拉举办了盛大的加冕仪式，将他们所生的孩子亚

---

① Plutarch, *Life of Antony*, 49. 3.

历山大·赫利俄斯（Alexander Helios）册封为万王之王以及亚美尼亚、米底和帕提亚之王。此举或许暗示安东尼仍然保有继续远征帕提亚并征服整个东方的计划，但由于其和屋大维的矛盾日益激化，安东尼此后再未能有机会发动对帕提亚的战争。公元前 31 年亚克兴战役爆发，安东尼和克娄巴特拉在战败后双双自杀身亡，屋大维由此结束了罗马内战，并于公元前 27 年加号奥古斯都（*Augustus*），正式建立了罗马帝国。顺带一提的是，亚美尼亚国王阿塔瓦兹德二世在安东尼战败前被安东尼在举行凯旋式之后处死。亚美尼亚人随后自立国王阿塔西亚斯二世（Artaxias Ⅱ，约公元前 30—前 20 年在位），后者无疑得到帕提亚方面的支持。因此，在奥古斯都解决帕提亚问题之前，亚美尼亚仍处于帕提亚帝国的间接支配之下。

第五节　晚期罗马共和国与帕提亚帝国战争的特点

　　罗马共和国和帕提亚帝国在公元前 1 世纪后期前后共进行三次大规模战争，即克拉苏东征、帕克如斯西征和安东尼东征。分析这三次战争的原因背景、参与力量和后续结果可以发现一些规律性因素：首先，罗马共和国末期和帕提亚的战争往往伴随着对方国内的动乱，帕提亚的王位竞争者、流亡贵族和罗马内战中失败的庞培党人和共和党人成为诱发罗马—帕提亚战争的重要因素，帕提亚废王米特里达梯三世、罗马共和党人拉比努斯和帕提亚流亡贵族莫纳西斯在这三次罗马—帕提亚战争中分别扮演了重要角色；其次，罗马和帕提亚之间的缓冲国或附属国以及当地部落酋长对战争进程和胜负具有重要的影响，无论是卡莱战役中的阿里亚米尼斯、安东尼东征期间的玛尔迪安人酋长，还是首鼠两端的亚美尼亚国王阿塔瓦兹德二世，都在两大强国的较量中扮演了虽然卑微但也举足轻重的角色。

　　地形和后勤补给是制约罗马—帕提亚战争的重要战略因素，开阔地带和崎岖山地对帕提亚骑兵战略战术效能的发挥有着巨大的影响。美索不达米亚平原适合帕提亚骑兵作战，而亚美尼亚和黎凡特地区的山地有利于罗马步兵。帕克如斯西征的失败，很大程度上是因为帕提亚骑兵无法很好适应东地中海小亚细亚和黎凡特地区的山谷交错地形，从而被罗马军队以相应的远程力量所反制；最后，罗马—帕提亚战争中地方精英的忠诚对双方战略态势的演变有着关键的影响。无论是帕提亚帝国的属国米底—阿特罗佩特尼，罗马东方各附属国如卡帕多西亚、科马基尼和犹地亚，还是双方的共同属国亚美尼亚，对于维持罗马和帕提亚在西亚的权势都是不可或缺的地方行为体。在罗马—帕提亚战争期间，属国的向背往往意味着一方战略侧翼的加强或暴露。因此，通过政治控制、军事压服和王室联姻巩固宗主国与属国的关系、同时瓦解对方属国的忠诚并争取将其策反，成为罗马和帕提亚以后维持并拓展其近东霸权的通行战略。

　　罗马共和国末期与帕提亚帝国的三次大战对此后双方彼此认知、交往方式和对外战略有着深刻的影响。自卡莱战役之后，罗马人对帕提亚骑兵战术系统开始有了长足的认识，罗马人开始重视骑兵和远程部队。而来自卡帕多西亚、伊比利亚和高卢等地的优秀骑兵、叙利亚的弓箭手逐渐成为罗马辅助骑兵和远程单位的重要来源。由于辅助部队在服役期满后便可获得公民身份，这便导致罗马帝国内部族群互动和阶层流动的加强以及由此带来罗马行省地位的逐渐上升。而地方精英与帝国互动的加强反过来又加速了行省的"罗马化"进程，与此同时罗马军事体系的"东方化"也正悄然拉开帷幕。由于克拉苏和安东尼的军事失利，罗马人意识到仅凭军事手段是无法征服帕提亚的，幼发拉底河中段逐渐成为双方公认的边界。因此，进入奥古斯都时代后，罗马东方政策中外交手段的比重大幅上升，而军事手段退居次要地位。相应地，作为罗马和帕提亚之间最重要的缓冲国，亚美尼亚的重要性不降反升，成为公元 1 世纪双方博弈的焦点地区。

　　另外，罗马人意识到帕提亚帝国王室内乱的"痼疾"，于是开始有意识地将扶植亲罗马的帕提亚王位竞争者发展成为一项遏制帕提亚帝国的长期战略，从而加剧了帕提亚帝国内部传统派与"西方派"之间的裂痕和斗争。而帕提亚帝国为抵制罗马帝国使用外交和文化手段进行的渗透，在公元 1 世纪后进一步转向"东方化"以取代和对抗"希腊化"。出于与充分继承希腊化遗产的罗马帝国对抗的需要，晚期帕提亚帝国开始充分利用古代波斯帝国遗产的意识形态资源来加强自己在西亚的统治和正统性，从而与早期帕提亚帝国的"希腊化"特征进一步拉开了距离，而帕提亚帝国治下位于两河流域的希腊化城市则不可避免地开始走向衰落。罗马和帕提亚之间的对抗不仅在无形中加强了自身文化正统性的构建，也使得罗马帝国东部日益受到东方君主观念和文化传统的影响，这是由东地中海诸省在罗马与帕提亚的对抗中极其重要的政治、经济和文化地位所决定的。安东尼具有浓厚"东方化"色彩的政治公关虽然因为其个人的身败而告一段落，但罗马统治者对东地中海地区战略地位的重视在今后却会不断加强。因此，"亚历山大里亚"虽然在一开始败给了"罗马"，但罗马帝国东部终将取代西部成为罗马—拜占庭帝国生命延续之基础和依托。回顾前一阶段的历史发展进程可知，对于罗马和波斯双方而言，亚历山大大帝的希腊化遗产和阿契美尼德王朝的波斯遗产都同样深厚持久并垂范后世。而"模仿亚历山大"（Imitatio Alexandri）和"阿契美尼德工程"（Achaemenid Program）也将被罗马—拜占庭帝国和帕提亚—萨珊帝国统治者反复运用，并构成后来罗马波斯战争反复爆发的文化动力机制。

第 四 章

早期罗马帝国与帕提亚
帝国的战争

第一节　奥古斯都至克劳迪时期罗马—
帕提亚关系回顾

　　相当一部分学者认为，奥古斯都至克劳迪时期罗马—帕提亚关系的主要特征可以概括为"冷战"（Cold War）或"妥协状态"（modus vivendi），主要原因是这一时期双方虽然没有爆发直接军事冲突，却始终在进行着各种外交和地缘上的博弈，而双方围绕亚美尼亚乃至整个丝绸之路贸易路线进行的争夺甚至出现了加强的趋势。[①] 从学术层面来看，公元前后希腊学者斯特拉波写就的地理学巨著《地理学》、查拉塞尼的伊西多尔（Isdore of Characene）撰写的《帕提亚驿程志》（Σταθμοι Παρθικοι）以及匿名希腊作家所著的《红海周航纪》（*Periplus of the Erythraean Sea*）均表明希腊罗马人对自身和周边世界认知的大幅加强，这无疑得益于罗马帝国与帕提亚帝国在公元前后"平分世界"的和平局面为当时旅行家和作家提供

---

　　① Wilfred H. Schoff, "Some Aspects of Overland Oriental Trade at the Christian Era", *Journal of the American Oriental Society*, Vol. 35（1915），pp. 31 –41.

的政治便利。① 从罗马和帕提亚双方在公元前后各自所处的历史发展
阶段来看，刚刚结束长期内战的罗马和已经从国力巅峰时期跌落的
帕提亚正分别走上鼎盛和衰落两条截然相反的道路。与实力天平的
倾斜相反的是，罗马和帕提亚在近东的权势分布和力量对比却进入
了一段相对稳定和平衡的时期。其中的原因在于：一方面，克拉苏
和安东尼远征帕提亚的失败经历促使奥古斯都重新审视共和晚期以
来罗马的扩张政策；而另一方面，由于长期内外战争导致的士兵厌
战情绪和复员安置需要也使得继续对帕提亚用兵变得不再划算和现
实。因此，在这样的历史条件下，作为罗马帝国史上最为精明政治
家的奥古斯都，以自己长达41年的统治为朱里亚—克劳迪王朝奠定
了守成为主、适度用兵的对外政策基调，而与帕提亚帝国的"冷战"
便是奥古斯都一手为早期罗马帝国制定的基本战略思想，可以说这
一思想一直贯穿至弗拉维王朝诸帝，至图拉真时代方才告一段落。
朱里亚—克劳迪时代罗马与帕提亚之间的"冷战"具有一些鲜明的
特点：首先是罗马帝国对帕提亚帝国内政的干涉频度明显加强，而
采取的干涉手段更加隐蔽和间接；其次是帕提亚帝国基本放弃从幼
发拉底河中段入侵罗马领土的冒险战略，转而将亚美尼亚作为保障
帕提亚西北边疆安全的核心战略依托，并全力使亚美尼亚脱离罗马
帝国的控制并成为帕提亚的属国。② 根据塔西佗的记载，公元1世纪
初帕提亚国王阿塔巴努斯二世曾威胁罗马皇帝提比略并公开声明帕
提亚人要恢复阿契美尼德王朝的西部疆域：

> ……与此同时他（指阿塔巴努斯二世）虚荣自负地谈到此
> 事，并以波斯人和马其顿人的古老疆界相威胁，并说他会夺取

① J. Thorley, "The Development of Trade between the Roman Empire and the East under Augustus", *Greece & Rome*, Vol. 16, No. 2 (Oct., 1969), pp. 209 – 223.

② Rolf Michael Schneider, "Friend and Foe: The Orient in Rome", in *The Age of the Parthians*, ed. Vesta Sarkhosh Curtis and Sarah Stewart, *The Ideal of Iran*, Vol. 2, London: I. B. Tauris Publishers, 2007, pp. 50 – 86.

先后被居鲁士和亚历山大统治的领土（*simul veteres Persorum ac Macedonum terminos，seque invasurum possessa primum Cyro et post Alexandro per vaniloquentiam ac minas iaciebat*）。[①]

塔西佗的记载表明，在这一阶段帕提亚帝国开始在外交声明中明确表示要同时继承阿契美尼德王朝和亚历山大帝国的遗产，由此可见罗马和帕提亚在和平年代仍然存在意识形态领域的"霸权争夺"。由于这一时期罗马和帕提亚均放弃在美索不达米亚平原进行大规模交战，位于两河上游的亚美尼亚高原便成为双方关注的焦点和重点经营的地区，而南高加索地区早已存在的伊比利亚王国和阿尔巴尼亚王国也于此时顺势登上了罗马—帕提亚博弈的历史舞台，开始在两大强国的"南高加索大博弈"（Great Game in Transcaucasia）中扮演重要角色。作为罗马和帕提亚争夺的核心地带，这一时期的亚美尼亚王国经历了阿塔西亚德王朝（Artaxiades）的绝嗣和罗马—帕提亚代理人的反复交替上位，而亚美尼亚王位继承问题最终导致了公元58—63年罗马—帕提亚战争的爆发以及在亚美尼亚历史上有着举足轻重地位的亚美尼亚安息王朝（Arshakonian Dynasty）的建立。

奥古斯都统治期间除了将罗马帝国疆界扩张并稳定至多瑙河—莱茵河一线外，最大的功绩便是解决了长期困扰罗马—帕提亚关系的一系列问题，实现了罗马帝国东部边疆的长期稳定。在经历多次外交斡旋之后，公元前20年，奥古斯都以归还部分帕提亚王室人质为条件，成功说服帕提亚国王弗拉特斯四世归还罗马军团鹰旗以及遣返尚存活的罗马战俘。此举为奥古斯都在罗马帝国国内赢得了极大的政治声誉。奥古斯都在罗马城的纪功浮雕描绘了帕提亚士兵单膝下跪将鹰旗奉上的画面，而公元前19年奥古斯都发行的第纳尔银币上也出现了类似的图案和鹰旗回归（*signis receptis*）的铭文。同时

---

① Tacitus, *Annals*, VI. 31.

代的罗马诗人贺拉斯在其书信集中称赞奥古斯都让弗拉特斯四世臣
服于罗马法与治权（ius et imperium）的东方伟绩。毫无疑问，罗马
作家和公众舆论将奥古斯都与弗拉特斯四世达成的和平协定认为是
帕提亚对罗马帝国的一种屈服。[①] 尽管这种姿态只有象征意义，但仍
是史无前例的。我们可以认为奥古斯都以外交而非军事的手段在某
种程度上满足了罗马人无边帝国（imperium sine fine）的天下观念和
虚荣心态。但在同时代历史学家如塔西佗、弗拉维斯·约瑟夫斯和
庞培·特罗古斯（Pompeius Trogus）的笔下，罗马和帕提亚仍然是
平分世界的两大强权（maxima imperia）[②]，由此可见这一时期罗马—
帕提亚关系的复杂性和微妙性。

　　奥古斯都在东方问题上的另一功绩是确立了罗马帝国在亚美尼
亚王位继承问题上的主导地位。公元前 20 年，亲帕提亚的亚美尼亚
国王阿塔西亚斯二世被国内贵族刺杀。而作为罗马和帕提亚之间和
平协定的一部分，帕提亚国王弗拉特斯四世默认由罗马方面扶植阿
塔西亚斯的一个弟弟提格兰继位为提格兰三世（Tigran Ⅲ，约公元
前 20—前 6 年在位）。奥古斯都的继子提比略（Tiberius Claudius Ne-
ro）不仅亲自负责罗马军团鹰旗和战俘归还事宜，还专程赶往亚美
尼亚将王冠戴在提格兰三世的头上，从而为此后亚美尼亚王位继承
问题确立了由罗马帝国加冕并最后认可的合法性机制。为了纪念此
事，公元前 19 年发行的奥古斯都银币上也出现了"征服亚美尼亚"
（Armenia Capta）的铭文。奥古斯都的另一项举措是将意大利女奴穆
萨（Musa）赐给弗拉特斯四世为王后，而穆萨在帕提亚国内得宠之
后逐渐开始对弗拉特斯四世晚年的内外政策发挥出决定性的影响。
在穆萨的唆使下，弗拉特斯四世于公元前 10 年将与其他妃子所生的
四个王子及其家属全部交给奥古斯都为质[③]，只留下和穆萨所生的王

---

　　① Charles Brain Rose, "The Parthians in Augustan Rome", *American Journal of Ar-chaeology* 109, No.1 (2005), pp. 21 –75.

　　② Tacitus, *Annals*, Ⅱ.56.

　　③ Strabo, *Geography*, 16.1.28.

子弗拉塔克斯（Fraatacus，为 Phraates 的拉丁文昵称形式）为王储。穆萨和弗拉塔克斯更于公元前 2 年毒杀弗拉特斯四世后与儿子一同继位并"下嫁"弗拉塔克斯，形成"母子临朝、夫妻共治"的双头政治局面。奥古斯都此举是否早有利用帕提亚王室内乱传统故意为之，成为后世学者一直争论的问题。过去的学者认为，穆萨母子被推翻的原因在于其伦理上引起帕提亚贵族的反感。但不管是从内亚游牧民族的"父死烝母"还是伊朗琐罗亚斯德教的"最近亲结婚"（中波斯语 Khowēdodah）传统来看，穆萨母子的行为并无不妥。笔者认为，穆萨母子得罪帕提亚贵族的根源并不在于伦理，而在于女性分享政治权利甚至与男性成为共治君主之传统，不符合古代伊朗政治文化。唯一例外是萨珊王朝末期出现过两位女皇，但其钱币形象均为蓄须男性，可见男权政治传统仍然根深蒂固。相反，这样的传统在希腊—马其顿君主中较为多见，尤其是托勒密王朝，其根源应在于古代马其顿传统。①

　　无论如何，从后来的历史发展来看，穆萨和弗拉特斯五世（Phraates Ⅴ，即弗拉塔克斯，公元前 2—公元 4 年在位）的行为确实导致了帕提亚帝国内部权力斗争的激化。因此可以认为，奥古斯都通过极为廉价和隐蔽的方式达到了削弱帕提亚国力并使部分帕提亚贵族依附于罗马，乃至"不战而屈人之兵"的战略目标，并为此后罗马帝国以扶植帕提亚人质回国继位的方式不断干涉帕提亚内政创造了条件。公元前后罗马帝国对帕提亚王室的分化战略甚至使当时的地理学家斯特拉波得出了"现在帕提亚人经常到罗马来要求派人给他们做国王，他们大概已经准备好把他们的整个主权交给罗马人"②的乐观判断。但我们不可否认的是，弗拉特斯家族由于长期生活于希腊罗马世界，不可避免地沾染了许多有悖于帕提亚文化传

---

① Elizabeth Carney, "Women and Basileia: Legitimacy and Female Political Action in Macedonia", *The Classical Journal*, Vol. 90, No. 4, 1995, pp. 367–391.

② Strabo, *Geography*, 6. 4. 2.

统的生活习惯和思维方式。因此该家族成员在帕提亚国内统治的威望和合法性急剧下降，以至于在公元 12 年后被米底—阿特罗佩特尼出身的安息王室支系彻底推翻，从而宣告了统治帕提亚时间长达 90 年的安息王朝萨纳特鲁西斯支系（Sanatrucids，公元前 78—公元 12 年）的结束。

尽管奥古斯都对帕提亚和亚美尼亚问题的暂时解决为罗马帝国在东方创造了一段稳定、和平且罗马相对占优势的局面，帕提亚帝国却并未放弃控制亚美尼亚的企图。从米特里达梯二世时期起，与附属国进行王室联姻以巩固和拓展势力范围便是帕提亚帝国的长期基本国策，而南高加索的亚美尼亚、伊比利亚和阿尔巴尼亚王国更是帕提亚帝国联姻政策重点实施的地区。而随着罗马势力的东进和东方附庸国体系的建立，帕提亚帝国王室联姻的战略在很大程度上被罗马帝国扶植亲罗马的希腊化王室成员的战略所抵消，这导致帕提亚方面开始实行直接将安息王室成员扶上亚美尼亚王位的战略。奥古斯都至克劳迪时代亚美尼亚王位更迭极为频繁，而罗马帕提亚双方均密切关注亚美尼亚王位的变动并努力扶植自己的代理人上台。公元前 6 年，亲罗马的亚美尼亚国王提格兰三世去世后，其子提格兰四世（Tigran Ⅳ）即位，后者至公元前 2 年又被国内贵族刺杀。公元前 1 年，奥古斯都派自己的外孙盖乌斯·凯撒（Gaius Carsar）负责将米底—阿特罗佩特尼王子阿塔巴祖斯（Artabazos）扶植为亚美尼亚国王，但却遭到亚美尼亚国内贵族的反对，盖乌斯本人也在亚美尼亚被当地要塞领主设计重伤后不治而死。公元 6 年，罗马人又将希律王的外孙扶植为提格兰五世（Tigran V）。公元 12 年，提格兰五世与其共治王后伊拉托（Erato）被废，统治亚美尼亚长达 200 年的阿塔西亚德王朝宣告绝嗣。此后帕提亚帝国开始实施将王室成员分封至亚美尼亚的战略以加强其在与罗马帝国博弈中的地位。而公元 12—16 年在位的沃诺尼斯一世（Vonones Ⅰ）便是第一个登上亚美尼亚王位的安息王室成员，尽管其继位并未得到帕提亚方面的认可。公元 16 年沃诺尼斯一世被废，帕提亚国王阿塔巴努斯二世

（Artabanus Ⅱ，10—38 年在位）便立即将其子奥罗德（Orodes）扶植为亚美尼亚国王。而罗马帝国方面，奥古斯都的继承者提比略皇帝则针锋相对，于公元 18 年扶植出自本都波勒蒙王室的芝诺（Zeno）为亚美尼亚国王，并僭号阿塔西亚斯三世（Artaxias Ⅲ，18—36 年在位）。

公元 36 年阿塔西亚斯三世去世之后，帕提亚国王阿塔巴努斯二世又扶植自己的长子阿萨西斯（Arsaces）继位，从而与其另一子奥罗德发生冲突。公元 41 年克劳迪（Claudius，41—54 年在位）皇帝继位后，为了平衡帕提亚帝国的王室分封战略，罗马帝国开始大力支持亚美尼亚以北的伊比利亚王国介入亚美尼亚事务，并将伊比利亚王子米特里达梯（Mithridates）扶植为亚美尼亚国王。由上可知，从奥古斯都至克劳迪时期，亚美尼亚王位更替十分频繁。罗马和帕提亚双方均无法长期稳固地控制亚美尼亚的内政外交，但又都不约而同地避免采取直接军事介入的方式来征服亚美尼亚，这种局面一直持续到公元 51 年才发生改变。公元 51 年伊比利亚国王弗拉斯马尼斯一世（Phrasmanes Ⅰ）的长子拉达米斯图斯（Rhadamistus）擅自率兵入侵亚美尼亚，将其叔米特里达梯推翻并取而代之。帕提亚国王沃洛加西斯一世（Vologases Ⅰ，51—78 年在位）抓住了亚美尼亚权力更迭导致的有利局势，派其弟提里达特（Tiridates）率军进入亚美尼亚，将拉达米斯图斯驱逐。但由于当年冬季帕提亚军队遭到疫病和严寒的侵袭被迫提前撤出亚美尼亚，使得拉达米斯图斯得以再次回国复位。拉达米斯图斯第二次上台后的统治残暴任性，亚美尼亚国内贵族怨声载道。于是在公元 54 年，沃洛加西斯一世再次派提里达特打回亚美尼亚。这一次帕提亚人将拉达米斯图斯的统治彻底推翻，提里达特顺利即位为亚美尼亚国王。

第二节　尼禄时期的罗马—帕提亚战争与
亚美尼亚安息王朝的建立

提里达特一世（Tiridates I，54—88 年在位）的即位宣告了帕提亚帝国王室分封战略在南高加索地区的重大成功。此后亚美尼亚国王均由帕提亚安息王室成员出任，这也标志着古典时代和古代晚期亚美尼亚历史上最重要的转型时代——亚美尼亚安息王朝（Arsacid Armenia，54—428 年）的建立。与此同时，公元 54 年朱里亚—克劳迪王朝最后一任君主尼禄（Nero，54—68 年在位）即位后，立即对亚美尼亚局势的变动作出反应，并派名将科尔布罗（Gnaeus Domitius Corbulo）出任东方军队总司令以解决亚美尼亚问题。科尔布罗到任后，首先着手整顿承平日久的军队，以提升罗马军团的战斗力，随后遣使沃洛加西斯一世商议亚美尼亚问题的解决办法。科尔布罗与罗马叙利亚总督乌米迪乌斯·夸德拉图斯（Ummidius Quadratus）在罗马—帕提亚边境一共集结了 6 个军团的兵力准备入侵亚美尼亚和帕提亚本土。此时帕提亚帝国内部，沃洛加西斯一世的儿子瓦尔丹尼斯（Vardanes）正在里海南岸的赫卡尼亚地区发动叛乱。为了确保后方稳固，沃洛加西斯一世答应了罗马使节的要求从亚美尼亚撤军，留下提里达特独自在亚美尼亚面对罗马军队。公元 58 年春，科尔布罗正式出兵亚美尼亚。与此同时，罗马在东方的附庸国王——科马基尼的安条克四世（Antiochus IV of Commangene）和伊比利亚国王弗拉斯马尼斯分别从西北和东南出兵进入亚美尼亚境内，以配合科尔布罗的军事行动。由于提里达特采取游击战术，避免和罗马军队正面决战。科尔布罗便集中兵力将亚美尼亚境内亲帕提亚的要塞和堡垒各个击破并予以拆除，随后进兵亚美尼亚首都阿尔塔沙特迫使提里达特前来会战。提里达特采用诱敌战术被罗马人识破之后放弃了战斗，率军撤回帕提亚。于是科尔布罗兵不血刃夺取了阿尔塔沙特，并将该城付之一炬。科尔布罗随后引兵南下，于公元59 年春夺取了亚美尼亚的第二个首都提格兰诺凯尔塔。公元 60 年初，提里达特率军企图夺回亚美尼亚，被严阵以待的罗马军队击退。此后，初步平定亚美尼亚的科尔布罗将在罗马为质的提格兰王子扶植为亚美尼亚国王提格兰六世（Tigranes VI，公元60—62 年在位），随后撤军回叙利亚接任已故总督夸德拉图斯的职位。

公元61 年，提格兰六世在未得到罗马方面允许的情况下擅自率军入侵帕提亚的属国阿迪亚贝尼，此举激怒了帕提亚国王沃洛加西斯一世。后者遂派将军莫纳西斯（Monaeses）率骑兵与阿迪亚贝尼国王莫诺巴祖斯（Monobazus）提供的步兵一道北上攻打提格兰诺凯尔塔，提格兰六世在死守城池的同时遣使向罗马求援。此时镇守叙利亚的科尔布罗也遣使沃洛加西斯一世要求对方退兵，帕提亚国王考虑到围攻提格兰诺凯尔塔的军队损失惨重，遂同意了科尔布罗的要求撤围而去。随后科尔布罗又上书尼禄，建议皇帝再任命一位指挥官负责亚美尼亚战事，而自己则可以专心防守幼发拉底河一线。尼禄遂派凯森尼乌斯·帕伊图斯（L. Caesennius Paetus）出任东方军队总司令。文官出身且毫无军事经验的帕伊图斯到任后，急于渴望通过一场军事胜利来证明自己的能力。于是他不听科尔布罗的劝阻，于公元62 年率军再次入侵亚美尼亚。另外，帕提亚国王沃洛加西斯一世在准备渡过幼发拉底河入侵叙利亚时被科尔布罗以舰载弩炮所阻，于是在公元62 年的冬天集结全部兵力北上亚美尼亚进攻帕伊图斯。帕伊图斯分散了自己本来就不多的兵力，同时由于低估了帕提亚主力部队的行军速度而放松了警惕，竟然让士兵在亚美尼亚境内分散驻扎并休假过冬。沃洛加西斯一世的帕提亚大军进入亚美尼亚后，迅速击破帕伊图斯派出的前哨分队，随后将其围困于朗代亚（Rhandeia，位于陶鲁斯山脉与幼发拉底河上游之间）的营地。帕伊图斯派人向科尔布罗求援，科尔布罗虽不情愿，还是派出 1000 军团士兵、800 骑兵和一些辅助部队先行前往，自己则率主力随后跟进。然而，帕伊图斯禁不起沃洛加西斯一世的武力威吓，竟然在援军到达三天前选择放下武器投降，并和帕提亚人达成了极为屈辱的投降条件：亚美尼亚境内所有罗马军队的要塞和补给物资全部交给帕提亚人，罗马军队全部撤离亚美尼亚。

根据卡西乌斯·狄奥和塔西佗的记载，沃洛加西斯一世为了羞辱罗马人的失败，特意让罗马军队在撤退前于阿萨尼亚斯河（Arsanias）上架桥以便帕提亚国王骑战象通过，沃洛加西斯一世甚至还让罗马士兵经历了"轭门之辱"①。科尔布罗率军赶到朗代亚之后，与沃洛加西斯一世和提里达特一世进行了多次试探性交涉，最终在公元63年末双方达成妥协：提里达特一世可以保有亚美尼亚王位，但必须由尼禄皇帝亲自加冕方才有效。为了落实协定，提里达特一世于公元66年率3000人的使团亲赴罗马接受尼禄的加冕。提里达特使团一路上得到罗马皇帝的慷慨款待，尼禄为了迎接使团不惜斥巨资举办盛大的仪式和各种竞技表演。在加冕仪式上，提里达特被允准全副武装入场，随后尼禄将亚美尼亚王冠戴在提里达特头上完成了加冕礼。据狄奥的记载，提里达特在罗马帝国境内的9个月行程中每日花费达80万塞斯退斯（sesteres，罗马铜币），全部由罗马帝国承担。提里达特返程时，尼禄还拨款助其重新修建亚美尼亚都城阿尔塔沙特，提里达特将翻新后的都城命名为尼禄尼亚（Neroneia）。提里达特回国后，尼禄还修书沃洛加西斯一世邀请其前来罗马一叙，但被后者以路途遥远为由婉拒。不管如何，经过公元58—63年的亚美尼亚战争，双方互有胜负，最终仍然通过外交手段达成了对罗马和帕提亚双方来说都能接受的解决办法，而提里达特一世也成功保住了自己的亚美尼亚王位。

尼禄在对帕提亚外交中"铺张浪费"的政策受到包括塔西佗在内的罗马元老贵族和史学家的严厉批评。② 在当时的罗马人看来，名

---

① Cassius Dio, *Roman History*, 62. 19 – 23.

② Elizabeth Keitel, "The Role of Parthia and Armenia in Tacitus Annals 11 and 12", *The American Journal of Philology*, Vol. 99, No. 4 (Win. , 1978), pp. 462 – 473.

将科尔布罗在亚美尼亚战争中获得的成果不仅被白白浪费，其本人最后还遭到尼禄的猜忌而被赐死，这无疑是古典作家笔下尼禄作为残暴昏庸君主的铁证。然而许多现代学者对尼禄的东方政策持修正主义的立场，认为尼禄对亚美尼亚问题的审慎处置有效地避免了罗马和帕提亚之间冲突的进一步升级，为罗马帝国再次带来了长达50年的东疆和平局面，因而是值得予以充分肯定的。从实质上看，罗马和帕提亚围绕亚美尼亚王位继承问题经过半个世纪的争夺，最后达成"安息王族＋罗马认可"的解决模式。帕提亚帝国虽然使安息王室在亚美尼亚成功立足，但罗马帝国仍然保有对亚美尼亚王位继承问题的最终裁决认可权。因此，我们既不应过分批评尼禄东方政策的"华而不实"，也不能就此判断亚美尼亚问题已经得到彻底的解决。实际上，随着亚美尼亚问题的暂时解决，罗马帝国和帕提亚帝国进入了一段难得的"蜜月期"。另外，罗马帝国东方行省内部局势的恶化也使得与帕提亚帝国恢复关系成为尼禄的当务之急。罗马帝国治下的犹地亚在公元60年代初已经出现局部骚乱，至公元66年爆发为犹太大起义，罗马帝国不得不从东方各行省抽调驻军全力镇压。而根据犹太史家弗拉维斯·约瑟夫斯和罗马传记作家苏维托尼乌斯的记载，帕提亚帝国在公元66—70年间的犹太战争中甚至许诺借兵四万助维斯佩芗皇帝（Vespesian，69—79年在位）平叛。由此可见尼禄的东方政策绝不仅是"面子工程"，其对罗马帝国带来的实质利益也是显而易见的。[①]

不仅如此，在公元58—63年的亚美尼亚战争及其后续事件中，罗马帝国和帕提亚帝国从政治、军事、外交和文化各方面都进行了深度交往和接触，而希腊罗马文化和东方伊朗文化对亚美尼亚的"双重输出"也进一步加强。根据卡西乌斯·狄奥和老普林尼的记载，在提里达特访问罗马期间，特意向罗马人展示伊朗琐罗亚斯德

---

① John R. Curran, "The Jewish War: Some Neglected Regional Factors", *The Classical World*, Vol. 101, No. 1 (Fall, 2007), pp. 75 – 91.

教传统和仪式，甚至对尼禄皇帝大力"推销"在帕提亚和亚美尼亚盛行的密特拉崇拜（Mithra Cult）。卡西乌斯·狄奥详细记载了提里达特在罗马加冕期间对尼禄和在场公众发表的演说：

> 我的主人（指尼禄），我是阿萨西斯的后裔，是沃洛加西斯和帕科如斯国王（沃洛加西斯一世另一弟，为米底—阿特洛佩特尼国王）的兄弟，也是您的奴隶。我的神啊，我到你这里来，要像敬拜密特拉一样敬拜您！我接受您为我编织的命运，因为您就是我的财富和命运！①

不仅如此，老普林尼在《自然史》第三十卷介绍"巫术"时直接称提里达特一世为麻葛（Magu），并提到当时提里达特出访罗马期间还携带了大批袄教祭司随行：

> 麻葛提里达特来到尼禄这里……他带来了许多麻葛，并且介绍尼禄参加他们麻葛的活动。②

由此可见，作为亚美尼亚安息王朝真正意义上第一位开国君主的提里达特一世对琐罗亚斯德教仪式可谓极为熟悉，甚至不排除其在帕提亚担任王子期间就从事琐罗亚斯德教的管理工作，东方宗教文化对罗马帝国的影响因此又加深了一步。③　而在亚美尼亚，随着公元58—63年期间罗马和帕提亚军队对各山间要塞的拔除，以之为依托的各大封建家族势力被削弱。一份出土于苏联亚美尼亚境内加尔尼（Garni）的铭文提到，在公元76/77年提里达特一世又下令拆毁一座城堡。据此我们可以认为，在提里达特一世重建旧都的过程中，

---

① Cassius Dio, *Roman History*, 63. 5. 2.
② Pliny, *Natural History*, 30. 6. 17.
③ Cassius Dio, *Roman History*, 63. 2；Cassius Dio, *Roman History*, 63. 5. 2；Pliny, *Natural History*, 30. 6. 17.

又进一步削弱了地方贵族的势力。此后亚美尼亚中央集权和国王权威明显提高，安息王朝对亚美尼亚的统治也由此进入稳定繁荣期。与帕提亚帝国将安息王室支脉引入亚美尼亚针锋相对，罗马帝国在1世纪下半叶也加强了对伊比利亚王国的渗透和扶持：姆茨赫塔（Mtskheta，古代伊比利亚王国首都）出土的一份公元75年的希腊语和阿拉米语双语石碑铭文提到，当时伊比利亚国王米赫德拉特一世（Mihdrat Ⅰ，58—106年在位）称自己为"诸凯撒之友"和"爱罗马的伊比利亚人之王"。该碑由于立于罗马皇帝维斯佩芗统治时期而得名"维斯佩芗石碑（Stele of Vespesian）"，是反映公元1世纪罗马帝国与伊比利亚王国关系的珍贵实物史料。铭文尤其提到罗马人为伊比利亚人修建防御工事，加固了阿尔马兹（Armazi）的城墙。[①] 实际上，公元41—54年间伊比利亚人对亚美尼亚王位继承的干涉已经充分表明了其亲罗马和反帕提亚的政治倾向。从地缘战略上看，伊比利亚王国的强大有助于加强罗马帝国在南高加索的影响力，从而平衡帕提亚帝国在亚美尼亚事务上的相对主导权。因此罗马帝国扶植伊比利亚与帕提亚安息王朝入主亚美尼亚是公元1—2世纪南高加索国际政治中的突出现象，并且彼此之间有着密切的逻辑联系和战略互动关系。[②]

　　公元58—63年的罗马—帕提亚战争是公元1世纪期间罗马帝国和帕提亚帝国之间唯一一次正面冲突，但与共和晚期罗马和帕提亚之间的战争在性质上有较大的不同。首先，这是罗马和帕提亚双方首次因为亚美尼亚问题而爆发冲突，双方进行战争的目的也是为了解决亚美尼亚问题，而非入侵和征服对方领土，因此具有明显的局部和低烈度特性，双方由于始终避免主力部队正面会战而没有造成

---

　　① Giorgi Lomtatidze, *Archaeological Excavations in an Ancient Georgian Capital of Mtskheta*, Georgian National Academy of Sciences, 1955.

　　② A. Furtwängler, I. Gagoshidze, H. Löhr and N. Ludwig（eds.）, *Iberia and Rome: The Excavations at the Palace of Dedoplis Gora and the Roman Influence in the Caucasian Kingdom of Iberia*, Beier & Beran, Langenweßbach, 2008, pp. 10 – 11.

严重的伤亡；其次，在公元58—63年的罗马—帕提亚战争中，双方首次将亚美尼亚和叙利亚—美索不达米亚作为两大同样重要的战场进行博弈，两大战场在战争中的协同和转化充分考验了罗马和帕提亚双方军队适应不同地形的能力，也对将帅的全局观和应变能力提出了较高要求。科尔布罗和沃洛加西斯一世在战争期间均表现出卓越的战略战术素养，而帕伊图斯的鲁莽轻率则给罗马军队带来了耻辱性失败；再次，共和晚期罗马和帕提亚之间的三次会战均未对亚美尼亚国内权力格局造成显著影响，其原因在于罗马人和帕提亚人均没有考虑控制除阿尔塔沙特和提格兰诺凯尔塔之外的众多亚美尼亚乡间地区的村落、要塞和堡垒。而在公元58—63年的亚美尼亚战争中，罗马和帕提亚军队首次将敉平亚美尼亚各大家族和部落盘踞的山间要塞作为首要任务，力图削弱在罗马和帕提亚之间摇摆不定的封建家族及其派系力量，从而为此后亚美尼亚安息王朝统治的稳固打下了较坚实的基础；最后，尼禄对亚美尼亚问题的政策和解决办法实质上与朱里亚—克劳迪王朝历代皇帝乃至奥古斯都的政策一脉相承。[①] 在公元58—63年的战争中，罗马和帕提亚双方的外交斡旋与沟通试探不绝如缕。双方均保持了相当程度的战略审慎，力图以最小的代价达成预定战略目标，在维护己方利益的前提下与对方达成妥协。这说明在罗马帝国和帕提亚帝国的交往中，双方统治者都意识到了外交手段与适度战争相结合的必要性。

由上可知，正是在和罗马帝国有理有节的较量中，帕提亚国王沃洛加西斯一世实现了帕提亚帝国的"中兴"局面。而尼禄在东方外交和亚美尼亚问题上的顺势而为和冲突管控措施也为弗拉维王朝时期罗马帝国经济的繁荣创造了安定的国际国内环境。关于亚美尼亚在罗马波斯博弈中的地位，罗马近东考古学家沃威克·保尔（Warwick Ball）甚至认为亚美尼亚是罗马帝国的"阿富汗"，虽然并

---

① J. G. C. Anderson, "The Eastern Frontier from Tiberius to Nero", in *The Cambridge Ancient History*, Vol. 10, 1934, pp. 743 – 780.

不十分契合历史事实，但我们完全可以将罗马和波斯围绕亚美尼亚的争夺称为古典时代西亚两大帝国的"大博弈"。而美国大战略学者爱德华·勒特韦克也将亚美尼亚各大封建家族与近现代阿富汗的普什图部落相比拟。由此可见，亚美尼亚在罗马波斯博弈中的特殊地位及其国内权力格局的破碎化与近代英俄殖民帝国乃至美苏在阿富汗的博弈确有异曲同工之处。另外，罗马帝国和帕提亚帝国在近东的权势斗争与现代主权国家的对抗也有较大的不同。不仅亚美尼亚王国内部存在众多左右局势的地方力量，罗马帝国和帕提亚帝国内部也并非完全同质化和等级化的权力体系，双方对各自附庸国内政外交的管控仍然很难做到"滴水不漏"。从国际体系层面来看，在公元58—63年的罗马—帕提亚战争中，帕提亚的属国阿迪亚贝尼的作用及其与宗主国的微妙关系值得重视。阿迪亚贝尼王国族群构成复杂，上层王室又与帕提亚王朝累世联姻，著名的海伦娜王后（Helena）甚至以皈依和赞助犹太教闻名于世。[①] 在公元66—70年的犹太战争中，阿迪亚贝尼王国与宗主帕提亚背道而驰，派兵支援犹太起义军，这成为后来图拉真皇帝发动帕提亚战争的重要诱因，由此也可看出罗马帕提亚关系中双方属国行为的自主性和复杂性。

第三节　图拉真时期的罗马—
帕提亚战争及其历史影响

在公元58—63年的亚美尼亚战争结束后，随着公元66年提里达特一世顺利继承亚美尼亚王位，罗马帝国和帕提亚帝国之间进入了一段长达50年的和平时期。在这一时期，由于双方之间几乎没有战事，故而古典作家对这一时期帕提亚帝国和亚美尼亚安息王朝的

---

① Jacob Neusner, "The Conversion of Adiabene to Judaism: A New Perspective", *Journal of Biblical Literature*, Vol. 83, No. 1, (Mar., 1964), pp. 60–66.

记载也进入了语焉不详、扑朔迷离的"空白期"，这无疑为理清图拉真皇帝发动帕提亚战争前的东方局势带来了不小的困难。不仅如此，公元 2 世纪罗马帝国在马可·奥勒留（Marcus Aurelius，161—180 年在位）和塞普蒂米乌斯·塞维鲁（Septimius Severus，193—211 年在位）时期对帕提亚帝国发动的战争也缺少古典文献的记载。可以说，自塔西佗之后，直到 4 世纪阿米安的著作出现之前，研究罗马帝国和帕提亚—萨珊帝国之间的战争便出现了文献史料不足征的问题。因此，我们在研究 2—3 世纪的罗马波斯关系时，还必须充分参考 3—4 世纪晚出的罗马—拜占庭史家以及亚美尼亚史家提供的信息，具体文献笔者已经在史料综述中指出。

从宏观上看，公元 2 世纪期间罗马帝国和帕提亚帝国之间爆发的三次战争是处于极盛期的罗马帝国对衰落期的帕提亚帝国的进攻性和惩罚性远征，战争中双方的实力天平明显倒向罗马一方。这三次战争爆发的原因各不相同，但在实施方式和收场方式上具有一些相似的特点——罗马人在这三次战争中均把攻取帕提亚帝国在两河流域的核心统治区作为战略目标，同时又无法实现彻底征服帕提亚的战略企图，因此均有明显的掠夺性和惩罚性特点。但必须指出的是，这三次战争也逐步造成了罗马帝国和帕提亚帝国之间边界权力分布的永久性变更：罗马帝国与帕提亚—萨珊帝国接壤的边界开始由幼发拉底河中段逐渐东移至以尼西比斯、辛加拉（Singara）和哈布尔河（R. Khabur，幼发拉底河中段支流）为界的美索不达米亚中北部地区。而帕提亚帝国在美索不达米亚北部的附庸国体系经过这三次战争后彻底瓦解，罗马和波斯在美索不达米亚的南北对峙格局开始形成。可以说，2 世纪罗马帝国对帕提亚发动的三次战争奠定了后世数百年罗马和波斯在两河流域边界权力分布的基本地缘格局。以下便对这三次战争的具体情况进行分析和研究。

公元 114—117 年图拉真皇帝发动的帕提亚战争是罗马帝国时期最大规模的帕提亚远征。这次远征中，图拉真集结了东方诸省的大量驻军和多瑙河流域的军团及东方各行省提供的辅助部队，甚至驻埃及的军团也被部分抽调参与东征，总兵力超过 10 万人（其中满编军团不少于 7 个）。根据卡西乌斯·狄奥的记载，这次战争的导火索是帕提亚国王奥斯洛斯一世（Osroes Ⅰ，108—129 年在位）在未得到罗马方面允许和认可的情况下，擅自废掉亚美尼亚国王阿克西达里斯（Axedares，110—113 年在位），另立自己的弟弟帕萨马西里斯（Parthamasiris）为亚美尼亚国王。除了现代学者公认的图拉真个人野心和荣誉驱使之外，帕提亚帝国和罗马帝国多瑙河以北的达西亚王国（Dacians，大致位于现今的罗马尼亚）多次暗通款曲应该也是重要的诱发因素。罗马帝国在弗拉维王朝图密善（Domitian，81—96 年在位）统治时期便发动过对达西亚人的战争。根据塔西佗的记载，帕提亚国王帕克如斯二世（Pacrus Ⅱ，78—105 年在位）不仅收留过图密善时期达西亚战争中的流亡者，也曾在公元 89 年支持过一个伪尼禄（Pseudo-Nero）挑战图密善僭位称帝，这无疑也属于帕提亚干涉罗马帝国内政的行为。图密善皇帝时期一度谋划出兵征讨帕提亚，只是因为日耳曼人和达西亚人的战争威胁才最后作罢。而图拉真皇帝在位前期更是把征伐重点放在达西亚（即公元 102—106 年的达西亚战争）。公元 106 年达西亚人被图拉真彻底征服并投降之后，罗马军队又发现了达西亚国王德凯巴鲁斯（Decebalus）和帕提亚人往来的信件，这可以认为是促使图拉真皇帝发动帕提亚战争的重要诱因。不仅如此，在公元 66—70 年的犹太战争期间，帕提亚的属国阿迪亚贝尼曾出兵支持犹太起义军。犹太起义平息之后，阿迪亚贝尼人却一直未得到罗马帝国方面的惩罚。而图拉真时期帕提亚帝国的长期衰弱和内乱无疑为报复阿迪亚贝尼人曾经对犹太起义的支持提供了难得的契机。由于阿迪亚贝尼王国是帕提亚帝国的核心属国，惩罚阿迪亚贝尼王国必然等同于对帕提亚帝国开战，而图拉真皇帝显然十分清楚"征服帕提亚"对于罗马帝国大一统世界观念和继承"亚历山大事业"的重要意义。

事实上，图拉真皇帝敢于发动帕提亚战争除了鼎盛期罗马帝国自身国力的强大外，帕提亚帝国的长期衰弱可以说是最重要的诱因：

尽管经过沃洛加西斯一世的中兴，公元 1 世纪下半叶后的帕提亚帝国仍然难以恢复到曾经的强大国力，甚至无法有效抵御和反击来自欧亚草原的游牧民入侵。公元 73 年，北高加索的阿兰人（Alans，与南俄的斯基泰人和萨尔玛提亚人均为东伊朗语游牧部落，与帕提亚人实则同源，其后裔即今天的奥塞梯人①）在伊比利亚国王的唆使下大举南下入侵亚美尼亚和帕提亚帝国西北部地区。面对阿兰人的入侵，沃洛加西斯一世和提里达特一世穷于应付，连战连败，最后竟通过贿赂阿兰人才迫使其退兵。根据弗拉维斯·约瑟夫斯的记载，在这次抵抗阿兰人的战争中，提里达特一世仅以身免。而苏维托尼乌斯（Suetonius）曾提到当时沃洛加西斯一世一度向维斯佩芗皇帝请求援军，由此可见当时帕提亚帝国的窘迫形势。而公元 78 年沃洛加西斯一世死后，帕提亚帝国更陷入了第二次持续时间达 70 年的"黑暗时代"：从公元 78 年到公元 147 年间，帕提亚帝国一直处于分裂状态，其间的每一个君主都面临其他王位竞争者的挑战，从钱币上反映出的便是多位帕提亚君主的铸币相互交叉叠制。与此同时，中亚的贵霜帝国也在不断压缩帕提亚帝国的东部疆域。根据汉文史料和出土钱币提供的信息可知，在"侵安息，取高附"②之后，贵霜帝国在公元 50—80 年代几乎完全取代了印度—帕提亚王国在西北印度的霸权，并迫使后者的势力范围再次退回锡斯坦地区，同时还从帕提亚人手中夺取了连接中亚和伊朗高原的绿洲城市木鹿（Merv）。根据狄奥的记载，在图拉真的帕提亚战争结束、哈德良皇帝继位之后，来自巴克特里亚的使节到访罗马。考虑到公元 2 世纪初中亚和西北印度的政治局势，我们完全可以推测该使节很有可能便是贵霜帝国君主所遣。不管如何，以上所述均说明，在公元 2 世纪初平定达西亚之后，罗马帝国确实具备发动大规模帕提亚战争的

---

① M. I. Rostovtzeff, "The Sarmatae and Parthians", in *The Cambridge Ancient History*, Vol. 9: *The Imperial Peace A. D.* 70 – 192, ed. S. A. Cook, F. E. Adcock and M. P. Charlesworth, Cambridge: Cambridge University Press, 1936, pp. 91 – 130.

② 《后汉书》卷一一八《西域传·大月氏国》。

主观和客观条件。据现代学者推断，帕提亚帝国此时正处于奥斯洛斯一世和沃洛加西斯三世（Vologases Ⅲ，109—147 年在位）并立相互攻伐的局面。而塞琉西亚遗址出土的铸币显示，前王帕克如斯二世在公元 115 年之前可能仍未退出历史舞台。因此，图拉真出兵前的帕提亚帝国确实处于自顾不暇、内斗正酣甚至"三王并立"的局面，这也充分解释了战争前期帕提亚人对罗马军队的"不抵抗"政策。

图拉真的帕提亚战争之所以能够全力实施，与弗拉维王朝以来罗马帝国东方统治政策的调整密不可分。奥古斯都时代依靠东方附庸国体系的战略由于尼禄时期提里达特一世的上位而被迫做出长期调整。因此，弗拉维王朝以后罗马帝国开始逐步将东方的各附庸国转化为帝国行省，以杜绝这些地方行为体在和平及战争时期倒向帕提亚的可能性。公元 72 年，维斯佩芗皇帝以暗通帕提亚为由将科马基尼末代君主安条克四世废黜。长期作为罗马帝国在东方缓冲附属国的科马基尼从此被永久并入叙利亚行省，成为罗马帝国的一部分。公元 106 年，图拉真又将罗马帝国的附庸、约旦地区的纳巴泰王国（Nabataean）废黜并改为纳巴泰—阿拉伯行省，并任命克劳迪乌斯·塞维鲁（C. Claudius Severus）为该省第一任总督。公元 111 年，塞维鲁又奉命修建了连接波斯特拉（Bostra）至红海的新图拉真大道（Via Nova Traiana），现代学者推测其意图便是为了接下来的帕提亚战争提供后勤支持。公元 112 年，图拉真派自己的得力助手哈德良担任东方军队总司令，随即开始筹备帕提亚战争。从时间、作战区域和作战性质上看，图拉真的帕提亚战争可以分为亚美尼亚征服战役（114—115 年）、美索不达米亚征服战役（115—116 年）以及美索不达米亚平叛战役（116—117 年）三个分阶段，其大致经过分别如下：

公元 113 年 8 月，图拉真皇帝离开罗马，经海路于次年春抵达叙利亚首府安条克。在途经雅典期间，帕提亚国王奥斯洛斯一世派使节携礼物前来会见图拉真，希望后者认可帕萨马西里斯的亚美尼亚王位。而图拉真对帕提亚使节的提议不置可否，只是说"等他到叙利亚之后再来解决"，此举可以认为是图拉真皇帝明确的战争宣示。公元 113 年底，图拉真抵达安条克的外港塞琉西亚·皮埃利亚（Seleucia Pierea），此时担任罗马东方驻军总司令官的哈德良负责接待皇帝的到来。二人随后在附近的卡西乌斯山（Mt Kasios）的宙斯神庙中举行达西亚战争的献祭仪式。公元 114 年 1 月 7 日，图拉真抵达安条克，随后接待了帕提亚帝国在美索不达米亚北部各属国和部落酋长的使节，但这些属国国王均不肯亲自前来面见图拉真，其在罗马和帕提亚之间的骑墙态度不言而喻。① 与此同时，奥斯洛斯一世再次遣使图拉真希望罗马人不要对帕提亚人开战，图拉真仍然不给予明确答复，显然这时罗马帝国已经准备通过军事手段一劳永逸地解决亚美尼亚问题。入春后，图拉真从安条克启程，经过祖格马、萨莫萨塔（Samosata，前科马基尼王国首都）溯幼发拉底河而上前进至亚美尼亚边界罗马一侧的萨塔拉（Satala），并沿途集结了分别驻扎在以上三地的罗马军团。驻留萨塔拉期间，图拉真接待了南高加索各王国和部落派来的使节，还给阿尔巴尼亚人任命了一个新国王。此时亚美尼亚国王帕萨马西里斯再次遣使图拉真，并以国王的口吻要求图拉真承认其为亚美尼亚国王。图拉真不做回应后，帕萨马西里斯又再次来信。这一次帕萨马西里斯在信中去掉国王尊号，同时要求图拉真派时任卡帕多西亚总督马库斯·尤里乌斯·霍默鲁斯（Marcus Julius Homullus）前来商议具体事项，而图拉真只答应派出总督之子作为代表，随后双方约定在亚美尼亚境内的埃雷吉亚（Elegeia）会面。②

埃雷吉亚双方会面期间，帕萨马西里斯将王冠取下放在地上，希望图拉真皇帝可以仿尼禄旧事，将王冠捡起来戴回他的头上。然而图拉真根本不予理会，在场的罗马士兵则纷纷向图拉真皇帝狂呼

---

① Cassius Dio, *Roman History*, 68. 18. 1.

② Cassius Dio, *Roman History*, 68. 19. 2.

致敬，仿佛皇帝征服了一个国王一般。① 图拉真表示他不会把亚美尼亚交给任何人，而亚美尼亚应该成为总督治下的罗马帝国行省。② 随后图拉真设计将帕萨马西里斯于其返程途中杀害，并宣布吞并亚美尼亚为罗马行省。至公元 114 年底，图拉真已经扫平亚美尼亚各地的零星反抗，并任命卡提利乌斯·塞维鲁（L. Catilius Severus）为第一任（也是唯一一任）亚美尼亚总督。至此，图拉真皇帝在历史上首次（也是唯一一次）实现了罗马帝国对亚美尼亚的征服和彻底吞并。随后图拉真分兵给名将卢西乌斯·昆图斯（Lucius Quietus）镇压凡湖东南地区玛尔迪安人的叛乱，自己则率主力部队南下返回安条克过冬。

公元 115 年春，在彻底降服亚美尼亚之后，图拉真开始进行第二阶段的美索不达米亚战役。在渡过幼发拉底河之后，罗马军队攻陷安西穆西亚公国（Anthemusia）首府巴特奈（Batnae，位于 Edessa 以南），随后绕过奥斯罗恩王国领土直接推进至美索不达米亚北部重镇尼西比斯。③ 在与从亚美尼亚高原南下的卢西乌斯·昆图斯的军队会合后，图拉真率军将阿迪亚贝尼王国在底格里斯河西岸的据点全部拔除，阿迪亚贝尼国王美巴萨佩斯（Mebarsapes）率残军退守底格里斯河东岸。奥斯罗恩国王阿伯加尔七世（Abgarus Ⅶ）眼见自己处于被包围的态势，遂带自己的爱子阿万德斯（Arbandes）亲赴图拉真营帐请降。④ 图拉真随后将奥斯罗恩王国降为罗马属国，与此同时卢西乌斯·昆图斯也兵不血刃夺取了阿拉伯人据守的辛加拉城。⑤ 之后卢西乌斯·昆图斯又沿哈布尔河南下进入幼发拉底河，攻陷幼发拉底河西岸重镇杜拉—幼罗波斯。在基本征服美索不达米亚北部地区后，图拉真宣布建立美索不达米亚行省，并于公元 115 年底回

---

① Cassius Dio, *Roman History*, 68. 19. 3.
② Cassius Dio, *Roman History*, 68. 20. 3.
③ Cassius Dio, *Roman History*, 68. 21. 2.
④ Cassius Dio, *Romna History*, 68. 21. 2.
⑤ Cassius Dio, *Roman History*, 68. 22. 2.

师安条克越冬。根据卡西乌斯·狄奥的记载，在115/116年冬春之际，叙利亚地区爆发了惨绝人寰的大地震，包括安条克城在内的许多城市遭到严重损毁，所幸图拉真本人和罗马军队大部分安然无恙。①

公元116年开春之后，图拉真开始率军实施对美索不达米亚南部，即帕提亚帝国核心地区的征服战役。这次战役的首要目标是彻底征服帕提亚的属国——退守底格里斯河东岸位于大小扎布河流域的阿迪亚贝尼王国。为了准备这次战役，图拉真皇帝在公元115年的冬天便派军队在尼西比斯城北的马西乌斯山（Mt. Massius，即今土耳其境内的 Tur Ab'din 山）砍伐木材建造船只。② 因而在罗马军队渡过底格里斯河时，阿迪亚贝尼士兵为罗马人战备的充分而感到惊讶，因为整个美索不达米亚地区都十分缺乏可用于建造船只及其他工事的木材。由于狄奥对接下来的战役进程记载出现了缺损和脱漏，现代学者无法确定图拉真是否派军彻底征服了以埃尔比勒（Arbela）为核心的阿迪亚贝尼王国（尽管狄奥声称如此）。实际上，后来由美索不达米亚北部当地居民掀起的大规模叛乱表明，罗马军队很有可能并未进兵大小扎布河上游将阿迪亚贝尼王国彻底降服，因此图拉真皇帝建立的亚述行省（Assyria Provincia）很可能并没有达到后世史家所说的范围。根据狄奥的记载和现代学者的复原，在接下来的战事中，图拉真很可能又回师奥斯罗恩王国，并攻占了其首都埃德萨，随后与由50艘战舰组成的内河补给舰队一道沿幼发拉底河南下至杜拉—幼罗波斯。该城西门遗址出土的由第三昔兰尼加军团（Cyrenaica Ⅲ）建造的凯旋拱残片表明图拉真皇帝曾在杜拉—幼罗波斯做过短暂逗留。现代学者一度对图拉真改道幼发拉底河南下的可信性存疑，因为从表面上看，图拉真完全可以顺底格里斯河南下至泰西封。实际上，由于底格里斯河中上游水流湍急并不适合通航

---

① Cassius Dio, *Roman History*, 68. 24. 1 – 6.
② Cassius Dio, *Roman History*, 68. 26. 1.

（之前率军渡河时图拉真便应该已经发现这一点），因此图拉真选择改道幼发拉底河南下是完全合乎逻辑的，并非简单的"舍近求远"之举。在进军至幼发拉底河和底格里斯河之间距离最窄处时，图拉真本想建造一条运河将罗马军队输送至底格里斯河对岸。但由于幼发拉底河河床较高存在泛滥危险，图拉真最后选择让军队使用绞盘牵引机械将内河舰队从陆地上拖运过去。①　狄奥还提到，在此期间罗马军队发现了一条连接两河的王家运河（Naharmalcha），也有说法认为图拉真命士兵临时在王家运河上方开凿了一条新的运河。但罗马军队未使用旧运河表明，帕提亚帝国后期两河流域的灌溉系统由于内乱频仍而处于年久失修的状态，这从侧面反映了图拉真东征时期帕提亚帝国的虚弱，但我们也不能排除帕提亚人主动开堤放水使王家运河无法通航的可能性。

　　在抵达底格里斯河之后，罗马军队兵不血刃便攻占了塞琉西亚和泰西封，而这时帕提亚主力部队已经及时撤离。泰西封陷落之后，帕提亚国王奥斯洛斯二世的女儿和黄金王座被罗马人虏获，图拉真遂宣布直接吞并帕提亚（Parthia Capta）。随后罗马军队又继续东进攻占了波斯古都苏萨（Susa），图拉真皇帝本人则在查拉塞尼国王阿萨姆贝鲁斯（Athambelus）的陪同下作为罗马元首首次（也是最后一次）访问了波斯湾地区②，并在目送当地船只远航印度时感慨道自己年事已高无法实现亚历山大的伟业③。加拿大皇家安大略博物馆的 E. J. 科尔（E. J. Keall）便认为控制波斯湾贸易是图拉真皇帝发动帕提亚战争的重要经济考量。④　如果比较同时期汉文史料的记载，我们发现图拉真抵达波斯湾的时间和东汉班超副使甘英抵达"条支"

①　Cassius Dio, *Roman History*, 68.28.1－2.

②　Cassius Dio, *Roman History*, 68.28.4.

③　Cassius Dio, *Roman History*, 68.29.1

④　E. J. Keall, "Parthian Nippur and Vologases' Southern Strategy: A Hypothesis", *Journal of the American Oriental Society*, Vol. 95, No. 4（Oct. － Dec., 1975）, pp. 620 － 632.

（即查拉塞尼）的时间（公元97年）相比晚了几乎20年，因此古代中国和罗马帝国建立直接联系的尝试未能成功。实际上，当年甘英未能完成使命，并不完全是帕提亚人（即"安息船夫"）故意以"海水广大，往来者逢善风三月乃得度"[①] 为借口进行恐吓劝阻，很可能是甘英不知道帕提亚与罗马之间的陆路通道所致。根据现代学者的推算，抵达查拉塞尼之后的甘英其实只需沿幼发拉底河而上，不出40天即可由陆路抵达罗马叙利亚首府安条克。因此，甘英根本无须走海路绕道阿拉伯半岛航行至曼德海峡，再由红海入罗马帝国治下的埃及。不管如何，泰西封在此次罗马—帕提亚战争中的首次陷落以及随后图拉真对位于两河入海口的查拉塞尼王国（首都即Spasinou Charax）的访问标志着图拉真东方霸业和一生武功的顶点，而攻占或洗劫塞琉西亚和泰西封成为此后罗马帝国对帕提亚帝国用兵的主要战略战术目标和作战方式。但是泰西封的陷落并不能摧毁帕提亚帝国的根基，以伊朗高原为根据地的奥斯洛斯一世此时正密切监视着罗马军队的一举一动，并集结军队准备反攻。而与此同时，罗马帝国在北非的昔兰尼加（Cyrenaica）行省和埃及爆发了大规模的犹太叛乱，并迅速蔓延至整个东地中海和肥沃新月地区。如贝尔法斯特女王大学的古典犹太史专家斯摩伍德（E. M. Smallwood）所言，"北非发动的叛乱将帕提亚从罗马人的永久统治下拯救了出来"[②]。由于后院失火，本来打算继续征服伊朗高原乃至印度的图拉真只能匆匆回师平定这场波及整个西亚和东地中海地区的犹太叛乱，其可能建立巴比伦尼亚行省的计划也因此未能最后付诸实施。

公元115—117年的犹太大叛乱可以说是整个图拉真帕提亚战争的转折点，这场叛乱直接导致了图拉真撤军病逝以及他在位期间罗马帝国东方征服成果的全部丧失。图拉真在征服美索不达米亚过程

---

① 《后汉书》卷一一八《西域传·安息国》。

② E. M. Smallwood, *The Jews Under Roman Rule: From Pompey to Diocletian*, Leiden: E. J. Brill, 1976, p. 417.

中虽未遭到激烈的抵抗，但皇帝将帕提亚直接吞并的决定不仅极大地刺激了帕提亚人（尤其是安息王室和在伊朗高原拥有大片领地的各大贵族世家）的自尊心，而且使得曾经依附帕提亚帝国的众多属国和部落不再能享有曾经的半独立自治地位。最重要的一点，美索不达米亚地区的犹太人对罗马军队的敌视和仇恨是叛乱爆发的关键因素。根据现代学者巴内斯（T. D. Barnes）和纽斯内尔（Neusner）等人的研究，广泛分布于罗马帝国和帕提亚帝国境内的犹太人之间有着密切的通信和情报网络，沃威克·保尔甚至认为犹太人相当于波斯在罗马帝国的"第五纵队"（The Fifth Column）。虽然没有明确的直接证据显示公元115—117年昔兰尼加和埃及的犹太叛乱爆发背后有帕提亚人操纵的影子，但从此次叛乱爆发的时间之"恰当"，以及叛乱的蔓延速度和波及地域来看，帕提亚人和整个近东的犹太人在图拉真东征期间必然存在相当程度的情报往来和战略默契[1]。可以认为，图拉真东征期间东方各省兵力的空虚和犹太人自公元70年第二圣殿被毁以来积压的怨愤情绪酿成了这次极为惨烈的叛乱。卡西乌斯·狄奥对公元115—116年昔兰尼和埃及的犹太叛乱进行了生动血腥的描述："昔兰尼加的犹太人在安德烈亚斯（Andreas）的领导下大肆屠杀当地的希腊人和罗马人，吃他们的肉，用他们的内脏作腰饰品，用他们的血涂抹全身，将他们剥下的皮做衣服，将一些人从头到脚锯成两半，又把另一些人喂食野兽或迫使他们进行角斗，一共有22万人被杀[2]；在埃及，犹太人也对当地居民做出了类似的暴行；塞浦路斯的犹太人则在阿尔特米奥（Artemio）的领导下发动叛乱，一共杀死24万人，以致后来犹太人被禁止迁居该岛。"[3]

在昔兰尼加和埃及行省的犹太叛乱如火如荼之际，在美索不达米亚，由当地犹太人、希腊人、阿拉伯人等土著居民掀起的叛乱也

---

① James J. Bloom, *The Jewish Revolts against Rome*, AD 66 – 135: *A Military Analysis*, McFarland & Company, Inc., Publishers, 2010, p. 191.

② Cassius Dio, *Roman History*, 68. 32. 1 – 2.

③ Cassius Dio, *Roman History*, 68. 32. 3.

遍及奥斯罗恩、阿迪亚贝尼、塞琉西亚和尼西比斯等地，许多城市被攻陷，大量的罗马守军被屠杀。公元 116 年底，图拉真由波斯湾返回巴比伦时，便得知整个美索不达米亚地区大规模叛乱的爆发。与此同时，帕提亚国王奥斯洛斯一世之弟米特里达梯（Mithridates）及侄子萨纳特鲁西斯（Sanatruces）开始率军四处煽风点火，与被罗马人占领的各大城市和要塞居民发动的叛乱遥相呼应。图拉真在亚历山大去世的巴比伦旧宫中举行纪念仪式之后，便着手与自己的将军们兵分三路北上平叛。图拉真的将军马克西姆斯·桑特拉（Appius Maximus Santra）最后在陶鲁斯山区与叛军作战时战败身亡；卢西乌斯·昆图斯则成功收复了尼西比斯并再次攻陷并焚毁了埃德萨；而图拉真则和另外两名将军一道攻克了塞琉西亚，随后在泰西封郊外成功击杀帕提亚军队主将萨纳特鲁西斯。为了稳定局势，图拉真放弃了建立巴比伦尼亚行省的想法，而是将奥斯洛斯一世的儿子帕萨马斯佩特斯（Parthamaspates）立为帕提亚国王①，即以后者的势力范围作为罗马帝国在美索不达米亚南部的保护国。

在美索不达米亚平叛战役期间，图拉真在底格里斯河中游西侧的绿洲城市哈特拉（Hatra，Atrene）遭到了最顽强的抵抗：根据古典作家的记载和现代考古发掘相关成果可知，哈特拉是由当地阿拉伯人建立和发展起来的绿洲商队城市，拥有极为坚固的城防设施（据现代考古遗址，哈特拉城周长 6 公里，有内外两道城墙，28 座大型塔楼和 160 余座小塔楼②）。哈特拉在历次罗马—帕提亚战争期间都未被罗马军队成功攻克，由此成为帕提亚帝国抵御罗马帝国侵略的坚强前哨。另外，哈特拉城周围恶劣的自然环境也是罗马军队围攻失败的重要原因，图拉真本人也差点在攻城时丧命③。哈特拉围攻战的失败给图拉真皇帝造成了巨大的打击，后者身体每况愈下，

---

①　Cassius Dio, *Roman History*, 68. 30. 3.

②　Lucinda Dirven（ed.）, *Hatra*：*Politics*, *Culture and Religion between Parthia and Rome*, Stuttgart：Franz Steiner Verlag, 2013, p. 32.

③　Cassius Dio, *Roman History*, 68. 31. 1 - 4.

最终只能选择放弃战争撤军回国。公元 117 年 8 月，病情恶化的图拉真皇帝在撤军途中于西里西亚的塞利努斯港（Selinus）驾崩，享年 62 岁（一说 64 岁）[①]。他的继承者哈德良宣布放弃所有图拉真在东方的征服成果，亚美尼亚再次回到附庸国状态。而幼发拉底河中段重新成为罗马和帕提亚两国边界，图拉真皇帝历时 3 年之久的帕提亚战争至此宣告结束。

以上便是公元 114—117 年图拉真帕提亚战争的大致经过。关于这场战争的具体过程以及图拉真建立的亚美尼亚、亚述和美索不达米亚三个新行省的性质及范围，学界历来争议不断，尤其是在所谓的"亚述行省"的具体位置和范围问题上。对于图拉真建立的美索不达米亚和亚述两行省，在同时代的小普林尼（Pliny the Younger）、塔西佗和阿里安等人的著作中均未提及；而时代稍后的卡西乌斯·狄奥也仅仅提到亚美尼亚行省；4 世纪的史家尤特罗庇乌斯（Eutropius）和菲斯图斯（Festus）虽同时提及这三个行省，但也没有具体指出美索不达米亚行省和亚述行省的具体范围。[②] 实际上，无论是相关文献还是考古材料均无法直接证明亚述行省就是传统观点所认为的阿迪亚贝尼王国所在的古代亚述帝国核心区域，许多学者甚至质疑图拉真设置美索不达米亚和亚述两行省的历史真实性。在这三个行省中，也只有亚美尼亚行省有总督名字可查，而亚述行省和美索不达米亚行省的情况则十分模糊。一般认为美索不达米亚行省所在的地区即图拉真在公元 115—116 年期间征服的美索不达米亚北部地区，这显然应该包括阿迪亚贝尼王国在底格里斯河以西的领土（如尼西比斯）。因此，图拉真在底格里斯河以东再建立一个"亚述行省"似乎显得"小题大做"而不合逻辑。事实上，图拉真统治时期发行的钱币上只出现过"征服帕提亚"（*parthia capta*）的铭文，

---

① Cassius Dio, *Roman History*, 68. 33. 3.

② Eutropius, *brevarium*, 8. 6. 2；Festus, *Breviarium Rerum Gestarum Populi Romani*, 14. 4.

而没有任何"征服阿迪亚贝尼"（*adiabene capta*）的铭文。图拉真也没有像后来的塞维鲁皇帝那样在帕提亚战争后被元老院加上"阿迪亚贝尼征服者"（*adiabenicus*）的尊号。因此，狄奥关于图拉真在渡过底格里斯河后征服了"阿迪亚贝尼全境"的记载缺少实物史料的支持。

另外，现代学者在图拉真所建"亚述行省"的位置问题上也莫衷一是。考察斯特拉波和老普林尼等古典作家的记载可知，中期古典时代（尤其是希腊化时期至罗马帝国时期）的"亚述"（Assyria）其实并非严格对应美索不达米亚北部地区，而是往往将南部的"巴比伦尼亚"（Babylonia）也覆盖进去，同时"亚述"又经常被古典作家作为"叙利亚"的同义词交替使用。美索不达米亚北部由于当地闪族居民占多数也常被纳入"阿拉比亚"（Arabia）的范围。如斯特拉波在《地理学》中便明确指出，"亚述"可以用来称呼巴比伦尼亚和周边许多地区，后者部分地区又因为当地民众方言的音变而被称为"阿图里亚"（Aturia，Atyria）。① 现代学者莱特福特（C. S. Lightfoot）通过对比4世纪晚期古典作家（如阿米安和尤特罗庇乌斯）等以及早期古典作家关于美索不达米亚地区的记载，认为图拉真时期的"亚述行省"很可能指的是美索不达米亚南部帕提亚帝国的核心地区而非阿迪亚贝尼王国。因为无论是后来的萨珊波斯人还是以阿米安为代表的晚期古代作家，都将"亚述"地区与美索不达米亚南部的波斯核心区相对应。根据中古时期的巴列维语文献和早期伊斯兰史料可知，萨珊帝国时期的波斯人将以塞琉西亚—泰西封（Seleucia-Ctesiphon）为核心的京畿地区称为"阿苏里斯坦"（Asurestān，即"亚述"之地），而汉文史料《魏书·西域传·波斯国》中提到的波斯国都"宿利"城也可为证。② 不仅如此，萨珊波斯人也常将美索不达米亚北部地区称作"阿拉伯斯坦"（Arabīstān），

---

① Strabo, *Geography*, 16. 1. 1；Cassuys Dio, *Roman History*, 68. 26. 4.

② 《魏书》卷一〇二《西域传·波斯国》。

与古典作家的记载几乎完全一致。由此可见，古典时代的"亚述"地名及其范围随着时代的变化，至古代晚期已经逐渐南移成为对两河流域南部即萨珊帝国核心统治区的专称，尽管其中具体原因我们不得而知。

而与此同时，古代晚期作家笔下的"美索不达米亚"越来越仅限于指两河流域北部，尤其是指晚期罗马帝国"美索不达米亚行省（Provincia Mesopotamia，即幼发拉底河中游大拐弯处以东直至尼西比斯的地区，相当于后来阿拉伯人所称的 al-Jazīra 之一部分）"所在的地区。而阿迪亚贝尼王国故地在 3 世纪被萨珊帝国吞并之后，至古代晚期已经被波斯人改称作"诺德西拉甘（Nodshīragān，来源于 Nur-Ardashir，意即阿达希尔的光辉）"，因此已经与作为萨珊帝国核心区的"阿苏里斯坦"有了明确的地理区分。但棘手的问题在于，这种在古代晚期才明确作出的区分是否也适用于图拉真时代罗马人和帕提亚人以及其他近东本地族群对美索不达米亚地理情况的认知？如果图拉真建立的"亚述行省"真的指向美索不达米亚南部帕提亚帝国的核心区域的话，就会出现与文献记载中图拉真在帕提亚京畿地区设立保护国（如前文，而非建立所谓的"巴比伦尼亚行省"）的历史事实相矛盾的情况，因而这种推论仍然缺乏坚实的证据支撑。

笔者认为，由于当地和后方叛乱的迅速爆发，图拉真皇帝筹备建立的亚述行省很可能仍然停留在构想层面而来不及实施。而如果哈德良皇帝没有放弃图拉真的征服成果，罗马帝国的"亚述行省"很可能仍然指向底格里斯河中游流域的阿迪亚贝尼王国及其周围地区。即使罗马帝国能够长期控制以泰西封为中心的帕提亚保护国，考虑到帕提亚人在伊朗高原实力尚存及其他当地族群坚定的反罗马倾向，再设立一个位于美索不达米亚南部的"巴比伦尼亚"行省也是非常不现实的，更何况在当时人的地理认知中已经出现了"巴比伦尼亚"被"亚述"所覆盖的趋势。实际上，4 世纪的晚期古典作家在记述 2 世纪图拉真时代的历史时，由于年代的久远和文献的佚失而不可避免地带有理想化和模糊化的倾向。笔者认为，晚期古代作家对"美索不达米亚行省"和"亚述行省"的叙述很可能是他们对图拉真征服成果的一种主观解读和美好想象，其目的是暗讽哈德良东方政策的过于保守（直接放弃了图拉真的征服成果、恢复幼发拉底河边界）①。因为从后来的历史发展来看，罗马帝国将美索不达米亚北部地区纳入版图是完全力所能及的，并最终成功付诸实施。最后，考虑到 4 世纪罗马帝国与萨珊帝国的紧张关系和战争冲突，我们也不能排除阿米安和尤特罗庇乌斯等人以图拉真的辉煌伟业来激发罗马人的帝国情怀，乃至将复兴罗马帝国盛世的梦想寄托于当时尤里安皇帝（Julian，361—363 年在位）发动的波斯战争（362—363 年）上的可能性。②

第四节　哈德良和安东尼·庇护时期的罗马—帕提亚关系演变

在图拉真皇帝的帕提亚战争结束之后，哈德良皇帝和安东尼·庇护（Antoninus Pius，138—161 年在位）统治时期罗马帝国和帕提亚帝国又维持了 40 余年的和平状态（公元 117—161 年）。在此期间罗马帝国进入其历史上最为繁荣稳定的阶段，而帕提亚帝国则在长期分裂之后再次实现了形式上的统一。这一时期的罗马—帕提亚关系可以以公元 147/148 年为界分为两个阶段。公元 147/148 年之前，帕提亚帝国仍然处于分裂状态，因而对罗马帝国表现出了相当程度

---

① Rowland Smith, "Telling Tales: Ammianus' Narrative of the Persian Expedition of Julian", in *The Late Roman World and Its Historian: Interpreting Ammianus Marcellinus*, ed. Jan Willem Drijvers and David Hunt, London & New York: Routledge, 1999, pp. 89 – 104.

② C. S. Lightfoot, "Trajan's Parthian War and the Fourth Century Perspective", *The Journal of Roman Studies*, Vol. 80 (1990), pp. 115 – 126.

的恭顺和友好态度。如前文，公元 117 年 8 月哈德良继位之后，立即放弃了图拉真的征服成果，将罗马帝国和帕提亚帝国的边界恢复至幼发拉底河中段。与此同时，亚美尼亚、奥斯罗恩、阿迪亚贝尼等帕提亚附属国的地位也全部得以恢复，而一度被罗马军队夺取的杜拉—幼罗波斯则于公元 121 年前后被帕提亚帝国收复。图拉真撤兵后不久，罗马帝国扶植的帕提亚附庸帕萨马斯佩特斯旋即被其父奥斯洛斯一世推翻。前者逃至罗马帝国境内后又被哈德良皇帝扶植为奥斯罗恩国王。哈德良皇帝统治时期全面调整了图拉真时代的边疆战略，开始在罗马帝国从不列颠到莱茵—多瑙河的广大边界上大力修建围墙、堡垒和要塞，由此将罗马帝国变成了"由堡垒和城墙围绕保护起来的帝国"①。勒特维克等学者认为，哈德良的统治标志着罗马帝国实现了从早期依赖附庸国体系的"霸权帝国"（Empire of Hegemony）到完全以行省和军团为主要行政和军事体系的"领土帝国"（Territorial Empire）的转型。尽管放弃了图拉真对帕提亚的战争成果，哈德良却连续多年举办纪念战胜帕提亚人的竞技赛会。这表明在罗马帝国统治阶层和民众心中，对帕提亚帝国的征服梦想从未湮灭，而罗马帝国通过非军事手段支持帕提亚王位竞争者以维持其分裂状态的东方战略也继续得到实施。

公元 122/123 年，哈德良皇帝亲赴东方与帕提亚使节交涉幼发拉底河边界问题。根据《奥古斯塔历史》的记载，可能也是在这一年，哈德良皇帝将奥斯洛斯一世的女儿遣返回帕提亚并许诺归还图拉真时期掠来的帕提亚人的黄金王座。但与此同时，哈德良皇帝又暗中支持沃洛加西斯三世对抗奥斯洛斯一世，由此可以看出早期罗马帝国对帕提亚帝国"遏制分化"政策的连贯性。由于奥斯洛斯一世发行的钱币终止于公元 128/129 年，我们可以认为，在罗马帝国的间接帮助下，沃洛加西斯三世于公元 128/129 年成功击败奥斯洛

---

① E. Birley, "Hadrianic Frontier Policy", in *Carnuntia. Ergebnisse der Forschungen über die Grenzprovinzen des römischen Reiches*, ed. E. Swoboda. Graz, 1956, pp. 25–33.

斯一世并使后者退出了历史舞台。但帕提亚帝国的内乱并未就此停止，安息家族的另一个王室成员米特里达梯五世（Mithridates Ⅴ，129—140 年在位）又起兵挑战沃洛加西斯三世的地位。不仅如此，公元 134—136 年间，北高加索的阿兰人再次勾结伊比利亚国王弗拉斯马尼斯三世（Phrasmanes Ⅲ）南下入侵帕提亚帝国，其兵锋遍及阿尔巴尼亚、米底—阿特洛佩特尼、亚美尼亚和罗马帝国的卡帕多西亚行省。

　　根据古代晚期阿迪亚贝尼地区主教所著《埃尔比勒编年史》（*Chronicle of Arbela*）的记载，帕提亚帝国和阿迪亚贝尼联军一度被阿兰骑兵围困在山谷之中。帕提亚人于此役遭到惨败，阿迪亚贝尼国王拉巴赫特（Rakhbakht）为掩护帕提亚人主力撤退而不幸战死。所幸当时任罗马帝国卡帕多西亚总督的阿里安及时出兵抵御击退了阿兰人的主力部队，而另一支游牧民族正好在此时入侵阿兰人的领地，这才迫使阿兰人从帕提亚帝国和罗马帝国边境撤退。[①] 阿里安可能便是在此次率军击退阿兰人入侵之后写下了其军事学著作《对抗阿兰人的军阵》（*Ektaxis kata Alanon*）。即使如此，沃洛加西斯三世还是像其先王沃洛加西斯一世那样对阿兰人许以重礼以换其退兵。卡西乌斯·狄奥和《奥古斯塔历史》的作者均提到，在阿兰人退兵后，沃洛加西斯三世曾向哈德良皇帝抱怨伊比利亚国王勾结阿兰人入侵的行为。而伊比利亚国王竟然一度拒绝哈德良皇帝的传唤。即使在最终答应哈德良皇帝前往罗马后，弗拉斯马尼斯三世仍然获准在罗马城建造自己的雕像供人祭拜。由此可见伊比利亚王国自公元 1 世纪以来在南高加索政治局势乃至罗马—帕提亚关系中扮演了十分重要的独立性角色。而且伊比利亚王国常常发挥着制衡帕提亚帝国在南高加索影响力的作用，这无疑也是罗马帝国统治者所乐见的。另外，我们从公元 73 年和 134 年的两次阿兰人入侵中可以发现，伊

---

　　① A. Bosworth, "Arrian and the Alani", *Harv. St. Class.* Ph. 81 (1977), pp. 218 – 229.

比利亚人开放高加索山隘口串通山北游牧民南下入侵罗马和波斯已成"惯例",而这种现象将一直持续到古代晚期。值得一提的是,由于伊比利亚王国法纳巴兹德王朝(Pharnabazid Dynasty)的亲罗马倾向,帕提亚帝国最后采取扶植安息王室成员入主伊比利亚的办法,并于公元 2 世纪末成功将伊比利亚纳入安息王朝支脉控制之下。这便使伊比利亚与亚美尼亚安息王朝一道成为拱卫帕提亚—萨珊帝国在南高加索势力范围的附庸国——伊比利亚安息王朝(Arsacid Iberia,约 189—284 年),从而改善了帕提亚帝国西北边疆的安全态势。

尽管在哈德良和安东尼·庇护时期,帕提亚帝国因为内外交困而无力染指罗马帝国东方领土,但部分学者认为在公元 132—135 年巴勒斯坦犹太人发动巴尔·科赫巴起义(Bar Kokhba Revolt)期间,帕提亚人仍然对犹太人提供了某种间接的支持。不仅如此,米特里达梯五世还在公元 140 年主动入侵罗马帝国东部卡帕多西亚行省,并被当地驻军击败杀死。种种迹象表明,即使在内战分裂期间帕提亚人也并非对罗马帝国完全秋毫无犯。而公元 147/148 年沃洛加西斯四世(Vologases Ⅳ,147—191 年在位)继位并结束帕提亚帝国内战之后,再次统一了帕提亚帝国,帕提亚人对罗马帝国的态度遂开始由温和再次转向强硬。根据 20 世纪伊拉克塞琉西亚遗址出土的赫拉克勒斯雕像基座的希腊语和帕提亚语双语铭文可知,沃洛加西斯四世在公元 151 年(铭文中为塞琉古纪元 462 年)驱逐了亲罗马的查拉塞尼国王米特里达梯(Mithridates),并将奥罗巴祖斯二世(Orobazos Ⅱ)扶植为查拉塞尼国王,又将此雕像搬运至塞琉西亚的阿波罗神庙之中并刻上铭文以资纪念。现代学者波特(D. S. Potter)认为,这一考古发现可以说明,图拉真时代罗马帝国对帕提亚的征服成果虽然在哈德良继位后大部分丧失,但却使得帕提亚的属国查拉塞尼一度叛离宗主国并臣服罗马帝国达 36 年之久(即公元 116—

151 年）。①

　　不仅如此，查拉塞尼遗址出土的帕尔米拉语铭文（Palmyrene Inscriptions）显示，公元 2 世纪帕尔米拉商人在查拉塞尼活动十分频繁，而帕尔米拉此时正是罗马帝国在东方的贸易枢纽。但这似乎不能作为这一时期查拉塞尼是罗马帝国属国的证明。因为当地出土的铭文持续的时间跨度表明，公元 151 年沃洛加西斯四世重新征服查拉塞尼之后，帕尔米拉与查拉塞尼之间的贸易往来并没有中断的迹象，反而有继续繁荣发展的态势。与此同时，罗马帝国和帕提亚帝国的外交关系正在逐渐恶化并走向战争边缘。根据相关史料的记载，由于安东尼·庇护皇帝拒绝归还哈德良时期答应归还给帕提亚人的黄金王座，沃洛加西斯四世一直对此耿耿于怀，并准备伺机对罗马帝国发动战争。至安东尼·庇护皇帝晚年，沃洛加西斯四世已经开始公开挑起两国边界争端，而马可·奥勒留皇帝继位后双方再次爆发了战争。正是这场战争带来的灾难性后果使罗马帝国从安东尼王朝的盛世跌落，因而其历史影响是极为深远的。

第五节　马可·奥勒留时期的罗马—帕提亚战争及安东尼瘟疫

　　公元 161 年安东尼·庇护皇帝去世，其养子马可·奥勒留（Marcus Aurelius Antoninus）及其副帝卢西乌斯·维鲁斯（Lucius Verus）继位。安东尼·庇护皇帝临终前曾对马可·奥勒留点名那些不服从他的异族国王和首领，其中最令他烦恼的应该就是帕提亚国王。大约与此同时，帕提亚国王沃洛加西斯四世趁罗马帝国权力交

---

　　①　D. S. Potter, "The Inscriptions on the Bronze Herakles from Mesene: Vologeses Ⅳ's War with Rome and the Date of Tacitus' 'Annals'", *Zeitschrift für Papyrologie und Epigraphik*, Bd. 88 (1991), pp. 277 – 290.

接、马可·奥勒留皇帝登基未稳之际率军入侵亚美尼亚，并将自己的亲属帕克如斯（Pacrus）扶植为亚美尼亚国王。根据卡西乌斯·狄奥和萨莫萨塔的琉善（Lucian of Samosata）的记载，在此期间罗马帝国卡帕多西亚总督塞维里安努斯（C. Sedatius Severianus）在诡辩家亚历山大（Alexander of Abonutichus）的怂恿下擅自率领一个军团的兵力开往亚美尼亚境内迎战帕提亚人①。被胜利荣耀冲昏头脑的塞维里安努斯很快中了帕提亚将领胡斯洛斯（Chosrhoes）的计谋并被帕提亚人重重包围于亚美尼亚境内的埃勒吉亚（Elegia）。② 最后发现抵抗无望的塞维里安努斯选择自杀，其手下军团被帕提亚人屠杀殆尽，而整场战役只持续了 3 天时间。③ 取胜后的帕提亚军队兵锋南转，越过幼发拉底河入侵罗马叙利亚行省。时任叙利亚总督科内利安努斯（L. Attidius Cornelianus）的军队也被帕提亚人击溃，罗马帝国东方诸省一时间危急万分。经过与元老院的反复商议后，马可·奥勒留皇帝决定派自己的共治者维鲁斯（Lucius Verus）前往东方负责对帕提亚人的战事④，同时从帝国北疆各行省抽调军团和将领并将之调配给维鲁斯统帅。公元 162 年夏，维鲁斯会同阿维狄乌斯·卡西乌斯（Avidius Cassius）、斯塔提乌斯·普利斯卡斯（Statius Priscus）、尤里乌斯·塞维鲁（Julius Severus）和马提乌斯·维鲁斯（Martius Verus）等将领和官员在米赛努姆舰队（Misenum Fleet）的运送下海陆兼程来到安条克。

维鲁斯皇帝本人并未亲自指挥后来对帕提亚人的战争，而是将兵权和具体作战行动的指挥和实施下放给各位将领，自己则在叙利亚沿海的劳迪西亚港（Laodicea）和内陆的达芙妮（Daphne）之间轮流过冬和避暑。⑤ 在叙利亚人出身的名将阿维狄乌斯·卡西乌斯的

---

① Lucian, *Alexander*, 27.

② Lucian, *Historia Quomodo Conscribenda*, 21, 24, 25.

③ Cassius Dio, *Roman History*, 71. 2. 1.

④ Cassius Dio, *Roman History*, 71. 1. 3.

⑤ *Historia Augusta*, *Lucius Verus*, 7. 3.

严格训练下，承平四十余年的罗马东方军队逐渐恢复了士气和战斗力。于是在公元163年春，阿维狄乌斯·卡西乌斯开始筹划率军入侵美索不达米亚。与此同时，斯塔提乌斯·普利斯卡斯率领另一支军队进入亚美尼亚，在攻陷阿尔塔沙特后在该城附近修建了凯诺波利斯（Kainopolis）要塞并置以重兵把守。初步稳定亚美尼亚局势后，普利斯卡斯将长期在罗马为质的安息王子佐哈穆斯（Sohamus）扶植为亚美尼亚国王①。为纪念此事，公元163/164年发行的罗马铸币上出现了"罗马人给亚美尼亚人一位国王"（*rex armeniis datus*）的铭文，而马可·奥勒留和维鲁斯都被元老院冠上了"亚美尼亚征服者"（*armeniacus*）的尊号。

公元164年阿维狄乌斯·卡西乌斯在将帕提亚军队全部逐出叙利亚行省后，被马可·奥勒留皇帝授权独自领兵入侵帕提亚帝国。渡过幼发拉底河后，卡西乌斯迅速降服了奥斯罗恩王国和安西穆西亚公国，并将亲罗马的阿拉伯酋长曼努斯（Mannus）扶植为奥斯罗恩国王。随后，卡西乌斯派马提乌斯·维鲁斯分兵东进尼西比斯，并成功将其攻克。帕提亚军队统帅胡斯洛斯被罗马军队彻底打败，其本人独自游过底格里斯河后藏匿于一个洞窟中才保全性命。随后卡西乌斯再次率军沿幼发拉底河而下，在苏拉（Sura）击败另一支帕提亚军队，之后一路上先后攻克达萨拉（Dausara）和尼基弗留姆（Nicephorium）两个要塞。此后卡西乌斯在杜拉—幼罗波斯遭遇了帕提亚军队主力，并在一番激战后将帕提亚人击溃，随后攻陷了杜拉—幼罗波斯。之后罗马军队沿着图拉真皇帝当年的进兵路线，取道两河相距最短处进兵底格里斯河，随后兵不血刃便攻陷了塞琉西亚和泰西封（公元165年）。但是塞琉西亚的居民很快又发生了叛乱，遂遭到罗马军队的洗劫和焚毁。部分学者认为是阿维狄乌斯·卡西乌斯放纵部下洗劫该城，但《奥古斯塔历史》的作者引用古典作家夸德拉图斯（Quadratus）的话，认为是"塞琉西亚人先破坏了

---

① 　Cassius Dio, *Roman History*, 71. 3. 1.

协议"①。4 世纪的罗马史家尤特罗庇乌斯提到，当时的塞琉西亚仍有 40 万人口，并仍然是一个"希腊城市"。考虑到公元 1 世纪后帕提亚帝国境内希腊人地位的下降以及塞琉西亚内部不同族群和党派之间的长期斗争和相互清洗，再加上图拉真时期罗马军队已经掠夺过一次塞琉西亚，我们很难相信尤特罗庇乌斯记载的准确性和真实性。

不管如何，曾经作为希腊化时期东方大都会和塞琉古—帕提亚王朝核心城市的塞琉西亚经此一劫，再也未能恢复曾经的繁荣和富庶。不仅如此，泰西封也遭到了相似的命运，帕提亚国王在首都的宫殿被付之一炬，罗马军队在大肆掠夺后满载而归。此战胜利后，负责指挥东方战事的卢西乌斯·维鲁斯副帝被元老院授予"伟大的帕提亚征服者"（*parthicus maximus*）称号。公元 166 年，罗马军队在阿维狄乌斯·卡西乌斯的率领下渡过底格里斯河入侵帕提亚境内的米底—阿特罗佩特尼并得胜而归，遂使维鲁斯又获得了"米底征服者"（*medicus*）的称号。同时代的讽刺作家琉善在自己的作品中提到，当时罗马帝国境内到处流传着卡西乌斯已经率军渡过了印度河的传言，这无疑又是"亚历山大东征"在罗马帝国时期"借尸还魂"的典型文化心理作祟。公元 166 年 10 月 12 日，罗马人为这次帕提亚战争的胜利召开了盛大的庆祝活动。作为此次战争胜利的成果，罗马帝国将幼发拉底河西岸重镇杜拉—幼罗波斯和美索不达米亚北部重镇尼西比斯纳入版图，而亚美尼亚的凯诺波利斯成为维持罗马帝国在南高加索影响力的前沿据点。而作为此次帕提亚战争的首功元勋，叙利亚名将阿维狄乌斯·卡西乌斯被马可·奥勒留授予叙利亚总督之职，成为罗马帝国安东尼王朝后期最为显赫的东方封疆大员。

公元 162—166 年的罗马—帕提亚战争标志着许多影响此后两国在西亚实力对比的永久性改变：首先，此战是罗马人第一次在没有

———————————
① *Historia Augusta*，*Lucius Verus*，8.4.

遇到前期强大抵抗和后期后方叛乱的情况下便征服帕提亚帝国的核心地区。如前文，图拉真时期犹太人的叛乱打碎了罗马人征服帕提亚的迷梦。但公元 115—117 年的犹太起义和公元 132—135 年的巴尔·科赫巴起义失败后，西亚和东地中海地区的犹太人基本放弃了武装暴力反抗罗马帝国统治的策略。因此，在 162—166 年的帕提亚战争中，罗马人攻取美索不达米亚后并未出现后方行省的大规模叛乱。而帕提亚帝国境内的犹太人对罗马军队的征服也采取了沉默和不抵抗的姿态，遂使得此次战争得以基本圆满收场。其次，此战使罗马帝国首次将幼发拉底河中段以东的美索不达米亚北部地区纳入自己的势力范围。尽管没有建立新的行省，但长期作为帕提亚属国的奥斯罗恩王国已经成为罗马帝国的附庸。而帕提亚帝国在美索不达米亚北部的另一属国阿迪亚贝尼在此战后仅保有底格里斯河东岸的国土。尼西比斯和杜拉—幼罗波斯则成为罗马帝国在美索不达米亚西北部的核心军事重镇和前出基地，其战略作用犹如一把直插帕提亚帝国腹地的尖刀，这两座城池也成为日后罗马与波斯反复争夺的焦点。最后，帕提亚帝国在此次战争中的失败和哈布尔河西岸领土及附庸国的丧失标志着其衰落态势已经不可挽回。杜拉—幼罗波斯和尼西比斯的丧失使帕提亚帝国失去了两个最重要的前线军事和贸易据点，而塞琉西亚的毁灭和泰西封的被掠夺更进一步沉重打击了帕提亚帝国在两河流域腹地的经济实力和帝国声望。沃洛加西斯四世此后虽又继续执政至公元 191 年，但再未对罗马帝国及其东方附庸国采取挑衅、颠覆乃至军事行动。唯一的例外可能是帕提亚人于公元 189 年将亚美尼亚国王沃洛加西斯二世（Vologases II，180—191 年在位）之子勒夫一世（Lev I，189—216 年在位）扶植为伊比利亚国王，从而将安息王朝的支脉由亚美尼亚进一步延伸至伊比利亚。

但必须指出的是，公元 162—166 年的罗马—帕提亚战争仍然没有摧毁帕提亚帝国的根基，即使是公元 166 年罗马军队对米底山区的远征也是象征性的掠夺而非征服。由于罗马帝国并没有征服伊朗高原腹地的意愿和实力，因此帕提亚人总能从每次失败中逐渐恢复过来，这也使得罗马人征服帕提亚乃至一劳永逸地将之纳入附庸国体系的战略永远没有实现的可能。恰恰相反，帕提亚安息王朝中央权威的削弱必然导致其伊朗高原附属国离心倾向的加强和其他帕提亚贵族世家权力的进一步增长。也即是说，罗马帝国对帕提亚帝国的每一次军事征服行动也在不断改变着帕提亚帝国内部各方势力的权力对比。而帕提亚帝国内部权力结构不可逆转的变化最终为一个令罗马人更为头疼的敌人——萨珊帝国的诞生准备了条件。可以说，萨珊家族能够在 3 世纪初以属国"下克上"的方式取代宗主国——安息王朝对伊朗的统治，与罗马帝国在 2 世纪期间对帕提亚帝国频繁的军事征伐和武力削弱之间有着明显的逻辑关系。

不仅如此，公元 162—166 年的罗马—帕提亚战争在进一步削弱帕提亚帝国实力的同时，还释放出了一个毁灭性的"恶魔"，那就是罗马军队在帕提亚战争期间染上并带回罗马帝国的瘟疫。这场瘟疫由于发生于安东尼王朝时期而得名"安东尼瘟疫"（Antonine Plague），也因为当时罗马医学家盖伦（Galen，129—199 年）的缘故而被称为"盖伦瘟疫"（Galenic Plague）。关于这场瘟疫，同时代的盖伦和琉善在各自的著作中均有提及。根据盖伦本人的叙述，公元 166 年瘟疫暴发期间，盖伦正从罗马赶回故乡小亚细亚，并很可能于此时受到维鲁斯皇帝的征召而接触并医治过当时染病的罗马士兵。而到公元 168/169 年冬春之际，瘟疫已经传播至意大利东北部的阿奎莱亚（Aquileia），而马可·奥勒留的副帝维鲁斯也在公元 169 年染病身亡。盖伦在自己的著作《治疗法》（*Methodus Memendi*）中简要描述了当时染病患者的主要症状，如发烧、腹泻、咽炎和皮肤溃烂等，有些患者"在染病的第九天皮肤开始长脓包"[1]。

由于盖伦的描述并未明确指出这次瘟疫属于何种病症，后世学

---

[1] Fridolf Kudlien & Richard J. Durling, *Galen's Method of Healing*: *Proceedings of the 1982 Galen Symposium*, Leiden: E. J. Brill, 1991, p. 18.

者提出了多种不同看法。《奥古斯塔历史》的作者认为这场瘟疫最初来自罗马士兵在巴比伦（很可能是指塞琉西亚）的一处阿波罗神庙中失手打开一个骨灰盒，随后疫气便"传遍了帕提亚和整个世界"[1]。现代学者多倾向于认为，此次瘟疫是由于罗马士兵在塞琉西亚大肆洗劫和屠杀，而又未能及时处理和掩埋平民尸体导致的。根据《埃尔比勒编年史》的记载，罗马军队便是因为这场瘟疫而仓促（从帕提亚）撤兵回国，当时的埃尔比勒主教亚伯拉罕一世（Abraham Ⅰ）也在此疫期间病亡。由于疫病侵袭，从帕提亚凯旋的罗马军队不得不抛弃了大量掠夺的战利品，而回到罗马帝国的士兵又通过陆路和海路迅速将疫病传染到帝国全境。4世纪的尤特罗庇乌斯在其著作中用较为夸张的笔调描述了这场瘟疫的传播："就在与波斯人（即帕提亚人）进行的战争得胜之后，罗马乃至全意大利和诸行省的绝大部分居民，连同几乎所有的士兵都因虚脱而死。"[2]

　　安东尼瘟疫尽管暴发于罗马帝国盛期，但其对罗马帝国之后历史发展有着明显的消极影响。这场瘟疫可以说是罗马帝国盛世乃至"罗马治下的和平"（Pax Romana）即将结束的征兆，并与频繁的边境战争一起成为笼罩安东尼王朝后期罗马帝国的巨大阴影。马可·奥勒留皇帝在公元170年代对多瑙河以北的马科曼尼人（Marcommani，日耳曼人的一支）作战时，便因为瘟疫肆虐而面临严重的征兵困难。奥勒留皇帝后来甚至开始拍卖皇室用品以筹措战争军费，其本人也在公元175年染病，并因此一度酿成阿维狄乌斯·卡西乌斯在东方叛乱称帝事件。许多现代学者均认为，安东尼瘟疫与马可·奥勒留皇帝晚年发动的"马科曼尼战争"的久拖不决之间也有着紧密的内在联系。[3] 此后，萨尔玛提亚人与日耳曼各部落频繁突破罗马帝国的多瑙河防线，罗马帝国北疆的边防压力陡然上升，而哈德良

---

　　① *Historia Augusta*, *Lucius Verus*, 8. 3 – 4.

　　② Eutropius, *Brevarium*, 8. 12.

　　③ J. F. Gilliam, "The Plague under Marcus Aurelius", *American Journal of Philology* 82. 3 (July 1961), pp. 225 – 251.

时期修建的防御工事对蛮族入侵已经无法发挥有效的阻遏作用①。实际上，日耳曼人开始在罗马帝国境内大规模移居正是在马可·奥勒留时期开始的，这无疑与安东尼瘟疫造成的罗马帝国边疆和内地的人口锐减、城市衰退和耕地荒废密切相关。②

　　根据盖伦和卡西乌斯·狄奥的记载，安东尼瘟疫在罗马帝国不仅传播范围广，而且持续时间长。安东尼瘟疫的侵袭对晚年的马可·奥勒留皇帝的精神也造成了巨大的冲击：在其哲学作品《沉思录》（*Meditations*）第九章中，他甚至将瘟疫与人性的恶和判断力的缺失相比拟。奥勒留皇帝死时留下遗言："不要为我而悲伤哭泣，想想那些因为瘟疫和疾病而死去的人。"③ 通观《沉思录》可以发现，马可·奥勒留皇帝晚年对人生、世界乃至命运的悲观消极情绪跃然纸上，绝非当时流行的斯多葛哲学观念可以简单解释之。公元180年马可·奥勒留皇帝便因病逝世于多瑙河前线，其病因很可能与11年前维鲁斯皇帝相同。不仅如此，根据狄奥的记载，到公元189年时瘟疫再次在罗马城暴发，全城有四分之一的人被感染，2000人病亡。5世纪的基督教作家奥罗修斯（Paulus Orosius）也记载道，当时，"罗马帝国在意大利半岛和欧洲诸行省的乡村居民死亡殆尽。随着瘟疫向北传播至莱茵河，罗马帝国境外的许多高卢人和日耳曼人也被感染。"后世史家估计安东尼瘟疫使罗马帝国丧失了10%的人口，总死亡人数在500万至1500万人之间。

　　安东尼瘟疫对罗马帝国军队的打击尤为沉重，以至于马可·奥勒留时期开始大量招募蛮族士兵入伍以弥补瘟疫造成的军队减员。

---

　　① Christer Bruun, "The Antonine Plague and the Third-Century Crisis", in Olivier Hekster, Gerda de Kleijn, Danielle Slootjes (ed.), *Crises and the Roman Empire: Proceedings of the Seventh Workshop of the International Network Impact of Empire*, *Nijmegen*, June 20 – 24, 2006, Leiden/Boston: Brill, 2007 (Impact of Empire, 7), pp. 201 – 218.

　　② R. J. Littman & M. L. Littman, "Galen and the Antonine Plague", *American Journal of Philology*, Vol. 94, No. 3 (Autumn, 1973), pp. 243 – 255.

　　③ Marcus Aurelius, *Meditations*, 9. 2, translation and Introduction by Maxwell Staniforth, New York: Penguin, 1981.

19 世纪的德国史学家尼布尔（Barthold Georg Niebuhr）认为，安东尼瘟疫是马可·奥勒留时期罗马帝国由盛转衰的关键标志，并且深刻地影响到罗马人在文学和艺术领域的表达方式。[1] 另外，安东尼瘟疫对罗马帝国造成的损失让许多学者将之与公元 3 世纪罗马帝国的西普里安瘟疫（Cyprian Plague）和 6 世纪的查士丁尼瘟疫（Justinian Plague）相比。除了查士丁尼瘟疫可以基本确定为腺鼠疫杆菌引发外，现代学者关于安东尼瘟疫和西普里安瘟疫的病原并未达成一致的意见。著名历史学家麦克尼尔（William H. Mcneill）认为，安东尼瘟疫和西普里安瘟疫分别为天花和麻疹病毒所致，因为两次瘟疫造成的严重破坏表明罗马帝国的居民并未因为前一次瘟疫而获得免疫力[2]。古代晚期疾病史专家斯塔萨科波罗斯（D. Ch. Stathakopoulos）则认为，两次瘟疫均为天花病毒导致，因为现代分子学研究表明麻疹病毒的进化应晚于公元 11 世纪。[3]

部分学者根据同时期的中国文献记载，认为安东尼时期的瘟疫来自中亚草原甚至东汉时期的中国，并经由丝绸之路西传至帕提亚帝国和罗马帝国。的确，安东尼瘟疫的暴发在时间上与同时期东汉桓灵时期（147—189 年）伤寒疫病的流行极为吻合。但同时代张仲景的《伤寒杂病论》并未明确指出桓灵时期的疫病是由天花所致，而中国文献对天花的最早记载直到 4 世纪东晋医家葛洪的著作中才出现。另外，公元 2 世纪后期帕提亚帝国的持续衰弱很有可能也与安东尼瘟疫有关。《埃尔比勒编年史》提到，帕提亚境内瘟疫持续时间虽然只有三个月，但也"重创了许多家族"。不仅如此，瘟疫暴发的公元 166 年又是"大秦"（即罗马帝国）使者由海路经日南（即

[1]　Niebuhr, *Lectures on the History of Rome*, Lecture 131, London, 1849, quoted by Gilliam, 1961, p. 225.

[2]　W. H. McNeill, *Plagues and Peoples*, New York Anchor Press, 1976, pp. 171 – 174.

[3]　D. Ch. Stathakopoulos, *Famine and Pestilence in the Late Roman and Early Byzantine Empire*, London & New York: Routledge, 2016, p. 91.

越南）访问东汉王朝的年份，而《后汉书》记载这一年（桓帝延熹九年）恰好暴发了"大疫"。由此可见，种种迹象显示这些偶然事件背后恐怕仍然存在紧密的逻辑关联。因此，关于安东尼瘟疫的病原、病理及其传播机制，尤其是该瘟疫是否因为陆海丝绸之路上的人口流动而同时影响当时的西亚、中亚乃至中国，仍然有待学者进行进一步研究。

第六节　塞维鲁时期的罗马—帕提亚战争与　　　　罗马波斯边界的东移

公元 192 年安东尼王朝末帝康茂德（Commodus，180—192 年在位）死后，罗马帝国再次陷入皇位动荡局面。公元 193—197 年间，先后有五位皇帝登上皇位，而最后的胜出者是塞维鲁王朝的开创者塞普蒂米乌斯·塞维鲁（Septimius Severus，193—211 年在位）。为了惩罚在内战中支持另一帝尼格尔（Pescennius Niger，193—194 年间在罗马帝国东部自立为帝）的帕提亚人及其附庸，塞维鲁皇帝于公元 195 年和公元 197—198 年两次率军入侵帕提亚帝国，再次攻陷和洗劫其首都泰西封。塞维鲁皇帝的帕提亚战争是公元 2 世纪期间罗马帝国最后一次成功攻取帕提亚帝国的核心地区。从罗马帝国历史发展进程来看，塞维鲁王朝诸帝对内进一步加强了军权对皇权的支配地位，对外扩充军团发动战争并彻底削弱了东方宿敌帕提亚帝国。但卡拉卡拉皇帝时期最后一次帕提亚战争导致了灾难性的后果，而尼西比斯会战在敲响帕提亚王朝丧钟的同时也为萨珊王朝的崛起铺就了坦途。纵观罗马和帕提亚之间近三百年的交往与冲突史，便会发现图拉真以来对帕提亚发动的历次战争并未给罗马帝国带来巨大的政治、经济和安全利益，反而间接创造出一个更加强有力且对罗马帝国更加敌视的波斯帝国。随着卡拉卡拉的身死，"征服帕提亚"梦想的破灭和军事力量对比的转化使晚期古典时代的罗马人开始放下曾经的"无边帝国"心态，并在对外交往上将帕提亚—萨珊帝国视为与自己完全平等的政治体。罗马与波斯在经过公元3—4世纪的长期战争与冲突之后逐渐由西亚和平秩序的破坏者变为近东国际体系的维护者，直到公元6世纪欧亚国际体系和文明格局的变化再次打破罗马和波斯两大帝国的这种"共治"默契为止。不过，在交代公元2世纪末3世纪初罗马—波斯关系演进的基本特点和趋势之后，我们仍须对塞维鲁皇帝和卡拉卡拉皇帝发动的两次帕提亚战争进行具体的考察，并总结其历史影响和经验教训。

塞维鲁皇帝发动帕提亚战争的原因主要是为了惩罚美索不达米亚北部各小国在罗马内战期间对东部僭位者尼格尔的支持。如前文，在公元162—166年的罗马—帕提亚战争之后，罗马帝国已经将势力范围扩张到美索不达米亚西北部，奥斯罗恩王国成为罗马帝国附庸，而驻扎尼西比斯和杜拉—幼罗波斯的罗马军队是维持罗马帝国在美索不达米亚影响力的前哨。但是由于之前的维鲁斯皇帝在帕提亚战争后没有设置新的行省，罗马帝国在美索不达米亚的势力范围仍然是一种不稳固的宗主权和羁縻统治。因此我们可以认为，塞维鲁皇帝东征之前，美索不达米亚北部各属国其实仍然处于罗马—帕提亚双重宗主权保护/影响之下。由于两大帝国在此地势力范围相互交叠，因此当地各属国和部落既屈服于罗马帝国在当地驻军的威慑，又和前宗主帕提亚帝国继续维持着或明或暗的政治关系，而帕提亚帝国则时刻不忘再次恢复自己在美索不达米亚北部的势力范围。塞维鲁皇帝发动帕提亚战争，便是为了一举结束美索不达米亚北部各政治体的半独立和两属地位，将其彻底纳入罗马帝国直接统治之下而采取的必要之举。另外，我们还必须简单交代一下公元191年沃洛加西斯四世死后帕提亚帝国的国内局势。公元191—208年在位的帕提亚国王是沃洛加西斯四世之子沃洛加西斯五世（Vologases V）。沃洛加西斯五世在继位前曾经担任亚美尼亚国王，也就是之前提及的亚美尼亚国王沃洛加西斯二世（Vologases II Armenia，180—191年在位）。公元191年沃洛加西斯五世返回帕提亚继位之后，为了保证亚美尼亚安息王朝的延续，沃洛加西斯五世又任命自己的儿子胡斯洛一世为亚美尼亚国王（Khosrov Ⅰ，191—217 年在位）。

在尼格尔与塞维鲁争雄期间，奥斯罗恩国王阿伯加尔九世（Abgarus Ⅸ）、阿迪亚贝尼王国和哈特拉王国都曾派部队加入尼格尔的军队。也就是说，美索不达米亚北部的罗马帝国属国（奥斯罗恩）和帕提亚帝国的附庸（阿迪亚贝尼和哈特拉）都曾经派兵支持尼格尔。帕提亚国王沃洛加西斯五世虽然没有派兵，但仍然对尼格尔表达了口头的支持，而且很可能有意默许了阿迪亚贝尼和哈特拉王国的出兵。尼格尔战败身亡后，大量曾经效忠尼格尔的罗马士兵逃亡帕提亚帝国，并得到了沃洛加西斯五世的收留。[1] 因此，塞维鲁皇帝于公元 194 年击败尼格尔之后，为了稳定和重建东方各行省和属国的忠诚，必然要对美索不达米亚北部诸小国采取军事行动，同时惩罚在内战中同情尼格尔并收留其败兵的帕提亚人。而从长远来看，塞维鲁皇帝的帕提亚战争力图将美索不达米亚北部的前帕提亚属国体系彻底肢解并将之纳入罗马帝国治下，从而为叙利亚行省创造一个稳固的边疆屏障，并以之保障罗马帝国东方诸行省的安全。

从时间和作战地域来看，塞维鲁皇帝的帕提亚战争可以分为公元 195 年的美索不达米亚北部战役和公元 197—198 年的帕提亚核心区征伐两个阶段。第一阶段主要内容是攻略曾经支持尼格尔的美索不达米亚北部各属国和部落。第二阶段则以攻略帕提亚帝国在两河流域的核心区为主要作战内容，因此只有公元 197—198 年的战役才是真正意义上的"帕提亚战争"，但这两次战役之间也存在紧密的逻辑联系。公元 194 年尼格尔与塞维鲁激战期间，沃洛加西斯五世便煽动奥斯罗恩和阿迪亚贝尼王国出兵，将尼西比斯的罗马驻军围困起来[2]。尼格尔败亡之后，沃洛加西斯五世便派使者前往塞维鲁皇帝处，并将自己煽动属国围困罗马驻军的行为解释为对尼格尔支持者

---

① Cassius Dio, *Roman History*, 75.8.5.

② Cassius Dio, *Roman History*, 76.1.2.

的惩罚①。沃洛加西斯五世同时表示愿意归还罗马战俘及其他战利
品，但同时要求罗马人撤出美索不达米亚，恢复当地各属国的独立
地位。塞维鲁皇帝当然不可能同意帕提亚国王的提议，因此决定发
动战争。公元 195 年暮春，塞维鲁皇帝率军越过幼发拉底河，进入
美索不达米亚北部。在罗马人的兵威下，奥斯罗恩国王阿伯加尔九
世以自己的儿子为人质前来效忠塞维鲁皇帝。随后塞维鲁引兵东进
尼西比斯，驱逐了围困该城的阿迪亚贝尼驻军。之后塞维鲁皇帝派
自己的将军们分兵三路渡过底格里斯河进入阿迪亚贝尼境内，并在
粉碎阿迪亚贝尼人的抵抗后征服了阿迪亚贝尼全境，从而结束了罗
马军队在公元 195 年的作战。塞维鲁皇帝随后在美索不达米亚西北
角设立奥斯罗恩行省，而将原奥斯罗恩王国领土限制在其首都埃德
萨及其周围小块地区。塞维鲁皇帝还将尼西比斯提升为罗马殖民城
市，任命骑士等级的官员治理该城。②

　　这次塞维鲁皇帝只接受了元老院奉上的尊号"*parthicus arabicus*"
和"*parthicus adiabenicus*"。这即表明塞维鲁东征前，帕提亚帝国在
美索不达米亚北部的附庸国体系仍然处于"死而未僵"的状态。这
也说明通过公元 195 年的东征，罗马人初步实现了对奥斯罗恩和阿
迪亚贝尼王国的有效征服。但塞维鲁皇帝并未接受"伟大帕提亚征
服者（*parthicus maximus*）"的称号，显然是考虑到此次用兵并未直
接针对帕提亚帝国在两河流域的核心领土展开。由于尚未击败罗马
帝国西部的僭位者克劳迪乌斯·阿比努斯（Claudius Albinus），塞维
鲁皇帝必须将公元 195 年东征大军的作战范围限制在美索不达米亚
北部地区。公元 196 年塞维鲁回师西方与阿比努斯作战，并于次年
初彻底击败并杀死阿比努斯后，对帕提亚帝国的惩罚性作战才被再
次提上日程。③ 公元 196—197 年间，沃洛加西斯五世趁塞维鲁与阿

---

① Cassius Dio, *Roman History*, 76. 1. 4.

② Cassius Dio, *Roman History*, 76. 3. 4.

③ Cassius Dio, *Roman History*, 76. 4 – 8.

比努斯作战无暇东顾之际，再次进兵美索不达米亚北部，甚至派出分队渡过幼发拉底河侵扰叙利亚行省，与此同时尼西比斯的罗马驻军也被帕提亚军队团团包围而岌岌可危①。但是沃洛加西斯五世也面临着严峻的内部问题：帕提亚帝国治下的米底人、波斯人乃至东方的呼罗珊地区此时都爆发了大规模暴乱②，而长期作为帕提亚忠实属国的阿迪亚贝尼王国竟也不再效忠帕提亚帝国。根据《埃尔比勒编年史》的记载，当时的阿迪亚贝尼国王纳尔塞斯（Narses）拒绝陪同沃洛加西斯五世东征平叛，而是表现出明显的亲罗马倾向。腹背受敌的沃洛加西斯五世只能先对不臣的阿迪亚贝尼人用兵。在洗劫阿迪亚贝尼境内许多村庄和城市之后，沃洛加西斯五世将阿迪亚贝尼国王纳尔塞斯活捉并溺死于大扎布河中以示惩戒③。随后沃洛加西斯五世率军东征反叛的米底人和波斯人，在东部山区经历全军覆灭的险境后才勉强击退叛军稳定局势④。从后来塞维鲁东征期间帕提亚人极为轻微的抵抗可知，帕提亚军队主力在东方平叛战争中损失应该极为惨重，遂使得后来塞维鲁皇帝的罗马军队在两河流域肆意掠夺如入无人之境。

　　公元 197 年夏，塞维鲁皇帝在击败阿比努斯后率军回师东方。为了在接下来的帕提亚战争中的侧翼安全，塞维鲁皇帝首先派兵进入亚美尼亚降服其国王胡斯洛一世。作为臣服罗马帝国的条件，胡斯洛一世还使亚美尼亚王国获得了部分新增领土。在清除叙利亚行省境内的帕提亚游击部队之后，塞维鲁率领新募的三个军团（即 Parthica Ⅰ，Ⅱ，Ⅲ）于公元 197 年底渡过底格里斯河，开始了第二次帕提亚战争。公元 198 年春，罗马军队在穿越美索不达米亚北部的沙漠地带之后抵达尼西比斯，而围城的帕提亚人早已在塞维鲁皇帝到来之前撤围而去。尼西比斯解围之后，塞维鲁皇帝一方面派出

①　Cassius Dio, *Roman History*, 76. 9. 2 – 3.

②　*The Chronicle of Arbela*, 6. 4. 2 – 3.

③　*The Chronicle of Arbela*, 6. 10. 2.

④　*The Chronicle of Arbela*, 6. 4. 7.

分队洗劫美索不达米亚东部尤其是被帕提亚人重新降服的阿迪亚贝尼人，另一方面率主力部队沿幼发拉底河南下进入帕提亚帝国腹地。塞维鲁进军泰西封的路线与当年图拉真和阿维狄乌斯·卡西乌斯采用的路线也基本相同，也是以内河补给舰队协同大军沿幼发拉底河南下，并在两河最窄处东转，随后兵临泰西封城下。在占领已经被废弃的巴比伦和塞琉西亚之后，罗马军队轻松攻占了帕提亚首都泰西封，帕提亚国王沃洛加西斯五世率少数骑兵逃出城外远遁。塞维鲁皇帝的这次东征标志着自 2 世纪初以来帕提亚首都第三次被罗马军队攻取。与马可·奥勒留时期阿维狄乌斯·卡西乌斯的东征类似，塞维鲁皇帝对以泰西封为核心的帕提亚京畿地区完全采取掠夺洗劫政策，而没有图拉真那样试图占领或扶植帕提亚保护国的打算。在塞维鲁皇帝对士兵的放纵和默许之下，泰西封遭到了 2 世纪以来历次罗马—帕提亚战争中最彻底的洗劫。罗马军队将城中成年男子全部屠杀，随后将城中妇孺共计 10 万人掠为俘虏运回罗马，而被掠夺的其他金银财物不计其数。[①] 公元 198 年 1 月 28 日，塞维鲁皇帝在图拉真皇帝继位 100 周年的这一天举行了征服帕提亚的庆祝仪式，并被元老院上尊号"伟大帕提亚征服者"（*parthicus maximus*），而这也是罗马皇帝第二次获得"征服帕提亚"的荣誉称号。

罗马史家狄奥认为，塞维鲁皇帝发动的这次帕提亚战争纯粹是为了掠夺并满足皇帝的私欲，但许多现代学者均指出塞维鲁皇帝对泰西封的洗劫是由于军队补给困难无法继续远征所致，如果罗马人继续追击帕提亚人必然会陷入险境。狄奥也认为，塞维鲁皇帝在攻取泰西封后，由于"不熟悉这个国家且缺乏补给"选择了撤军[②]。塞维鲁皇帝并没有选择沿幼发拉底河原路返回（如阿维狄乌斯·卡西乌斯在公元 165 年所采取的路线），而是像当年图拉真皇帝那样北上底格里斯河，于是就发生了罗马军队对横亘在北上行军道路上最

---

① Cassius Dio, *Roman History*, 76. 9. 9.

② Cassius Dio, *Roman History*, 76. 9. 10.

大障碍——哈特拉城的第二次围攻战。由于哈特拉在尼格尔与塞维鲁内战期间支持前者却未遭到惩罚，塞维鲁皇帝决心拔掉该城。实际上，拿下哈特拉对于打通罗马军队和尼西比斯、辛加拉之间的交通线来说也是必要之举，一旦成功还能在功业上胜过当年未能破城的图拉真皇帝。另外，哈特拉城中太阳神庙的巨额财富也让罗马士兵垂涎三尺①。但是塞维鲁皇帝对哈特拉的两次围攻均遭到了该城守军极为顽强的抵抗。其间罗马军队用尽了所有能用上的攻城武器和计谋，最后仍然以失败告终。

　　根据狄奥的记载，哈特拉人不仅拥有坚固的城防工事，还配备了强劲的复合弓箭手和一支机动灵活的骑兵。② 在塞维鲁皇帝第二次围攻哈特拉期间（公元 199 年初），哈特拉人还使用沥青制成的拿法油（bituminous naphtha）将罗马人的攻城器械全部付之一炬③，而罗马人派出的搜寻粮草的分队则无一例外被哈特拉人派出的骑兵所击破。本来罗马军队已经攻破一段城墙，塞维鲁皇帝却以为可以通过讲和诱降哈特拉人。不料哈特拉人表面答应停战，却连夜将破损城墙修复如初，使得罗马人连日来的攻城努力付诸东流。由于塞维鲁皇帝错失战机，罗马军中战斗力最强的日耳曼籍士兵拒绝继续作战，而忠于皇帝的叙利亚籍士兵又遭到哈特拉人的重创无力再战④。在绝望的罗马士兵和将官们的要求下，塞维鲁皇帝最终放弃了对哈特拉城的第二次围攻，从而结束了公元 197—198 年的帕提亚战争。

　　如上所述，与塞维鲁王朝同时代的罗马史家卡西乌斯·狄奥在其著作中对塞维鲁皇帝的帕提亚战争持完全批评的态度，认为罗马人发动的历次帕提亚战争完全是浪费无数生命、钱财和徒耗国力之举："实际上战争在这个地方（美索不达米亚北部）是永无休止的，

---

① Cassius Dio, *Roman History*, 76. 12. 2.
② Cassius Dio, *Roman History*, 76. 11. 4 – 5.
③ Cassius Dio, *Roman History*, 76. 11. 7.
④ Cassius Dio, *Roman History*, 76. 12. 4.

还吞噬掉国家巨额财富，收益微小而代价昂贵。"[①] 实际上，公元195—198 年的帕提亚战争给罗马帝国也带来了实质性的收益，那就是为罗马帝国增加了幼发拉底河以东的两个新行省——奥斯罗恩行省（Provincia Osrhoene，初治于 Rhesaenae，3 世纪罗马废黜奥斯罗恩王国后移治于埃德萨）和美索不达米亚行省（Provincia Mesopotamia，初治于尼西比斯，4 世纪 60 年代后移至阿米达），从而在战略上实现了罗马帝国东方边疆防御纵深的实质性拓展。自此之后，帕提亚—萨珊帝国在美索不达米亚的势力范围局限于底格里斯河流域以及幼发拉底河下游，其京畿地区将长期暴露在罗马军队的兵锋之下。另外，美索不达米亚北部附庸国体系的瓦解极大地加深了帕提亚人以及后来的萨珊波斯人对其西部疆界的严重不安全感。因此我们可以认为，帕提亚王朝晚期美索不达米亚北部领土和势力范围的丧失是引发后来萨珊帝国对罗马帝国发动一系列"侵略战争"的重要诱因。正如塞维鲁皇帝自己宣称的那样，他通过帕提亚战争为叙利亚行省建立了一块"坚实的屏障"（had made it a bulwark of Syria，狄奥原文作 *πρόβολον αὐτὴν τῆς Συρίας πεποιῆσθαι*）。[②]

　　但由于罗马帝国东方疆界安全纵深的拓展是以牺牲帕提亚—萨珊帝国的西部疆界和势力范围为代价的，因此我们看到罗马帝国东方诸省此后并没有变得"更安全"，反而经常处于波斯军队的抄掠阴影之下。而从长期历史进程来看，罗马和波斯的边界由幼发拉底河中段东移至哈布尔河—辛加拉山一线正是在塞维鲁时期得以完成。而自此之后，罗马和波斯在美索不达米亚基本形成南北（西北—东南）对峙格局。从地缘战略上看，罗马人在美索不达米亚北部的两个新行省和以尼西比斯、杜拉—幼罗波斯为代表的前出要塞城市对波斯人来说如鲠在喉，必欲拔之而后快。因此哈布尔河—辛加拉山边界和原来的幼发拉底河中段边界相比更加不稳定，更易引发双方

---

① Cassius Dio, *Roman History*, 76. 3. 6.

② Cassius Dio, *Roman History*, 76. 3. 5.

冲突。而这可以说是由罗马—波斯在近东两极权力体系和战略安全态势的零和性所根本决定的。

不管如何，塞维鲁皇帝帕提亚战争的结果是导致了美索不达米亚西北部被永久纳入罗马帝国行省治下（直到伊斯兰征服之前），从而完成了图拉真时代以来罗马人改善叙利亚行省安全纵深不足的战略目标。自此以后，罗马和波斯在西亚的争夺焦点开始集中在以尼西比斯、辛加拉和阿米达为中心的美索不达米亚北部诸要塞城市上。不仅如此，塞维鲁王朝的统治也预示着罗马帝国即将进入 3 世纪的"士兵皇帝时代"（Age of Soldier Emperors）。而塞维鲁王朝于公元 235 年覆灭之后，出身行伍、缺少家族合法性支持的 3 世纪罗马帝国诸帝越来越依靠对外战争获胜来巩固其脆弱的皇权，由此导致罗马帝国与波斯之间冲突频发。从文化转型上看，出身北非和叙利亚本土文化圈的塞维鲁家族也全面开启了罗马帝国的"东方化"进程。塞维鲁家族极力推崇的叙利亚太阳神崇拜自此与密特拉崇拜混合在一起，并最终以"无敌太阳神"（Sol Invictus）的形式成为基督教化之前罗马帝国的官方意识形态。

此后，随着罗马帝国东疆的扩展以及陆上丝绸贸易路线控制权的易手，哈特拉、帕尔米拉和杜拉—幼罗波斯等叙利亚—阿拉伯沙漠绿洲城市也开始进入公元 3 世纪的繁荣与动荡交替的时代，其命运的沉浮深受罗马波斯战争的左右。另外，经过公元 2 世纪期间罗马帝国对帕提亚的三次大规模战争，帕提亚帝国的衰亡进程在 2 世纪末 3 世纪初已成定势，与此同时伊朗高原南部法尔斯地区的地方贵族势力正在悄然崛起。后来的历史发展表明，取代帕提亚王朝的萨珊帝国在调整与重组王室和帕提亚贵族世家关系的基础上，将形成比帕提亚帝国更为有效的中央集权和更为强大的国家治理能力。而古代波斯传统的全面复苏要求萨珊帝国采取更加激进主动的意识形态和对外政策，这又从波斯方面导致了 3 世纪期间罗马波斯战争的频发，而后者又从外部加速了罗马帝国"3 世纪危机"时代的到来。

第七节　卡拉卡拉东征与尼西比斯会战

公元 211 年 2 月，塞维鲁皇帝驾崩于不列颠，其子卡拉卡拉（Caracalla）与盖塔（Geta）继位为共治帝。次年卡拉卡拉又将盖塔谋杀，卡拉卡拉遂成为罗马帝国唯一皇帝。卡拉卡拉及其继任者马克里努斯（Opellius Macrinus）统治时期罗马帝国发生了一系列重大的变化，并且和灭亡前夕的帕提亚帝国进行了最后一次大规模交战。卡拉卡拉在罗马帝国诸帝中以荒唐、残暴、嗜杀而闻名。但他和尼禄的主要区别在于，卡拉卡拉对亚历山大大帝有着近乎疯狂的崇拜和模仿行为，甚至常常以自己是亚历山大的转世自居。[1] 罗马史家赫罗狄安对卡拉卡拉模仿亚历山大的各种行为有详尽的记载，甚至直接称他为"第二个亚历山大"[2]。著名罗马史家弗格斯·米拉（Fergus Millar）更认为模仿亚历山大情结（*imitatio Alexandri*）是解释卡拉卡拉在位期间诸种"异常"行为和内外政策的关键因素，也是其发动帕提亚战争的重要精神动力。在对外政策上，卡拉卡拉延续塞维鲁的东方政策，于公元 213 年将帕尔米拉提升为殖民城市，同年将访问罗马的奥斯罗恩国王阿伯加尔九世扣留。公元 216 年，卡拉卡拉在率军东征帕提亚期间，将奥斯罗恩王国正式废黜，其首都埃德萨成为罗马殖民城市，周围残余领地则完全并入奥斯罗恩行省。随着阿伯加尔九世的被废，延续三百余年、在罗马—帕提亚关系中扮演重要角色的奥斯罗恩王国至此宣告灭亡。而其首都埃德萨已经发展成为早期基督教的重要中心，并成为之后罗马—拜占庭帝国的东方重镇，埃德萨也将在后来的罗马波斯战争和文化交流中继续扮

---

① Cassius Dio, *Roman History*, 78. 7. 1 – 4; Herodian, *History of the Roman Empire from the death of Marcus Aurelius to the Accession of Gordian Ⅲ*, 5. 8. 1 – 3.

② Herodian, *History of the Roman Empire from the Death of Marcus Aurelius to the Accession of Gordian Ⅲ*, 4. 8. 1.

演重要角色。

　　塞维鲁王朝诸帝重视对罗马帝国东方行省和属地的治理,除了加强统治、巩固边疆安全以及瓦解帕提亚帝国附庸国体系的考虑外,与塞维鲁家族的出身也有密不可分的关系。塞维鲁皇帝本是北非罗马化的迦太基人,自幼便迷信各种东方巫术、占卜和秘仪。而塞维鲁皇帝的皇后、卡拉卡拉和盖塔的母亲尤利娅多姆娜(Julia Domna)又是出身叙利亚艾米萨(Emesa,今霍姆斯)的太阳神祭司家族。艾米萨公国是罗马帝国在东方附庸国体系中的重要一环,与叙利亚行省的各大城市和周边的游牧部落有着密切的政治、经济和宗教联系。塞维鲁家族的上台在进一步加速了叙利亚本土精英"罗马化"进程的同时,也使罗马帝国在权力仪式和宗教文化政策上日趋"东方化",这必然使塞维鲁王朝之后的罗马帝国更加注重与帕提亚—萨珊帝国在近东族群认同乃至文化主导权上的竞争。

　　在彻底吞并奥斯罗恩王国后,卡拉卡拉又对亚美尼亚王国故技重施,将胡斯洛一世(Khosrov Ⅰ)及其他亚美尼亚贵族骗来会谈以伺机下手,但被后者识破而未能成功。卡拉卡拉遂派将军塞奥克里图斯(Theocritus)率军入侵亚美尼亚,却被胡斯洛一世打得大败而回。卡拉卡拉不仅有吞并亚美尼亚的野心,还一直寻找机会和借口入侵帕提亚帝国。公元208年帕提亚国王沃洛加西斯五世去世后,阿塔巴努斯四世(Artabanus Ⅳ,208—224年在位)与沃洛加西斯六世(Vologases Ⅵ)争位,帕提亚帝国再次爆发内战。至公元215年左右,阿塔巴努斯四世已经初步控制了帕提亚境内的美索不达米亚大部地区,而沃洛加西斯六世的势力范围退至伊朗高原东部。早在公元214年,卡拉卡拉便要求帕提亚国王沃洛加西斯六世遣返滞留帕提亚宫廷的犬儒派哲学家西里西亚人安条克斯(Antiochus of Cilicia)和一个叫作提里达特(Tiridates)的亚美尼亚王子。不料刚刚将沃洛加西斯六世赶出美索不达米亚的阿塔巴努斯四世不愿与罗马帝国轻启战端,而是将卡拉卡拉要求的以上二人立即遣返罗马。公元215年冬,卡拉卡拉在小亚细亚的尼科米底亚(Nicomedia,今伊兹米特）集结军队。为了增强此次帕提亚战争的"亚历山大东征"色彩，卡拉卡拉在访问亚历山大里亚期间，特意给出征的罗马士兵精心配备了亚历山大时代马其顿士兵的武器装备和攻城器械，随后将军队沿海路运往安条克备战。[①] 抵达安条克之后，为了找到开战借口，卡拉卡拉向阿塔巴努斯四世提议两国联姻，即由卡拉卡拉娶阿塔巴努斯四世的女儿为皇后。

根据赫罗狄安的记载，阿塔巴努斯四世一开始拒绝卡拉卡拉的提议，因为他认为"罗马人不应该娶蛮族人为妻"[②]。为了诱骗帕提亚国王上当，卡拉卡拉在给阿塔巴努斯四世的回信中高度称赞帕提亚帝国与罗马帝国作为太阳下两个最强大国家的平等地位，并指出"罗马人和帕提亚人各有所长，而两国联姻将使世间一切民族屈服在罗马和帕提亚的权威之下，世界将不再有纷争云云"[③]。狄奥和赫罗狄安对阿塔巴努斯四世的最后表态记载有所不同，前者指出阿塔巴努斯四世担心卡拉卡拉会以联姻为手段吞并帕提亚帝国，因而仍然拒绝让帕提亚公主出嫁[④]，从而导致罗马—帕提亚开战；而赫罗狄安则称阿塔巴努斯四世最后勉强答应了卡拉卡拉的提议[⑤]，并与卡拉卡拉相约于阿迪亚贝尼首都埃尔比勒会面[⑥]。部分现代学者认为，双方会面的地点应为泰西封城郊而不是埃尔比勒。如果的确如此的话，卡拉卡拉的进军路线就应该是沿幼发拉底河南下，而非穿过美索不

① Herodian, *History of the Roman Empire from the Death of Marcus Aurelius to the Accession of Gordian Ⅲ*, 4. 9. 4.

② Herodian, *History of the Roman Empire from the Death of Marcus Aurelius to the Accession of Gordian Ⅲ*, 4. 10. 5.

③ Herodian, *History of the Roman Empire from the Death of Marcus Aurelius to the Accession of Gordian Ⅲ*, 4. 10. 2.

④ Cassius Dio, *Roman History*, 79. 1.

⑤ Herodian, *History of the Roman Empire from the Death of Marcus Aurelius to the Accession of Gordian Ⅲ*, 4. 11. 1.

⑥ Herodian, *History of the Roman Empire from the death of Marcus Aurelius to the Accession of Gordian Ⅲ*, 4. 10. 2 – 4.

达米亚北部两河相距最宽处的沙漠地带往阿迪亚贝尼进军。由于文献记载的缺乏，笔者此处暂从双方会面于泰西封近郊之说。

由于帕提亚人毫无防备，公元 216 年夏卡拉卡拉便率大军由安条克启程，在渡过幼发拉底河后顺利进入美索不达米亚境内。如前文，卡拉卡拉及其军队进入帕提亚帝国的具体行军路线史料阙载。如果双方会面地点在泰西封近郊，那么我们可以推断罗马军队沿幼发拉底河南下的可能性较大。一是因为底格里斯河流域大部分地区此时仍然处于帕提亚帝国及其盟友阿迪亚贝尼和哈特拉的控制之下，罗马军队取道底格里斯河南下势必遭到顽强抵抗；二是因为罗马帝国在幼发拉底河沿线有苏拉（Sura）、卡里尼库姆（Callinicum，今叙利亚的 al-Raqa）、科尔凯西乌姆（Circesium，位于哈布尔河注入幼发拉底河处）和杜拉—幼罗波斯等一系列前沿要塞城市为依托和补给据点。考虑到公元 2 世纪期间图拉真皇帝、阿维狄乌斯·卡西乌斯和塞维鲁皇帝进攻帕提亚帝国腹地时均取幼发拉底河路线，因此该传统路线被卡拉卡拉采用作为进兵帕提亚的行军路线可能性很大，而且不易被帕提亚人察觉。在进抵泰西封近郊（或埃尔比勒）的会面地点之后，卡拉卡拉命罗马军队对没有防备的帕提亚人展开突袭。根据赫罗狄安的记载，许多参会的帕提亚人由于未携带他们的战马来不及逃走而被杀[1]，而阿塔巴努斯四世在少数骑兵的陪同下侥幸得以逃脱，卡拉卡拉随后命罗马军队在帕提亚境内大肆劫掠。[2]

如前所述，如果双方会面地点为泰西封近郊，那么就会出现一个不易解释的问题：那就是与公元 2 世纪期间罗马人的历次帕提亚战争不同，卡拉卡拉没有在击败帕提亚人之后继续攻打泰西封。如果此说成立的话，我们只能做出这样的推论：即泰西封经过公元 2 世纪的三次沦陷和罗马军队的洗劫，尤其是公元 198 年塞维鲁皇帝

---

[1]　Herodian, *History of the Roman Empire from the Death of Marcus Aurelius to the Accession of Gordian Ⅲ*, 4.11.5 – 7.

[2]　Herodian, *History of the Roman Empire from the Death of Marcus Aurelius to the Accession of Gordian Ⅲ*, 4.11.7.

的大规模掠夺，此时残破衰败的帕提亚首都对罗马军队已经"无利可图"。按照这样的逻辑，卡拉卡拉在袭击帕提亚人得胜后，在率兵沿底格里斯河北返途中，必须绕过扼守底格里斯河西侧交通要道的哈特拉进攻阿迪亚贝尼王国，因为相关文献无一提到卡拉卡拉此次东征围攻过哈特拉。如果我们遵从赫罗狄安的记载，即卡拉卡拉是在埃尔比勒与帕提亚国王及帕提亚贵族组成的"迎亲团"会面的话，那么便可以解释罗马军队在此次战争中既没有进攻泰西封更未在撤军北返途中围攻哈特拉的问题，因此我们仍然认为赫罗狄安的记载不能轻易否定。

不管如何，经过沃洛加西斯五世时期与宗主帕提亚帝国的血腥内斗，阿迪亚贝尼人此时已经无力抵抗罗马人的进攻。根据狄奥和赫罗狄安的记载，罗马军队攻陷阿迪亚贝尼首都埃尔比勒后，又将城郊的帕提亚诸王陵墓洗劫一空，甚至将帕提亚列王尸骨掘出后抛散于旷野以示侮辱。[①] 关于帕提亚人为何将王陵设于属国阿迪亚贝尼境内，我们无从知晓，现代考古发掘也未显示帕提亚人在大小扎布河流域有留下过任何大型遗址。但我们也不能轻易将古典作家的记载视为对阿迪亚贝尼人和帕提亚人的混淆（即卡拉卡拉毁坏的实为阿迪亚贝尼诸王陵墓），因为埃尔比勒离高加米拉古战场和扎格罗斯山脉仅有咫尺之遥，帕提亚人完全可能以大流士三世当年战败亡国之地作为以阿契美尼德王朝继承人自居的帕提亚诸王陵墓所在地。不管如何，在洗劫帕提亚王陵之后，志得意满的卡拉卡拉皇帝遂结束此次战争，并立即给自己上尊号"伟大帕提亚征服者"（*parthicus maximus*）。公元216年冬天，卡拉卡拉率军返回奥斯罗恩首府埃德萨休整，并可能计划于来年再次东征，以坐实自己确为"亚历山大的化身"。公元217年4月，卡拉卡拉未及再次出征，便被其贴身侍卫刺杀于卡莱近郊的月神庙（赫罗狄安称当地人崇拜月亮女神 *Sele-*

---

① Cassius Dio, *Roman History*, 79. 1. 1 – 2.

ne，显然是指两河流域的月神 Sin）①，由此结束了其荒唐罪恶的一生。买通侍卫的禁卫军长官马克里努斯遂继位为帝，并向帕提亚人表达和解意向。但此时帕提亚国王阿塔巴努斯四世并未得知卡拉卡拉已死，更无法原谅罗马人的背信弃义及其对帕提亚人历代先王做出的无耻暴行。阿塔巴努斯四世此时早已从伊朗高原各地集结起一支庞大的军队前来复仇，于是便爆发了罗马帝国和帕提亚帝国之间最后一次大战——尼西比斯会战。

尼西比斯会战标志着 300 年来罗马—帕提亚战争的高潮和顶峰，并对后来的罗马波斯关系及双方战争形态、交往模式和彼此认知均产生了深远影响，因此有必要加以详述：如前文，马克里努斯继位后，由于其本人缺乏军事经验，并不愿意和帕提亚人正面对决，因此遣使阿塔巴努斯四世求和并以归还帕提亚战俘为条件。阿塔巴努斯四世则提出了罗马帝国放弃美索不达米亚北部、撤军、重新修缮帕提亚列王陵寝并支付战争赔款等一系列强硬要求。马克里努斯为了稳固军心，只能拒绝阿塔巴努斯四世的提议，并率军前往迎击帕提亚大军。由于罗马士兵仍然对卡拉卡拉心存感念，律师出身的马克里努斯皇帝在开战之前为鼓舞士气对罗马士兵发表了长篇累牍的战前演说，然后才率军前往迎击帕提亚军队。② 双方交战的地点，经过后世史家的推测和现代学者的复原，大致在尼西比斯城东的哈布尔河上游支流附近的平原地带，因为史料记载双方首先围绕水源争夺而开战。

尼西比斯会战中罗马和帕提亚双方投入的兵力大致相当，从后来的战事发展来看，帕提亚人可能还占有人数的优势，这在历次罗马—帕提亚交战史上也是仅见的。考虑到此战双方损失的惨重和帕提亚王朝在 7 年之后便被萨珊王朝推翻，阿塔巴努斯四世在尼西比

---

① Herodian，*History of the Roman Empire from the Death of Marcus Aurelius to the Accession of Gordian* Ⅲ，4. 13. 3.

② Herodian，*History of the Roman Empire from the Death of Marcus Aurelius to the Accession of Gordian* Ⅲ，4. 14. 5 – 8.

斯会战中应该投入了其在帕提亚境内所能集结的最大兵力，而忠于
安息王室的帕提亚贵族世家及其私兵很可能以之前未有的庞大规模
出动参战。根据赫罗狄安的记载，此战是帕提亚人唯一一次在战争
中使用铁甲骆驼骑兵①。《埃尔比勒编年史》提到，沃洛加西斯五
世曾经在东征平定米底人和波斯人叛乱期间损失了大量的战马，
这极有可能导致帕提亚军队在后来的战争中使用骆驼以弥补骑兵
部队的战马损失。由此可见阿塔巴努斯四世为了报罗马人的一箭
之仇在尼西比斯会战中可谓不惜血本，同时也间接说明了帕提亚
王朝末期战马资源的窘迫，这对于以骑兵立国的帕提亚人来说无
疑是致命的。

　　尼西比斯会战一共持续三天，堪称罗马—帕提亚战争史上最为
激烈、伤亡最为惨重的一次阵地战：交战第一天天亮之后，阿塔巴
努斯四世率帕提亚大军出现于地平线上，并朝东方对太阳致敬行礼
（赫罗狄安称这是"蛮族人的传统习俗"，帕提亚人显然是在祭奠袄
教神祇密特拉）②，随后下令骑兵部队在震耳欲聋的战鼓声中以雷霆
之势对罗马军团发起冲锋。马克里努斯命罗马军队以传统阵势迎敌，
并将北非摩尔人标枪兵穿插于军团间隙之间，同时以骑兵保护军团
两翼。帕提亚骑兵逼近罗马人阵线之后，随即朝罗马军团连续射出
密集的箭矢。由于兵力占优，阿塔巴努斯四世并未采取卡莱战役中
用弓箭不断消耗罗马人的战术，而是决定由骑兵正面冲锋击溃罗马
人。于是由帕提亚贵族组成的全身覆盖铠甲的骆驼骑兵开始手持骑
枪正面突击罗马人的步兵战线。罗马军队对帕提亚人的战术已经十
分熟悉，并摸索出一套反制帕提亚骑兵优势的战法：在帕提亚铁甲
骑兵抵近冲击之前，罗马标枪兵前出阵线并在地上铺撒专门对付战

---

　　①　Herodian, *History of the Roman Empire from the Death of Marcus Aurelius to the Accession of Gordian Ⅲ*, 4. 14. 3.

　　②　Herodian, *History of the Roman Empire from the Death of Marcus Aurelius to the Accession of Gordian Ⅲ*, 4. 15. 1.

马和骆驼的铁蒺藜（骆驼掌比马蹄更易被铁蒺藜扎伤）①，随后迅速
撤退至罗马军本阵中。帕提亚骑兵不知有诈，冲锋时纷纷被铁蒺藜
扎伤马蹄和驼掌而人仰马/驼翻②，罗马军团随后对进入射击距离内
的帕提亚骑兵掷出重标枪，从而降低了帕提亚铁甲骑兵的冲击力和
对罗马步兵的伤害。

　　在第一天的交战中，帕提亚的精锐重装骑兵损失惨重，尤其在
近战中罗马军团步兵取得了较大的优势，当晚双方各自整兵回营休
战；第二天的战况基本重复第一天，帕提亚骑兵继续对罗马军阵发
起冲击，人数处于劣势的罗马人在与帕提亚骑兵的近战中伤亡也日
益增加，双方仍然不分胜负；第三天交战时，阿塔巴努斯四世改变
战术，以全部骑兵包抄罗马军阵两翼发起攻击。马克里努斯为防止
帕提亚骑兵迂回，命令罗马军阵同时向两翼延伸③，但这样却减少了
抵抗帕提亚骑兵冲击的队列纵深。随着帕提亚骑兵的不断射击和冲
锋，罗马军队终于支持不住。眼见再战即将溃败的马克里努斯只能
再次给阿塔巴努斯四世去信，表达卡拉卡拉已死和罗马人无意再冒
犯帕提亚人的和平意愿。同样伤亡惨重的帕提亚人也接近了无力再
战的极限，阿塔巴努斯四世遂答应了马克里努斯的求和，双方约定
结束战斗各自撤兵回国。作为和约的条件，马克里努斯答应支付了
帕提亚人要求的赔款 2 亿塞斯退斯（折合 50 万第纳尔银币），而这
是罗马人历史上第一次对敌国赔款求和。

　　而在罗马波斯关系史上，马克里努斯和约标志着罗马人首次对
帕提亚/波斯方面支付战争赔款以作为签署和约的条件。这一举动对
后来罗马—拜占庭帝国与帕提亚—萨珊帝国关系发展可谓意义深远。

———————

① Herodian, *History of the Roman Empire from the Death of Marcus Aurelius to the Accession of Gordian Ⅲ*, 4.15.2.

② Herodian, *History of the Roman Empire from the Death of Marcus Aurelius to the Accession of Gordian Ⅲ*, 4.15.3.

③ Herodian, *History of the Roman Empire from the Death of Marcus Aurelius to the Accession of Gordian Ⅲ*, 4.15.4.

实际上，我们可以认为，马克里努斯的纳款求和标志着帝国时期罗马人"世界帝国"的理想主义心态向晚期罗马帝国和拜占庭帝国时期"以金钱换和平"的实用主义外交理念的重大转型之始，其背后则是罗马人开始在理念和实践中将波斯视为与自己完全平等的政治体，正如卡拉卡拉对自己的"准岳父"阿塔巴努斯四世所宣称的那样。而自此之后，波斯方面则将对罗马—拜占庭帝国的"索贡"作为停止战争和维持双方和平的重要外交手段付诸实施。可以说正是 3 世纪后罗马波斯战争在残酷性和交战烈度上的提升导致了双方对彼此认知和交往模式的变化，而尼西比斯会战则是双方交往模式由罗马—帕提亚模式向拜占庭—萨珊模式转型的一个关键标志。

尼西比斯会战虽然以帕提亚人的军事和外交胜利而告终，马克里努斯皇帝也因为耻辱的求和失去了军队的支持，并于次年被推翻，但帕提亚人也为尼西比斯会战的胜利付出了十分惨重的代价。根据赫罗狄安的记载，尼西比斯战后双方伤亡之惨重给他留下了极为深刻的印象：交战至第三天时，士兵和马匹、骆驼的尸体成堆成堆地充塞原野，战死的帕提亚骑兵堆积的骆驼遗体叠成小山丘，以至于遮挡了双方士兵的视线，战场上尸体之多甚至到了两军无法继续接战的程度。[①] 然而损失惨重的帕提亚人毫不气馁，竟然将士兵和战马遗体主动清除战场以便再战。[②] 直到马克里努斯给阿塔巴努斯四世去信解释卡拉卡拉已死，才使得帕提亚人接受了罗马人的和平提议。如前文，经过公元 2 世纪的持续内耗、罗马帝国的三次大规模入侵以及对首都的洗劫，3 世纪初的帕提亚帝国已经处在濒临崩溃的边缘。但即使是在如此严峻的内外形势下，阿塔巴努斯四世还是动员

---

① Herodian, *History of the Roman Empire from the Death of Marcus Aurelius to the Accession of Gordian Ⅲ*, 4. 15. 5.

② Harry Sidebottom, "Herodian's Historical Methods and Understanding of History", in *Aufstieg und Niederang der römischen Welt*: *Geschichte und Kultur Roms im Spiegel der Neueren Forschung*, Vol. 2: Principat, 34. 4, ed. Wolfgang Hasse, ser. eds. Hildegard Temporini and Wolfgang Hasse, Berlin/New York: Walter de Gruyter, 1998, pp. 2775 – 2836.

了帕提亚帝国最后的有生力量与罗马军队决一死战，由此可见帕提亚人抵抗外敌的顽强性和坚韧性。

但是尼西比斯会战的胜利并没有显著加强阿塔巴努斯四世在帕提亚国内的地位，沃洛加西斯六世仍然在东部割据自立，而法尔斯地区的萨珊家族此时已经公开独立并挑战安息王朝在伊朗的至尊地位。随后的数年间，阿塔巴努斯四世忙于四处救火，平定此起彼伏的地方叛乱，统治伊朗达 400 年之久的帕提亚帝国即将寿终正寝，而尼西比斯会战可以说是帕提亚人军事荣耀最后的一缕回光。对于伊朗高原各大家族来说，安息王室的持续衰弱和内斗并非长久之计。为了更有力地对抗罗马帝国并保证各大世家贵族的既得利益，必须依赖波斯本土的新生力量方能在振兴伊朗的同时调整王室与贵族之间的利害关系，这便是萨珊帝国最终取代帕提亚帝国背后的内在逻辑。另外，卡拉卡拉的身死和马克里努斯的僭位并未导致塞维鲁王朝的立即终结。尼西比斯会战之后，罗马人将战败的责任全部推卸到马克里努斯身上。失去军队支持的马克里努斯在公元 218 年 6 月被塞维鲁家族旁系的埃拉伽巴鲁斯（Elagabalus，218—222 年在位）击败并处死，塞维鲁王朝由此复辟。而埃拉伽巴鲁斯是塞维鲁王朝诸帝中"东方化"色彩最浓厚的一位，其本名原为"Elah-Jabal"，即罗马帝国叙利亚地区极为流行的闪米特神祇"山神"，其象征则往往是神庙中的一块圣石[1]。在埃拉伽巴鲁斯本人的推动下，叙利亚本土神祇正式成为罗马万神殿中的必要组成部分，这可以说是东方宗教开始全面浸染罗马帝国主流文化的重要标志。而此后不到百年，基督教便以大叙利亚地区兴起的最有生命力的一神教之姿态成为罗马帝国全新的官方意识形态。

另外，自图拉真时代以来，至卡拉卡拉皇帝于其帕提亚战争期间驻留东方，历次帕提亚战争均以叙利亚行省为基地和依托使得以

---

[1] Martijn Icks, *The Crimes of Elagabalus：The Life and Legacy of Rome's Decadent Boy Emperor*，London：I. B. Tauris，2011，p. 113.

安条克为核心的东方罗马城市的政治、经济和战略地位迅速上升，安条克逐渐成为东方的"罗马城"。可以说，晚期罗马帝国统治者对帝国东部的重视正是在一次次帕提亚/波斯战争中不断得到强化。因而本就拥有古老文化传统和发达城市经济的罗马帝国东部也不断获得比帝国西部更多的政策倾斜和资源投入，这样导致的最终趋势便是罗马帝国东西部逐渐走上完全不同的发展道路，也即彼得·西瑟（Peter Heather）和沃威克·保尔等学者所主张的："波斯威胁才是罗马帝国向拜占庭帝国转型的真正动力所在。"①

---

① Warwick Ball, *Rome in the East*：*The Transformation of an Empire*, London & New York：Routledge, 2000, p. 21.

第 五 章

晚期罗马帝国与萨珊帝国的战争

第一节　阿达希尔一世时期的罗马波斯战争

传统观点认为萨珊帝国对帕提亚帝国的取代立即改变了罗马—帕提亚时代双方的实力对比和战略平衡，标志着罗马波斯战争进入拜占庭—萨珊阶段后双方攻守态势转换的开始。实际上，萨珊王朝建立之初，并没有改变塞维鲁王朝以来罗马帝国在美索不达米亚北部的主导地位，泰西封京畿地区仍然时刻暴露在罗马军队南下的兵锋之下。不仅如此，由于安息王朝的覆灭，前帕提亚帝国属国哈特拉王国在公元224—240年间彻底倒向罗马帝国，使得罗马和波斯在美索不达米亚的权力分布更进一步向罗马帝国一方倾斜，罗马帝国的势力范围由于哈特拉的倒戈而得以进一步深入底格里斯河中游地区。因此，阿达希尔一世时期对罗马帝国的军事行动，主要战略目标仍然是拔除罗马帝国在美索不达米亚北部的军事据点（尤其是哈特拉、辛加拉和尼西比斯），以改善首都西北侧安全纵深不足的窘境。

从萨珊王朝的起源背景来看，由波斯和帕提亚两大贵族集团构成的萨珊帝国在权力结构上相比帕提亚时期更加稳定。但统治结构的改变并不能立即导致萨珊帝国形成一个强大的中央集权型帝国。面对帕提亚王朝晚期两河流域南部京畿地区的残破局面，早期萨珊诸王选择了劫掠战争和战俘迁徙的方式来恢复和发展两河流域南部和波斯故地的农业经济。这既符合萨珊帝国初年国力不足的现实，也有助于在对外掠夺中加强萨珊—帕提亚贵族联盟的凝聚力和向心力。尽管古典作家的记载显示阿达希尔一世曾对罗马帝国公开表示要恢复"祖先时期波斯人直到希腊海"的疆域（如狄奥和赫罗狄安等）。[①] 但萨珊波斯人对罗马帝国的侵攻并没有征服和长期统治罗马东地中海领土的战略规划，而由美索不达米亚和伊朗高原构成的"伊朗沙赫尔"（Iranshahr）本土才是萨珊帝国统治者真正关心的地区。

　　另者，公元222—260年，罗马帝国先后经历塞维鲁·亚历山大（Severus Alexander，222—235年在位）、戈尔迪安三世（Gordian Ⅲ，238—244年在位）、阿拉伯人菲利普（Philip the Arab，244—249年在位）和瓦勒良（Valerian，253—260年在位）四位皇帝的统治（不考虑僭位称帝失败者和其他在位时间极短的皇帝），而以上四帝均在其在位期间与波斯发生战争（或处于战争状态）。因此我们在叙述公元231—260年的罗马波斯战争时，主要分四个阶段来展开：第一阶段是公元232—233年塞维鲁·亚历山大皇帝对波斯的远征；第二阶段是公元238—244年间波斯对哈特拉的攻略以及随后戈尔迪安三世对波斯的远征；第三阶段是公元253—256年沙普尔一世的第一次罗马侵攻；第四阶段公元258—260年沙普尔一世的第二次罗马侵攻。现分别叙述如下：

　　公元230年，阿达希尔一世率军围攻罗马帝国在美索不达米亚北部的两大重镇尼西比斯和卡莱，但是都未能破城，于是波斯军队渡过幼发拉底河洗劫了罗马帝国的卡帕多西亚和西里西亚行省。为

---

① David Frendo, "Cassius Dio and Herodian on the First Sasanian Offensive against the Eastern Provinces of the Roman Empire（229 – 232）", *Bulletin of the Asia Institute* 16［2002（2006）］, pp. 25 – 36.

了稳定东方局势，塞维鲁·亚历山大皇帝于公元 231 年派出使节与阿达希尔交涉，但后者表态极为傲慢，甚至派出 400 名波斯贵族组成的使团着盛装"回访"罗马，并提出让罗马人退出叙利亚和亚细亚以及恢复波斯人自居鲁士时代以来便拥有的直到爱奥尼亚（Ionia）和卡里亚（Caria）的疆域①的强硬要求。塞维鲁·亚历山大皇帝当然不能答应波斯方面提出的要求，遂将波斯使团悉数逮捕，并将其发配至小亚细亚的弗里吉亚地区种田②，然后决定于公元 232 年秋派出三路大军远征波斯。现存史料关于这三路军队的具体作战情况语焉不详：根据赫罗狄安的记载，塞维鲁·亚历山大将自己的军队分成三部分沿北、中、南三路进军波斯。北路军沿亚美尼亚山地进军米底，中路军从美索不达米亚北部南下泰西封，而皇帝带领作为主力的南路军沿幼发拉底河南下伺机寻求波斯主力部队进行会战。北路军进展较为顺利，但是在当年（232 年）冬天撤退时因为气候恶劣、缺乏补给在亚美尼亚山区遭到严重损失；而罗马中路军因为将领内部矛盾，在美索不达米亚北部裹足不前，未能配合南路军展开钳形攻势；塞维鲁·亚历山大率领的南路军可能遭遇了阿达希尔一世的主力，但双方会战的具体时间、过程和结果并不清晰。

　　根据《奥古斯塔历史》的记载，在公元 233 年秋结束波斯战争后对元老院的报告中，塞维鲁·亚历山大皇帝大肆吹嘘波斯军队的规模和自己的战果："我们征服了波斯人，波斯人有 700 头全副武装的战象，我们击杀其中 200 头，俘获 30 头；我们摧毁了波斯人 1800 辆战车中的 200 辆；我们歼灭了 12 万波斯精锐骑兵，其中 10 万是全副武装的铁甲骑兵；我们收复了美索不达米亚，而阿塔薛西斯（即阿达希尔一世）丢弃旌旗落荒而逃。"③《奥古斯塔历史》的记载

---

　　①　Cassius Dio, *Roman History*, 80.4.1 – 2; Herodian, *History of the Roman Empire from the death of Marcus Aurelius to the Accession of Gordian* Ⅲ, 4.2.3 – 4.

　　②　Herodian, *History of the Roman Empire from the death of Marcus Aurelius to the Accession of Gordian* Ⅲ, 4.4.4 – 6.

　　③　*Historia Augusta*, *Severus Alexander* 55, 1 – 3; 56 – 57, 3, 58, 1: 1.

虽明显属于过分夸大，但考虑到以《泰伯里史》和《列王纪》为代表的阿拉伯—波斯史料对阿达希尔一世与罗马帝国的战争几乎只字未提，因此阿达希尔一世在位期间可能确实没有值得"大书特书"的对外军事胜绩。实际上，从当时各方史料来看，阿达希尔一世与塞维鲁·亚历山大皇帝所率主力部队的会战很可能胜负未分，且双方损失都不轻，而罗马军队至少在战争结束后全身而退，因此我们可以认为这一次罗马和波斯双方基本打成平手。

不仅如此，根据卡西乌斯·狄奥和亚美尼亚史家的记载，阿达希尔一世在公元 227—229 年间攻打哈特拉和亚美尼亚时也屡遭挫折，甚至多次被亚美尼亚人击败。这充分表明萨珊波斯人在立国初年的军事实力并非如后世所称的那样无坚不摧。由于哈特拉横亘在美索不达米亚北部与波斯核心区之间，阿达希尔一世对罗马帝国的侵攻难以得到后方的持续补给和保障，因而收效甚微。另外，亚美尼亚国王提里达特二世（Tiridates Ⅱ，217—252 年在位，亚美尼亚史料作 Khosrov Ⅱ）也堪称萨珊帝国初年除罗马帝国之外的最大劲敌，提里达特二世不仅多次击退阿达希尔一世的进攻，甚至还主动开放高加索山诸隘口、联合阿尔巴尼亚人、伊比利亚人和北高加索的阿兰人（亚美尼亚史料作"匈人"）以及东方的贵霜人攻打米底，亚美尼亚军队在此 10 年间深入伊朗高原腹地所向披靡，而亚美尼亚史家摩西在其《亚美尼亚史》中甚至称阿达希尔一世为躲避胡斯洛二世（即提里达特二世）的兵锋一度远遁印度。以霍伦纳契的摩西和阿加桑格罗斯为代表的亚美尼亚史家对提里达特/胡斯洛二世的战绩记载显然有夸大的倾向。但从后来沙普尔一世不惜派出刺客将提里达特/胡斯洛二世暗杀来看，亚美尼亚安息王朝确实是萨珊王朝初年最难对付的劲敌之一。

实际上，提里达特/胡斯洛二世之父胡斯洛一世和帕提亚末王阿塔巴努斯四世均为帕提亚国王沃洛加西斯五世之子，帕提亚安息王朝灭亡对于亚美尼亚安息王朝来说无异于唇亡齿寒。虽然帕提亚贵族世家在萨珊王朝建立后大部分归顺阿达希尔一世，但仍有部分成员逃至亚美尼亚（如卡林家族的一部分成员）甚至归顺罗马帝国。以安息王朝正统支脉自居的亚美尼亚人对推翻帕提亚安息王朝的"暴发户"——萨珊王朝的敌视可想而知。而从萨珊波斯人的视角来看，亚美尼亚安息王朝一日不除，推翻阿萨西斯家族的任务就不能算真正完成，自己统治伊朗高原的政治合法性也始终面临亚美尼亚安息王室支脉的质疑和挑战，这便从根本上决定了古代晚期亚美尼亚与罗马—拜占庭帝国和萨珊帝国之间错综复杂的矛盾关系。

　　阿达希尔一世在位期间最重要的功绩并非与罗马帝国和亚美尼亚之间不分胜负的战争，而是基本平定了伊朗高原内部各大割据势力，从根本上扭转了帕提亚王朝晚期四分五裂、群龙无首的政治局面，从而为在伊朗建立有效的中央集权统治并建立琐罗亚斯德教国家教会奠定了基础。阿达希尔一世在位期间的另一项功绩是在公元233—234年间东征贵霜帝国，并首次重创了后者在巴克特里亚和印度河流域北部核心统治区的势力，从而为沙普尔一世时代贵霜—萨珊王国（Kushano-Sasanians）的建立奠定了基础。阿达希尔一世晚年最重要的军事活动是成功攻取了长期与波斯人对抗的哈特拉城。根据5世纪成书的《科隆摩尼教抄本》（Codex Manichaicus Coloniensis）记载，在摩尼教先知摩尼（Māni，216—274/277年）24岁那年（公元240年），波斯王阿达希尔（Dariadaxir）夺取了哈特拉城，而王储沙普尔（Sapores）在这一年法尔穆提（Pharmuthi）月的第八天（公元240年4月17/18日）登基称王[①]，而摩尼也是于此时进入沙普尔的幕府担任幕僚。从阿达希尔一世统治末期发行的"父子同朝"银币来看，沙普尔很可能是因为夺取哈特拉的战功而成为阿达希尔的共治君主（公元240—242年），直到后者隐退去世沙普尔才成为萨珊帝国唯一统治者（公元243年起）。

　　根据《泰伯里史》的记载，沙普尔王子围攻哈特拉（al-Hadr）

---

① *Codex Manichaicus Coloniensis*, 18. 1 – 16, eds., Koenen and Römer, pp. 10 – 12.

历时四年（泰伯里提供的另一个版本是两年）而不能下，最后因为哈特拉城主达伊赞（al-Dayzan）之女娜狄拉（al-Nadīrah）对沙普尔一见钟情而背叛父亲献出城池①。娜狄拉与沙普尔之间的爱情故事和悲剧结局成为后世波斯和阿拉伯文学所津津乐道的话题，但其历史真实性并不确凿，许多学者认为沙普尔一世很可能使用了其他计谋夺取了哈特拉。为了彻底解决哈特拉在罗马波斯战争中对波斯一方造成的战略威胁和掣肘，沙普尔下令将哈特拉的城墙夷为平地（从现代考古遗址来看，哈特拉的城墙只是被部分拆毁，但无疑已失去了防御功能），从而结束了该城作为古典时代美索不达米亚重要沙漠商贸城市和帕提亚帝国/罗马帝国属国的历史。

另外，阿达希尔一世晚年还试图拔取罗马帝国在美索不达米亚的其他前哨据点：根据杜拉—幼罗波斯遗址出土的壁画铭文记载，波斯人也曾于公元239年围攻过该城。杜拉—幼罗波斯还出土了当时驻守该城的帕尔米拉第20步兵大队（*Cohort* X X *Palmyrene*）军事护民官尤里乌斯·特伦提乌斯（Julius Terentius）的雕带壁画和拉丁文墓志铭，铭文提到他生前作战英勇，视死如归，死后倍极哀荣。而根据哈特拉太阳神庙遗址出土的拉丁文铭文记载，公元239年罗马帝国隶属于帕提卡第一军团（*Parthica* Ⅰ）的第九摩尔人步兵大队（*Gordian Cohort* Ⅸ）曾奉戈尔迪安皇帝之命驻防哈特拉并向该城中的太阳神庙献祭，这可以作为我们判断哈特拉城被波斯攻陷的时间上限的依据。由此可见，阿达希尔一世晚年成功夺取哈特拉对于草创期的萨珊帝国而言具有非同凡响的意义，哈特拉的陷落使罗马帝国失了威胁萨珊帝国腹地的一个重要战略前哨，因而攻陷并摧毁哈特拉是波斯人在美索不达米亚重建帝国秩序、巩固京畿地区战略安全的必要举措。

---

① Tabari, *Tarikh al-Rusul wa al-Muluk*, Vol. 5：*Byzantines, Sasanids, Lakhmids and Yemen*, 828 – 830 (32 – 37) .

第二节　沙普尔一世与罗马帝国的 三次战争考察

　　公元235年，塞维鲁·亚历山大皇帝与其母后尤莉亚·玛米娅（Julia Mamaea）于莱茵河前线被禁卫军士兵刺杀，塞维鲁王朝灭亡，罗马帝国正式进入"3世纪危机"时代（235—284年）。"3世纪危机"期间罗马帝位更迭频繁，绝大多数皇帝出身行伍，因此也被部分学者称为"士兵皇帝时代"。与早期帝国时代的罗马诸帝不同，3世纪危机期间的罗马诸帝在对外政策上更加缺少长时段的战略规划和审慎，而表现出明显的临时性和应急性特点，这也影响到罗马帝国的东方政策。如前文所述，这一时期罗马帝国与萨珊帝国的冲突不应该单纯地被理解为波斯一方谋求普世扩张战略以恢复"阿契美尼德旧疆"。部分学者甚至认为，3世纪期间绝大部分的罗马波斯战争都是由渴望通过战胜波斯来巩固其皇位合法性的"士兵皇帝"们主动挑起的。由于塞维鲁王朝时期罗马帝国东方疆界已经深入幼发拉底河和底格里斯河中游并建立了行省和一系列前哨驻军据点（如尼西比斯、辛加拉、杜拉—幼罗波斯和哈特拉等），萨珊帝国恢复帕提亚时期西部疆界和势力范围的努力必然表现为对罗马帝国及其东方附属国（如哈特拉和亚美尼亚等）的"入侵"，因此很难说这一时期罗马和波斯谁更有进攻性，以及战争中谁更具备合法性和正当性。公元238年戈尔迪安三世继位后，罗马帝国在两河流域继续面临着波斯西扩的压力。阿达希尔一世晚年对哈特拉和杜拉—幼罗波斯的围攻便是萨珊帝国决心拔除罗马帝国东方前哨据点的体现，而公元240年哈特拉的最终陷落标志着双方攻守态势的转换。之后，沙普尔一世通过公元253—256年以及公元258—260年两次对罗马帝国的大规模侵攻，重创了罗马帝国在东方的统治，但却不能消化其征服成果，这便为帕尔米拉帝国的崛起创造了条件。

公元241/242 年阿达希尔一世去世后，沙普尔一世成为萨珊帝国唯一统治者，而年轻的罗马皇帝戈尔迪安三世在其岳父兼禁卫军统领提米塞乌斯（Timestheus）的辅佐下已经集结大军准备东征。根据《奥古斯塔历史》以及4 世纪的罗马史家奥勒留·维克托和尤特罗庇乌斯的记载，戈尔迪安三世在东征波斯之前最后一次在罗马城打开了象征战争的雅努斯（Janus）之门①。罗马史料对戈尔迪安三世战果的夸张性叙述尤以《奥古斯塔历史》为最，其中甚至提到收复被沙普尔一世攻占的安条克等后世无法证实的信息。从《泰伯里史》的记载来看，沙普尔一世登基之初忙于平定里海南岸当地部落的叛乱，根本不可能有能力攻略罗马帝国东方诸省。公元243 年，东征的罗马军队在奥斯罗恩境内的雷塞纳（Rhesaina）初战告捷，打败了一支波斯军队，随后沿幼发拉底河而下深入阿苏里斯坦。但是戈尔迪安三世的得力助手提米塞乌斯随后染病身亡（很可能是被谋杀），阿拉伯人菲利普继任禁卫军长官，从而为后来罗马军队的灾难性结局埋下了伏笔。根据沙普尔一世的铭文，他率领波斯军队在阿苏里斯坦边境的米西格（Meshig，Misiche，今伊拉克安巴尔）全歼了罗马军队并杀死了戈尔迪安，"罗马人遂将菲利普立为凯撒，并在缴纳50 万第纳尔赔款后得以安全撤回罗马。由于这个原因，我们将米西切命名为卑路斯·沙普尔（Peroz Shapur，意为'沙普尔的胜利'）"。不仅如此，沙普尔一世在纳克什·鲁斯塔姆的浮雕中也描绘了戈尔迪安三世被沙普尔的战马践踏在马蹄下的画面。

但是，以尤特罗庇乌斯和菲斯图斯为代表的晚期古典作家对戈尔迪安三世的死因记载与萨珊帝国的官方说法完全不同，他们认为戈尔迪安三世并非战败被杀，而是在撤军途中被禁卫军长官菲利普阴谋刺杀②。而4 世纪的罗马史家阿米安也提到，在公元363 年尤里

---

① Aurelius Victor, *liber de Caesaribus*, 27, 7 – 8：7；Eutropius, *Historiae Breviarium Romanum*, 9.2.2 – 3, 1：2.

② Festus, *breviarium*, 22.2 – 7.

安皇帝东征波斯时，曾于幼发拉底河中游的宰伊塔（Zaitha）镇发现戈尔迪安三世的墓碑并致祭纪念①。尤特罗庇乌斯和菲斯图斯均明确指出，戈尔迪安三世死亡的地点位于距离科尔凯西乌姆（Circesium）20 英里处幼发拉底河畔的一个罗马要塞。参考阿米安对尤里安东征路线的记载可知，宰伊塔应当位于科尔凯西乌姆与杜拉—幼罗波斯之间的某个地方，因此与位于杜拉—幼罗波斯更下游的米西切（已经靠近两河下游距离最短处）已经有相当远的距离。由于罗马方面的史料无一提到菲利普对沙普尔一世缴纳巨额赎金以换其安全撤军，只有拜占庭史家佐拉纳斯提到戈尔迪安三世在与波斯人的激战中从其坐骑上摔倒②。因此我们可以认为，戈尔迪安三世在米西切战役中很可能因战事不利而坠马受伤，随后又于撤军途中被禁卫军长官菲利普谋杀，后者遂继位为罗马皇帝。

戈尔迪安三世死后，罗马帝国与萨珊帝国又维持了大约十年的和平局面（公元 244—253 年），在此期间罗马帝国忙于应对西方日耳曼蛮族入侵和内部动乱，而沙普尔一世在把注意力转向东方，并在此期间彻底降服了贵霜帝国西支，并在贵霜帝国故地建立贵霜—萨珊王国作为萨珊帝国的东部附庸。根据沙普尔一世的铭文记载，他统治时期萨珊帝国的东部疆域“直到白沙瓦的贵霜人土地”（Kušānšahr dā frāz ō Pašakbur）。21 世纪初考古学者在阿富汗东部的拉格—比比（Rag-i Bibi）发现的沙普尔一世无头骑马石刻浮雕证明，沙普尔一世在位时期萨珊帝国的确扩张至了贵霜帝国在巴克特里亚的腹心地带。而从公元 249/250 年起，罗马帝国再次遭到大规模瘟疫的打击。此次瘟疫由于同时代罗马迦太基主教西普里安（Cyprian）的记载而被后世称为“西普里安瘟疫”（Cyprian Plague）。持续十余年之久的西普里安瘟疫是罗马帝国在公元 3 世纪中叶在对外战争中屡遭军事挫败的重要原因，也使得 253—260 年间沙普尔一世得以多次

---

① Ammianus Marcellinus, *Res Gestae*, 23. 5. 7 – 8.

② Zonaras, *Epitome Historiarum*, 12. 17.

顺利入侵罗马帝国东方诸省。《泰伯里史》记载沙普尔一世在其统治的第 11 年出兵围攻尼西比斯，经过长时间围困之后利用该城城墙的意外塌陷而破城，之后掳走大批居民和财富。根据亚美尼亚史料的记载，公元 252 年沙普尔一世又派苏林家族出身的贵族阿纳克（Anak）作为间谍出使亚美尼亚，后者成功刺杀了多年与波斯为敌、堪称萨珊帝国心腹大患的亚美尼亚国王提里达特/胡斯洛二世。① 沙普尔一世随后以大军跟进征服了处于混乱中的亚美尼亚王国，并以自己的王储霍尔木兹（即后来的萨珊君主霍尔木兹一世）为亚美尼亚大国王（Shah-e vuzurg，地位仅次于"王中之王"），亚美尼亚王国随后落入萨珊帝国直接统治达近半个世纪之久（公元 252—298 年）。提里达特二世的遗腹子小提里达特（即后来的亚美尼亚国王提里达特三世）侥幸逃脱，在侍从的陪同下逃到罗马帝国避难。

沙普尔一世的铭文将其于公元 253 年征伐罗马帝国的原因解释为"罗马凯撒再次说谎，对亚美尼亚做了错事"，其含义应该就是指罗马帝国对亚美尼亚安息王室成员的庇护行为。考虑到当时处于皇位更替和内战状态的罗马帝国不太可能主动干预亚美尼亚事务，沙普尔一世的开战理由显得颇为"欲加之罪"，其真实目的则是趁乱掠夺罗马帝国的人口和财富。为了惩罚罗马帝国对亚美尼亚事务的干预，沙普尔一世于公元 253—256 年对罗马帝国发动了第一次大规模侵攻。沙普尔一世在其纪功铭文中详细列举了在他第二次对罗马帝国的战争中（即公元 253—256 年的战争，公元 243—244 年与戈尔迪安三世的第一次战争属于防御性质）一共攻克、洗劫和掠夺的 37 座城镇的名称，并叙述道："我们在巴巴利苏斯（Bēbališ，Barbalisos）歼灭 6 万罗马大军（明显夸大），随后将叙利亚及其周边地区付之一炬，我们在大肆掠夺以下地区之后留下一片废墟。"沙普尔一世的铭文所列其在公元 253—256 年对罗马帝国的侵攻中洗劫的地区如下：

① Agathangelos, *History of the Armenians*, 23－35；Moses Khorenats'i, *History of the Armenians*, 76－77.

　　罗马凯撒再次说谎，对亚美尼亚事务横加干涉，于是我们出发讨伐罗马帝国。在巴巴利苏斯我们歼灭 6 万罗马大军。随后我们将叙利亚及其周边地区付之一炬，大肆掠夺，所过为墟。我们从罗马帝国夺取的要塞和城镇如下：

　　阿纳特（Anat，位于幼发拉底河中游），贝特·阿鲁邦（Birt Arūpān，Erevan，亚美尼亚北部），贝特·阿斯普拉冈（Birt Aspōragān，Vaspurakhan，凡湖东岸地区），苏拉（Šūrā），巴巴利苏斯（Bēbališ），曼比季（Mambōg，即 Hierapolis），阿勒颇（Halab），克内什拉（Kennešrā，Qinnasrīn，Χαλκίδα，即叙利亚的 Chalcis），阿帕米亚（Apamiyā），拉凡尼亚（Refaniyos，位于腓尼基），祖格马（Zūma，幼发拉底河中游渡口），乌尔纳（Urnā），吉达鲁斯（Gindaros，安条克东北），拉美纳兹（Larmenāz，位于奥伦特河下游东岸），塞琉西亚·皮埃利亚（Selōkiyā），安条克（Andiyok），库鲁斯（Kirros，Cyrrhus，安条克东北），塞琉西亚（Selōkiyā，奥伦特河下游），亚历山大里亚（Aleksandriyā，位于伊苏斯湾），尼科波利斯（Nēkpolis），辛扎拉（Sinzar，奥伦特河中游），哈马（Hamāt，位于叙利亚），阿里斯坦（Ariston，奥伦特河上游），迪科尔（Dikor，位于叙利亚东北部），杜拉（Dūrā），多罗克斯（Dolox，位于叙利亚北部），科尔凯西乌姆（Korkusyā，Circesium），日耳曼尼西亚（Germaniyos，位于科马基尼），巴特奈（Batnān），哈纳尔（Xānar，位于奥斯罗恩），萨塔拉（Sātal，位于小亚美尼亚），多曼（Domān，即 Domana，位于萨塔拉以北），阿尔坦吉里亚（Artangilyā，位于卡帕多西亚），舒什（Sūš），苏维德（Suvid，Souisa，位于 Domana 以西），弗拉斯帕（Frāt，可能为乌尔米耶湖东岸的 Phraata），总共 37 座城镇及其周边地区。

　　关于沙普尔一世此次西征的行军路线和攻略城市的顺序，由于罗马方面史料记载的混乱而引起学界争议，其中波兰学者卡塔济

纳·马克西缪克（Katarzyna Maksymiuk）还原的结果如下：公元 253
年初，沙普尔一世第一次围攻杜拉—幼罗波斯，由于守军顽强抵抗
而久攻不下，遂绕过杜拉—幼罗波斯及上游的科尔凯西乌姆和苏拉
（Sura）等要塞深入罗马叙利亚行省；在巴巴利苏斯歼灭前来迎击的
罗马军队主力后，沙普尔一世率军进至赫拉波利斯（Hierapolis，今
曼比季）并分兵，一路南下贝罗亚（Beroea，今阿勒颇）、卡尔基斯
（Chalcis）、阿帕米亚（Apamea），再分兵进袭腓尼基境内的雷法尼
亚（Rephaneia）和奥伦特河上游的艾米萨，而进攻艾米萨的波斯军
分队被当地守军击败；另一路军自赫拉波利斯北上后，至幼发拉底
河上的祖格马渡口后再次分兵两路，一路东渡幼发拉底河进攻奥斯
罗恩境内的巴特奈和哈纳尔（Chanar），另一路往西南方向攻打库鲁
斯（Cyrrhus）、吉达鲁斯（Gindarus），最后与自雷法尼亚北上的南
路军分队一道围攻安条克及其外港塞琉西亚·皮埃利亚（Seleucia
Pieria）。在攻陷安条克及其外港之后，沙普尔又分兵北上抄掠了伊
苏斯湾的亚历山大里亚（Alexandria on the Issus）直至科马基尼境内
的日尔曼尼西亚（Germanicia）。

　　然而，沙普尔在铭文中提到征服 37 座城市和地区中的前三个即
Anat，Birt Arūpān，Birt Aspōragān 的位置无法确定。卡塔济纳认为
Birt Arūpān 和 Birt Aspōragān 位于科尔凯西乌姆与苏拉之间的幼发拉
底河沿岸，似乎从逻辑上符合沙普尔一世的行军顺序及这两处地名
与其他被征服城市的位置关系，但无法得到同时代文献和现代考古
证据的支持。① 笔者认为，Birt Arūpān 和 Birt Aspōragān 可能为亚美
尼亚境内的"Erevan"（即埃里温）和"Vaspurakhan"（亚美尼亚人

---

① Zeev Rubin, "The Roman Empire in the Res Gestae Divi Saporis: The Mediterra-
nean World in Sasanian Propaganda", in *Ancient Iran and the Mediterranean World*: *Proceed-
ings of an International Conference in Honour of Professor Jozef Wolski Held at the Jagiellonian
University*, *Cracow*, *in September* 1996, ed. Edward Dabrowa, Electrum: Studies in Ancient
History, Vol. 2, ser. ed. Edward Dabrowa, Krakow: Jagiellonian University Press, 1998,
pp. 177 – 185.

对凡湖东南岸平原地区的称谓）地区在叙利亚语中的称呼。因为沙普尔一世虽然将提里达特二世除掉，但亚美尼亚境内必定有零星甚至一定规模的反抗。卡塔济纳也认为在沙普尔一世西征期间，代理亚美尼亚国王的霍尔木兹王子也负责出击罗马帝国在卡帕多西亚和小亚美尼亚的领土，即沙普尔铭文中提到的"Sātal，Domān，Souisa"三处位于以上地区的地名。因此，沙普尔一世完全可能在攻略罗马帝国叙利亚行省及其周边地区的同时分兵镇压（大）亚美尼亚境内的反叛势力，遂将以上亚美尼亚（包括罗马控制的小亚美尼亚）的城市与地区名字也一起列入了其对罗马帝国的征服成果中。

　　不论如何，沙普尔一世此次出征最大的战果便是于公元256年攻陷罗马帝国叙利亚首府安条克，以及在同年稍早（或稍后）时候彻底攻陷并摧毁幼发拉底河中游的罗马要塞城市杜拉—幼罗波斯。卡塔济纳认为波斯人在公元253年和256年两次攻陷安条克，这无论从时间还是逻辑上看均不妥。故笔者认为，沙普尔一世此次出征攻陷安条克应只有公元256年这一次。公元5世纪的罗马帝国异教史家佐西穆斯（Zosimus）在其著作中描述了安条克陷落（可能是公元256年那次，也不排除是在公元260年击败瓦勒良后）的情况，"波斯人攻陷安条克后杀死许多居民，其余全部掠为俘虏，洗劫财产不可胜计，城中公私建筑一概被毁，几乎没有遭到什么抵抗"。佐西穆斯还认为"如果不是忙于运回从安条克洗劫的巨额财富，波斯人是完全可以征服整个亚细亚的"①。另外，古代晚期成书的拉丁文学作品《西比拉神谕》（*Oracula Sibyllina*）第十三书中有许多谶语和预言以当时波斯人攻陷安条克、当地居民遭到"神罚"为主题。现代学界仍然无法精确判定公元256年和260年安条克两次失陷在文献中的具体对应情况。笔者倾向于认为公元256年这一次攻陷安条克对该城的破坏和洗劫在规模上应该不如后一次，否则波斯人没有必要于公元260年第二次攻陷并洗劫安条克。

---

① Zosimus, *Historia Nova*, I. 27. 2.

　　沙普尔此次西征另一主要战果是于公元256—257年间彻底攻陷并毁灭罗马帝国在幼发拉底河中游西岸的要塞城市杜拉—幼罗波斯。由于3世纪罗马帝国和叙利亚本土文献史料记载的匮乏，杜拉—幼罗波斯在公元253—256年萨珊军队侵攻罗马帝国时陷落的具体时间主要来自考古证据。英国兰切斯特大学的考古学家西蒙·詹姆斯（Simon James）在仔细整理杜拉—幼罗波斯出土文物后指出，该城可能在沙普尔一世西征之初便陷落过一次（253年），旋即又被罗马人收复（254年），直到公元256—257年间被波斯军队彻底攻陷并摧毁。如前文，在公元238—239年阿达希尔一世在位末期，波斯人便围攻过杜拉—幼罗波斯，只是因为守军顽抗而未能破城。公元253年沙普尔一世西征时，杜拉—幼罗波斯一度陷落（可能是主动投降），并于次年被罗马军队收复。在公元254—255年间，罗马守军最后一次对杜拉—幼罗波斯的西段城墙进行了大规模的加固工事建设，城中原来的基督教堂和犹太会堂的一部分也被拆除用来修筑反围城工事，以应对即将到来的最后一次波斯围攻。公元256年萨珊波斯军队最后一次围攻杜拉—幼罗波斯，此战以丰富生动的实物遗存见证了3世纪罗马波斯战争的惨烈和这座汇聚东西方各种文化元素历史名城的最后岁月，因而其经过值得在此详细叙述。

　　根据现代考古学者的复原，罗马帝国时期的杜拉—幼罗波斯城周长约4公里，有北、西、东南三道城墙，东北侧与幼发拉底河岸相接。杜拉—幼罗波斯三道城墙上共有塔楼26座，其中14座塔楼位于直面沙漠地带、防御最薄弱的西段城墙。由于杜拉—幼罗波斯北段和东南端城墙均立于峭壁之上，在公元256年的围攻中，波斯军队重点攻击其西段城墙，尤其是其主城门帕尔米拉门（Palmyrene Gate，因面向帕尔米拉而得名）。从考古遗址来看，攻守双方在帕尔米拉门北侧的19号塔楼以及西墙南端的14号塔楼及其周围地区发生了最激烈的战斗。攻城的波斯军队首先在城外在正对19号塔楼约30米处的地面挖掘坑道工事，进入坑道后的波斯士兵随后在19号塔楼及下方城墙地基附近与同时修建反坑道工事的罗马守军遭遇并发生激战。1922—1937 年间，东方学家弗兰兹·库蒙特（Franz Cu-mont）和罗斯托夫采夫（M. Rostovtzeff）以及随后跟进的其他考古工作者对杜拉—幼罗波斯遗址进行了系统的发掘。而 1986 年后法国—叙利亚联合考古队再次对该城遗址进行了发掘工作。20 世纪前期的考古学者在杜拉—幼罗波斯西段城墙 19 号塔楼遗址下方发现了许多罗马士兵骸骨，同时还出土了罗马军团士兵的盾牌以及波斯士兵的头盔等军事装备。考古学家们从罗马士兵遗骸身上携带的钱币铭文得以确定这次围攻战发生于公元 256 年。不仅如此，在波斯人修建的坑道工事遗址与罗马人反坑道工事的接合部位，还出土了一具除腿部严重烧伤外其他身体部分保存完好的波斯士兵骸骨，而坑道更深处则密集分布着 19 具罗马士兵的遗骸。参与过杜拉—幼罗波斯发掘的考古学家梅斯尼尔（Mesnil）认为，波斯士兵在坑道中与罗马守军激战时，采用了火攻战术，并导致了坑道的坍塌，这些罗马士兵因来不及逃走而被埋葬于坑道中（或被波斯士兵杀死）①。由于波斯人遭到罗马守军的顽强抵抗，这个波斯士兵在坑道中点燃了大火以攻击罗马守军，最后因为来不及逃走而死在坑道中，而和他一起因为大火随后导致的坑道坍塌而埋葬的罗马士兵则有 19 人之多。

　　继梅斯尼尔之后，许多学者均尝试对当年坑道战的具体细节进行重新解读。历史学家凯特·格里弗（Kate Gilliver）便认为，杜拉—幼罗波斯坑道中的罗马、波斯士兵是被有毒的燃烧气体熏死而非活埋。根据格里弗的观点，早在公元前 189 年，希腊人在安布拉西亚（Anbracia）对抗罗马人坑道作战时便使用了羽毛等易燃物产生的气体来攻击坑道中的罗马士兵，而希腊化时期火攻战术的普及在波利阿努斯（Polyaenus）的《战术》（*Stratagems*）中也有明确的反映。西蒙·詹姆斯在考察分析罗马士兵骸骨分布以及波斯士兵骸

---

① R. Mesnil du Buisson，"Les sapes perses de Doura-Europos"，Unpublished Manu-script，New Heaven：Yale University Art Gallery，Dura-Europos Archive.

骨周围的含硫氧化物和沥青残留分布的位置后，重新还原了当时坑道战的具体细节并纠正了杜梅斯尼尔的假说：在听见罗马守军修建反坑道工事的声音后，坑道中的波斯士兵预先在前方放置了一个木炭火盆，随后撤退至坑道后方。罗马守军挖通坑道之后，波斯士兵便将硫黄和沥青抛掷于火盆中，遂产生了大量致命的有毒气体（如一氧化碳和二氧化硫），而坑道中的罗马士兵全部因为吸入这些毒气而死。波斯士兵随后撤退并将坑道封闭，转攻杜拉—幼罗波斯的西墙南端的 14 号、15 号塔楼之间的城墙。波斯军队首先修筑了攻城斜面土墩，被守军击退，于是又采取了土墩和坑道双管齐下的战术，最终得以破城。

杜拉—幼罗波斯陷落后，沙普尔一世将城中居民悉数掠为俘虏发配波斯，而杜拉—幼罗波斯的城墙则被拆毁。唯一遗留至今的是杜拉—幼罗波斯西墙的帕尔米拉门，而作为罗马帝国东方前哨的杜拉—幼罗波斯城从此湮没于历史长河中。杜拉—幼罗波斯围城战是 3 世纪罗马波斯战争中一次经典的攻防战，也很可能是世界历史上被后世"重见天日"的最早的"化学战"。此战充分证明了萨珊帝国军事体系在步兵作战、临时工程建造和攻城战术等前代帕提亚时期极为薄弱的领域内出现了革命性的进步。自 2 世纪末以来，由于罗马帝国频繁的皇位内战，大量罗马军人流亡帕提亚帝国和萨珊帝国，而沙普尔一世对罗马帝国城市的洗劫和战俘迁徙进一步扩充了萨珊帝国所能支配的人力和技术资源，其结果便是波斯军队逐渐改善了其依赖骑兵野战的战术体系，发展为兼具野战与攻城能力的步骑混合部队。当然，我们也不能忽略同时期罗马帝国东部边疆防御体系由于持续的内战、瘟疫和皇位更迭以及波斯人和哥特人的连年大举入侵而趋于崩溃的历史大背景。只有在这样的背景下，我们才能充分理解 3 世纪期间罗马波斯战争的诸多特点以及以杜拉—幼罗波斯为代表的罗马—波斯边疆城市在这一时代所扮演的角色和遭遇的命运。

在攻陷杜拉—幼罗波斯、第一次洗劫安条克之后，沙普尔一世于公元258—260 年又对罗马帝国发动了第三次（也是最后一次）战争，此次战争标志着沙普尔一世在位期间萨珊帝国对罗马帝国军事胜利的顶峰，同时也是沙普尔一世在其纪功铭文中最详细记录的战事。但由于文献记载的缺乏和沙普尔一世铭文叙事时间观念的模糊，这次战争的起因和战事经过的细节和时间顺序仍然扑朔迷离。罗马史家（包括文学作品）主要关注的是当时安条克的陷落以及瓦勒良的被俘，而沙普尔一世的铭文着力描绘其攻克洗劫的城市，而没有给出此次出征的开战原因以及双方军事部署和作战行动的具体次序和时间。从时间和作战地域来看，沙普尔一世此次出征是公元253—256 年对罗马帝国侵攻作战的延续，其首要战略目标仍然是拔除美索不达米亚北部的罗马要塞据点（如埃德萨和卡莱）。只是由于瓦勒良意外被波斯军队俘虏、其麾下的主力部队覆灭，才使得沙普尔一世能够再次分兵掠夺罗马帝国叙利亚、西里西亚和卡帕多西亚行省诸城。沙普尔一世铭文中关于其第三次对罗马帝国战争的情况有如下述：

> 第三次出征时，我们的大军朝卡莱（Xarrān）和埃德萨（Urhā）开拔，并围攻这两座城市。瓦勒良凯撒从以下各地带来一支大军迎击我们：日耳曼，雷蒂亚（Raetia），诺里库姆（Noricum），达西亚（Dacia），默西亚（Moesia），伊斯特里亚（Istria），西班牙，阿非利加，色雷斯，比提尼亚，亚细亚，潘菲利亚，伊苏里亚，利考尼亚（Lycaonia），加拉太，西里西亚，卡帕多西亚，弗里吉亚，叙利亚，腓尼基，犹地亚，阿拉比亚，毛里塔尼亚，日耳曼尼西亚，罗德岛，奥斯罗恩，美索不达米亚，总计7 万人。在卡莱和埃德萨的那一边我们与瓦勒良凯撒大战一场，将其生擒。罗马禁卫军长官，元老院议员和各级将领都被我们俘获，然后发配波斯。随后我们再次将叙利亚，西里西亚和卡帕多西亚大肆抢掠一番后付之一炬。
>
> 这一次我们从罗马帝国夺取了以下城市和地区：

伊苏斯的亚历山大里亚（Alexandria on the Issus），萨莫萨塔（Samosata），卡塔波罗斯（Katabolos，位于伊苏斯湾），埃基亚（Aegaea，位于伊苏斯湾），莫普塞斯提亚（Mopsuestia，位于西里西亚），马罗斯（Mallos，位于西里西亚沿海），阿达纳（Adana，位于西里西亚），塔尔苏斯（西里西亚首府），奥古斯塔（Augusta，位于西里西亚），泽非里翁（Zephyrion，位于西里西亚沿海），塞巴斯提亚（Sebastiyā），科里库斯（Korykos），安纳瓦尔扎（Anavarza，位于西里西亚内陆），卡斯塔巴拉（Castabala，位于伊苏斯湾内陆），尼禄尼亚（Neronias，位于伊苏斯湾），弗拉维亚（Flavias，位置不详），尼科波利斯，埃皮芬尼亚（Epiphania，位于伊苏斯湾），克伦德里斯（Kelenderis，位于西里西亚沿海），阿莫里翁（Anemurion，位于西里西亚沿海），塞利努斯（Selinus，位于西里西亚沿海），米尼翁波利斯（Miyonpolis，西里西亚沿海），安条克，塞琉西亚，多米提乌波利斯（Dometiu-polis，位于西里西亚沿海），提安纳（Tynana，位于卡帕多西亚），凯撒利亚（Kēsariyā，卡帕多西亚首府），科马纳（Comana），库比斯特拉（Kybistra，位于卡帕多西亚），塞巴斯提亚（Sebasteia，位于卡帕多西亚），比尔塔（Birtha），拉孔迪亚（Rhakundia），拉兰达（Laranda，位于西里西亚内陆），伊康（Iconium，位于小亚细亚中部，Lycaonia 行省首府），一共 36 座城镇及其周边地区。

我们把从罗马帝国以及其他非伊朗地区俘获的人发配到伊朗沙赫尔的波斯，帕提亚，胡齐斯坦，阿苏里斯坦以及其他我的历代先公先王们拥有和统治的地方，在这些地方我们将这些俘虏安置下来。

比较两篇铭文中洗劫的城市和地区会发现，沙普尔一世此次对罗马帝国作战的地域范围明显发生了变化，即由公元 253—256 年攻略的叙利亚、腓尼基和奥斯罗恩地区向北偏移至叙利亚、科马基尼、西里西亚和卡帕多西亚地区，其兵锋从黎凡特海岸扩展至小亚细亚南部沿海，并且深入罗马帝国在小亚细亚的腹心地带。卡塔济纳将沙普尔一世对罗马帝国的第三次战争在时间上比定为公元 260—261 年，其基本出发点则是以公元 260 年作为埃德萨战役爆发、瓦勒良被俘的大致时间，因此忽略了埃德萨战役之前罗马波斯双方必然存在的战略部署和军事机动过程。

按照大部分学者的意见，瓦勒良皇帝于公元 257 年率军前往东方收复安条克及其周围众多被波斯军队洗劫过的城池。但文献关于瓦勒良东征前后波斯人的军事行动以及瓦勒良收复安条克之后双方的军事行动则出现了记载上的矛盾。佐西穆斯在《新史》（*Historia Nova*）中记载瓦勒良东征前夕波斯军队兵锋已经到达西里西亚，这显然超出了公元 253—256 年沙普尔一世对罗马帝国用兵的范围，并且将 258—260 年沙普尔一世在第三次战争中才洗劫的地区混淆了进来。[①] 根据佐西穆斯的记载，瓦勒良收复安条克之后便率军前往卡帕多西亚，"对他所经过的城市造成了不小的损害，与此同时大军感染瘟疫，士卒死亡略尽，沙普尔趁机入寇，使罗马帝国东方各省授首降服。"[②] 于是瓦勒良被迫派使节携带重金前往沙普尔营帐请求和谈，而沙普尔要求瓦勒良务必亲自前来。绝望中的瓦勒良只能答应沙普尔的要求，随后在波斯军营中被扣押，其间双方未有一战。佐西穆斯并未交代瓦勒良受骗被俘的地点，而拜占庭史家佐纳拉斯（Zonaras，12 世纪）在其著作《精粹历史》（*Epitome Historiarum*）中则明确交代瓦勒良本来不愿与波斯军队正面决战，直到因为受到埃德萨被围守军奋勇作战、杀敌众多事迹的鼓舞才决定率军前往迎击波斯人。但是罗马军队在埃德萨遭遇了严重的饥荒（佐纳拉斯提供的另一位匿名作家的说法），再加上寡不敌众，因此在与波斯军队的决战中，瓦勒良最后仍然战败被俘，这与沙普尔一世铭文记载的

---

① Zosimus，*Historia Nova*，I. 32. 5.
② Zosimus，*Historia Nova*，I. 36. 1 – 2.

情形基本相符。但沙普尔一世将瓦勒良率领的罗马大军描绘成一支从罗马帝国在欧洲、西亚和北非各行省集结的 7 万主力部队，则与罗马史家关于瓦勒良军队在战前已经遭瘟疫袭击而损失惨重、瓦勒良对与波斯军决战犹豫不决的记载相矛盾。

　　不仅如此，古典史家记载、《西比拉神谕》和晚出的拜占庭史料均表明当时罗马军队受到瘟疫和饥荒的严重削弱，因此绝不可能在与沙普尔决战前投入 7 万大军。6 世纪的拜占庭史家彼得·帕特里修斯（Peter Patricius）在其著述中提到了瓦勒良大军因为感染瘟疫而被迫遣使沙普尔一世求和的情况①；9 世纪的拜占庭史家乔治·辛克鲁斯（George Syncellus）的记载更为详尽，并提到当时罗马军队在埃德萨被饥荒所困，以至于瓦勒良失去决战信心并抛弃军队独自投降沙普尔；而拜占庭史家佐纳拉斯提供的另一个叙事版本也认为罗马军队在埃德萨被饥荒所困以致军心动摇，于是瓦勒良"担心士卒哗变，竟然偷偷前往沙普尔营帐请降以保全性命"；比佐纳拉斯时代稍早的拜占庭史家乔治·克德雷诺斯（George Cedrenus，公元 11 世纪）则认为瓦勒良及其手下的 2 万军队是在卡帕多西亚的凯撒利亚（Caesarea of Cappadocia）被波斯军队俘虏。② 前文已述，公元 249—261 年间正值西普里安瘟疫在罗马帝国全境肆虐之际，罗马拜占庭史家关于瓦勒良的东征大军感染瘟疫并陷入饥荒的记载应为事实。由此可知，假定埃德萨战役确实发生过，则罗马军队在战前已经处于绝对劣势，因此最后的失败不可避免。如若佐西穆斯的记载可信，则沙普尔一世的波斯军队很可能也受到瘟疫和饥荒的影响而战力下降，再加上埃德萨城久攻不下，因此沙普尔才使用欺诈手段俘获了瓦勒良。至于佐拉纳斯提供的瓦勒良迫于无奈而"主动投敌"的叙事版本，笔者认为很可能是基督教史家带有偏见性的叙述，虽然不排除这样的可能，但其真实性有待进一步考证。

----

① Petrius Patricius, *frag.* 9, FHG Ⅳ, p. 187.
② Cedrenus, i, CSHB, p. 454, 3 – 6.

　　不论如何，瓦勒良被俘是公元 3 世纪罗马帝国对外战争中标志性的耻辱事件，基督教史家对瓦勒良的最终结局有许多渲染性的叙述，以证明迫害基督徒的瓦勒良最终遭到了神的惩罚。如 5 世纪的罗马史家奥勒留·维克托（Aurelius Victor）在其著作《罗马皇帝简史》（Epitome de Caesaribus）中便记载了瓦勒良被俘后给波斯王公当骑马上脚蹬的屈辱经历①；而以拉克坦提乌斯（Lactantius）为代表的基督教作家甚至有关于瓦勒良被波斯人灌入熔化黄金后剥皮实草并献祭于波斯火庙的夸张记载②。9 世纪的穆斯林史家迪纳瓦里（Abū Hanīfa Dīnawarī）在其著作《通史》（Ahbār al-Tiwāl）中认为，瓦勒良和被俘的罗马士兵被沙普尔一世发配到恭德沙普尔（Gundis-hapur）并负责修建水坝工程，而沙普尔一世在水坝完工后便释放了瓦勒良，而《泰伯里史》也提到沙普尔一世命瓦勒良（al-Rīyānūs，即 Valerian 的阿拉伯语形式）在舒什塔尔（Tustar）修建宽达 1000 腕尺的大坝，并在大坝完工后将瓦勒良削去鼻子后释放，但泰伯里也引用了瓦勒良被沙普尔杀死的另一种说法。

　　加州大学的图拉吉·达雅伊（Touraj Daryaee）教授认为，瓦勒良和罗马战俘在萨珊帝国并非过着如基督教史家所说的那种耻辱不堪的生活，而是受到沙普尔一世提供的良好生活保障并在当地从事灌溉工程建设。不仅如此，罗马战俘在胡齐斯坦境内卡伦河上修建的水坝直到今天遗迹仍存，被当地人称为"凯撒坝"（Band-e Kaīsar）。另外，从沙普尔一世修建的新都毕沙普尔（Bishapur）遗址出土的大量反映平民日常生活和基督教艺术的马赛克镶嵌画来看，罗马战俘在当地的生活应该相当体面且自由，他们很可能在完成沙普尔的帝国工程后获得了自由民的身份和自由从业的权利。由此可见，瓦勒良和罗马战俘士兵最符合史实的结局应该是作为萨珊帝国建设国内经济（尤其是农业和手工业）的人力技术资源被使用，这

---

① Aurelius Victor, *Epitome de Caesaribus*, 32, 5 – 6.
② Lactantius, *de mortibus persecutorum*, 5, Fletcher, pp. 302 – 303, revised.

其实已经远远好于当年克拉苏东征军被俘士兵被帕提亚人发配到中亚的马尔吉安纳（Margiana，即 Merv）守边的待遇了。

根据卡塔济纳的复原，在俘虏瓦勒良之后，沙普尔一世率军北上原科马基尼王国首都萨莫萨塔（沙普尔铭文中被掠夺的第二个城市），并通过谈判迫使僭位称帝的马克里安努斯（Macrianus，曾为瓦勒良麾下的官员）从萨莫萨塔撤军，遂使沙普尔入侵罗马帝国东方诸省的门户洞开。卡塔济纳认为，沙普尔一世此次出征在由萨莫萨塔开进至伊苏斯湾的亚历山大里亚（沙普尔铭文中第一个被掠夺的城市）之后，便北上西进攻略西里西亚和卡帕多西亚诸城，而没有再次围攻并洗劫安条克，这似乎从史料和逻辑来看不妥。通过比较沙普尔一世在公元 253—256 年和 258—260 年的两次洗劫城市名单来看，安条克及其外港塞琉西亚·皮埃利亚都赫然在列。因此，公元 260 年沙普尔一世俘虏瓦勒良、进抵叙利亚之后再次攻陷并洗劫安条克是难以推翻的事实。

但是如前所述，文献记载并不能准确反映安条克陷落的次数、两次安条克陷落的时间及其经过的差别。实际上，罗马方面的文献史料无一能准确无误地指出安条克陷落的具体年份：6 世纪拜占庭史家马拉拉斯的《编年史》认为安条克是在该城纪元 314 年陷落[1]，若按公元前 64 年罗马征服叙利亚为起始年算，为公元 250 年，显然偏早。考虑到历法的误差，马拉拉斯记载的纪元 314 年可能造成约 5—6 年的向前偏移，因此很可能对应的是公元 256 年安条克的陷落。不仅如此，马拉拉斯提到沙普尔一世是从叙利亚的卡尔基斯（Chlacis）前来围攻安条克的，这正好对应公元 253—256 年沙普尔一世对罗马帝国作战的地域范围。另外，《奥古斯塔历史》《马拉拉斯编年史》以及卡西乌斯·狄奥的一个续编作家均提到了当时安条克显贵米利亚德斯[2]（《奥古斯塔历史》作 Cyriades，《马拉拉斯编年史》

---

[1]　John Malalas, *The Chronicle of Malalas*, XII, ed. Stauffenberg, pp. 64 – 65.
[2]　此人也是罗马帝国三世纪危机期间的"三十僭主"之一。

作 *Mariades*，狄奥的续篇作 *Mariadnes*）背叛罗马人献出城池的行为①。无独有偶，4世纪的安条克异教作家利巴尼乌斯（Libanius）在其书信集中也记载了米利亚德斯（Mareades）勾结波斯人攻克安条克、正在观看戏剧演出的市民毫无防备而惊慌逃走的经过②。因此，结合马拉斯的纪年与利巴尼乌斯的记载，我们可以基本将米利亚德斯背叛事件与公元256年安条克的陷落相对应。这样一来，大部分罗马文献史料提到的"安条克陷落"都应指向公元256年那次。那么，我们该如何从文献史料中找到公元260年安条克再次陷落的证据？

公元4世纪成书的拉丁文宗教作品《西比拉神谕》提供了两份内容有别的关于安条克陷落情况的记载，其文献信息价值值得我们重视：在《西比拉神谕》第13书第108—130节中，提到了安条克城中发生了勾结波斯人的叛乱，"叙利亚人与波斯人串通一气，将毁灭罗马人"③，这显然指的是米利亚德斯在公元256年的背叛事件，而第129—130节则预言"赫拉波利斯将（Hierapolis）会胜利，贝罗亚（Beroea）也一样；在卡尔基斯（Chalcis）你会为儿子们的战死而哭泣④"，这三处地名也能够准确地对应公元253—256年沙普尔一世所攻略的城市和地区；而《西比拉神谕》第13书第89—102节则提到："卡帕多西亚人被来自叙利亚的强盗围攻，你们将在提安纳（Tyana）和马扎卡（Mazaka，即卡帕多西亚的凯撒利亚）被俘；叙利亚将在那些丧命之徒之后遭到同样的命运，神圣的城镇塞勒涅（Selenaie）也不能幸免；意大利人的领袖会战死，丢失其尊严，他的儿子也会紧随其后。"⑤ 这一段预言不仅提到沙普尔一世在公元

---

① Anonymous continuator of Dio Cassius，*frag.* 1，FHG Ⅳ，p. 192；*Historia Augusta*，*triginta tyranni*，Ⅱ. pp. 67 – 69.

② Libanius，*Oratio*，23. 5. 3.

③ *Oracula Sibyllina*，13. 111.

④ *Oracula Sibyllina*，13. 129 – 130.

⑤ *Oracula Sibyllina*，13. 100 – 102.

258—260 年间洗劫的城市和地区，而且似乎暗指瓦勒良的战败被俘（意大利人的领袖会战死，与瓦勒良出身罗马元老贵族相符合，而其儿子兼共治帝加里恩努斯也在公元 268 年被杀），因此很可能对应公元 260 年瓦勒良被俘后安条克的再次陷落。至于为何公元 260 年安条克的陷落被神谕放在公元 256 年之前的段落，其原因仍有待研究。不管如何，沙普尔一世通过公元 253—256 年以及公元 258—260 年对罗马帝国的两次大规模侵攻，获得了大量的战俘和财富，从而使得沙普尔一世得以在萨珊帝国境内进行大规模的城市和工程建设，以振兴萨珊帝国核心区如阿苏里斯坦、胡齐斯坦和法尔斯等地区的经济。

　　根据沙普尔一世时期的铭文可知，沙普尔一世在建设城市的规模和数量上也超过了其父辈阿达希尔一世，一共建城达 15 座，其中最著名的便是恭德沙普尔和毕沙普尔（Bishapur）。《泰伯里史》提到沙普尔一世晚年在胡齐斯坦单独划出一个区（Kurāh）并建造了"韦赫—安条克—沙普尔（Bīhaz Andīwī Sabur，意为沙普尔所建的比安条克更好的）"城，也即后来的恭德沙普尔城，其所用的劳工和迁入的居民应该就是公元 256 年和 260 年攻陷安条克后从该城俘虏的工匠和其他市民。恭德沙普尔建立之后，迅速发展成萨珊帝国在胡齐斯坦地区的核心城市，在古代晚期恭德沙普尔更是享誉世界的学术中心和伊斯兰医学的起源地，这无疑与恭德沙普尔城早期居民中包含大量来自罗马帝国的各学科技术人才密切相关。[1] 因而我们必须指出的是，早期萨珊帝国的农业经济和工商业的恢复繁荣，得益于以沙普尔一世为代表的萨珊君主以军事手段从罗马帝国暴力掠夺的大量具备农、工、商和科学技能的人力资源及其在波斯境内的妥善安置和繁衍生息，而这是以同时期罗马帝国的人力经济损失和城市衰落为代价的。

---

　　[1] N. Abbott，"Gundi Shapur：A Preliminary Historical Sketch"，in *Ars Orientalis* 7 (1968)，pp. 71 – 73.

第三节　奥勒良至卡鲁斯时期的
罗马波斯关系

公元 270/272 年沙普尔一世去世后，其子霍尔木兹一世（Hormozd Ⅰ，270—271 年或 272—273 年）仅在位一年便驾崩，沙普尔一世的长子巴赫兰一世（Bahram Ⅰ，271—274 年或 273—277 年）继位。巴赫兰一世和其子巴赫兰二世（Bahram Ⅱ，274/277—293 年）统治时期，萨珊帝国的内外政策发生了重大转变。一方面，沙普尔一世时期积极的对外扩张政策转变为守成为主的内敛模式，从"乐观普世主义"（optimistic universalism）帝国逐渐转型为"审慎民族主义"（prudent nationalism）帝国①，在萨珊帝国对外战略和帝国理念收缩的同时，还伴随着萨珊王室内部的反叛和相互倾轧；另一方面，萨珊帝国的宗教政策开始由祆教为主、多教并容迅速转化为祆教独尊下的排他性迫害，摩尼教、基督教、佛教等一度被沙普尔一世优容的少数教派进行残酷的迫害和取缔。此后，萨珊帝国的祆教国教化进程大幅推进，而中央王权开始受到教俗贵族尤其是祆教祭司集团的左右和掣肘。与此同时，罗马帝国在奥勒良和普罗布斯（Probus，276—282 年）统治时期基本结束了 3 世纪危机爆发以来的混乱分裂局面，再次实现了政治统一，甚至在卡鲁斯（Carus，282—283 年）时期成功地发动了对萨珊帝国的侵攻。但奥勒良和他的继任者仍然没有很好地解决军权与皇权的关系问题，禁卫军废弑皇帝的现象仍然没有得到根除。总的来看，奥勒良至卡鲁斯时期罗

---

① Gh. Gnoli, "Universalismo e Nazionalismo nell'Iran del Ⅲ secolo", in L. Lanciotti (ed), *Incontro di Religioni in Asia trail Ⅲ e il X secolo d. C. Atti del Convegno internazionale distudi storico-religiosi promosso organizzato dalla Fondazione Giorgio Cini e dall'Istituto Italiano per il Medio ed Estremo Oriente（Is. M. E. O.）*, Venezia, 16 – 18 novembre 1981, Civiltà Veneziana, Studi 39, Florence (1984), pp. 31 – 54.

马帝国与萨珊帝国都在经历关键的过渡和转型期。这一时期双方之间政治军事摩擦仍存在，但大规模战争基本没有发生（或流产），因为国内事务、蛮族入侵和平叛战争是这一时期罗马和波斯君主的主要考量。

公元 275 年 9 月，奥勒良在准备东征波斯途中于色雷斯的凯诺弗鲁里乌姆（Caenophrurium）被禁卫军刺杀①，罗马帝国与萨珊帝国的战争遂得以避免。公元 275 年 9 月至 276 年 9 月间，塔西佗（Marcus Claudius Tacitus）和弗洛里安努斯（Florianus）相继为帝，两人先后死于疾病和东征波斯途中。公元 276 年 10 月，奥勒良时期的名将普罗布斯在平定各地叛乱后继位为皇帝。普罗布斯皇帝在位期间忙于抵御蛮族对多瑙河和莱茵河边疆的入侵。公元 282 年普罗布斯皇帝再次准备东征波斯，却在途经多瑙河要塞西米翁（Sirmium）时再次被禁卫军刺杀，禁卫军长官卡鲁斯（Marcus Aurelius Carus）继位为帝。公元 283 年，卡鲁斯皇帝率军东征波斯。由于此时萨珊君主巴赫兰二世正在东方平定叛乱无暇西顾，遂使得罗马军队轻松攻克并洗劫了泰西封，卡鲁斯皇帝随后加号“伟大波斯征服者”（*persicus maximus*）②。然而，卡鲁斯皇帝在率军北上底格里斯河流域时突然暴毙（据说是被雷劈死，实际上很可能仍是被军队谋杀）③，罗马军队遂从波斯撤回国内。公元 284 年罗马皇帝戴克里先继位后，为集中精力于国内改革，与巴赫兰二世签订了和平协议，两国边界恢复如初，并保持和平局面直至公元 297 年。

考察奥勒良至卡鲁斯时期的罗马波斯关系可以发现，这一时期双方虽然没有爆发直接军事冲突，但罗马皇帝在平定国内叛乱和蛮族入侵后总是会试图东征萨珊帝国，似乎是为了洗刷瓦勒良当年被俘的耻辱并重振罗马帝国的荣耀。德国学者亨宁·伯尔姆（Henning

---

① *Historia Augusta*, *Aurelian*, 35. 5.

② Festus, *Brevarium*, 24.

③ *Historia Augusta*, *Carus*, 12. 1 – 13.

Börm）认为，公元 3 世纪的罗马诸帝屡屡发动"波斯战争"，其原因主要是希望通过一场对萨珊帝国的辉煌军事胜利巩固自己脆弱的皇权，其动机与当年塞维鲁皇帝发动的帕提亚战争没有本质的区别。然而，罗马帝国禁卫军在奥勒良至卡鲁斯时期的"波斯战争"中不仅没有发挥出应有的作用，反而使得罗马皇帝发动的波斯战争屡屡流产，其原因何在呢？笔者认为，公元 3 世纪的罗马军队对皇帝对外军事行动的支持取决于能否在战争中获得丰厚的战利品，如果劳师远征而无利可图，军队发动兵变乃至弑君的倾向便会迅速增强。对于抢掠成性、唯"财"是举的 3 世纪罗马军队而言，长期作为罗马波斯战场的美索不达米亚正如塞维鲁王朝时期罗马史家卡西乌斯·狄奥所说的那样"耗资不菲，而所获甚微"。公元 2 世纪末塞维鲁皇帝大规模洗劫泰西封之后，公元 3 世纪期间作为罗马帝国东方前哨重镇的哈特拉、杜拉—幼罗波斯和帕尔米拉也相继被毁。另外，两河流域北部的军事重镇尼西比斯也在沙普尔一世在位期间遭到波斯军队洗劫。而罗马帝国东方重镇安条克则在公元 256 年和 260 年两次被攻陷并被掳去大量人口，同时期其他被波斯军队抄掠的罗马东方诸省城镇更是被洗劫无算。

由此可见，公元 3 世纪近东地区频繁爆发的罗马波斯战争对当地城市的人口和财富均造成了巨大的损失。随着可供掠夺城市的数量以及掠夺城市所得收益的迅速减少，奥勒良至卡鲁斯时期的罗马军队对东方战场表现出明显的厌倦和逆反情绪便可以得到解释。萨珊帝国在阿达希尔一世和沙普尔一世时期虽然利用罗马战俘进行了大规模的城市建设，但这些新建城市主要集中分布于波斯湾沿岸和伊朗高原南部，对罗马军队来说鞭长莫及。而罗马帝国东方诸省的残破又进一步削弱了罗马军队远征波斯的后勤补给能力。另外，随着萨珊帝国对两河流域和伊朗高原前帕提亚属国的系统兼并和直接统治，在近东可供罗马帝国政治军事渗透的半独立政权至公元 3 世纪下半叶也已消失殆尽，再也不可能有当年查拉塞尼统治者恭迎图拉真皇帝于波斯湾的情形出现。由此可见，正是以上种种因素使得奥勒良至卡鲁斯时期对波斯的战争计划和实施均因为罗马军队的兵变弑君而流产（或半途而废）。奥勒良至卡鲁斯时期罗马帝国皇位的暴力更替也表明，晚期罗马帝国统治者需要探索一套巩固皇权合法性的全新机制，而这显然不能单纯靠笼络军队乃至发动一场前途未卜的"波斯战争"来实现。

另外，公元270年后萨珊帝国对外扩张政策的迅速收敛甚至在罗马帝国入侵时的消极表现与波斯国内局势的变化有密切的关系，其中祆教祭司集团权力的上升和王权的削弱是起主导作用并相辅相成的两大因素。[①] 萨珊帝国虽然实行王位直系血亲世袭制，但众多的王室成员仍然构成潜在的王位竞争者，这就为教俗贵族支持不同的王室成员继位并左右在位君主的政策提供了肥沃的土壤。自开国君主阿达希尔一世以来，历代萨珊君主均大力扶植祆教，在全国各地广建祆祠和圣火，祆教祭司集团在王权的支持下实力不断增强。沙普尔一世时期，融合祆教、基督教、诺斯替主义和佛教教义的普世宗教摩尼教诞生，并得到沙普尔一世及其他王室成员的青睐和支持，以为沙普尔一世的普世扩张政策服务[②]。但摩尼教贬低祆教主神阿胡拉·马兹达的地位，动摇祆教的核心教义，无疑触动了祆教祭司集团的逆鳞。沙普尔一世去世后，霍尔木兹一世和巴赫兰一世均无乃父的政治智慧和权术驾驭能力。沙普尔一世时期的叶尔勃（*herbed*，教导祭司）卡特尔（Kartir, Kirder）遂利用巴赫兰一世的软弱寡断大权独揽，成为总理全国宗教事务的"祭司之主"（*magupet*，后演化为 *mobed* 即穆贝德）并开启了对其他宗教和教派信徒的大规模迫害，而挑战祆教国教地位的摩尼教首当其冲。公元274年，巴赫兰

---

①　Ph. Gignoux, "Church-state Relations in the Sasanian Period", *Bulletin of the Middle Eastern Culture Centre in Japan* 1（1984a），pp. 72 – 80.

②　沙普尔一世支持摩尼教传播，无疑有打压权势日盛的祆教祭司集团以加强中央集权的考量，但其本人应该仍是祆教徒。《黄金草原》作者马苏第称沙普尔一世公开弃绝祆教信奉摩尼教，似与当时萨珊帝国的政治现实不符。参见［古阿拉伯］马苏第《黄金草原》，耿昇译，人民出版社2013年版，第294页。

一世在以卡特尔为首的祆教祭司集团的胁迫下召摩尼进宫申辩，随后以摩尼推崇撒旦为由将其下狱处死。摩尼教在萨珊帝国的失宠为祆教国教独尊地位的确立铺平了道路。根据卡特尔在纳克什·鲁斯塔姆查拉都什特天房留下的铭文记载，卡特尔在巴赫兰一世和巴赫兰二世时期权力达到巅峰。卡特尔在铭文中称自己在霍尔木兹一世时已被授予象征宗教权威的"法冠"（kulāf）和"腰带"（kamar-band），随后获得"贵族"（vuzurgān）和"最高法官"（dādvar）的头衔以及法尔斯的阿娜希塔祆祠主管之职。卡特尔随后在铭文中三次称自己为"巴赫兰灵魂的拯救者"（Kirdēr-ī boxt-ruwān-Warahrān），俨然以国君的精神导师自居。[①]

公元 271 年霍尔木兹一世去世后，卡特尔先后将没有王位继承权的巴赫兰一世和其子巴赫兰二世扶上王位。巴赫兰一世继位之后，为了安抚沙普尔一世的另一子纳塞赫，卡特尔便将后者转封为亚美尼亚大国王（vazurg Šāh Armīnān，原本为锡斯坦国王，271—293 年为亚美尼亚国王，293—302 年为萨珊君主）。公元 293 年巴赫兰二世去世后，卡特尔又将巴赫兰二世的幼子巴赫兰三世扶上王位，四个月之后又将其废黜转而迎立从亚美尼亚回国争位的纳塞赫。由此可见，通过扶植三代（甚至四代）萨珊君主上位，卡特尔奠定了祆教祭司在萨珊王位继承中举足轻重的决策权。而随着萨珊君主神圣权威的下降，阿达希尔一世以来萨珊君主兼任的最高宗教领袖的职权也通过卡特尔逐渐转移到祆教祭司手中。卡特尔的崛起标志着萨珊帝国由早期的政教合一逐渐朝王权与教权分离分化的方向发展，祆教祭司与世家贵族开始联手制约王权。卡特尔在铭文中还称自己"沉重打击了基督徒（Nasorean）、犹太教徒（Jehud）、曼达教徒（Maktak）、摩尼教徒（Zandik）、印度教徒（Brahmin）和佛教徒（Sraman），摧毁了许多偶像和崇拜迪瓦（dev，泛指祆教异端崇拜）

---

① F. Grenet, "Observations sur les titres de Kirdir", *Studia Iranica* 19（1990），pp. 87 – 94.

的庙宇"，似乎实现了其在萨珊帝国"罢黜百家，独尊祆教"的政治抱负。但美籍伊朗学者博沙利亚提也指出，我们很难根据此铭文判断卡特尔掌权时期萨珊帝国迫害少数宗教群体的规模和程度，这至多只能说明这些少数教派在萨珊帝国的官方打压下转入地下活动，而远远没有被彻底消灭和取缔。考虑到自阿契美尼德时代以来便世居两河流域的犹太社区长期享有自治传统和波斯朝廷的优待（甚至与波斯皇室通婚），而沙普尔一世时期从罗马帝国强制迁徙的战俘中也必然包含了大量的基督徒人口，卡特尔如果大规模迫害两河流域的犹太人和基督徒必然影响萨珊帝国核心区的政治稳定。由此可见，萨珊帝国在 3 世纪后期的国教独尊、排斥异教政策仍然是有限度的，且主要针对的是危害祆教国教地位的摩尼教及其他祆教异端，而非萨珊帝国境内的犹太人和基督徒。

巴赫兰二世统治时期由于中央权威的削弱，萨珊帝国内部发生了多起叛乱，严重影响到帝国的稳定，其中对中央威胁最大的是东部的半独立政权贵霜—萨珊王国发动的叛乱。公元 275—300 年在位的霍尔木兹一世·贵霜沙（Hormizd I Kushanshah）是贵霜—萨珊王国第三代君主，正是在他统治时期发动了反抗萨珊帝国中央的叛乱，甚至在铸币上自称"贵霜王中之王"（Koshano Shaoan Shao）以表达对萨珊帝国宗主权的挑战。根据古代晚期成书的拉丁文学作品《拉丁十二颂词》（*XII Panegyrici Latini*）的记载，巴赫兰二世统治时期一个叫作奥尔米斯（Ormis，Ormisdas）的人在塞卡人（Saccis，即锡斯坦）的支持下起兵叛乱，这个奥尔米斯可能就是贵霜—萨珊君主霍尔木兹一世·贵霜沙，也可能是与霍尔木兹一世·贵霜沙一同反叛的另一个锡斯坦国王霍尔木兹。公元 283 年罗马皇帝卡鲁斯东征时，巴赫兰二世便因为霍尔木兹一世·贵霜沙在东部叛乱而放任罗马军队攻陷泰西封。

研究古代晚期东伊朗历史与文化的著名学者胡达达德·里扎汗尼（Khodadad Rezakhani）认为，早期萨珊帝国中央集权进程并非一蹴而就，而是在很大程度上沿袭安息王朝旧制，主要措施还是通过任命王室成员出任属国君主以保持中央对地方的控制①。而贵霜—萨珊王国在萨珊帝国统治体系中无疑拥有最强的独立性和自主性，这可以从卑路斯一世·贵霜沙发行的背面带有湿婆神及其坐骑南迪（Nandi）的金币及霍尔木兹一世·贵霜沙发行的钱币铭文中得以窥见。巴赫兰一世和巴赫兰二世统治时期正值卡特尔在萨珊帝国境内打压少数宗教和教派，而佛教徒和印度教徒大量分布于贵霜—萨珊王国境内的事实使得贵霜—萨珊君主不得不对当地传统予以充分尊重，而萨珊帝国中央的独尊祆教政策很可能是诱发霍尔木兹一世·贵霜沙发动叛乱的原因之一。根据巴列维语文献《正直人维拉兹之书》（*Arda Wīrāz Nāmag*）的记载，霍尔木兹一世·贵霜沙的叛乱还得到吉兰人（Gilaks）和锡斯坦同名国王霍尔木兹（Hormizd of Sakastan）的支持，可见叛乱的规模并不小。而根据巴列维语祆教文献《允许与禁行》（*Šayest ne Šayest*）的记载，巴赫兰二世时期胡齐斯坦地区还发生了由当地教区的一个穆贝德发动的叛乱。② 霍尔木兹一世·贵霜沙被巴赫兰二世击败后，仍然继续担任贵霜—萨珊国王直至公元300年，由此可见早期萨珊帝国统治体系内部中央政权与半独立属国之间关系的微妙性和妥协性。

第四节　亚美尼亚的基督教化与4世纪罗马波斯关系的转型

从公元284年戴克里先（Diocletian，284—305年在位）继位并开始改革起，罗马帝国正式结束3世纪危机步入晚期罗马帝国阶段。戴克里先开创的四帝共治制（Tetrarchy）为古代晚期罗马帝国的分

---

①　Khodadad Rezakhani, *Reorienting the Sasanians：East Iran in Late Antiquity*, Edinburgh：Edinburgh University Press, 2017, p. 72.

②　Touraj Daryaee, *Sasanian Persia：The Rise and Fall of an Empire*, London & New York：I. B. Tauris, 2009, p. 11.

治与政治经济重心的东移奠定了基础，而君士坦丁大帝通过建设君士坦丁堡并迁都该城完成了拜占庭帝国的最初奠基，并为早期拜占庭帝国的发展确立了血亲世袭制王朝统治、基督教普世主义的君权神授观、东方化的宫廷礼仪以及三级军政分权体制的基础。与此同时，萨珊帝国的中衰导致其对亚美尼亚控制的松动，罗马帝国再次将流亡的安息王室成员扶上亚美尼亚王位，从而开启了亚美尼亚历史上最关键的转型时期。公元301—314年间，亚美尼亚国王提里达特三世（Tiridates Ⅲ，287/298—330年在位）在皈依基督教后将之推行全国，遂使亚美尼亚成为世界历史上第一个以基督教为国教的国家。亚美尼亚的基督教化是古代晚期东地中海和近东地区最重要的历史事件之一，深刻地改变了罗马与波斯在西亚的政治、宗教和文化博弈格局。

另外，公元4世纪的萨珊帝国在沙普尔二世（Shapur Ⅱ，309—379年）时期逐渐恢复了国力和中央权威，更通过对阿拉伯半岛游牧部落的大规模征伐巩固了萨珊帝国对波斯湾贸易的控制权。而君士坦丁大帝在统一罗马帝国之后，将自己视为全世界基督徒的保护者，这便使得拥有大量基督徒人口的萨珊帝国与罗马帝国之间冲突一触即发，并由此发展为长达20余年的大规模交战。沙普尔二世在位期间对罗马帝国发动战争的主要动力是收复纳塞赫时期萨珊帝国因军事失利割让给罗马帝国的领土和势力范围。如前文，公元293年萨珊君主巴赫兰二世去世后，其幼子巴赫兰三世继位。巴赫兰三世无法掌控祆教祭司贵族和帕提亚世族大家，4个月后便被废黜。担任亚美尼亚大国王20余年的纳塞赫曾经三次错过王位，这时在波斯和帕提亚各大贵族世家的支持下终于决定回国夺权。纳塞赫命人在今伊拉克库尔德斯坦地区留下的《帕古里铭文》中详述了自己被萨珊帝国教俗贵族共同拥立为王的过程，此后历代萨珊君主均出自纳塞赫一系。纳塞赫是萨珊帝国第一个被教俗贵族集团联合推举出来的国王，他继位后迅速将祆教大祭司卡特尔排挤出权力舞台，并力图恢复萨珊帝国在沙普尔一世时代的光荣。

公元 296 年，纳塞赫趁罗马皇帝戴克里先在埃及平叛之际出兵亚美尼亚，将罗马扶植的提里达特三世重新驱逐回小亚美尼亚，从而再次控制了大亚美尼亚全境。随后纳塞赫又率军入侵叙利亚，在卡莱和卡里尼库姆两次打败戴克里先的副帝加莱里乌斯率领的罗马军队。公元 297 年戴克里先平定埃及叛乱后回援加莱利乌斯，并亲自率军入侵美索不达米亚牵制波斯人。公元 298 年春，加莱利乌斯在重新集结来自多瑙河的精锐军团后于小亚美尼亚的萨塔拉（Satala）大败纳塞赫并俘虏其后宫嫔妃。① 与此同时，戴克里先率军深入两河流域南部的阿苏里斯坦（可能攻陷并洗劫了泰西封）。纳塞赫被迫向罗马帝国求和，并答应割让底格里斯河上游北岸的五个属国②。公元 299 年双方签订的协定规定，萨珊帝国将索菲尼（Sophēnē）、因吉勒尼（Ingilēnē）、阿尔赞尼（Arzanēnē）、戈尔蒂耶尼（Corduēnē）和扎布迪克尼（Zabdicēnē）五个外底格里斯地区的小国割让给罗马帝国，而归罗马帝国控制的尼西比斯则成为两国互市的指定城市。现代学者倾向于认为这五个地区（综合史家不同记载，还应包括 Sophanēnē，Anzitēnē 和 Moxoēnē，一共八个）实际上是由当地亚美尼亚王公统治，萨珊帝国"割让"外底格里斯河诸省的实质是当地亚美尼亚属国宗主权由波斯向罗马帝国的转移。

从地理区位上看，纳塞赫割让给罗马的五（八）个外底格里斯属国应该发挥着拱卫罗马帝国在美索不达米亚北部领土并阻断波斯干涉大亚美尼亚事务的战略作用。不仅如此，公元 299 年的协定还将萨珊帝国对伊比利亚王国的宗主权让与罗马帝国，并使亚美尼亚的边界南移至米底境内的津塔（Zintha）③，由此进一步加强了罗马帝国在南高加索博弈中对波斯的优势地位。纳塞赫的短暂统治时期萨珊帝国的宗教政策也发生了转变，尤其是停止了巴赫兰一世以降

---

① Aurelius Victor, *liber de Caesaribus*, 39, 33 – 36; Orosius, *Adversus Paganos*, 7. 25. 9 – 11.

② Festus, *Brevarium*, 14. 14 – 58. 2.

③ Petrus Patricius, *frag.* 13, *FGH* Ⅳ, p. 189.

对摩尼教徒的迫害，甚至热情款待摩尼的继承人因奈伊欧斯（In-naios），而这可能是针对同时期戴克里先对罗马帝国境内摩尼教的迫害政策而采取的优容措施。中古穆斯林作家泰阿利比（Tha'alibi）在《关于波斯王的报告》中称纳塞赫不常去火庙（祆祠），其原因可能是为了降低祆教祭司集团对帝国朝政的掣肘，而非他本人对祆教的信仰不够牢固。

　　另外，公元299年戴克里先与纳塞赫签订的罗马—波斯协定也是罗马帝国与萨珊帝国第一次以平等看待对方的姿态讨论和平、边界和贸易问题，该协定的内容也被早期拜占庭史家反复引用。如6世纪的拜占庭史家彼得·帕特里修斯（也可译作"贵族彼得"）便详细记载了公元298—299年罗马波斯双方谈判缔约的经过，当时波斯使臣、纳塞赫的心腹阿法尔邦（Apharbān）首次对罗马一方表达了"罗马和波斯是地球的两盏明灯和一个人的双眼，应该照亮彼此而不是摧毁对方"的世界观。[1] 这表明古代晚期罗马和波斯双方政治沟通性和协商性相比罗马—帕提亚时期已经有了相当的提高。我们通过戴克里先时期对波斯战争的处理方式可以看出，晚期罗马帝国即使在击败萨珊帝国的有利条件下，也没有对波斯提出过于苛刻的让步甚至纳贡（或赔款）称臣要求，这与罗马共和国及帝国时期罗马对战败希腊化王国和帕提亚帝国的交涉和处置方式已有鲜明的区别。实际上，对于古代晚期的罗马—拜占庭帝国和萨珊帝国统治者来说，摧毁和吞并彼此都不符合当时的客观条件和罗马波斯共享近东霸权并维持正常过境贸易的现实需求，因此外交和谈判越来越成为古代晚期罗马波斯关系中必不可少的组成部分。

　　从罗马波斯战争双方攻守态势转变的宏观进程来看，纳塞赫对罗马帝国战争的失败使沙普尔一世以来萨珊帝国对罗马帝国进攻压制态势在很大程度上转变为守势。而帕提亚王朝晚期以来京畿地区暴露在罗马帝国兵锋下的态势因为外底格里斯河诸附属国的丧失而

---

　　① Petrus Patricius, *frag.* 13, *FGH* Ⅳ, pp. 188 – 189.

更加严峻，这便为沙普尔二世时期对罗马帝国发动的一系列战争埋下了爆发的引线。而在戴克里先击败纳塞赫后，提里达特三世稳固控制了大亚美尼亚全境，亚美尼亚安息王朝再次成为罗马帝国的附庸。提里达特三世在位期间最重大的举措便是于公元 301 年（一说公元 303 年）宣布以基督教为国教，由此开启了古代晚期亚美尼亚民族文化与基督教信仰的结合与重塑进程。提里达特三世由于皈依基督教成为亚美尼亚民族教会的圣徒，但他在位期间的具体历史细节由于考古实物资料的缺乏扑朔迷离，甚至无法准确确定他继位和以基督教为国教的时间。在古代晚期亚美尼亚历史编纂中，提里达特三世的改宗与亚美尼亚使徒教会（Armenian Aposthollic Church）初代教宗"光耀者"格里高利（Gregory the Illuminator）的事迹密不可分。根据亚美尼亚圣徒传记作家阿加桑格罗斯在其《圣格里高利传》中的叙述，提里达特三世本来是坚定的祆教徒，与圣格里高利因为信仰不同屡屡发生争执。在得知格里高利的父亲便是谋杀先王提里达特二世的凶手——安息贵族阿纳克之后，提里达特三世便将"杀父仇人"格里高利投入地下深窖中关押达 13 年之久，随后又大规模迫害亚美尼亚境内的基督徒①。

　　大约在公元 299/300 年，提里达特三世又迫害并处死了从罗马帝国前来避难的三十名修女，其中一名叫作希莉普丝美（Hripsime）的美貌修女因拒绝提里达特三世的追求而被折磨致死。② 提里达特三世随后便魔鬼缠身，在一次驾车打猎时从战车上摔下来，并染上了某种怪病（据说变成了野猪）而痛苦不堪。③ 几经周折之后，提里达特三世的妹妹胡斯洛文杜赫特（Khosrovindukht）通过连续几天梦见天使得知只有格里高利才能治好提里达特三世的病，遂将格里高利从地窖中释放。在格里高利的治疗下，提里达特三世果然很快痊

---

① Agathangelos, *History of St. Gregory and the Conversion of Armenia*, 1.26.
② Agathangelos, *History of St. Gregory and the Conversion of Armenia*, 2.4 – 14.
③ Agathangelos, *History of St. Gregory and the Conversion of Armenia*, 2.17.

愈。格里高利的神迹从此改变了提里达特三世对基督教的看法，使后者最终决定放弃祆教皈依基督教。提里达特三世受洗后，便命格里高利着手亚美尼亚使徒教会的创建工作，两人联手在亚美尼亚全境拆毁祆教庙宇并推广基督教，逐步在亚美尼亚建立从中央到各级地方的教会组织。根据摩西的《亚美尼亚史》记载，提里达特三世在亚美尼亚推广基督教的范围遍及全国境内的 1.2 万余户家庭，并在各地驻扎重兵随时镇压异教徒的反抗。[①] 随着提里达特三世和圣格里高利采取的一系列软硬兼施的改宗措施，亚美尼亚的基督教化进程自此便不可逆转，即使萨珊帝国后来试图重新让亚美尼亚人回归祆教也未能成功。

　　研究古代晚期高加索基督教王国与萨珊帝国关系的美国学者史蒂芬·拉普（Steven H. Rapp Jr）便认为，提里达特三世选择基督教的真实原因是为了找到能够对抗萨珊帝国政治控制的意识形态，从而将亚美尼亚安息王朝从伊朗祆教文化圈中剥离出来，并以基督教作为构建亚美尼亚人民族身份认同的融合剂。[②] 笔者认为，提里达特三世以基督教为亚美尼亚国教的主要政治考量是为了加强中央集权，这必然要求削弱与祆教文化和祭司神庙经济有着牢固联系的传统亚美尼亚大贵族，而在亚美尼亚已有数百年传播基础的基督教则成为提里达特三世集权改革的意识形态工具。自米底和阿契美尼德王朝时代以来波斯诸王朝便对亚美尼亚长期施加政治、宗教、文化甚至语言上的影响，祆教文化和贵族政治传统深入亚美尼亚的每一片土地。而在帕提亚王朝时期由于亚美尼亚安息王室的帕提亚背景，伊朗宗教文化、传统习俗和帕提亚语对亚美尼亚的输入更是达到高峰，这可以从亚美尼亚国王和贵族的名字以及古代晚期亚美尼亚军政官职的称号中大量来自帕提亚语和中波斯语的词汇得以窥见。

　　① Agathangelos, *History of St. Gregory and the Conversion of Armenia*, 3.20–21.

　　② Stephen H. Rapp Jr, *The Sasanian World through Georgian Eyes：Caucasia and the Iranian Commonwealth in Late Antique Georgian Literature*, London & New York：Routledge, 2014, p. 105.

　　而另一方面，亚美尼亚在地理上与早期基督教中心奥斯罗恩（尤其是埃德萨）和卡帕多西亚（4世纪诞生过基督教史上的"卡帕多西亚三杰"）的毗邻又使其成为早期基督教传播的重要区域，而卡帕多西亚更是流亡的亚美尼亚安息王族和圣格里高利童年时代避居之地。① 不仅如此，耶稣十二使徒之一的巴托罗缪（Bartholomew）和七十门徒之一的萨德乌斯（Thaddeus of Edessa）成为亚美尼亚使徒教会追认的奠基人表明，基督教在亚美尼亚的传播有着久远的民间基础和地方传统。因此，长期浸润在祆教—伊朗文化圈和希腊—基督教文化圈双重影响下的亚美尼亚人在其基督教化进程中不可避免地会面临巨大的文化冲击、调和与适应的难题。而罗马与波斯对亚美尼亚基督教和祆教贵族派系的持续渗透和控制使亚美尼亚安息王朝的内外政策始终摇摆不定，这也决定了古代晚期亚美尼亚基督教化进程的渐进性和曲折性。

　　不仅如此，亚美尼亚的基督教化进程也深刻影响到伊比利亚和阿尔巴尼亚等其他南高加索王国在古代晚期的宗教文化变迁。根据摩西《亚美尼亚史》的记载，当年被提里达特三世迫害的修女中唯一生还的尼诺（Nino，或Nune）后来来到伊比利亚，并最终使伊比利亚国王米利安三世（Mirian Ⅲ）改宗基督教，尼诺遂成为格鲁吉亚基督教会的圣徒和奠基人。② 亚美尼亚和伊比利亚在公元4世纪期间相继改宗基督教的同时，南高加索东部的阿尔巴尼亚王国由于萨珊帝国的强势影响未能彻底实现基督教化，这便导致罗马与波斯在当地的争夺因为基督教和祆教两大阵营的对立而日趋复杂化。

　　亚美尼亚安息王朝在4世纪初得以成功地推行基督教化政策，与同时期萨珊帝国受困于国内局势而无暇经略南高加索地区也有紧密的联系。公元301/302年，未能实现中兴萨珊帝国夙愿的纳塞赫抱憾而终，其子霍尔木兹二世（Hormizd Ⅱ，301/302—309年）在

---

① Movses Khorenats'i, *History of the Armenians*, 80.1.
② Movses Khorenats'i, *History of the Armenians*, 86.1.

位近 7 年后便去世并传位于幼子阿杜尔·纳塞赫（Adur Narseh），后者数月内便被教俗贵族联手废黜。经过波斯宫廷内部各方势力的反复商议，最终霍尔木兹二世的遗腹子沙普尔被拥立为国王，即沙普尔二世（Shapur II）。沙普尔青少年时期，帝国权柄仍然掌握在教俗贵族手中，而波斯湾沿岸地区长期遭受阿拉伯部落的海上侵袭而无法得到有效制止。公元 325 年沙普尔二世成年亲政后，迅速制服了半个世纪以来左右帝国朝政的大贵族势力，随后带兵出征多次从海上寇略法尔斯的阿拉伯部落，甚至深入阿拉伯半岛腹心地区。

　　根据《泰伯里史》的记载，在沙普尔二世在位早期，阿拉伯人连年入寇法尔斯，甚至在当地沿海的阿布鲁万（Abruwān）建立了劫掠据点和营寨，兵锋远及内陆的阿达希尔·胡莱（Ardashir Khur-rah)①。沙普尔二世 16 岁成年之后（公元 325 年），不顾大臣们的劝阻和反对，精选 1000 骑兵（《列王纪》作 12000 骑兵）亲征在法尔斯当地烧杀抢掠的阿拉伯人并大获全胜。沙普尔二世随后率军渡过波斯湾入侵阿拉伯半岛东部的哈特（al-Khatt），在巴林（al-Bahr-ayn）、哈加尔（Hagar，当时泛指整个波斯湾南岸地区）和叶麻麦（al-Yamāmah，阿拉伯半岛东部内陆地区的泛称）长驱直入，将当地的塔米姆（Tamīm）、巴克尔·瓦伊尔（Bakr b. Wā'il）和阿布德·凯伊斯（Abd al-Qays）部落杀得血流成河。在击败波斯湾沿岸各部落后，波斯军队在沙普尔二世的率领下深入纳季德（Najd，即内志）沙漠，一直征讨至麦地那近郊方才撤兵，回程途中又击败了位于罗马波斯边境叙利亚沙漠中的巴克尔（Bakr）和塔格里卜（Taghlib）部落，并将俘虏的塔格里卜、阿布德·卡伊斯、塔米姆部落成员发配到克尔曼和阿瓦士。《泰伯里史》称沙普尔二世将俘虏的阿拉伯酋长的肩胛骨刺穿并用绳子串起来，由此获得了"祖—阿克塔夫"（Dhū al-Aktāf，意为 Lord of the Shoulders，也可作 Piercer of the Shoul-

　　① Tabari, *Tarikh al-Rusul wa al-Muluk*, Vol. 5：*Byzantines, Sasanids, Lakhmids and Yemen*, 837.

ders 即刺穿肩胛骨者）的称号。[①]

沙普尔二世对阿拉伯部落的征伐对于 4 世纪萨珊帝国的中兴有着重要意义，不仅彻底解决了阿拉伯人寇掠帝国京畿地区的安全问题，还深入阿拉伯半岛腹地，极大地提升了萨珊帝国对阿拉伯游牧世界的威慑力和影响力，而被沙普尔击败的阿拉伯部落反过来对罗马帝国的叙利亚沙漠边疆形成更大的压力。另外，对阿拉伯人的胜利也巩固了沙普尔二世自身在萨珊帝国内部的政治威权和领导力，使沙普尔二世能够在其盛年团结国内教俗贵族并对罗马帝国进行长期战争。不仅如此，沙普尔二世对阿拉伯游牧部落的征伐与萨珊帝国的阿拉伯附庸——莱赫米王国的早期历史密切相关。根据 20 世纪考古学者在叙利亚南部纳马拉（Namara）发现的 4 世纪初阿拉伯酋长伊姆鲁·凯伊斯（Imru' al-Qais, ？—328 年）留下的纳巴泰阿拉伯语墓志铭文推测，以希拉城（al-Hīrah）为中心的莱赫米王国形成于公元 3 世纪末 4 世纪初，而伊姆鲁·凯伊斯便是被沙普尔二世击败后西迁叙利亚沙漠的莱赫米部落的第二代酋长。

在纳马拉铭文中，伊姆鲁·凯伊斯自称"所有阿拉伯人的王"，并提到"我麾下的许多酋长成为罗马人的部落首领（Phylarch）"。而《泰伯里史》提到伊姆鲁·凯伊斯代理萨珊帝国统治伊拉克（Iraq，指两河流域南部）、希贾兹（Hijāz，阿拉伯半岛西部）和杰济拉（Jazīrah，美索不达米亚北部）的所有阿拉伯人，纳塞赫的《帕古里铭文》中描述支持自己的萨珊帝国各级王公贵族时也出现了莱赫米人的国王阿姆鲁（Amru, MLKA W 'mrw LhmyŠn）[②]，这表明伊姆鲁·凯伊斯生前先后为萨珊帝国和罗马帝国效忠。自公元 272 年帕尔米拉帝国灭亡之后，台努赫部落联盟遂控制了叙利亚沙漠的阿

---

① Tabari, *Tarikh al-Rusul wa al-Muluk*, Vol. 5: Byzantines, Sasanids, Lakhmids and Yemen, 838 – 839；［古阿拉伯］马苏第：《黄金草原》，耿昇译，人民出版社 2013 年版，第 301 页。

② Helmut Humbach and Prods. O. Skjærvø（trans.）, *The Sasanian Inscription of Paikuli*, Wiesbaden, 1983, p. 5.

拉伯各部落，成为罗马帝国的"蛮盟"（*foederati*），而伊姆鲁·凯伊斯的父亲阿穆尔·阿迪（Amr ibn Adi，兼任初代莱赫米国王和台努赫部落联盟首领）在阿拉伯民间传说中便以与帕尔米拉人作战闻名。

　　但伊姆鲁·凯伊斯时期阿拉伯各部落联盟仍然极不稳定，阿拉伯各部落之间因为战争频繁流动和迁徙，因此在罗马和波斯之间"来回摇摆"便十分常见了。沙普尔二世将反叛的伊姆鲁·凯伊斯驱逐到叙利亚沙漠之后，任命奥斯·卡拉姆（Aws ibn Qallam）为莱赫米国王。公元 330 年奥斯·卡拉姆在莱赫米人叛乱中被杀，伊姆鲁·凯伊斯的儿子遂回到希拉并恢复了纳西里德家族（Nasrīds）对莱赫米王国的统治。从纳马拉铭文来看，伊姆鲁·凯伊斯在位期间用兵范围远及也门和希贾兹交界处的纳季兰（Najrān），可见当时阿拉伯各部落间战争的地域规模。《泰伯里史》称伊姆鲁·凯伊斯是莱赫米王朝和波斯总督中第一个皈依基督教的人[1]，研究早期拜占庭帝国与阿拉伯部落关系的著名学者伊尔凡·沙希德（Irfan Shahid）也推测伊姆鲁·凯伊斯很可能因为青睐基督教而背叛前宗主萨珊帝国并转投君士坦丁一世的罗马帝国，但也指出伊姆鲁·凯伊斯很可能不是正统派基督徒。[2] 尽管后世的台努赫人以其狂热的一性派基督信仰而闻名，但从纳马拉铭文的记载来看，伊姆鲁·凯伊斯信仰基督教缺乏明确的直接证据，因而很可能是后世史家对莱赫米王朝早期统治者的一种主观推测和想象。[3]

　　在沙普尔二世征讨阿拉伯游牧部落的同时，罗马帝国正在经历戴克里先去世后，四帝共治体制的瓦解和内战时期。公元 324 年君

---

　　[1]　Tabari, *Tarikh al-Rusul wa al-Muluk*, Vol. 5：*Byzantines, Sasanids, Lakhmids and Yemen*, 834.

　　[2]　Irfan Shahid, *Byzantium and the Arabs in the Fourth Century*, Washington D. C：Dumbarton Oaks Research Library and Collection, 1984, p. 32.

　　[3]　J. A. Bellamy, "A New Reading of the Namarah Inscription", *Journal of the American Oriental Society* 105 (1985), pp. 31－51.

士坦丁一世击败李锡尼之后，再次统一了罗马帝国。公元 325 年君士坦丁大帝召开尼西亚大公会议，由此确立了罗马—拜占庭皇帝在基督教世界中的仲裁者和保护者地位。根据君士坦丁时代的教会史家尤西比乌斯的记载，公元 324 年击败李锡尼之后，君士坦丁曾以劝诱改宗的口吻致信沙普尔二世，并希望后者善待波斯基督徒①。君士坦丁时期罗马基督教帝国的转型对 4 世纪后的罗马波斯关系产生了深远影响，可以说直接改变了萨珊帝国长期奉行的宽容基督教政策②。在沙普尔二世看来，波斯境内的基督徒存在勾结罗马帝国的可能性，而两大帝国的关系由于君士坦丁将波斯境内的基督徒视为自己的臣民和被保护者以及基督教亚美尼亚与罗马帝国关系的走近而再次恶化。③

公元 336 年，沙普尔二世便率先出兵，派自己的兄弟纳尔塞斯（Narses）突袭并攻克了美索不达米亚北部的罗马军事重镇阿米达。君士坦丁派自己的儿子君士坦提乌斯率军反击，在纳拉萨拉（Narasara）一战中大败并击杀纳尔塞斯，收复阿米达后又大规模加固其城防设施。④ 公元 337 年初，君士坦丁大帝在基本解决国内事务后准备讨伐萨珊帝国，尤西比乌斯记载到君士坦丁的东征军队将有基督教牧师随行，这次波斯战争的"圣战"特色不言而喻。⑤ 公元337 年 5 月 22 日，君士坦丁大帝于出征途中病逝于小亚细亚的尼科米底亚，对波斯的战争计划被迫终止实施。因此，公元 4 世纪的罗马波斯战争主要发生于君士坦丁大帝的继承者君士坦提乌斯二世（Constantius Ⅱ，337—361 年在位）和尤里安皇帝统治时期。

---

① Eusebius, *Vita Constantini*, 4. 8 – 13.

② W. Hage, "Die oströmische Staatskirche und die Christenheit des Perse-reiches", *Zeitschrift für Kirchengeschichte* 84 (1973), pp. 174 – 187.

③ T. D. Barnes, "Constantine and the Christians of Persia", *Journal of Roman Studies* 75 (1985), pp. 126 – 136.

④ Festus, *brevarium*, 27, 2 – 3; Ammianus Marcellinus, *Res Gestae*, 18. 9. 1.

⑤ Eusebius, *Vita Constantini*, 4. 56.

第五节　沙普尔二世与罗马帝国的战争

君士坦丁大帝死后，他的三个儿子分治帝国，次子君士坦提乌斯统治东部，并于公元354年再次统一罗马帝国。根据4世纪的罗马史家菲斯图斯的记载，君士坦提乌斯二世在位期间，与萨珊帝国在东部边境先后进行了九次大战，其中有两次是君士坦提乌斯本人亲征，而这些战争都不具有决定性。公元361年10月君士坦丁家族最后一个成员尤里安（Julian）在君士坦提乌斯二世病逝后即位，随即于公元363年初发动了对萨珊帝国的军事远征。公元363年夏尤里安率罗马大军推进至泰西封并与波斯军队发生了激战，同年6月22日尤里安在率军北上底格里斯河的途中死于萨马拉一役（Battle of Samara）。公元363年新继位的约维安皇帝与沙普尔二世缔结和约，放弃以尼西比斯为中心的美索不达米亚北部大片领土和罗马帝国对亚美尼亚的宗主权，由此结束了公元337—363年的罗马波斯战争。

公元337—363年的罗马波斯战争是由公元4世纪萨珊帝国为收复公元298年和约所丧失的领土和势力范围主动入侵罗马帝国而开始的，并以罗马帝国最后一次沿幼发拉底河传统路线入侵萨珊帝国核心区的失败而告终。公元363年的和约实现了沙普尔二世对罗马帝国多年征战的基本战略目标，随后又得以顺利入侵亚美尼亚，重新建立萨珊帝国对大亚美尼亚的控制权。从宏观上看，公元337—363年的罗马波斯战争是对戴克里先以来罗马帝国东部边疆防御体系的真正考验，充分证明了戴克里先和君士坦丁时期边疆要塞防御体系和边防军—野战军二元体制的有效性。而尤里安恢复早期罗马帝国征讨帕提亚帝国核心区的战略在公元4世纪时已经明显不符合罗马帝国军事体系和罗马波斯国力对比均发生显著变化的现实，因而其失败具有一定的必然性。从国际体系的角度看，公元363年的罗马波斯和约基本解决了双方在美索不达米亚的势力划分问题，哈布尔河—尼西比斯一线取代哈布尔河—辛加拉山一线成为此后罗马波斯在两河流域的稳定边界，并一直维持至公元 7 世纪初罗马—波斯体系的解体。

君士坦提乌斯二世时期的罗马波斯战争，主要围绕罗马帝国在美索不达米亚北部的要塞城市展开，其中波斯军队将攻取尼西比斯、阿米达和辛加拉作为其核心战略目标。公元 338 年，沙普尔二世第一次率军围攻尼西比斯，持续 60 天而不能下，最后因为波斯军队染上疾疫而撤军。[①] 公元 344 年，君士坦提乌斯二世率军与沙普尔二世的波斯军队在辛加拉近郊发生了大规模的遭遇战。根据利巴尼乌斯、尤里安以及菲斯图斯等古代晚期作家的记载和现代学者约翰·哈雷尔（John S. Harrel）的研究，沙普尔二世在此战中以轻装骑兵引诱罗马军队主动进攻波斯大营，并在罗马主力部队接战之后投入重装骑兵。但波斯精锐骑兵却因为罗马人使用破甲飞镖而损失惨重，沙普尔二世的儿子也在混战中战死，君士坦提乌斯二世随后率军追击波斯溃兵。但入夜后罗马士兵为争夺水源，遭到波斯弓箭手的远程压制和射杀而损失惨重。罗马军队只得放弃追击，辛加拉之战以罗马人的勉强胜利告终。[②] 但现代学者彼得·克劳福（Peter Crawford）则认为沙普尔二世在战斗的最后阶段投入其精锐预备骑兵部队击败了罗马军队。[③] 公元 346 年，沙普尔二世第二次率军围攻尼西比斯，再次失败并撤军。圣哲罗姆在其《编年史》中记载此次波斯军队围城达 3 月之久，而忏悔者塞奥法尼斯的《编年史》记载波斯人的围城时间也长达 78 天。

---

① R. W. Burgess, "The Dates of the First Siege of Nisibis and the Death of James of Nisibis", *Byzantium* 69 (1999), pp. 7 – 17.

② Libanius, *Oratio*, 59. 99 – 120; Festus, *brevarium*, 27. 14 – 67. 13; Julian, *Oratio*, I, 22D – 25B, 18 – 20. 17.

③ Peter Crawford, *Constantius II: Usurpers, Eunuchs, and the Antichrist*, Pen & Sword, 2016, p. 56.

公元348年，沙普尔二世率领波斯军队第二次围攻辛加拉。根据阿米安的记载，在这次围攻战中，罗马军官、后来担任外底格里斯省伯爵（*comes transtigritanis*）的阿里安努斯（Aelianus）率军夜袭波斯军营寨，大败睡梦中的波斯人。[①] 公元350年，沙普尔二世第三次率军围攻尼西比斯，在城外的米格多尼乌斯河（R. Mygdonius）上拦河筑坝，企图水淹灌城。尼西比斯被聚集的河水包围之后，沙普尔二世打造了一支配备攻城塔的水上舰队开始攻城。由于河水浸泡墙基导致尼西比斯的一部分城墙发生坍塌，波斯军队遂以战象为先锋朝城墙缺口鱼贯而入。但是波斯战象不习水性，反而深陷城外人工湖的泥泞中无法前进。沙普尔二世只得放弃进攻，罗马守军遂连夜修复了受损城墙。与此同时，沙普尔二世得到游牧民族匈尼特人（Chionites）从中亚入侵波斯的紧急战报，遂在处决一大批此次作战不力的军官后撤回伊朗。

公元351—357年间，沙普尔二世致力于与中亚的匈尼特人作战，而君士坦提乌斯二世则忙于平定帝国西部发生的叛乱和抵御阿勒曼尼人（Alemani，日耳曼人的一支）的入侵。在公元355—357年抵抗阿勒曼尼人的战争中，君士坦提乌斯二世的侄子尤里安表现出色，遂被提升为凯撒。公元356—357年间，君士坦提乌斯二世与沙普尔二世就结束战争进行了使者互派和谈判，但是双方均无法接受对方提出的条件。公元359年，沙普尔二世结束了与匈尼特人的战争并与之结盟，匈尼特国王格隆巴特斯（Grumbates）率军陪同沙普尔二世西征罗马，遂爆发了历史上有名的阿米达围城战。根据阿米安的记载，沙普尔二世此次出征还得到了罗马变节者、叙利亚富商安东尼乌斯（Antonius）的情报支持。由于辛加拉和尼西比斯均难以攻克，沙普尔二世遂在安东尼乌斯的建议下率军绕过尼西比斯向底格里斯河上游进发。在波斯军队经过阿米达城郊时，沙普尔二世派格隆巴特斯前去劝降守军，不料却遭到罗马人的弩炮攻击，匈尼

---

① Ammianus Marcellinus, *Res Gestae*, 18. 9. 3.

特王子被当场射杀。眼见盟军被羞辱，本来决定取道底格里斯河上游山地入侵卡帕多西亚和叙利亚的沙普尔二世只能命联军全力攻城。经过73天的苦战，波斯军队在付出3万人伤亡的代价后攻陷阿米达并将该城付之一炬。

由于阿米达陷落时已经错过了最佳的作战季节，沙普尔二世只能率军撤回国内，从而结束了公元359年对罗马帝国的战争。公元360年春，沙普尔二世再次率军入侵罗马美索不达米亚。这一次波斯军队终于攻克了辛加拉，并将驻守该城的弗拉维亚第一军团（Legio Ⅰ Flavia）、帕提亚第一军团（Legio Ⅰ Parthica）及城内平民悉数发配波斯。沙普尔二世随后又率军攻陷了底格里斯河上的罗马要塞贝扎布德（Bazabde）并驻扎重兵防守。公元360年秋，君士坦提乌斯二世在经过充分准备之后率大军东征，围攻贝扎布德。波斯守军在围城期间多次主动出击并摧毁了罗马人的攻城车和弩炮，久攻不下的罗马军队只得于当年冬天撤回安条克。公元361年春，君士坦提乌斯二世再次率军渡过幼发拉底河，驻节于埃德萨，同时派出两名将军带领小分队侦察沙普尔二世及波斯军队在底格里斯河对岸的动向。与此同时，尤里安被高卢驻军推举为帝向东进发，君士坦提乌斯二世只能回军抵御。公元361年10月5日，君士坦提乌斯二世病逝于西里西亚的莫普苏克雷奈（Mobsucrenae），尤里安和君士坦提乌斯之间的内战遂得以避免。

尤里安皇帝继位之后：一方面在罗马帝国大规模恢复以罗马多神教为核心的古典异教信仰，取消君士坦丁大帝以来基督徒和教会享有的各种特权；另一方面筹备对萨珊帝国发动一场新的大规模远征。关于尤里安皇帝东征波斯的动机，阿米安认为主要是出于尤里安对军事荣誉的渴求以及将波斯人逐出罗马东部边疆的战略需要。德国学者埃里克·凯腾霍芬（Eric Kattenhofen）认为，尤里安想通过对波斯的军事胜利来证明自己恢复罗马多神教政策的正确性以及异教众神对自己的支持。① 与尤里安同时代的安条克异教作家利巴尼乌斯则在其书信中提到，尤里安计划将随军出征的波斯王子霍尔木兹（Hormizd）扶植为萨珊帝国君主以取代沙普尔二世。但考虑到霍尔木兹已经在罗马帝国生活达数十年之久，凯腾霍芬认为利巴尼乌斯的记载缺乏逻辑性和合理性。从相关记载来看，尤里安在出征之前多次求神问卜，但得到的结果均不吉利，其波斯战争似乎从一开始便笼罩着不祥色彩。尤里安的好友、哲学家撒鲁斯提乌斯（Sallustius）专门写信劝说皇帝放弃东征，但尤里安仍然不改初衷，坚持发动对波斯人的远征。

公元 363 年 3 月 5 日，尤里安率 10 万大军自安条克启程，取道贝罗亚和赫拉波利斯进至幼发拉底河。渡过幼发拉底河之后，尤里安分兵 3 万，由将军普罗科皮乌斯（Procopius）和塞巴斯提安努斯（Sebastianus）率领前往底格里斯河。这支分队的主要任务是与亚美尼亚国王阿尔沙克二世（Arshak Ⅱ，351—368 年在位）的军队会师，并牵制沙普尔二世的主力部队。尤里安自己则率领 6.5 万人的主力部队沿哈布尔河—幼发拉底河的传统路线南下，于公元 363 年 3 月 27 日在卡里尼库姆与自幼发拉底河上游南下的补给舰队以及前来助战的阿拉伯酋长会合。在经过罗马要塞科尔凯西乌姆时，尤里安留下了一支驻军以防备该城周围与波斯结盟的阿拉伯部落，随后率军快速突入萨珊帝国的核心区阿苏里斯坦（即同时代罗马史家笔下的"亚述"地区）。

进入萨珊帝国境内之后，尤里安皇帝对罗马士兵们发表了慷慨激昂的演说，又把军队分为左中右三路：左路骑兵由波斯流亡王子霍尔木兹和骑兵长官阿林塞乌斯（Arinthaeus）率领，中路的重装步兵主力由维克托率领，右路的辅助部队由内维塔（Nevitta）率领。日耳曼人达加莱弗斯（Dagalaiphus）总领后卫部队，而来自尼西比

---

① Erich Kettenhofen, "Julian", in Encyclopaedia Iranica Online，访问时间，2020 年 6 月 3 日。

斯城的历战老兵卢西里安努斯（Lucilianus）负责侦察。罗马军队沿幼发拉底河南下，先后攻克了阿纳特（Anatha）和皮利萨博拉（Pirisabora，应即当年沙普尔一世击败戈尔迪安三世后建立的 Peroz-Shapur 城）。根据阿米安的记载，皮利萨博拉是美索达不达米亚地区仅次于泰西封的大城市，罗马军队在攻打此城时遇到了激烈的抵抗并遭遇了较大的伤亡。在抵达两河最近处的菲塞尼亚（Phissenia）之后，尤里安试图利用波斯王家运河将军队输送至底格里斯河，不料波斯人打开堤坝导致王家运河临时决堤改道，罗马军队只能重新开凿一条运河以输送舰队和士兵。罗马军队抵达泰西封近郊时，对波斯人的马欧扎马卡（Maiozamalcha）要塞展开了围攻，并在破城后尽屠其居民。尤里安皇帝的罗马军队在渡过底格里斯河时与波斯军队在河岸峭壁下又进行了激烈的滩头阵地战，最终罗马人大败波斯人并成功登陆。

　　进抵泰西封城下时，尤里安眼见泰西封城高墙厚、波斯人守卫森严，又担心沙普尔二世再度率军前来夹攻，遂召开军事会议决定绕开波斯首都，进入底格里斯河以东地区寻找波斯主力军队决战。而为了不让波斯人获得舰队及罗马人的补给物资，尤里安下令将随行的内河补给舰队付之一炬①，这被证明是一个关键的战略失误。果不其然，只携带 20 天口粮的罗马军队北上底格里斯河以东地区后，便很快陷入了断粮的境地。而沙普尔二世则率领波斯主力部队一路尾随罗马人并实行焦土政策。在这种形势下，尤里安皇帝被迫放弃原定计划沿底格里斯河岸向北撤军，但罗马军队在马兰加（Maranga）遭遇沙普尔二世所率波斯主力军队的袭击，罗马军队奋战退敌，随后继续撤退至萨马拉以南的丘陵地带。公元 363 年 6 月 26 日，罗马军队与波斯军队在萨马拉爆发决战。由于天气酷热，尤里安皇帝脱去头盔和身甲亲临前线督战，在经过一番激战之后勉强抵挡住波斯军队的攻势，但却被一支飞来的标枪刺穿了肝脏。尤里安从其坐

---

① Ammianus Marcellinus, *Res Gestae*, 24. 7. 1; 3 – 6.

骑上跌落后昏迷不醒，被士兵救回大帐，并在当晚因伤重不治而死。① 尤里安的先锋官约维安（Jovian）被军队仓促拥立为帝，随后约维安与沙普尔二世缔结了屈辱的和约以保障罗马军队能够安全退回叙利亚。

至此，公元4世纪罗马帝国对波斯发动的最后一次大规模远征以失败告终。公元363年约维安与沙普尔二世缔结的和约规定：罗马帝国将尼西比斯和辛加拉割让萨珊帝国，两国边界以哈布尔河—尼西比斯一线为界，这样一来罗马帝国在美索不达米亚东北部的势力范围突出部便被抹平；不仅如此，和约还规定罗马帝国退还外底格里斯诸省（实际上只退还了299年协议中八个属国中 Nymchios 河以东的四个）并放弃对亚美尼亚王国的宗主权。② 萨珊帝国收复尼西比斯和外底格里斯河地区，标志着沙普尔二世数十年来梦寐以求的战略目标，在付出惨重损失后因为尤里安东征的意外失败而终于得以实现③。自此之后，罗马帝国和萨珊帝国在美索不达米亚的边界趋于稳定，而波斯人再次获得了在南高加索地区事务上的主导权。从阿米安对尤里安皇帝远征过程的记载可以看出，公元4世纪中叶萨珊帝国在两河流域南部的城市建设、灌溉设施和防御体系构建与公元3世纪乃至帕提亚时期相比都有了质的飞跃。由于萨珊波斯人在与罗马人常年的要塞攻防战中已经熟练地掌握了攻城武器和守城作战的各种装备和战术，泰西封不再能够轻易被罗马军队攻克，这是尤里安最终失败的重要原因。

当然，以迪纳瓦里《通史》为代表的中古伊斯兰史料仍称尤里安的军队对泰西封发起了强攻并迫使波斯军队退守卫城④；而《泰

---

① 与阿米安的记载不同，佐西穆斯认为尤里安的致命伤是由剑而非标枪造成，参见 Zosimus, *Historia Nova*, 3. 28. 3 – 29. 1.

② Robin Seager, "Ammianus and the Status of Armenia in the Peace of 363", *Chiron* 26（1996），pp. 275 – 284.

③ Ammianus Marcellinus, *Res Gestae*, 25. 8. 13 – 9. 2.

④ Abu Hanifa Ahmad Dinawari, *Akhbar al-Tiwal*, 50.

伯里史》则极力渲染阿拉伯同盟部落在尤里安东征中发挥的作用，甚至称尤里安（Lulyānūs）的罗马军队攻陷了泰西封，但这些都不能改变尤里安远征的最后失败结局。但我们也不能夸大尤里安远征失败对罗马帝国造成的损失，因为哈布尔河至幼发拉底河中段的美索不达米亚西北地区此后仍然掌握在罗马—拜占庭帝国手中。实际上，自塞维鲁王朝吞并以埃德萨为中心的奥斯罗恩王国之后，罗马和波斯在美索不达米亚的西北—东南对峙格局已然形成，再也没能恢复至罗马—帕提亚时期的幼发拉底河边界。而经过沙普尔二世对罗马帝国的征战与公元 363 年罗马波斯和约的签订，罗马帝国从哈布尔河延伸至底格里斯河中上游、用以拱卫罗马美索不达米亚和叙利亚行省以及亚美尼亚安息王朝的势力范围突出部最终丧失，从而为后来萨珊帝国彻底征服大亚美尼亚铺平了道路。与此同时，亚美尼亚国王阿尔沙克二世在尤里安东征期间举棋不定，坐失战机，使得尤里安的北路军最终无功而返，从而间接造成了尤里安主力部队在波斯的失败。而沙普尔二世在与罗马帝国缔约之后，得以腾出手来征服亚美尼亚。公元 367 年，沙普尔二世以和谈为幌子将孤立无援的阿尔沙克二世骗至波斯，随后将其囚禁并最终杀害①。阿尔沙克二世死后，亚美尼亚国内群龙无首一片混乱，而罗马与波斯在亚美尼亚的争夺也进入了一个全新的时期。

第六节　亚美尼亚的瓜分与 4 世纪末
罗马波斯和平的确立

　　公元 364 年 2 月，罗马皇帝约维安在从波斯撤军返回君士坦丁堡途中病逝于小亚细亚的达达斯塔纳（Dadastana），时任禁卫骑兵持盾支队长官（*tribunus scutariorum*）的瓦伦提尼安（Valentinian Ⅰ，

---

① Ammianus Marcellinus, *Res Gestae*, 27. 12. 1 – 3.

364—375 年在位）被拥立为帝。瓦伦提尼安再次决定分治帝国，并由其弟瓦伦斯（Valens，364—378 年）统治罗马帝国东部。瓦伦斯在位期间罗马帝国与哥特人冲突频发，并最终导致公元 378 年亚得里亚堡战役罗马军队的惨败和瓦伦斯的阵亡。在东方，瓦伦斯于公元 367 年将已故亚美尼亚国王阿尔沙克二世之子帕普（Pap，Papas，367—374 年在位）扶上亚美尼亚王位，以抗衡萨珊帝国对亚美尼亚的控制。公元 371 年，罗马—亚美尼亚联军在巴格万（Bagavān）战役和甘扎克（Gandzak）战役中两次大败沙普尔二世的波斯军队，一度遏制了萨珊帝国对亚美尼亚的吞并野心。公元 374 年，瓦伦斯又因为猜忌帕普暗通波斯而将其谋杀，另立瓦拉斯达特斯（Varaz-dates，374—378 年在位）为亚美尼亚国王，但此人并不被亚美尼亚贵族所喜。根据阿米安的记载，公元 375 年沙普尔二世向瓦伦斯皇帝首次提议双方瓜分亚美尼亚（*deleri. . . penitus armeniam*），并派苏伦纳（Surena）为使节表达了波斯方面废黜亚美尼亚安息王朝的意愿。[①] 公元 375—377 年间，罗马和波斯双方断断续续进行协商，但始终未能就亚美尼亚问题达成一致。至公元 377 年底，由于哥特人的威胁迫在眉睫，瓦伦斯皇帝只得派维克托（Victor）为使节前往亚美尼亚与波斯人仓促达成和平协议。

根据 5 世纪的亚美尼亚史家鲍斯托斯·布赞（P'awstos Buzand，也称 Faustus of Byzantium）的记载，瓦伦斯皇帝从亚美尼亚撤军之后，亚美尼亚贵族在曼努埃尔·马米科尼扬（Manuel Mamikonian）的领导下与沙普尔二世反目成仇，并扶植安息家族出身的阿尔沙克三世（Arshak Ⅲ，378—389 年在位）为王，以反抗萨珊帝国的控制。由于亚美尼亚贵族的反叛，沙普尔二世被迫再次向瓦伦斯皇帝提出亚美尼亚的瓜分建议。瓦伦斯皇帝虽对波斯方面的提议表示认可，但却来不及将之付诸实施便亲赴多瑙河前线迎战哥特人，并最终战败身亡。实际上，自公元 363 年约维安与沙普尔二世媾和以来，

---

① Ammianus Marcellinus, *Res Gestae*, 30. 2. 2.

罗马和波斯在亚美尼亚问题上始终未能达成双方都能接受的处置办法。不仅如此，瓦伦斯皇帝和沙普尔二世对亚美尼亚的渗透采取的方式也是迥然有别的：前者着力培养亲罗马的安息王室成员担任亚美尼亚国王，但却忽视了对亚美尼亚贵族世家的拉拢；后者则极力策反不满在位亚美尼亚君主统治的世家贵族并使其倒向波斯，其长远目标则是废黜亚美尼亚安息王朝。罗马帝国和萨珊帝国对亚美尼亚内部派系渗透方式的不同是双方始终无法在亚美尼亚形成稳定势力范围的重要原因。实际上，双方在公元4世纪末就亚美尼亚问题达成和解的重要契机在于，此时安息王室分别以东西亚美尼亚为根据地形成了初步的割据态势，而这一割据态势也较为吻合百余年来罗马和波斯在亚美尼亚争夺之后形成的大体势力范围分布。

现代学界对于罗马和波斯瓜分亚美尼亚的时间莫衷一是，其中传统说法倾向于认为是在公元384年，即萨珊帝国第一次遣使罗马皇帝狄奥多西一世期间。如前文，公元378年6月，瓦伦斯皇帝在亚得里亚堡战役中大败于西哥特人之手并死于战阵。而公元379年沙普尔二世去世后，阿达希尔二世（Ardashir Ⅱ，379—383年在位）、沙普尔三世（Shapur Ⅲ，383—388年在位）和巴赫兰四世（Bahram Ⅳ，388—399年在位）相继为王。由于阿米安的记载终止于公元378年，亚美尼亚迅速从5世纪罗马—拜占庭帝国的历史编纂中淡出史家视野。而同时期波斯君主更迭频繁，因此我们必须立足于亚美尼亚史料来还原4世纪末罗马波斯瓜分亚美尼亚的具体经过。根据鲍斯托斯·布赞的《亚美尼亚史》记载，曼努埃尔·马米科尼扬去世之后，亚美尼亚大贵族纷纷要求波斯国王（当时应为沙普尔三世）从安息家族中选出一位国王。沙普尔三世遂将安息家族出身的胡斯洛四世（Khosrov Ⅳ，386—392年在位）扶植为亚美尼亚国王，并将自己的女儿佐尔宛杜赫特（Zruandukht）嫁给胡斯洛四世为王后。而失势的阿尔沙克三世放弃了自己的领地，并"逃到希腊人（即罗马—拜占庭帝国）的土地上"，于是"希腊人和波斯王分别支持阿尔沙克和胡斯洛"。鲍斯托斯·布赞随后提到阿尔沙克

和胡斯洛分别以小亚美尼亚的阿基利塞内（Ekeleats，Acilisene）和
大亚美尼亚的阿拉拉特（Ayrarat）为根据地，而"希腊人和波斯人
的使节往来穿梭于其间"，并指出"希腊人和波斯人认为将亚美尼亚
在他们之间瓜分是合理的"，理由是希腊人和波斯人都认为"这个位
于他们国土之间的国家（即亚美尼亚）是如此的强大和富裕，我们
应当通过各自支持的安息君主将之瓜分，以使亚美尼亚人永远毫无
二心地分别臣服于他们。"

　　阿基利塞内会议结束后，罗马帝国和萨珊帝国便分别以阿尔沙
克三世和胡斯洛四世的统辖地对亚美尼亚王国进行了瓜分，鲍斯托
斯·布赞随后便称"亚美尼亚王国自此消失，往日光荣不再"[1]。但
鲍斯托斯·布赞也指出，这样的划分方式使得亚美尼亚的许多原本
自成一体的地区被强行划分给双方，而两位国王能真正实际控制的
地区则少得可怜。鲍斯托斯·布赞提到，曼努埃尔·马米科尼扬与
波斯人对抗长达 7 年直到被谋杀，因此罗马和波斯瓜分亚美尼亚的
时间应该在公元 385 年曼努埃尔·马米科尼扬去世之后，而不是传
统说法认为的公元 384 年。另外，传统观点认为公元 4 世纪末罗马
和波斯对亚美尼亚的瓜分是分别吞并了古典时代的"大亚美尼亚
（Great Armenia）"和"小亚美尼亚（Lesser Armenia）"，这其实并不
完全符合历史事实。实际上，萨珊帝国后来控制的波斯亚美尼亚
（Persarmenia）并未完全包括传统意义上"大亚美尼亚"的全部地
区。而罗马—拜占庭帝国控制的"罗马亚美尼亚"（Roman Armeni-
a）的范围也大于传统意义上的"小亚美尼亚"（其核心区早已在庞
培征服本都时被罗马并入比提尼亚—本都行省），尤其是包括了传统
上属于大亚美尼亚的索芳那内（Sophanēnē，以 Martyropolis 为中心）
地区和既不属于大亚美尼亚，也不属于小亚美尼亚的索菲尼和上亚
美尼亚（Upper Armenia，位于幼发拉底河上游与阿尔萨尼亚斯河之
间）地区。

---

① Faustus of Byzantium，*Epic Histories*，6.1.

　　笔者认为，公元 4 世纪末罗马和波斯瓜分亚美尼亚的具体时间必须综合罗马—拜占庭史料（有准确的事件时间线，但缺乏对两国瓜分亚美尼亚一事的详细记载）和亚美尼亚史料（有关于瓜分一事的记载，但却没有提供准确的时间线）才能作出大致的判断。如上所述，公元 378—379 年间，由于瓦伦斯皇帝和沙普尔二世相继去世，亚美尼亚问题被再次搁置未决。公元 385 年曼努埃尔·马米科尼扬去世后，亚美尼亚贵族又转投萨珊帝国并扶植胡斯洛四世为王。而小部分仍然支持阿尔沙克三世的贵族则以亚美尼亚西部为根据地，请求罗马帝国的庇护。随着亲波斯的胡斯洛四世与亲罗马的阿尔沙克三世分治东西亚美尼亚局面的形成，罗马和波斯瓜分亚美尼亚的条件才逐渐趋于成熟。

　　公元 384 年、387 年和 389 年，萨珊帝国三次遣使罗马帝国商议亚美尼亚问题，而狄奥多西一世（Theodosius I，379—395 年在位）在此期间也三次遣使赴东方与波斯人交涉。根据利巴尼乌斯的记载，公元 387 年罗马帝国叙利亚首府安条克由于连年饥荒和食物供应的短缺而发生了城市暴民推倒狄奥多西皇帝及皇后塑像的著名骚乱事件。晚年的利巴尼乌斯在叙述此事时，又顺带提到当时罗马帝国的使团正好完成了与波斯人达成和平的使命。古代晚期研究著名学者布洛克利（Roger C. Blockley）据此认为罗马波斯瓜分亚美尼亚是在公元 387 年，而公元 384 年和 389 年萨珊帝国派遣的两批使节仅仅是为了向罗马帝国通报波斯方面新王继位（沙普尔三世和巴赫兰四世）[①]。不仅如此，5 世纪的亚美尼亚史家加扎尔·帕普特茨（Ghazar P'arpetsi）也指出亚美尼亚王国被罗马和波斯瓜分发生在萨珊君主沙普尔三世在位期间（383—388 年）。因此我们基本可以排除公元 389 年巴赫兰四世继位后才遣使狄奥多西一世决议瓜分亚美尼亚的可能，而公元 387 年罗马和波斯签订瓜分亚美尼亚协

---

　　① R. C. Blockley, "The Division of Armenia between the Romans and Persians at the End of the Fourth Century AD", *Historia* 36 (1987), pp. 222 – 234.

议之说也逐渐得到了现代学界的广泛支持。目前学界一般称当时双方签订的瓜分亚美尼亚协议为《387 年的阿基利塞内协议》（*Treaty of Acilisene in 387AD*）。

实际上，德国亚美尼亚裔学者阿斯杜里安（Asdourian）和研究古代晚期罗马波斯关系的学者克里索斯（E. Chrysos）均认为，4 世纪末罗马波斯对亚美尼亚的瓜分是一个长期的过程，可以从公元 363 年开始追溯并延续至公元 430 年代，而即使是公元 380 年代双方达成的瓜分协议也仅仅是亚美尼亚漫长分治进程中的关键一步而已。布洛克利也指出，直到公元 5 世纪时，罗马和波斯两大帝国在亚美尼亚也没有形成十分明确的边界。最明显的证据便是，公元 408/409 年罗马和波斯双方签订的协议规定波斯亚美尼亚境内的阿尔塔沙特为两国合法互市城市之一，而后来取代阿尔塔沙特地位的迪温（Dvin，即后来的亚美尼亚波斯总督府所在地）在 6 世纪时已经发展成为东西商贾往来辐辏之地。这表明此时罗马亚美尼亚与波斯亚美尼亚之间的边界仍然具有明显的开放性、互渗性和模糊性。公元 389 年阿尔沙克三世去世之后，罗马亚美尼亚安息王统断绝，逐渐变成由罗马—拜占庭方面指派的亚美尼亚伯爵长官（*comes armeniae*）统治的地区。但罗马亚美尼亚境内当地总督和安息王族余脉仍然享有过去的封地和自治权，直到公元 6 世纪查士丁尼一世改革推行之后罗马亚美尼亚本土贵族的传统势力才逐渐消解并融入拜占庭帝国社会。

另外，萨珊帝国治下的波斯亚美尼亚在一开始仍然保留了亚美尼亚安息王室，直到公元 428 年波斯亚美尼亚贵族联名上书，要求萨珊君主巴赫兰五世剥夺阿塔西亚斯四世（Artaxias Ⅳ，422—428 年在位）的王位时，巴赫兰五世才决定正式废黜亚美尼亚安息王朝，并以波斯总督（*marzbān*）直接管理波斯亚美尼亚。而波斯亚美尼亚总督往往由当地贵族领袖和萨珊帝国指派的波斯官员交替出任。但公元 428 年萨珊帝国开始直接统治亚美尼亚之后，亚美尼亚贵族世家的权力并未受到削弱，反而因为安息王室的废黜而获得更多的世

袭领地。由于亚美尼亚各大贵族世家领地犬牙交错，罗马和波斯在
亚美尼亚的势力划分必然使得许多家族的世袭领地同时分布于罗马
亚美尼亚和波斯亚美尼亚境内，这便导致了罗马和波斯在亚美尼亚
形成稳定边界和地方忠诚的困难性。我们可以认为，直到6世纪初
阿纳斯塔修斯皇帝时期，罗马与波斯在亚美尼亚才基本形成了明确
的势力范围划分，而这是公元5世纪期间亚美尼亚内部贵族派系发
生大规模分化组合，并逐渐形成分别效忠罗马和波斯两大帝国的相
对稳定忠诚结构的结果。

　　总体来看，公元387年罗马和波斯对亚美尼亚势力范围的划分
使萨珊帝国获得了亚美尼亚本部五分之四的土地和城市经济最为发
达的地区，而罗马—拜占庭帝国获得的占总面积约五分之一的亚美
尼亚西部地区则较为贫瘠落后。罗马和波斯在亚美尼亚势力范围的
占比实际上也是萨珊王朝建立以来波斯在南高加索博弈中取得明显
优势的自然结果。因而公元387年的瓜分协议是对双方在亚美尼亚
长期争夺后形成较稳固实力分配局面的一种合法性认可，而非标志
着罗马与波斯在南高加索势力范围的突变①。但波斯在亚美尼亚所占
势力范围的优势并不是绝对的：萨珊帝国虽然获得了古典时代亚美
尼亚王国的大部分领地，但波斯亚美尼亚境内世家贵族林立且有相
当数量信奉基督教，因而在政治局势上比罗马亚美尼亚更加不稳定，
这就为此后罗马—拜占庭帝国以普世基督教帝国姿态插手波斯亚美
尼亚事务提供了渗透和干涉的借口和机遇。

----

① G. Greatrex, "The background and aftermath of the partition of Armenia in AD
387", *The Ancient History Bulletin*, Vol. 14, no. 1 – 2, 14. 1 – 2 (2000), pp. 35 – 48.

第 六 章

早期拜占庭帝国与萨珊帝国的战争

第一节　罗马—波斯的"5世纪和平"解析

公元377年瓦伦斯皇帝与沙普尔二世签订了结束两国战争状态的和平协议，从而标志着自公元3世纪以来罗马帝国与萨珊帝国长达160年密集军事冲突状态的结束。而公元387年双方瓜分亚美尼亚协议签署后，罗马与波斯在南高加索地区的争夺也暂时告一段落。从波斯方面来看，公元379年沙普尔二世去世之后，萨珊帝国再次陷入君主与教俗贵族权力博弈的长期内争之中，并一直持续至卡瓦德一世（Kavad I，488—496年，498—531年在位）当政时期。美国学者博沙利亚提甚至认为沙普尔二世的去世开启了波斯君主与教俗贵族之间长达125年的权力斗争，而这一时期大量萨珊君主由于宫廷阴谋导致的非正常死亡和依靠教俗贵族甚至外国干预登上王位的现象确实屡见不鲜，由此可见萨珊帝国内部权力斗争的激烈。而罗马帝国在公元395年迎来了永久的东西分治，东部帝国逐渐向早期拜占庭帝国过渡。自公元4世纪末起，"士兵皇帝时代"结束后狄奥多西王朝（Theodosian Dynasty，379—457年）和利奥王朝（Leo-ean Dynasty，457—518年）的家族统治标志着晚期罗马/早期拜占庭帝国正式进入了君主常驻首都的"宫廷皇帝时代"（Age of Palace

Emperors，395—582 年）。从公元 377 年至公元 502 年的 125 年间，罗马—拜占庭帝国与萨珊帝国保持了长期的和平与西亚共治态势，双方之间的多次偶发性冲突均及时通过外交斡旋手段得到制止，因而罗马与波斯的"5 世纪和平"成为六百余年间罗马波斯关系中极不寻常的时期。

罗马与波斯的"5 世纪和平"需要从两国统治理念变迁、内部权力斗争态势、君主武功观念嬗变以及公元 5 世纪欧亚大陆政治格局的特殊性入手才能得到充分的阐释和理解。德国学者亨宁·伯尔姆认为，随着"宫廷皇帝时代"的到来，罗马—拜占庭皇帝的军功观念发生了深刻变化。自狄奥多西一世之后，血战沙场以博得军功和皇位合法性的做法逐渐被君士坦丁堡皇宫中的东方集权式礼仪、基督教君权神授论和家族王朝统治自身具备的合法性渊源所代替，因而这一时期的罗马—拜占庭皇帝再也不愿发动一场高风险的"波斯战争"[1]；而从萨珊帝国来看，5 世纪中亚游牧帝国的强势崛起使得波斯的对外战略由"西战东和"明显转型为"西和东战"。随着萨珊帝国强势君主统治的中断和 4 世纪末波斯东方边疆局势的异变，代表定居者与游牧民对抗之精神内核的"凯扬传统"（Kayanian Cycle）再次得到这一时期萨珊君主和教俗贵族集团的强调，并表现在萨珊帝国与中亚游牧帝国（尤其是嚈哒汗国）的长期战争中。在罗马和波斯内外局势均发生深刻变局的背景下，维持双方既有的边界和在阿拉伯沙漠以及高加索山隘口的防务成为这一时期罗马波斯关系的重要内容。

公元 5 世纪期间罗马—拜占庭帝国与萨珊帝国虽然在大部分时间内兵戈未起，但欧亚大草原游牧帝国对罗马和波斯的大举入侵、亚美尼亚反抗萨珊帝国宗教压迫的斗争以及基督教异端派别在近东

---

① Henning Börm，"A Threat or Blessing？The Sasanians and the Roman Empire"，in *Studies in the History and Culture of the Ancient near East and the Eastern Mediterranean-Untersuchungen zu Geschichte und Kultur des Nahen Ostens und des östlichen Mittelmeerraumes im Altertum*，*Festschrift für Josef Wiesehöfer zum 65. Geburtstag*，Duisburg，2016，p. 623.

的分化与发展构成了这一时期波澜壮阔的历史图卷，并深刻规定和影响着这一时期罗马—拜占庭帝国与萨珊帝国的交往模式与相互认知。从欧亚整体史以及游牧世界与农耕世界交往关系的视角来看，公元 5 世纪见证了阿提拉匈人帝国与嚈哒汗国在欧亚草原中西段的迭起兴衰，罗马和波斯为抵御游牧民族入侵西亚开始在高加索防务上达成长期共识。而两大帝国南侧的阿拉伯游牧部落的分化组合和不断入寇也迫使罗马与波斯大幅度调整其在彼此接壤地区的政治、经济、宗教与族群政策。在阿拉伯半岛周围，随着早期大型部落联盟——台努赫部落联盟和肯德部落联盟的相继解体①，新生的加萨尼王国和莱赫米王国分别与拜占庭帝国和萨珊帝国逐渐形成稳固的宗主—附庸关系，而红海两侧阿克苏姆王国和希木叶尔王国的竞争也伴随着罗马与波斯的间接干预以及基督教与犹太教之间潜在孕育的紧张冲突。从经济贸易来看，随着大规模战争在西亚的结束以及 5 世纪末嚈哒—波斯联盟的形成，罗马、波斯与中亚游牧帝国和绿洲城市的粟特商人（Sogdian Merchants）团体共同构建起了古代晚期陆上丝绸之路中西段过境贸易的繁荣稳定格局。在这样的背景下，来自远东的丝绸等大宗商品的"西流"与罗马—拜占庭金币、萨珊银币以及波斯—粟特移民团体及其宗教信仰的"东流"日益频繁。

从宗教文化上看，公元 5 世纪也见证了"东方教会"在萨珊帝国的兴起以及一性派基督教主导拜占庭帝国东部诸省宗教格局态势的形成。而信奉基督教却拒斥卡尔西顿信经的亚美尼亚人在经过长期斗争后获得了在萨珊帝国内部取得宗教自治的权利。通过亚美尼亚内部贵族派系的分化组合以及萨珊帝国宗教政策的务实转变，波斯总督时代（Marzbanate Period）的亚美尼亚人在实现基督教信仰民族化的同时也探索出了与萨珊祆教帝国合作共存的交往模式，但萨珊祆教帝国与基督教亚美尼亚臣民之间的紧张冲突关系仍然如暗流

---

① 　D. F. Graf, "The Saracens and the Defense of the Arab Frontier", *Bulletin of the American Schools of Oriental Research* 229 (1978), pp. 1 – 26.

一般潜伏在平静的水面下。总而言之，罗马与波斯的"5世纪和平"是罗马波斯关系史上极为特殊的过渡和转型时期，它既是对3—4世纪以来罗马波斯战争冲突关系的总结与调整和5世纪欧亚游牧帝国同时威胁罗马波斯边疆态势的必然反映，又静水流深地悄然改变了罗马与波斯在西亚的边疆景观、族群生态、相互认知及交往方式。而随着6世纪初萨珊帝国逐渐走出嚈哒战争的失败阴影与马兹达克运动冲击后波斯教俗贵族权力关系的调整，罗马与波斯之间即将进入更大规模、烈度和波及范围的战争模式。

公元5世纪初罗马与波斯关系中出现了一些全新的交往模式和影响因子，其中最有代表性的是罗马与波斯之间王朝合法性纽带的构建尝试以及基督教在萨珊帝国合法地位的初步确立。公元408年拜占庭帝国阿卡狄乌斯皇帝（Arcadius，395—408年在位）对萨珊帝国耶兹底格德一世（Yazdgird Ⅰ，399—420年在位）的"托孤"是罗马波斯关系史上罗马—拜占庭皇帝仅有的两次以波斯君主作为皇储监护人和保护者的案例，也是唯一一次成功实施的罗马与波斯之间通过遗孤托付顺利实现皇位更替的特殊案例。公元408年东罗马帝国皇帝阿卡狄乌斯临终前，指定波斯君主耶兹底格德一世为当时年仅7岁的皇储狄奥多西二世（Theodosius Ⅱ，408—450年在位）的监护人。根据普罗科比的记载，耶兹底格德一世对阿卡狄乌斯的请求欣然应允，并立即回信君士坦丁堡元老院表示将对付任何敢于威胁狄奥多西二世皇位的人。[①] 而比普罗科比时代稍晚的阿加西亚斯也提到，"这个故事（指阿卡狄乌斯对耶兹底格德的托孤）在我们之间代代相传直至今天，已经达到家喻户晓妇孺皆知的程度"。但阿加西亚斯也对普罗科比的记载表示质疑，认为"除此之外找不到任何关于此事的文献佐证"，甚至觉得罗马皇帝对波斯君主托孤非常不可思议，因为"怎么能认为将对自己最珍贵的人托付给一个外国人、蛮族、一个充满敌意的民族的统治者、一个对正义和诚信没有任何

---

① Procopius，*De bello Persico*，1.2.6 – 10.

概念而且在宗教事务上举止怪异（罗马与波斯宗教信仰不同）的人这种行为是正确的呢?"① 考虑到阿加西亚斯所处的时代（公元550—560年代）正是拜占庭帝国与萨珊帝国战争频发且波斯人屡屡撕毁和平协议的时期，因此他无法理解5世纪初罗马与波斯之间一度存在的"亲密"关系是可以理解的。而普罗科比虽然也经历过查士丁尼时代与波斯的多次战争，但其采取的叙事立场无疑要比敌视波斯的阿加西亚斯更加客观理性。

阿卡狄乌斯对耶兹底格德一世的托孤不仅在6世纪的拜占庭史家普罗科比和阿加西亚斯的著作中均有提及，9世纪初的拜占庭史家塞奥法尼斯甚至还记载了耶兹底格德一世为确保狄奥多西二世顺利即位，特派波斯宦官安条库斯（Antiochus，很可能是波斯基督徒）前往君士坦丁堡辅佐幼君。② 但阿卡狄乌斯托孤一事却不见诸5世纪的同时代拜占庭史料，其背后的原因颇耐人寻味，这也表明罗马—拜占庭帝国内部对阿卡狄乌斯皇帝的举措存在着截然不同的观点。实际上，耶兹底格德一世在位时期确实是历史上罗马—拜占庭帝国与萨珊帝国关系最友好的时期。③ 20世纪末考古学者在约旦佩特拉遗址以南的胡麦麻（Humayma）发现的阿卡狄乌斯和耶兹底格德一世时期发行的索利德金币和第尔汗银币充分证明了这一时期双方政治经济往来的频度和深度。而阿卡狄乌斯敢于将皇储托付给萨珊君主，表明在罗马人看来，波斯人虽然是"蛮族"，但却是可以信赖的"文明人"。从长远视角来看，5世纪初罗马—拜占庭帝国正经历"家族血亲世袭王朝统治模式"的巩固时期。为了确保狄奥多西家族皇位继承的顺利，阿卡狄乌斯求助于拥有强大实力的萨珊帝国来确保狄奥多西二世的皇位是明智之举。

自公元377年以来，罗马与波斯就两国关系和亚美尼亚问题便

---

① Agathias, *Histories*, 4. 26. 3 – 7.

② Theophanes, *The Chronicle of Theophanes the Confessor*, A. M. 5900 (80. 8 – 24).

③ G. Greatrex & J. Bardill, "Antiochos the Praepositus: A Persian eunuch at the court of Theodosius Ⅱ", *Dumbarton Oaks Papers* 50 (1996), pp. 171 – 197.

进行过多次协商和使者互派，双方对彼此同为文明世界两大帝国的认知与公元 3 世纪相比有了很大的提高。至公元 5 世纪初，耶兹底格德一世温和的内外政策使阿卡狄乌斯皇帝能够确保波斯人信守承诺而不会威胁狄奥多西二世的统治。而在罗马—拜占庭帝国周边，对家族王朝统治有着同样深刻理解与认同的只有萨珊帝国。因此阿卡狄乌斯皇帝在罗马与波斯之间通过托孤构建两大帝国之间的王朝合法性纽带的举措正是对古代晚期罗马—拜占庭帝国与萨珊帝国在统治模式和王朝观念上日益趋同的必然反映。

耶兹底格德一世之所以受到同时代罗马—拜占庭人的信赖与后世部分拜占庭史家（如普罗科比）的赞扬，与其在位期间对基督教的优容政策密不可分。拜占庭和近东教会史家甚至将耶兹底格德一世比作"波斯人的君士坦丁"，而巴比伦犹太人由于耶兹底格德一世的皇后舍辛杜赫特（Šišindukht）的犹太流放领袖（Reš Gelut）之女的身份也对耶兹底格德赞誉有加。萨珊帝国各个时期对基督教的政策与同时期罗马—拜占庭帝国的基督教政策和罗马波斯关系的阴晴有着紧密的联动关系。自公元 325 年尼西亚大公会议以来，罗马—拜占庭皇帝便以普世基督教皇帝和基督徒的保护者自居。而由君士坦丁大帝开启的罗马基督教帝国转型进程对毗邻的萨珊帝国产生了巨大的冲击，并直接导致了公元 338—377 年间沙普尔二世对波斯基督徒长达 40 年的大迫害。公元 4 世纪期间大量的波斯基督徒因为拒绝效忠萨珊帝国而殉教，反而进一步推动了基督教在波斯的发展。

公元 377 年罗马波斯媾和之后，随着沙普尔二世的去世以及东亚美尼亚对波斯的归顺，萨珊帝国对基督教的政策开始转向温和。公元 392 年狄奥多西一世颁布异教取缔令后，基督教会与罗马帝国上层的合流得以完成，而基督教士在罗马—拜占庭帝国的外交中开始扮演愈益重要的角色。公元 4 世纪末罗马与波斯频繁的外交遣使使得大量基督教高级教士得以前往波斯了解当地基督徒的生存状况，而萨珊帝国统治者和教俗贵族也在与罗马—拜占庭帝国教职人员的交涉中加深了对基督教教义、组织和本国基督徒生活状态的了解和认识。公元 399 年耶兹底格德一世继位后，基督教在波斯的发展进入了"黄金时期"，而公元 410 年 2 月由波斯主教马尔·伊沙格（Mār Ishāq）主持召开的第一届塞琉西亚—泰西封基督教大公会议（Synod of Seleucia-Ctesiphon）是基督教在萨珊帝国初步取得合法地位的标志性事件，深刻影响了此后萨珊帝国的宗教政策及其对罗马—拜占庭帝国的外交政策。[①]

根据公元 6 世纪的拜占庭教会史家苏格拉底《教会史》的记载，耶兹底格德一世青睐基督教与罗马美索不达米亚主教马路他（Mārūthā）有关。马路他在公元 5 世纪初受阿卡狄乌斯皇帝之命多次出使萨珊帝国，与耶兹底格德一世过从甚密，甚至治好了困扰后者多年的头痛病，以至于引起了祆教祭司集团的警惕、反感和忌恨。苏格拉底提到，波斯麻葛们担心耶兹底格德国王在马路他和时任波斯大主教雅巴拉哈（Yabalaha）的影响下背弃祆教成为基督徒，于是趁国王祭拜祆祠之时秘密派一个人预先藏于祆祠之中。等到耶兹底格德国王至祆祠献祭祷告时，便听到了来自祆教"众神"因他青睐基督教而发出的斥责声。马路他告诉国王这是有人作祟并非神意，于是耶兹底格德再次返回祆祠，并揪出了藏在其中装神弄鬼的祆教祭司同伙，并惩罚了参与此事的涉案祭司。耶兹底格德一世从此对马路他更加宠信，对其优容备至，还允许马路他在波斯境内广建教堂和修院。马路他还获得了耶兹底格德一世的特许，将过去因迫害而殉教的波斯基督徒遗骸收集起来安置于罗马亚美尼亚境内的马提罗堡（Martyropolis），即"殉教者的城市"，此城后来成为罗马—拜占庭帝国东方重镇。苏格拉底认为耶兹底格德一世"热爱罗马人，欢迎他们的友谊，只差一步便成为基督徒"[②]。

耶兹底格德一世对基督教的宽容和扶持政策使他在祆教祭司乃

---

① S. P. Brock, "The Christology of the Church of the East in the Synods of the Fifth to Early Seventh Century", in *Aksum-Thyateira*: *A Festschrift for Archbishop Methodios*, e-d. G. Drogas, London (1985), pp. 125 – 142.

② Socrates, *Historia Ecclesiastica*, 7. 8. 1 – 3, 18 – 20.

至后世波斯、伊斯兰史学中的形象一落千丈，俨然是背弃马兹达正教的"罪人"（al-Athīm，Bazaggar）和"暴君"（al-Khashin）①。为了防止耶兹底格德一世在其宗教政策上走得更远甚至背教改宗，祆教祭司集团联合世家贵族于公元 420 年将国王谋杀。根据《泰伯里史》和《列王纪》的记载，耶兹底格德一世最后在戈尔甘（Jurjān）被一匹难以驯服的野马踢死，伊朗民众均认为这是他在位期间多行不义而遭到的"神罚"，而现代学者多认为这是教俗贵族在谋杀国王之后刻意编造的事故。耶兹底格德一世虽死，但基督教在萨珊帝国的合法地位再未受到后世波斯君主的动摇。萨珊帝国统治者也逐渐在迫害和青睐基督教的政策反复中摸索出一套将基督教合法并且可控地纳入祆教帝国治下的共存共生之路，这最终为 5 世纪末聂斯托利派基督教的东传和东方教会的建立奠定了基础。

耶兹底格德一世死后，教俗贵族又联手谋杀了两位在位时间极短的国君，最后在莱赫米王国希拉城长大的巴赫兰五世（Bahram Ⅴ，421—438 年在位）在莱赫米国王努曼一世（Nu'man Ⅰ，400—418 年在位）及其继承者孟迪尔一世（al-Mundhir Ⅰ ibn Nu'man，418—462 年在位）的帮助下成功回国登上王位。在波斯国内素无根基的巴赫兰五世为了博得教俗贵族的欢心和支持，纠正了耶兹底格德一世对基督教的过度宽容政策，萨珊帝国内部基督徒与祆教徒的关系再次紧张。根据叙利亚史料的记载，巴赫兰五世继位后，甚至将前朝土葬的波斯基督徒尸骨挖出并按照祆教葬义重新抛散于荒郊野岭。巴赫兰五世的做法引起了波斯基督徒对祆教徒的报复，许多祆祠被基督徒拆毁。② 在祆教祭司集团的怂恿下，巴赫兰五世开始在国内再次迫害基督徒，甚至将一度皈依祆教但又叛教的前朝顾问——叙利亚基督徒詹姆斯·因特基苏斯（James Intercisus）以酷刑

---

① Tabari, *Tarikh al-Rusul wa al-Muluk*, Vol. 5：*Byzantines*，*Sasanids*，*Lakhmids and Yemen*，848；［古阿拉伯］马苏第：《黄金草原》，耿昇译，第 306 页。

② Theodoret, *Historia Ecclesiastica*，5.39.1 – 6.

处死，而部分波斯基督徒为躲避迫害逃到罗马—拜占庭帝国寻求避难。巴赫兰五世要求狄奥多西二世引渡叛逃罗马的波斯基督徒，被后者断然拒绝，于是爆发了公元421—422年的罗马波斯战争。

关于这次战争的具体细节，苏格拉底的《教会史》详述了双方在亚美尼亚和美索不达米亚发生的战事，而拜占庭史家马拉拉斯和查士丁尼时代的史家普罗科比提供了迥然不同的记载：马拉拉斯在《编年史》中提到，波斯国王（巴赫兰五世）大军压境之时，派使者告知时任罗马—拜占庭东方军事长官（*magister militum per Orientem*，罗马—拜占庭帝国东方最高军事统帅）的普罗科比乌斯（Procopius），要求后者派出一位罗马勇士与波斯方面的选手单挑一决胜负。普罗科比乌斯遂派帐下的蛮盟长官（*comes foederatorum*）哥特人阿里奥宾杜斯（Areobindus）出战。阿里奥宾杜斯不辱使命，只一合便使用套索将全副武装的波斯勇士拽下战马并就地击杀。巴赫兰五世信守承诺，立即与罗马人签订了和平条约并撤军回国，而立下奇功的阿里奥宾杜斯回到君士坦丁堡后被狄奥多西二世赐予执政官之职。①

马拉拉斯的记载虽然符合萨珊波斯人热衷于骑马比武的贵族传统，甚至罗马军中的哥特军官能够熟练使用套索也可以由哥特人长期生活于南俄草原并受到斯基泰—萨尔马提亚人骑射战术的熏陶来解释，但却无法解释巴赫兰五世对罗马开战的动机。而普罗科比对于此事的记载与马拉拉斯完全不同：当时狄奥多西二世派东方军事长官安纳托里乌斯（Anatolius）亲自前往巴赫兰五世军营之中，并下马徒步面见波斯君主。安纳托里乌斯的诚意令巴赫兰五世大为震惊，双方立即决定签订和约。在确保罗马和波斯双方均不在对方边境修建新的要塞后，巴赫兰五世便应约撤军回国。②

研究古代晚期罗马波斯关系的学者狄格纳斯和温特指出，普罗

---

① John Malalas, *The Chronicle of John Malalas*, 14. 23.
② Procopius, *De Bello Persico*, 1. 2. 11 – 15.

科比的记载混淆了巴赫兰五世和耶兹底格德二世（Yazdgird Ⅱ，439—457 年在位）时期发生的两次罗马波斯休战缔约事件：因为普罗科比提到的安纳托里乌斯担任罗马—拜占庭帝国东方军事长官的时间是公元 433—446 年，明显晚于公元 421—422 年的罗马波斯战争。历史上的安纳托里乌斯是在公元 441 年耶兹底格德二世率军入侵罗马时奉命出使敌营，并将罗马—拜占庭帝国历年来拖欠的"贡金"缴纳给波斯人，于是才避免了这一次罗马波斯战争的爆发。尽管普罗科比提供的版本存在这样的记载失误和事件错置，但其事件的逻辑合理性明显强于马拉拉斯提供的版本。自公元 4 世纪末以来，罗马和波斯都非常重视以相互尊重和平等的外交手段来解决涉及彼此利益冲突的问题，安纳托里乌斯和巴赫兰五世的会面也非常符合 5 世纪拜占庭帝国的外交风格。至于巴赫兰五世愿意与罗马人迅速媾和的原因，许多学者推测是当时嚈哒汗国已经崛起于中亚并威胁萨珊帝国东北边境所致，而与嚈哒人战争的传奇胜利的确是巴赫兰五世时期最令人瞩目的对外成就。

尽管如此，公元 422 年罗马波斯签订和约的具体内容散见于不同史料的记载之中难以窥其全貌：早期拜占庭史家马库斯（Malchus）提到这次和约规定罗马波斯双方均不得接纳对方的阿拉伯同盟者①，而《埃尔比勒编年史》则认为和约内容还包括了罗马波斯在各自帝国境内维持对少数教派的宽容政策②。关于公元 419—422 年间萨珊帝国阿拉伯同盟者的变节行为，《优西米乌斯传》（Vita Euthymii）则提到当时效忠波斯的阿拉伯酋长（phylarch）阿斯佩贝图斯（Aspebetus）因为同情遭迫害的波斯基督徒而没有强制执行萨珊帝国官方下达的追捕在逃基督徒的法令。由于执行不力甚至纵容波斯基督徒逃往罗马，阿斯佩贝图斯为了避免被泰西封当局问罪，竟

---

① Malchus, *frg.* 1. 4 – 7, trans. Blockley, revised.
② *Chronicle of Arbela*, 16 (67/91), trans. Schrier, 1992, p. 83.

也携家带口叛逃罗马，并得到时任东方军事长官安纳托里乌斯的收留①（与普罗科比显然犯了同样的时间错误）。

不管如何，我们基本可以肯定的是，巴赫兰五世最后放弃了原来对罗马—拜占庭方面提出的引渡波斯在逃基督徒的要求，并再次恢复了波斯国内基督徒的信仰自由。另外，我们可以根据公元441年罗马波斯冲突的解决方式推断，公元422年的罗马波斯和平协议应该包括了罗马—拜占庭方面向波斯支付"贡金"以用于高加索关隘防务的规定。《泰伯里史》关于巴赫兰五世派大宰相梅赫尔·纳塞赫（Mihr Narseh）以4万大军进入君士坦丁堡迫使罗马皇帝续约纳贡的记载明显夸张，但也可证明当时罗马对波斯确实负有经常性的财政义务。自公元4世纪70年代起，来自欧亚大草原和西伯利亚冻土带的匈人（Huns）迅速崛起并成为南俄、北高加索和中欧地区举足轻重的游牧政治势力。公元395年匈人翻越高加索山隘口大举入侵西亚，甚至一度兵临泰西封近郊，而罗马—拜占庭帝国的小亚诸省也遭到匈人游牧铁蹄的波及。进入公元5世纪后，匈人帝国和嚈哒汗国分别从南俄和中亚草原威胁罗马和波斯的北疆安全，而高加索山诸隘口的战略意义对于罗马和波斯防御游牧帝国入侵来说不言而喻。因此可以说，公元5世纪的高加索关隘防务是罗马波斯关系中极为重要的内容。携手防御高加索山中段的达里尔关（Dariel Pass，即 Dar Arrān "阿兰关"）对于保障罗马和波斯在西亚的安全并抵御欧亚草原游牧部落的入侵意义重大，因而几乎成为5世纪期间罗马波斯之间外交谈判的"常设议题"，而且往往与罗马对波斯支付"贡金"相联系。

由于高加索山脉的主要隘口均在萨珊帝国势力范围内，因此实际的防务必然由波斯和当地守军来承担。而萨珊帝国要求拜占庭帝国支付的"贡金"数额与古代晚期南俄游牧帝国在巴尔干半岛对拜占庭帝国的"索贡"数额相比可谓微不足道，因此更多是表达一种

---

① 　Cyrus of Scythopolis, *Vita Euthymii*, 10. 18. 15 – 19. 9.

罗马波斯之间的外交"诚意"。但自诩基督教普世帝国的罗马—拜占庭人往往碍于颜面拖欠对波斯的"贡金"义务，遂使得萨珊帝国常常以战争和武力示威的方式作为迫使罗马—拜占庭一方履行既有条约义务的有效手段。因此，公元421—422年以及公元441年的罗马波斯冲突都没有升级为大规模战争，其背后必然有双方对于这一时期彼此交往模式和共同安全需求的深层心理默契。① 亨宁·伯尔姆便认为，公元5世纪期间"罗马给波斯支付的'年金'其实是一种维持罗马—拜占庭帝国东方边疆和平局面的'保护费'，其功用在于其象征意义而非经济意义。因为公元5—6世纪萨珊君主要求罗马支付的年金长期维持在500磅黄金的低水平，而这笔费用在经济上并不会对双方产生多少实质性影响。"

　　进入公元5世纪后，罗马—拜占庭帝国和萨珊帝国由于长期保持和平态势，双方在美索不达米亚和亚美尼亚边界上的贸易往来也日益频繁。这一时期罗马和波斯均十分重视西亚过境贸易问题，试图通过规定具体的互市城市并建立违规贸易惩罚机制来实现对罗马—波斯治下丝绸之路西段商业网络的管理。根据《查士丁尼法典》的记载，公元408/409年罗马波斯双方签订的协定规定："任何入境商人不得在尼西比斯、卡里尼库姆和阿尔塔沙特三大指定互市城市以外的地方交易商品；违者将处以没收交易财货并充公帝国圣库的惩罚，而反抗者将被判处终身流放；放任以上越境交易行为的地方官员将处以30磅黄金的罚金；而只有波斯官方使节携带的货物才可以在罗马帝国境内任何地方进行交易。"② 这表明5—6世纪期间罗马—拜占庭帝国和萨珊帝国在边境贸易和关税制度的规范保障方面已经形成一套成熟的并同时被两大帝国认可和接受的法律体系。

　　另外，公元5世纪罗马波斯和平共处和冲突管控的基本模式还

---

① G. Greatrex, "The Two Fifth-century Wars between Rome and Persia", *Florilegium* 12 (1984), pp. 1 – 14.

② *Codex Justinanus*, 4. 63. 4.

可以从公元449—451年的亚美尼亚大起义和拉齐卡（Lazica）王国反叛拜占庭事件中得到反映：公元449年，萨珊帝国耶兹底格德二世在三朝世家领袖梅赫尔·纳塞赫的主持下对波斯亚美尼亚的基督徒实行强制改宗政策，遭到了以瓦尔丹·马米科尼扬（Vardan Mamikonian）为领袖的亚美尼亚基督教贵族的武装联合反抗。根据亚美尼亚史家加扎尔·帕普特茨的记载，当时来自修尼克家族（House of Siunik）的亚美尼亚贵族瓦沙克（Vasak）曾写信给拜占庭皇帝狄奥多西二世以及罗马—拜占庭东方各级官员请求援助共同抵御波斯人。然而当时深陷一性派争端的狄奥多西二世并不想卷入亚美尼亚事务，因而最终没有答应亚美尼亚贵族的请求。

　　根据5世纪拜占庭史家普利斯卡斯（Priscus）的记载，大约与亚美尼亚贵族大起义爆发同时，罗马—拜占庭帝国在黑海东南岸的属国拉齐卡反叛，其君主戈巴泽斯（Gobazes）遣使耶兹底格德二世希望波斯出兵帮助拉齐卡人取得独立。然而耶兹底格德二世不仅没有答应戈巴泽斯的请求，还将逃入萨珊帝国境内避难的拉齐卡人悉数遣返回国。普利斯卡斯提到，由于科尔基斯（Colchis，即拉齐卡在古典时代的称呼）黑海沿岸的国土崎岖陡峭不利行军且缺乏良港，当时狄奥多西二世的顾问们便建议借道波斯亚美尼亚的领土征讨反叛的拉齐卡人。但这样做必须征得萨珊波斯人的同意，因此罗马人便"事先派了一个使团去争取帕提亚国王（即萨珊君主耶兹底格德二世）的支持"①。由此可见，在公元5世纪中叶的"多事之秋"，罗马—拜占庭帝国和萨珊帝国均不愿意插手对方国内事务。即使这样做有可能削弱对方的实力并达成有利于己方的协议，罗马和波斯仍然遵守公元377年、408年、417年、422年和441年间双方多次签订和续签的和平协议而不愿诉诸武力和其他干涉对方内政的手段。除了4世纪末以来罗马和波斯逐渐适应以"外交模式"来解决彼此利益冲突的交往方式外，罗马—拜占庭帝国和萨珊帝国均有亟待解

---

① Priscus，*Histories*，frg. 33. 1.

决的其他方向上的重大安全和国内问题也是双方愿意继续保持和平的重要原因。公元449—451年间，东罗马帝国面对的主要问题是国内的一性派争端，而同时期的以弗所强盗会议（449年）和卡尔西顿大公会议（451年）吸引了狄奥多西二世及其继任者马尔西安（Marcian，450—457年在位）的主要精力；与此同时的萨珊帝国内部，耶兹底格德二世则深陷亚美尼亚大起义（449—451年）和与寄多罗匈人（Kidarite Huns）在东方进行的连年战争（453—457年）之中，因此波斯对这一时期拉齐卡人反叛罗马—拜占庭帝国的同盟请求缺乏兴趣也就顺理成章了。

罗马和波斯在高加索防务上的共同安全需求及其实践情况在5世纪60年代的一系列事件中也得到了充分的体现。根据拜占庭史家普利斯卡斯的记载，大约在公元463年时，来自里海以东的萨拉吾尔人（Saraguri）在位于更东方的萨比尔人（Sabir）的驱赶下进入南俄草原和北高加索地区。公元467年萨拉吾尔人翻越高加索山入侵萨珊帝国，却在里海西岸的打耳班关遭到波斯守军的阻击。萨拉吾尔人随后又取道伊比利亚王国境内的达里尔关南下，并成功入寇波斯亚美尼亚。此时正在东方与寄多罗匈人作战的萨珊君主卑路斯一世（Peroz Ⅰ，459—484年在位）得知高加索前线战报后，遣使罗马—拜占庭皇帝利奥一世（Leo Ⅰ，457—474年在位），并要求利奥一世提供资金或士兵以加强位于伊比利亚的优罗埃帕奇（Iouroeipaach，即达里尔关）关隘的防御，以防止高加索山北的游牧民再次南下侵扰。卑路斯同时还提到在罗马—拜占庭帝国治下的祆教麻葛们遭到当地基督徒的侵扰而无法继续维持祆祠的日常仪式，因此希望利奥一世能够确保罗马—拜占庭境内的祆教徒自古以来的合法宗教权利。

而关于高加索关隘防务，波斯使节对利奥一世指出，"根据我们以前所派使团多次商议的成例，罗马人应该通过缴纳贡金来表达对里海门（Caspian Gates，泛指高加索山至里海的各隘口）地区的重要关隘——优罗埃帕奇的关切，或至少派一些士兵去保卫它。保卫此关隘的费用和驻军不应该只由波斯人来承担。如果不是波斯人承担起了这个关隘的防务的话，这个关隘附近的民族将轻易地同时对罗马和波斯领土造成侵害。"普利斯卡斯还提到，波斯人随后还进一步要求罗马人为波斯人与寄多罗匈人的战争提供资金援助，因为"波斯获胜可以防止这些民族进一步入侵罗马，因而对罗马也是有利的"。利奥一世随即遣使波斯与卑路斯商议具体条款，并调查罗马小亚细亚麻葛的生存状况和高加索山隘口防务的实际情况。最后罗马人表示："由于罗马帝国境内没有来自波斯的逃亡者，罗马帝国境内的麻葛们也可以不受妨碍地履行其宗教义务；而波斯人已经独自承担起了对优罗埃帕奇关的防卫并单独与匈人作战，因而波斯人没有理由要求罗马人提供资金援助。"①

尽管卑路斯要求罗马人为其东方战争提供财政支持的理由显得牵强做作并遭到了利奥一世的拒绝，但高加索山隘口防务的粗疏确实是萨拉吾尔人得以成功入侵的重要原因。由于罗马—拜占庭帝国领土并不与达里尔关直接接壤，更对里海西岸的达耳班关鞭长莫及，因此波斯要求罗马人提供军队承担高加索山隘口防务并不现实。笔者认为，与萨珊帝国能够直接派军驻守的打耳班关（自公元438年起便有常驻波斯守军）相比，达里尔关的实际防务很可能常常由伊比利亚本地人承担。由于古代晚期的伊比利亚王国常常在两大帝国之间摇摆忠诚，罗马和波斯在高加索关隘防务上屡屡"相互推诿"的现象便可得到解释。而这种现象直到公元6世纪萨珊帝国吞并伊比利亚王国并实现对高加索山中段隘口的控制后才存在，罗马人不履行贡金义务导致山北游牧民南下寇掠两大帝国日益成为波斯对罗马发动战争的"标准借口"。现代学界往往误认为罗马和波斯协防的高加索隘口是打耳班关，但从地理位置来看，罗马—拜占庭帝国不太可能将防御完全在萨珊帝国境内且远离罗马—拜占庭帝国领土的打耳班关作为自己的安全义务。另外，考虑到5世纪期间伊比利亚

---

① Priscus, *Histories*, in *Excerpta de Legationibus*, *Gent.* 15, frag. 41.1, 1.2.1.

人和亚美尼亚人在反抗萨珊帝国统治的叛乱中多次主动开放高加索山隘口"欢迎"山北游牧民以联合对抗波斯人的现象极为普遍，因此罗马和波斯在高加索山中段隘口的协防很多时候仍然难以得到真正的落实。

尽管罗马和波斯在高加索山隘口防务上因为安全义务分配的不均和当地政权忠诚的摇摆而往往流于形式，但进入 5 世纪 70—80 年代后，两大帝国仍继续维持以往各项和平条约中的规定，双方的友好关系甚至得到更进一步的发展。根据拜占庭史家马拉拉斯和叙利亚史家约书亚·斯提利特的记载，芝诺皇帝（Zeno，474—475，476—491 年在位）继位之后，对常年与嚈哒汗国作战的萨珊君主卑路斯一世提出的财政补助请求多次慨然允诺，甚至亲自出钱将被嚈哒人俘虏的卑路斯赎回。[①] 约书亚·斯提利特的《编年史》提到："在我们这个时代，波斯王卑路斯由于需要与匈人（Huns，指嚈哒人）持续作战而经常收受罗马人的黄金，其理由并非要求罗马人纳贡，而是慷慨激昂、振振有词地表现出一副波斯是在为罗马人抵御游牧民，以防止其侵入罗马领土的样子。"这也表明卑路斯和芝诺时期罗马波斯双方之间使者往来的频繁和对双方在高加索地区拥有共同安全利益的强调。约书亚·斯提利特提到，罗马和波斯在这一时期甚至达成了军事和财政互助协定："……后来，罗马人和波斯人之间达成了一条协议，内容是如果今后双方与任何国家和民族交战，罗马和波斯应该彼此援助并提供给对方 300 名全副武装的勇士及配套战马，或者以 300 斯塔特尔（Stater）金币作为补助金代替。"

公元 484—485 年发生的阿拉伯部落侵寇事件及两大帝国对该事件的处理方式也是我们认识和理解 5 世纪期间罗马波斯关系的又一典型案例：公元 484 年，卑路斯一世战死于和嚈哒人的战争。同年罗马和波斯接壤的美索不达米亚地区爆发了大范围的饥荒，当地的阿拉伯游牧部落迫于饥馑对罗马和波斯领土上的村落展开了大规模

---

① Joshua the Stylite，*The Chronicle of Joshua the Stylite*，10. 243. 8 – 13.

的劫掠。当时芝诺皇帝正面临军事长官（*magistri militum*）弗拉维乌斯·伊鲁斯（Flavius Illus）的叛乱，但即使在这样的情况下，芝诺仍然在东部边境抽调大军准备惩罚放纵阿拉伯部落寇掠罗马领土的波斯人。与此同时，芝诺皇帝还对萨珊帝国提出了归还尼西比斯以及其他公元 363 年后罗马帝国割让给波斯的其他城市的要求，双方之间的气氛一度十分紧张。波斯新君巴拉什（Valash，484—488 年在位）考虑到萨珊帝国新败于嚈哒元气大伤，不愿与罗马人开战，于是便命令尼西比斯的总督（*marzbān*）向罗马方面表示一定会严惩袭击罗马帝国的阿拉伯游牧民并将其劫掠的财物如数归还。

　　不仅如此，当时萨珊帝国的尼西比斯主教、在波斯"东方教会"奠基过程中居功至伟的巴尔扫马（Barsauma）在其书信中提到，尼西比斯的波斯总督奉巴拉什之命热情款待了前来议事的罗马美索不达米亚总督（*dux Mesopotamiae*）[①]。而约书亚·斯提利特的记载也佐证了此事的真实性，罗马和波斯之间一场看似无法避免的大战遂告烟消云散。德国学者亨宁·伯尔姆在考察此事后指出："罗马波斯之间这样的冲突在 5 世纪完全能够得到和平的解决。而公元 485 年的事件也揭示出：即使罗马波斯双方均处于国内困难和危机时期，仍然存在有效手段来缓和冲突、在保存双方颜面的情况下控制紧张局势乃至避免战争。"

　　实际上，自公元 5 世纪后，随着阿拉伯游牧部落北迁进程的加速，罗马和波斯在美索不达米亚和叙利亚边境所面临的阿拉伯部落侵扰和同盟者变节叛逃问题也十分严重。在公元 5 世纪的阿拉伯半岛北部，肯德部落联盟（Kindah Confederation）的松散架构和此起彼伏的部落仇杀使得罗马、波斯两大帝国南侧成为部落频繁流动并袭击帝国领土的"危险边疆"，而阿拉伯部落问题也逐渐成为罗马波斯外交和谈判中的重要关切与议题。不仅如此，公元 482—484 年间，萨珊帝国治下的亚美尼亚贵族再次爆发了大规模叛乱：瓦尔

---

① Barsauma, *epistulae*, 2, p. 526 – 527.

汉·马米科尼扬（Varhan Mamikonian）与佐哈克二世·巴格拉图尼（Zahak II Bagratuni）领导亚美尼亚人与萨珊波斯军队进行了长期胜负未决的战争，而与此同时信仰基督教的伊比利亚国王瓦赫唐一世（Vakhtang I）也揭起叛旗反抗萨珊帝国的统治。卑路斯战死于东方后，萨珊帝国无力再镇压亚美尼亚人的反抗，转而采取怀柔政策笼络亚美尼亚贵族。于是在公元484年，巴拉什与亚美尼亚贵族签订了具有里程碑意义的《内瓦沙克条约》（Treaty of Nvarsak），从而彻底放弃了巴赫兰五世以来对波斯亚美尼亚基督徒的强制改宗政策，波斯亚美尼亚人从此永久获得了自由信仰基督教的权利。

与《内瓦沙克条约》签订同时，公元484年在萨珊帝国胡齐斯坦的恭德沙普尔召开的贝特·拉帕特（Beth Lapat，恭德沙普尔在叙利亚语中的称呼）大公会议则确立了聂斯托利派基督教在萨珊帝国的合法地位，"东方教会"自此成为萨珊帝国内部一支完全独立于罗马—拜占庭帝国基督教会的力量。在萨珊帝国忙于处理亚美尼亚问题和嚈哒战争后的残破局面的同时，罗马—拜占庭帝国则被罗马教宗、君士坦丁堡牧首和亚历山大里亚主教之间的宗教矛盾和政治斗争所困扰：公元482年芝诺皇帝发布调和卡尔西顿正统派与一性派异端关系的《合一通谕》（Genoticon）之后，罗马教宗菲利克斯三世（Felix III）不甘于接受君士坦丁堡牧首阿卡西乌斯（Acacius）的权威，东西方教会之间的矛盾因而迅速激化，以至于发生了公元485年菲利克斯与阿卡西乌斯彼此开除对方教籍的"阿卡西乌分裂（Acacian Schism）"事件。

由此我们可以看出，5世纪80年代罗马波斯冲突的和平解决背后，双方都仍然将国内事务的解决作为首要考量。因此这一时期深陷军官叛乱和国内教派分裂的芝诺皇帝并没有趁亚美尼亚人起义对萨珊帝国"落井下石"。而波斯人不愿与罗马—拜占庭帝国开战，也是出于嚈哒战争失利后帝国根基动摇的现实考量。但罗马和波斯之间的和平局面下，诱发战争的因素仍然时刻涌动在平静的水流深处：公元484年芝诺皇帝对萨珊帝国的战争威胁和巴拉什的妥协让步使波斯人深感屈辱；而这一时期阿拉伯游牧部落在罗马波斯边疆的崛起及随之而来的阿拉伯游牧民与帝国官方交涉和彼此了解的加强加深，两大帝国也重新获得了新的可以代替亚美尼亚实施边缘政策的"缓冲附属力量"；另外，高加索的伊比利亚王国和拉齐卡王国在公元5世纪罗马波斯关系中地位的提升也预示着以后两大帝国在此地争夺热度的全面上升。而这些因素随着6世纪初萨珊帝国国力的恢复和内部贵族派系格局的变化，将成为引爆新一轮罗马波斯战争的催化剂。

第二节　"阿纳斯塔修斯战争"始末

自公元6世纪起，罗马—拜占庭帝国与萨珊帝国之间长达百余年的和平局面宣告结束，双方在这一世纪内先后爆发四次大规模战争，即502—506年的"阿纳斯塔修斯战争"、526—531年的"伊比利亚战争"、540—561年的"拉齐卡战争"以及572—591年的"高加索战争"。公元6世纪的罗马波斯战争与公元3—4世纪的罗马波斯战争相比，具有持续时间明显加长、交战及波及地域显著扩大、参与力量大幅增多以及战争态势胶着拉锯、难分胜负的特点。从古代晚期历史发展的大背景来看，高级宗教与帝国政策的紧密结合以及罗马、波斯两大帝国内部宗教教派的多元性是诱发罗马波斯战争于公元6世纪重新爆发的重要原因。[①] 聂斯托利派基督教在萨珊帝国取得合法地位之后，迅速发展成为足以与祆教并驾齐驱的波斯官方宗教，"东方教会"与罗马—拜占庭帝国的普世基督教会在近东呈现出明显的竞争对抗态势。但导致6世纪罗马波斯战争频发的根源则

---

① G. Greatrex，"Byzantium and the East in the Sixth Century"，in M. Mass ed.，*The Cambridge Companion to the Age of Justinian*，Cambridge University Press，2005，pp. 477 - 509.

在于，这一时期罗马和波斯内部权力格局以及对外政策发生的显著变化：萨珊帝国在平息马兹达克运动之后，国内教俗贵族之间的权力关系得到良性调整，以卡瓦德一世和库斯洛一世为代表的强势君主得以再次团结国内力量发动对外战争。

公元 6 世纪期间罗马波斯战争的第一阶段由萨珊君主卡瓦德一世挑起，持续 4 年，学界一般称之为"阿纳斯塔修斯战争"（得名于当时在位的拜占庭皇帝、利奥王朝最后一任君主阿纳斯塔修斯）。关于"阿纳斯塔修斯战争"爆发的原因，拜占庭史家塞奥法尼斯和普罗科比提供了较完整的记载：塞奥法尼斯在其《编年史》中提到，这一年波斯国王卡瓦德向阿纳斯塔修斯一世要求支付"贡金"。阿纳斯塔修斯皇帝回复说："如果波斯人向我借钱，我可以写一份借据；如果是以其他形式支付，那么我将不予理睬。"[1] 而普罗科比的《战史》记载："一段时间之后，卡瓦德开始拖欠付给嚈哒人（Ephthalitae）的贡金。由于卡瓦德无力支付，遂向阿纳斯塔修斯皇帝借钱。皇帝在与群臣讨论后一致认为不应借钱给波斯人，理由是用罗马人的金钱加强敌人（波斯）与嚈哒人的友谊是不明智的，相反我们应该努力促使波斯和嚈哒反目成仇。"[2] 而 6 世纪的叙利亚史家——梅利特内的扎卡利亚（Zachariah of Melitene 或 Zachariah of Mytilene）在其《教会史》（*Historia Ecclesiastica*）中记载："……在卑路斯之后统治波斯的卡瓦德及其贵族对罗马人十分怨恨，因为他们认为是罗马人导致了匈人（Huns）的到来并劫掠毁坏他们的国家。卡瓦德遂集结了一支军队进攻罗马亚美尼亚境内的狄奥多西堡（Theodosiopolis），并攻陷该城。"[3]

综合上述记载可知，卡瓦德一世对罗马—拜占庭帝国发动战争的原因是阿纳斯塔修斯皇帝拒绝给萨珊帝国往年所规定的财政补助

---

[1] Theophanes, *The Chronicle of Theophanes the Confessor*, 144. 21 – 3.

[2] Procopius, *De Bello Persico*, 30. 7 – 16.

[3] Zachariah of Melitene, *Historia Ecclesiastica*, 21. 15 – 22.

金。但卡瓦德一世提出的"索贡"理由和罗马—拜占庭高层所判断理解的波斯"索贡"原因存在明显的指向差别：卡瓦德一世认为罗马人拒绝支付贡金导致"匈人"入侵并劫掠波斯，这里的匈人显然是指北高加索的阿兰人、萨比尔人和其他匈人帝国解体后南俄草原的游牧部落，而非中亚的"白匈人"（White Huns）即嚈哒汗国。在公元6世纪后的罗马—拜占庭史料中，"匈人"泛指一切南俄草原和北高加索的游牧部落。[①] 与笈多王朝时期的印度史料将嚈哒人笼统称作匈人（Huna）不同，古代晚期亚美尼亚史料通常将南俄和中亚游牧民分别称为"匈人"（Huns）和"贵霜"（Kushans）以示区别。而拜占庭史家也清楚中亚"匈人"和南俄"匈人"的差异，而普罗科比显然深知"匈人"和"嚈哒"之间的区别。[②] 阿纳斯塔修斯皇帝和他的幕僚也明白卡瓦德一世的索贡理由明显是张冠李戴，所以才严词拒绝。

实际上，卡瓦德一世时期各种内外政策的顺利实施与嚈哒汗国的背后支持是密不可分的。5世纪末6世纪初萨珊帝国与嚈哒汗国的关系之所以能够保持长时期的稳定，其实与卡瓦德统治集团的"嚈哒背景"密切相关：卡瓦德在继位之前曾长期在嚈哒汗国为质，公元498—499年更借助嚈哒军队第二次登上王位。卡瓦德一世深受嚈哒文化的影响，娶嚈哒公主为妻（嚈哒可汗与卑路斯之女所生），并且和主张与嚈哒联盟的波斯贵族西雅沃什（Siyawuxsh，Seoses）是莫逆之交。卡瓦德复位之后，立即将以古史纳斯普达德（Gushnasp-dad）为代表的对嚈哒主战派贵族进行清洗，并以西雅沃什为帝国大将军（*arteshtārān sālār*，波斯语意为"勇士之首"），从而扫清了与嚈哒结盟的障碍。

不仅如此，卡瓦德一世时期著名的马兹达克运动提出的"共产

---

① P. B. Golden，"The peoples of the South Russian Steppes"，in *The Cambridge Ancient History of Early Inner Asia*，ed. D. Sinor，Cambridge University Press，1990，pp. 256 – 284.

② Procopius，*De Bello Persico*，1. 3. 1 – 5.

共妻"观念在琐罗亚斯德教传统中简直是伤风败俗，反而更有可能是对嚈哒汗国"兄弟共妻"制的模仿。因而马兹达克运动在早期得到卡瓦德一世的大力支持，其所宣扬的主张甚至有可能是卡瓦德本人受到嚈哒人风俗启发而主动提倡的社会改革理念，其目的在于削弱世家大族和祆教祭司集团的权力，从而加强王权。[①] 而卡瓦德一世通过发动对罗马—拜占庭帝国的战争，不仅可以加强自己在国内教俗贵族中的威信，还能获得大量的战利品、人口和罗马拜占庭方面缴纳的赔偿金。而卡瓦德一世通过武力掠夺罗马—拜占庭帝国来践行对嚈哒汗国的纳贡义务自然不在话下，这可以从当时拜占庭金币和萨珊银币通过嚈哒汗国大量流入中国的事实得到证明。可以说，正是卡瓦德一世时期萨珊帝国与嚈哒汗国关系的转变导致了 5 世纪以来波斯"西和东战"战略转型为"西战东和"战略，从而爆发了公元502—506 年的阿纳斯塔修斯战争。

　　公元 502 年夏，卡瓦德一世"不宣而战"，重启了对罗马—拜占庭帝国的战争，亲率主力自波斯亚美尼亚入侵罗马亚美尼亚诸省，随后南下美索不达米亚北部，途中先后攻陷狄奥多西堡和阿米达。公元503—504 年，拜占庭皇帝阿纳斯塔修斯派大批军队赶赴东方前线迎战波斯人，此次战争双方争夺的焦点是罗马—拜占庭帝国美索不达米亚行省首府阿米达。公元502—506 年阿纳斯塔修斯战争的具体经过，主要见于扎卡利亚的《教会史》以及约书亚·斯特利特的《编年史》。其中，扎卡利亚的《教会史》对 502 年 10 月至 503 年 1月波斯军队围攻阿米达的记载尤为详尽，提供了许多卡瓦德时代萨珊帝国军事礼仪与军事法在围城战中运用情况以及罗马—拜占庭帝国东方要塞防御战的生动细节：如卡瓦德亲临阵前督战斩杀败退逃兵以及在破城后杀死十分之一战俘以慰阵亡波斯贵族的细节。扎卡利亚甚至还描绘了卡瓦德让战败被俘的阿米达守城罗马官员和教士身披秽服、脖系粗绳进行"牵猪礼"的场面。普罗科比的《战争

---

① P. Crone, "Kavad's Heresy and Mazdak's Revolt", *Iran* 29 (1991), pp. 21–42.

史》也记载了叙利亚苦修士雅各布（Jacob）在阿米达城郊施展"奇术"让波斯军队中的嚈哒骑兵浑身僵硬无法动弹、卡瓦德得知后前来解围并答应雅各布收容战争流亡难民要求的轶事。而扎卡利亚将阿米达的陷落归因为守城居民渎神而遭受的惩罚以及卡瓦德一世得到耶稣基督将阿米达赐予他的"神启"，则是当时教会史叙事的典型笔法。

　　阿米达陷落之后，阿纳斯塔修斯皇帝立即召集军队发动反攻，先后派出三员大将赶赴东方战场围攻波斯军队据守的阿米达。但由于罗马军队指挥体系不统一，诸将领相互猜忌，阿米达久攻不下，反被卡瓦德的援军击退。但是阿米达的波斯守军境况也十分艰苦，扎卡利亚《教会史》记载当时"城中居民遭遇饥荒，日积月累，以致人相食"。公元 503 年 8—10 月，卡瓦德一世率军在美索不达米亚发动反攻，围困埃德萨并洗劫奥斯罗恩行省其余地区。根据约书亚·斯提利特的记载，卡瓦德在围攻奥斯罗恩境内的君士坦提亚（Constantina，即 Rhesaenae）时，该城犹太人企图背叛守军将城池交给波斯人。所幸波斯军中一个被俘的罗马官员去信守军告知犹太人的阴谋，而在君士坦提亚主教巴尔·哈达德（Bar Hadad）的激励下守军士气大振，卡瓦德轻取该城的愿望遂落空。公元 503 年 9 月卡瓦德兵抵埃德萨城下时，对该城居民索要 1 万磅黄金的赎金，但守城的将领阿里奥宾杜斯（Areobindus）拒绝了波斯人的要求，卡瓦德只能下令波斯军队强攻埃德萨。

　　尽管波斯军队的一部分尤其是莱赫米人组成的阿拉伯部落盟军洗劫了奥斯罗恩的大部分地区，但始终未能攻下埃德萨。随后卡瓦德又得知他驻守阿米达的将军格隆（Glon）已被罗马人使用计谋杀死，遂决定撤兵回国。扎卡利亚的《教会史》详述了罗马将军法勒斯曼尼斯（Pharesmanes）在当地人加多诺（Gadono）的帮助下成功将格隆诱出城外并设伏将其击杀的经过，甚至还提到了格隆阵亡后波斯守军在阿米达城中实行粮食管制以致城中居民因饥不择食而互相残杀的恐怖场面①。在经过一系列不成功的协商之后，卡瓦德一世由于补给困难和更多罗马援军的到来而被迫撤退，并于公元503年冬取道卡里尼库姆渡过幼发拉底河回到波斯，而约书亚·斯特利特则记载卡瓦德一世是由于匈人入侵被迫离开前线前往高加索迎敌。公元504年春，罗马—拜占庭军队在新上任的总司令、阿纳斯塔修斯皇帝的国务总理大臣（magister officiorum）科勒尔（Celer）的指挥下发动反攻，但是阿米达的城防仍然坚不可摧，尽管城中居民牺牲无算。而罗马军队围城经年，又再次面临寒冬的侵袭。此时波斯军队的劣势也由于罗马俘虏君士坦丁（Constantine，前任狄奥多西堡长官）、阿拉伯酋长阿迪德（Adid）和亚美尼亚贵族穆什勒克（Mushlek）及其军队的叛变而变得雪上加霜。

不仅如此，塞奥法尼斯《编年史》提到当时波斯人还面临卡尔多西人（Kadousioi）的反叛。在这种不利局面下，卡瓦德一世不敢恋战，遂派阿斯佩提乌斯（Aspetius，拜占庭史料将波斯官职 *spah-bedh* 误记为人名，此人应为卡瓦德一世改革后萨珊帝国四大军区将军之一②）前去和罗马人商议阿米达的移交和罗马俘虏归还等事项。科勒尔一开始仍然想继续围攻阿米达，以为城破在即无须和谈。但罗马军队无法忍受阿米达的严冬，科勒尔才决定与波斯人媾和，双方遂达成了和约并保证遵守。公元505年初，罗马人和波斯人在阿米达城下举行谈判，商议阿米达和平移交事宜。根据塞奥法尼斯《编年史》的记载，双方达成的协定，"罗马人用3塔兰特黄金（扎卡利亚作1100磅黄金，普罗科比作1000磅黄金）赎回了阿米达城、罗马官员埃德萨的巴希尔（Basil of Edessa）和其他战俘。罗马人收回了阿米达，双方在阿莫迪乌斯（Amudis，Ammodius）和马尔丁

---

① Zachariah of Melitene, *Historia Ecclesiastica*, 31. 7 – 33. 21.

② Gh. Gnoli, "The Quadripartition of the Sasanian Empire", *East & West. N. S*, 35 (1985), pp. 265 – 270.

（Mardin）要塞之间的地方达成盟约并写成和约文本"①。而扎卡利亚的《教会史》对阿米达的结局有更生动的描写："罗马人和波斯人的长官坐在城墙边，城中居民可以自由选择留下或跟着波斯人一起离开。而当罗马人将和约文本交给卡瓦德一世签署时，卡瓦德一世正在酣睡并在梦中得到启示不可签约，于是便撕掉了和约文本并带着罗马人的黄金返回波斯。"② 罗马人收复阿米达之后，阿纳斯塔修斯皇帝下令免该城七年赋税，同时将赎回的战俘妥善安置在城中，重新加固了阿米达的城墙并任命颇得人望的教士托马斯（Thomas）为阿米达主教。

　　阿米达和平移交之后，罗马—拜占庭帝国和萨珊帝国事实上已经结束战争状态。但双方的谈判并没有终止，主要原因是从公元505年底起罗马人又开始在两国边境罗马一侧修建达拉（Dara）要塞，从而导致波斯人提出抗议。达拉要塞的修建是阿纳斯塔修斯皇帝在位期间最大规模的东境要塞工程，也是对在之前战争中存在明显缺陷的罗马—拜占庭帝国东部边境防御体系进行纠正改进的战略举措。自公元363年约维安和沙普尔二世签订和平协议、尼西比斯归还萨珊帝国以来，罗马—拜占庭帝国一直以阿米达作为东方防御体系的核心要塞。公元503年波斯军队攻克阿米达并占领该城达两年之久，在此期间双方为争夺该城用尽一切手段。罗马人收复阿米达之后，城中居民人口已经在战争期间因为饥荒和自相残杀而锐减，而城防设施也残破不堪，罗马人迫切需要可以代替阿米达的大型要塞来防御波斯人以后可能发动的进攻。不仅如此，在公元502—505年罗马波斯战争期间，由于阿米达距离波斯边境过远，在美索不达米亚北部作战的罗马—拜占庭军队没有可以依托和随时进行修整并获取补给的大型要塞，反而经常暴露在萨珊帝国及其盟友莱赫米军队的袭

---

①　Theophanes，*The Chronicle of Theophanes the Confessor*，A. M. 5998（147.31 – 149.7）．

②　Zachariah of Melitene，*Historia Ecclesiastica*，33.21 – 35.20.

击之下。

根据约书亚·斯提利特《编年史》的记载：

在（塞琉古纪元）817 年（公元 505 年）时，罗马军队的将官们对阿纳斯塔修斯皇帝抱怨道：

"由于没有可以依托的边境要塞，我们的部队经常遭到重大损失；无论何时罗马人从君士坦提亚和阿米达出击袭击阿拉伯人地区（Araba）时总是忧心忡忡，担心敌人的诡计；如果他们遭遇一支更大规模的军队并准备撤退时，不得不忍受极大的劳苦，因为附近没有任何城池供他们歇息。"① 扎卡利亚的《教会史》也提到缺少东境补给要塞使得罗马—拜占庭军队在入侵波斯领土时遭遇各种困难以及对阿纳斯塔修斯皇帝的抱怨："……要我们拿下尼西比斯也是很难的，因为我们没有可以使用的攻城器械，也没有任何可以安歇落脚的地方。因为我们的要塞距离前线都太远，其规模也太小以致无法供养一支军队，这些要塞里的饮水和蔬菜（对我们来说）也根本不够。"

在罗马—拜占庭帝国东方各级将官的一致反映和要求下，阿纳斯塔修斯皇帝决定在罗马波斯边境尼西比斯对面的达拉村修建要塞。扎卡利亚在《教会史》中详细记载了达拉要塞的修建过程：

罗马诸将们遂请求皇帝下令在山的那一边修建一座要塞，以作为军队安歇落脚之所和储备武器的地方，同时保护这一带的阿拉伯地区以防止波斯人和塔伊人（Tayyaye）的侵袭。一些将领建议以达拉村为基础建城，而另一些人建议以阿莫迪乌斯为基础建城。于是皇帝写信给阿米达主教托马斯（告知此

---

① Joshua the Stylite, *The Chronicle of Joshua the Stylite*, 90（309. 12 – 310. 3）.

事），同时派遣要塞工程师并制定建城计划。这个圣托马斯把自己打点好之后便入京面圣。皇帝和贵族们（在讨论后）一致认为在达拉建城是更好的选择。那时腓力吉斯穆斯（Felicissimus）担任长官，是一个勇敢而聪明的人，不贪钱财，为人正直，善待农民和穷人。现在卡瓦德国王正在与塔姆拉人（Tamuraye）和国中的其他敌人作战，而皇帝给托马斯主教黄金作为达拉教堂所属村庄收归国有的费用，以解放村庄中的居民并给他们土地和房屋。为了建造达拉的城市主教座堂，皇帝支付了数百磅黄金，皇帝还发誓保证会对主教提出的一切费用要求慷慨解囊且绝不食言。皇帝最后发布了一道详尽的皇家敕令，让托马斯主教在达拉迅速完成建城施工任务。前往达拉施工的工匠、奴隶和农民在当地收集建筑材料并得到主教的祝福。皇帝派了许多石匠前往达拉施工，并下令不得克扣工人们的薪水。皇帝心知肚明这道协定可以保证达拉城在边境迅速完工。

当达拉要塞的工匠们在主的帮助下开始动工时，监督工作由牧师库鲁斯·阿登（Cyrus Adon）、优提奇安（Eutychian）、帕弗努提乌斯（Paphnutius）、塞尔吉乌斯（Sergius）、助祭约翰和来自阿米达的其他教职人员负责，托马斯主教也时常亲临视察工作。参与施工的工匠得到的黄金报酬均按定量分发，他们一人每天可获得 4 克拉提亚（keratia）的黄金，有一头驴的工匠每天可得 8 克拉提亚，许多工匠因为工资丰厚而发财致富。由于皇帝诚实守信按时按量给薪，从东方到西方的工人工匠们都闻风前来加入工程。不仅如此，负责监督工程的人员也得到丰厚的薪水，因为托马斯主教非常慷慨温和善良，他对正义的皇帝信念坚定，并将对皇帝的许诺牢记于心。

达拉要塞经过 2—3 年的施工宣告完成，我们可以说它好像是突然间便巍然屹立于边境。当卡瓦德得知要塞落成后才想前去阻止，但要塞城墙已经建立起来，足以为当地居民提供保护。城中还建有大型公共浴场和储物仓库，一根导水管从城外附近的山下引来水源并储存在城中的地下水池中。皇帝还派更多工匠前往托马斯主教麾下加速施工进程，前线不断传来主教慷慨廉洁、尽职尽忠的好消息。皇帝对主教极为欣赏，对主教的（费用）要求无不应允从不拖延。皇帝计算总共花费的数百磅黄金，而主教写了一份书面报告并称在神的见证下，这些钱全部用于要塞施工，没有分毫进入主教私囊或其教堂之中。皇帝于是对主教发布了一道皇家敕令，并称经国库统计认为主教上报的费用使用情况全部属实。达拉要塞至此完工并以皇帝的名字被命名为阿纳斯塔修斯堡。

阿纳斯塔修斯皇帝以他的皇冠起誓，任何人不得对托马斯主教和他的教堂提出账目要求，哪怕是他自己和任命的皇储也不行。托马斯主教随后任命牧师优提奇安为达拉城第一任主教。优提奇安是个勤劳的人并通晓商务。托马斯主教还将阿米达主教辖区的一些特权赐予优提奇安在达拉的教堂。托马斯还为优提奇安配了来自阿米达的罗马士兵约翰为副手，优提奇安为约翰剃度并任命他为城中旅店总管。当优提奇安入京面圣时，约翰也陪同。优提奇安觐见皇帝时，皇帝又给达拉教堂一笔捐赠。当时朝中显贵（*notarius*）亚伯拉罕·巴尔·凯里（Abraham bar Kaili），君士坦提亚的以法莲（Ephraem of Constantia）之子也被皇帝派去协助优提奇安，并被后者任命为达拉城牧师。亚伯拉罕被皇帝授权监督达拉浴池的施工，后又成为达拉主教座堂管事。①

阿纳斯塔修斯皇帝在达拉施工期间与阿米达主教托马斯君臣合作，动用罗马—拜占庭帝国东方各省的劳动力并以丰厚报酬保证了达拉要塞的顺利完工。根据后来普罗科比的描述，达拉要塞至查士丁尼时期已经拥有高 100 英尺的塔楼，内层城墙也高达 60 英尺。达拉要塞的建成使得罗马—拜占庭帝国的东方防御体系的效能得到大

---

① Zachariah of Melitene, *Historia Ecclesiastica*, 7.6 (34.24 – 38.15).

幅提升，至查士丁和查士丁尼皇帝时期达拉城更取代阿米达成为罗马—拜占庭帝国美索不达米亚长官（*dux Mesopotamiae*）的驻地，这无疑让波斯人觉得如鲠在喉。根据约书亚·斯提利特的记载，"罗马军队从整个叙利亚地区召集工匠到达拉进行施工，但是对面的波斯人经常从尼西比斯城出击阻挠达拉的施工进程。在这种情况下，驻守埃德萨的罗马将军法勒斯曼尼斯（Pharesmanes）前往阿米达，又派部队前去保护在达拉施工的工匠。"波斯人最终未能阻止达拉要塞的完工，主要原因在于当时卡瓦德一世需要集中兵力在高加索前线对付匈人。

查士丁尼时代的宫廷史家吕底亚人约翰（John the Lydian）在其史著《罗马政事记》（*De Magistratibus Reipublicae Romanae*）中这样评价达拉要塞的地位和作用："阿纳斯塔修斯皇帝为公益做了许多事情，其中有一件值得一提——他在幼发拉底河外建造的达拉城。达拉是当地人的叫法，我们则以皇帝之名呼之为阿纳斯塔修斯堡（Anastasiopolis）。如果不是上帝通过阿纳斯塔修斯的这一举措锁住波斯人的喉咙，波斯人将占领罗马人的土地，因为他们的土地彼此相互接壤。"① 根据约书亚·斯提利特的记载，卡瓦德一世在结束和匈人的战争之后，便指责罗马人破坏了公元422年和平协定中双方不得在边境新建要塞的规定。但阿纳斯塔修斯皇帝执意施工，以金钱平息了卡瓦德一世的抱怨，达拉要塞最终在公元507—508年间落成。

达拉要塞修建期间，罗马波斯双方的和谈仍在进行，并且因为506年初波斯和谈使臣的病故而一直拖延。这一年9月，双方使者会面于达拉城，并各带一支军队前来保证使节的安全。约书亚·斯提利特提道："由于双方是如此互不信任，罗马人担心波斯人使诈，竟将波斯使节全部扣押。"波斯使节被释放之后，便待在尼西比斯不愿再来会谈。双方最终在公元506年11月成功签署和约，正式结束了

---

① John the Lydian, *De Magistratibus reipublicae Romanae*, 206. 22 – 28.

战争状态。但我们对 506 年罗马波斯和约的内容所知甚少，普罗科比认为和约有效期为 7 年，但实际上此后双方又维持了 20 年的和平。部分学者认为，在公元 506 年的和约中罗马人很可能对波斯人付了些钱，但没有任何史料证据表明阿纳斯塔修斯皇帝对波斯人恢复了年贡。

达拉要塞的建成对 6 世纪罗马波斯关系的发展产生了深远影响，自 5 世纪以来罗马波斯关于双方不得在各自边境新建要塞设施的规定至此被彻底打破。[①] 随着达拉要塞的完工和罗马亚美尼亚的狄奥多西堡防御工事的增筑，罗马波斯两大帝国在 5 世纪期间长期积累的政治互信已经遭到结构性损害，而达拉和狄奥多西堡也取代阿米达成为日后罗马波斯战争双方必争的前线要地。

另外，阿纳斯塔修斯战争期间，罗马和波斯在高加索地区的博弈也值得一提。公元 504—506 年北高加索的阿兰人（部分学者认为是来自西伯利亚的萨比尔人）由伊比利亚的达里尔关大举南下入侵亚美尼亚和波斯，迫使卡瓦德一世分兵应对。根据普罗科比的记载，匈人首领安巴祖克斯（Ambazuces）在弥留之际曾对阿纳斯塔修斯皇帝提议将卡斯皮安关（Caspian Gates，即达里尔关）让与罗马人，此事可能发生于公元 504 年萨比尔匈人南下之后不久。但阿纳斯塔修斯皇帝最终以当地土地贫瘠无法供养守军且距离罗马—拜占庭帝国领土遥远为由拒绝了匈人首领的提议，最终卡瓦德一世击败高加索匈人并重新恢复了萨珊帝国对达里尔关的控制。实际上，匈人/阿兰人/萨比尔人之所以能够在 6 世纪初自北高加索大举南下入侵，与伊比利亚国王瓦赫唐一世死后波斯人对达里尔关防务的疏忽确有关系。公元 506 年阿纳斯塔修斯战争结束后，卡瓦德一世击败匈人，随后萨珊帝国大幅加强了在南高加索的防御体系建设。公元 513—514 年，卡瓦德一世镇压了部分波斯亚美尼亚人的反叛，516—517

---

① J. Crow, "Dara, A Late Roman Fortress in Mesopotamia", *Yayla* 4 (1981), pp. 12 – 20.

年又在波斯亚美尼亚贵族的帮助下再次击退匈人入侵。卡瓦德一世
还加强了伊比利亚当地要塞设施并在阿尔巴尼亚的帕尔塔瓦（Par-
taw）建立新的波斯总督府，同时派一位总督（*marzban*）驻节于伊
比利亚首都姆茨赫塔，自此之后伊比利亚国王的权力受到波斯总督
的监督和限制。

　　而与此同时，阿纳斯塔修斯皇帝则专注于小亚细亚和叙利亚地
区要塞防御设施的完善，尤其是加固了位于赫勒诺本都（Helenopon-
tus）的犹凯塔城（Euchaita）的要塞设施（515 年）。阿纳斯塔修斯
皇帝在位期间，还扩建了位于美索不达米亚北部图尔·阿布町山西
南麓卡特敏（Qartmin）地区的玛尔·加布里埃尔（Mar Gabriel）修
院，扩建工程在公元 512 年完工。另外，公元 514—518 年间，叙利
亚边境的雷萨法（Resafa）城逐渐发展成圣塞尔吉乌斯（St. Sergius）
崇拜的重要中心和阿拉伯部落聚集之地，随后雷萨法城被阿纳斯
塔修斯皇帝提升为都主教区，并赐名塞尔吉乌斯堡（Sergiopolis）。
现代学者还认为，该城的巴西利卡主教堂（Basilica）很可能便是
在阿纳斯塔修斯皇帝在位期间敕令修建的。塞尔吉乌斯堡不仅是
罗马—拜占庭帝国在叙利亚边境的前线要塞和基督教圣徒崇拜中
心，更是联结和沟通拜占庭帝国与信仰一性派基督教之加萨尼王
国关系的主要平台和桥梁。总体来看，阿纳斯塔修斯皇帝在位后
期对拜占庭帝国东部边疆防御体系的重建和扩建工作成效显著，
许多要塞在查士丁一世和查士丁尼时期得到进一步的修缮和加固。
如罗马亚美尼亚境内的吉扎里松（Citharizon）要塞便是阿纳斯塔
修斯防御工程的代表杰作①，而这些要塞在日后将成为抵御波斯军
队入侵的有效屏障。

---

① James Howard-Johnston, *East Rome, Sasanian Persia and the End of Antiquity: Historiographical and Historical Studies*, Ashgate Variorum, 2006, p. 216.

第三节　查士丁尼与库斯洛一世时期的 罗马波斯战争

公元 518 年阿纳斯塔修斯皇帝驾崩，禁卫军统领查士丁一世（Justin Ⅰ，518—527 年在位）继位，其外甥查士丁尼一世（Justinian Ⅰ，527—565 年在位）与舅父共掌朝政，拜占庭帝国遂迎来古代晚期最辉煌著名的查士丁尼时代。查士丁尼时期拜占庭帝国与萨珊帝国战争频发，而且双方的战争和外交活动范围开始明显表现出由近东向欧亚草原和印度洋区域扩展的态势。这一时期欧亚大陆中西段正式形成了以西亚和东地中海地区为核心，外高加索、南俄、中亚、红海和印度洋多点多线交叉联动的复杂政治军事体系、经济贸易网络和宗教族群复合镶嵌式的国际关系结构。而拜占庭帝国与萨珊帝国可以说是推动古代晚期欧亚大陆国际体系内部发生激烈碰撞并产生区域内和跨区域连锁政治效应的核心动力源。对于查士丁尼一世和库斯洛一世（Khosrow Ⅰ Anūshīrwān，531—579 年在位）这样雄才大略的君主而言，频繁的对外战争和穿梭制衡外交是其对外政策中不可或缺的组成部分，这必然导致欧亚草原游牧势力和阿拉伯人更加深度地卷入罗马与波斯的西亚博弈之中。在这两位君主在位时期，罗马波斯两大帝国之间在战争中加深了对彼此政治体系、军事战略和宗教文化的认知，但双方之间的不信任感和对对方的战略警惕已经成为制约两国恢复长期和平局面的最大障碍。

在查士丁尼一世与库斯洛一世统治时期，罗马波斯战争在南高加索、美索不达米亚—叙利亚和阿拉伯沙漠北侧同时进行，而西地中海的东哥特王国和中亚草原的（西）突厥汗国都在不同程度上利用罗马波斯冲突关系为各自政权的生存发展创造契机，并直接或间接影响着罗马波斯两大帝国之间的战和关系。这一时期拜占庭帝国与萨珊帝国也面临各自国内的教派和族群冲突，但在罗马和波斯普世帝国内部，各族群和教派的跨界交往和多元认同尚未对两大帝国的统治和对外战略形成结构性威胁。另外，公元542年爆发并在之后200年间反复爆发的查士丁尼瘟疫对拜占庭帝国和整个东地中海世界造成重创，而萨珊帝国和西欧日耳曼诸国也在不同程度上受到此次瘟疫的波及和洗礼。可以说，频繁的瘟疫、地震和漫长的战争互为因果，并构成6—7世纪近东世界"天启氛围"的舞台布景。公元562年，罗马与波斯在长期悬而未决的战争后再次达成50年和平协议，但阿瓦尔汗国在南俄草原的崛起、波斯亚美尼亚人对萨珊帝国统治的阳奉阴违、中亚西突厥汗国拓展粟特商业网络的战略以及汉志阿拉伯人与也门阿克苏姆政权的冲突都为罗马波斯战争的再次爆发准备了一触即燃并烧及全身的导火索。考察查士丁尼与库斯洛一世时期的罗马波斯战争，有助于我们理清两大帝国盛世武功背后导致帝国衰落的深层结构和国际体系背景，并反过来阐释罗马波斯战争在7世纪滑向全面失控态势并产生灾难性后果的根本原因。

公元506年和平协定结束阿纳斯塔修斯战争之后，罗马和波斯两大帝国的关系在查士丁一世和卡瓦德一世统治末期再次恶化，并由于库斯洛王储收养谈判的破产和伊比利亚王国反叛波斯而再次爆发战争。根据普罗科比的记载，公元518年查士丁皇帝（即查士丁一世）继位后，莱赫米阿拉伯人于公元519—520年间再次入寇奥斯罗恩行省，拜占庭将军提莫斯特拉图斯（Timostratus）和约翰（John）被莱赫米国王孟迪尔三世（al-Mundhir III ibn al-Nu'man，503—554年在位）俘虏。公元524年，查士丁皇帝派牧师亚伯拉罕（Abraham）前往萨珊帝国赎回被俘拜占庭将官[1]。在这一年2月，拜占庭波斯两国使节和阿拉伯各部落酋长齐聚莱赫米王国首都希拉城，史称"拉姆拉会议"（Conference of Ramla）。尽管查士丁皇帝在拜占庭帝国境内

---

[1]　*Chronicle to the Year* 724*AD*，111/14，AG 830；Michael the Syrian，*The Chronicle of Michael the Syrian*，9.16.

迫害一性派基督徒，亚伯拉罕仍然大力支持与会的萨珊帝国一性派基督教领袖人物——来自贝特·阿尔沙姆的西蒙（Simeon of Beth Ar-sham）。①

更值得注意的是，来自南阿拉伯希木叶尔王国信仰犹太教的优素福·祖·努瓦斯（Yūsuf Dhū Nūwas，也称 Masrūq）也派使节参加了拉姆拉大会。优素福国王于公元 523 年发起的对也门北部纳季兰地区基督徒的大规模迫害和屠杀引起了拜占庭帝国和萨珊帝国的高度关注，在整个基督教世界引起轩然大波。不仅如此，希木叶尔使节甚至在会议上怂恿萨珊波斯人和莱赫米人加入对基督徒的迫害。但由于东方教会在萨珊帝国和莱赫米王国的强大影响力，优素福的提议没有得到波斯人和莱赫米人的支持而不了了之。但以基督教普世皇帝自居的查士丁一世和幕后掌权的查士丁尼对也门基督徒的悲惨遭遇无法置之不理，遂修书同样信仰基督教的阿克苏姆国王卡勒布（Kaleb），希望后者出兵惩罚希木叶尔人。

现代学者一般认为，普罗科比记载的出兵希木叶尔王国（Hom-eritae）的埃塞俄比亚国王赫勒塞伊乌斯（Hellestheaeus）就是卡勒布。② 公元 525 年，阿克苏姆军队在拜占庭海军的帮助下渡过曼德海峡入侵也门，成功击败希木叶尔国王优素福，后者在战败后骑马蹈海自尽。此次拜占庭—阿克苏姆联合入侵一举结束了希木叶尔王国对也门的统治。根据普罗科比的记载，埃塞俄比亚人占领也门之后，查士丁尼便派尤里安（Julian）为使节出访红海两岸，穿梭于阿克苏姆和也门之间，并劝说阿克苏姆国王赫勒塞伊乌斯和留守也门的阿克苏姆将领埃斯米法伊乌斯（Esimiphaeus）与拜占庭帝国联手垄断印度洋的丝绸贸易，从而打破萨珊帝国波斯商人对印度洋海上贸易的控制。查士丁尼甚至计划扶植阿拉伯马德尼部落和也门部落首领

---

① Irfan Shahid, *Byzantium and the Arabs in the Six Century*, Vol. 1, part 2: *Ecclesi-astical History*, Washington D. C: Dumbarton Oaks Research Library and Collection, 1995, p. 726.

② Procopius, *De Bello Persico*, 1. 20. 1.

凯苏斯（Caisus）集结人马，准备从阿拉伯半岛方向入侵萨珊帝国。但是驻守也门的阿克苏姆将领阿布莱海（Abraha，Abramus）发动叛乱，杀死埃斯米法伊乌斯，又两次击退卡勒布国王派来的讨伐军，从而自立为王。尽管阿布莱海随后仍向阿克苏姆王国称臣，但却对查士丁尼提出的"阿拉伯半岛联盟"战略态度冷淡。普罗科比也指出了查士丁尼垄断印度洋丝绸贸易并从南方建立萨珊帝国包围网的战略难以实施，因为"对于埃塞俄比亚人来说，要从波斯人手中抢生意是根本不可能的，因为波斯人不仅控制了所有印度商船停靠的港口，而且每次都将货物全部买下，根本不给其他人染指的机会。而希木叶尔人更不愿意穿越沙漠去讨伐实力强大的波斯人"。

拜占庭史家普罗科比将查士丁尼皇帝遣使阿克苏姆和也门的时间置于公元531年卡里尼库姆战役之后，显然不够准确。而现代学界倾向于将阿克苏姆出兵也门的时间拟定为公元518—525年之间。不仅如此，普罗科比的观察也夸大了当时波斯人对印度洋贸易的垄断能力。但在古代晚期波斯湾至印度西海岸的贸易路线相比红海—印度洋贸易路线无疑具有更大优势，而这一时期控制印度西北海岸的嚈哒汗国显然更愿意发展同萨珊帝国在印度洋北侧沿海地区的贸易。而阿克苏姆王国虽然能够维持拜占庭帝国通过埃及和红海前往印度洋的贸易，但要垄断整个印度洋地区的商业网络显然超出了阿克苏姆王国的政治军事实力。

必须指出的是，公元525年希木叶尔王国的覆灭在阿拉伯半岛产生了巨大深远的政治经济后果，其中最直接的后果便是导致了阿拉伯半岛中部肯德王国的解体。这是因为肯德王国长期依附于希木叶尔王国，扮演着维护从也门至美索不达米亚传统商路畅通的重要角色。希木叶尔王国灭亡后不到4年，由于也门战乱造成的难民冲击，肯德部落联盟被迫大举北迁，后又进一步分裂为阿萨德（Asad）、塔格里卜（Taghlib）、凯伊斯（Qays）和肯纳那（Kinānah）4

个部落。① 这些部落又因为内志和希贾兹地区各部落的反叛和侵袭而在公元530—540年代全部解体，从而进一步加剧了当时阿拉伯半岛内部政治局势的动荡。在肯德王国诸部落的冲击下，莱赫米王国首都希拉城在公元525—528年间甚至一度被北迁的肯德人末代国王哈里斯（Hārith ibn Hujir ibn Amur）所占据，由此可见希木叶尔王国覆灭后阿拉伯半岛及其周边地区政治形势的混乱。可以说，查士丁尼一世建立阿拉伯半岛联盟并从南方包围和进攻萨珊帝国的战略虽然未能成功实施，但阿克苏姆人对也门的侵攻所造成的余波确实冲击到了萨珊帝国的边陲。

　　这一时期罗马波斯关系恶化的另一个原因是两国高层就库斯洛王储收养问题谈判的破产：卡瓦德一世在位后期，开始考虑萨珊帝国皇位继承问题，而其三子库斯洛（Khosrow，即后来的库斯洛一世）是卡瓦德中意的继承人。但库斯洛继位面临两大障碍，一个是卡瓦德的长子卡布斯（Kawus），另一个是卡瓦德的次子扎姆斯（Zamus）。根据普罗科比的记载，卡布斯得到马兹达克派的支持，在民间社会有着广泛的支持；而扎姆斯虽然一眼残疾没有资格继承王位，但其品行优异同样颇得人望②。卡瓦德一世青睐帕提亚埃斯帕赫贝德世家（Espahbudhan）贵族之女所生的库斯洛，表明了卡瓦德在位后期已经不再支持马兹达克派，并渴望得到贵族世家的支持以深化改革。而卡布斯很有可能是卡瓦德与嚈哒公主所生，因此无疑还得到嚈哒汗国的背后支持。因此，库斯洛相对于自己的两个兄长没有明显的优势。卡瓦德为此苦恼不已，于是便有了向查士丁皇帝托孤的著名事件。

　　根据普罗科比的记载，卡瓦德担心"波斯人会给他儿了的统治带来威胁，而最好的办法是与罗马人重修旧好，并效法先人让查士

---

① Andrey Korotaev, Vladimir Klimenko and Dmitry Proussakov, "Origins of Islam: Political-Anthropological and Environmental Context", *Acta Orientalia Academiae Scientiarum Hungaricae*, Vol. 52, No. 3/4 (1999), pp. 243 – 276.

② Procopius, *De Bello Persico*, 1. 9. 1.

丁收养库斯洛为养子，从而保证卡瓦德百年之后王位能顺利传给库斯洛"。卡瓦德一世于是在公元524年修书查士丁一世，希望后者收库斯洛为养子，并向查士丁指出："这个建议可以使我们和我们的属国之间关系更加密切，从而保证我们两国的长期和平。"面对卡瓦德一世的托孤，查士丁和查士丁尼一开始十分高兴，认为有利可图。但君士坦丁堡大法官（quaestor）普罗克鲁斯（Proclus）却坚决反对，理由是："他（库斯洛）一旦成为您（查士丁）的养子，便理所当然享有对（拜占庭）皇位的继承权，陛下如果答应，就必须承担由此带来的所有后果。"查士丁一世和其外甥查士丁尼权衡再三，最终决定库斯洛可以被收养，但必须依照蛮族人的礼仪，而不能采用罗马人收养继承人的传统惯例。而双方为库斯洛收养问题谈判期间，波斯谈判代表、帝国大将军西雅沃什又不合时宜地重提拉齐卡归属问题，导致双方谈判气氛骤然紧张。而波斯人也无法接受罗马人以蛮族规格接待并收养库斯洛王子（从而剥夺库斯洛因罗马法收养而获得的继承拜占庭皇位的权利），双方和谈最后破裂①。而库斯洛一世继位后，对查士丁尼当年拒绝让查士丁收养自己的提议一直怀恨在心，这成为后来罗马波斯之间再次爆发冲突并进行长期战争的重要诱因。

　　与库斯洛收养风波的不欢而散大约同时，萨珊帝国在南高加索地区的统治也出现一系列危机，并最终导致公元525年伊比利亚王国反叛并投靠拜占庭帝国，从而引发公元526—532年的"伊比利亚战争"。根据拜占庭史家马拉拉斯的记载，公元521—522年间，南高加索拉齐人（Lazi，实为Tzani人，而非拜占庭的属国拉齐卡）的国王兹塔修斯（Ztathius）因不满波斯人的统治而发动了叛乱。马拉拉斯提到，拉齐人前任国王达姆纳泽斯（Damnazes）死后，继位的兹塔修斯不愿意遵守波斯人的传统献祭风俗以及由波斯人指定拉齐人国王的惯例，遂逃到拜占庭帝国寻求查士丁一世的支持。查士丁

①　Procopius, *De Bello Persico*, 1. 11. 23 – 30.

皇帝遂加冕兹塔修斯为拉齐人国王，并让兹塔修斯受洗为基督徒，还让兹塔修斯娶了拜占庭贵族瓦勒里安娜（Valeriana）为妻。卡瓦德一世得知拉齐人叛变后，遂派使节携带书信前往拜占庭帝国与查士丁一世交涉，并谴责拜占庭人干涉拉齐人事务的行为。查士丁皇帝则指出"罗马人没有做任何干涉波斯属国内政的事，仅仅是满足了一个蛮族国王想要成为基督徒的愿望"。根据马拉拉斯《编年史》的记载，当时查士丁皇帝还挑拨北高加索匈人和萨珊帝国的关系，使得卡瓦德一世不再信任匈人并杀死了他们的首领齐尔格比斯（Zilgibis），还摧毁了后者的军队。

公元525年，伊比利亚国王古尔根尼斯（Gurgenes）因为卡瓦德一世在当地强制推行琐罗亚斯德教而揭起叛旗，并向查士丁皇帝求助。查士丁皇帝遂派普罗布斯（Probus）前往北高加索招募匈人支援伊比利亚，但却收效甚微。[①] 公元526—527年，查士丁皇帝又派自己的前任国务秘书（silentiarius）彼得（Peter）率领一支匈人雇佣军前往拉齐卡援助从伊比利亚败退而来的古尔根尼斯。综合《复活节编年史》、塞奥法尼斯《编年史》以及普罗科比的记载可知，拜占庭—伊比利亚联军在南高加索与波斯人的战争初期明显处于下风，并先后失去了连接拉齐卡、萨拉潘尼斯（Sarapanis）和斯坎达（Scanda）地区交通线的两个重要要塞。公元527年8月查士丁尼正式继位后，拜占庭军队在拉齐卡人的帮助下逐渐扳回劣势，收复了之前波斯人占领的要塞。与此同时，与拜占庭结盟的萨比尔匈人女王薄阿丝（Boas）于公元528年率军南下达里尔关并击败了伊比利亚境内的一支波斯军队。[②]

公元528年，为了加强对南高加索地区和东方边疆的行政管理和军事防务，查士丁尼皇帝开始对罗马亚美尼亚行省进行大规模的行政军事改革。查士丁尼皇帝为了解决以往波斯人入侵罗马亚美尼

---

① Zachariah of Melitene, *Historia Ecclesiastica*, 12. 7.

② John Malalas, *The Chronicle of John Malalas*, 18. 13.

亚时当地总督和酋帅抵抗不力的弊病，专门创建亚美尼亚军事长官
(*magister militum per Armeniam*) 一职驻节于狄奥多西堡，以分担和
取代之前总领罗马—拜占庭东方军队的东方军事长官 (*magister militum per Orientem*) 在亚美尼亚和南高加索的权力，并以分别驻扎特
赞扎孔 (Tzanzakon)、霍洛农 (Horonon)、阿塔勒松 (Artaleson)、
吉扎里松 (Citharizon)、梅利特内和马提罗堡的各大公爵长官 (*duces*) 辅佐驻节于狄奥多西堡的亚美尼亚军事长官，从而在罗马亚美
尼亚形成高度集中统一的军政管理体系。① 根据《查士丁尼法典》
的记载，查士丁尼皇帝任命的第一任亚美尼亚军事长官西塔斯 (Sittas) 还带有"显要者" (*vir illustris*) 的贵族头衔。② 而西塔斯的辖
区除亚美尼亚之外还包括波勒蒙本都 (Pontus Polemoniacus) 和周边
地区的各个民族 (gentes)。根据《马拉拉斯编年史》和普罗科比
《建筑》的记载，在查士丁尼改革之前，罗马亚美尼亚的防务完全由
当地亚美尼亚人的总督 (*satraps*) 和堡垒驻军 (*milites castrensiani*)
负责，这些地方官员和本土部队在萨珊波斯人入侵时往往无法形成
合力抵御波斯人的进攻，甚至可能在战时与波斯人暗通款曲。③ 而查
士丁尼一世的改革措施旨在将罗马亚美尼亚贵族的传统权力和头衔
悉数剥夺，并以亚美尼亚军事长官总领当地防务。不仅如此，查士
丁尼一世还试图在罗马亚美尼亚境内推广罗马法，试图以罗马法的
继承原则瓦解分割亚美尼亚贵族代代相袭的土地财产。

　　总体来看，查士丁尼一世对罗马亚美尼亚的行政改革极大地提
高了罗马—拜占庭帝国在亚美尼亚和南高加索地区的军事动员效率。
不仅如此，约翰·马拉拉斯在其《编年史》中也认为，自此之后
"亚美尼亚成为一道坚固的屏障，而罗马人从中受益良多"④。实际
上，查士丁尼一世对罗马亚美尼亚的行政军事改革不仅加强了罗

---

① John Malalas, *The Chronicle of John Malalas*, 18. 10.

② *Codex Justinianus*, 1. 29. 5.

③ Procopius, *De Aedificiis*, 3. 1. 27 – 9.

④ John Malalas, *The Chronicle of John Malalas*, 18. 10.

马—拜占庭帝国对罗马亚美尼亚的管理，加速了罗马亚美尼亚地方贵族的"罗马化"，还有助于巩固拜占庭帝国在美索不达米亚北部和南高加索前线（尤其是拉齐卡及臣服拜占庭的其他周边各族）的战略安全，这在后来的拉齐卡战争中表现得尤为明显。但是查士丁尼一世对罗马亚美尼亚行省的改革和重组也存在操之过急、一步到位的缺陷，这在后来导致罗马亚美尼亚贵族因传统权利被剥夺而起兵反抗，甚至一度投靠并寻求萨珊帝国的保护和支持。

公元 527—531 年间，拜占庭帝国与萨珊帝国在伊比利亚和拉齐卡地区的战事陷入僵局，双方均无法突破对方的防线扩大战果。而与此同时两大帝国在美索不达米亚平原上的对峙则由小规模袭击逐渐发展为大规模的战略会战。根据扎卡利亚《教会史》的记载，查士丁皇帝在位末期（可能为公元 525—526 年），罗马和波斯便在各自阿拉伯同盟者的参与下在美索不达米亚对对方领土发动侵袭。扎卡利亚提到，当时，"波斯国王卡瓦德坚持要求罗马皇帝支付 500 磅黄金的年金作为波斯军队防御高加索匈人的费用，由于这个原因（罗马人不愿支付）他就派塔伊人（Tayyaye，是对罗马波斯边境各阿拉伯部落的泛称）劫掠罗马领土并抓获当地军民为俘虏；而罗马人则以入侵并毁坏波斯境内的阿尔赞内（Arzanene，隶属波斯亚美尼亚）和尼西比斯地区作为报复"。根据扎卡利亚的记载，罗马波斯双方随后派出使节开始谈判："查士丁皇帝派出希帕提乌斯和年老的法勒斯曼尼斯，而卡瓦德则派出阿塞比德（Asthebid，可能为波斯官职 spahbed 之讹）。双方在边界上进行了反复的商议，并随时将谈判情况汇报给各自君主。但谈判并未传达出任何和平消息，因为他们（罗马和波斯）是彼此的敌人。"①

根据普罗科比的记载，公元 527 年盛夏，罗马—拜占庭帝国美索不达米亚总督利伯拉里乌斯（Libelarius）率军入侵萨珊帝国的贝特·阿拉巴（Beth Arabaye，即尼西比斯周围地区）地区，但未能攻

---

① Zachariah of Melitene, *Historia Ecclesiastica*, 8. 5.

下尼西比斯和特贝塔（Thebetha），拜占庭军队损失惨重。扎卡利亚也提到，当时拜占庭东方军事长官提莫斯特拉图斯（Timostratus）率军围攻尼西比斯，但却久攻不下，只能转攻距离达拉城 15 帕拉桑（parasang，古波斯距离单位）的特贝塔城，"罗马人一度抵近并攻破城墙，但由于酷暑饥渴难耐而最后放弃围攻。许多步兵在撤军途中渴死，另一些则跳进沙漠中的水井淹死。只有骑兵顺利返回达拉城，全军上下残破不堪"①。由于美索不达米亚前线战事的失利，查士丁尼一世继位后，立即罢免了利伯拉里乌斯，并任命年轻军官贝利撒留为美索不达米亚总督。

贝利撒留上任之后，立即着手加强拜占庭帝国东境各要塞的防务，并试图在罗马波斯边境增筑新的要塞。公元 527—528 年，贝利撒留奉查士丁尼皇帝之命前往达拉要塞西南方向的桑努里斯（Thannuris）和梅拉巴萨（Melabasa）并掩护当地要塞施工，却在桑努里斯遭遇波斯将领薛西斯（Xerxes）率领的主力部队。贝利撒留初战不利，只能放弃桑努里斯退回达拉城。扎卡利亚也提到了公元 526—527 年间拜占庭军队在桑努里斯修建要塞的失败经过："查士丁皇帝得知桑努里斯是个绝佳的防御塔伊人侵袭的要塞修建地点后，便派首都阿帕德纳皇宫（Apadna）秘书（*silentiarius*）托马斯（Thomas）前往桑努里斯负责修建城池。但是当他刚刚收集到建筑材料准备动工时，便因为塔伊人和卡迪沙耶人（Qadishaye）立即从辛加拉和特贝塔前来侵攻而不得不暂停施工。"扎卡利亚随后提到，卡瓦德一世派出的波斯将领贾达尔（Gadar the Kadisene，可能就是 Qadishaye 部落酋长）又成功阻止了罗马人在梅拉巴萨的施工并将罗马军队击溃。②与此同时，在叙利亚—巴勒斯坦边界，拜占庭附庸加萨尼王国的哈里斯（al-Harith V ibn Jabalah，拜占庭史料作 Arethas，528—569 年在位）与莱赫米王国的孟迪尔也相互袭击交战。根据马拉拉斯

---

① Zachariah of Melitene, *Historia Ecclesiastica*, 9. 1.

② Zachariah of Melitene, *Historia Ecclesiastica*, 9. 2.

《编年史》记载，公元 527/528 年之交，拜占庭军队在巴勒斯坦第一行省（Palestina Prima）的部落首领（phylarch）哈里斯（应该是哈里斯五世的前任即 Jabalah Ⅳ ibn al-Harith，512—528 年在位）和当地的拜占庭长官（dux）发生龃龉，遂率部逃到沙漠，并在那里被孟迪尔击败并杀死。查士丁尼皇帝闻讯立即给腓尼基（Phoenice）、阿拉比亚（Arabia）和美索不达米亚总督及亲罗马的阿拉伯各部酋长写信，并指示他们要为哈里斯的死复仇。

公元 528 年 4 月，拜占庭和阿拉伯联军深入美索不达米亚寻找孟迪尔决战未果。这次拜占庭军队虽然只攻陷了几个波斯要塞，但也虏获了大批战利品。公元 529 年春，孟迪尔率莱赫米军队再度侵袭拜占庭领土，迫使查士丁尼皇帝任命一个公爵长官前往帕尔米拉时刻监视孟迪尔在沙漠边境的动向。根据扎卡利亚《教会史》的记载，"塔伊人的国王孟迪尔两次入侵艾米萨、阿帕米亚和安条克近郊，虏获民众甚多，其中还包括到艾米萨的圣托马斯（Thomas the Apostle）教堂集会的 400 名修女。孟迪尔随后择日将这些俘虏的修女杀死以向欧扎女神（Uzzai）献祭，当时一同被俘的苦修士达达（Dada）亲眼见证并告诉了我这件事的经过"①。根据普罗科比的记载，查士丁尼一世为了将叙利亚和巴勒斯坦地区亲拜占庭的阿拉伯部落统一管理以应对莱赫米人的连年进犯，于公元 529 年正式任命加萨尼王国的哈里斯五世为所有拜占庭阿拉伯同盟部落的最高首领（Patrikios Kai Phylarchos ton Sarakenon，即"萨拉森人的贵族和部落首领"），而哈里斯本人则是第一个获得拜占庭帝国贵族头衔（patrician）的蛮族人。② 随着加萨尼王国在拜占庭帝国东方战略地位的提升，叙利亚和巴勒斯坦边境的阿拉伯部落被加速整合进加萨尼部落联盟之中，加萨尼王国逐渐发挥起为拜占庭帝国防御波斯—莱赫米联盟进犯的沙漠屏障作用。

---

① Zachariah of Melitene, *Historia Ecclesiastica*, 8.5.

② Procopius, *De Bello Persico*, 1.17.46 – 8.

公元 528/529 年之交，拜占庭帝国叙利亚行省两大都会安条克和劳迪西亚（Laodicea）遭到地震袭击。与此同时，巴勒斯坦地区的撒玛利亚人（Samaritans）因为和当地基督徒关系的紧张和拜占庭帝国的歧视迫害政策而爆发大规模叛乱，查士丁尼皇帝历时 3 年（529—532 年）方告平定。在这样的情况下，查士丁尼皇帝遂对波斯人萌生和谈之意，并于公元 529 年派赫莫根尼斯（Hermogenes）为使前往萨珊帝国宫廷。约翰·马拉拉斯在其《编年史》中详细记载了双方会谈的经过，卡瓦德一世对查士丁尼和谈提议的回复如下：

> 代表东升旭日的波斯王中之王卡瓦德谨致代表西沉残月的弗拉维乌斯·查士丁尼凯撒：
>
> 我们过去之间曾有书面协定，规定双方互为兄弟之国，其中一方需要人力和金钱之时，另一方当慷慨相助。从那时候起直到现在我们都遵循这一规定，无论哪个民族对我们揭起叛旗而迫使我们必须应对时，我们都从各自的国库中慷慨解囊以安抚这些民族，并使他们再次臣服于我们，因此我们国库中的钱并没有白花。但是当我们告诉阿纳斯塔修斯皇帝和查士丁皇帝履行既往义务时，得到的却是拒绝和敷衍，我们最后一无所获。由于这个原因，我们现在被迫诉诸战争。而我们的领土彼此接壤，我们常常担心两国交界处的各民族心怀不轨，甚至在没有确凿证据的情况下便惩罚和摧毁他们。但是你们既然作为虔诚的基督徒，就应该珍惜生命并付给我们黄金。如果您不这么做，那就只有战场上见了。您将有整整一年的时间来考虑此事，在此期间我们不会使用诡计来窃取胜利或赢得战争。①

公元 529 年底，查士丁尼皇帝收到了卡瓦德一世的回信，但没有应允立即给波斯人黄金，而是再次派赫莫根尼斯和鲁菲努斯

---

① John Malalas, *The Chronicle of John Malalas*, 18.44.

（Rufinus）出使波斯。公元 530 年 3 月，拜占庭使节由安条克前往达拉，准备随后前往萨珊帝国进行谈判。但卡瓦德一世已经集结起一支大军准备入侵拜占庭帝国，而当时任东方军事长官的贝利撒留正在达拉城驻防。公元 530 年 6 月，波斯大军在主帅米拉尼斯（Miranes，Mihrān 为帕提亚贵族世家姓氏）的率领下越过边境，抵达距离达拉城 7.7 公里的阿莫迪乌斯（Ammodius）。贝利撒留决定率军出城迎战波斯人，于是便爆发了著名的达拉会战。普罗科比详细记载了达拉战役的经过，扎卡利亚的《教会史》提供的版本与普罗科比的记载也基本一致，这里就不再赘述。需要指出的是，在达拉战役中萨珊帝国的同盟者莱赫米人并未参战，其原因可能是孟迪尔此时正在率军劫掠拜占庭帝国的巴勒斯坦边境地区。根据 6 世纪巴勒斯坦基督教修士斯基泰堡的西里尔（Cyril of Scythopolis）所作圣徒传记《圣萨巴斯传》（*Vita Sabae*）记载：公元 530 年时，年老的圣萨巴斯（St. Sabas）向查士丁尼皇帝请愿在当地修建要塞保护僧侣免遭（阿拉伯人）袭击。[①] 查士丁尼皇帝允诺了他的请求，而这次袭击很可能便是由孟迪尔发起的。

不论如何，达拉战役中拜占庭军队以少胜多击败 5 万波斯军队，堪称 6 世纪拜占庭帝国对萨珊帝国作战取得的最辉煌的单次战役胜利。而在亚美尼亚前线，拜占庭将军、首任亚美尼亚军事长官西塔斯和多罗西乌斯（Dorotheus）在萨塔拉也击败了另一支由波斯贵族梅尔梅罗（Mermeroes，Mihr-Mihroe）统率的 3 万波斯军队。萨塔拉战役胜利的战略意义并不亚于达拉战役，因为它改变了罗马和波斯在南高加索的力量平衡，导致部分波斯亚美尼亚贵族叛逃拜占庭帝国。根据普罗科比的记载，波斯亚美尼亚贵族纳尔塞斯（Narses）和阿拉提乌斯（Aratius）叛逃拜占庭帝国后，受到查士丁尼皇帝的宫廷宦官纳尔西斯（Narses，与贝利撒留齐名的查士丁尼一朝著名将领，Narses 作为名字在亚美尼亚安息贵族中极为普遍，而拜占庭帝

---

① Cyrus of Scythopolis, *Vita Sabae*, 72 – 73.

国许多君主和将领有亚美尼亚背景）的热情接待。在投靠拜占庭的亚美尼亚贵族帮助下，波斯亚美尼亚境内两个因金矿闻名的要塞博隆（Bolon）和法兰吉乌姆（Pharangium）落入拜占庭人手中，由此对波斯人在亚美尼亚的统治造成重大打击。①

　　尽管在达拉战役和萨塔拉战役中连续取得辉煌胜利，查士丁尼皇帝仍然派赫莫根尼斯和鲁菲努斯于公元 530 年 8 月再次前往萨珊宫廷进行和谈。卡瓦德一世在此次会谈中极力抱怨"罗马人不给波斯人提供高加索关隘防御经费，又在边境要塞达拉驻扎重兵，使得波斯人必须两线作战"。卡瓦德一世要求拜占庭人在拆除达拉要塞或支付波斯人黄金之中二选其一。公元 530 年冬，拜占庭使节返回君士坦丁堡汇报谈判情况后，查士丁尼皇帝以为可以通过一次性支付金钱满足波斯人的要求，所以对双方恢复和平充满信心。但是当鲁菲努斯于公元 531 年春携带查士丁尼给卡瓦德的回信进至罗马波斯边境时，卡瓦德一世再次选择诉诸战争。根据马拉拉斯和塞奥法尼斯的记载，当时在巴勒斯坦起义的撒玛利亚人也派出使节至波斯并怂恿卡瓦德一世进军耶路撒冷，而叛军使节在返回拜占庭领土时被当场抓获。② 由此可见，撒玛利亚人在拜占庭帝国内部的起义无疑增加了卡瓦德一世入侵的信心。根据普罗科比的记载，卡瓦德一世再次率军入侵拜占庭则主要是莱赫米国王孟迪尔的建议。孟迪尔向卡瓦德一世指出："美索不达米亚和奥斯罗恩地区遍布坚固的罗马要塞且驻扎重兵，而幼发拉底河外的叙利亚城市都不设防甚至没有军队驻扎。我们应该渡过幼发拉底河快速奔袭叙利亚并直取其都会安条克，将其洗劫一空后迅速撤军，而罗马人在这么短的时间内根本来不及派出援军。"于是卡瓦德一世便派阿扎里塞斯（Azarethes）精选 1.5 万铁骑，在孟迪尔 5000 莱赫米盟军的陪同下自科尔凯西乌姆（Circesium）渡过幼发拉底河，进入拜占庭帝国叙利亚行省（实为

---

①　Procopius, *De Bello Persico*, 1.15.18 – 19.

②　John Malalas, *The Chronicle of John Malalas*, 18.54.

Euphratensis 行省）。贝利撒留得知波斯人入侵后，率领 3000 拜占庭军队在哈里斯所率 5000 加萨尼盟军的协同下前往幼发拉底河阻截波斯军队，于是双方在幼发拉底河沿岸的卡里尼库姆爆发了第三次大规模会战。贝利撒留考虑到波斯军队已经退回幼发拉底河以东不愿再战，但拜占庭诸将求战心切，渴望发战争财的士兵甚至辱骂贝利撒留软弱无能。为了稳定军心，贝利撒留决定遂渡河与波斯军队背水一战。

根据普罗科比的记载，由于拜占庭军队右翼的加萨尼盟军被波斯左翼的莱赫米盟军在第一波冲锋中击退，波斯主力骑兵遂集中力量包抄已经空虚的拜占庭军队右翼，并压迫拜占庭军队的阵型使之逐渐后退至幼发拉底河岸，许多拜占庭士兵试图逃跑却淹死在河中。在危急时刻，贝利撒留命所有骑兵下马与步兵一道组成长枪方阵抵御波斯骑兵冲击，才没有导致全面溃败。而波斯骑兵在轮番冲击拜占庭步兵方阵时也损失惨重，最后拜占庭残军在贝利撒留的率领下撤回幼发拉底河以西。与达拉战役中拜占庭军队取得辉煌胜利不同，卡里尼库姆战役的结局是两败俱伤。据普罗科比的记载，阿扎里塞斯率军回到波斯之后，卡瓦德一世当着阿扎里塞斯的面统计战死波斯士兵人数，最后发现出征前所有士兵在篮子中放下的武器只有很少一部分被从战场上回来的波斯士兵取走（普罗科比认为这是波斯人统计阵亡将士数量的传统风俗）。[①] 由此可见，波斯人在卡里尼库姆战役中尽管在战术上击败了拜占庭人，但自身损失也相当巨大。卡瓦德一世由于阿扎里塞斯的"皮洛士式胜利"而十分不悦，遂将阿扎里塞斯的官职全部免除以示惩罚。而卡里尼库姆战役的惨重伤亡使波斯军队深入叙利亚掠夺安条克的战略计划化为泡影。因而贝利撒留在此战中仍然达到了保卫拜占庭东方行省不受波斯—莱赫米同盟袭掠的战略目标。

卡里尼库姆战役结束之后，查士丁尼皇帝的使节赫莫根尼斯立

---

① Procopius, *De Bello Persico*, 1. 18.

即前往卡瓦德一世宫廷重启和谈。但卡瓦德一世此次反应仍然极为冷淡，甚至还派军攻陷了奥斯罗恩境内的阿布格萨顿（Abgersaton）要塞①，查士丁尼皇帝遂决定采取强硬措施应对。在将贝利撒留解职后，查士丁尼皇帝以西塔斯为东方全境最高军事长官，前任大区长官（praetorian prefect）德摩斯梯尼（Demosthenes）则被派往东方前线筹集资金并为边境城池储备粮草。② 但查士丁尼皇帝仍然没有放弃以外交手段解决问题的希望，甚至试图通过接洽莱赫米国王孟迪尔来缓和与卡瓦德一世的紧张关系。根据马拉拉斯《编年史》的记载，公元531年6月，当拜占庭东境守将准备对波斯采取军事行动时，萨拉森人的首领孟迪尔（Alamundaros，al-Mundhir 在希腊语中的拼法）给拜占庭官员写信要求拜占庭帝国派一个叫塞尔吉乌斯（Sergius）的助祭（deacon）前来议和，这样孟迪尔便能与皇帝单方面达成和平协议。③ 塞尔吉乌斯携带孟迪尔的信件前往君士坦丁堡面见查士丁尼，但皇帝在读完信件之后并未放弃对波斯人发动战争的想法。查士丁尼又派鲁菲努斯携带皇帝给卡瓦德一世的回信再次出使波斯，信中以充满威胁的口吻向萨珊君主指出："让我们两国恢复和平是无比光荣之事，但如果您不肯接受，我会亲自夺取波斯人的土地。"与此同时，查士丁尼皇帝派塞尔吉乌斯携带厚礼会见孟迪尔，而卡瓦德一世也收到了查士丁尼捎来的礼物。马拉拉斯甚至提到狄奥多拉皇后也相应送礼给卡瓦德一世的皇后（也是卡瓦德的妹妹）以示友好。随后鲁菲努斯和斯塔拉吉乌斯（Strategius）抵达埃德萨并去信给卡瓦德一世，但卡瓦德一世并不接受，仍然准备暗中动武。

　　根据扎卡利亚《教会史》的记载，当时卡瓦德一世的大将贾达尔负责防卫从梅拉巴萨至马提罗堡的阿尔赞内地区。贾达尔精选700步骑兵渡过底格里斯河劫掠拜占庭领土，进入了阿米达附近的阿塔

---

① John Malalas, *The Chronicle of John Malalas*, 18.61.

② Procopius, *De Bello Persico*, 1.20.3.

③ John Malalas, *The Chronicle of John Malalas*, 18.61.

哈斯地区（Attahas）。而当时拜占庭公爵长官贝萨斯（Bessas）负责防御马提罗堡，贝萨斯率500骑兵出城后，在贝特·赫尔特（Beth Helte）地区遭遇波斯军队，并在底格里斯河边大败并击杀贾达尔，还俘虏了随军的波斯贵族耶兹底格德（Yazdgerd，阿尔赞内波斯总督之外甥）①。贝萨斯随后率军深入阿尔赞内进攻波斯领土并大掠而返。卡瓦德一世不甘失败，又派三员大将统兵进攻马提罗堡。根据扎卡利亚《教会史》的记载，卡瓦德一世为了攻下马提罗堡，还派大将梅赫尔·吉罗维（Mihr Girowi）雇用了一大批匈人协同进攻。波斯军队在马提罗堡城下挖掘壕沟和坑道，对马提罗堡展开了猛烈的进攻。马提罗堡守将布泽斯（Bouzes）多次打退波斯人的进攻，主教农诺斯（Nonnus）则不幸战死。为了援救马提罗堡，接替贝利撒留驻防达拉的君士坦丁（Constantine）与西塔斯和塔伊人国王巴尔·贾巴拉（Bar Gabala，这是加萨尼哈里斯五世名字的叙利亚语拼法）集结援军，并于公元531年11月抵达阿米达近郊，随行的还有阿纳斯塔西亚（Anastasia）的隐修士约翰（John）。当拜占庭援军进至马提罗堡城下时隆冬已至，围城的波斯军队已被连日阴雨和泥泞的道路所阻，处境十分艰难。这时又传来卡瓦德一世驾崩的消息，于是波斯人在与拜占庭人签署和约后撤退回国。但是根据扎卡利亚的记载，曾经答应与波斯人协同作战的匈人在和约签订后才赶到战场。这些匈人在拜占庭领土内大肆烧杀抢掠，焚毁村庄和教堂，甚至渡过幼发拉底河一度进逼至安条克近郊。马提罗堡总督贝萨斯在匈人回程途中设伏并大败之，俘获战马500匹和其他战利品无算。而驻守吉扎里松（Citharizon）的拜占庭守将也击退了一支匈人分队并俘获许多驮畜。②

　　普罗科比在其《建筑》一书中也提到了公元531年秋冬马提罗

①　Zachariah of Melitene, *Historia Ecclesiastica*, 9.5.

②　Zachariah of Melitene, *Historia Ecclesiastica*, 9.6.

堡围攻战的情况①，而马拉拉斯《编年史》提供了守军抵御波斯人的更多细节。普罗科比还提到当时拜占庭人派一名间谍向波斯军队传达匈人雇佣军已背叛的假情报，从而进一步动摇了波斯军队继续攻城的信心。根据马拉拉斯《编年史》的记载，库斯洛一世继位后，要求仍滞留在埃德萨的拜占庭使节鲁菲努斯和斯特拉吉乌斯立即前往波斯宫廷议和，却被两位使者以未得皇命为由拒绝。库斯洛一世又通过赫莫根尼乌斯写信给查士丁尼，要求皇帝命和谈使节速来。查士丁尼仍然拒绝了库斯洛的要求，并回复说："我们不允许我们的使节来见你，我们也不承认你是波斯国王。"②查士丁尼很可能知道库斯洛一世新立根基未稳，且在国内面临马兹达克派和另外两位王子的挑战，因此不愿立即答应和谈。至公元532年春，库斯洛一世已经清洗了马兹达克派并尽屠卡瓦德其余子孙，彻底稳固了王位。查士丁尼皇帝遂答应与库斯洛一世议和，双方遂达成"永久和平协议（foedus pacem aeternum）"。会谈过程中，库斯洛一世一度要求波斯人继续占有拉齐卡的拜占庭要塞，查士丁尼皇帝不肯退让，指示拜占庭使节必须力保拉齐卡全境不失。双方最终就波斯人撤出拉齐卡要塞达成妥协。

　　公元532年双方达成的和平协议规定，拜占庭方面一次性付给波斯人1.1万磅黄金，拜占庭帝国美索不达米亚总督驻地由达拉后撤至奥斯罗恩境内的君士坦提亚，而已经逃亡至拉齐卡和拜占庭帝国领土的伊比利亚人可以自由选择留在当地或返回波斯治下的伊比利亚。根据马拉拉斯《编年史》的记载，公元532年的和约内容还包括：拜占庭人将波斯亚美尼亚境内的法兰吉乌姆要塞还给波斯人；拜占庭和波斯根据以往惯例约为兄弟之国，和约还重申了在必要时两国对对方负有的军事和财政互助义务。③1939年，东方考古学家

---

① Procopius, *De Aedificiis*, 3. 2.

② John Malalas, *The Chronicle of John Malalas*, 18. 68.

③ John Malalas, *The Chronicle of John Malalas*, 18. 76.

罗塞尔（Roussel）在叙利亚曼比季的赫拉波利斯遗址发掘出了记载
公元532年罗马波斯和平条约内容的柱石铭文，其内容如下：

> 独一的主查士丁尼，在神的指示下建立了和平。他结束了
> 三年来战争对这些城市造成的悲伤痛苦，并通过将军鲁菲努
> 斯……（达成了和平）
>
> 在我主耶稣基督的仁慈大愿和使徒彼得和保罗的护佑下，
> 我们的城市远离了战火，和平得以建立，执政官……
>
> 神圣的十字架终结了战争的咆哮和人们的悲惨生活，让这
> 些变故好像一场转瞬即逝的大浪和烈火；
>
> 在上帝的帮助下，罗马人和波斯人之间建立了和平，钱财
> 被付给了（波斯人）……①

公元532年和平条约签订之后，拜占庭帝国和萨珊帝国又保持
了8年的和平局面。在此期间，查士丁尼得以从东方前线调走大批
驻军以应付汪达尔战争和哥特战争，而库斯洛一世则专注于国内改
革，直到公元540年再次发动对拜占庭帝国的战争。总结公元526—
532年的"伊比利亚战争"可以发现，6世纪的罗马波斯战争已经明
显表现出以美索不达米亚和南高加索为核心战场、双方军队多点多
线作战、罗马波斯的阿拉伯同盟者以及域外力量深度介入（尤其是
北高加索的匈人部落）的特点。查士丁尼皇帝作为早期拜占庭帝国
最后一位伟大的"宫廷皇帝"，将复兴并重建罗马地中海帝国（ren-
ovatio imperii）作为自己的政治抱负，使晚期罗马帝国从戴克里先—
君士坦丁时代的纵深防御战略逐渐转型为纵深防御与攻势防御战略
并行的安全机制。由于查士丁尼皇帝对帝国军事将领有着较强的驾
驭能力，以西塔斯、贝利撒留和纳尔西斯为代表的名将得以在查士

---

① Geoffrey Greatrex and Samuel N. C. Lieu (eds.), *The Roman East Frontier and the Persian Wars*, part II: *AD 363–630*, London & New York: Routledge, 2002, p. 97.

丁尼时代崭露头角。这些将领在战时得以全权处理边境军务，在与萨珊帝国和日耳曼诸国的战争中他们能够不受同僚和中央的掣肘，从而实现较为高效的战争规划、军力部署和战役实施。

而萨珊帝国在卡瓦德一世统治后期，国内各派权力格局发生了显著变化。随着库斯洛收养谈判问题的闹僵，卡瓦德一朝的股肱重臣西雅沃什被其政敌梅赫伯德（Mehbod）推翻。而库斯洛一世继位后，其首要任务是纠正卡瓦德一世时期马兹达克运动导致的社会混乱和阶层失序并清洗威胁其统治的国内政敌，重新加强帕提亚世家贵族和袄教祭司集团与萨珊王族的联盟。最重要的是，卡瓦德一世时期开启的各项政治、军事和财税改革至卡瓦德去世时仍然没有完成，库斯洛一世必须继续深入推进卡瓦德的未竟之业，以加强萨珊帝国的中央集权。在这样的背景下，库斯洛一世继位初年萨珊帝国对拜占庭帝国的外交政策由主战转变为主和。再加上当时查士丁尼皇帝需要抽出军力平定西地中海的日耳曼诸国，双方才最终得以达成公元 532 年的"永久和平协议"。

公元 532 年的和平协议虽然结束了两大帝国的战争状态，但却没有任何约束双方各自阿拉伯同盟部落劫掠行为的规定。因此，在之前的长期战争中彼此敌对甚至演变为世仇的加萨尼人和莱赫米人仍然存在随时将两大宗主帝国再次拖入战争的可能性。而随着查士丁尼再征服事业的大举推进，库斯洛一世愈益警惕拜占庭帝国在西地中海地区的大规模扩张。与此同时，拜占庭帝国在南高加索的统治也面临一系列危机和动荡：公元 536 年，查士丁尼一世再次对罗马亚美尼亚行省进行大规模行政改革。在将罗马亚美尼亚行省一分为四后，查士丁尼皇帝将狄奥多西堡和萨塔拉隶属于亚美尼亚第一行省（Armenia Proma），而以马提罗堡为首府建立亚美尼亚第四行省（Armenia Ⅳ）。查士丁尼又试图把罗马法在当地强制推行，企图分割亚美尼亚大家族的祖传领地，导致当地亚美尼亚贵族怨声载道。公元 538 年，查士丁尼委任的亚美尼亚军事长官西塔斯在平定当地贵族叛乱时不幸战死，接任西塔斯的布泽斯（Bouzes）也因为诱杀亚美尼亚贵族而招致大规模反抗。

与此同时，查士丁尼一世还加强了对拉齐卡王国的控制，派拜占庭军队入驻新建的佩特拉（Petra）要塞，并对拉齐卡当地进出口贸易和生活必需品实行严格管控。拉齐卡人对拜占庭帝国的严密军事管制十分不满，也准备反叛拜占庭倒向萨珊帝国。至公元538/539年，在贝利撒留面前屡战屡败的东哥特国王维提格斯（Vitiges）决心遣使萨珊帝国并怂恿波斯人撕毁和约进攻拜占庭，从而在东方牵制拜占庭帝国的军力，这一次库斯洛一世终于决定对拜占庭帝国开战。根据普罗科比的记载，东哥特使节一行乔装打扮通过拜占庭帝国边防关卡，于公元539年深秋成功抵达泰西封面见库斯洛一世，并呈上了建议波斯人重新对拜占庭人开战的国书：

> 哥特人和意大利人的国王维提格斯派我们前来，是代表陛下您的国家利益而非个人利益跟您讲话。陛下绝不会将您的国家和人民对查士丁尼拱手相让。查士丁尼这个人贪得无厌并渴望征服整个世界，想占有每一个国家。他之所以以和平的幌子欺骗您，是因为他没有能力独自进攻波斯人，也不敢在与波斯为敌的同时讨伐其他国家。查士丁尼在使其他国家臣服于他之后，就会聚集更大的力量来对抗陛下。他摧毁汪达尔王国并降服摩尔人之后，又对他曾经的朋友哥特人兴师讨伐。如果他彻底征服哥特人，就会驱使我们一起进攻并奴役波斯人，他绝不会因违背曾经的誓约而感到羞愧。陛下仍有获得安全的希望，但不要犹疑不决，坐失与我们合作的千载良机。我们经受的不幸将很快降临到波斯人身上。罗马人从来没有把波斯人当朋友，他们会在力量强大时毫不犹豫地进攻波斯人。陛下不要错失良机，先发制人总比迁延忍让及让命运掌握在敌人手中要更加明智和有利。[①]

---

① Procopius, *De Bello Persico*, 2.2 – 3.

东哥特使节的国书正中库斯洛一世下怀，与此同时罗马亚美尼亚的安息贵族巴萨克斯（Bassaces）也率领使团来到泰西封求见库斯洛一世，抱怨查士丁尼在罗马亚美尼亚的重税盘剥以及当地长官布泽斯出尔反尔诱杀亚美尼亚贵族的行为。根据普罗科比的记载，巴萨克斯以自己的安息王室贵胄苗裔身份向库斯洛一世打"亲情牌"，通过回忆帕提亚安息王朝与亚美尼亚安息王朝血浓于水沾亲带故的历史勾起库斯洛一世的同情心，随后又细数查士丁尼压迫拉齐卡人和亚美尼亚人、勾结东非阿克苏姆人、图谋阿拉伯半岛以及四处征伐导致海内怨愤的各种罪过，极力敦促库斯洛一世不可固守和约而坐失良机。东哥特使节和罗马亚美尼亚贵族面见库斯洛一世后大义凛然慷慨陈词，而库斯洛一世自己早就想找借口对拜占庭发动战争。此时萨珊帝国国内各项改革已初见成效，库斯洛一世遂坚定了撕毁条约进攻拜占庭帝国的信心。

早在公元539年，库斯洛一世便有意通过莱赫米人和加萨尼人争夺两国交界处、位于戴克里先大道上（*Strata Diocletiana*）的斯特拉塔（strata，应该是当地的一处牧场）一事挑起战争，并指责查士丁尼皇帝派来调解的使节苏穆斯（Summus）通过行贿引诱孟迪尔叛变波斯，但拜占庭方面坚决否认。与普罗科比的记载稍有不同，《泰伯里史》则称是加萨尼国王哈里斯（Halid ibn Jabala）入侵孟迪尔的领土并杀死其大批部众，而查士丁尼皇帝对库斯洛一世要求归还莱赫米人被抢夺财物并支付罚金反应冷淡，从而诱发了拜占庭和波斯之间后来爆发的战争。[①]

另外，库斯洛一世发动对拜占庭帝国战争的动机也可能有经济方面的考虑，而卡瓦德时期波斯对嚈哒的纳贡义务至库斯洛一世时期很可能仍然没有解除。另外，公元532年永久和平条约签订后，查士丁尼大幅削减了东境守军尤其是边防军（*limitanei*）的饷银，导

---

① Tabari, *Tarikh al-Rusul wa al-Muluk*, Vol. 5: *Byzantines, Sassanids, Lakhmids and Yemen*, Ⅰ, 958/252 - 3.

致东方拜占庭军队战力孱弱不堪，而这一点库斯洛一世早已知悉。公元539年底，查士丁尼皇帝已经预感到波斯人有撕毁和约的可能，又派驻守达拉的将军阿纳斯塔修斯（Anastasius）去信库斯洛一世劝止战争，但库斯洛一世并不予以理睬。① 于是在这样的背景下，公元540年春，库斯洛一世正式对罗马人宣战，从而挑起了持续二十余年的"拉齐卡战争"。拉齐卡战争从公元540年延续至公元561年，可以分为美索不达米亚—叙利亚和南高加索的拉齐卡两个战场。公元540—545年间，库斯洛一世连年亲征叙利亚，沿途索要当地各要塞城市缴纳的"赎城费"，并与查士丁尼皇帝调回的拜占庭援军多次交战。自公元541年起，库斯洛一世又在拜占庭帝国的属国拉齐卡开辟了"第二战场"，双方围绕佩特拉等要塞争夺10余年之久。公元545年后，罗马波斯双方在美索不达米亚和叙利亚战场宣布停战，但拉齐卡并不包括在停战范围内。再加上这一时期拜占庭帝国遭受查士丁尼瘟疫的袭击以及萨珊帝国内部因王位继承和教派冲突引发的动乱，遂导致了拉齐卡战场上双方战争的久拖不决和拉锯态势。

公元540年春末夏初，库斯洛一世率军自哈布尔河与幼发拉底河交汇处入侵拜占庭帝国。这一次波斯军队绕开固若金汤难以攻下的科尔凯西乌姆要塞，沿幼发拉底河南侧进入拜占庭帝国的幼发拉底西亚行省（Euphratesia）。在尝试进攻芝诺比亚（Zenobia）遇挫之后，库斯洛又率军攻打苏拉（Sura）。拜占庭苏拉守将亚美尼亚人阿萨西斯（Arsaces）奋力抵抗波斯人的攻势，却不幸中流矢而亡。根据普罗科比的记载，苏拉守军试图派主教与库斯洛一世商谈，但库斯洛一世却趁机命波斯军队攻入城内并大肆掠夺，并俘虏了当地军民共计1.2万人。为了赎回被俘罗马守军和平民，临近苏拉的塞尔吉乌斯堡主教坎迪杜斯（Candidus）筹集了200磅黄金的赎金交给库斯洛。库斯洛随后率军继续前进，兵临安条克近郊。查士丁尼皇

---

① Procopius, *De Bello Persico*, 2.4.14–26.

帝得知波斯入侵之后，派自己的外甥日耳曼努斯（Germanus）赶往安条克以加强当地防御，但却只给他 300 人。日尔曼努斯对守城没有信心，于是派贝罗亚的主教梅加斯（Megas）前去与库斯洛一世商谈，但收效甚微。库斯洛一世以屠城威吓塞尔吉乌斯堡的守军，迫使该城居民交出 2000 磅白银的赎城费。在梅加斯的苦心劝说下，库斯洛一世表示只要安条克居民交出 1 万磅黄金就可以免遭战火。但当梅加斯返回安条克通报消息时，库斯洛又率军进攻主教的驻地贝罗亚并洗劫该城，城中居民退守卫城并因食物和水源短缺而独木难支。梅加斯返回安条克后，却发现查士丁尼皇帝派来的两名心腹官员（secreta）约翰和尤里安已经带来了不得给波斯人任何赎城费的圣旨，而安条克主教以法莲（Euphraem）和日耳曼努斯由于妥协畏战先后擅离职守逃到西里西亚。梅加斯只得返程去见库斯洛一世，并成功说服后者释放贝罗亚卫城中的军民。由于查士丁尼皇帝长期拖欠东方驻军饷银，贝罗亚的许多存活士兵最后投奔并加入波斯军队。另外，由于向安条克居民索取赎城费的希望破灭，库斯洛一世只得下令强攻该城。波斯军队抵达城下时，许多安条克市民已经提前逃跑，只有一部分人留在城中。与此同时，来自黎巴嫩腓尼基行省（Phoenice Libanesis）的 6000 名罗马援军抵达安条克，增加了守城军民的信心。库斯洛一世最后一次要求安条克人缴纳 1000 磅黄金的赎金被拒后，便命波斯军队攻城。

根据普罗科比的记载，安条克城墙有一段因为建在高耸的岩石上而容易被攻城军队利用，于是日耳曼努斯（逃离之前）在这一段城墙上临时补建了一座塔楼。波斯军队很早便发现了拜占庭人的意图，便集中兵力攻打此处城墙。拜占庭士兵为了便于活动，在新建塔楼与城墙之间又搭建了一块木板。激战之时，木板因承受不住士兵的压力而垮塌，许多拜占庭士兵粉身碎骨。拜占庭援军守将塞奥克提斯图斯（Theoctistus）和莫拉特泽斯（Molatzes）又督促军民转战城门，但却在转移途中因为道路逼仄而发生了严重的守军自相践踏，场面极为混乱。库斯洛一世遂加强攻势，命波斯军队搭建云梯登上城墙。拜占庭守军见大势已去，便与一些市民一道涌向西城门（即达芙尼门，Daphne Gate）准备逃走。而波斯士兵攻入城内后，还是遭到了部分安条克市民的负隅顽抗。库斯洛一世在随行官员扎布甘尼斯（Zaberganes）的劝说下命令彻底瓦解安条克人的反抗并格杀勿论，普罗科比记载城中最后只有两名贵妇侥幸逃脱。

　　普罗科比对安条克陷落的描述带有强烈的个人感情色彩和主观判断，认为这是安条克人"命中注定，咎由自取"云云。普罗科比甚至还通过公元 539 年彗星出现并持续 40 余天的天文现象为当时匈人大举入侵巴尔干以及后来安条克的陷落进行灾异性的背景渲染，还提到当时安条克守军军旗在长期朝西之后突然朝东的"异象"（暗示安条克将落入东方波斯人之手）①。普罗科比的论述固然缺少理性批判精神，但这也说明安条克的陷落对当时罗马—拜占庭帝国社会各阶层而言确实是难以用常理解释的悲惨灾难。自公元 260 年沙普尔一世攻陷并洗劫安条克之后，安条克城作为罗马—拜占庭帝国的东方大都会又经历了 200 余年的休养生息和恢复发展，至此再次遭到灭顶之灾。安条克城在公元 526 年便遭遇过大地震，震后城墙严重破损，居民死伤达 30 万。而公元 540 年库斯洛一世对该城的洗劫使该城再未能恢复往昔的繁荣。尤其是安条克的陷落发生在查士丁尼皇帝哥特战争的节骨眼上，无疑是对其文治武功和辉煌盛世"晴天霹雳"式的打击。实际上，安条克的陷落仅仅是查士丁尼统治中后期一系列毁灭性灾难降临的开始。

　　攻陷并洗劫安条克之后，库斯洛一世又来到安条克的外港塞琉西亚。根据普罗科比的记载，库斯洛一世在塞琉西亚的地中海岸沐浴更衣之后，又举行了盛大的太阳神祭（无疑是波斯祆教神祇密特拉），还游览了安条克近郊的达芙尼林园。由于波斯军中一位贵族被逃跑的拜占庭俘虏所杀，库斯洛一世下令焚毁达芙尼的天使长米迦勒（Michael the Archangel）神殿作为报复。随后库斯洛一世又率军

---

① Procopius, *De Bello Persico*, 2.8.1–35.

进抵阿帕米亚，阿帕米亚主教托马斯（Thomas）本有意和平献城，但库斯洛一世却出尔反尔要求城中居民缴纳 1000 磅白银。库斯洛一世还想夺走守护阿帕米亚的基督受难十字架残片，在托马斯的劝说下库斯洛只掠取了圣物上的黄金和宝石①。波斯军队入城之后，库斯洛一世还让城中居民举行战车比赛。库斯洛亲临观看比赛并让自己中意的绿党作弊取胜，后又将违背军纪强暴民女的波斯士兵处死以慰民心。

　　公元 6 世纪拜占庭帝国首都和各行省城市均盛行战车比赛，蓝党和绿党的竞争与街头斗殴构成拜占庭帝国城市生活中必不可少的组成部分。公元 532 年君士坦丁堡爆发蓝绿两党共谋的"尼卡起义"，一度威胁到查士丁尼的皇位。库斯洛一世在征伐叙利亚地区的拜占庭城市时，虽然贪得无厌并对当地居民勒索甚巨，但还是十分尊重当地流行的文化风俗。在将安条克城中军民俘虏回波斯之后，库斯洛一世距离泰西封一天路程之地以安条克战俘为主要居民新建了韦赫—安条克—库斯洛城（Veh Antioch Khosrow，意为"库斯洛建的比安条克更好之城"）②，并悉数复制安条克城原来的设施于新城之中。按照拜占庭史家吕底亚人约翰的记载："库斯洛把整个叙利亚都搬到了波斯去，没有一个农民和纳税人留下。"③ 此后，韦赫—安条克—库斯洛城迅速发展成为萨珊帝国首都城市群"麦达因（al-Mada'in，即"诸城"）"的一部分。

　　新城建立之后，库斯洛一世特许拜占庭战俘再成为城市自由民，而安条克城原来盛行的战车比赛和乐师演奏都原封不动地迁移到库斯洛一世新建的"罗马城"中，阿拉伯人甚至称该城为 al-Rūmī: gān 即"罗马人之城"。根据普罗科比的记载，库斯洛一世还专门颁布敕令规定新城直属国王本人管辖，任何人（即使是波斯贵族也不

---

① Procopius, *De Bello Persico*, 2. 11. 1 – 38.

② Procopius, *De Bello Persico*, 2. 14. 1 – 4.

③ John the Lydian, *De Magistratibus*, 3. 54.

行）不得追回逃至该城的罗马人和奴隶。由此可见，萨珊帝国统治者在征服拜占庭城市时为了降低"强制迁徙"政策所带来的负面影响，十分注意在新建城市中保留罗马—拜占庭城市的基本风格并尊重战俘民众的文化和生活方式。这无疑有利于以最小的代价和成本消化萨珊帝国在对外军事征服中所获得的人力资源，也有助于波斯人稳定其在族群和教派极为多元的两河流域帝国核心区的统治。

拿下阿帕米亚之后，库斯洛一世又进军卡尔基斯并索得该城居民缴纳的 200 磅黄金赎城费，随后便撤军渡过幼发拉底河回国。根据普罗科比的记载，库斯洛一世率军渡过幼发拉底河之后，又萌生了攻打埃德萨的念头，但却因为波斯军队在埃德萨以南的巴特奈反复"迷路"以及库斯洛一世突发脸疾而作罢。普罗科比提道："当库斯洛抵达埃德萨郊区时，据说他的脸已经化脓了，他的下巴也肿胀起来，于是他打消了占领这座城市的念头。"即使如此，库斯洛一世撤军时仍然向埃德萨军民勒索了 200 磅黄金以作为波斯人不劫掠周围乡村地区的保证。普罗科比在记述此事时，还追溯了当年奥斯罗恩国王阿伯加尔五世皈依基督教的传闻，甚至逐字逐句引用了阿伯加尔五世与耶稣之间通信的内容（后世学者证实此信伪造于公元 2 世纪末 3 世纪初），以表明埃德萨确实是一座"神佑"的城市，因此绝不会被波斯人攻陷。而库斯洛一世放弃围攻埃德萨的真实原因很可能是当时波斯军队已经染上疾疫，而非库斯洛本人因欲攻打基督护佑之城而突然得了"麻风病"。普罗科比在随后插叙卡瓦德一世当年围攻埃德萨不克时提到的祆教祭司们认为"用任何方法都不能占领这座城市，因为该城所处的方向没有任何将被占领或遭遇劫难的异象"，显然也属于以神意解释历史事件。库斯洛一世从奥斯罗恩撤军回国途中，还先后向卡莱和君士坦提亚两城居民索要赎金，最后还围攻了达拉要塞。库斯洛先后采用放火烧城门和挖地道的方法均未能奏效，只能放弃进攻。由于查士丁尼皇帝严禁达拉城军民向波斯人缴纳赎金，库斯洛一世只能放弃对守城军民提出的 1000 磅白银的赎城费，随后率军撤回波斯。

公元 541 年春，查士丁尼皇帝将贝利撒留从哥特战场上调回东方前线，贝利撒留的副将瓦勒良（Valerianus）则负责罗马亚美尼亚防务。普罗科比提到此次贝利撒留统帅的拜占庭军队里面有相当多的哥特人，他们显然是贝利撒留从意大利战场俘获而来的东哥特士兵。此时，东哥特国王维提格斯已经战败并被贝利撒留押解回君士坦丁堡，而三年前维提格斯派往波斯宫廷的两名使节仍然滞留在萨珊帝国，且其中一人已病逝。而东哥特使节雇佣的临时翻译在返程途中已被拜占庭美索不达米亚总督约翰逮捕并下狱。与此同时，库斯洛一世率军应不满拜占庭统治的拉齐卡国王古巴泽斯（Gubazes）之邀入侵拉齐卡，正式挑起了"拉齐卡战争"。根据普罗科比的记载，拉齐卡人反叛拜占庭帝国的原因主要是查士丁尼皇帝于公元 530年代后期派兵进驻拉齐卡，并以新建的佩特拉要塞为根据地在当地实行严格的贸易管制，"蛮族人对罗马驻军实在难以忍受，所以决定投靠波斯人"①。

普罗科比还详细记述了拉齐卡使节面见库斯洛一世时发表的慷慨陈词，拉齐卡使节对库斯洛一世声称"科尔基斯人自古就是波斯人的盟友，我们与波斯人并肩作战并得到报酬，这些事情在我们和陛下的皇宫中都有档案记载"。拉齐卡使节所说的话在多大程度上属实是颇可怀疑的，因为在公元 5 世纪时耶兹底格德一世便拒绝过拉齐卡人提出的同盟请求，这表明拉齐卡和萨珊帝国在绝大部分时间内都没有同盟关系，也更谈不上政治隶属关系。拉齐卡王国的特殊性在于，它一直没有被罗马—拜占庭帝国吞并并改组为行省，而是长期保持自治并在名义上臣服于拜占庭帝国。也就是说，自庞培征服东方以来，科尔基斯/拉齐卡王国从未被真正纳入罗马人的行政管理体系之中。而查士丁尼皇帝显然想通过循序渐进的方式实现拉齐卡的罗马化，但仍然引发拉齐卡人的激烈抵制和不满。库斯洛一世入侵拉齐卡显然绝不仅仅是帮助拉齐卡人脱离拜占庭"暴政"那么

---

① Procopius, *De Bello Persico*, 2.15.1–30.

简单，而打通黑海出海口才是萨珊帝国垂涎拉齐卡的真正原因。

在之前数百年的罗马波斯战争中，波斯人只能威胁罗马—拜占庭帝国在叙利亚和小亚细亚东部的行省和城市，而无法跨海远征并威胁拜占庭帝国以君士坦丁堡为中心的核心海峡地带。而萨珊帝国获得拉齐卡之后，便可以在黑海获得海军港口，并与南俄草原游牧部落建立更紧密的政治联系，甚至可以联结南俄草原游牧势力沿黑海两岸共同进攻君士坦丁堡。正如拉齐卡使节所说："这样（占领拉齐卡后）你们（波斯人）就可以不费吹灰之力、在没有任何障碍的情况下进入君士坦丁堡的皇宫，而每年蛮族人在罗马帝国边境劫掠所得都会流入陛下之手。"于是库斯洛一世答应了拉齐卡使节的同盟请求，在拉齐卡向导的带领下率军秘密入侵拉齐卡。为了麻痹拜占庭帝国东方前线兵将，库斯洛一世此次入侵对外谎称是为了"抵御匈人入侵"[①]。贝利撒留得知库斯洛一世将波斯主力调往高加索一线后，便集结军队准备入侵萨珊帝国，加萨尼国王哈里斯五世也率军前来加入拜占庭军队。

根据普罗科比的记载，贝利撒留出征波斯的计划一开始遭到驻黎巴嫩行省将军雷吉桑库斯（Rhecithancus）和塞奥克提斯图斯的反对，因为他们担心莱赫米国王孟迪尔会趁机入侵叙利亚和腓尼基诸行省。贝利撒留则认为"萨拉森人在春分时节须花两个月的时间祭神，因此在这段时间内他们不会入侵别国"[②]。普罗科比的记载虽然看似可信，但却无法解释同为"萨拉森人"的哈里斯可以在春季率军随同拜占庭军队进袭波斯。其中真正的原因必须从莱赫米和加萨尼王国宗教信仰的差异中着手：莱赫米王国境内虽然流行聂斯托利派基督教，但莱赫米王室成员仍然长期信奉阿拉伯多神教。这可以从之前扎卡利亚关于孟迪尔以活人俘虏献祭欧扎女神的记载中得到印证，因此孟迪尔尊奉传统阿拉伯多神教的禁忌在春季休兵是可以

---

① Procopius, *De Bello Persico*, 2.15.31 – 5.

② Procopius, *De Bello Persico*, 2.16.1 – 19.

凭信的；而加萨尼的哈里斯五世，根据现有史料的记载，可以肯定他是虔诚的一性派基督徒，因此不必恪守阿拉伯多神教关于春季休兵祭神的传统规定，从而可以率军随同拜占庭军队出征。

贝利撒留在说服两位来自黎巴嫩行省的拜占庭将军一同出战之后，便率军从达拉城出发进袭萨珊帝国。由于尼西比斯城防坚固，贝利撒留决定继续深入阿苏里斯坦，夺取波斯要塞西绍拉农（Sisauranon），同时派哈里斯率加萨尼盟军东渡底格里斯河劫掠波斯领土。通过断绝西绍拉农周围的补给，贝利撒留成功降服了驻守该要塞的800波斯骑兵，这些波斯人随后加入拜占庭军队。但是哈里斯所率领的加萨尼劫掠分队却没有与拜占庭人的主力部队会合，而是因为普罗科比所说的"不愿与罗马人分享战利品"独自撤回了幼发拉底河以西。由于迟迟未得哈里斯部队的消息，贝利撒留率领的主力部队无心再战。加上此时莱赫米人祭神时间已过，在麾下诸将的一直要求下，贝利撒留只能撤军结束此次战役。① 哈里斯五世率先撤退的"背叛"行为被普罗科比诟病为拜占庭人此次出征失败的主要原因。但从后来的历史可知，哈里斯五世从未真正背叛拜占庭帝国，这其实是加萨尼人和拜占庭人由于各自利益考量不同在战争中无法有效协同所致。对于加萨尼人而言，劫掠和抵御对手莱赫米人才是他们主要的战争目标。哈里斯五世如果随同贝利撒留继续深入两河流域南部，莱赫米人必然在孟迪尔的率领下劫掠叙利亚和巴勒斯坦，从而威胁到加萨尼王国后方的安全。因此，及时防御孟迪尔可能的入侵才应该是哈里斯五世先于拜占庭军队主力撤军回国的真正原因。

实际上，由于加萨尼和莱赫米王国的存在，罗马人和波斯人在战争中均难以不顾后方和侧翼安全而长期在对方领土上征战，这是这一时期罗马波斯战争单次战役时间短但却每年重启并长期久拖不决的重要原因。而加萨尼人和拜占庭人在战争中因战略目标的不一致而导致彼此信任产生的裂痕在以后的时期将不断扩大，并最终导

---

① Procopius, *De Bello Persico*, 2.19.26 – 46.

致拜占庭—加萨尼同盟的瓦解。与贝利撒留进袭波斯治下的美索不达米亚同时，库斯洛一世率军进入拉齐卡，一路上砍伐树木以便行军，数月后便抵达黑海滨的拜占庭要塞佩特拉。佩特拉要塞一面临海，背依峭壁而立，城墙和建基于岩石上的塔楼都十分坚固。而波斯人一开始进攻城门时遭到拜占庭守军突然出城袭击，一度大败，库斯洛一世怒将波斯军先锋官处决。然而好景不长，佩特拉罗马守将约翰（John）在接下来的激战中被波斯人的箭矢射中阵亡，导致守军士气大跌。而波斯人通过挖地道移走了塔楼下方的基石并以木头代替，随后纵火焚烧。由于地基失火，佩特拉城墙上的塔楼随之倾塌，波斯士兵随后鱼贯而入夺取了佩特拉要塞。① 占领佩特拉之后，库斯洛一世得到贝利撒留入侵波斯的消息，遂在留下守军驻防佩特拉后率领主力部队撤回国内，至此罗马人和波斯人在公元541年的战役宣告结束。

公元542年春，库斯洛一世再次率军入侵叙利亚，围攻塞尔吉乌斯堡。塞尔吉乌斯堡主教坎迪杜斯委曲求全，打算和平献城并许可波斯人掠取城中神庙的财富。根据普罗科比的记载，由于孟迪尔手下的一个萨拉森人基督徒安布鲁斯（Ambrus）将波斯人欲大掠城池的阴谋偷偷告诉了守城军民，导致库斯洛一世派去接收城池的先锋部队被拒于城门外。库斯洛一世怒而攻城，本来守军已经力不能支，这时安布鲁斯又秘密前来对守军透露了波斯人粮草即将告罄的情报，于是守军坚持抵抗直到波斯人放弃攻城。普罗科比的记载表明，在公元542年的战役中，波斯人和莱赫米人显然是协同作战。而莱赫米基督徒向塞尔吉乌斯堡守军泄密竟然没有被波斯人察觉，很可能是塞尔吉乌斯堡作为基督圣徒崇拜重心为敌对双方内部基督徒之间的战时来往提供了便利所致。库斯洛一世随后又在拜占庭帝国的幼发拉底西亚行省大肆掠夺，一直打到科马基尼境内。根据普罗科比的记载，库斯洛一世还想南下远征并掠夺巴勒斯坦，尤其是

---

① Procopius, *De Bello Persico*, 2. 17. 1 – 28.

耶路撒冷的财富让他垂涎三尺。① 而查士丁尼再次派贝利撒留前往东方组织反击，但这一次皇帝并没有给贝利撒留一兵一卒。贝利撒留赶到幼发拉底河边的欧罗普姆城（Europum）后，写信召集驻守赫拉波利斯的守将尤斯图斯（Justus）和布泽斯，命二人立即赶到欧罗普姆与他会合。② 库斯洛一世闻讯后，便派使节阿班达尼斯（Abandanes，波斯语"Bande"，意为"仆人"）前往贝利撒留军营刺探情报。贝利撒留令主力部队在离营帐较远处行猎，又派1000骑兵包抄波斯人退路。阿班达尼斯来到贝利撒留营帐后，贝利撒留义正词严地指责库斯洛一世背信弃义入侵拜占庭帝国的行为。阿班达尼斯被贝利撒留的英武气质和拜占庭士兵的纪律所打动，遂劝说库斯洛一世休兵回国结束战争。普罗科比详细记述了当时波斯军队在幼发拉底河上架桥过河以及罗马波斯双方互派人质保证和约的经过。贝利撒留派埃德萨显贵约翰·瓦西里乌斯（John Vasilius）为质，而波斯人则将之前投靠萨珊帝国的罗马亚美尼亚贵族巴萨克斯作为人质送往君士坦丁堡。根据普罗科比的记载，库斯洛一世撤回国内前，还占领了当时已没有拜占庭驻军防守的卡里尼库姆要塞。③ 至此，罗马人和波斯人结束了公元542年的战役。

也是在这一年，古代晚期最大规模的一次淋巴腺鼠疫从埃塞俄比亚传播至埃及，随后又肆虐拜占庭帝国全境，萨珊帝国和拜占庭帝国周边各蛮族王国也被波及，史称"查上丁尼瘟疫"。查士丁尼瘟疫造成的毁灭性破坏在普罗科比和埃瓦格里乌斯等拜占庭史家笔下有详细的描述。不仅如此，查士丁尼瘟疫对公元543年后的罗马波斯战争也有显著的影响，迫使双方一度将战场从瘟疫肆虐的叙利亚转移至亚美尼亚和南高加索地区。但即使这样，库斯洛一世和波斯军队仍然感染了鼠疫。根据普罗科比的记载，公元543年库斯洛一

---

① Procopius, *De Bello Persico*, 2. 20. 18.
② Procopius, *De Bello Persico*, 2. 20. 20 – 28.
③ Procopius, *De Bello Persico*, 2. 21. 1 – 29.

世从萨珊帝国的阿杜尔巴达干（普罗科比作 Adarbiganon，即 Adur-badagan，由古典时代的 Atropetene 演变而来）集结大军，穿过波斯亚美尼亚进攻罗马亚美尼亚。[①] 普罗科比提到阿杜尔巴达干境内有一处波斯火神殿，无疑指的是萨珊帝国的第二大圣火——即位于乌尔米耶湖东岸甘扎克（Ganzak）以南的阿杜尔·古史纳斯普（Adur Gushnasp，今 Takht-e Suleyman）圣火。查士丁尼皇帝苦于国内大疫不愿继续战争，只能派使节君士坦提努斯（Constantinus）和塞尔吉乌斯（Sergius）赴库斯洛一世处请和。而君士坦提努斯在前往东方的路上已经染病，而"与此同时，瘟疫也传到波斯"[②]。根据普罗科比的记载，为了敦促拜占庭使节速来，库斯洛一世命波斯亚美尼亚首府迪温的一个基督教士（姓名不详）前去会见罗马亚美尼亚将军瓦勒里安努斯（Valerianus）。而这位教士随行的兄弟在会谈期间向瓦勒里安努斯透露了库斯洛一世和波斯军队已感染瘟疫且正面临国内反叛的实情。

　　瓦勒里安努斯将这一情报报给查士丁尼皇帝后，查士丁尼皇帝以为有机可乘，就命令马丁努斯（Martinus）等东方诸将火速出兵波斯，一起围攻波斯亚美尼亚。而库斯洛一世此时为躲避瘟疫已经从阿杜尔巴达干撤回了阿苏里斯坦（Assyria），普罗科比对此给出的理由是"因为瘟疫还未传至那儿（阿苏里斯坦）"。与此同时，拜占庭诸将率兵集结狄奥多西堡和西扎里松（Citharizon）要塞，准备入侵波斯亚美尼亚。但由于拜占庭军队没有统一指挥，在开往波斯亚美尼亚的途中行军队列极为混乱。波斯亚美尼亚守将纳贝德斯（Nabedes）得知拜占庭军队逼近迪温后，便率领 4000 人退守迪温附近的山上要塞安格隆（Anglon），并在要塞周围的村庄中广设伏兵。此时拜占庭诸将又从抓获的波斯侦察兵口中得到波斯军队已经全部撤离当地的假情报，于是就更加不顾行军队形加速前进。而拜占庭军队

---

①　Procopius, *De Bello Persico*，2. 24. 1.

②　Procopius, *De Bello Persico*，2. 24. 1.

发现纳贝德斯的波斯守军所在位置后，又一拥而上簇拥着往安格隆要塞进攻。此时纳贝德斯命波斯伏兵从安格隆要塞周围的村庄中杀出，拜占庭将军纳尔塞斯（Narses，不是拜占庭名将纳尔西斯）在激战中受重伤昏迷，后不治而死。在波斯伏兵的四面攻击之下，拜占庭人损失惨重，军心动摇，最后全军溃败逃散，罗马亚美尼亚裔将军阿多里乌斯（Adorius）也在撤军途中遭当地平民落石袭击而死。①

安格隆之战是公元 543 年拜占庭军队进攻波斯亚美尼亚遭到的最严重惨败，它标志着查士丁尼企图利用波斯人被瘟疫所困之机扭转战局反守为攻的计划彻底破产。公元 544 年，恢复元气的库斯洛一世再次率军入侵奥斯罗恩，围攻首府埃德萨。库斯洛一世企图彻底打破埃德萨不可被攻克的神话，但仍然在城下损兵折将一无所获。根据普罗科比的记载，此次与波斯军队协同作战的还有一支匈人部队。②但笔者认为，这支部队来自嚈哒汗国的可能性不大，因为普罗科比在其著作中明确区分了中亚的"嚈哒"和北高加索的"匈人"。考虑到 6 世纪 40 年代嚈哒汗国因为在南亚次大陆的武力征伐屡遭挫折，已经开始走向衰落，因此不太可能派兵加入萨珊波斯军队一同进攻拜占庭帝国。而与此同时，北高加索的游牧部落（虽然拜占庭史料将其统称为"匈人"，但其实际成分非常复杂，既包括祖居于此且操伊朗语的阿兰人和阿提拉帝国解体后的南俄草原臣属部落，也包括从西伯利亚迁徙而来的突厥语部落如萨比尔人等）不仅仍然活跃，而且深度卷入这一时期的罗马波斯战争，经常分别加入两大帝国阵营作战。

不论如何，库斯洛一世由于仍无法攻下埃德萨，只能再次向该城居民索要赎城费，但埃德萨人不愿接受库斯洛一世提出的过高黄金数额。库斯洛一世又下令波斯军队在埃德萨城门口附近砍伐树木

---

① Procopius, *De Bello Persico*, 2. 25. 1 – 4.

② Procopius, *De Bello Persico*, 2. 26. 1.

建造移动土山（agesta）以逼近城墙。根据普罗科比的记载，守卫埃德萨的拜占庭诸将派匈人雇佣军出击正在造土山的波斯人并杀伤甚多。波斯人还用山羊毛皮覆盖土山以防止拜占庭守军射出的火箭点燃木质土山。[①] 拜占庭守军随后又派医生斯蒂法诺（Stephanus）出城游说库斯洛一世，以自己曾经治好卡瓦德一世的病为说辞劝库斯洛一世放过城中居民。但库斯洛一世仍然坚持要占领埃德萨，除非该城居民缴纳 5 万磅黄金。[②] 埃德萨人无法接受库斯洛一世的天价要求，库斯洛一世遂命波斯军队推动土山继续攻城。拜占庭守军为了破解波斯人的土山开始挖掘地道，并在抵达波斯土山下方后在地面下方铺设沥青、硫黄和柏油，随后点燃干树枝焚烧土山下方部位。为了误导波斯人，拜占庭守军同时从城墙上向土山抛射火箭和硫黄罐，而土山下方已经被地面下燃烧的硫黄和沥青完全点燃[③]。波斯人匆忙灭火，但已无济于事，库斯洛一世的土山攻城遂告失败。但库斯洛一世仍不甘心，压上全部兵力将埃德萨四面合围，使用各种攻城武器发起全面进攻。波斯士兵一度在索伊尼安城门（Soinian Gate）打开一个缺口，但又迅即被拜占庭人的援军击退。在屡番尝试均告失败后，库斯洛一世终于放弃了攻城，并在索取该城居民 500 磅黄金后撤回国内。[④] 公元 544 年的埃德萨围攻战在公元 6 世纪的世界军事史上具有非常典型的意义，是中古早期要塞攻防战的经典战例，与同时代中国北朝东西魏政权的玉璧攻城战和贝利撒留在哥特战场上与东哥特国王托提拉（Totila）围绕罗马城的争夺战可谓交相辉映。而在此战中，拜占庭军队在地道中使用硫黄和沥青等易燃物焚烧波斯人土山的作战手法与公元 3 世纪波斯人围攻杜拉—幼罗波斯时在坑道中以有毒易燃物纵火攻击罗马守军的作战方式极为相似，因此可以说普罗科比为我们提供了 6 世纪东西方要塞攻防战中坑道

---

① Procopius, *De Bello Persico*, 2. 26. 3.
② Procopius, *De Bello Persico*, 2. 26. 1 – 46.
③ Procopius, *De Bello Persico*, 2. 27. 1 – 17.
④ Procopius, *De Bello Persico*, 2. 27. 18 – 46.

火攻战术的一个不可多得的详尽战例。

公元545年初，查士丁尼皇帝派君士坦提努斯和塞尔吉乌斯再次出使萨珊帝国，在泰西封与库斯洛一世开启和谈。库斯洛一世要求查士丁尼将宫廷御医特里布努斯（Tribunus）借给他，查士丁尼答应了库斯洛一世的要求，并以支付5000磅黄金为条件与波斯达成了5年休战协议。① 但公元545年的和平协议并未将拉齐卡和罗马波斯各自的阿拉伯同盟者包括在内，因此"拉齐卡战争"仍未结束。但根据普罗科比的记载，罗马波斯签订5年休战协议后不久，加萨尼王国的哈里斯五世和莱赫米王国的孟迪尔发生了激烈的交战，但罗马人和波斯人均未被卷入其中，这表明公元545年和平协议至少在叙利亚—美索不达米亚战场对两大帝国而言是有约束力的。而从公元548年起，萨珊帝国大幅加强了对拉齐卡的统治，遂诱发拉齐卡人再次倒向拜占庭帝国，于是双方在此地重启了长达近10年的战争。库斯洛一世企图将当地居民全部迁走并以波斯人移居拉齐卡，从而彻底征服该地。普罗科比提道："（拉齐卡人）认为波斯人对他们的统治是沉重的负担，波斯人将自己的生活方式强加于其他民族，严格规定拉齐卡人的生活习惯；波斯法律令拉齐卡人不堪忍受，他们的信仰也与拉齐卡人完全不同；因为拉齐卡人是基督徒，而波斯人的信仰与之完全相反。"② 不仅如此，库斯洛一世也和查士丁尼一样，在拉齐卡实行生活必需品和对外贸易的严格管制，从而激起拉齐卡人的怨愤。这实际上恰恰说明拉齐卡在高加索和黑海过境贸易中具有十分重要的战略地位，因此罗马人和波斯人都竭尽全力实现对拉齐卡的吞并和征服。

普罗科比随后又记载了库斯洛一世派伊扎德古史纳斯普（Isdigousnas，Izadeh Gushnasp）出使拜占庭帝国并受到查士丁尼隆重接待甚至共同用餐的经过。伊扎德古史纳斯普从波斯入境拜占庭后，

---

① Procopius, *De Bello Persico*, 2. 28. 11.

② Procopius, *De Bello Persico*, 2. 28. 15. 25 – 29.

库斯洛一世甚至还企图让波斯使节在乔装成随员的 500 波斯勇士的帮助下窃取达拉要塞，只是由于波斯军中的罗马俘虏泄密给达拉守军才功亏一篑。与此同时，库斯洛一世又派伊扎德古史纳斯普的兄弟法布里祖斯（Phabrizus）前往拉齐卡加固佩特拉要塞，又试图拉拢拉齐卡贵族法桑西斯（Pharsanses）并活捉拉齐卡国王古巴泽斯。① 古巴泽斯得知情报后，遂向查士丁尼皇帝求援以反抗波斯人的统治，查士丁尼皇帝遂于公元 549 年派达吉塞乌斯（Dagisthaeus）率 8000 军队（其中包括 1000 札尼人，Tzani）开往拉齐卡，与古巴泽斯的部队一道围攻波斯军驻守的佩特拉要塞。② 根据普罗科比的记载，古巴泽斯为了对抗波斯统帅梅尔梅罗的援军还以 300 磅黄金为诺招徕北高加索的阿兰人和萨比尔人南下助战，但古巴泽斯却抱怨查士丁尼皇帝没有及时提供财政补助。③ 达吉塞乌斯初次率军攻打佩特拉时，一度通过坑道战术使佩特拉要塞的一段城墙倒塌，但却因为等待查士丁尼皇帝的赏赐而贻误战机，未能就此乘胜攻下佩特拉。普罗科比抱怨道，"如果达吉赛乌斯立即下令火烧城墙地基，他定能拿下这座城市"。与此同时，梅尔梅罗的波斯援军赶到法西斯河，击退拜占庭守军。达吉塞乌斯闻讯立即停止了对佩特拉的围攻，佩特拉要塞中的波斯守军冲出要塞占领罗马人的营房，但却被拜占庭军队雇佣在后方压阵的札尼人杀得大败而回。拜占庭—札尼联军撤走后，梅尔梅罗率军进驻佩特拉，在城中增驻 3000 士兵并以沙袋加固要塞城墙，随后率主力部队撤回波斯。

拜占庭史家普罗科比提到，梅尔梅罗在撤退回国途中还遭到了拉齐卡人和拜占庭分队的埋伏，波斯人在损失部分战马之后继续撤退。此时查士丁尼皇帝才派人将古巴泽斯允诺的 300 磅黄金送给萨比尔人，而拜占庭援军统帅雷吉桑库斯的部队仍在开往拉齐卡战场

---

① Procopius, *De Bello Persico*, 2.29.1–9.
② Procopius, *De Bello Persico*, 2.29.10–12.
③ Procopius, *De Bello Persico*, 2.29.27–32.

的途中。从这次拉齐卡围攻战的经过来看，当地自然条件对攻守双方的战略战术选择都有着巨大的制约，波斯人无法在佩特拉要塞驻扎大规模兵力的主要原因是当地缺乏粮食以供军需。普罗科比认为："波斯统帅梅尔梅罗所带的粮草根本满足不了佩特拉3000守军的需要，而他在撤军回国路上搜集到的粮秣还不够他自己的3万大军所需。"尽管如此，梅尔梅罗还是尽可能增加了佩特拉的粮食储备，并将守军人数增至5000人，随后便率领主力部队撤回波斯亚美尼亚首府迪温。① 公元549年，佩特拉的波斯守军和拜占庭—拉齐卡联军在法西斯河口进行了决定意义的会战，波斯人大败，残军撤回佩特拉。公元550年，库斯洛一世再派霍里安内斯（Chorianes）为帅进军拉齐卡，与波斯人协同作战的还有大量的阿兰人雇佣军。这一次，拜占庭—拉齐卡联军和波斯人在西皮斯河（Hipis）附近遭遇，拉齐卡国王古巴泽斯担心拜占庭军队不肯出力，坚持让拉齐卡人先与波斯人接战，结果拉齐卡骑兵被波斯铁甲骑兵击溃，反而冲乱了后阵的拜占庭军队。为了抵御波斯骑兵冲锋，拜占庭和拉齐卡军队中的骑兵全部下马组成长枪方阵。在双方混战中，波斯统帅霍里安内斯被长矛刺中当场毙命。波斯军见统帅阵亡不敢恋战，于是全军溃逃。② 根据普罗科比的记载，拜占庭军队在战胜波斯人后没有乘胜进攻佩特拉要塞，于是拉齐卡人便向查士丁尼皇帝指控达吉塞乌斯暗通波斯人。查士丁尼随后将达吉塞乌斯下狱，以亚美尼亚人贝萨斯（Bessas）接任拉齐卡拜占庭军队统帅一职。③ 普罗科比随后提到拉齐卡以北的阿布斯基人（Abasagi）发动了反抗拜占庭人统治的暴乱，并寻求萨珊帝国的支持。拜占庭统帅贝萨斯在经历苦战后才攻下了阿布斯基人的要塞首都特拉西亚（Trachea）。贝萨斯在破城后尽屠阿布斯基王室成员，并彻底拆毁特拉西亚。④ 平定阿布斯基人叛

---

① Procopius, *De Bello Persico*, 2.30.30 – 33.

② Procopius, *De Bello Persico*, 8.8.21 – 38.

③ Procopius, *De Bello Gothico*, 8.9.1 – 5.

④ Procopius, *De Bello Gothico*, 8.9.15 – 30.

乱之后，拜占庭将军托马斯之子约翰又成功平息了阿普西里人（Apsili）的叛乱，而重新臣服于拉齐卡的阿普西里人将之前引入的波斯驻军全部杀死。①

　　普罗科比随后记载了库斯洛一世的太子诺什扎德（Anoshzad，Anasozadus）在国内发动叛乱的经过。库斯洛一世及时镇压了诺什扎德在恭德沙普尔（Belapaton，即恭德沙普尔的别名 Beth Lapat）发动的叛乱，随后于公元551年派伊扎德古史纳斯普再次出使拜占庭。尽管查士丁尼皇帝对波斯使节及其随员盛情款待，但双方的会谈没有取得任何成果。与此同时，拜占庭拉齐卡统帅贝萨斯再次围攻佩特拉要塞。由于之前梅尔梅罗重新加固了要塞受损的城墙部分，拜占庭人采用挖坑道的战术收效甚微。这时，与拜占庭人协同作战的阿兰雇佣军发明了一种可以反复撞击城墙的新式攻城锤。在这种武器的撞击下，佩特拉要塞的城墙开始松动塌陷。贝萨斯随后亲自领兵攻城，波斯守军奋力抵抗，双方战斗的激烈程度之高以至于普罗科比称"我认为没人见过如此场面"②。在混战中贝萨斯一度从城墙上跌落受伤，随后在士兵的护卫下撤离到后方继续督战。而拜占庭军中的猛将约翰率领少量机动部队攀登无人防守的悬崖，成功杀入城墙内部。而与此同时波斯人在木制塔楼中为攻击罗马人而准备的硫黄罐被大风引燃，塔楼中的波斯士兵全被活活烧死。最后，波斯残余守军500人退守佩特拉卫城，而拜占庭将军约翰也在混战中被乱石击中阵亡。退守卫城的波斯士兵不肯接受贝萨斯的劝降，视死如归。贝萨斯只得下令拜占庭军队纵火焚烧卫城，城破之后拜占庭士兵缴获了大量波斯人的储备物资，甚至发现了当年库斯洛一世命人在卫城中铺建的导水管③，由此可见波斯人在佩特拉要塞防御和储备设施上倾注的心血。

---

① Procopius, *De Bello Gothico*, 8.10.1 – 7.
② Procopius, *De Bello Gothico*, 8.11.1 – 64.
③ Procopius, *De Bello Gothico*, 8.12.1 – 20.

公元 551 年佩特拉要塞的陷落是拉齐卡战争的转折点，波斯人
在此经营达 10 年之久，最终仍然未能实现彻底占领拉齐卡沿海地区
的企图。但由于波斯人仍然控制着拉齐卡内陆的大片地区，拜占
庭—拉齐卡联军很难在短时间内将波斯人彻底逐出拉齐卡，罗马和
波斯在此地仍然长期保持着对峙的僵局。梅尔梅罗在得知佩特拉要
塞陷落之后，又率军攻打法西斯河右岸的要塞城市阿凯奥波利斯
（Achaeopolis）。在阿凯奥波利斯攻城战中，普罗科比提到与波斯人
协同作战的萨比尔人为波斯人提供了之前阿兰雇佣军为拜占庭军队
提供的同种样式的新式攻城器械。而波斯军中善于攻城的戴勒姆步
兵（Dolomites，Daylamites，来自里海南岸）对罗马人造成了很大的
威胁。不仅如此，波斯人还命城中的拉齐卡贵族内应在罗马守军出
城迎战时纵火焚烧谷仓和其他建筑物。而拜占庭将军奥多纳库斯
（Odonachus）和巴巴斯（Babas）在发表演说后主动率军出城攻击波
斯人。这时，波斯军中的一头战象因为受伤发疯而失去控制，将象
背上的士兵摔下来，导致波斯军队阵型大乱，随后演变为全面溃
败①。普罗科比在记叙此事时还戏剧性地引用了 7 年前库斯洛一世率
军攻打埃德萨时（公元 544 年）拜占庭守军通过将猪吊在塔楼上从
而吓退波斯战象的战例。根据普罗科比的记载，波斯军队此次进攻
阿凯奥波利斯要塞损失极为惨重，阵亡 4000 人，而损失的战马达到
2 万匹。梅尔梅罗随后又率军驻扎莫赫里西斯（Mocherisis），切断拜
占庭—拉齐卡联军东进道路，并重建了里昂河（Rheon）边的科提
亚翁要塞（Cotiaion）。②

至公元 552—553 年，经过长期交涉后，波斯使者伊扎德古史纳
斯普终于与查士丁尼皇帝达成了新的 5 年休战协定。此次休战协定
规定罗马人付给波斯人 2000 磅黄金，并补全上次 5 年休战协议到期
后罗马人欠缴的 18 个月内应付的 600 磅黄金。本来查士丁尼皇帝想

---

① Procopius，*De Bello Gothico*，8. 14. 1 – 44.
② Procopius，*De Bello Gothico*，8. 14. 45 – 54.

分期支付，但又害怕落得向波斯人连年进贡的骂名，最终决定将所有款项一次性付清。但普罗科比仍然指出，公元553年罗马波斯休战协定的达成仍然使罗马人倍感屈辱，因为波斯人仍然控制着拉齐卡的大部分地区，"罗马人对命运拯救自己完全失望，他们感到自己彻底变成了波斯人的纳贡者"。不仅如此，在罗马波斯和谈期间，波斯在拉齐卡的主帅梅尔梅罗通过不满拜占庭统治的拉齐卡贵族塞奥弗比乌斯（Theophobius）的帮助兵不血刃获得了科提亚翁要塞附近的另一个要塞乌西梅里奥斯（Uthimereos）。普罗科比提到，公元553年冬，梅尔梅罗又写信劝退守法西斯河附近山顶避寒的拉齐卡国王古巴泽斯投降，但是对库斯洛一世充满怨恨的古巴泽斯仍然决定与罗马人继续联合抵抗。公元554年春，伊扎德古史纳斯普返回波斯后，库斯洛一世立即签署了和平协议，但拉齐卡显然不在停战范围内。不仅如此，库斯洛一世还将查士丁尼皇帝送来的黄金用以招募北高加索的匈人加入拉齐卡梅尔梅罗的波斯军队。梅尔梅罗随后攻打拜占庭人据守的拉齐卡各要塞城市仍然遭到当地守军的顽强抵抗，因此罗马波斯双方在拉齐卡的战事始终未有明显的进展。

与此同时，加萨尼的哈里斯五世与莱赫米的孟迪尔三世在叙利亚境内的卡尔基斯和肯奈斯林（Qinnasrin）附近发生了激烈的交战，此战成为两大罗马波斯沙漠附庸王国在6世纪期间的决定性会战。哈里斯五世在此战中成功击杀孟迪尔三世，从而报了10年前孟迪尔俘虏并杀害哈里斯之子的一箭之仇。根据中古伊斯兰史家伊本·古太白（Ibn-Qutaybah）的记载，在此次战役中哈里斯五世的女儿哈莉梅（Harimah）亲自给发动突击的加萨尼敢死队员洒香水以示祝福，又给他们穿上铠甲和白麻布寿衣。由此可见，当时两大阿拉伯王国之间的攻伐仍然带有强烈的部落复仇色彩，而且往往不受罗马波斯帝国休战协定的约束。从公元557年起，库斯洛一世将注意力转向东方，准备与新兴的突厥汗国联手攻打长期凌驾于波斯之上的嚈哒汗国，因此罗马波斯双方这时才开始考虑将停战范围扩大至拉齐卡。根据拜占庭史家阿加西亚斯的记载，库斯洛一世认为拉齐卡的波斯驻军补给困难，而据守沿海地区的罗马人可以源源不断地获得来自拜占庭帝国后方各省的补给，因此终于决定放弃在拉齐卡进行的战事①。库斯洛一世随后派波斯显贵兹赫（Zikh，即伊扎德古史纳斯普的官衔）前往拜占庭与查士丁尼皇帝商议拉齐卡停战与和谈事宜。由于波斯军队仍然占领拉齐卡中东部的许多土地和要塞，拜占庭帝国又渴望收复拉齐卡全境，因此双方和谈进程并不顺利。从公元557年至公元561年，罗马波斯双方使节在每次会谈后携带具体条款来往穿梭于对方领土，两国高层就达成长期和平协议开始进行密切的磋商。最终双方在公元561年底于达拉要塞达成了所谓的"50年和平协定"，其内容和商谈过程根据拜占庭史家米南德的记载如下：

> 波斯人坚持要求新的和约必须具有可持续性，罗马人必须每年给波斯人一定数额的黄金以作为和平保证。波斯人甚至要求罗马人一次付清30年甚至40年的贡金，否则绝不接受和平。而罗马人只希望缔结短期和约，甚至不愿意给波斯人任何数量保证和平的黄金。双方为此争吵不休了很长时间，最终决定达成有效期50年的和平条约。和约规定拉齐卡必须归还给罗马人，条约的效力必须得到双方的强力执行，停战范围不仅包括东方（美索不达米亚和叙利亚）和亚美尼亚，还应包括拉齐卡在内。罗马人每年给波斯人3万索利得金币（约400磅），并且必须先行一次付清10年的贡金。前7年的贡金一次性支付之后，后3年的贡金也必须在7年后立即支付。而从和平期限的第二个10年开始，罗马人才被准许按年分期缴纳给波斯人的相应贡金。
>
> ……在此之后，双方又讨论了许多事情，50年和平协议的条款得以用希腊语和波斯语（当时应为巴列维语）写下来，希腊语文本交送波斯人，波斯语文本交送希腊人（拜占庭人）。罗

---

① Agathias, *Histories*, 4.30.7 – 10.

马方面以持节军事长官（*magister militum praesentalis*）彼得（即拜占庭史家 Peter the Patrician/Petrus Patricius）为首，还有尤西比乌斯和其他人在条约上签字；波斯这一边负责签字的则是伊扎德古史纳斯普（Yazdgushnasp）、苏雷纳斯（Surenas）和其他波斯显贵。双方各自在条约中的声明确定之后，相关人员仔细核对检查条约两种文本的用词和含义是否得到准确的表述和翻译，和约的每一项内容都被大声宣读出来，其中包括以下内容：

1. 波斯人、匈人、阿兰人和其他蛮族人不得借道特松关（Tzon）和卡斯皮安关（Caspian Gates）入侵罗马帝国；罗马人也不许在这一地区或波斯帝国的其他边境地带对波斯人用兵。

2. 罗马人和波斯人各自的萨拉森人同盟者必须遵守和约内容，与波斯结盟的萨拉森人不得进攻罗马人，而与罗马人结盟的萨拉森人也不得进攻波斯人。

3. 罗马和波斯商人，不论携带或供应任何商品，都必须在过去指定的关税口岸进行贸易。

4. 在罗马和波斯领土上行进的大使和公共通讯人员应该按照他们的级别得到合乎规格的接待和照顾，不得被任何人以任何手段加以妨碍。他们应该被允许将随身携带的商品用于交易，不得以任何手段阻碍他们进行交易或对其征税。

5. 双方一致同意，萨拉森商人和其他蛮族商人不得采用任何未经过达拉和尼西比斯的路线抵达罗马和波斯领土，也不得在未得到官方许可的情况下擅自进入他国领土。如果他们仍然敢于这么做抑或参与走私，边境官员在逮捕他们并扣押其商品之后，无论他们是亚述人（即波斯人）还是罗马人，均应将他们携带的商品上缴充公，同时按规定对他们进行必要的惩罚。

6. 对于战争期间出现的变节者或逃亡者，无论是从罗马逃到波斯，还是从波斯逃到罗马，如果他们愿意的话，应该允许他们自由返回故国而不得受到妨碍；但是对于和平时期出现的变节者或逃亡者，双方均不得接纳且必须将其强制遣返回原籍。

7. 那些对他国公民怀有抱怨的人应该根据受到损失一方的规定来解决争端，否则必须在两国边境官员代表的陪同下解决，这是为了保证了实施侵犯的一方对受害者进行补偿。

8. 双方一致同意，波斯人不得再针对达拉要塞提出对罗马人的指控，但是今后双方均不得修建新要塞，也即不得在双方边境地区修建新的城墙防御设施，这样便不会产生各种麻烦和指控以致和约失效。

9. 两国不得对任何臣属于对方的民族或领土上的人民用兵或宣战，这些民族不得受到战火的波及和伤害，并且能够在他们原来居住的地方安居乐业，从而使他们也能享受和平。

10. 罗马人不得在达拉要塞驻防超过正常防御需求数量的军队，罗马东方军事长官不得以达拉要塞为驻地，从而保证罗马人不会以达拉为基地入侵或劫掠波斯领土。如果确实发生罗马人入侵波斯领土的事件，达拉要塞的长官必须承担全部责任。

11. 如果两国之间一个城市以任何方式对另一座城市造成损害，不是通过军事法或军队而是通过诡计和秘密窃取——有许多不知羞耻的人从事这些事情，从而提供发动战争的借口，双方必须派边境法官对其进行详细调查并妥善处理。双方一致同意，如果这样还不能解决并补偿一个边境城市对另一个边境城市造成的损失，那么案件必须交给东方军事长官全权处理。如果案件在六个月内仍未得到解决，遭受损失的一方也未及时得到补偿，那么侵害的一方须提供的补偿数额加倍。如果这样还是不能解决争端，那么受害的一方应该派使节前往觐见侵害一方所在国的统治者并向其申诉。如果受害方在一年内没有得到侵害国统治者的双倍补偿，和平条约将自动失效。

12. 我们衷心祈愿唯一的主对此条约内容的支持并祈祷道："愿主仁慈，他是所有热爱和平之人的盟友，所有不虔诚和决心违反誓约者的反对者和敌人。"

13. 和平条约有效期应为50年，双方应该保持50年的和平局面，我们应该根据传统历法将每一年的时间定为 365 天。之前已经提到，和约内容还规定双方统治者必须发表声明以表达对大使所谈所有和约内容的同意和遵守。

当双方使节就以上条款达成一致后，两国互相往对方派遣文件秘书以负责和约内容的监督和执行。

以上内容得到双方正式同意之后，两份独立的声明被交给双方相关人员保管。这些人员在比较核对条约文本用词和含义之后分别将文本制作成一式双份。和约原本被折叠起来并盖上印章以及其他传统波斯记号，大使和其他12位翻译（6个罗马翻译官，6个波斯翻译官）的印章也加盖于其上，随后双方互换和约文本。波斯使节兹赫将条约波斯文本交付给罗马使节彼得，彼得则将条约希腊文本交给兹赫。兹赫在希腊文本的基础上保留一份波斯文本，而彼得也在波斯文本的基础上保留一份希腊文本。之后双方散会，离开边境，兹赫回到了波斯……①

公元 562 年的罗马波斯和平协定堪称两国关系史上最为详尽靡遗的和约，其内容涉及罗马和波斯在高加索、美索不达米亚和叙利亚—阿拉伯沙漠边境地带的各项安全、贸易和法律问题，并首次将罗马和波斯各自的同盟者和臣属民族纳入和约范围，因而在古代中世纪世界国际规范和国际法的发展史上具有划时代的里程碑意义。尤其是双方在和约商定后对文本的翻译、校对、备份和互换工作，充分体现了古代晚期两大文明帝国在涉外事务和彼此交往中在各项相关礼仪和法律规范要求上的考究与务实态度。公元 562 年的和平协定是罗马—拜占庭帝国与萨珊帝国以外交手段处理相互关系问题的经典案例，它标志着古代晚期罗马波斯之间的交往模式从罗马—帕提亚时代的野蛮、傲慢、激情和独断主义模式逐渐走向平等主义和相互尊重的理性主义模式，是东西方两大文明帝国在频繁的战争

① Menander, *The History of Menander the Guardsman*, 6. 1. 314 –97.

交往中历经艰苦摸索出来的一套基本行之有效的国际法规范。观察公元562年罗马波斯和平条约的内容可以发现，双方最为关心的问题仍然是高加索关隘防务问题、达拉要塞驻军问题以及对和平时期两国边境冲突和阴谋事件的处理与管控，因为这些问题在之前的历史时期一再成为诱发罗马波斯战争的导火索。查士丁尼时代拜占庭帝国与库斯洛一世时期的萨珊帝国进行了长达数十年久拖不决的战争，而双方在南高加索的战事尤其漫长而残酷。双方在黑海东南岸和西高加索地区的频繁用兵和争夺对当地民众而言无疑是一场浩劫，同时也严重消耗了两大帝国的国力。此时罗马人和波斯人都迫切需要缔结一个能够长期有效且覆盖面广的和平协定，而要达成这样的协定势必要求双方都放下姿态进行平等协商，并就一系列会引发两国冲突的问题进行激烈的交涉和讨价还价。

公元562年的和平协定是罗马和波斯两国使节及其属员经过多年商讨后达成的和平成果，具有很大的积极意义不容否定。但是必须指出的是，该协定虽然基于在两国之间建立长期和平局面的美好愿望，并试图建立一系列保障、规范和惩罚措施来遏制一切可能导致两国爆发战争的冲突因素，但它却没有一个能够保障罗马和波斯双方都永远遵守条约内容且超乎于两国最高权威之上的强制机制。实际上，由于古代世界的"无政府状态"，国与国之间的关系缺乏超国家力量和权威的约束。而每个国家对外政策的首要考量都是自身的生存和发展，因而罗马波斯和平的维持仍然在很大程度上取决于君主的意愿、宫廷权力斗争和国家战略目标。尽管罗马波斯时代的西亚和东地中海地区是一个以两大帝国为核心和基础且充满内部多元族群忠诚、跨界人员流动和多层权力博弈的国际社会，但两大帝国统治者和上层贵族的态度仍然是决定战争与和平的关键因素。虽然亚美尼亚人、伊比利亚人、拉齐卡人、匈人、阿拉伯人等族群时刻左右着罗马波斯关系的阴晴，但是当地族群维护并拓展自身权利的愿望和实践很难自在于两大帝国权力博弈的根本政治环境之外，而是不自觉地充当了大国野心的催化剂和牺牲品。最典型的例子便是，拉齐卡人在罗马波斯战争中时而倒向波斯，时而倒向拜占庭，这完全取决于罗马和波斯哪一方对拉齐卡人的统治更严厉，而非拉齐卡人改换门庭时对拜占庭帝国和波斯君主作出的各种前后矛盾互相抵牾的政治说辞。那么，公元562年和平协定的达成对此后罗马波斯关系及周边各政治势力和族群行为的约束力究竟如何呢？我们可以从6世纪60—70年代发生的一系列国际事件中去分析，其中最典型的案例便是公元567—568年拜占庭—突厥结盟事件、公元569—572年发生的"象年战争"和萨珊帝国入侵也门以及公元571—572年爆发的波斯亚美尼亚叛乱，而笔者将在下文详述这些事件如何导致了"50年和平协定"的夭折以及公元572—591年新一轮罗马波斯战争的爆发。

第四节　"高加索战争"的爆发与公元 591 年和平协定的签署

公元562年罗马波斯和平协定签署之后，两大帝国又维持了10年的和平局面。但公元562—572年间发生的一系列国际事件表明公元562年的"50年和平协定"在约束两大帝国对外政策和战略上仍然难以发挥全面的效力。与此同时，欧亚大草原游牧世界的政治格局也在6世纪中叶发生了剧变：突厥汗国的兴起、嚈哒汗国的崩溃和柔然—阿瓦尔人西迁欧洲构成彻底改变6—7世纪欧亚大陆中西段农耕世界与游牧世界之间交往关系的连锁政治事件①，其直接影响便是拜占庭帝国和萨珊帝国与这一时期内亚游牧帝国的交往从过去的分散孤立模式向紧密联动和交叉制衡模式转型。可以说，公元6—7世纪欧亚大陆各国的关系由于突厥汗国及其他内亚游牧族群与中国

---

① H. -W. Haussig, "Awaren, Shuan-Shuan und Hephtaliten", in *Geschichte Mittelasiens*, HdOr1, 5, 5, eds. K. Jettmar et al, Leiden (1966), pp. 106 – 122.

南北朝和隋唐帝国、西域诸国、萨珊帝国和拜占庭帝国的密切接触和穿梭交往而形成了真正意义上的"欧亚世界史"，而游牧帝国在公元 6—7 世纪欧亚国际体系的形塑与变迁中往往具有更强的主动性和参与性。与此同时，公元 562 年和平条约缔结之后，罗马和波斯两大帝国的阿拉伯同盟者在双方边境仍然时常发动对对方领土的侵袭和劫掠。因此我们可以说，罗马与波斯的"50 年和平协定"从达成伊始便受到当时欧亚国际体系变动的严峻考验。

公元 562 年罗马波斯和平协定刚签订不久，两大帝国的阿拉伯同盟者便再次爆发冲突：莱赫米国王阿穆尔（Amr Ⅲ ibn al-Mundhir，554—569 年在位）为报父仇袭击了加萨尼的哈里斯五世的领地。当时哈里斯五世因为顾及和平协定并未选择与阿穆尔交战，而是于公元 563 年 11 月前往君士坦丁堡向查士丁尼皇帝上诉，希望拜占庭帝国出面调解。实际上，阿穆尔袭击加萨尼王国的原因与公元 562 年罗马波斯和平协定的内容密切相关：早在公元 561 年罗马波斯和谈期间，阿穆尔便提出让拜占庭帝国为莱赫米人提供补助金，以便延续孟迪尔时期查士丁尼皇帝单方面给予莱赫米人财政补贴的"惯例"。而当时负责和谈的拜占庭使节彼得拒绝了阿穆尔的要求，于是阿穆尔便在公元 562/563 年之交率军入侵加萨尼王国，查士丁尼皇帝为了维持和平局面立即给了阿穆尔一笔津贴了事。公元 567 年，阿穆尔再次通过波斯使节要求君士坦丁堡方面给予财政补助。在一开始遭到查士丁二世（Justin Ⅱ，565—578 年在位）拒绝后，阿穆尔便命令自己的兄弟卡布斯（Qabus，Kaboses）袭击加萨尼王国领土。从后来罗马波斯和平局面并未遭到破坏来看，查士丁二世仍然在事后满足了阿穆尔提出的财政补贴要求，以达到息事宁人的目的。

另外，虽然公元 562 年的和平协定解决了拉齐卡王国的归属问题，但罗马和波斯在西高加索山麓的苏安尼亚（Suania，Svaneti）地区仍然没有划清势力范围而时有争夺。根据拜占庭史家米南德和叙利亚史家米哈伊（Michael the Syrian）的记载，公元 565 年查士丁二世即位之后，立即派多姆嫩提奥鲁斯（Domnentiolus）之子约翰（John）出使萨珊帝国通报查士丁二世的登基，同时进行苏安尼亚归属问题的商议。[①] 查士丁二世甚至授权约翰在可能的情况下为拜占庭帝国收回苏安尼亚。公元567年，约翰在修缮达拉要塞供水设施之后，前往萨珊宫廷面见库斯洛一世，库斯洛一世随即对约翰抱怨查士丁二世没有履行给莱赫米人财政补助的义务。约翰成功回绝了库斯洛一世的指控，并认为查士丁皇帝没有理由继续维持查士丁尼时代的慷慨财政政策。随后约翰向库斯洛一世提出了苏安尼亚交还拜占庭帝国的事宜，并在满足波斯人提出的一些附加条件之后成功为拜占庭帝国收回了苏安尼亚。但是从米南德提供的记载来看，查士丁二世认为苏安尼亚人仍然存在反叛拜占庭并暗通波斯的可能性，因此对约翰达成的商议结果并不满意。[②] 与此同时，库斯洛一世派来的使节莫贝德斯（Mehbods，Mahbodh）与莱赫米国王阿穆尔的使节也来到君士坦丁堡，并再次提出了拜占庭人给予阿穆尔财政补助的要求。查士丁二世无法接受波斯—莱赫米同盟提出的财政补助要求，于是便有了公元567年底卡布斯对加萨尼王国领土的再次袭击。从公元563—567年罗马波斯双方对高加索和阿拉伯同盟者问题的商议可以看出，查士丁二世虽然基本遵守公元562年和平协定的规定，但对于莱赫米人的财政所求和高加索地区势力范围的划分仍然十分不满，而这实际上和当时拜占庭帝国的财政困境密切相关：拜占庭帝国的国库在查士丁二世即位时已经被查士丁尼时代的战争挥霍殆尽，因此查士丁二世继位后立即取消了对阿瓦尔人的年贡。由于不再能够通过黄金买和平，查士丁二世时代拜占庭帝国的金钱外交战略开始失灵，这便从经济上决定了公元562年和平协定难以得到罗马波斯双方的长期维持和遵守。

　　查士丁二世时代拜占庭帝国外交实践的最值得探讨之处便是与

---

① Zachariah of Melitene, *Historia Ecclesiastica*, 10.1.

② Menander, *The History of Menander the Guardsman*, FHG, 11.1.

突厥汗国的结盟。公元552年突厥人击破其原宗主——蒙古高原的柔然汗国之后，一跃成为欧亚草原新霸主。公元555年柔然汗国灭亡后，余部西迁欧洲即所谓的阿瓦尔人。公元557—558年，突厥汗国的西面可汗室点密（Istami，拜占庭史料作Dizabulus）率军西征，与库斯洛一世达成了夹击嚈哒汗国并在战胜嚈哒汗国后瓜分其国土的协定，库斯洛一世甚至还娶了突厥公主为妻。与此同时，已经迁徙至北高加索的阿瓦尔人遣使拜占庭帝国，查士丁尼皇帝答应了阿瓦尔人在多瑙河北岸定居的要求。公元558—567年间，中亚的嚈哒汗国本部在波斯—突厥联军的夹击下覆亡，萨珊帝国和突厥汗国遂以阿姆河为界瓜分了嚈哒汗国故土。但是随着共同敌人的消灭和新边界的确立，波斯人和突厥人之间的同盟关系迅速走向名存实亡。公元567年，西突厥可汗室点密派粟特商团出使萨珊帝国，希望库斯洛一世准予粟特人在波斯境内经营丝绸贸易。然而库斯洛一世根本不愿意粟特商人染指由波斯人控制的丝绸贸易西段市场，甚至将第二次来使的粟特人全部毒杀，并谎称，"突厥使节不适应波斯干燥炎热气候，故全部因病而死"。突厥与波斯交恶之后，室点密可汗又于公元568年派粟特人马尼亚赫（Maniach）为首领率领突厥使团借道里海北岸和北高加索山区出使拜占庭帝国。拜占庭史家米南德详细记载了公元567年突厥使团在波斯遇害以及公元568年另一突厥使团抵达君士坦丁堡面见查士丁二世的经过：

在查士丁（二世）皇帝统治的第4年（即公元568年），突厥使臣抵达了拜占庭。随着突厥人权力的增长，原来臣属于嚈哒、现在臣属于突厥的民族——粟特人请求突厥可汗派一个使团到波斯人那里，以申请粟特人在波斯境内自由通行并贩卖丝绸给米底人（即波斯人）的许可。室点密（Sizabul）可汗同意了粟特人的请求并派马尼亚赫为使团首领出使波斯。突厥使团抵达波斯并面见波斯国王，要求后者准许粟特人在波斯自由贩卖丝绸。波斯国王对这一请求极为不悦，一路上给使团设置重重障碍，并对回复使团的要求一再拖延。最后在粟特人的一再请求下，库斯洛一世才召集群臣会议讨论此事。这时波斯宫廷中的嚈哒流亡贵族卡图尔弗（Katulph）建议库斯洛不要将粟特人的丝绸礼品归还，而是用公正合理的价格将其买下并在大庭广众之下将其烧毁。卡图尔弗认为这样做便不会使国王陷于不义，同时也表明了国王不愿意使用突厥生丝的立场。于是库斯洛一世将粟特人的丝绸买下后当众焚烧，突厥使团遂一无所获，悻悻而回。

突厥使团回国后，向室点密可汗报告了出使失败的经过。室点密可汗又再次派了一批使节前往波斯，因为他十分希望在波斯和突厥两国之间建立友好关系。第二批突厥使团抵达波斯之后，库斯洛一世在与群臣及卡图尔弗商议后一致认为：由于斯基泰人（指突厥人）不讲信义，因此与突厥人建立良好关系完全违背波斯的国家利益。库斯洛一世随后命人在使团食物里面投毒，大部分突厥使者中毒身亡，只有三四个人侥幸生还。库斯洛一世随后让人在国中传布谣言，称突厥使者是因无法适应波斯酷烈炎热的干燥气候而死，因为突厥人长期生长在漫天飞雪的寒冷国度，离开冰冷之地便无法生存。没有中毒的突厥使者回国后向室点密可汗报告出使经过，精明的室点密可汗立即意识到突厥使者实为被波斯人毒杀，这便是突厥人与波斯人交恶的原因。

突厥粟特人的领袖马尼亚赫利用这个时机建议室点密可汗应该与罗马人交好并对罗马人贩卖丝绸，因为罗马人是使用丝绸最多的民族。马尼亚赫表示愿意和突厥使团一道亲赴罗马，这样罗马人和突厥人便会成为朋友。室点密可汗同意了马尼亚赫的提议，遂派马尼亚赫和其他使节一道出使罗马面见并问候皇帝，使团还携带了大量丝绸作为礼品，还有一封呈给罗马皇帝的国书。

马尼亚赫携带国书出发，一路上穿越无数道路和土地，翻过直抵云端的高山，越过平原和森林，涉过无数沼泽与河流，最后翻越高加索山抵达拜占庭。马尼亚赫在罗马皇宫按照罗马人接待外邦友人的传统礼仪觐见皇帝，并将国书和丝绸交给罗马官员，并向罗马人称自己的辛苦跋涉必然结出硕果。查士丁皇帝随后在翻译的帮助下，阅读了突厥人用斯基泰语言写的国书（应为粟特语）。查士丁皇帝读完之后十分高兴，让突厥使臣到皇帝近前一睹龙颜，随后询问突厥使臣："现在贵国是何人主政，贵国所在方位几许？"突厥使臣回答说，现在突厥人的国家分为四个部分，但是对所有突厥人的统治权握于室点密可汗一人之手。突厥使臣又说，突厥已经彻底征服了嚈哒并使后者称臣纳贡。查士丁皇帝又问："贵国确已降服嚈哒欤？"突厥使者答道："悉已定之。"查士丁皇帝又问："嚈哒人居城郭抑或村庄？"使团答道："回陛下，他们都住在城市里。"皇帝于是说："汝等确已羁縻嚈哒诸城郭？"使团答道："正是。"查士丁皇帝又问："告诉朕，到底有多少阿瓦尔人从突厥人的统治下叛逃，以及是否还有残余阿瓦尔人臣服于贵国？"突厥使者答道："回陛下，阿瓦尔人仍有部分臣服于我们。至于那些逃走的阿瓦尔人，我认为大约有2万。"随后突厥使团向罗马皇帝仔细列举了臣属突厥的各个部落，并请求皇帝准许突厥罗马两国之间建立攻守同盟协定。突厥使者还表示突厥人愿意帮助罗马人征讨任何侵犯罗马领上的敌人。随后马尼亚赫和其他使团成员高举双手对天发誓，以表达对罗马人的缔约诚意。随后他们又向查士丁皇帝承诺，如果突厥人违约，包括室点密可汗在内的所有突厥人都必遭天罚。这便是突厥人成为罗马人的朋友，以及两国之间建立起友好关系的来龙去脉。[①]

在与突厥使者达成相关协定之后，查士丁二世又派东方军事长

---

① Menander, *The History of Menander the Guardsman*, FHG, 10. 1 – 3.

官扎马库斯（Zemarchus）随同马尼亚赫回访突厥。扎马库斯一行在历尽艰辛后，在天山北麓得到了室点密可汗的热情接待①。但是拜占庭—突厥联盟建立后，由于两国之间距离遥远，罗马人和突厥人之间从未能建立起有效的军事安全合作机制。由于当时北高加索地区仍然由互不统属的各部落所控制，拜占庭帝国与西突厥汗国之间的联系通道是极为脆弱的。实际上，萨珊帝国随时可以收买北高加索的阿兰人，从而干扰甚至阻断拜占庭人和突厥人在这条"草原之路"上的密切来往。② 根据米南德的记载，扎马库斯一行在访问西突厥汗国回程途中在高加索的苏安尼亚地区便遭到波斯军队的未遂伏击。③尽管室点密可汗在公元568年率军渡过阿姆河征服了原来归萨珊帝国管辖的位于巴克特里亚地区的嚈哒余土，但波斯和突厥之间始终没有爆发大规模正面冲突。这样一来，拜占庭帝国和西突厥汗国双方约定的攻守同盟条约由于可操作性太低而实际上形同虚设。查士丁二世在得到突厥人的承诺之后便不愿继续履行对萨珊帝国的年贡义务，这导致罗马与波斯的关系在6世纪70年代初迅速由缓和走向紧张。

根据拜占庭史家西奥费拉克特·西摩卡塔的记载，公元572年查士丁二世对萨珊帝国宣战的原因之一，便是公元568年突厥使团出使拜占庭途中经过北高加索时，被波斯人收买的阿兰人试图对突厥使团半道伏击。④ 不仅如此，突厥人对于拜占庭帝国公开收留阿瓦尔人也颇为恼火，因此并不愿意真心帮助拜占庭人对抗波斯。随着阿瓦尔汗国在东欧和南俄草原再次崛起壮大，西突厥人对拜占庭帝国的结盟诚意的信任感迅速下跌。室点密可汗晚年甚至于公元576

① Menander, *The History of Menander the Guardsman*, FHG, 10.2 – 3.

② J. Harmatta, "The Struggle for the 'Silk-route' between Iran, Byzantium and the Türk Empire from 560 to 630 AD", in *Kontakte zwischen Iran*, *Byzanz und der Steppe im 6. – 7. Jh*, ed. C. S. Balint, Budapest (2000), pp. 249 – 252.

③ Menander, *The History of Menander the Guardsman*, FHG, 10.4 – 5.

④ Theophylact Simocatta, *The History of Theophylact Simocatta*, 3.9.3 – 11.

年派兵西征攻陷了拜占庭帝国在克里米亚的首府车绳（Cherson，Chersonesus）。① 公元576—578年间，室点密可汗和查士丁二世先后去世，此后西突厥汗国在达头可汗（Tardus，拜占庭史料作 Turxanthus，576—603年在位）统治时期忙于与东突厥汗国争夺漠北统治权并受到隋朝的挑拨离间，因此更无暇帮助拜占庭帝国从东方威胁萨珊帝国。实际上，拜占庭帝国与突厥人的战略合作，只有到7世纪初可萨汗国崛起于北高加索地区时才会发挥出真正的效力。6世纪后期拜占庭帝国与西突厥汗国之间虽然使者往来不断，但这些遣使往来从未产生拜占庭和突厥协同进攻波斯的战略效果，从而使得萨珊帝国有能力在公元572—589年间与拜占庭帝国进行长期战争。

另外，自6世纪60年代末起，两大帝国的阿拉伯同盟者已经开始无视"50年和平协定"的规定公开彼此攻击对方。至此，"50年和平协定"已经无法管束加萨尼人和莱赫米人，而加萨尼王国和其宗主拜占庭帝国的关系也出现了前所未有的信任危机。公元569年，加萨尼国王哈里斯五世和莱赫米王国的阿穆尔先后去世，莱赫米新王卡布斯（Qabus ibn al-Mundhir，569—573年在位）立即率军入侵加萨尼领土，但却被哈里斯的儿子孟迪尔三世（al-Mundhir Ⅲ ibn al-Harith，569—581年在位）打得大败，加萨尼的孟迪尔三世随后率军反攻至莱赫米领土并大肆劫掠。公元570—571年，卡布斯再次入侵加萨尼王国，并被孟迪尔三世击退。根据拜占庭史家以弗所人约翰（John of Ephesus）的记载，加萨尼的孟迪尔三世多次请求查士丁二世派兵援助，但后者却因顾忌罗马和波斯之间的和平条约而反应冷淡。不仅如此，查士丁二世为了避免卷入和萨珊帝国的战争，甚至于公元572年密令东方军事长官马尔西安（Marcian）派人刺杀孟迪尔三世。② 后来孟迪尔及时发现了拜占庭人的阴谋而躲过一劫，但加萨尼人和拜占庭人之间的信任已经遭到难以修复的破坏。查士丁

---

① Menander，*The History of Menander the Guardsman*，FHG，19.1–2.

② John of Ephesus，*Historia Ecclesiastica*，6.4.

二世的愚蠢举动对拜占庭帝国与加萨尼王国的关系产生了极为负面的影响，严重动摇了加萨尼人对拜占庭帝国的忠诚。公元572—575年间，孟迪尔三世一度背弃拜占庭帝国，对萨珊帝国和莱赫米人进攻拜占庭领土采取作壁上观的态度。

可以说，正是由于查士丁二世对孟迪尔三世的处置失当导致了查士丁二世晚年在与波斯人的战争中因为加萨尼人的拒绝合作而屡遭挫折。另外，查士丁二世时期拜占庭—加萨尼关系的恶化与这一时期拜占庭帝国大力迫害一性派基督徒有极为密切的关系。而加萨尼国王孟迪尔三世，根据以弗所人约翰的记载，和其父一样都是一性派的倾心拥护者。在查士丁尼时代，拜占庭帝国与加萨尼王国之所以能够长期保持密切的战略合作，与查士丁尼的皇后狄奥多拉对东方一性派基督徒的宽容和支持是分不开的。而查士丁二世和其皇后索菲亚（Sophia）都是严格的卡尔西顿正统派基督徒。因此信奉一性派基督教的孟迪尔三世很容易受到查士丁二世的猜忌，再加上查士丁二世本人狂热的宗教情感和偏执多疑，加萨尼的孟迪尔三世在其晚年不愿再为拜占庭帝国效力便合情合理了。

公元562年罗马波斯和平协定迅速夭折的另一促进因素是公元572年萨珊帝国出兵也门推翻阿克苏姆占领军并复辟希木叶尔王国的军事行动，而这一事件也有着深厚的国际政治背景。自公元525年以来，也门便一直处于阿克苏姆王国阿拉伯半岛分支的统治之下，并先后经历阿布莱海（Abraha）和马斯鲁克·伊本·阿布莱海（Masruq ibn Abraha）两位总督的统治。传统观点认为阿布莱海的统治时间从公元525年一直延续到公元570年。阿布莱海统治时期在也门建造了著名的萨那大教堂（al-Qullays，即希腊语的Ekklesia，意为教堂），以试图与麦加的克尔白神殿竞争阿拉伯半岛宗教圣地地位。根据拜占庭史家普罗科比的记载，阿布莱海在位期间曾经答应过查士丁尼皇帝出兵波斯的请求，但"只有一次派出了军队，半路又折返回国，从未采取任何实质行动"①。阿克苏姆人虽然难以实现查士丁尼皇帝从海上封锁萨珊帝国的战略，但这并不能否定拜占庭统治者确实有将红海两岸的阿克苏姆及其附属势力作为维护拜占庭帝国东方战略和贸易安全之外围屏障的政治意图。

实际上，阿克苏姆统治也门时期是古代晚期阿拉伯半岛政治经济和宗教格局发生剧变与转型的关键时期，这一时期的阿拉伯半岛也是多种信仰交汇冲突之地和大国权力博弈的焦点地区。因此，阿克苏姆人的基督教信仰与也门阿拉伯人的犹太教信仰以及汉志阿拉伯人的多神教崇拜之间存在着激烈紧张的竞争与冲突关系。尤其是6世纪中叶麦加作为阿拉伯传统多神教崇拜中心和过境贸易中心城市崛起后，从宗教、政治和经济上对也门曾经拥有的商路枢纽和阿拉伯半岛文明中心地位造成了极为严峻的挑战。而也门在公元6世纪期间因为频繁的战乱和马里卜大坝的多次溃堤失修而不可避免地走向衰落。公元569—570年，晚年的也门阿克苏姆总督阿布莱海集结举国之兵力进攻麦加，便是这一时期阿拉伯半岛内部政治格局发生激烈变化的反映，这次战争由于征伐麦加的阿克苏姆军队中有战象而得名"象年之战"。《古兰经》将阿布莱海军队的惨败归结于"真主命鸽子衔石击灭埃塞俄比亚人"说，试图证明麦加作为宗教圣地的神佑属性，但这很可能是对阿克苏姆军队因感染天花大批病亡后导致兀鹫啄食死亡士兵尸体场面的宗教性解释。

不论如何，"象年之战"对于伊斯兰教诞生前夕阿拉伯人乃至先知穆罕默德本人的精神世界和历史记忆而言有着极为深刻的意义，麦加人对阿克苏姆军队所取得的胜利实际上预示着也门的衰落和汉志的崛起。阿布莱海发动对麦加战争的原因，传统观点认为是阿克苏姆人觊觎麦加的半岛朝觐中心地位，并由阿拉伯多神教徒亵渎也门基督教堂而引发。但考虑到"象年之战"爆发的时间，恰好在拜占庭—突厥结盟以及加萨尼、莱赫米王国双双发生权力更迭的当口

---

① Procopius, *De Bello Persico*, 1.20.3.

上，不由得让人联想到阿克苏姆和麦加背后拜占庭帝国与萨珊帝国博弈的国际政治背景。果不其然，阿克苏姆人自麦加败退后，也门希木叶尔王朝的复辟势力便蠢蠢欲动，这最终诱发了萨珊帝国在这一地区的武力介入。

公元 570 年，阿布莱海自麦加兵败回国后便很快病逝，阿布莱海的两个儿子马斯鲁克和马德卡里布（M'ad-Karib）争位。马德卡里布为推翻兄长的统治请求查士丁二世派兵支援被拒，于是便转而请求萨珊帝国库斯洛一世的干预。与此同时，也门人在希木叶尔王子赛义夫·迪·亚赞（Sayf ibn Dhi-Yazan）的领导下发动起义，并恳求库斯洛一世出兵也门助其复国。根据《泰伯里史》的记载，赛义夫是通过莱赫米国王努曼三世（Nu'man III ibn al-Mundhir，580—602年在位）的沟通向库斯洛一世传达了借波斯军队复国的请求，但当时在位的莱赫米国王显然不是努曼三世，而是卡布斯。[①] 在经过仔细权衡利弊之后，公元 572 年库斯洛一世决定派大将瓦赫里兹（Vahriz）率领 800 戴勒姆骑兵乘坐 8 艘战舰渡海远征也门，帮助赛义夫王子复国。关于远征也门波斯军队的数量，其他史料和现代学者的推测均认为《泰伯里史》记载的 800 人明显过少：中古伊斯兰史家伊本·古太白认为登陆哈达拉毛的波斯军队实有 7500 人，而部分现代学者估计波斯军队的数量为 1.6 万人。根据《泰伯里史》的记载，在后来发生的哈达拉毛战役中，瓦赫里兹亲自引弓搭箭射杀了马斯鲁克，阿克苏姆军队随即溃败而逃。在将阿克苏姆人逐出也门之后，瓦赫里兹将赛义夫复辟为希木叶尔国王，随后便返回波斯。公元 578 年阿克苏姆人卷土重来，杀死了也门国王赛义夫。库斯洛一世再派瓦赫里兹率 4000 名军人赶赴也门，击败阿克苏姆军队，随后波斯人在也门开始进行长期统治，瓦赫里兹成为第一代也门波斯总督。

---

① Tabari, *Tarikh al-Rusul wa al- Muluk*, Vol. 5：*Byzantines*, *Sassanids*, *Lakhmids and Yemen*，Ⅰ，945－58/235－52.

至此，6 世纪拜占庭帝国和萨珊帝国在红海和南阿拉伯地区的争夺终于以波斯人控制也门和红海出海口落下帷幕，这也是古代阿拉伯半岛传统文明即将终结的征兆。萨珊帝国介入也门事务是公元572 年后罗马波斯和平破裂的重要外围地缘因素：根据拜占庭史家西奥费拉克特·西摩卡塔的记载，公元 572 年查士丁二世撕毁"50年和平协定"与波斯开战时，罗马人给出的另一理由便是"波斯人试图说服已经臣服于罗马人的希木叶尔人造反"①。这表明在拜占庭帝国看来，由阿克苏姆王国分支统治下的也门阿拉伯地区在某种程度上仍然属于拜占庭帝国的势力范围，因此萨珊帝国出兵也门无异于撕毁公元 562 年的和平协定。对于古代晚期阿拉伯半岛国际政治中罗马、波斯、阿克苏姆、也门和汉志阿拉伯人各方之间的复杂博弈关系，现代阿拉伯史学家菲利普·希提有着经典的表述：

> 阿拉比亚的两边，各有一个强国——信仰祆教的波斯和信仰基督教的埃塞俄比亚，而埃塞俄比亚人又以拜占庭帝国为后盾，这两个强国（波斯和埃塞俄比亚）都想占领他们的邻国——刚刚灭亡的南阿拉伯王国（也门），因而彼此竞争。信仰基督教的阿拉伯人希望得到拜占庭帝国的支持，从而引来了埃塞俄比亚人的干涉；而犹太人和阿拉伯多神教徒对波斯有好感，于是又给萨珊帝国以可乘之机。北方的叙利亚—阿拉伯沙漠成为罗马人和波斯人无法逾越的屏障，而南方的阿拉比亚却成为两大强国进入半岛的通途。②

公元 572 年罗马波斯和平破裂并重新爆发战争的最后一个重要原因，也是直接原因便是公元 571—572 年间波斯亚美尼亚人因不满

---

① Theophylact Simocatta, *The History of Theophylact Simocatta*, Ⅲ. 9. 3 – 11.

② ［美］菲利普·希提：《阿拉伯通史》，马坚译，新世界出版社 2015 年版，第58 页。

萨珊帝国统治和宗教压迫而发动的大规模叛乱。如前所述，公元484年《内瓦沙克条约》签订后，波斯亚美尼亚基督徒的宗教信仰得到了萨珊帝国的官方认可。但是萨珊帝国对亚美尼亚基督徒的宽容政策并未得到历代波斯驻亚美尼亚总督的遵守，尤其是在波斯籍总督取代亚美尼亚本地贵族统治波斯亚美尼亚时期，祆教对基督教的迫害和强制改宗事件仍然不绝如缕。卡瓦德一世和库斯洛一世在位前期，波斯亚美尼亚总督是来自格努尼家族的梅杰吉一世（Mjej I of Gnuni，518—548 年在位）。梅杰吉一世统治波斯亚美尼亚期间，与萨珊帝国教俗贵族相处较为融洽，梅杰吉一世也多次帮助波斯抵御北高加索匈人和阿兰人的入侵。但是公元548 年梅杰吉一世去世后，波斯亚美尼亚总督再次由萨珊帝国官方指派的波斯贵族充任，这便导致了在波斯亚美尼亚境内祆教与基督教两大信仰之间再生摩擦。

根据亚美尼亚史家塔戎人斯蒂芬（Steven of Taron）的记载，继任梅杰吉一世的波斯总督丁沙普赫（Denshapuh）在波斯亚美尼亚胡作非为，按照波斯风俗，"与当地贵族妇女肆行通奸苟合之事，又在雷什图尼克（Rshtunik）建立了圣火，并强制当地基督徒崇拜圣火，亚美尼亚人不从而死者枕藉"①。公元564 年，库斯洛一世又任命来自苏林世家的波斯贵族基霍尔·维什纳斯普（Chihor Vishnasp）担任波斯亚美尼亚总督。基霍尔统治波斯亚美尼亚期间，波斯官员与亚美尼亚贵族之间的冲突因为双方宗教信仰和社会习俗的矛盾而迅速上升至引爆点：斯蒂芬提到，基霍尔·维什纳斯普任波斯亚美尼亚总督期间，没收亚美尼亚贵族土地，强行霸占亚美尼亚贵族妇女，导致亚美尼亚人怨声载道。而根据以弗所人约翰《教会史》的记载，库斯洛一世任命的波斯亚美尼亚总督在当地奉王命建造祆祠，而亚美尼亚使徒教宗（*catholicos*）带领群众前来制止波斯总督的行为，甚至拿出了当年沙普尔三世在公元387 年《阿基利塞内协议》中允诺波斯亚美尼亚人宗教信仰自由的文件来作证，但波斯总督执意在

---

① Steven of Taron, *Universal History*, 84.23 – 86.7.

亚美尼亚境内推广袄教。在这样的形势下，来自马米科尼扬家族的亚美尼亚基督教贵族瓦尔丹三世（Vardan Ⅲ Mamikonian）怒不可遏，终于寻得机会将苏伦（即基霍尔的姓氏）一剑斩杀并将其尸体抛出城堡。此事发生于库斯洛一世统治的第 41 年（即公元 571 年），查士丁二世统治的第 7 年（斯蒂芬误将查士丁记为查士丁尼）。于是亚美尼亚人一时皆叛并寻求希腊人（即拜占庭帝国）的帮助，而萨珊帝国在波斯亚美尼亚的驻军被亚美尼亚叛军屠杀殆尽，基霍尔·古史纳斯普的首级被亚美尼亚人呈送给驻节狄奥多西堡的拜占庭守将查士丁尼作为亚美尼亚人向拜占庭帝国效忠的"见面礼"①。随后，瓦尔丹三世亲赴君士坦丁堡求见查士丁二世，皇帝将瓦尔丹带到圣索菲亚大教堂并与之一同进圣餐，随后又将圣索菲亚大教堂的主门命名为亚美尼亚门。根据拜占庭史家埃瓦格里乌斯的记载，在与查士丁二世达成书面协定并发誓遵守之后，波斯亚美尼亚人便群起反叛，随后又攻陷了波斯亚美尼亚首府迪温并尽屠波斯驻军，而亚美尼亚各级贵族封臣被全部召集到瓦尔丹麾下并宣布与拜占庭帝国联合。②

公元 572 年初，仍然对和平抱有期望的库斯洛一世派塞伯赫特（Sebokht）出使拜占庭督促查士丁二世缴纳 500 磅黄金的年贡。③ 查士丁二世早已无法忍受对波斯的年贡义务，于是在随后给库斯洛一世的回信中指出："两国和平条约现已失效，因为我们不能拒绝基督徒同胞（指波斯亚美尼亚人）要求同为基督徒的我们对他们伸出援手。"而叙利亚史家米哈伊关于查士丁二世撕毁和约的经过记载更为详细：库斯洛一世要求查士丁二世交出反叛的波斯亚美尼亚贵族，查士丁二世则回复道："我不会把一个已经放弃魔鬼崇拜并在我这里寻求庇护的基督徒民族（指波斯亚美尼亚人）交到你的手中。"库

---

① John of Ephesus，*Historia Ecclesiastica*，2.20.

② Evagrius，*Historia Ecclesiastica*，5.7.

③ Menander，*The History of Menander the Guardsman*，FHG，16.1.

斯洛一世又再次致信查士丁二世并说道："如果您不把亚美尼亚人和他们的国家交给我，那么您至少也得履行历代贵国君主对我国支付黄金的义务吧，因为我仍然希望两国保持和平。"面对库斯洛一世提出的要求，查士丁二世最后强硬回复道："贵国应该将之前收到的黄金悉数归还我国，因为想要和平的是贵国；贵国若想收回亚美尼亚，那么则应把尼西比斯归还我国，因为在两国档案中明确记载当年贵国得到此城是有条件而非无偿的。"① 根据公元 562 年罗马波斯和平协定的规定，查士丁二世支持波斯亚美尼亚人反叛萨珊帝国的行为，显然违反了协定中的第 6 条关于两国在和平时期不得接纳对方国叛逃变节者的规定，也违反了协定第 9 条关于两国不得对臣属于对方的民族或领土上的人民用兵或宣战的规定。而公元 572 年萨珊帝国出兵也门也同样属于"对臣属于拜占庭帝国的民族用兵"，因此"50 年和平条约"在公元 572 年的失效确实符合当年和约中规定的失效条件。

可以说，罗马和波斯两大帝国未能遏制各自在南高加索和红海地区的战略野心导致了公元 562 年和平协定的破裂，但其根本原因则是两国君主均无法做到对波斯亚美尼亚基督徒和也门阿拉伯人的介入请求置之不理。波斯亚美尼亚叛乱的爆发绝非亚美尼亚人反抗萨珊帝国统治的常规动乱，而是有着极为深厚的宗教文化背景。而也门希木叶尔残余势力对阿克苏姆人统治的不满也伴随着阿拉伯半岛内部各大宗教之间的冲突，萨珊帝国介入也门事务无疑可以一举扭转亲拜占庭势力在阿拉伯半岛南部占优势的局面。而从当时的欧亚国际体系来看，与突厥汗国的结盟无疑也极大地增加了查士丁二世撕毁协定与波斯开战的决心。而晚年的库斯洛一世渴望彻底垄断丝绸之路西段的陆海过境贸易，因此才决心出兵也门帮助希木叶尔人复国。因此可以说，库斯洛一世的战略目的便是从海上反制拜占庭帝国与突厥汗国开辟的"北方草原丝路"。而公元 572 年两国爆发

---

① Michael the Syrian, *The Chronicle of Michael the Syrian*, 10.1 (331 – 2a/282 – 3).

战争之后，主战场仍然在亚美尼亚和美索不达米亚北部，此次延续近 20 年的罗马波斯战争一般被称作"高加索战争"（Caucasian War）。而高加索战争的爆发正式标志着古代晚期罗马与波斯的战争形态完全进入长期消耗拉锯不决的苦战模式。这一时期双方的战役都冗长乏味且没有决定意义，而其最后的结束完全是拜占庭帝国通过利用萨珊帝国突发的内部政变而实现的。

公元 572 年夏，查士丁二世任命自己的外甥、贵族元老出身的马尔西安为东方军事长官负责对波斯的战争。根据拜占庭史家埃皮法尼亚人约翰（John of Epiphania）的记载，马尔西安率军渡过幼发拉底河进驻奥斯罗恩后。当时正值盛夏酷暑刚消，波斯人防备松懈，马尔西安便派 3000 步兵袭击波斯境内的阿尔赞内地区，并在劫掠大批战利品后迅速撤回。[1] 但是根据埃瓦格里乌斯的记载，查士丁二世并没有派给马尔西安足够的兵力和武器装备进行大规模战争，马尔西安的军队中"只有很少的士兵，还临时从当地招募了一些挖坑道和拉牲畜的杂役人员"[2]。根据《至公元 1234 年编年史》和拜占庭史家埃皮法尼亚人约翰的记载，萨珊帝国的尼西比斯总督巴拉曼尼斯（Baramanes，疑为波斯贵族名字的叙利亚语转写，即来自米赫兰家族的 Bar Mihran）为了争取足够的备战时间，亲自出城劝说马尔西安暂缓攻城，而马尔西安竟然答应了波斯总督的要求并率军返回埃德萨过冬。[3] 直到公元 573 年春，马尔西安才完成进攻尼西比斯的战前准备，开始率军围攻尼西比斯，而此时波斯人已经做好了充分的战争准备。

根据塞奥法尼斯《编年史》的记载，库斯洛一世集结了 4 万骑兵和 10 万步兵救援尼西比斯。波斯大军从泰西封行至安巴尔后又兵分两路，以阿达尔马汉（Adarmahan）率领一支波斯军队从科尔凯西

---

① John of Epiphania, *FHG*, 4. 274. 3.

② Evagrius, *Historia Ecclesiastica*, 5. 8 – 9.

③ *Chronicle to the Year* 1234, 65（202. 7 – 203. 20）.

乌姆要塞附近渡过幼发拉底河，威胁拜占庭帝国叙利亚诸省，而库斯洛一世则亲自率军在渡过底格里斯河后直奔尼西比斯。但此时查士丁二世却听信库斯洛一世病危甚至驾崩的谣言，以为胜券在握，遂督促马尔西安加紧围攻尼西比斯。根据埃瓦格里乌斯的记载，当时尼西比斯的波斯主教和安条克主教格里高利（Gregory）私交甚密，又不满萨珊帝国对基督徒的迫害政策，曾多次写信给格里高利表达愿意纳款投诚。但是查士丁二世对这一有利情报根本不愿相信，反而派自己的心腹阿卡西乌斯·阿基劳斯（Acacius son of Archelaus）前去取代马尔西安的职务，从而导致了尼西比斯围攻战的失败。根据《复活节编年史》和拜占庭史家以弗所人约翰的记载，阿卡西乌斯抵达马尔西安军营后，要求后者立即解职卸任。但马尔西安希望再宽延两天等破城后再移交权力，而阿卡西乌斯坚持不允，反而严厉责骂和训斥马尔西安并连夜更换了拜占庭军队的帅旗。第二天一早，攻城的拜占庭士兵发现主帅营帐空无一人，以为马尔西安临阵逃跑。而波斯援军已经近在咫尺，拜占庭士兵遂丢下武器装备和辎重落荒而逃，尼西比斯的波斯守军遂冲出城门并将拜占庭人留下的营帐洗劫一空。[1] 尼西比斯解围之后，库斯洛一世立即率军进攻达拉要塞，并在围攻该城 6 个月之后得以破城。与此同时，波斯将军阿达尔马汉率领的分队深入拜占庭帝国的幼发拉底西亚和叙利亚行省，一路上烧杀抢掠，几乎没有遭到什么抵抗。

根据埃瓦格里乌斯《教会史》的记载，阿达尔马汉还派出一支分队进攻安条克。尽管安条克城中只留下少数居民，而主教早已携带教堂圣物逃跑，但波斯军队却在安条克近郊被当地守军意外击退。而根据以弗所人约翰的记载，阿达尔马汉率领的波斯军队进抵阿帕米亚城郊时，阿帕米亚人以为波斯人会像公元 540 年库斯洛一世入侵叙利亚时对该城百姓秋毫无犯，竟然主动开城投降波斯人。但是阿达尔马汉在进城后却大肆屠杀男女老幼并放任士兵掠夺，随后将

---

[1]　John of Ephesus, *Historia Ecclesiastica*, 6.2（278.8－280.5）.

整座城市付之一炬。拜占庭史家以弗所人约翰提到，阿达尔马汉将俘虏的阿帕米亚居民带回波斯途中经过正在围攻达拉要塞的库斯洛一世军营，并当着库斯洛一世的面清点了阿帕米亚俘虏人数，一共达 29.2 万人。[①] 根据叙利亚史家米哈伊的记载，阿达尔马汉此次出征叙利亚洗劫的城市和地区包括巴巴利苏斯、盖斯林（Qasrin）、贝特·达马（Beth Dama）、加布隆（Gabbulon）、卡尔基斯和加扎拉（Gazara）以及安条克城近郊。[②] 而根据《复活节编年史》的记载，阿达尔马汉还洗劫了安条克的外港塞琉西亚。如果我们再参考菲尔多西的《列王纪》的记载，此次波斯军队洗劫的城市还包括贝罗亚（Beroea，即 Halab，阿勒颇）以及萨基拉（Sakila），而 "Sakila" 无疑是指安条克的外港塞琉西亚（波斯语 Selōkiyā）。

　　库斯洛一世于公元 573 年对达拉要塞的围攻是 6 世纪罗马波斯战争中又一经典围城战例。根据《至公元 1234 年编年史》的记载，库斯洛一世围攻达拉要塞的大军共包括 2.3 万骑兵，4 万步兵和 12 万随军民夫。[③] 库斯洛一世为了切断供应达拉要塞的水源，命令波斯士兵在达拉要塞东边的山上开采石头并以之堵塞达拉要塞的导水管，同时试图强行将流进达拉城的河流改道。[④] 在发现当地石头过于坚硬之后，库斯洛一世又让士兵纵火烧山以切断达拉城的水源。波斯军队随后对达拉城展开了长达半年的围攻。围城进入最后阶段时，库斯洛一世一度萌生退意，遂向达拉城居民索要 500 磅黄金的赎城费，但是库斯洛一世派去城中的波斯使节已经发现该城可能无力经受更久的围攻，于是在交涉时便未对达拉守将和当地居民提及赎城费一事。这样一来，库斯洛一世便决定全力猛攻达拉城。《至公元 1234 年编年史》的作者提到，波斯人最后使用堆叠木头的方法登上了达拉的城墙，而达拉守军未能及时打开卫城的城门以供城中军民避难，

---

①　John of Ephesus, *Historia Ecclesiastica*, 6.6（292.12 – 293.13）.

②　Michael the Syrian, *The Chronicle of Michael the Syrian*, 10.9（349a/312）.

③　*Chronicle to the Year* 1234, 66（203.20 – 205.7）.

④　Theophylact Simocatta, *The History of Theophylact Simocatta*, 3.10.2.

于是波斯士兵入城后大肆屠戮达 7 日之久。在围攻赫拉克勒斯塔楼（Heraclean Tower）时，波斯军队临时搭建了 3 个土堆并在上面架设大型投石机，最后成功摧毁了赫拉克勒斯塔楼。库斯洛一世率军入城后，禁止士兵继续屠杀城中显贵并命人将其全部俘虏，其中包括达拉长官提莫斯特拉图斯之子约翰（John son of Timostratus）。随后库斯洛一世统计从城中搜刮出的金银共计 200 磅。库斯洛一世之后又对达拉俘虏们说道："你们既然拥有如此海量的财富，为何当初不把其中的一滴交给朕？这样上帝便能让你们避免这么多无畏的流血牺牲。"库斯洛一世最后统计达拉俘虏人数，除去在战斗中被杀的外一共 9.8 万人。

《至公元 1234 年编年史》的作者称，达拉的陷落发生于该城建城后的第 72 年，显然不够准确（达拉从公元 507 年落成至公元 573 年陷落，应为 66 年）。关于公元 573 年达拉要塞的陷落，以弗所人约翰提供了更多的具体细节，并认为达拉要塞失守的主要原因是守城居民对于城防设施"过于自信，且不相信波斯人能够坚持围攻至秋冬时节"。在夺取达拉要塞之后，库斯洛一世在该城留下重兵驻守，随后引兵撤回波斯。与阿达尔马汉对拜占庭帝国叙利亚诸省的劫掠相比，公元 573 年秋达拉要塞的陷落对拜占庭帝国的东方防御体系而言无疑更是难以挽回的损失，拜占庭帝国在美索不达米亚北部和叙利亚的诸行省由于达拉要塞的陷落而门户洞开。根据埃皮法尼亚人约翰的记载，查士丁二世得知达拉要塞失守后，更是遭到沉重打击，加之病情恶化，遂陷入癫狂状态不能理政。在这样的情形下，查士丁二世被迫于公元 574 年任命禁卫军统领（comes excubitorum）提比略·君士坦丁（Tiberius Ⅱ Constantine，578—582 年在位）为共治帝，并在索菲亚皇后的协助下由提比略二世代理国政。①

公元 572—573 年间，罗马波斯战争在波斯亚美尼亚境内及其周边地区也同时激烈地进行着。公元 572—573 年之交，拜占庭—波斯

---

① John of Epiphania, 5, FHG, 4. 275 – 276.

亚美尼亚联军在瓦尔丹三世和拜占庭将军日耳曼努斯之子查士丁尼（Justinian son of Germanus，不是查士丁尼一世）的领导下再次攻占了波斯亚美尼亚首府迪温，彻底将波斯人逐出了波斯亚美尼亚。根据亚美尼亚史家塞比奥斯的记载，攻陷迪温之后拜占庭军队在未征得亚美尼亚人同意的情况下便将储藏波斯人军火的圣格里高利教堂焚毁。尽管如此，由于伊比利亚人和波斯亚美尼亚贵族的同时反叛，拜占庭军队在南高加索战场上仍然对萨珊帝国有着压倒性的优势。但即使是在这一次空前规模的亚美尼亚叛乱中，波斯亚美尼亚贵族仍然有心向萨珊帝国的派系存在：根据塞比奥斯《亚美尼亚史》的记载，来自修尼克家族（House of Siwnik）的亚美尼亚王公瓦汉（Vahan）便脱离叛军阵营，向库斯洛一世建议将波斯总督在亚美尼亚的官邸从迪温临时迁至阿尔巴尼亚境内的帕伊塔卡朗城（Paytaka-ran）①。公元573年初，可能是顾虑到之前圣格里高利教堂被焚事件会影响亚美尼亚人对拜占庭帝国的忠诚，查士丁二世遂将查士丁尼将军撤职并以另一个叫约翰的将军接替之，而库斯洛一世也任命了波斯贵族格隆·米赫兰（Golon Mihran，即巴赫兰·楚宾的父亲）接替已故总督基霍尔的职位。

根据6世纪末的拜占庭史家塞奥法尼斯（不是忏悔者塞奥法尼斯）的记载，约翰上任后所统帅的拜占庭—亚美尼亚联军已经发展成囊括科尔基斯人、萨罗埃人（Saroes）、拉兹人（Lazi，即Tzani人）、阿布斯基人（Abasgi）的阿兰人等众多高加索民族在内的"拜占庭—高加索联军"②。而直到公元573年8月，格隆·米赫兰才匆匆上任进入波斯亚美尼亚。尽管萨珊帝国还拉拢了北高加索的萨比尔人以及里海南岸的戴勒姆人加盟作战，但是波斯军队在和亚美尼亚叛军的战斗中明显不占优势。但是如前所述，查士丁二世在美索不达米亚战场临阵换将导致战局逆转。公元573年秋达拉要塞陷落

①　Sebeos，*The History of the Armenians*，67. 27 – 68. 8.
②　Theophanes of Byzantium，4，FHG，4. 271.

之后，查士丁二世和索菲亚皇后开始诉诸和谈。至公元 574 年初时，库斯洛一世也由于高加索战场的胶着而向拜占庭帝国派出了和谈使节。根据拜占庭史家米南德的记载，索菲亚皇后随后又派宫廷御医扎卡利亚（Zachariah）为使节出使波斯①。但是拜占庭帝国高层仍然做好了继续战争的准备，提比略·君士坦丁开始在巴尔干地区广募兵源开赴波斯前线，而查士丁尼将军则被提升为东方军事长官并被授权全权指挥对波斯的战争。与此同时，扎卡利亚在面见库斯洛一世之后迅速达成了罗马和波斯之间一年的休战和约，并规定查士丁二世向波斯人支付黄金 4.5 万诺米斯玛（45000 nomismata，相当于 625 磅黄金，nomismata 等同于 solidus）。②

　　但是此次停战和约并未将波斯亚美尼亚包括在内，而波斯人希望能进一步缔结持续时间更长的和约。于是在公元 574 年底，君士坦丁堡又派出圣库财务官（quaestor sacri palatii）图拉真（Trajan）和扎卡利亚一道再次出使波斯以缔结为期 3 年的和平条约。根据米南德的记载，"罗马人最终同意与波斯人缔结有效期为 5 年的和约，并且答应每年支付给波斯人 3 万诺米斯玛的黄金"。而米南德提到在和约交涉过程中，罗马波斯双方都打着自己的如意算盘：查士丁二世认为 3 年时间足以使东方拜占庭军队进入充足的备战状态，因而无须与波斯缔结 5 年和约③；而库斯洛一世则为了将迫使罗马人将和约延长至 5 年，又让波斯将军塔姆库斯洛（Tamkhusro，实为官职名）出兵劫掠达拉要塞附近归拜占庭帝国管辖的土地。但即使是这一次和约也没有将双方停战范围延伸至波斯亚美尼亚，而从公元 575 年起双方进一步在南高加索战场投入兵力进行会战。因此公元 574 年的和约对于终止罗马波斯战争而言仅仅限于美索不达米亚战场，而且也随着后来双方战局的发展很快夭折。

---

①　Menander, *The History of Menander the Guardsman*, FHG, 18.1.
②　Menander, *The History of Menander the Guardsman*, FHG, 18.2.
③　Menander, *The History of Menander the Guardsman*, FHG, 18.4.

　　根据以弗所人约翰的记载，公元 575 年初，东方军事长官查士丁尼与加萨尼国王孟迪尔三世在塞尔吉乌斯堡进行了和解会面，这一次查士丁尼将军成功说服加萨尼人继续效忠拜占庭帝国。孟迪尔三世为了践诺，于当年春天便大举入侵莱赫米王国，甚至洗劫了其首都希拉城。[①] 这一年拜占庭帝国在高加索地区的战局也有很大的进展：提比略二世新任命的亚美尼亚军事长官巴库斯之子西奥多尔（Theodore son of Bacchus）将北高加索的萨比尔人、阿兰人和其他游牧部落招募至麾下，这些部落还派遣人质前往君士坦丁堡以示效忠。[②] 但是根据米南德的记载，萨比尔人后来又转投至萨珊帝国阵营。因此罗马和波斯在高加索的力量对比并不完全有利于拜占庭帝国，而查士丁二世当年期望获得的突厥人援军则从来没有兑现过。不仅如此，公元 576 年拜占庭使节瓦伦丁（Valentine）出使西突厥汗国面见新继位不久的达头可汗（Tarda）时，双方关系因为阿瓦尔人问题而迅速闹僵。为了报复拜占庭帝国在多瑙河流域允许阿瓦尔人定居，达头可汗甚至派出一支远征军进攻拜占庭帝国在博斯普鲁斯（克里米亚）的领土，并于公元 576—577 年之交攻陷并洗劫了车绳（如前文）。

　　公元 576 年初，拜占庭帝国在高加索战场的总指挥西奥多尔派遣前一个西奥多尔（即 Theodore son of Bacchus）前往萨珊帝国宫廷，希望能够与波斯人开启更广泛的和谈磋商。但是库斯洛一世并不甘心波斯亚美尼亚人就此脱离萨珊帝国的控制，因此仍然准备发动更大规模的战争。这一次，库斯洛一世出其不意选择了早春时节发动进攻。当时拜占庭将军库尔斯（Curs）和西奥多尔仍然在阿尔巴尼亚地区笼络当地民众的支持，而东方军事长官查士丁尼也未做好迎战准备。于是库斯洛一世在没有遇到任何抵抗的情况下便率军穿越波斯亚美尼亚直抵罗马亚美尼亚首府狄奥多西堡，但是在波斯军队

---

①　John of Ephesus，*Historia Ecclessiastica*，6. 4.

②　Menander，*The History of Menander the Guardsman*，FHG，18. 5.

该城附近遭到了拜占庭守军的顽强阻击。库斯洛一世眼看无法迅速攻下狄奥多西堡，便释放了使节西奥多尔返回拜占庭，并向提比略二世传达库斯洛一世的和谈意向。

但是库斯洛一世并未真心想要和平，而是想借此机会为波斯人争取更大的战场优势。根据以弗所人约翰《教会史》的记载，库斯洛一世在试图夺取狄奥多西堡未遂后，又继续率军西进，深入拜占庭帝国的卡帕多西亚地区。拜占庭守军利用卡帕多西亚的多山地形四处堵截波斯人，库斯洛一世试图夺取行省首府凯撒利亚的计划落空，转而攻打塞巴斯提亚（Sebastea）。[①] 根据古代晚期圣徒传记《优提奇乌斯传》（*Vita Eutychii*）的记载，为了躲避库斯洛一世的兵锋，卡帕多西亚周边地区各个城市的居民和民族都跑到本都境内的阿玛西亚（Amasea）避难。[②] 此时塞巴斯提亚的居民早已携带财物逃走，库斯洛一世除了将该城焚毁外一无所获。由于在卡帕多西亚地区无法获得足够的补给，也没有可供库斯洛一世掠夺的城市，波斯军队处境十分艰难。库斯洛一世在撤退途中又遭到了拜占庭军队的伏击，最后竟然丢下辎重营帐及其他随军财货落荒而逃，而拜占庭人通过搜刮库斯洛一世的豪华营帐大发了一笔横财。根据拜占庭史家埃瓦格里乌斯和亚美尼亚史家塞比奥斯的记载，库斯洛一世在波斯亚美尼亚境内先后被拜占庭将军库尔斯和瓦尔丹三世打得大败。库斯洛一世败退至波斯亚美尼亚边境时，瓦尔丹三世率领的亚美尼亚军队在梅里特内近郊与波斯军队发生了激战。塞比奥斯提到，亚美尼亚人在此战中由于"上帝的佑助"将波斯人打得大败，库斯洛一世的营帐财物、随行后宫嫔妃和圣火全被亚美尼亚人夺取，而随军的大穆贝德（*mobadhan mobadh*，祆教大祭司）连同许多波斯士兵都在溃败时淹死在幼发拉底河中。[③]

---

① John of Ephesus, *Historia Ecclessiastica*, 6. 8 (298. 1 – 300. 9).

② Eustratius, *Vita Eutychii*, 1719 – 32.

③ Sebeos, *The History of the Armenians*, 68. 18 – 69. 8/7 – 8.

　　如果我们相信亚美尼亚史家的记载，那么这确实是库斯洛一世晚年极不光彩的一次军事惨败。但即使如此，塞比奥斯显然将战胜库斯洛一世的功劳全部归到了亚美尼亚人头上，而完全忽略了拜占庭军队的协助。而根据以弗所人约翰的记载来看，当时拜占庭诸将对于是否追击库斯洛一世发生了严重的分歧，以至于失去了一次俘虏波斯君主的绝好机会。而库斯洛一世反而趁此机会洗劫了拜占庭帝国东方边境要塞梅里特内，随后又渡过幼发拉底河成功回到波斯。不论如何，这次远征的失利对库斯洛一世确实造成了很大的打击。根据以弗所人约翰的记载，库斯洛一世回国之后专门发布了一道谕令，规定以后波斯君主不得御驾亲征，除非是为了与另一位国王（可能指拜占庭皇帝）交战。① 从后来的历史来看，库斯洛一世之后的萨珊君主确实极少亲自统帅军队出征。即使是后来希拉克略皇帝反攻至波斯本土时，库斯洛二世也遵循了祖父的遗训，仍然派其他将领出战（见下一节）。

　　公元 576 年底，库斯洛一世兵败回到波斯之后，两大帝国战局已经明显向拜占庭一方倾斜，于是库斯洛一世便派纳多斯（Nadoes）为使节前往君士坦丁堡商议和谈事宜。为了进一步商议具体事项，提比略二世又派贵族彼得之子西奥多尔（Theodore son of Peter the Patrician）和扎卡利亚等人前往奥斯罗恩境内的君士坦提亚与波斯使节——当时库斯洛一世宫廷的首席贵族（*sarnakhorgan*）马赫伯德（Mahbod）进行交涉。② 根据拜占庭史家米南德的记载，此次和谈一开始步履维艰，因为双方都在互相指责是对方挑起了战争。③ 至公元 577 年初，马赫伯德才对罗马人提出了波斯人的和平条件，即罗马人恢复对波斯人 3 万索利得的年贡并归还伊比利亚和波斯亚美尼亚，同时拜占庭方面还应遣返所有在以上地区反叛波斯投靠拜占庭的相

---

① John of Ephesus, *Historia Ecclessiastica*, 6. 9 (300. 12 – 302. 10).

② Menander, *The History of Menander the Guardsman*, FHG, 20. 1.

③ John of Ephesus, *Historia Ecclessiastica*, 6. 12.

关人员。①

不仅如此，米南德还详细记载了双方交涉的具体过程：波斯人一开始坚持要求罗马人恢复 3 万索利得的年贡，但罗马人认为用金钱不可能买到真正持久的和平。在几番相持不下之后，马赫伯德收到了库斯洛一世关于波斯人可以在不要贡金的条件下与罗马人达成和平的指示。拜占庭君臣和首都群众在得知这一消息之后一度欢呼雀跃，以为真正的和平即将到来。但波斯方面仍然坚持要求引渡投靠拜占庭的波斯亚美尼亚人和伊比利亚人，而提比略二世无法接受这个条件。米南德提到，当时"凯撒（指提比略二世，当时查士丁二世已退居二线，但提比略尚未称帝）非常愿意将波斯亚美尼亚和伊比利亚归还给波斯人，因为波斯人不收回这两个脱离他们帝国统治的地区是不会罢休的。但是凯撒也表示他绝不会将波斯亚美尼亚贵族王公和他们的亲属以及其他任何在罗马人这里获得庇护的人交出来，而且凯撒只有在波斯亚美尼亚人和伊比利亚人能够不受妨碍地自由迁徙至罗马帝国的条件下才能接受和平条约，因为凯撒必须履行查士丁皇帝当年对投靠他的波斯亚美尼亚人和伊比利亚人做出的庄严承诺"②。面对拜占庭方面的强硬态度，库斯洛一世最终放弃了引渡波斯亚美尼亚和伊比利亚变节贵族的要求，并表示只要罗马人交出波斯亚美尼亚和伊比利亚的土地，就允许当地居民自由迁徙。

根据米南德的记载，提比略二世还想借此机会从波斯人手中赎回达拉要塞。但是公元 577 年秋高加索战场的局势发生骤变：波斯将军塔姆库斯洛在与拜占庭—亚美尼亚联军的较量中取得了两场重大胜利，而库斯洛一世在战局好转的鼓舞下又再次选择将战争继续下去。米南德和以弗所人约翰均提到，由于拜占庭军队将战败的责任推卸给亚美尼亚人，导致许多波斯亚美尼亚人重新回到萨珊帝国阵营。与此同时，波斯将军阿达尔马汉率军深入拜占庭帝国奥斯罗

① Menander, *The History of Menander the Guardsman*, FHG, 20. 2. 1 – 15.
② Menander, *The History of Menander the Guardsman*, FHG, 20. 2. 15 – 69.

恩行省，洗劫了君士坦提亚和特尔·贝什梅（Tell Beshme）近郊地区。由于东方大区长官查士丁尼将军在高加索战场上的失利，提比略二世又于公元 577—578 年之交任命莫里斯（Maurice，582—602年为拜占庭皇帝）接替查士丁尼担任东方军事长官。莫里斯在赶往东方任职途中于卡帕多西亚地区招募了许多士兵，随后在罗马亚美尼亚的基扎里松要塞与拜占庭诸将会合商议战事。

与此同时，库斯洛一世又在筹划对罗马美索不达米亚发动袭击，并于当年 6 月派马赫伯德率领 1.2 万名波斯人、8000 名萨比尔人和阿拉伯人（可能为莱赫米人）组成的联军进攻奥斯罗恩行省，在大肆掠夺之后通过桑努里斯要塞（此时已在波斯人手中）撤回波斯。而在亚美尼亚，波斯将军塔姆库斯洛派出分队对狄奥多西堡发动佯攻吸引莫里斯的注意力，而波斯主力部队则向罗马亚美尼亚南部地区进发，并成功劫掠了马提罗堡和阿米达近郊的土地。但是莫里斯很快做出了反击，并亲自率军进攻波斯境内的阿尔赞内并将其在当地俘获的基督徒迁徙至拜占庭境内。莫里斯此次出击虽然没能攻下克洛马隆要塞（Chlomaron），但夺取了阿普蒙（Aphumon）并驻军镇守该城。而根据拜占庭史家阿加西亚斯的记载，莫里斯的军队一直打到了戈尔蒂耶尼（Corduene）境内，而当时库斯洛一世本人正在当地附近的一个村庄过冬。

公元 578 年查士丁二世去世后，提比略二世正式登基。提比略皇帝企图利用莫里斯打出的有利局面迫使库斯洛一世接受和谈，于是又派扎卡利亚和西奥多尔出使萨珊帝国，并向库斯洛一世表示愿意归还战争中俘虏的波斯人。根据米南德的记载，提比略二世在给库斯洛一世的国书中表示愿意放弃波斯亚美尼亚和伊比利亚全部地区（已经投靠拜占庭的波斯亚美尼亚和伊比利亚人除外），还包括拜占庭军队夺取的阿普蒙要塞以及阿尔赞内其他地区，而波斯人应该将达拉要塞归还给罗马人。至公元 579 年初，已经垂暮之年的库斯洛一世也不愿再继续战争，遂派法罗格达（Ferogdath）出使拜占庭重启和谈。法罗格达抵达君士坦丁堡之后，提比略二世又把相同的和平条件告诉给了波斯使者。但是此时扎卡利亚和西奥多尔仍在前往波斯途中，而拜占庭使节抵达泰西封时（公元 579 年春）库斯洛一世已经驾崩。霍尔木兹四世（Hormizd IV，579—590 年在位）继位后，提比略二世和拜占庭使者仍然表示愿意和波斯新王缔结和约。但是霍尔木兹四世态度十分强硬，坚持要求罗马人恢复对波斯的年贡，而双方之前为达成和平作出的一切努力都因此付诸东流。由于霍尔木兹四世不愿按照库斯洛晚年与拜占庭方面达成的条款恢复和平，罗马波斯即将达成的和平条约在经过双方多年战争和交涉之后，最后仍然胎死腹中。因此，霍尔木兹四世继位后，拜占庭帝国和萨珊帝国的"高加索战争"又延续了十年之久，直到公元 589 年巴赫兰·楚宾叛乱的爆发。

霍尔木兹四世继位之后，立即派自己的王储库斯洛（即后来的库斯洛二世）出镇高加索阿尔巴尼亚，拔除拜占庭军队在当地的据点，一步步扭转了萨珊帝国在南高加索战场上的不利局面①。根据以弗所人约翰的记载，公元 580 年初加萨尼的孟迪尔三世到君士坦丁堡述职返回之后，对入侵的莱赫米人又取得了一次辉煌胜利。公元 580 年夏，提比略皇帝在确认霍尔木兹四世无意媾和之后，命令莫里斯率军深入波斯领土展开袭击。根据拜占庭史家西奥费拉克特·西摩卡塔的记载，莫里斯这一次出击派出了将军罗曼努斯（Romanus）、西奥多里克（Theoderic）和马尔丁（Martin）各率一支分队渡过底格里斯河袭击萨珊帝国的米底地区。经过长达一个夏季的劫掠，拜占庭军队将波斯最富庶的米底腹心地带洗劫一空。公元 580 年冬，莫里斯结束了当年的作战行动，并返回卡帕多西亚首府凯撒利亚过冬。公元 581 年夏，莫里斯再次率军出征，在幼发拉底河与哈布尔河交汇处的科尔凯西乌姆要塞集结起一支大军，准备深入萨珊帝国的阿苏里斯坦地区。但是西摩卡塔提到，这一次与莫里斯一

---

① K'art'lis C'xovreba, History of the Kings of Iberia, a History of King Vakhtang Gorgasali (HVG), 217/228 – 9.

同出征的加萨尼国王孟迪尔三世向波斯方面泄露了拜占庭军队的行军计划，"由于萨拉森人是最不值得信赖且反复无常的部落，他们的意志软弱，其判断力也不是建立在审慎的基础上，蛮族首领（指孟迪尔三世）竟将罗马军队的位置透露给了波斯国王。"①

而根据以弗所人约翰《教会史》的记载，莫里斯和孟迪尔的联军一开始进展顺利，一直推进到了贝特·阿拉玛耶（Beth Aramaye，即萨珊帝国京畿地区阿苏里斯坦），但莫里斯抵达当地之后却发现幼发拉底河上的桥梁已被波斯人提前拆毁。由于无法渡河，莫里斯和孟迪尔发生了激烈的争吵并相互指责，莫里斯坚持认为是孟迪尔向波斯人透露了消息才导致桥梁被毁，而拜占庭—加萨尼联军因此未能再进寸步。霍尔木兹四世得知拜占庭军队准备入侵的情报之后，立即派将军阿达尔马汉率军深入奥斯罗恩行省，在大肆劫掠之后又渡过幼发拉底河围攻卡里尼库姆要塞。

根据《至公元1234年编年史》的记载，拜占庭—加萨尼联军围攻在幼发拉底河中游的阿纳特（Anat）要塞时遭到波斯守军投石机的猛烈还击，许多罗马士兵连人带船倾覆于幼发拉底河中，而阿达尔马汉的波斯军队此时已经攻陷并洗劫了埃德萨。② 莫里斯闻讯立即烧掉了原来准备供给东进大军沿幼发拉底河行进补给线的所有运粮船，以最快的速度回援卡里尼库姆，西摩卡塔称莫里斯最终在卡里尼库姆击败了阿达尔马汉率领的波斯军队。但是以弗所人约翰则提供了拜占庭—加萨尼联军不敢与阿达尔马汉交战并最终放任波斯军队离境回国的版本："阿达尔马汉在得知莫里斯和孟迪尔率军回援之后，便派人前去劝说师老兵疲的拜占庭人不要再和波斯人硬拼，于是莫里斯和孟迪尔放任阿达尔马汉的波斯军队带着在拜占庭领土上掠夺的财物毫发未损地撤回了波斯。而20万吃着皇帝粮饷的罗马人

---

① Theophylact Simocatta, *The History of Theophylact Simocatta*, 3. 17. 5 – 11（146. 3 – 28）.

② *Chronicle to the Year* 1234, 74（209. 21 – 210. 15）.

竟然没有一人敢迎击，直到阿达尔马汉已经率兵撤退，罗马人才试图追击，但最终无功而返并谎称波斯人已经逃走。"[1] 相比之下，《复活节编年史》则认为加萨尼国王孟迪尔三世在卡里尼库姆对波斯军队发起了猛烈的进攻，并迫使阿达尔马汉以营火为障连夜撤走。

而对于这一次莫里斯远征萨珊帝国腹地计划的流产，莫里斯和希拉克略时代的宫廷史家西摩卡塔对孟迪尔三世的评价则非常刻薄："孟迪尔就像一只闯入蜂房的雄蜂一样坏了莫里斯的大事，莫里斯原计划对米底人（即波斯人）展开的远征最后对罗马人无利可图，因为他们被迫折返回去扑灭后方出现的灾难（即阿达尔马汉进攻卡里尼库姆）。"西摩卡塔用非常诙谐的语言讽刺了加萨尼国王孟迪尔三世的背叛行为，并认为孟迪尔三世对拜占庭军队的失利应负全部责任，这似乎是有意为后来当上皇帝的莫里斯开脱。但无论如何，公元 581 年夏拜占庭—加萨尼联军对萨珊帝国腹地发起的作战行动确实存在着严重的情报失误以及拜占庭人和加萨尼人双方之间缺乏信任和配合默契的问题，这也是拜占庭帝国与加萨尼王国同盟关系即将走到尽头的标志性事件。

公元 581 年秋，提比略二世听信莫里斯对孟迪尔三世的指责，派人在艾米萨以东的胡瓦林（Huwwarin）将孟迪尔三世逮捕并押解回君士坦丁堡问罪。而孟迪尔三世的儿子努曼（al Nu'man Ⅵ ibn al-Mundhir，581—583 年在位）继位后，加萨尼人迅速对拜占庭帝国倒戈相向，并连年袭击叙利亚、阿拉比亚和巴勒斯坦行省，甚至还围攻了拜占庭帝国阿拉比亚首府波斯特拉。尽管后来莫里斯皇帝成功说服努曼六世再次效忠帝国，但是加萨尼王国很快在公元 583 年因努曼六世再次被拜占庭方面废黜而分裂为互不统属的各个部落，从此之后拜占庭帝国东部边境的阿拉伯各部落再未统一于一个国王治下。根据叙利亚史家米哈伊《编年史》的记载，公元 584 年，"塔伊人的王国（指加萨尼王国）分裂成了 15 个小公国，而其中很大一部

---

[1]　John of Ephesus, *Historia Ecclessiastica*, 6. 16 – 17 (312. 15 – 314. 4).

分又转而投靠波斯人。由于罗马人的背信弃义，塔伊人的基督教帝国至此寿终正寝。"[1]　这样一来，由于拜占庭人对加萨尼人的长期猜忌和战略失信，统一的加萨尼王国在孟迪尔三世被拜占庭人废黜后逐渐走向土崩瓦解。可以说，6世纪80年代后加萨尼部落联盟的解体使得加萨尼人再未能够充分发挥巩固拜占庭帝国沙漠边境的战略作用，而这对拜占庭帝国的东方战略和边疆安全来说无疑是沉重的打击。

公元581年莫里斯发起的波斯战役结束后，提比略二世又试图与萨珊帝国重启和谈，遂再派扎卡利亚为使前往罗马波斯边境与霍尔木兹四世的谈判官员安迪甘（Andigan）进行交涉。此时，莫里斯正率领拜占庭军队驻守在索芳纳内东部的舍姆哈特（Shemkhart）要塞以防备波斯军队袭击。根据拜占庭史家米南德的记载，在和谈过程中，波斯使节安迪甘试图以当时拜占庭帝国其他方向受到威胁（显然是指巴尔干地区阿瓦尔人的南下）为由迫使罗马人接受波斯人提出的和谈条件，但是扎卡利亚有力地反驳了安迪甘的威胁。随后安迪甘又试图以驻扎在和谈地点附近波斯将军塔姆库斯洛统帅大军在侧（尼西比斯附近）为由对扎卡利亚施压，最后双方仍然无法达成一致并不欢而散。和谈破裂后，波斯将军阿达尔马汉和塔姆库斯洛率军再次袭击拜占庭帝国奥斯罗恩行省，兵锋直指君士坦提亚。而莫里斯闻讯立即率军从莫诺卡顿（Monocarton）南下阻截，拜占庭和波斯军队于公元582年6月在君士坦提亚近郊爆发会战。从米南德、以弗所人约翰和西摩卡塔的记载来看，莫里斯此次出征对波斯人取得了完胜，并成功击杀了两位波斯将军。不久之后，提比略二世驾崩，莫里斯根据提比略二世的遗嘱继位为拜占庭帝国皇帝。

莫里斯一世在位前期，拜占庭帝国面临在巴尔干和东方战场两线作战的不利局面，须同时应付阿瓦尔人和波斯人在东西两个方向

---

[1]　Michael the Syrians, *The Chronicle of Michael the Syrian*, 10. 19（375a/350 – 351）

上的连年进攻。但即使是在这种不利背景下，经过莫里斯改革后的拜占庭军队在东线战场仍然多次击退波斯军队的袭击。莫里斯皇帝继位之后，立即任命约翰·米斯塔孔（John Mystacon）接任东方军事长官一职，随后便展开对波斯境内阿尔赞内地区的袭击。根据西摩卡塔的记载，米斯塔孔率领的拜占庭军队与波斯将军卡达里甘（Kardarigan）率领的波斯军队在底格里斯河上游的支流尼法乌斯河（Nymphaios）附近发生了遭遇战。此战中拜占庭军队一开始占据上风，但是由于米斯塔孔与其他将领的不和，拜占庭人最后被波斯人击败。[①] 公元 583 年间，罗马波斯双方没有发生大规模交战，而是重新开始了和谈磋商，但收效甚微。至公元 584 年初，莫里斯皇帝将米斯塔孔撤职，并以自己的外甥菲利皮卡斯（Philippicus）接任东方军事长官。而菲利皮卡斯上任后立即着手加固莫诺卡顿要塞，并于当年秋天集结军队准备渡过底格里斯河袭击萨珊帝国领土。

根据西摩卡塔和埃瓦格里乌斯的记载，菲利皮卡斯率领的拜占庭军队在经过长途行军后抵达了卡尔哈罗曼要塞（Carcharoman）。此时正准备袭击图尔·阿布町山的波斯将军卡达里甘闻讯立即率军向东折返阻截拜占庭军队。菲利皮卡斯并不愿意与波斯军队正面交战，而是率军北上袭扰波斯亚美尼亚。公元 585 年，菲利皮卡斯继续执行袭扰波斯阿尔赞内领土的战略，而波斯军队在卡达里甘的率领下主动出击围攻莫诺卡顿要塞。根据西摩卡塔的记载，在试图夺取莫诺卡顿要塞失败之后，卡达里甘又率军北上翻越图尔·阿布町山进入索芳纳内地区。由于此时菲利皮卡斯正驻守在马提罗堡严阵以待，卡达里甘在洗劫马提罗堡西边的一个修道院之后便撤兵回国。公元 585 年末，菲利皮卡斯回京述职，其原因很可能是莫里斯皇帝意欲与波斯人重启和谈。而公元 586 年春菲利皮卡斯回到东方前线后，便在阿米达接见了波斯和谈使节马赫伯德。根据西摩卡塔的记载，这一次波斯人仍然要求罗马人支付贡金作为和平的必要条件，

---

① Theophylact Simocatta, *The History of Theophylact Simocatta*, 1.9.4–11.

而尼西比斯的波斯主教西蒙（Simon）也亲自前来传达波斯人的索贡要求。和以前一样，莫里斯皇帝不愿支付波斯人贡金，双方和谈再告失败。①

这一年，菲利皮卡斯的拜占庭军队与卡达里甘的波斯军队在阿尔扎蒙（Arzamon）以东的索拉孔（Solachon）发生了一次决定性会战。拜占庭史家西摩卡塔详细记载了此战的经过，尤其提到菲利皮卡斯开始公开使用基督圣像鼓励士兵作战。此战中，拜占庭军队右翼指挥官维塔利乌斯（Vetalius）所部在击溃波斯军左翼之后，其麾下士兵一度不听指挥继续追击，企图夺取波斯军队的营帐。而菲利皮卡斯及时将维塔利乌斯及其所部召回接战，最终彻底击败了波斯人。② 菲利皮卡斯随后乘胜入侵阿尔赞内并试图夺取克洛马隆要塞，而卡达里甘所部波斯军队及时赶到并守住了城池。菲利皮卡斯见克洛马隆要塞久攻不下，遂率军经过阿普蒙要塞撤回了阿米达，随后又加固了位于图尔—阿布町山的要塞工事。③ 公元586年秋，菲利皮卡斯又派将军老希拉克略（拜占庭皇帝希拉克略一世之父，即 Heraclius the Elder）率军进袭波斯领土。老希拉克略率领的拜占庭军队在渡过底格里斯河之后一直推进至戈尔蒂耶尼境内的萨马农（Thamanon），随后又兵锋南转回渡底格里斯河并洗劫了萨珊帝国的贝特·阿拉巴地区，最后通过君士坦提亚返回了阿米达。④

进入公元587年，仍在抱病的菲利皮卡斯继续让老希拉克略代替自己执行主要作战任务。当年希拉克略再次率军深入波斯领土并攻陷了一个不知名的波斯要塞，而菲利皮卡斯麾下的另外两名将军西奥多尔（Theodore，图尔—阿布町本地人）和安德鲁（Andrew）也在当地人的情报协助下夺取了达拉要塞东北的贝乌阿德斯要塞

① Theophylact Simocatta, *The History of Theophylact Simocatta*, 1. 15. 1 – 15.

② Theophylact Simocatta, *The History of Theophylact Simocatta*, 2. 3. 1 – 4. 14.

③ Theophylact Simocatta, *The History of Theophylact Simocatta*, 2. 9. 1 – 17.

④ Theophylact Simocatta, *The History of Theophylact Simocatta*, 2. 10. 1 – 5.

（Beiuades），还收复了位于达拉城以北的马查戎（Matzaron）要塞①。公元587年冬菲利皮卡斯回京述职后，得知莫里斯皇帝将以普利斯卡斯（Priscus）接替自己的职位，于是便出于怨恨在东方拜占庭军队中到处散布莫里斯皇帝将军队薪水扣减四分之一的消息。而普利斯卡斯于公元588年4月前往东方前线的莫诺卡顿要塞上任之后，便遭到了当地拜占庭军队的联合抵制。由于菲利皮卡斯突然被皇帝解职，东方前线的拜占庭士兵对皇帝政策的不满几乎酿成哗变，士兵们甚至自行推举黎巴嫩腓尼基行省总督日耳曼努斯（Germanus）为帅。

　　根据西摩卡塔和埃瓦格里乌斯的记载，普利斯卡斯试图通过君士坦提亚和埃德萨的主教平息士兵的不满情绪，但仍然以失败告终。莫里斯皇帝只得将菲利皮卡斯官复原职，但已经哗变的士兵根本不受控制，甚至有5000人反叛并对埃德萨发起进攻。菲利皮卡斯抵达莫诺卡顿之后，拜占庭军队的暴动仍然继续，而此时波斯人开始趁此机会入侵奥斯罗恩。但出乎意料的是，哗变的拜占庭军队竟然主动击退了波斯人的进攻，甚至试图乘胜入侵波斯领土。莫里斯皇帝随后又派特使阿里斯托布鲁斯（Aristobulus）赶赴前线安抚拜占庭军队，这才平息了士兵的暴动。菲利皮卡斯随后将拜占庭军队集结至马提罗堡进行整训，之后又派出一支分队袭击波斯的阿尔赞内地区。

　　对于这一支拜占庭军队的作战情况，亚美尼亚史家和拜占庭史家有不同的记载：塞比奥斯认为这支军队在凡湖以西的塔萨卡居尔（Tsalkajur）被萨珊帝国新任命的波斯亚美尼亚总督奥弗拉哈特（Aphrahat）击败，波斯军队随后追击至马提罗堡近郊并与拜占庭军队再次交战。根据西摩卡塔和埃瓦格里乌斯的记载，此战中拜占庭人反败为胜并掠夺了许多战利品送交君士坦丁堡。公元588年10月，安条克爆发大地震，埃瓦格里乌斯称一共有6万安条克市民不

---

① Theophylact Simocatta, *The History of Theophylact Simocatta*, 2.18.1–26.

幸遇难①。至公元 589 年春，莫里斯皇帝终于兑现之前对军队的承诺，及时补上了欠发的粮饷。而日尔曼努斯和其他参与哗变的士兵都被押送君士坦丁堡受审，但莫里斯皇帝最终原谅了这些军人。公元 589 年 4 月，在安条克主教格里高利的调解下，菲利皮卡斯和东方拜占庭士兵之间恢复了信任，参与哗变的士兵在利塔巴（Litarba）得到大赦。但是波斯人在此期间通过拜占庭变节官员西塔斯（Sittas）的帮助成功袭取了马提罗堡，而菲利皮卡斯由于波斯援军近在咫尺，无法立即将马提罗堡夺回。莫里斯皇帝遂将菲利皮卡斯再次撤职，并以科门提奥鲁斯（Comentiolus）接替东方军事长官。公元 589 年秋，科门提奥鲁斯率军攻陷了马提罗堡附近的波斯要塞阿克巴斯（Akbas），完成了对马提罗堡波斯守军的封锁，又派兵入侵萨珊帝国的贝特·阿拉巴地区。根据西摩卡塔和埃瓦格里乌斯的记载，这支拜占庭军队在西绍拉农要塞大败波斯军队，但拜占庭史家对于此役的功劳应该归于老希拉克略还是总帅科门提奥鲁斯存在不同的看法：西摩卡塔认为是老希拉克略作战勇猛②，而埃瓦格里乌斯认为是科门提奥鲁斯统率有方。③

另外，公元 588—589 年间罗马和波斯在高加索战场的局势也发生了很大变化：根据格鲁吉亚史料的记载，公元 588 年，之前出镇阿尔巴尼亚的波斯王子库斯洛被父王霍尔木兹四世召回，这导致萨珊帝国对南高加索诸国的控制出现松动，于是伊比利业人再次萌生了反叛萨珊帝国的意向并向拜占庭皇帝莫里斯求助。莫里斯皇帝遂将伊比利亚王室成员古阿拉姆（Guaram）扶植为伊比利亚国王，古阿拉姆在拜占庭军队的帮助下成功返回姆茨赫塔继位，随后又于公元 589 年春率军进袭萨珊帝国的阿杜尔巴达干地区。与此同时，萨珊帝国米赫兰家族的名将巴赫兰·楚宾（Bahram Cho-

---

①　Evagrius, *Historia Ecclesiastica*, 6.8.

②　Theophylact Simocatta, *The History of Theophylact Simocatta*, 3.6.1-5.

③　Evagrius, *Historia Ecclesiastica*, 6.15.

bin）在中亚大败突厥人，击杀叶护可汗（Yabgu Khaghan，《泰伯里史》作 Shābah）[1]。楚宾在此役胜利后一跃成为萨珊帝国最耀眼的将星，霍尔木兹四世便命楚宾乘胜西进高加索战场对付拜占庭—伊比利亚联军。在将古阿拉姆赶出阿杜尔巴达干地区后，楚宾率军继续西进伊比利亚和拉齐卡，兵锋远指高加索山西麓的苏安尼亚。拜占庭帝国在高加索战场的总指挥罗曼努斯一开始被楚宾击败，被迫从阿尔巴尼亚撤回拉齐卡，但随后又在阿拉斯河谷成功击退了楚宾率领的波斯军队。楚宾的意外战败使霍尔木兹四世大为恼怒，根据《泰伯里史》和《列王纪》的记载，霍尔木兹四世对楚宾的骄横自恃十分不满，于是便借楚宾作战失利送给他妇女衣物以示羞辱，并解除了楚宾的兵权。霍尔木兹四世对米赫兰世家贵族首领的猜忌导致了极其严重的政治后果，巴赫兰·楚宾随后揭起叛旗并被部下拥立为萨珊帝国新君，从而掀起了萨珊帝国后期最大规模的一次叛乱。

　　在巴赫兰·楚宾公开叛乱、应者云集的形势下，公元 590 年初，萨珊帝国君主霍尔木兹四世被国内贵族推翻入狱，旋即在王储库斯洛与贵族策动的阴谋中被杀。不久之后，楚宾遂进军首都泰西封（Ctesiphon）践祚，称巴赫兰六世（Bahram VI，590—591 年在位），这是萨珊帝国历史仅有的两次非萨珊王室成员僭位称帝事件之一。与此同时，霍尔木兹四世的王储库斯洛已经在楚宾进入泰西封前被楚宾击败并出逃至罗马波斯边境，并派使者前往拜占庭帝国请求后者出兵支持其复位。莫里斯皇帝不顾元老院一致反对，决定给予库斯洛支持，但条件是萨珊帝国割让阿米达、卡莱、达拉、米亚法里

---

[1]　叶护可汗即东突厥汗国沙钵略可汗之弟处罗侯。公元 587 年（隋开皇七年）沙钵略可汗病逝，处罗侯继位称叶护可汗，同年在击败并俘虏阿波可汗后乘胜西征，遂"中流矢而死"。汉文史料对于叶护可汗的结局语焉不详，但却与阿拉伯波斯史料关于巴赫兰·楚宾于公元 588 年于波斯东境射杀突厥可汗的记载有吻合之处。但如博斯沃斯（Bosworth）所言，也不能排除楚宾所杀乃臣服突厥的中亚嚈哒小王之可能性，因为叶护可汗不太可能毫发无损地穿过当时西突厥达头可汗的领地去入侵波斯。参见《隋书》卷八十四《列传》第四十九《北狄·突厥》；Tabari, *Tarikh al-Rusul wa al-Muluk*, Vol. 5：*Byzantines, Sasanids, Lakhmids and Yemen*, 991。

琴（Miyafariqin，即马提罗堡）四城并停止干涉伊比利亚和亚美尼亚事务，并将拉齐卡地区归还拜占庭帝国。①

　　库斯洛为恢复王位不得不答应了莫里斯的条件。莫里斯皇帝随后派约翰·米斯塔孔和科门提奥鲁斯率军 4 万护送库斯洛回国与楚宾争位。由于库斯洛与科门提奥鲁斯不和，莫里斯皇帝又应库斯洛的请求以纳尔塞斯接替科门提奥鲁斯统率拜占庭援军。② 公元 591 年，纳尔塞斯率领的拜占庭军队和支持库斯洛的波斯贵族组成的 6 万联军在阿杜尔巴达干南部的巴拉拉松河（Blarathon）彻底击败楚宾③。库斯洛随后复位为萨珊君主，即库斯洛二世。库斯洛二世继位后，为履行与莫里斯皇帝达成的协定，被迫将波斯亚美尼亚西部、伊比利亚西部和拉齐卡的部分地区割让／交还拜占庭帝国。亚美尼亚史家塞比奥斯详细记载了公元 591 年罗马波斯和平协定签订后两大帝国在亚美尼亚势力范围的变更：

　　　　击败巴赫兰·楚宾后，库斯洛王子按照他自己之前承诺的那样赏赐支持他的贵族，每个人都得到符合自己地位的礼品。库斯洛随后将他们解散回国，自己则从阿特罗佩特尼来到阿苏里斯坦，即他的王畿所在地，并正式登基称王。继位之后，库斯洛立即兑现了答应"赠送"给莫里斯皇帝的"礼品"：他将直至尼西比斯的整个阿罗斯坦（Arnastan，即 Arabistan）以及他治下的亚美尼亚地区割让给希腊人（即拜占庭帝国）。这些地区包括：直到胡拉兹丹河（Hurazdan）的塔努特统（Tanutertun），直到加尼镇（Garni）的科特伊克省（Koteik），一直延伸到布祖尼克湖（Bzunik，即凡湖）和阿里斯塔万（Arestawan），以及直到哈兹温（Hats'iwn）和马库（Maku）的格戈维特省（Gogo-

---

①　Theophylact Simocatta，*The History of Theophylact Simocatta*，4. 14. 1 – 6.
②　Theophylact Simocatta，*The History of Theophylact Simocatta*，5. 1 – 2.
③　Theophylact Simocatta，*The History of Theophylact Simocatta*，5. 7 – 11.

vit）。只有瓦斯普拉罕（Vaspurakan）地区仍然归波斯人管辖，
而大部分亚美尼亚贵族的领地已经划归希腊人治下，只有少数
仍然留给波斯。随后库斯洛国王召见了穆什尔·马米科尼扬
（Mushel Mamikonian），而他此后再也没有回到过自己的祖国。①

　　这样一来，由于公元591年罗马波斯和平协定的签订，拜占庭
帝国与萨珊帝国的国界便由黑海东南岸的佩特拉至达拉要塞一线东
移至凡湖—塞凡湖一线。由此可见，莫里斯通过扶植库斯洛二世登
位平定萨珊帝国内乱，不仅借机达成了与波斯久违的和平协定，还
实现了拜占庭帝国东方疆界自君士坦丁时代以来最大限度的扩张。
不仅如此，拜占庭帝国通过武力介入萨珊帝国皇位继承极大增强了
在罗马和波斯在西亚博弈中的有力地位，尤其是正式免除了自查士
丁尼时代以来对波斯缴纳的沉重岁币，使拜占庭帝国的财政困境得
到了极大的缓解。最根本的是，与波斯达成有利于拜占庭的和平协
议符合莫里斯时期"东和波斯、北征阿瓦尔"的基本国家战略。
　　拜占庭帝国自6世纪初以来就面临着多线作战的困境，东方宿
敌萨珊王朝和多瑙河北岸的游牧民族长期威胁着拜占庭帝国的国防
安全。公元560年代阿瓦尔人从南俄草原上兴起后，与斯拉夫人一
道迅速成为拜占庭帝国最大的北疆边患。拜占庭帝国在公元572—
579年与波斯人的一连串战争中频频失利，以至于查士丁二世忧愤
成疾不能理政，并于公元578年让位于其女婿提比略二世。公元582
年提比略二世退位前已经耗空了拜占庭帝国国库，同年阿瓦尔人又
在夺取了多瑙河战略要地西米翁（Sirmium）后开始连年南下入侵，
并向拜占庭帝国索要巨额岁币。由于始终未能和萨珊帝国达成和平
协议，拜占庭帝国必须在东线和波斯人持续作战。且由于波斯的牵
制，拜占庭帝国对阿瓦尔人、斯拉夫人在巴尔干半岛的连年入寇只
能听之任之。公元582年莫里斯继位后，一直在寻求改善拜占庭帝

---

① Sebeos, *The Armenian History Attributed to Sebeos*, 84. 20 – 32/28 – 29.

国两线作战困境的机会以集中力量优先解决北疆问题。而公元589—590年萨珊王朝的皇位继承纷争成为莫里斯皇帝千载难逢的干涉良机。公元591年两国媾和之后，莫里斯皇帝立即腾出手来，在多瑙河流域展开了对阿瓦尔人长达10年的军事征略（591—601年），最终重新建立起了拜占庭帝国的多瑙河防线。①

　　公元591年库斯洛在莫里斯皇帝的帮助下复位成功，从表面上看是拜占庭军队大力支持的功劳，实际上在楚宾失败的背后隐藏着更为深刻的萨珊帝国内部政治逻辑。笔者认为，莫里斯皇帝之所以要支持库斯洛二世复位，不仅是因为这么做可以与波斯达成有利于拜占庭的和平协议，而且因为他清楚地认识到楚宾的篡位在波斯国内不可能长久。萨珊帝国和拜占庭帝国虽同为君主制帝国，但在皇位继承制度上有着巨大的区别。拜占庭帝国虽然也以血亲世袭为主要继承方式，但直系血亲世袭尤其是父死子继的继承方式在早期拜占庭帝国并不占据主要地位。最明显的例子便是查士丁尼王朝（518—602年）的最后三位皇帝——查士丁二世、提比略二世和莫里斯一世分别通过与前帝的甥舅关系和翁婿关系上位，属于旁系血亲继承。而查士丁尼一世则是查士丁一世的侄子，因此查士丁尼王朝诸帝没有一个是通过直系血亲继承上位的，更遑论父死子继了。

　　而萨珊帝国是严格意义上的直系血亲皇位继承制帝国。尽管帕提亚贵族世家与萨珊王室累世联姻，但巴赫兰·楚宾的僭位仍然触碰到了萨珊帝国皇位继承制度的底线，且受到其他帕提亚贵族世家尤其是埃斯帕赫贝德家族（Ispahbudhan）的强烈反对。早在霍尔木兹四世在位期间，帕提亚贵族世家不受节制的权力便已经触及了萨珊王权所能容忍的底线。根据《泰伯里史》的记载，霍尔木兹四世曾经在田猎时下令随行贵族不得践踏庄稼，结果库斯洛王子的坐骑

---

　　①　Michael Whitby, *The Emperor Maurice and His Historian：Theophylact Simocatta on Persian and Balkan Warfare*, Oxford：Clarendon Press, 1988, pp. 138 – 183.

失控窜进了农田，霍尔木兹四世不顾贵族们的反对坚决将这匹坐骑割耳去尾，并令库斯洛照价赔偿田地主人的损失；而霍尔木兹四世另一次田猎时，一名波斯贵族竟然敢在光天化日之下命人收割农人刚刚种熟的葡萄并在以金腰带补偿受害人之后自己享用非法所得。

为了平息民怨并树立自己公正统治的形象，霍尔木兹四世在位期间严厉打压帕提亚贵族世家，据说杀死贵族共计13600人①，这无疑使得萨珊帝国内部不满霍尔木兹四世的力量开始积聚酝酿。而巴赫兰·楚宾的篡位是萨珊帝国内部帕提亚贵族世家对萨珊家族王位合法性的第一次公开挑战，但绝不是最后一次。由此可见，帕提亚安息王朝即使在灭亡数百年后在伊朗民间仍然具有的强大号召力。而库斯洛二世能够成功推翻楚宾，与他的两个来自埃斯帕赫贝德家族的舅舅维斯塔姆（Vistahm）和温杜伊赫（Vinduyih）的支持密不可分。② 帕提亚贵族世家虽然能够对萨珊王朝的帝位继承施加强大的影响力，但其自身也存在着明显的相互竞争和制衡，从而可以被萨珊王室采取分化笼络的策略加以控制。可以说，楚宾未能团结包括亚美尼亚安息贵族在内的所有帕提亚世家一致反对萨珊王室是其最终失败的重要原因。

但是巴赫兰·楚宾之乱对萨珊帝国造成的影响仍然极为深远，它标志着作为萨珊帝国统治支柱的帕提亚—萨珊贵族联盟在成功运作数百年之后已经出现了难以修复的结构性裂痕。而库斯洛二世在位时期萨珊帝国内部贵族派系的斗争随着罗马波斯战局的发展进一步向白热化阶段演进，最终导致库斯洛二世统治的垮台和萨珊—帕提亚贵族联盟的解体和内部火并。另外，莫里斯皇帝虽然成功通过扶植库斯洛二世继位达成了久违的罗马波斯和平协定，结束了长达近二十年的"高加索战争"。但公元591年和平协定完全建立在莫里

---

① Tabari, *Tarikh al-Rusul wa al-Muluk*, Vol. 5: *Byzantines, Sasanids, Lakhmids and Yemen*, pp. 989 – 990.

② Parvaneh Pourshariati, *Decline and Fall of the Sasanian Empire: Sasanian-Parthian Confederacy and the Arab Conquest of Iran*, London: I. B. Tauris, 2008, pp. 131 – 136.

斯和库斯洛的个人恩庇关系之上，且明显让萨珊帝国做出了极大的领土牺牲，这便注定了公元 591 年和平协定与公元 562 年和平协定一样不可能长久维持。而随着 7 世纪初莫里斯皇帝的意外被弑和查士丁尼王朝家族和法统传承的断绝，库斯洛一世便找到了向拜占庭帝国复仇的绝佳借口，从而掀起了古代晚期最后一次、同时也是最具毁灭性的罗马波斯战争。

第五节　古代世界的最后大战：公元 602—628 年的罗马波斯战争

公元 591 年罗马波斯和平协议签订之后，莫里斯皇帝将拜占庭帝国的战略重心转向巴尔干半岛，而库斯洛二世在其继位的最初十年间忙于平定其舅父维斯塔姆在萨珊帝国东北部诸省发动的叛乱（公元 594—601 年）。库斯洛二世在位时期宗教政策最引人注目之处，便是大力支持和赞助近东的非卡尔西顿派基督徒，这与霍尔木兹四世时期平衡基督教和袄教的政策实则一脉相承。库斯洛二世对基督教的扶植和优容政策远远超出了萨珊帝国的势力范围，不论是波斯的聂斯托利派东方教会、拜占庭帝国境内的叙利亚雅各一性派教会还是亚美尼亚使徒教会均得到库斯洛二世的青睐。而其背后最大的直接动力无疑是其亚美尼亚皇后基督徒席琳皇妃（Shirin），而非后世史家编造的莫里斯皇帝将其女儿玛利亚（Maria）嫁给库斯洛二世使然。根据西摩卡塔和埃瓦格里乌斯的记载，公元 591—592 年之交时，为了让自己的爱妃席琳尽早怀上身孕，库斯洛二世为拜占庭帝国塞尔吉乌斯堡的圣塞尔吉乌斯圣陵奉献了丰厚的祭品。根据埃瓦格里乌斯的记载，库斯洛二世青睐塞尔吉乌斯圣陵，与他在拜占庭帝国避难期间求助于圣塞尔吉乌斯显灵，而成功击败串通楚宾谋反的波斯叛将扎兹帕赫姆（*Zatsparham*）有关。① 公元 593—594 年，库斯洛二世又以席琳皇妃的名义为塞尔吉乌斯圣陵献上了包括金质圣餐盘在内的奢华礼品。而塞比奥斯和泰伯里等史家甚至提到一些传说称当时库斯洛二世已经秘密皈依基督教，这显然和公元 591—602 年间萨珊帝国与拜占庭帝国高层之间的密切往来有关。而后世拜占庭史家将库斯洛二世描绘为"世界毁灭者"（*cosmolethron*）则是对公元 602—628 年罗马波斯和平破裂并重新爆发战争、波斯人一度将拜占庭帝国逼至绝境的心态反映。与此同时，莫里斯皇帝在拜占庭帝国东方诸省又开启了对一性派基督徒的迫害政策：根据《复活节编年史》的记载，公元 598—599 年，拜占庭帝国的埃德萨主教图密善（Domitian）在奥斯罗恩行省对当地一性派基督徒实施了大规模的强制改宗，许多一性派基督徒殉教。因此，库斯洛二世后来发动对拜占庭帝国的战争时，这些遭到迫害和驱逐的拜占庭帝国东方一性派基督徒便成了支持波斯人进军的重要力量。

公元 6 世纪最后十年间的罗马波斯关系也并非完全风平浪静，尤其是随着加萨尼王国的解体，两大帝国的沙漠边境变得更加不稳定：根据西摩卡塔的记载，大约在公元 592 年时，一支与拜占庭帝国结盟的阿拉伯部落入侵了波斯领土。为了解决纠纷，莫里斯皇帝派东方大区长官兼安条克主教乔治（George）为使节出使萨珊帝国。乔治抵达泰西封宫廷后，库斯洛二世借故拖延不见拜占庭使节，直到波斯地方官员劝谏之后才肯接见乔治。虽然两大帝国的此番冲突被乔治成功化解，但莫里斯皇帝对乔治出使的结果仍然十分不满。根据曾跟随乔治出使萨珊宫廷的埃皮法尼亚人约翰的记载，乔治曾经多次出使波斯并与库斯洛二世商议国事。而约翰也在其著作中称自己也接触过相当多的波斯显贵，甚至与库斯洛二世有过密切的交谈。根据西摩卡塔的记载，公元 596—597 年，莫里斯皇帝再派卡尔

① Evagrius, *Historia Ecclesiastica*, 6.21；Theophylact Simocatta, *The History of Theophylact Simocatta*, 5.14.4–6.

西顿主教普罗布斯（Probus）出使萨珊帝国，而库斯洛二世也相应派瑟纳（Senna）主教米拉斯（Milas）出使拜占庭。[①] 而根据东方教会史料《西尔特编年史》（*The Chronicle of Seert*）的记载，萨珊帝国的东方教会总主教（*catholicos*）与莫里斯皇帝也常有书信往来，并多次要求莫里斯皇帝释放之前拜占庭军队在阿尔赞内、贝扎布德、贝特—阿拉巴和辛加拉等地掠得的波斯战俘，并以之作为巩固两国和平友好关系的必要措施。[②]

由此可见，由于这一时期两大帝国在基督教—祆教意识形态领域对抗的淡化和基督教在萨珊帝国内部地位的上升，来自不同教派的基督教职人员在两大帝国外事往来中扮演着愈益重要的角色。而与此同时，在萨珊帝国内部，一性派基督教和东方教会在美索不达米亚地区的共存也导致了潜在的紧张冲突：根据另一份东方教会史料《胡齐斯坦编年史》（*Khuzistan Chronicle*）的记载，大约在公元598 年，塞琉西亚—泰西封总主教萨布里述（Sabrisho）支持尼西比斯的聂斯托利派教士赫纳拿（Henana）推翻该城主教、可能有一性派倾向的格里高利（Gregory of Kashgar），后者最后被迫离职出走。而公元599 年尼西比斯城便民众爆发了大规模叛乱，波斯总督被杀。库斯洛二世临时派一个贵族（*nakhveragan*）率军前来平叛，才收复了尼西比斯。但波斯人并没有兑现宽恕叛乱民众的许诺，而是对城中居民展开屠杀。[③] 与此同时，两大帝国治下的亚美尼亚贵族也爆发了零星的叛乱：根据亚美尼亚史家塞比奥斯的记载，在平定楚宾叛乱中支持过库斯洛二世的亚美尼亚贵族穆什尔·马米科尼扬（Mushel Mamikonian）很快又跟库斯洛二世闹翻，转而为莫里斯皇帝在巴尔干前线效力。

不仅如此，莫里斯皇帝还计划将公元591 年和约中划归拜占庭

---

①　Theophylact Simocatta, *The History of Theophylact Simocatta*, 5. 15. 8 – 11.

②　*The Chronicle of Seert*, 67, Patrologia Orientalis, 13. 493.

③　*Khuzistan Chronicle*, Georgia Chronicles of Late Antiquity, 18 – 19; *The Chronicle of Seert*, Patrologia Orientalis, 75（13. 514）.

统治的波斯亚美尼亚贵族大批迁徙至巴尔干以服务于拜占庭帝国对阿瓦尔人和斯拉夫人的战争，但这种做法无疑会激起亚美尼亚贵族的反抗。而库斯洛二世则趁此机会拉拢亚美尼亚贵族重新向波斯效忠。根据塞比奥斯的记载，当时派去说服亚美尼亚人的波斯官员竟然遭到亚美尼亚贵族的拦路抢劫。于是最后拜占庭和波斯军队联合行动，才于公元594—595年间平息了这场亚美尼亚叛乱。[①] 公元601年，莫里斯皇帝又强行征召亚美尼亚贵族阿塔特·霍尔霍鲁尼（Atat Khorkhoruni）前往巴尔干半岛服役。根据塞比奥斯的记载，阿塔特在前往君士坦丁堡的途中又反悔并逃至波斯亚美尼亚境内的纳希契凡（Nakhchawan）。而随着阿塔特的叛逃，莫里斯皇帝大规模迁徙亚美尼亚贵族防守巴尔干边境的战略被迫暂缓实施。另外，罗马和波斯在伊比利亚王国的势力对比在6世纪末7世纪初也逐渐发生了不利于拜占庭帝国的变化：公元590年亲拜占庭的伊比利亚古阿拉姆去世后，其继任者斯蒂芬一世（Stephen I，590—627年在位）公开向萨珊帝国投诚，并开始发行印有霍尔木兹四世头像的德拉克马银币。而7世纪初库斯洛二世撕毁和约对拜占庭帝国开战后，斯蒂芬一世的伊比利亚王国迅速倒向萨珊帝国，并一直为波斯人效忠直至战争结束。

公元602年，莫里斯皇帝对多瑙河前线的拜占庭军队下达了不许南渡越冬的谕令，这便导致了以福卡斯（Phocas）为首的下级军官教唆士兵发动叛乱。叛军随后向君士坦丁堡开进，并于公元602年11月23日在首都群众的里应外合下推翻了莫里斯皇帝的统治。莫里斯一家除幼子塞奥多西乌斯（Theodosius）可能逃到波斯外全被处决。福卡斯篡位称帝，由此开启了7世纪拜占庭帝国内乱外患频仍、疆土骤缩的"黑暗时代"。根据西摩卡塔的记载，福卡斯继位之后，仍然按照惯例派遣利利乌斯（Lilius）为使节出使萨珊帝国，希

---

① Sebeos, *The Armenian History attributed to Sebeos*, 87 – 8/32 – 4.

望库斯洛二世承认自己的帝位。① 拜占庭史家西摩卡塔详述了利利乌斯和达拉要塞军事长官日耳曼努斯会面的经过，但对利利乌斯出使萨珊宫廷的细节却语焉不详。而对于库斯洛二世发动战争的理由，西摩卡塔仅仅给出了"库斯洛将福卡斯的残暴统治作为发动战争的借口，从而吹响了毁灭世界的号角"这样明显过于单纯的动机解释。西摩卡塔随后又称，"这便导致了罗马人和波斯人的繁荣开始灰飞烟灭，因为库斯洛怀念自己的昔日恩主莫里斯，所以扣响了波斯战争的扳机"。

笔者认为，库斯洛二世之所以要以为莫里斯皇帝报仇为由发动战争，其主观愿望可能是想调整过去两大帝国君主之间并不平等的个人恩庇关系，从而抹掉自己曾经靠拜占庭军队帮助才登上皇位的"黑历史"。实际上，在公元 602—610 年罗马波斯战争的第一阶段，库斯洛二世确实打出了将莫里斯的皇储塞奥多西乌斯重新扶上皇位的旗号（尽管不排除这个塞奥多西乌斯是冒名顶替者的可能性）。但是由于公元 608 年希拉克略父子的起兵上位，库斯洛二世恢复查士丁尼王朝的计划宣告流产，这无疑是对库斯洛二世的重大打击。而公元 610 年希拉克略一世继位后，库斯洛二世根本不愿意承认希拉克略的帝位合法性并选择继续战争。这实际上表明在 7 世纪初，萨珊帝国统治者已经在某种程度上将拜占庭帝国视为和波斯同样的单一家族王朝帝国。因此当福卡斯终结拜占庭帝国"宫廷皇帝时代"、希拉克略又试图建立新王朝时，库斯洛二世觉得这不仅是对其恩主莫里斯皇帝和库斯洛自己的羞辱，也是对两大帝国长期交往后达成的王朝统治合法性共识基础的践踏。

另外，传统观点倾向于将库斯洛二世时代萨珊帝国对拜占庭帝国的穷兵黩武和无节制扩张解读为"恢复阿契美尼德王朝西部疆域"，这实际上是公元 602—619 年间库斯洛二世对拜占庭帝国东地中海诸省连年用兵的结果而非原因。可以说，由于福卡斯叛乱和莫

---

① Theophylact Simocatta, *The History of Theophylact Simocatta*, 15.2 –7.

里斯被弑导致的拜占庭帝国家族王朝统治断裂才是萨珊帝国对拜占庭帝国发动战争的主要原因（至少在官方层面上如此）。而库斯洛二世并非一开始就想吞并拜占庭帝国并"毁灭世界"，而是希望通过惩罚福卡斯和希拉克略这样的"篡位者"恢复查士丁尼王朝的统治。但是随着塞奥多西乌斯于公元610年后消失于历史中，库斯洛二世对拜占庭帝国的战争动机和目标逐渐由"匡扶查士丁尼王朝正统"向"彻底使拜占庭帝国屈服于波斯"甚至消灭拜占庭帝国转变。但即使是发生了这样的转变，库斯洛二世的初衷仍然是想凭借自己和查士丁尼王朝诸帝的合法性纽带联系在短期内实现两大帝国的"武力统一"，至少也要使新即位的拜占庭君主在王朝合法性上与萨珊帝国重新建立起紧密的联结纽带。

但是库斯洛二世明显低估了拜占庭帝国的国家韧性、地理纵深和希拉克略皇帝动员拜占庭帝国教俗各界资源组织反击的能力。因而库斯洛二世不仅没有达成原初的战略目的，还将这场战争演变为了完全失控的持久消耗战和两大帝国的生死决战，这其实是库斯洛二世始料未及的。至于所谓"恢复阿契美尼德王朝西部疆域"，对萨珊帝国统治者而言不仅不具有可行性，而且从未成为萨珊帝国对外政策的核心关切。而从现有史料来看，自4世纪沙普尔二世最后一次对罗马人提出恢复波斯直至爱琴海的古代疆界之后，萨珊帝国君主再未"重提旧事"。这实际上表明居鲁士、大流士时期波斯帝国的历史记忆至萨珊帝国后期已经出现了明显的淡化和遗忘，至少在官方层面如此。因此，解读公元602—628年最后一次罗马波斯战争爆发的原因，仍然必须立足于6世纪末7世纪初西亚和东地中海地区具体的国际国内环境和两大帝国王朝合法性观念的基础上。而任何对萨珊帝国对外政策的过度理想化解读都难以得到当时史料和证据的充分支持，因此我们必须慎之又慎。

由于西摩卡塔的记载止于福卡斯的篡位登基，自普罗科比以来拜占庭史家对帝国对外关系和战争史的连续记述至此终结。因此，还原公元602—628年罗马波斯战争的细节由于同时代官方权威史料的相对匮乏而具有一定的难度，但也并非完全不可行。实际上，除了 9 世纪塞奥法尼斯的《编年史》以及 7 世纪的《复活节编年史》外，我们还可以从叙利亚和亚美尼亚史料、东方圣徒传记以及中古波斯—伊斯兰史料（包括文学作品）的记载来丰富和佐证拜占庭史料关于这场古代世界最后大战的具体经过。根据《复活节编年史》和塞奥法尼斯的记载，此次罗马波斯战争的爆发最初是由拜占庭帝国前达拉统帅纳尔塞斯（Narses）叛乱而诱发的。纳尔塞斯的叛乱大约发生于公元 603 年底，而库斯洛二世决定出兵的时间不会比这个时间点更早。塞奥法尼斯称，纳尔塞斯在攻下埃德萨之后便写信给库斯洛二世敦促其从速出兵相援①。但是从后来的战局发展来看，纳尔塞斯的拜占庭叛军和波斯军队毫无紧密的配合关系，甚至在波斯军队入境后放弃埃德萨并撤退至叙利亚边境的希拉波利斯。因此库斯洛二世出兵很可能仅仅是利用这一有利局势而非出于对纳尔塞斯的支持。

　　库斯洛二世对拜占庭帝国宣战后，波斯军队的第一个目标仍然是 12 年前被拜占庭帝国收回的达拉要塞，而此次围攻至少持续了 9 个月之久。《724 年编年史》称达拉要塞陷落于公元 604 年夏，因此库斯洛二世出兵的时间应不会晚于公元 603 年 11 月。② 塞奥法尼斯的《编年史》详细记载了公元 604 年双方战事的进展，并称库斯洛二世的波斯军队与拜占庭军队在阿尔哈蒙（Arxamoun）发生了遭遇战，结果是罗马人大败。随后库斯洛二世遵循旧例结束亲征，将军队交给波斯将领佐格斯（Zongoes）指挥继续战争。在公元 604—610 年间，在波斯军队的持续攻击下，拜占庭帝国在幼发拉底河以东的要塞和城市全部陷落，但是要确定每一个城市具体的陷落时间表是较为困难的：综合各方史料的记载来看，马尔丁和阿米达可能陷落于公元 606—607 年之间，但也不排除是在公元 608—609 年间的可

---

①　Theophanes the Confessor, *The Chronicle of Theophanes Confessor*, 291. 27 – 292. 1.

②　*Chronicle to the Year* 724, 145/16, AG 915.

能性；而雷塞纳（Resaina）可能陷落于公元 607 年或 609 年夏；而拜占庭帝国在图尔·阿布町山的要塞科法斯（Cephas）陷落的时间应在马尔丁陷落之前半年。

从叙利亚史料的记载来看，波斯军队在征服这些城市后往往将卡尔西顿派主教撤职并以一性派主教接替之。不仅如此，公元 598—599 年间被埃德萨主教图密善迫害驱逐的一性派主教从远至埃及的流亡地返回东方边境并在波斯人控制的这些城市中重新任职。因此这些叙利亚史料试图向我们展现的是一幅萨珊帝国拉拢叙利亚一性派基督徒以巩固对拜占庭帝国征服成果的"普世帝国愿景"，而这不可避免地会造成叙利亚史家对波斯人征服统治的美化。但我们可以确定的是，公元 604—610 年间波斯军队对拜占庭帝国的作战模式和目标与以往数世纪确实有着明显的不同，那便是将逐个征服拜占庭帝国东方要塞城市而不是劫掠其中个别的要塞和大都会作为核心作战方针。也就是说，在彻底征服幼发拉底河以东拜占庭要塞城市之前，波斯军队没有越过幼发拉底河一步对叙利亚诸省的拜占庭城市发动袭击。

公元 609—610 年间，埃德萨、卡莱、卡里尼库姆和科尔凯西乌姆相继陷落①，其中在拜占庭人眼中长期被基督护佑而永不陷落之城——埃德萨的陷落具有标志性的意义，可以说是拜占庭帝国东方防御体系崩溃的征召。之后，萨珊帝国对拜占庭帝国幼发拉底河以东奥斯罗恩和美索不达米亚行省的征服基本得以实现。直到公元 610 年 8 月 7 日，波斯军队才在沙赫巴拉兹（Shahrvaraz，拜占庭史料作 Sarborz）的率领下渡过幼发拉底河，征服了第一个位于河西的拜占庭要塞芝诺比亚（Zenobia）。② 因此，在公元 604—610 年战争的第一阶段，萨珊帝国的主要战略目标仍然是征服并消化拜占庭帝国在幼发拉底河以东的领土和势力范围，这可以看作是某种程度上对帕

---

① *Chronicle Paschale*，698/149，a. 609.

② *Chronicle to the Year* 724，145/16，AG 921.

提亚帝国遗产的"光复"。但库斯洛二世的战略理念与萨珊帝国早期
君主对罗马帝国的用兵思想仍然是一脉相承的——恢复被罗马—拜
占庭帝国攫取的关乎泰西封京畿地区安全的美索不达米亚北部诸城,
而埃德萨诸城的陷落也标志着塞维鲁王朝以来罗马帝国蚕食帕提亚
和萨珊波斯帝国在两河流域势力范围的战略成果至此不复存在。

　　与美索不达米亚战役的进行同时,萨珊帝国在公元603—610年
间也在波斯亚美尼亚开辟了第二战场。由于公元591年的罗马波斯
和平协定使萨珊帝国将波斯亚美尼亚的几乎一半领土都割让给了拜
占庭帝国,库斯洛二世的亚美尼亚攻略首要目标仍然是将两大帝国
在亚美尼亚的势力边界重新恢复至公元387年的态势,而非直接进
攻拜占庭帝国的罗马亚美尼亚诸省。对于公元602—628年间罗马波
斯战争在亚美尼亚和高加索战场的进展,7世纪的亚美尼亚史家塞
比奥斯和更晚成书的摩西·达斯霍伦纳契（Movses Daskhoranatsi）
的《高加索阿尔巴尼亚史》（*History of Caucasus Albania*）是我们主
要的史料来源。但是由于古代晚期的南高加索诸国缺乏严谨可靠的
编年史材料,我们在确定具体事件的年代时仍然需要结合拜占庭和
叙利亚编年史的记载。

　　塞比奥斯提到,在公元603年冬波斯人开始围攻达拉要塞时,
库斯洛二世也同时任命了波斯将领祖万·韦赫（Dzuan Veh）负责亚
美尼亚战事。[1] 从公元604年春起,祖万·韦赫以刚刚收复的波斯亚
美尼亚首府迪温为根据地,向驻守亚美尼亚的拜占庭军队发起进攻,
但是在埃勒瓦尔德（Elevard,即 Erevan）遭到拜占庭军队挫败。公
元605年后,库斯洛二世派另一位将领达托彦（Datoyean）取代祖
万·韦赫统率波斯军队。[2] 达托彦没有辜负库斯洛二世的期待,于当
年率军在希拉克（Shirak）平原以西的戈提克村（Getik）成功击败
拜占庭军队,随后又在当地的厄尔金奈（Erginay）堡屠杀了效忠拜

---

①　Sebeos, *History of the Armenians Attributed to Sebeos*, 107 – 8/59.

②　Sebeos, *History of the Armenians Attributed to Sebeos*, 108 – 9/59 – 60.

占庭帝国的亚美尼亚守军。公元 606 年，库斯洛二世又派塞尼坦·库斯洛（Senitam Khosrow）接替达托彦。当年塞尼坦·库斯洛率军于安格隆要塞将拜占庭守将塞奥多西乌斯·霍尔霍鲁尼（Theodosius Khorkhoruni）的部队团团包围，拜占庭守军在试图与波斯人和谈时遭到波斯军队突袭，只能放弃安格隆要塞溃逃，塞奥多西乌斯本人则被俘。夺取安格隆之后，波斯军队乘胜西进，在狄奥多西堡以西的贝西安（Basean）再次击败罗马人，拿下许多要塞。①

　　根据塞比奥斯的记载，接替塞尼坦·库斯洛的第四任波斯指挥官是阿什塔特·亚兹塔亚尔（Ashtat Yeztayar），而流亡萨珊帝国的拜占庭皇储——莫里斯之子塞奥多西乌斯也在阿什塔特的波斯军队中。公元 607 年，阿什塔特在贝西安又击败了一支拜占庭军队，随后波斯人一直推进到萨塔拉。阿什塔特转而回师围困狄奥多西堡，并通过皇储塞奥多西乌斯劝降了该城守军。② 从塞比奥斯的记载来看，与狄奥多西堡在大致同一时间陷落的拜占庭要塞还包括吉扎里松、萨塔拉和尼科波利斯等位于罗马亚美尼亚、本都和卡帕多西亚行省边界的要塞城市。而从公元 608 年起，接替阿什塔特的第五任波斯亚美尼亚指挥官沙辛（Shahin）继续率军深入拜占庭帝国领土，在狄奥多西堡附近又大败罗马人，遂完成了将拜占庭势力彻底逐出亚美尼亚全境的任务。公元 609—610 年，库斯洛二世将狄奥多西堡的居民全部迁徙至伊朗高原上的哈马丹（Hamadan），其中还包括亚美尼亚使徒教会教宗约翰（John）。③ 从公元 611 年秋起，萨珊波斯军队正式展开对拜占庭帝国小亚细亚和幼发拉底河以西黎凡特海岸诸省的进攻，从而开启了 602—628 年罗马波斯战争的第二阶段。

　　从公元 611—619 年，在库斯洛二世的三位大将沙赫巴拉兹、沙辛和沙赫帕拉坎（Shahpalakan）的统率下，萨珊帝国迎来了其对外

---

①　Sebeos, *History of the Armenians attributed to Sebeos*, 109 – 10/60 – 2.
②　Sebeos, *History of the Armenians attributed to Sebeos*, 110 – 11/63.
③　*Narratio de rebus Armeniae*, 109 – 13. p. 41.

扩张最辉煌的阶段。波斯军队在短短八年的时间内，将拜占庭帝国
的亚洲诸省和埃及的重要城市几乎全部攻陷并占领。从公元616年
起，就连首都君士坦丁堡也时刻处于在博斯普鲁斯海峡对岸驻扎的
波斯军队的威胁之下，而公元619年埃及的陷落标志着库斯洛二世
时期萨珊帝国对外扩张的巅峰。但必须指出的是，波斯人在公元
608—619年间在拜占庭帝国领土上之所以势如破竹，一个重要原因
是公元608年希拉克略父子从迦太基起兵后，拜占庭帝国东方诸省
爆发了持久的动荡和混乱，这使得对波斯军队的抵御几乎无法被有
效地组织起来。公元609—610年间，安条克城内的赛车党串通犹太
人掀起了大规模的骚乱，拜占庭军队被迫武力镇压，而安条克主教
阿纳斯塔修斯二世在骚乱中遇害。福卡斯皇帝派博诺索斯（Bono-
sus）为东方伯爵（*comes Orientis*）前往镇压安条克人，并在平定叛
乱之后对城中绿党群众进行了大规模屠杀。但是与此同时，与希拉
克略结盟的尼基塔斯（Nicetas）已经拿下埃及，博诺索斯被迫率军
前去迎战。公元609年底，博诺索斯在亚历山大里亚近郊被尼基塔
斯击败，这无疑更进一步削弱了拜占庭帝国东方诸省防御波斯入侵
的能力。公元610年10月，希拉克略率军从海上进入君士坦丁堡，
推翻福卡斯政权并继位为帝。而希拉克略上台伊始，所面临的局势
对拜占庭帝国可谓十分不利。尤其是统率东方拜占庭军队的科门提
奥鲁斯拒不认可希拉克略的帝位，遂在公元610年冬以小亚细亚中
部的安卡拉（Ancyra）为根据地发动了叛乱。在这样严峻的形势下，
希拉克略决定对萨珊帝国求和，并先后派出修士赫罗狄安（Herodi-
an）和前任东方军事长官菲利皮卡斯出使萨珊帝国宫廷。但是库斯
洛二世根本不愿和谈，甚至处死了拜占庭使节以表明将战争进行到
底的决心，而这在罗马波斯关系史上也是没有先例的。

　　从公元611年起，波斯亚美尼亚战区主帅沙辛率领北路军进入
拜占庭帝国卡帕多西亚行省，围攻首府凯撒利亚。而沙赫巴拉兹则
率领南路军攻略拜占庭帝国的叙利亚和巴勒斯坦诸省，并于当年夏
天先后攻克阿帕米亚、安条克和艾米萨。在小亚细亚，波斯军队对

凯撒利亚的围攻以及随后拜占庭军队的反攻在 7 世纪的圣徒传记
《西克昂的塞奥多尔传》（*The Life of Theodore of Sykeon*）中得到了详
细的记载。而根据塞比奥斯的记载，凯撒利亚城中的基督徒在波斯
军队到来之前便已经撤离，而城中的犹太人则将波斯军队迎入城内。
大约与此同时，统率罗马亚美尼亚部队的将军查士丁（Justinus）发
动哗变杀死了科门提奥鲁斯，小亚细亚的拜占庭军队的叛乱宣告瓦
解，希拉克略皇帝遂派前任东方军事长官普利斯卡斯负责波斯战事。
普利斯卡斯上任之后，于公元 612 年夏收复了卡帕多西亚的凯撒利
亚，但波斯军队没有遭到太大的损失便成功撤回亚美尼亚。普利斯
卡斯的小胜使希拉克略皇帝信心大增，后者遂决定亲自领兵与波斯
人作战，这使希拉克略皇帝成为自瓦伦斯皇帝之后重新走出宫廷御
驾亲征的第一个拜占庭帝国皇帝。

　　从公元 613 年起，沙辛率军借道狄奥多西堡围攻仍在坚守的拜
占庭要塞梅里特内。攻克梅里特内之后，沙辛的军队继续南下并准
备与沙赫巴拉兹的军队会合。与此同时，希拉克略皇帝在将其刚出
生不久的幼子希拉克略·君士坦丁（Heraclius Constantine）提升为
奥古斯都并以君士坦丁堡主教塞尔吉乌斯（Sergius）代理国政之后，
正式率军出征。根据塞比奥斯的记载，此时统率小亚细亚拜占庭军
队的菲利皮卡斯在接替普利斯卡斯的职务之后率军深入波斯亚美尼
亚，一直到阿拉拉特地区（Ayrarat）。为了堵截菲利皮卡斯，库斯洛
二世急召两位将军回援波斯亚美尼亚，而菲利皮卡斯也及时率军经
狄奥多西堡撤回了拜占庭帝国。与此同时，希拉克略皇帝和尼基塔
斯率领的主力部队在安条克近郊被沙赫巴拉兹率领的波斯军队击败。
《西克昂的塞奥多尔传》的作者提到，希拉克略皇帝在率军开赴安条
克时，曾经在卡帕多西亚的凯撒利亚做过短暂的逗留。当时希拉克
略皇帝在塞奥多尔主教的引领下参观了凯撒利亚的修院、圣乔治教
堂和天使长教堂。① 但是由于希拉克略急着赶路，坚持拒绝了塞奥多

---

① 　*The Life of Theodore of Sykeon*，166（153－4）.

尔要求皇帝以精面粉、苹果和酒进圣餐并接受塞奥多尔以厚礼祝圣的建议，于是这成了后来希拉克略未得神佑而战败的"征兆"。

公元 613 年安条克战役失败之后，希拉克略率领残余拜占庭军队向西撤退。沙赫巴拉兹乘胜追击，在西里西亚又一次击败拜占庭军队，随后征服了西里西亚行省。拜占庭军队反攻的失败使得波斯人进军黎凡特的通道畅通无阻，沙赫巴拉兹在当年便回师南下攻陷了大马士革，随后又继续进军至波斯特拉和阿德拉（Adraa）。根据《泰伯里史》的记载，沙赫巴拉兹率领的波斯军队在大马士革以南的阿兹里亚特（Adhri'at，即 Adraa）和布斯拉（Busra，即 Bostra）与拜占庭将军卡特马（Qatma）的部队发生了激战，拜占庭军队大败。泰伯里随后称当时古莱什部落（Quraysh）中的不信者（指尚未皈依伊斯兰教者）对于此战的结局感到悲伤，于是真主再次对他们下达了"Aliph，Lam，Mim"的启示。① 沙赫巴拉兹随后进军腓尼基和加利利，直抵巴勒斯坦沿海的行省首府凯撒利亚并夺取该城。公元 614 年 4 月，沙赫巴拉兹的军队经狄奥斯波利斯（Diospolis）抵达耶路撒冷城下。根据塞比奥斯的记载，当时耶路撒冷的主教扎卡利亚（Zachariah）试图与波斯人达成和平协定，但是城中赛车党人坚持武装抵抗。波斯军队在围攻耶路撒冷 20 天之后拿下圣城，随后对城中基督徒展开了大规模屠杀。20 世纪末考古学者在耶路撒冷老城的马米拉水池（Pool of Mamilla）发现了许多 7 世纪初留下的殉教基督徒坟茔，可以证明波斯军队在破城后确实对耶路撒冷的正统派基督徒进行了屠杀。而根据后来上任的耶路撒冷正统派主教索弗罗尼乌斯（Sophronius）的记载，耶路撒冷军民对波斯军队进行了十分顽强的抵抗，并极力渲染波斯人对圣城的破坏和亵渎。而从现有史料对波斯军队屠城人数的记载来看，公元 614 年城破后遇难的居民人数大致在 36500 人至 9 万人之间不等。

---

① Tabari, *Tarikh al-Rusul wa al-Muluk*, Vol. 5: *Byzantines, Sasanids, Lakhmids and Yemen*, Ⅰ, 1007/327.

不仅如此，在耶路撒冷陷落前后，腓尼基和巴勒斯坦地区的犹太人也掀起了大规模叛乱，塞奥法尼斯称当时有 2.6 万犹太人从加利利赶来与波斯大军会合。波斯人在攻陷耶路撒冷之后，将扎卡利亚主教和基督圣物"真十字架"及其他俘虏押回波斯，只有耶稣的圣裹布和刺进耶稣身体的圣矛没有被波斯军队掳走。公元 614 年耶路撒冷的陷落在当时整个近东和地中海世界都造成了不小的震荡和冲击，伊斯兰教先知穆罕默德在《古兰经·罗马章》中称"罗马人在最近的地方败北"①，无疑反映的是公元 613—614 年间波斯军队在黎凡特战场上连连告捷和基督教圣城沦陷的事件。但是从考古学证据来看，公元 614 年耶路撒冷陷落后波斯军队并没有对该城进行毁灭性的破坏。实际上，由于需要考虑到整个东方教会和两大帝国内部各派基督徒的感情，萨珊波斯人对耶路撒冷的处理不可能在劫掠破坏政策上走得太远。沙赫巴拉兹奉库斯洛二世之命掠夺基督教圣物也更多是为了凸显萨珊帝国东方教会的正统性，并讨好库斯洛二世宠爱的信仰一性派基督教的席琳公主。而从公元 617 年起，波斯人便颁布了重新修建耶路撒冷受损建筑的许可，并严禁犹太人再进入圣城。根据《胡齐斯坦编年史》的记载，库斯洛二世的景教宰相亚兹丁（Yazdin）对耶路撒冷的重建工程进行了慷慨捐助。② 而根据当时圣徒传记的记载，耶路撒冷的修复工程还得到了埃及亚历山大里亚主教约翰（John the Almsgiver）征集的物资支持。③ 而随着萨珊帝国禁止犹太人移居耶路撒冷敕令的颁布，犹太人最初热切盼望的第三次回归圣殿的梦想被再次浇灭，这对后来犹太人对阿拉伯人和伊斯兰扩张征服活动的大力支持无疑有着紧密的内在联系。

不论如何，公元 614 年耶路撒冷的陷落是 7 世纪初萨珊波斯军队在拜占庭帝国领土上取得重大征服进展的标志性事件，极大地打

---

① 《古兰经》，马坚译，中国社会科学出版社 2013 年版，第 204 页。

② Sebeos, *History of the Armenians Attributed to Sebeos*, 116 – 18/70 – 2; *Khuzistan Chronicle*, Georgias Chronicles of Late Antiquity, 27.

③ Leontius, *Vita Iohannes Eleem*, 20.

击了拜占庭帝国在东地中海地区和基督教世界的声望。而从公元614年秋起，沙辛率领的北路波斯军队在小亚细亚也势如破竹，并于公元614—615年之交抵达了博斯普鲁斯海峡附近的卡尔西顿。而沙辛派出的劫掠分队也在小亚细亚西部的其他拜占庭城市攻城略地。文献和考古证据均表明，以弗所（Ephesus）在公元614年陷落并遭到了彻底的摧毁。此时希拉克略皇帝的应对战略仍然是以菲利皮卡斯的少数部队牵制波斯主力，同时利用波斯军队近在首都咫尺的机会试图与波斯人接洽并重新开启谈判。根据塞比奥斯的记载，这一次希拉克略皇帝亲自渡过海峡前往沙辛的军营与波斯人进行交涉，而君士坦丁堡元老院也派出了三名使节前往库斯洛二世的宫廷商议和谈事宜。《复活节编年史》详细记载了希拉克略让拜占庭使节携带的致库斯洛二世的国书内容：

> 创造万物并使之绵延不绝的主，以他自己的力量，给了人类一份配得上他自己的善的礼物——天意。我们要挂念天国，借着天国我们才被认为是值得活下去的。据此，我们被认为值得不受干扰地生活。而在遇到困难的情况下，我们也会找到相应的解决办法。我们认为神圣的皇家护佑高于一切原则之上，因此我们求您（指库斯洛二世）宽大为怀，使我们配得赦免，因为我们已经赦免了敢于违背以前制度的您，而向您提出现在的和谈请求。因为我们知道古时流行的风俗规定，当罗马波斯两国之间发生冲突时，彼此的统治者将通过向彼此提交报告来解决问题。但福卡斯篡位上台并成为罗马帝国的叛徒之后，就破坏了这一安排。因为，在逐渐腐化了的驻扎色雷斯的罗马军队的跟随下，他突然袭击了我们的皇室并杀死了虔诚地统治我们的莫里斯皇帝、皇后以及他的孩子们、其他皇室亲属和许多显贵。但他不满足于他已经犯下的巨大罪恶。我们已经承诺了，但对您的宽大仁慈也没有尽到应有的义务。结果是您被我们的错误所激怒，使罗马帝国陷入困境，以致如此可怕的境地。我

们现在虔诚的在位皇帝和他永远令人难忘的父亲（老希拉克略）意识到那个腐败者（指福卡斯）所做的事情，决定将罗马帝国从福卡斯的暴虐中解救出来。他们这样做了，发现此时罗马帝国已经被您的武力压迫至如此境地。福卡斯这个暴君死后，我们的皇帝（希拉克略）希望带着他的亲戚一起回到他的父亲（老希拉克略）那里（即迦太基）时，他敦促我们选择我们所希望的人继位为皇帝，而他（希拉克略）只是在人们的热切恳求下才勉强答应。

由于在两大帝国中普遍存在的混乱和内乱，我们的陛下没有机会（应该做的）通过派遣使节来维护您的高贵荣誉。因此，我们决心无视上面提到的两国交往旧俗，而仅仅以个人的名义向如此伟大而至高无上的陛下提出我们的恳求，并派遣我们之中一些应被视为值得您劳驾接见的人。但是由于与此同时发生的事情，我们直到现在都不敢这样做。但是当最光荣的波斯军队指挥官沙辛·巴布曼扎达（Shahin Babmanzadag）已经进驻卡尔西顿时，虔诚的皇帝和我们，在罗马帝国所有人要求下决定与贵国举行有关和平的会谈。但皇帝说他自己没有这种权威，但是他要求（您的）权威人士为您做这件事。现在，他（拜占庭使节）已通过 Spadadavar（波斯官号）向我们发送了答复，并宣誓就职，您的伟大将保证会顺利收到我们按照规格送出的国书，并将其无恙地返回给我们，并且他已由您的受益人命令执行此操作。

在这一系列事件的鼓励下，尤其是在上帝和您的伟大的鼓励下，我们派遣您的奴隶奥林匹斯（Olympius），最光荣的前执政官，一位贵族和大区长官，以及最光荣的列昂提乌斯（Leontius），一位贵族和城市的议员，以及阿纳斯塔修斯（Anastasius），最受上帝爱戴的神父和牧师。我们恳求您，因为您的大能很适合他。（我们恳求您）迅速而安全地恢复我们两大帝国之间的和平，这也是上帝所高兴的，并且符合您爱好和平的愿望。

我们恳求您的无私奉献，我们最虔诚的希拉克略皇帝（是您的恭顺儿臣），因为他渴望在所有事情上为陛下的宁静效劳。这样，您就为自己赢得了双重荣耀，您在战争中的英勇和为两国和平献上的厚礼。从今以后，我们将通过您永远铭记的恩赐享受和平，并借此机会为您的龙体安康向上帝祈祷，并在罗马帝国的各个世纪里永远怀念您做出的丰功伟绩。①

从这一次希拉克略致库斯洛二世国书的内容来看，这是拜占庭帝国历史上绝无仅有的皇帝以如此卑微低下的姿态请求另一个国家的君主恢复和平结束战争，可见当时拜占庭帝国内外形势的窘迫。但库斯洛二世仍然毫不犹豫地处决了希拉克略派来和谈的三位使节，俨然一副不灭亡拜占庭帝国决不罢休的架势。波斯将军沙辛随后于公元615—616年之交回师卡尔西顿并彻底攻陷了该城。公元615—618年间波斯军队在小亚细亚的进展缺乏文献史料的记载，我们只能根据考古和钱币学材料做出大致的判断：萨迪斯（Sardis）可能陷落于公元616年，这一年拜占庭帝国在马尔马拉海南岸的基齐库斯（Cyzicus）城的铸币厂也停止了运行；而崎岖西里西亚的塞琉西亚（Seleucia in Cilicia Tracheia）出土的钱币表明，在公元616—617年间还有一支拜占庭军队坚守在该城。但是从公元618年起，西里西亚的铸币厂便转移至伊苏里亚内陆地区的伊苏拉·维图斯（Isaura Vetus），这显然与波斯人从公元617年起开始在叙利亚海岸建设海军并夺取塞浦路斯的军事行动有关。从7世纪圣徒传记《施洗者约翰传》（Vita Iohannes Eleem）的记载来看，由于传记的主人公、当时亚历山大里亚主教约翰碰巧正在塞浦路斯首府君士坦提亚（Constantia，即Salamis）并积极调停当地守军与波斯军队和解②。我们可以推断波斯军队在塞浦路斯应该没有遇到太大的抵抗，并随后以萨

---

①　*Chronicle Paschale*，707. 1 – 709. 24.

②　Leontius，*Vita Iohannes Eleem*，XIII.

拉米斯为基地袭击并夺取了西里西亚沿海的塞琉西亚。

从公元 618 年起，波斯军队将作战重心转移至南方，沙赫巴拉兹于当年率军经佩卢西乌姆（Pelusium）入侵埃及，至公元 619 年 6 月攻陷亚历山大里亚，从而切断了埃及对拜占庭首都君士坦丁堡的粮食供应。可能是因为当时君士坦丁堡已经完全陷入自顾不暇的境地，拜占庭史料对亚历山大里亚的陷落几乎只字未提，只有东方教会史料《胡齐斯坦编年史》详细记载了沙赫巴拉兹夺取埃及的经过。与此同时，拜占庭帝国在巴尔干方向的安全态势也迅速恶化，阿瓦尔人和斯拉夫人几乎夺取了多瑙河以南直到亚得里亚海岸的拜占庭领土。不仅如此，从属于阿瓦尔汗国的斯拉夫人的兵锋甚至深入伯罗奔尼撒半岛，并于公元 618 年对拜占庭帝国在希腊北部的核心城市塞萨洛尼基（Thessalonica）进行了围攻。而根据 9 世纪拜占庭史家尼基弗鲁斯（Nicephorus）的记载，当时希拉克略皇帝一度想放弃君士坦丁堡迁都西西里的叙拉古以躲避波斯人和阿瓦尔人的兵锋，只是由于君士坦丁堡大主教塞尔吉乌斯的极力劝阻才没有成行。

实际上，由于公元 611—619 年间拜占庭帝国在波斯人和阿瓦尔人的进攻下丧失了大片领土以及东地中海诸省提供的税源和兵源，面临十分窘迫的财政危机，这可以从公元 615 年起希拉克略发行的新式银币 "Hexagram（意为‘6 克’）" 中得以窥见。不仅如此，在希拉克略发行的新币上还出现了 "*Deus Adiuta Romanis*（愿神佑罗马人！）" 这样明显带有祈求上帝出面解救拜占庭帝国于水火愿望的铭文，由此可见当时帝国所面临的风雨飘摇的内外形势。与此同时，希拉克略皇帝还将拜占庭铜币弗里斯（Follis）的重量从 11 克降低到 8 克，并于公元 618 年起全面废止了首都面包的免费配给制，改为一个面包 3 弗里斯统一出售。而从《复活节编年史》的记载来看，希拉克略在公元 618 年底已经全面叫停了各种基本生活物资在君士坦丁堡民众中的分配。[①] 另外，波斯军队在攻陷亚历山大里亚后，又

----

① *Chronicle Paschale*，711（a. 618）．

继续向南征服埃及其余地区，至公元 621 年夏基本完成了对埃及全境的征服。现代考古学者在亚历山大里亚发掘出了一些 7 世纪 20 年代铸造的多德卡努米亚铜币（Dodecanummia，意为"12 诺米"），其正面是被日月簇拥的库斯洛二世胸像，而背面仍然是十字架，这表明库斯洛二世对埃及的征服仍然充分考虑到了当地的族群生态和宗教教派格局。

实际上，对于拜占庭帝国东方诸省的一性派基督徒而言，接受萨珊帝国的统治甚至是他们所乐意的，因为波斯人并不会像君士坦丁堡教会那样长期对基督教异端派别采取严格的限制、取缔和迫害政策。至公元 619 年时，波斯军队也基本完成了对小亚细亚大部分地区的征服，这也是拜占庭帝国在当地最后一个位于尼科米底亚的铸币厂关闭的时间。最迟至公元 622 年，拜占庭帝国在小亚细亚的最后一个城市安卡拉陷落，而波斯舰队以塞浦路斯为基地向西推进并于公元 623 年攻占了罗德岛。① 随后波斯舰队深入爱琴海，进一步勒紧了套在君士坦丁堡头颅上的枷锁，萨摩斯岛出土的发行于公元 623 年的钱币表明，当时波斯海军已经抵达爱琴海北部水域。但是波斯人对小亚细亚的征服仍然主要是以拜占庭帝国的行省和要塞城市为依托，黑海南岸的本都和亚美尼亚西部山区仍然游离于萨珊帝国的势力范围之外，这就为拜占庭军队后来发动侧翼反攻创造了条件。从考古证据来看，波斯军队也没有实现对小亚细亚全部城市的武力征服，如阿弗罗狄西亚（Aphrodisias）在公元 628 年以前仍然没有遭到严重损毁的迹象，直到后来鼠疫复发才毁灭了这座城市。而萨珊帝国对拜占庭帝国黎凡特诸省、美索不达米亚的奥斯罗恩以及埃及的管理在很大程度上仍然依赖当地的精英阶层尤其是一性派基督徒的协助。

公元 603—619 年间萨珊帝国对拜占庭帝国东方诸省疾风暴雨式

---

① Theophanes the Confessor, *The Chronicle of Theophanes Confessor*, A. M. 6111 (618/19).

的征服，从表面上看没有遭到太大的阻力，实际上很大程度利用了当时拜占庭帝国的皇位更迭内战及其东方军力和防御部署的空虚。但是库斯洛二世不肯妥协的态度使拜占庭帝国无路可退，并陷入了几乎亡国的边缘，两大帝国数百年来战和交替但仍然保持相互尊重的关系至此跌入"你死我活"的冰点。如果库斯洛二世在公元615年波斯军队进抵卡尔西顿时"见好就收"并接受希拉克略皇帝的和谈请求，那么萨珊帝国仍然可以保有对除埃及外的拜占庭帝国东方诸省的征服成果。但是随着和谈的破灭和埃及的沦陷，希拉克略皇帝只能选择为拜占庭帝国的生存孤注一掷发起反击。而在希拉克略非常战时措施和"圣战"号召的刺激下，公元622—628年间罗马波斯战局发生了史诗性的逆转，而库斯洛二世晚年内外政策的失误也一步步耗尽了萨珊帝国400年来积攒的国运。

　　与公元602—621年间罗马波斯战争权威连续性记载的相对匮乏不同，公元622—628年间的罗马波斯战争有相对密集可靠的拜占庭史料支撑。希拉克略皇帝反攻波斯的具体经过，除了塞奥法尼斯的《编年史》和《复活节编年史》外，希拉克略时代的宫廷诗人皮西狄亚的乔治（George of Pisidia）的颂诗也提供了不可或缺的记载和视角。因此，在拜占庭史料的基础上结合塞比奥斯《亚美尼亚史》、东方教会诸编年史和《泰伯里史》等波斯伊斯兰史料来还原公元622—628年间罗马波斯战争最后阶段的具体细节是可行的。希拉克略皇帝对波斯的反攻开始于公元622年春，也就是萨珊帝国在战争前期军事胜利和扩张势头刚至巅峰之时。根据塞奥法尼斯的记载，为了抽调兵力投入东方战场，希拉克略皇帝于公元620年成功以重金为诺迫使阿瓦尔人暂时停止对拜占庭帝国的进攻。随后希拉克略皇帝于公元621年将巴尔干的拜占庭驻军抽调至小亚细亚以准备对波斯人的战争。公元622年，在君士坦丁堡主教塞尔吉乌斯的支持下，希拉克略皇帝将基督圣物枝状大烛台（Candelabra）和其他教堂金银器皿熔化并重铸成金币和银币以临时应付战争开销①。公元 622 年 4 月 5 日，希拉克略皇帝离开君士坦丁堡，将首都防卫交给塞尔吉乌斯主教，并于第二天经海路抵达尼科米底亚湾的皮莱（Pylae），随后在比提尼亚行省集结军队。根据皮西迪亚的乔治和塞奥法尼斯的记载，希拉克略皇帝首先花了数月时间重新整训拜占庭军队的战力和士气，并正式将展示基督圣像作为拜占庭军队行军作战时鼓舞士气的必要手段。希拉克略皇帝反攻波斯打出的主要旗号，从拜占庭方面的记载来看是为惩罚过去波斯人洗劫耶路撒冷而发动的报复性"圣战"。公元 622 年 7 月，希拉克略大军从小亚细亚进入亚美尼亚，并在当地击败了一支由与波斯结盟的阿拉伯酋长率领的军队。与此同时，驻扎在本都的波斯将军沙赫巴拉兹闻讯后立即回师封锁了通往波斯亚美尼亚东部地区的主要隘路，以阻止拜占庭军队继续推进。② 希拉克略则针锋相对，率军经西里西亚门（Cilician Gate）南下伊苏斯湾，诱使沙赫巴拉兹率军前来会战。③

公元 622 年 8 月初，沙赫巴拉兹的波斯军队与希拉克略改组后的拜占庭军队正式在伊苏斯湾附近发生遭遇战。此战以拜占庭军队胜利告终，从而极大地鼓舞了拜占庭人长期低迷的士气，也拉开了拜占庭帝国反攻的序幕。根据塞奥法尼斯的记载，由于此时阿瓦尔人撕毁和约再度进犯，希拉克略在伊苏斯战役结束后，被迫令主力部队返回亚美尼亚过冬，自己则回到君士坦丁堡。公元 623 年 6 月，希拉克略皇帝对阿瓦尔可汗提出在色雷斯的赫拉克里亚（Heraclea）会面和谈的建议。根据复活节编年史的记载，阿瓦尔可汗表面上应允会谈，实则准备借会面之机生擒皇帝。希拉克略皇帝一行进至塞林布里亚（Sylimbria）时获悉阿瓦尔人阴谋，便匆忙逃回君士坦丁

---

① Theophanes the Confessor, *The Chronicle of Theophanes Confessor*, A. M. 6110（302. 34 – 303. 3）.

② George of Pisidia, *Expeditio Persico*, 2. 345 – 3. 304.

③ Theophanes the Confessor, *The Chronicle of Theophanes Confessor*, A. M. 6113（304. 25 – 306. 7）.

堡，而阿瓦尔人的劫掠分队已经进抵君士坦丁堡城下。尽管如此，希拉克略最终还是以拜占庭帝国对阿瓦尔人一次性支付 20 万金索利德并以朝中显贵为人质的条件与阿瓦尔人再次达成了和平协议。①

与此同时，波斯军队仍然没有放弃继续进攻拜占庭帝国领土，并于公元 623 年从海上攻克了罗德岛并将该岛居民强制迁徙。公元 624 年 3 月 25 日，希拉克略皇帝离开君士坦丁堡再次出征，随后携带自己的新皇后马尔蒂娜（Martina）和所生的两个孩子在尼科米底亚庆祝了 4 月 15 日的复活节，之后又前往卡帕多西亚的凯撒利亚。② 离开凯撒利亚之后，希拉克略率军经狄奥多西堡进入亚美尼亚境内，随后长驱直入攻陷了波斯亚美尼亚首府迪温。由于拜占庭军队已深入萨珊帝国腹地，库斯洛二世只能召回仍然在小亚细亚的沙赫巴拉兹。根据塞奥法尼斯的记载，希拉克略率军进至乌尔米耶湖东岸的萨珊帝国袄教圣地甘扎克近郊之后，得知库斯洛二世率领 4 万军队驻扎于甘扎克。③ 希拉克略先派拜占庭军队中的一些萨拉森人前去接战，这些萨拉森人击溃了波斯军队的前哨，并给皇帝带回库斯洛二世已经逃跑的消息。希拉克略抵达甘扎克之后，洗劫了位于甘扎克以南萨珊帝国的阿杜尔·古什纳斯普圣火庙（塞奥法尼斯称该地名为 Thebarmais），以此作为波斯军队十年前洗劫耶路撒冷的报复。随后希拉克略又继续追击南逃的库斯洛二世，一路上洗劫波斯城镇和村庄无算。

根据塞奥法尼斯的记载，公元 624 年秋，希拉克略在洗劫泰西封东北的库斯洛二世行宫达斯特格尔德（Dastgerd）之后，在"福音书"的启示下决定暂缓追击库斯洛二世，而是率军回到南高加索的阿尔巴尼亚境内越冬。公元 624 年希拉克略在萨珊帝国腹地阿杜尔巴达干境内的作战效果显著，不仅通过洗劫波斯袄教圣地获得了

---

① *Chronicle Paschale*，712. 12 – 13. 14.

② *Chronicle Paschale*，713. 19 – 714. 8.

③ Theophanes the Confessor, *The Chronicle of Theophanes Confessor*, A. M. 6114（307. 22）.

大量的战利品，而且沉重打击了库斯洛二世在波斯国内的声望。塞奥法尼斯还称希拉克略皇帝此次出征俘虏了多达 5 万波斯人，并在抵达阿尔巴尼亚后将波斯战俘悉数释放。而这些波斯人对希拉克略的做法感激涕零，甚至称其为救世主并盼望皇帝能够手刃"世界毁灭者"库斯洛二世。根据《高加索阿尔巴尼亚史》的记载，公元625 年，希拉克略皇帝在南高加索越冬时对当地各王公贵族写信，希望他们加入拜占庭帝国一同反对波斯。在希拉克略软硬兼施的政策下，拉兹人、阿布斯基人和伊比利亚人纷纷加入拜占庭军队，而阿尔巴尼亚人放弃了其首都帕尔塔夫（Partav）任由拜占庭军队占领。① 在这一年，库斯洛二世的三位大将沙赫巴拉兹、沙辛和沙赫帕拉坎（Shahparakan，Shahraplakan）在南高加索寻找希拉克略的拜占庭军队主力决战，却被希拉克略皇帝以运动战和夜袭的方式各个击破。经过与拜占庭军队的三次遭遇战，沙赫帕拉坎战死，而沙赫巴拉兹仅以身免。战胜波斯人之后，希拉克略从沙赫巴拉兹丢弃的营帐中虏获了各种珍宝和奢侈品，其中包括沙赫巴拉兹的纯金盾牌，佩剑匕首和用各种宝石镶嵌的黄金腰带。② 我们从沙赫巴拉兹随军营帐的"豪华配置"中可以看出萨珊帝国帕提亚贵族世家所拥有的权力和财富，可以说完全不逊色于萨珊君主，这也是后来沙赫巴拉兹敢于"步楚宾后尘"僭位称帝的重要原因。

进入公元 626 年之后，两大帝国之间的战争天平再次向萨珊帝国倾斜，当年阿瓦尔人撕毁和约进犯君士坦丁堡让库斯洛二世重新看到了翻盘战局的希望。于是库斯洛二世便派沙赫巴拉兹率军再次西进至卡尔西顿与阿瓦尔人接洽，商议联合围攻君士坦丁堡事宜。但是由于沙赫巴拉兹无法通过海军将波斯军队投送至海峡对岸，因此在公元 626 年 7—8 月的君士坦丁堡围攻战中，萨珊军队擅长攻城

---

① Movses Daskhurants'i, *The History of the Caucasian Albanians*, 2. 10 (132. 5 – 21).

② Theophanes the Confessor, *The Chronicle of Theophanes Confessor*, A. M. 6116 (312. 19 – 314. 23).

的优势完全无法发挥出来，而阿瓦尔人和斯拉夫的陆军在攻城时遭到拜占庭守军的顽强抵抗，最后因损失惨重被迫撤兵。根据《复活节编年史》的记载，在君士坦丁堡围城战的关键阶段，沙赫巴拉兹试图让与阿瓦尔军队一道攻城的斯拉夫人以独木舟将波斯士兵运到海峡对岸，却在金角湾遭到拜占庭海军的阻击而全军覆没。而塞奥法尼斯的《编年史》则认为，沙赫巴拉兹在卡尔西顿期间并没有参加阿瓦尔人对君士坦丁堡的围攻：因为拜占庭方面及时截获了库斯洛二世密令沙赫巴拉兹的副将卡尔达里甘（Kardarigan）处决沙赫巴拉兹的信件并将其透露给沙赫巴拉兹。于是沙赫巴拉兹便采取观望态度，遂导致了阿瓦尔人围攻君士坦丁堡战役的失败。

实际上，塞奥法尼斯记载的库斯洛二世信件很可能是后来沙赫巴拉兹于公元 629 年公开反叛萨珊帝国时刻意伪造的，其目的在于讨好拜占庭方面，并得到希拉克略对沙赫巴拉兹夺取萨珊帝国皇位的认可。不论如何，公元 626 年君士坦丁堡围城战的失败使萨珊帝国失去了最后一次逆转战局的机会。而从公元 626 年 3 月起，希拉克略皇帝率领的远征军自亚美尼亚翻越陶鲁斯山脉进入底格里斯河上游地区，沙赫巴拉兹则率领残余军队追击希拉克略。塞奥法尼斯详细记载了希拉克略的拜占庭军队与沙赫巴拉兹的波斯军队在幼发拉底河临时搭建桥梁上进行激战、希拉克略手刃波斯勇士并最终让沙赫巴拉兹惊惧而逃的经过。沙赫巴拉兹战败之后，库斯洛二世不甘心失败，进行全国总动员，从帝国全境的各色人等招募了 5 万大军交给沙辛统率，却仍然被希拉克略的弟弟塞奥多尔（Theodore）率领的一支拜占庭军队在犹凯塔（Euchaita）打得大败。根据塞奥法尼斯的记载，沙辛战败后忧愤而死。而库斯洛二世将他的遗体用盐卤的方式进行羞辱①，从而进一步动摇了以沙赫巴拉兹为首的帕提亚世家贵族对库斯洛二世的忠诚。与此同时，在南高加索东部战场，

---

① Theophanes the Confessor, *The Chronicle of Theophanes Confessor*, A. M. 6117 (315.2 – 26).

希拉克略皇帝已经与北高加索的可萨汗国结盟。根据塞奥法尼斯《编年史》的记载，当时可萨可汗札比尔（Ziebel）率领 4 万大军前来觐见希拉克略皇帝并宣誓结盟甚至"全军匍匐在地效忠皇帝"，而希拉克略也允诺将自己的妹妹优多西亚（Eudocia）嫁给扎别尔可汗。

不仅如此，《高加索阿尔巴尼亚史》也详细记载了公元 626 年拜占庭帝国与可萨突厥人结盟的经过。但是与塞奥法尼斯的记载不同的是，《高加索阿尔巴尼亚史》从未将当时与拜占庭帝国结盟的突厥人称为可萨人（Khazars），并将与希拉克略结盟的突厥人首领称为"叶护可汗（Yabu Khak'an，即 Yabgu Khagan）"。传统观点倾向于将这个叶护可汗比定为西突厥汗国极盛时期的统叶护可汗（618—628年在位），这样一来似乎可以解释塞奥法尼斯将 7 世纪中叶之后才成型的可萨汗国过早地比定为与希拉克略结盟的突厥人而造成的年代问题，但却与塞奥法尼斯将扎别尔称为仅次于突厥可汗之下的第二大人物的记载不符。而法国学者魏义天（E. de La Vaissière）在研究公元 626 年拜占庭与突厥结盟一事后认为，"Ziebel"很可能是当时西突厥汗国仅次于统叶护可汗的射毗叶护（即统叶护可汗的叔父莫贺咄，其在当时的官职应为监领可萨人的叶护），也即在公元 628 年后推翻统叶护可汗后即位的莫贺咄屈利俟毗可汗。[①]

实际上，希拉克略时代正是可萨汗国从西突厥宗主权之下脱离出来获得独立地位的关键时期。可萨汗国正式形成的时间虽不会早于 650 年代，但是可萨人作为一个族群在公元 6 世纪后半叶已经基本形成的事实已得到众多史料和现代学者的一致证明。可以说，6世纪末 7 世纪初时可萨部不仅已经成功统治甚至融合了北高加索原来的萨比尔人和阿兰人，还构成阿史那西突厥汗国西支的重要组成部分。因此，公元 626—628 年间与拜占庭军队联合作战的北高加索

[①]　E. de La Vaissière, "Ziebel Qaghan identified" in C. Zuckerman（ed.）, Constructing the 7th century, *Travaux et mémoires* 17, Paris（2013）, pp. 741 – 748.

突厥人必然以后来的可萨人为主力，而统叶护可汗不太可能亲自从中亚赶赴高加索前线与希拉克略皇帝会面。因此，我们虽然可以肯定西突厥汗国在拜占庭帝国反攻波斯过程中发挥的重要作用，但是也必须看到当时北高加索可萨部在西突厥汗国内部明显拥有较大的独立性，而参加罗马波斯战争无疑为可萨突厥人从西突厥汗国内部完全独立出来提供了关键的历史机遇。

与可萨突厥人达成初步同盟协议之后，希拉克略皇帝于公元626年底返回君士坦丁堡。从公元627年春开始，希拉克略皇帝再次进军南高加索，与可萨突厥首领叶护可汗会师于阿尔巴尼亚，后又联合围攻伊比利亚首都第比利斯。根据格鲁吉亚史料的记载，忠于萨珊帝国的伊比利亚国王斯蒂芬一世英勇地保卫第比利斯城并在城破后牺牲，而希拉克略皇帝在攻下该城后任命阿达尔纳塞（Adarnase，波斯语 Adur Naseh）为亲拜占庭的伊比利亚国王。而《高加索阿尔巴尼亚史》更详细生动地记载了拜占庭—可萨联军围攻第比利斯的经过，并提到守军在南瓜上画可萨叶护像以嘲弄突厥人的情节。[①] 而为了报复守城居民对可萨叶护的羞辱，联军在攻破城池后尽屠城中男女老幼以示惩罚。公元627年秋，可萨突厥军队离开拜占庭军队北返故土，而希拉克略皇帝决定继续进击波斯腹地。为了对抗拜占庭军队，连续损兵折将的库斯洛二世又任命亚美尼亚人拉扎德（Rahzadh）为统帅前往迎击希拉克略。公元627年10月9日，希拉克略的拜占庭军队抵达哈麦塔（Chamactha）地区安营扎寨，而拉扎德率领的波斯军队自甘扎克往南一路尾随追击希拉克略。[②]

关于希拉克略南进萨珊帝国腹地的行军路线，亚美尼亚史家塞比奥斯提供了更详细可靠的记载，他称希拉克略从赫奈萨（Chnaitha）向西经科里辛（Keli Shin）隘口越过扎格罗斯山脉后朝

---

① Movses Daskhurants'i, *The History of the Caucasian Albanians*, 2.12 – 13.

② Theophanes the Confessor, *The Chronicle of Theophanes Confessor*, A. M. 6117 (317.11 – 26).

底格里斯河进发。从塞奥法尼斯的记载来看，希拉克略率领的拜占庭军队在公元627年12月1日抵达并渡过了大扎布河，驻扎于尼尼微废墟附近。[①] 与此同时，拉扎德的波斯军队进至大扎布河更下游约3英里的地方渡河阻截希拉克略。开战前夕，希拉克略皇帝派一个叫做巴内斯（Baanes）的军官率领小部分精锐突击士兵成功袭击了波斯军队的前哨并击杀其指挥官，其中还包括拉扎德的掌旗官。希拉克略皇帝从波斯战俘口中得知库斯洛二世派给拉扎德的3000援军正在赶来的路上，于是决定马上发起攻击。公元627年12月12日，决定拜占庭帝国与萨珊帝国命运的最后决战——尼尼微战役正式爆发：希拉克略皇帝在开战前选择了一块适合展开骑兵冲锋的开阔平原作为战场，而拉扎德也将波斯军队分为左中右三部分迎战拜占庭军队。希拉克略身先士卒率领拜占庭骑兵发起冲锋，先后阵斩三位波斯大将，随后两军全面接战。在混战中希拉克略的嘴唇被长矛刺破，脸部被剑划伤，而其坐骑朵儿孔（Dorkon）也因被波斯长矛手刺中腿部而跌倒。[②] 最终，波斯军队因为拉扎德及以下各级波斯将官全部战死而溃败，拜占庭军队大获全胜，希拉克略皇帝由此迎来其一生军事生涯中最高光的时刻。

在决定两大帝国命运走向的尼尼微之战中，交战双方的主力均为重骑兵而几乎没有步兵，可以说是拜占庭骑兵在数量和技战术上全面压倒其波斯宿敌的标志性战役。在希拉克略皇帝的卓越组织和统御下，从查士丁尼至莫里斯时代拜占庭双重重骑兵的改革深化举措至此在战场上结出了硕果，并在历史最危急的关头彻底扭转了拜占庭帝国与萨珊帝国生死大战的结局。因此我们可以毫不夸张地说，尼尼微战役与公元626年君士坦丁堡保卫战和公元678年的君士坦丁堡反击阿拉伯人的保卫战一起，构成7世纪拜占庭帝国最辉煌的

---

① Theophanes the Confessor, *The Chronicle of Theophanes Confessor*, A. M. 6117 （317. 32）.

② Theophanes the Confessor, *The Chronicle of Theophanes Confessor*, A. M. 6118 （323. 22）.

三大军事胜利。总体而言，公元 622—628 年希拉克略皇帝反击波斯的史诗大战不仅深刻形塑了中世纪拜占庭帝国的战略战术、战争观念，也对东正教仪式的发展成熟产生了不可磨灭的深远影响。尼尼微战役胜利之后，希拉克略率军继续南下萨珊帝国在阿苏里斯坦的京畿地区，逼近首都泰西封。库斯洛二世一路仓皇逃遁，再也不能组织起任何有力的抵抗，昔日萨珊帝国雄主形象荡然无存。随着萨珊帝国在罗马波斯战争的最后关头败局底定，两大帝国的命运也由此迎来了分别走向生存与灭亡的宿命转折。

　　从萨珊帝国的视角来看，库斯洛二世统治波斯的 38 年也是一个大起大落并充满戏剧性翻转因而悲喜交织的时代。幼年的库斯洛二世在叔父们和莫里斯皇帝的帮助下平定声势浩大的楚宾之乱，重新稳固了萨珊王室对帝国的统治。然而登上皇位后的库斯洛二世又很快对曾经支持自己的帕提亚世家贵族反戈相向，导致维斯塔姆亲王在东部割据称帝达 6 年之久。平定维斯塔姆叛乱之后，库斯洛二世抓住当时西突厥汗国分裂衰弱、拜占庭帝国福卡斯篡位称帝的天赐机遇，对拜占庭帝国发动了最后一场史诗级的扩张征服战争，一度重现阿契美尼德王朝在环东地中海的往昔霸业。但是在野心和贪欲的驱使下，库斯洛二世没有遵循历代萨珊诸王对外扩张不谋求领土征服的惯例，无视罗马和波斯两大帝国数百年来达成的西亚霸权均势和共享格局。在前期战争连连告捷之后，库斯洛二世便得意忘形，没有在最合适的关头结束战争以保存并消化既有征服成果，而是试图灭亡拜占庭帝国并在西亚和东地中海地区建立波斯治下的"单极世界"，从而将不愿在国外进行长期战争的帕提亚世家贵族和波斯周边各帝国和民族都推到了自己的对立面。

　　为了将与拜占庭帝国的战争继续下去，库斯洛二世对萨珊帝国境内各族群、教派和社会阶层进行了竭泽而渔的掠夺式财政政策，使普通百姓和下层民众的负担数倍于往昔。根据塞奥法尼斯的记载，库斯洛二世在战争的最后阶段不惜发布没收萨珊帝国境内所有基督教堂充公并迫使所有波斯基督徒改宗聂斯托利派的敕令。[①] 而长期战争导致国内经济发展停滞，农业产出和对外贸易锐减。由于库斯洛二世的穷兵黩武和穷奢极欲，整个萨珊帝国在库斯洛二世盛世武功的外衣下处于随时会崩溃的边缘。不仅如此，库斯洛二世本人在战争最后阶段的懦弱畏战以及对贵族世家将领的猜忌报复更使他本人如同坐在波斯国内各派势力斗争的火山口上。公元628年2月，早已不满库斯洛二世统治的萨珊帝国各派贵族势力与王子西罗埃（Shiroe）联手将库斯洛二世废黜并下狱处死，一代雄主最后落得令人惋惜但罪有应得的下场。

库斯洛二世的被废和死亡是萨珊帝国从极盛迈向灭亡深渊的第一个标志性事件，因为它正式开启了萨珊帝国统治集团内部血腥火并自相残杀的最后岁月，维持400年之久的帕提亚—萨珊贵族联盟在无休止的内斗中趋于解体。从公元628—632年的短短四年间，萨珊帝国皇位七次易主，其中包括两位女皇和帕提亚世家贵族成员如沙赫巴拉兹和波斯贵族法鲁赫·布尔辛（Farrukh Burzin）等非萨珊王室成员。而萨珊家族男性成员在皇室内部血腥清洗后硕果仅存的旁支余脉耶兹底格德三世（Yazdgerd Ⅲ，632—651年在位）继位后，阿拉伯人征服的狂飙即将吹向早已摇摇欲坠的萨珊帝国。而在与拜占庭帝国连年战争和内部残杀后的萨珊波斯人无力抵抗后来阿拉伯人的征服，其中原因正在于此。可以说，萨珊帝国在库斯洛二世时期国家命运的跌宕起伏与同时期拜占庭帝国乃至欧亚草原游牧帝国的命运均紧密联结在一起，而罗马波斯战争最后阶段的史诗性反转构成了令后人无限追忆与嗟叹的帝国命运沉浮交响曲。

---

① Theophanes the Confessor, *The Chronicle of Theophanes Confessor*, A. M. 6116（314. 10）.

第 七 章

地缘政治、国际体系与文明交往：罗马波斯战争的理论解读

罗马波斯战争肇始于公元前 1 世纪罗马共和国与帕提亚帝国在近东政治舞台上的相遇和初步交锋，以公元 7 世纪 20 年代末拜占庭帝国与萨珊帝国进行的"古代世界最后大战（The Last Great War in Late Antiquity）"的结束而收尾，总共历时 694 年（涵盖和平休战时期），其间分别经历了四大阶段，堪称世界历史上总持续时间最长的大国争霸战争。罗马波斯战争的起源、发展和最终结局，生动地诠释了孙子所言"兵者，国之大事，死生之地，存亡之道，不可不察也"以及管子所言"故国虽大，好战必亡"的格言警句，其历史意义、经验教训和现实价值自不待言。

罗马波斯战争与历史上其他文明和国家间爆发的战争相比，具有突出的长时段和间隔性的特点，因此研究罗马波斯战争需要在梳理史料、还原史实的基础上进行理论提炼。首先，从地缘政治理论视角出发可以揭示罗马波斯战争中的地理结构、疆土安全与国家战略之间的互动关系。其次，罗马波斯战争将从欧亚草原到阿拉伯半岛的各类政治行为体和族群行为体卷入其中，故而有必要从国际体系理论视角出发分析罗马波斯战争中各类行为体的特性和行为体之间的互动模式。最后，罗马波斯战争跨越从希腊化时代末期至伊斯

兰文明兴起前夜近 700 年中东文明的演进历程，因此也需要从文明
交往的视角出发分析罗马波斯战争中的各类文明交往现象是如何导
致中东文明从希腊化时代迈向古典伊斯兰时代的。前文中已经以时
间纵线详述了罗马波斯战争在各个阶段的起因、发展和收场方式。
因此，本章拟从地缘政治、国际体系和文明交往的角度出发，对罗
马波斯战争的原因和背景、各阶段的主要战事和特点以及历史意义
和影响进行总结。

第一节　"罗马波斯战争"中的地理结构、
疆土安全与国家战略

罗马波斯战争虽然断断续续持续近 700 年，但仔细研究这 700
年间数十组重大战事，则会发现罗马波斯战争的爆发空间具有很强
的稳定性，即双方重大战事均发生在叙利亚—美索不达米亚北部及
其周围毗邻地区。而与罗马波斯战争爆发空间稳定性相对应的是罗
马波斯边界的稳定性与连续性，即在 7 个世纪内双方的边界基本上
围绕幼发拉底河—底格里斯河中上游进行小幅波动。罗马和波斯尽
管在不同阶段可能处于不同王朝治下，但两大帝国在西亚的核心领
土及其接壤地区并未发生大的变动。不仅如此，两河流域自然地理
条件的稳定性使得罗马波斯战争中双方的行军路线具有极强的复制
性。幼发拉底河、底格里斯河及其各自的众多支流成为双方进行军
事投送的天然水道和行军屏障。而广布两河周围的叙利亚—阿拉伯
大沙漠以及亚美尼亚境内众多的山地、高原和河流在构成双方行军
必须避免或克服的障碍时，也可成为掩护己方军事行动的地理依托。
除了河流、沙漠以及两河上游的亚美尼亚高原外，叙利亚—黎巴嫩
地区的丘陵山地以及横贯西里西亚至阿迪亚贝尼北部的陶鲁斯山脉
及其众多隘口在罗马波斯战争中也发挥了突出的作用。由上可知，
罗马波斯战争在军事地理上具有很强的规律性，而这种规律性也决

定了两大帝国在西亚的战略均势及统治策略的连续性与稳定性。

一　地理空间对罗马波斯帝国战略的形塑与制约

而从疆域结构层面上看，按爱德华·勒特韦克所言，罗马和波斯自公元前 1 世纪中期起长期互为对方在西亚的"体系性威胁"，因为双方在西亚的领土均构成各自帝国的重要组成部分甚至核心区。由于地中海东岸的黎凡特诸省是罗马帝国环地中海领土必不可少的组成部分，因此波斯对罗马东地中海领土的侵攻直接威胁到罗马帝国的完整性。而两河流域平原是帕提亚—萨珊帝国的京畿重地和农、工、商业最发达的地区，因而罗马对波斯两河流域领地的侵攻也会直接威胁到帕提亚—萨珊帝国的生存。然而，与东地中海诸省对罗马—拜占庭帝国的极端重要性不同，波斯对罗马东地中海领土的侵攻往往是以反击罗马入侵和劫掠人口财富为目的，其宏观战略目标至多是为了改善己方一侧的西部安全纵深，而所谓的"恢复阿契美尼德王朝西部旧疆"则很难得到波斯本土方面资料的证实。

对罗马—拜占庭帝国而言，征服帕提亚—萨珊帝国代价过于高昂，因而罗马—拜占庭诸帝的"模仿亚历山大情结"也往往难以真正落实为对两河流域以东广大地区的征服。因此，在罗马波斯战争中，罗马一方向波斯推进的顶点至里海—波斯湾一线而止，即使是两河流域也无法长期占领。因此，洗劫泰西封或威逼波斯方面停战求和成为历次罗马波斯战争罗马一方进攻的最佳"收场方式"。而对于波斯一方而言，其每一次大规模入侵罗马领土的最终战略目标则往往是洗劫罗马—拜占庭帝国的东方大都会——安条克，而不是对之实施占领并进行长期的统治。对帕提亚—萨珊帝国而言，由于其国家总体实力和军事力量构成的特点，使得其对罗马—拜占庭帝国在东方的领土的进攻以掠夺性进攻为主，始终无法真正消化每一次战争所得，结果导致其西疆扩展长期受阻于亚美尼亚山地和幼发拉底河。尤其是帕提亚—萨珊军队长于野战短于攻城（萨珊军队攻城能力稍强于帕提亚），使其始终无法真正实现蚕食罗马人在东地中海领土的战略目标。相比之下，罗马—拜占庭帝国未能长期占领两河流域地区，主要原因是统治者主观上未有长期经营此地的打算，且对当地统治成本高昂，而非军事力量所不及造成。如果考察 7 个世纪中爆发的每一次罗马波斯战争便可发现，双方都以打破均势开端，又以恢复战前均势收场（尽管会有局部的势力范围变更）。因此，如果要深入研究罗马波斯战争的均势性，必须考虑到两国在西亚和东地中海地区的疆域领土结构的不同。

在地缘结构上，作为罗马波斯战争核心争夺带的西亚和东地中海地区在双方的战略地位有着巨大的差异。罗马波斯双方均试图在固守己方边境的同时对对方保持一定程度的战略威慑，从而产生一系列突发性军事冲突。罗马和波斯两大帝国的核心区分别位于地中海腹地（罗马、君士坦丁堡）和两河流域（泰西封诸城），这使得两大帝国疆土构成和边疆战略纵深差异较大。罗马—拜占庭帝国的核心区距离其东方边境较远且有海洋作为屏障，波斯人难以直接威胁罗马城和君士坦丁堡；而帕提亚—萨珊帝国的核心区紧邻罗马东地中海领土且为平原地形，直接受到罗马人在西侧的军事压力。因此，帕提亚—萨珊帝国和罗马—拜占庭帝国相比，其首都一侧的绝对战略纵深严重不足。这导致在罗马波斯战争中，波斯人更容易因为军事失利而使得核心区无法获得安全保障甚至沦陷（泰西封多次被罗马人攻破）。

而对波斯人而言，向西扩张以改善首都一侧战略纵深不足的需求相比罗马人更为迫切；而罗马人即使在东方前线遭到严重的军事惨败，也不会动摇帝国的根本（波斯人仅在 7 世纪初一度兵临君士坦丁堡且围攻失败）。但由于罗马—拜占庭帝国环绕地中海的疆域结构，其在东地中海的领土又存在相对战略纵深不足的问题，罗马—拜占庭帝国在东地中海黎凡特诸行省领土最宽处也不过从地中海东岸到幼发拉底河，最远一度达到底格里斯河东岸。因此波斯人同样可以轻易威胁罗马—拜占庭帝国东地中海核心区（以安条克为中心）的统治。与波斯首都泰西封命运相似，罗马—拜占庭帝国在东方的统治中心安条克在罗马波斯战争中也多次沦陷。由此可见，罗马和波斯在西亚的核心领土均存在战略纵深不足的特点。因此双方虽然在绝大部分历史时期均不把彻底征服对方作为战略目标，但总是会为保护自己的核心领土不受对方的威胁而投入大量的资源与军力进行会战，由此导致双方在战争中综合国力的消耗往往大于战争胜利所得，因而是得不偿失的。

二　罗马与波斯战争中疆域、边界与附庸国体系的演化

尽管两大帝国在西亚和东地中海的领土结构和军事战略具有稳定性与延续性，但罗马—拜占庭帝国和帕提亚—萨珊帝国在西亚的边疆景观与对峙态势在 7 个世纪内仍然发生了缓慢的而且是不可逆的一些重要变化，其中最重要的便是边疆附庸国体系的维持、衰亡和瓦解进程。自公元前 1 世纪起，罗马和波斯在西亚的扩张便是以附庸国体系的建立（及其向行省和直属领地的转化）为主要手段，而附庸国体系及其组成的地缘缓冲区在罗马波斯关系的演进中扮演了至关重要的角色。

从叙利亚—阿拉伯沙漠至高加索山南侧，罗马和波斯分别以己方在西亚的核心领土为后盾，围绕双方在对方的边境一侧形成了一系列附庸国体系。罗马一方的附庸国主要位于黑海东南岸、小亚细亚东部和叙利亚—黎巴嫩边境，并一直延伸到红海；而波斯一方的附庸国则从高加索山以南沿亚美尼亚山地一直延伸到美索不达米亚和波斯湾顶端。在罗马波斯战争的早期阶段，罗马和波斯各自的附庸国体系都曾发挥了重要的缓冲和迟滞对方军事行动的作用，但也暴露出缓冲国自身固有的一系列战略缺陷和忠诚不稳定性的弊端。为解决附庸国在罗马波斯关系中可能为敌方所利用的各种缺陷，罗马帝国从弗拉维王朝开始全面重整东方附庸国体系为行省。而波斯从萨珊王朝起也开始全面吞并帕提亚时代的附庸国为直属领地。而亚美尼亚的地位极为特殊，长期作为罗马波斯双方共同属国被交替控制，直到 4 世纪末 5 世纪初才被两大帝国瓜分。与罗马波斯在两

河流域的附庸国体系不同，亚美尼亚被双方瓜分吞并之后其缓冲作用并未立即消失，而是经历了较长的时间才成为罗马波斯直接对抗的前沿地区。

公元6世纪之前的罗马波斯战争，除公元3世纪的罗马波斯战争外时间间隔都较长，这与亚美尼亚王国的战略缓冲作用密不可分。而自6世纪后，罗马波斯战争的频度迅速升高，则与亚美尼亚等附庸国缓冲作用的彻底消失有着内在的联系。在罗马波斯战争的最后阶段，罗马—拜占庭帝国东方诸省防线一度全盘瓦解。而波斯一方在公元620年代扩张至顶点之际又遭遇罗马—拜占庭一方的戏剧性"翻盘"。如何解释7世纪初罗马波斯战争的"失控"和由此带来的一系列毁灭性后果是研究罗马波斯战争必须解决的重大问题。如果按照静态的两极均势理论和有限战争模式来分析，似乎无法解释罗马波斯战争最后阶段的高烈度和毁灭性特征。

实际上，罗马波斯战争在7世纪初的全面爆发与之前6个世纪中双方的历次非决定性战争仍有着密切的关系。罗马波斯战争虽然在短时间内不会对两国国运造成重大影响，但每一次战争都不同程度地加深双方的敌意和不信任感，尤其是公元6世纪期间波斯一方两次毁约开战（502年和540年）对双方的政治互信产生了极为消极的后果。因此，每一次罗马波斯战争的结束虽然从表面上看又恢复了双方的战前态势，但由此带来的两国边界的缓慢破碎化进程往往不易令人察觉。罗马波斯战争虽然具有鲜明的间隔性、均势性和自相似性特征。但其演进绝不是不断对前代战事进行简单重复，而是由冲突的可控逐渐走向失控，并由此带来战争频烈度和波及范围的不断攀升，最终演变为毁灭性的高烈度战争。故而，笔者以下将从地缘政治中缓冲国家角色的角度来分析罗马波斯战争的演进历程及其特点。

三 缓冲区与罗马波斯战争特性的延续及质变

罗马波斯战争的频烈度与缓冲国的存在与否密切相关，而亚美尼亚是罗马波斯战争最具典型特点的地缘政治缓冲区。美国学者爱德华·勒特韦克便认为，"只有亚美尼亚才是一个真正的缓冲国，充当两大强国即罗马和帕提亚之间一个有形的中立区"①。实际上，以亚美尼亚为核心的高加索地区也是罗马波斯双方地缘冲突最集中爆发的地区，在罗马波斯战争中扮演着牵一发而动全身的重要战略作用，对亚美尼亚的争夺贯穿罗马波斯战争始终。在罗马波斯战争中，亚美尼亚极为特殊的地缘战略位置使其长期成为双方共同的附庸国。亚美尼亚高原对罗马—拜占庭帝国而言是极为理想的缓冲地带，保持亚美尼亚的中立甚至亲罗马态势将为罗马一方在战争和平时带来巨大的战略优势，使其在东线的军事防守压力和进攻成本降到最低。

而对帕提亚—萨珊帝国而言，亚美尼亚高原与伊朗高原在地势上紧密相连，对亚美尼亚的控制程度将直接决定波斯的西北边疆安全态势。同时由于亚美尼亚高原与两河流域平原一高一低的战略态势，亚美尼亚的向背又将极大地影响波斯在两河流域核心区域的统治。因此，在罗马波斯战争中，往往是帕提亚—萨珊帝国一方首先就亚美尼亚问题发难，或是扶植亲波斯的亚美尼亚国王，或是直接军事入侵，或者两者兼而有之。而罗马一方则针锋相对以军事力量除掉亲波斯的亚美尼亚统治者（或令其倒向罗马）以维持亚美尼亚的两属态势，从而保护罗马东方诸行省的侧翼安全，必要时罗马军队则借道亚美尼亚山地对波斯人的核心领土（伊朗高原或两河流域）进行防御反击甚至惩罚性远征。

通过对罗马波斯战争发展历程的纵向考察可知，亚美尼亚缓冲国功能的消失经历了一个长期的历史演变过程，而其中最关键的时期发生于公元4世纪末5世纪初。在罗马—帕提亚时代，尽管多次就亚美尼亚问题与罗马交锋，但帕提亚帝国从未试图将亚美尼亚纳为直属领土，而是通过扶持亚美尼亚的安息王室幼支以维持帕提亚

---

① ［美］爱德华·勒特韦克：《罗马帝国的大战略：从公元1世纪到3世纪》，时殷弘、惠黎文译，第25页。

帝国在南高加索地区的影响力。而萨珊王朝推翻作为亚美尼亚安息王朝长支和前宗主的帕提亚王朝之后，两国王室的关系由长幼同宗关系逆变为仇视和敌对，由此导致萨珊帝国对亚美尼亚的战略由外交控制逐渐转化为使用武力进行长期征服和统治。

为对抗萨珊帝国的政治控制、文化渗透以及构建自身的民族文化身份，亚美尼亚安息王朝逐渐与罗马—拜占庭帝国走近，并于公元 301 年改宗为基督教国家，从而进一步恶化了其与萨珊帝国的关系。但问题的复杂性在于，改宗基督教后的亚美尼亚又并未立即实现完全的基督教化，其内部仍有大量亲波斯的未改宗的亚美尼亚祆教贵族，因此罗马和波斯在亚美尼亚的争夺仍然难解难分。公元384—387 年间，罗马和波斯为解决亚美尼亚问题在多次协商后达成瓜分协定，由波斯控制占总领土五分之四的大亚美尼亚，而罗马直接统治只占总领土五分之一的小亚美尼亚。公元 428 年萨珊帝国最后废黜了亚美尼亚安息王朝，由波斯总督直接治理，亚美尼亚（此后若不加说明，均指波斯治下的大亚美尼亚）遂进入波斯总督时代（Marzbanate Armenia）。波斯直接统治亚美尼亚之后，亚美尼亚贵族虽然爆发过反抗波斯统治的斗争。但其性质已经变为萨珊帝国的内部事务，罗马—拜占庭一方不再能够轻易插手，而双方在瓜分亚美尼亚后也形成了在安纳托利亚高原东部直接接壤的态势。

公元 384—428 年间亚美尼亚的被瓜分使得罗马—拜占庭帝国与波斯在高加索直接接壤，而亚美尼亚王国作为政治实体宣告灭亡。此后，罗马波斯双方在高加索的争夺虽然由于公元 5 世纪双方被蛮族入侵同时牵制而一度趋缓。但进入 6 世纪后，随着拜占庭帝国北疆趋稳和萨珊帝国国力的恢复，此时已经没有亚美尼亚作为缓冲方的罗马和波斯之间战争形态遂开始发生显著的而且是不可逆转的变化。两大帝国此后不仅在叙利亚—美索不达米亚地区直接交战，也同时在亚美尼亚及其周边的南高加索地区频频用兵。由此导致罗马波斯战争从公元 1—4 世纪的可控阶段逐渐走向 6 世纪末 7 世纪初的全面失控阶段。罗马波斯战争均势局面的打破发生在 7 世纪初的最后阶段，此阶段表现出与之前双方历次交战完全不同的态势。而其原因也在于亚美尼亚、拉赫米、加萨尼等附庸与缓冲国在5—7世纪之间逐渐走向了不可逆转的消亡与被吞并的命运。

亚美尼亚被瓜分之后，南高加索的其他几个小国如拉齐卡和伊比利亚成为公元6世纪以后罗马波斯双方争夺的焦点。总体而言，公元5世纪初萨珊帝国对亚美尼亚的吞并并未显著改善其西疆安全态势，反而在某种程度上加重了国家资源的投入和消耗，亚美尼亚最终成为波斯人的"鸡肋之地"和希拉克略皇帝反攻波斯的跳板。而对拜占庭帝国而言，公元6世纪后高加索缓冲带的消失使得其东部边防压力陡然增加，最终使得波斯人在7世纪初沿亚美尼亚和小亚细亚地区长驱直入，一度威胁到帝国核心区君士坦丁堡。拜占庭帝国也正是由于亚美尼亚缓冲区的消失不得不在公元7世纪实行军区制改革，以下放中央权力给边疆军区的方式缓解帝国财政和军事危机。从地缘战略态势上看，亚美尼亚在罗马波斯战争中经历了由两属缓冲国至战争前沿区的变化，是罗马波斯战争中影响和反映双方博弈态势走向的关键中间国家（地区）。亚美尼亚在罗马波斯战争中的地位变化对两国内政外交均产生了极为深刻的影响。

四　宗教与地缘政治：罗马波斯战争中的宗教地缘动力学

萨珊帝国和拜占庭帝国的宗教特性与内部宗教格局是理解罗马波斯战争中后期阶段双方外交政策、战争策略与族群生态演变与不可或缺的因素，而双方在不同时期的宗教政策与教派格局又带有显著的地缘政治色彩。因此可以说，宗教地缘因素在4—7世纪的罗马波斯关系中扮演了极为重要的角色。罗马—拜占庭帝国与帕提亚—萨珊帝国内部长期存在多元族群、多元宗教和多元教派的格局，而罗马和波斯在西亚—东地中海地区的领土又是多种宗教及其不同教派孕育的温床。基督教诞生于巴勒斯坦的地理位置和普世传教特性、犹太人在东地中海和西亚地区的广泛分布以及早期罗马帝国和帕提亚帝国宗教政策的宽松多元使得叙利亚—美索不达米亚地区在罗马波斯时代形成复杂多元的宗教景观。罗马波斯时代中东的宗教发展趋势是从早期种类繁多的古典异教、各种诺斯替思潮向中后期以基督教和琐罗亚斯德教为代表的高级宗教及其各种异端派别发展。尤其是公元3—4世纪之后，高级宗教与帝国统治开始紧密联系在一起。而这些宗教内部的教派分化与跨界传播使得宗教族群问题时刻影响着两大帝国关系的阴晴乃至双方的战和态势。

　　另外，罗马波斯战争与和平时期均频繁发生的人口流动使得宗教与教派边界早就越过两大帝国边境向对方领土延伸。比如公元3—6世纪萨珊帝国对罗马—拜占庭帝国发动的一系列战争，便导致大量罗马帝国境内的基督徒人口以战俘的形式被强制迁徙至萨珊帝国境内，这又使得萨珊帝国内部的宗教格局进一步复杂化和多元化。而拜占庭帝国的基督教国教地位（由此导致的对犹太教的打压）、基督教内部的教派分裂（由此导致的对基督教异端的打压）和萨珊帝国内部宗教的多元自治模式（由此带来的对犹太教和基督教异端的宽容）使得罗马波斯战争中不同宗教之间以及同一宗教内部不同教派之间的交往与冲突、同化与抗拒现象呈现出极为复杂和交织的特点。由于罗马—拜占庭帝国与萨珊帝国前期与后期各自境内基督徒教派格局的不同，双方对己方和对方国内基督教不同教派的政策表现出明显的波动性和往复性。

　　不仅如此，罗马和波斯因为宗教问题爆发的冲突也具有明显的地缘性特点，并集中表现在亚美尼亚和叙利亚—美索不达米亚北部地区。由于萨珊帝国的基督徒人口主要集中在美索不达米亚的京畿地区，因此对境内基督徒的政策直接影响到帝国核心区的稳定。而同一时期罗马—拜占庭帝国内部的教派争端也直接影响到萨珊帝国的宗教政策。从地缘与历史发展上看，由于聂斯托利派基督教先于一性派基督教从罗马—拜占庭帝国分离出去并成功在波斯境内发展壮大，使得后起的一性派基督徒在波斯难以找到生存空间（尽管仍然有部分一性派基督徒以个人的方式成功渗入波斯宫廷，亚美尼亚人则构成萨珊帝国内部最大的一性派基督教族群），从而被迫长期在叙利亚至埃及的罗马—拜占庭帝国东方诸省进行"本地发展"，这无疑将对此后基督教和拜占庭帝国的历史进程产生深远的影响。

由于罗马波斯战争中宗教地缘政治的影响突出表现在亚美尼亚和叙利亚—美索不达米亚北部地区，两大帝国统治者都必须在小心处理对国内少数教派的政策的同时又必须在外交和战争中争取对方国内不同教派的认同与支持。比如亚美尼亚在4世纪初皈依基督教后，萨珊帝国的亚美尼亚政策便不可避免受到与琐罗亚斯德—基督教之间冲突关系的左右。由于亚美尼亚在地缘战略上的极端重要性，萨珊帝国既要在政治上保持对亚美尼亚的有力控制，又不能够在宗教同化政策上走得过远，以避免信仰基督教的亚美尼亚不肯为帝国出力甚至倒向罗马—拜占庭帝国一方。而公元4世纪罗马帝国改宗基督教之后，萨珊帝国境内的基督徒与波斯国教琐罗亚斯德教之间的冲突又成为激化罗马波斯关系并促使两大帝国爆发战争的重要推动因素。可以说，在公元5世纪聂斯托利派东传波斯并取得合法地位之前，萨珊帝国对国内基督徒的政策基本服务于对抗基督教罗马帝国以及"归化"本国"叛教者"——亚美尼亚人的需要，因而波斯和亚美尼亚基督徒在这一时期经历了历史上最为严重的迫害。但基督教的殉教传播特性和萨珊帝国的战俘迁徙政策又使得波斯境内的基督徒不但没有因为迫害而减少，反而获得了进一步的发展。在波斯和亚美尼亚基督徒人数不断增长的现实下，萨珊帝国的基督教政策开始由单纯的抵制迫害走向理性务实。至公元5世纪初，两河流域的波斯基督徒在耶兹底格德一世的支持下召开独立的宗教会议，实现了波斯基督教的合法化和自主化，而亚美尼亚人也在公元5世纪末通过对波斯的长期反抗斗争获得了信仰基督教的自由。可以说，在公元5—7世纪，罗马—拜占庭帝国的希腊正教会与萨珊帝国的"东方教会"分庭抗礼，同时萨珊帝国内部的亚美尼亚使徒教会（属于一性派）和罗马帝国内部的叙利亚雅各教会、埃及科普特教会（均属一性派）又分别镶嵌于两大帝国之中，从而形成一种极为复杂微妙的宗教、族群与帝国互动格局。

最后，从中东基督教发展的长期历史进程来看，公元5世纪聂斯托利派的分裂和公元6世纪一性派基督教的成熟对罗马波斯关系及各自的宗教政策有着决定性的影响，并由此反过来决定了中东基督教的历史命运。公元6世纪后聂斯托利派和一性派基督徒（主要是叙利亚的雅各派）在罗马波斯边界两侧的密集分布与对立态势以及亚美尼亚人的一性派倾向不仅使两大帝国的宗教政策进一步复杂化，而且直接关系到叙利亚—美索不达米亚各地居民和族群对两大帝国的忠诚与认同。至罗马波斯战争后期，双方的宗教对抗色彩进一步加重，而双方的战时宗教政策对战争进程的走向与结局有着巨大的影响。在公元602—628年的罗马波斯战争中，萨珊帝国对基督教圣城耶路撒冷的洗劫和对基督教圣物的掠夺直接导致了希拉克略皇帝"圣战"政策的成功出台。从而使得希拉克略在与波斯的战争中能够以基督教捍卫者的身份凝聚人心，从而扭转拜占庭帝国在战争前期的颓势。而波斯军队在攻陷耶路撒冷后任由犹太人杀戮基督徒又进一步损害了萨珊帝国在东方基督教世界的声誉和形象。可以说，萨珊帝国在此次战争中的最后失败与其丧失国内外基督徒的支持不无关系。

实际上，公元4世纪后，罗马波斯双方在对方领土上的征伐都必须考虑当地族群的宗教生态和己方国内的宗教格局。对两大帝国统治者来说，在维护己方国教及正统派的地位与争取被征服领土上主流宗教派别和国内少数教派的支持之间存在着明显的矛盾和张力，稍有不慎便可导致帝国内部族群认同的撕裂。由此可见，不仅拜占庭帝国统治者需要经常在西部的罗马教宗、君士坦丁堡牧首和东方基督教各异端派别之间"走钢丝"，萨珊帝国也始终面临着如何平衡自身国教与基督教各派别以及犹太人之间微妙关系的问题。在7世纪初罗马波斯战争的最后阶段中，罗马—拜占庭帝国和萨珊帝国内部的宗教少数派别对帝国的忠诚和认同在战争中经历了深刻的危机。可以说，希拉克略能够在战争的最后阶段成功反击波斯，收复失土，与其圣战政策对萨珊帝国内部宗教认同的分化瓦解有着内在的紧密联系。而两大帝国边界内部基督教派别的对立性，使得拜占庭帝国在争取到波斯境内基督徒（以聂斯托利派为主）支持并最终战胜波斯的同时，又伤害了己方叙利亚和埃及地区基督徒（以一性派为主）对帝国的认同，从而使得拜占庭帝国东方诸省在随后阿拉伯人征服的"二次打击"面前再次沦陷。而这一次拜占庭帝国再也没能赢回东方一性派基督徒对帝国的忠诚，由此可见地缘宗教与教派格局对罗马波斯关系乃至罗马波斯战争进程和最终结局的深刻影响。

第二节　国际体系：罗马波斯战争中核心、中间、外围行为体的互动

行为体（Actors）是国际关系理论中不可或缺的分析单位，而从国际体系视角来看，罗马波斯战争中存在大量的"行为体"。除了作为核心参与者的罗马—拜占庭帝国和帕提亚—萨珊帝国之外，两大帝国交界处的大量附庸国与缓冲国、广泛分布于双方边界领土之内的定居闪米特族群（犹太人、阿拉米人和定居阿拉伯人）、叙利亚—阿拉伯沙漠的贝都因游牧部落、南俄中亚的草原游牧民及其帝国以及红海两侧的古代也门与东非国家均构成罗马波斯战争的直接或间接参与者，并深刻决定和影响着 6 个世纪中两大帝国的交往关系、交往空间与交往形态。这些非核心行为体大体上可以分为两类：一类位于两大帝国权力体系内部或延伸区，对帝国权力核心具有强烈的依附性；另一类位于两大帝国边缘和外围的沙漠—草原地区，对帝国权力核心具有较强的独立性和自主性。第一类包括从南高加索至叙利亚—美索不达米亚的众多王国及犹太人、叙利亚人、库尔德人等定居或半定居族群；第二类包括南俄—中亚草原诸游牧帝国、叙利亚—阿拉伯沙漠游牧部落和红海两侧的古代也门与东非国家。

根据这两大类行为体对帝国权力核心的依附性与独立性的不同，可分别定义为"中间行为体"和"外围行为体"。这两大行为体与作为核心行为体的罗马波斯帝国一起，构成罗马波斯战争中的"核心""中间"与"外围"三个权力与空间层次。

从地理空间上看，罗马波斯战争中的三大行为体在欧亚大陆中央地带形成以罗马—波斯为核心、双方交界带缓冲国为前线、北侧欧亚草原带和南侧沙漠带国家为外围的垂直交叉结构（见图 7 - 1）。罗马波斯战争中的国际体系与古代中国春秋时期的"晋楚争霸"国际体系、古希腊雅典与斯巴达及其各自盟友的城邦同盟体系以及冷战时期美苏对峙国际体系相比，虽然都有着"两极对峙与争霸"的特点，但却不能简单归纳为单纯的"两极体系"，尽管双方在西亚的对峙具有强烈的"两极性"。这是由于罗马波斯战争中中间行为体的可渗透性、两属性和外围行为体的相对独立性所共同决定的。罗马波斯战争中的国际体系因而是一种极其复杂而有自身特点的"两极体系"。因此，有必要对罗马波斯战争中三大行为体的具体构成、国家性质和彼此之间的互动机制进行详细的阐述。

一　两极之间：罗马波斯战争中的核心行为体

罗马和波斯两大帝国构成罗马波斯战争中的核心行为体，按时期不同又可细分为晚期罗马共和国、罗马帝国、早期拜占庭帝国、帕提亚帝国和萨珊帝国五个子行为体，前三者为罗马国家在三个时期的三种不同形态，而后两者则为波斯—伊朗国家在两个时期的两种不同形态。在五个子行为体中，后四个确为帝国无疑，而晚期罗马共和国虽为共和政体，实已具备帝国实质，因此可以明确将罗马波斯战争中两大核心行为体定义为帝国。罗马—拜占庭帝国与帕提亚—萨珊帝国虽同为古代帝国，但前者由城邦和共和国发展而来，后者则有更为悠久的君主专制传统。

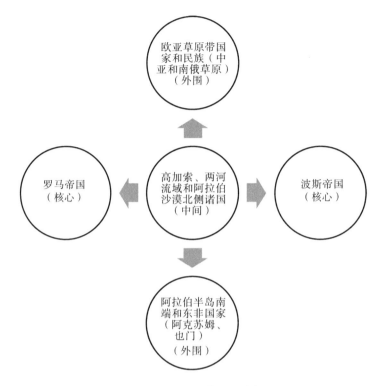

图7-1　罗马波斯战争中的行为体示意图

　　罗马—拜占庭帝国的君主制由早期希腊罗马城邦寡头制蜕变而来[1]，而帕提亚—萨珊帝国君主制直接承袭自波斯帝国乃至古代两河流域传统。双方在国家体制上虽然起源不同，但由于在交往中相互影响双方均发展为专制君主制。一方面，早期罗马帝国君主制不断东方化向专制君主制发展；而另一方面萨珊帝国也完成了从帕提亚贵族君主制向专制君主制的转型。两大帝国在帝制形态、皇位承袭以及王朝与国家本体关系上也有较大不同。罗马帝国时期尚未形成皇位世袭制，仍保留元老院等共和制残余，并以养子过继、禁军废

　　① Harold Mattingly，*Roman Imperial Civilization*，The Norton Library，New York，1971，pp. 33 – 43.

立和内战胜出为主要继承方式。[①] 早期拜占庭帝国开始形成皇位世袭制，但终拜占庭帝国一世，未形成单一家族王朝，而是由不同家族相继建立新王朝。[②] 而帕提亚—萨珊帝国是明确的王位世袭和单一家族王朝（即帕提亚王朝和萨珊王朝），同时贵族参政分权以及家族内部王室争位现象明显，在中央集权和继承制度上不如帝制中国成熟完备。

由此可见，罗马—拜占庭帝国和帕提亚—萨珊帝国分别具有西方地中海帝国和西亚帝国的典型特征。而帕提亚—萨珊帝国在不同时期其国家属性也有所不同：帕提亚帝国由帕提亚王国发展而来，萨珊帝国中央集权程度又远甚于帕提亚帝国，因此其王室直属领土远较帕提亚广阔，其附庸国体系也远较帕提亚帝国稳定。[③] 而帕提亚帝国则包括王室领地和众多半独立王国（有时甚至倒向罗马），因此"帕提亚帝国"的内涵较"萨珊帝国"更为复杂。[④] 另外，萨珊帝国由于发源于波斯故地[⑤]，在法统上比可能拥有中亚游牧人之渊源、帕提亚帝国更具"波斯性"。[⑥]

罗马和波斯两大帝国在不同时期其统治集团、疆域版图、内部统治结构和综合国力均在不断变化，但两国的核心领土和政治制度基本保持稳定，其所代表的两种文明形态——希腊罗马文明和波斯

---

① Donald Kagan, Steven Ozment and Frank M. Turner, *The Western Heritage*, Vol. 1. Macmillan Publishing Company, 1987, p. 18.

② J. B. Bury, *A History of the Late Roman Empire From Arcadius to Irene*, 395AD – 800AD, London：Macmillan, 1889, p. 56.

③ A. Christensen, *L'Iran Sous Les Sassanides*, Copenhagen-Paris, 1944.

④ B. P. Lozinski, *The Parthian Dynasty*, Iranica Antiqua, Vol 19, 1984, pp. 119 – 139.

⑤ Richard N. Frye, *The Heritage of Persia*, London：Weidenfeld and Nicolson, 1963, p. 8.

⑥ 王三三、邵兆颖：《帕提亚人的斯基泰渊源——文献与考古学证据》，《世界历史》2014 年第 2 期，第 100—115 页。

文明在罗马波斯战争期间表现出显著的稳定性和异质性特点。[1] 罗马帝国（包括拜占庭帝国）和波斯帝国（此处为泛指帕提亚和萨珊王朝，并非指阿契美尼德王朝）构成罗马波斯战争的核心行为体，但两个核心行为体之间存在互相争夺中间行为体的现象，因此还需界定罗马波斯战争中作为中间行为体的缓冲国家和族群。

二 逐鹿西亚：罗马波斯战争中的中间行为体

高加索、两河流域和阿拉伯沙漠北侧诸王国构成罗马波斯战争中的中间行为体，涉及亚美尼亚人、阿拉伯人、库尔德人（Kurds，其居住地和族群名称在古典文献中为 Gordynene，Corduene 或 Kardusioi）和犹太人等大量古代西亚族群。自公元前1世纪罗马东扩至西亚后，罗马人和帕提亚人便在亚美尼亚和幼发拉底河上游发生接触，位于此地的众多土著国家和民族开始在罗马波斯战争中扮演至关重要的角色，并可大致分为高加索诸王国、两河流域诸王国和阿拉伯沙漠王国三大类。其中，高加索诸王国包括（大）亚美尼亚王国、索菲尼王国（Sophene）、科马基尼王国（Commagene）、伊比利亚王国、阿尔巴尼亚王国、科尔基斯（Colchis，古代晚期改称 Lazica）王国、米底—阿特洛佩特尼王国（Media-Atropatene）、戈尔蒂耶尼王国（Corduene）等，以（大）亚美尼亚王国为核心；两河流域诸王国包括奥斯罗恩王国、阿迪亚贝尼王国、阿拉巴王国（Araba，也称Hatrene）、查拉塞尼王国等；阿拉伯沙漠北侧诸国则以纳巴泰王国（Nabataeans）、帕尔米拉王国[2]、加萨尼王国和莱赫米王国为代表，此外还应包括未定居的阿拉伯沙漠诸游牧部落（如位于莱赫米和加萨尼王国之间的台努赫部落和肯德王国）。

需要说明的是，以上这些王国（部落）有些在希腊化时期就已

---

① Peter Jones and Keith Sidwell, *The World of Rome: an Introduction to Roman Culture*, Cambridge University Press, 1997, p. 13.

② I. A. Richmond, "Palmyra under the Aegis of Rome", *Journal of Roman Studies*, Vol. 53, 1963, pp. 42 –43.

存在相当长时间（如亚美尼亚、查拉塞尼），有些产生于罗马波斯时代中后期（加萨尼、莱赫米）。这些国家在保持本土文化的同时不同程度受到罗马、波斯两大文化圈的影响。如亚美尼亚的希腊化和基督教化进程深受罗马—拜占庭帝国的影响，而在罗马波斯战争中分别作为双方同盟者的加萨尼和莱赫米王国分别受到拜占庭帝国和萨珊帝国的强烈影响（前者信奉基督一性论派，后者信奉聂斯托利派）。这些国家中，高加索地区以亚美尼亚王国最为强大。而亚美尼亚王国是罗马波斯战争中最重要的中间行为体，直接影响罗马波斯双方的外交和军事政策。但5世纪初亚美尼亚王国的灭亡并未导致罗马波斯战争结束，反而加大了双方以后的冲突烈度。两河流域地区诸王国中，奥斯罗恩和阿拉巴王国为阿拉伯人所建，首都分别为古代西亚名城埃德萨和哈特拉。奥斯罗恩王国前期为帕提亚帝国属国，后期为罗马帝国属国，最终被罗马吞并。阿拉巴王国在帕提亚时期一直保持半独立地位，至萨珊帝国初期将其吞并。阿迪亚贝尼较为特殊，其王族据说为斯基泰或伊朗血统，于1世纪初皈依犹太教，为帕提亚属国，至4世纪初被萨珊帝国吞并。

萨珊帝国兴起后，两河流域诸王国逐渐被罗马波斯瓜分，两大帝国势力范围的交界处遂由幼发拉底河东移至哈布尔河（前奥斯罗恩王国与阿迪亚贝尼王国交界处）。但幼发拉底河上游以东至底格里斯河地区的归属因双方反复争夺时有变动①，双方围绕两河流域北部重镇尼西比斯（Nisibis）及附近地区多次交锋②。公元363年尤里安东征失败后尼西比斯被永久划归波斯，至公元506年拜占庭皇帝阿纳斯塔修斯一世在两国边境尼西比斯另一侧修建设防城市达拉（Dara），两大帝国在美索不达米亚北部边界遂形成达拉—尼西比斯双要塞对峙格局。阿拉伯沙漠北侧诸王国中，帕尔米拉王国和纳巴

---

① R. E. M. Wheeler, "The Roman Frontier in Mesopotamia", *Congress of Roman Frontier Studies*, 1949, p. 126.

② David Oates, *Studies in the Ancient History of Northern Iraq*, London: Oxford University Press for the British Academy, 1968, pp. 67 – 69.

泰王国为罗马属国，但帕尔米拉在公元 3 世纪中叶一度独立，后被罗马吞并。纳巴泰王国则早在公元 106 年就被罗马吞并为阿拉伯行省。① 加萨尼和莱赫米王国为公元 3 世纪末从阿拉伯半岛南部迁徙而来的阿拉伯人所建，后分别成为罗马和波斯的盟友，充当两国交战的前哨、仆从以及防御沙漠游牧部落的屏障。② 7 世纪初，加萨尼王国和莱赫米王国分别被拜占庭帝国和萨珊帝国废黜吞并，此举标志着两大帝国南侧缓冲带的消失。

除了以上三大地区的诸王国外，广泛分布于埃及、两河流域和黎凡特地区的犹太人也是罗马波斯战争中重要的中间行为体③，这些地区犹太人的向背多次成为罗马波斯战争胜负的关键影响因素，罗马波斯战争也反过来影响了犹太人在中东的命运④。在罗马波斯战争中的中间行为体国家和族群中，高加索诸国和两河流域诸国的归属表现出明显的不稳定性和两属性，而阿拉伯沙漠北侧诸国的政治倾向和归属具有较大的稳定性。由于罗马和波斯帝国在治理模式和宗教政策上的不同，犹太人在罗马波斯战争中基本亲波斯而反罗马，但也并非总是如此。如公元 1 世纪初两河流域地区的犹太人曾反抗帕提亚帝国的统治，因此帕提亚帝国在公元 66—70 年犹太战争中持观望态度，甚至派出军队帮助后来的罗马皇帝维斯帕芗镇压犹太人⑤，而帕提亚帝国的属国、信奉犹太教的阿迪亚贝尼王国却派兵支

---

① G. W. Bowersock, "A Report on Arab Provincia", *Journal of Roman Studies*, Vol. 61, 1971, pp. 236 – 242.

② Colin. D. Gordon, *The Subsidization of Border Peoples as a Roman Policy of Imperial Defense*, Michigan Doctorate Dissertation, 1948, p. 36.

③ M. Gichon, *Israel and Her Vicinity in the Roman and Byzantine Periods*, The Seventh International Congress of Roman Frontier Studies, Tel Aviv, 1967, p. 117.

④ G. Alon, *The Jews in Their Land in the Talmudic Age* (70 – 640 CE), translated and edited by G. Levi, 2 Vols, Jerusalem, 1980 – 1984, p. 86.

⑤ Bernard W. Henderson, *Five Roman Emperors*: *Vespasian*, *Titus*, *Domitian*, *Nerva*, *Trajan* (AD 69 – 117), Cambridge University Press, 1927; Josephus, *The Jewish War*, trans by H. St. J. Thackeray, Loeb Classical Library, London and New York: William Heinemann and G. P. Putnam, 1927 – 1929, 1. 20. 4.

持犹太起义。由此可见罗马波斯战争中中间国家和族群行为的复杂性。

三 从欧亚草原到非洲之角：罗马波斯战争中的外围行为体

在罗马波斯战争中，除了罗马、波斯两大核心行为体和高加索、两河流域、阿拉伯沙漠北侧的诸多中间行为体外，还有一类行为体存在，那就是中亚、南俄游牧民族（政权）与曼德海峡两侧的非洲之角和南阿拉伯地区（也门）的古代国家。其中，欧亚大草原上的游牧民族与帝国位于罗马、波斯两大帝国北侧，而东非和南阿拉伯的古代诸国位于罗马、波斯两大帝国南侧。从宏观上看，南俄罗斯草原上的游牧民族（政权）与中亚游牧民族（政权）分别与罗马—拜占庭帝国和帕提亚—萨珊帝国构成游牧世界与农耕世界中的两组南北对抗关系。这两组南北对抗关系与罗马波斯战争相结合，在6个世纪中形成一组复杂的多边外交与制衡国际体系，深刻地影响着罗马波斯战争的进程、走向和结局。

对于罗马—拜占庭帝国而言，南俄罗斯草原上的游牧民族（政权）自1世纪起便对前者构成威胁，并一直持续至7世纪罗马波斯战争结束。从地理上看，莱茵—多瑙河前线成为罗马帝国与中欧和北欧地区日耳曼人的冲突线，而多瑙河—黑海一线构成罗马人与南俄罗斯草原游牧民族（政权）的冲突线。[1] 这两条线并没有明确的分界，大体上以多瑙河中游为界。罗马—拜占庭帝国的北疆敌人在6个世纪中经历了复杂的分化组合演变，但总体可分为早期日耳曼诸部落[2]与萨尔马提亚人（Sarmatians，1—2世纪）、中期哥特王国和其他日耳曼部族（3—4世纪，匈人入侵前）和晚期日耳曼诸部族及匈人—阿瓦尔汗国（Huns-Avar Khanate，5—7世纪）三个阶段。除

---

① Antonio Frova, "The Danube Limes in Bulgaria, and Excavations at Oescus", *The Congress of Roman Frontier Studies*, 1949, ed. E. B. Birley, Durham: Durham University, 1952, p. 11.

② E. A. Thompson, *The Early Germans*, Oxford: Clarendon Press, 1965, pp. 114 – 115.

早期日耳曼部落分布于中欧地区外，中期哥特王国和晚期匈人—阿瓦尔汗国均以南俄草原为政治中心（包括匈牙利平原），因而属于罗马波斯战争中的外围行为体。罗马帝国在奥古斯都和提比略时期（公元前27—公元37年）基本确定了莱茵—多瑙河北部边界，同时与莱茵河以东、多瑙河上游以北的日耳曼诸部落屡有冲突。[①]

萨尔马提亚人的活动区域从里海北岸延伸到多瑙河下游，以南俄罗斯草原为核心地区，可以在多瑙河、黑海和高加索三个方向上对罗马帝国施加压力，而高加索方向的博弈则将波斯帕提亚帝国牵扯其中。在公元1—2世纪，经常出现萨尔马提亚人介入罗马波斯高加索博弈的情况。因此可以认为，在公元1—2世纪，活跃于南俄草原上的萨尔马提亚人[②]和多瑙河下游北岸的达西亚人在南俄哥特政权兴起前扮演外围行为体角色。公元102—106年罗马皇帝图拉真通过两次战争彻底征服了达西亚。[③] 公元3世纪以后，萨尔马提亚人被从北欧南下的哥特人驱离南俄草原，前者进入罗马帝国境内，萨尔马提亚骑兵逐渐成为罗马—拜占庭军队中的重要组成部分，因而又经常出现在罗马—拜占庭帝国与萨珊帝国的交战中，成为罗马一方所倚重的骑兵力量。[④]

公元3世纪哥特人取代萨尔马提亚人成为南俄草原霸主后，秉承了萨尔玛提亚时期在罗马波斯战争中的角色逻辑，于3世纪中叶从陆海两路频繁入侵罗马帝国治下的希腊、小亚细亚和高加索地区，

---

① C. M. Wells, *The German Policy of Augustus: An Examination of the Archaeological Evidence*, Oxford: Clarendon Press, 1972, p. 51.

② John Harmatta, *The Sarmatians in Hungary*, Studies in the History of the Sarmatians, Magyar-Corog Tanulmanyok, 30, Budapest: Pazmany Peter Tudomanyegyetemi Gorog Filologiai Intezet, 1950, pp. 45 – 46.

③ I. A. Richmond, "Trajan's Army on Trajan's Column", *Papers of the British School at Rome* 13 (1935), pp. 34 – 36.

④ Warren Treadgold, *Byzantine and Its Army*, 284 – 1081, Stanford: Stanford University Press, 1995, p. 31.

一路烧杀抢掠所过为墟。[1]而萨珊帝国也于 3 世纪中叶在西亚取得对罗马帝国重大军事胜利。萨珊波斯人与哥特人的军事挑战使得罗马帝国在东方和黑海前线两头作战疲于应付并屡战屡败，成为罗马帝国"3 世纪危机"的重要国际背景。4 世纪 70 年代匈人入侵东欧平原后，又取代哥特人成为南俄地区强权。但与之前不同的是，在 5 世纪匈人游牧政权并没有与萨珊帝国合作对付罗马帝国。此时罗马人和波斯人由于分别受到匈人和嚈哒的严重威胁，放弃了长期敌对关系进入了奇怪的"5 世纪和平"。[2]在匈人政权极盛时期，罗马——拜占庭帝国甚至与萨珊帝国协防高加索隘口以防匈人南下。

公元 6 世纪后，随着匈人政权的瓦解和波斯与嚈哒媾和，欧亚大陆国际局势尤其是罗马波斯关系再度发生变化。早在公元 6 世纪初期，已经出现了罗马与波斯分别与南俄草原上匈人国家瓦解后的诸部族交叉结盟威胁对方安全的迹象，但这种结盟制衡仍然不具有均势性和对等性。而 6 世纪中叶突厥汗国从中亚兴起后，相继灭掉蒙古高原的柔然汗国和中亚的嚈哒汗国。萨珊帝国东北边境因为与突厥汗国和粟特人的贸易摩擦再次紧张。同时被突厥人赶往南俄草原的柔然残部阿瓦尔人在东欧平原上建立起又一个足以威胁拜占庭帝国的强大游牧政权——阿瓦尔汗国。[3]在这个背景下，拜占庭帝国与萨珊帝国分别结交（西）突厥汗国与阿瓦尔汗国，在 6 世纪末 7 世纪初形成了罗马波斯战争后期欧亚草原与农耕世界的交叉对抗与制衡式的国际体系。拜占庭——突厥与萨珊——阿瓦尔的结盟对抗关系推动了罗马波斯双方对抗的全面升级，成为公元 602—628 年最后阶

---

① David Magie, *Roman Rule in Asia Minor to the End of The Third Century after Christ*, 2 Vols, Princeton：Princeton University Press, 1950, Vol. 1, p. 437.

② A. H. M. Jones, ed., *A History of Rome through the Fifth Century*, London and Melbourne：Macmillan, 1970, p. 45.

③ Denis Sinor, *The Cambridge History of Early Inner Asia*, New York, Cambridge University Press, 1990, pp. 97–101.

段双方爆发战略决战的重要背景。①

公元 7 世纪初的罗马波斯战争不仅最终拖垮拜占庭帝国与萨珊帝国，还连带影响了突厥汗国、阿瓦尔汗国以及东欧斯拉夫人的历史进程。阿瓦尔人在公元 626 年君士坦丁堡围攻战中遭遇惨败，其南俄霸权迅速瓦解，保加尔人（Bulgars）和可萨突厥人随后填补其权力真空。而（西）突厥汗国虽然帮助拜占庭取得了罗马波斯战争的最后胜利，但却导致了可萨部彻底脱离西突厥汗国独立发展②以及西突厥汗国的内乱，严重削弱了后者在中亚的实力。从后来的历史进程看，罗马波斯战争不仅为阿拉伯人在两大帝国南侧的崛起扩张创造了十分有利的外部环境，还间接影响了远东隋唐帝国与突厥汗国的对抗关系。从某种程度上讲，突厥汗国正是由于同时深度介入与中原隋唐王朝的冲突和罗马波斯战争，导致其资源透支而过早衰败瓦解。正是基于这样的原因，新兴的阿拉伯帝国和唐帝国在某种程度上直接或间接成为罗马波斯战争的最大受益者。

与南俄游牧帝国对罗马—拜占庭帝国北疆的威胁相似的是，中亚游牧民族（政权）的兴起扩张也对帕提亚—萨珊帝国的东北边疆构成威胁，并相继经历了贵霜帝国、匈尼特（Chionites）—嚈哒汗国（4—6 世纪中叶）和（西）突厥汗国（6 世纪中叶至 7 世纪初）三个阶段。帕提亚帝国本身发源于中亚斯基泰人，但由于扩张方向、政权结构、历史机缘等各种原因，帕提亚帝国对中亚的控制力远逊于波斯阿契美尼德王朝，只能勉强守住阿姆河一线与后起的中亚诸游牧民族（政权）对抗。中亚游牧民族在公元前 2 世纪下半叶开始严重威胁帕提亚帝国东北边境，从某种程度上牵制了帕提亚帝国持续向西扩张的能力，使其未能在罗马东扩至西亚前征服整个地中海东岸。米特里达梯二世在对付塞种人入侵中花费了大量的精力后才

① John Haldon, *Byzantium at War A. D.* 600 – 1453, New York：Osprey Publishing Ltd, 2003, p. 22.

② Arthur Koestler, *The Thirteen Tribe：The Khazar Empire and Its Heritage*, New York：Random House, 1976, p. 5.

解决了东北边疆危机，而塞种人在公元前 2 世纪末的迁徙正是远东匈奴游牧政权西逐月氏造成的"多米诺骨牌效应"。

米特里达梯二世解决东北边境问题后，帕提亚帝国得以在公元前 1 世纪初继续向西扩张至亚美尼亚地区，并在罗马波斯战争初期有力对抗罗马人。但公元 1 世纪贵霜帝国兴起后，帕提亚帝国在东北部再次面临巨大压力，加上内部王位纷争和封建割据，遂在 1—2 世纪与罗马帝国的战争中明显居于下风，首都泰西封也三次被罗马人攻陷。贵霜帝国的兴起及其对北印度的征服还改变了帕提亚人垄断陆上丝绸之路的传统格局，因为前者通过与罗马帝国的印度洋海上直航贸易有力削弱了波斯在丝绸之路上的中介贸易地位①，是世界历史上海上丝绸之路兴起的重要标志。但由于贵霜帝国的经营重点在北印度，没有与罗马帝国形成针对帕提亚的直接军事同盟，遂使得已经大幅衰弱的帕提亚帝国可以苟延残喘至 3 世纪初。

进入公元 3 世纪后，萨珊帝国取代帕提亚帝国，同时贵霜帝国在萨珊波斯的强势打击下衰落瓦解，波斯在中亚的势力范围进入古代最后一次高峰。但萨珊帝国对中亚的控制同样不能持久，至 4 世纪中叶游牧民族匈尼特人兴起于中亚后，再度将萨珊帝国东北前线推回阿姆河。经过公元 350—357 年的征战，萨珊王沙普尔二世成功说服匈尼特人停止骚扰边境并与波斯结盟共攻罗马。② 从 4 世纪中叶匈尼特人在罗马波斯战争中的表现来看，中亚游牧民族的加盟虽然短期内增强了波斯一方在罗马波斯战争中的有利态势，但却很难从根本上缓解萨珊帝国的两线作战困境。阿米达之战后，匈尼特人迅速又湮没于历史的尘埃中，中亚地区继续进行游牧民族的分化和重组。至 5 世纪初嚈哒汗国兴起，成为萨珊王朝的东北劲敌③，而萨珊

①　Lionel Casson，*Ships and Seamanship in the Ancient World*，Princeton：Princeton University Press，1971，p. 270.

②　刘衍钢：《古典学视野中的"匈"与"匈奴"》，《古代文明》2010 年第 1 期，第 63—80 页。

③　余太山：《嚈哒史研究》，齐鲁书社 1986 年版，第 112 页。

王朝与罗马帝国一样经历了严重的"5 世纪危机"。公元 451 年的亚美尼亚大起义和 491—528 年的马兹达克起义，与嚈哒汗国共同构成了公元 5 世纪萨珊帝国统治者面临的重大国内国际政治和军事危机。

正如前所述，5 世纪中叶罗马波斯双方由于内部问题并且各自同时面对强劲游牧民族只能捐弃前嫌和平共处。由此可见，在公元 5 世纪欧亚草原游牧势力鼎盛时期，农耕世界罗马帝国与波斯帝国的矛盾也要完全让位于农耕世界与游牧世界的矛盾。在公元 1—2 世纪时期，贵霜帝国和萨尔马提亚人虽然一度威胁帕提亚帝国和罗马帝国的边疆，但始终未形成罗马—贵霜和帕提亚—萨尔马提亚式的交叉同盟（萨尔马提亚人的分支阿兰人甚至在公元 73 年和 134 年越过高加索山大举入侵帕提亚），究其原因，主要是因为罗马帝国在这一时期对帕提亚帝国已处于全面优势，没有与贵霜帝国结成军事同盟的迫切需要。而帕提亚帝国由于自身内乱不止，也没有实力和能力对南俄游牧民族展开积极有效的外交活动。只有当中亚、南俄游牧民族政权具备较高组织形式且与罗马、波斯四方实力相当时，才可能出现交叉对抗式同盟。而 6 世纪中叶突厥汗国和阿瓦尔汗国在中亚和东欧的兴起，以及拜占庭帝国和萨珊帝国的复兴，满足了四方结成交叉对抗式同盟的条件。公元 567—568 年西突厥汗国与拜占庭帝国正式结成反萨珊波斯同盟①，而 7 世纪初萨珊帝国与阿瓦尔汗国也已结成正式的反拜占庭同盟，至此罗马波斯战争达到最后阶段的高潮。

最后，在罗马波斯战争中南阿拉伯半岛和东非古代诸王国（也门的希木叶尔、东非的阿克苏姆以及苏丹的麦罗埃王国等）扮演了南侧外围行为体的角色。罗马和波斯为争夺自红海通往印度洋的古

---

① 张绪山：《6—7 世纪拜占庭帝国与西突厥汗国的交往》，《世界历史》2002 年第 1 期，第 81—89 页。

代海上丝绸之路西段的控制权①，自1世纪初起就开始在红海—阿拉伯半岛—波斯湾一线进行战略布局。双方在该地区的争夺最终发展成为6世纪的代理人战争②，并间接导致了阿拉伯半岛伊斯兰教势力的兴起。阿克苏姆王国与希木叶尔王国占据古代海上丝绸之路西段关键交通要道，依赖过境转运贸易发财致富，并隔曼德海峡形成贸易竞争和长期对峙攻伐的态势。在后来两国在红海地区的竞争又逐渐受到罗马和波斯两大帝国的直接或间接干涉，这可以说是公元1—6世纪红海地区历史的核心特征。公元前25—前24年，罗马帝国的埃及长官加鲁斯（Aelius Gallus）率军沿红海东岸南下，征讨位于也门地区的"福地阿拉伯（Arabia Felix）"，兵锋一度抵达马里卜（Marib）近郊，最后因为后勤困难而撤军。尽管此次出征并未实现预期目标，罗马帝国随后反而采取商业手段加强了与红海地区的交往。罗马帝国统治者大力疏浚埃及的港口运河，系统修缮道路和驿站设施，同时利用印度洋季风的规律性展开对印度西海岸诸港的直航贸易。罗马帝国由此实现了自托勒密王朝以来地中海世界与红海—印度洋跨境贸易的突破性发展。在公元1—2世纪罗马帝国全盛

---

① E. H. Warmington, *The Commerce between the Roman Empire and India*, London：Curzon Press, 1974；S. E. Sidebotham, *Berenike and the Ancient Maritime Spice Route*, Berkley and London：University of California Press, 2011；Vimala Begley and Richard Daniel De Puma, eds., *Rome and India：The Ancient Sea Trade*, Madison：University of Wisconsin Press, 1991；Lionel Casson, "Rome's Trade with the East：The Sea Voyage to Africa and India", *Transactions of the American Philological Association*, Vol. 110, 1980；Robert Tomber, *Indo-Roman Trade：From Pots to Pepper*；Grant Parker, *The Making of Roman India*, Cambridge：Cambridge University Press, 2008.

② 丁寒冰：《查士丁尼的阿拉伯半岛联盟战略初探》，《内蒙古大学学报》（哲学社会科学版）2018年第1期，第75—80页；陈思伟：《埃及与印度次大陆的海上贸易及其在罗马帝国经济中的地位》，《历史研究》2018年第1期，第113—133页；Sidny Smith, "Events in Arabia in 6th Century A. D.", *Bulletin of the School of Oriental and African Studies*, Vol. 3, 1954；Irfan Shahid, *Byzantium and the Arabs in the Sixth Century*, Washington D. C.：Dumbarton Oaks, 1995；Thomas M. Jones, "East African Influences Upon the Early Byzantine Empire", *The Journal of Negro History*, Vol. 1, 1958.

时期，通过埃及—红海—印度洋—印度的贸易路线为罗马帝国带来了巨大的财富，有效改善了帕提亚帝国垄断陆上丝绸之路的不利局面。

公元 3 世纪萨珊帝国兴起后，迅速吞并波斯湾顶端的前帕提亚属国查拉塞尼，同时在波斯湾西岸和印度西海岸建立大量贸易和移民据点，这与罗马帝国同时期陷入"3 世纪危机"一起共同导致了罗马波斯双方在印度洋的竞争态势向波斯方面的全面倾斜。进入公元 4 世纪后，阿克苏姆和希木叶尔王国的力量对比发生显著变化：前者进入全盛时期，而后者日益衰落，并多次被前者跨海入侵甚至短暂占领。而此时阿克苏姆王国在红海贸易中的枢纽地位也开始得到罗马—拜占庭帝国的密切关注，双方的政治关系随着基督教在阿克苏姆的传播又得到了进一步的加强，并一直维持到公元 6 世纪。与此同时，阿拉伯半岛自 3 世纪末起由于马里卜大坝的多次溃堤，大量的南阿拉伯人向北方的汉志乃至靠近罗马—波斯边境的叙利亚—美索不达米亚沙漠地区迁徙并形成新的部落联盟，其中最重要的便是莱赫米人和加萨尼人在两河流域南部和叙利亚沙漠地区建立的定居/半定居国家以及以台努赫王国和肯德王国为代表的大型游牧部落联盟。大迁徙导致南阿拉伯半岛的人口不断减少，从而进一步削弱了希木叶尔王国的实力。而随着犹太教和基督教在阿拉伯半岛的深入发展，宗教冲突也开始成为阿拉伯半岛部落与国家政治的显著现象，并由此导致外部势力的直接干涉。

公元 523 年，希木叶尔国王优素福·祖·努瓦斯宣布以犹太教为国教，并在其国内大肆迫害基督徒。拜占庭帝国统治者闻讯立即联系并唆使阿克苏姆国王出兵也门，惩罚希木叶尔王国。公元 525 年，在拜占庭海军的帮助下，阿克苏姆军队入侵也门并彻底击败优素福。希木叶尔王国从此亡国，也门进入阿克苏姆占领时期（525—575 年）。阿克苏姆占领也门导致了南阿拉伯古代文明独立发展进程的终结，使得罗马—拜占庭帝国得以把政治、宗教和贸易触角再次伸向红海及阿拉伯半岛南部。而萨珊帝国则针锋相对扶植汉志地区的阿拉伯游牧部落形成新的贸易路线，由此导致了麦加在公元 6 世纪迅速取代也门崛起为阿拉伯半岛新的政治、商业和宗教中心。

公元 569—570 年，阿克苏姆的也门总督阿布莱海率大军征讨麦加失败，是这一时期著名的历史事件（即"象年之战"），并造成了极为深远的历史影响。阿布莱海战败后也门国内局势的失控，导致了 572 年萨珊帝国的直接军事介入和阿布莱海政权的覆灭。萨珊帝国对也门的统治并没有带来当地局势的稳定，更不可能恢复希木叶尔时期的繁荣局面，也门古代文明的衰落和汉志的崛起已经成为不可逆转的发展趋势。公元 602—628 年罗马波斯战争最后阶段对阿拉伯半岛局势同样造成巨大的震荡与冲击：萨珊帝国在战争前期的大规模扩张以及对基督教圣城耶路撒冷的掠夺激化了整个近东地区的宗教冲突与天启氛围。而萨珊帝国的最终战败使得信仰多神教的麦加贵族失去了最大的外部支持者，以至于在 630 年后被穆罕默德击败并最终皈依伊斯兰教。由此可见，作为罗马波斯战争南侧外围行为体的阿克苏姆与希木叶尔王国，在 1—7 世纪罗马波斯关系、罗马和波斯在红海—印度洋的区域博弈和伊斯兰教的兴起过程中均扮演了极为重要的角色。

第三节　从希腊化到伊斯兰：文明交往视角下的罗马波斯战争

文明交往理论和视角对于研究罗马波斯战争具有重要意义，有助于解释罗马波斯战争背后复杂的政治、经济、军事、文化和思想等诸多领域的交往关系。罗马—拜占庭帝国和帕提亚—萨珊帝国分别是希腊—罗马地中海文明和古代波斯—伊朗文明自身演进的重要阶段，而两大帝国本身又是希腊化时代罗马人和帕提亚人与希腊化文明进行战争交往的结果。战争为主的暴力交往构成罗马波斯两大帝国文明交往的主要形式，而亚历山大大帝的希腊化遗产和居鲁士大帝的阿契美尼德遗产在某种程度上构成罗马波斯战争不断爆发的文化心理机制。罗马波斯两大帝国有着迥然不同的天下观念和治理模式，其内部的族群关系亦具有复杂性和跨境联动性，由此决定了罗马波斯战争中文明交往形态的多样性和内容的丰富性。另一方面，罗马波斯帝国与欧亚草原游牧文明和阿拉伯沙漠文明之间的地缘对抗关系和宗主—附庸关系使罗马波斯战争中的文明交往突破了游牧世界与农耕世界以及东方文明与西方文明的界限，由此形成千变万化的跨文明政治、经济、军事和宗教文化互动格局。最后，罗马波斯战争深刻左右着中东大地的社会生态和民心世相，与公元1—7世纪西亚和东地中海世界的自然灾害、瘟疫疾病和环境变迁进程密切互动，从而为7世纪阿拉伯—伊斯兰文明的兴起奠定了精神和宗教氛围。罗马波斯战争中的政治、军事、经济、宗教和族群交往，为后世提供了极其宝贵的历史镜鉴，呈现出古代世界帝国发展与兴替的文明交往轨迹，给中东大地留下了深沉厚重的文明交往遗产，而其世界性影响一直持续至今。

一　希腊化遗产与两极共存现实：罗马波斯战争的原因和背景

从中东文明发展的阶段来看，罗马波斯时代的降临是古典时代中东地区东西方文明交往不断加深的结果，它奠基于亚历山大东征后中东希腊化世界多极国际格局和文明秩序的解体与重组，又开启了后希腊化时代中东文明交往的崭新阶段。希腊化时代后期，随着罗马共和国东扩和帕提亚王国西扩，西亚和东地中海地区国际体系从三大继业者（塞琉古、托勒密、安提柯）王国主导的多极体系向罗马—帕提亚两极体系转变。随着本都米特里达梯王朝的灭亡、提格兰二世被罗马击败以及庞培征服叙利亚，塞琉古王朝的西亚遗产最终被罗马和帕提亚瓜分。从国际体系层面看，罗马波斯战争开始于罗马—帕提亚战争，并逐渐转化为拜占庭—萨珊战争。不论双方王朝更迭如何，罗马波斯战争均表现为两极体系内部双方为争夺体系主导权发生的战争。

从文化传统和文明继承层面看，亚历山大传统和居鲁士传统分别构成罗马、波斯双方发动战争的文化动力、宣传手段和观念依托。罗马人"模仿亚历山大"（Imitatio Alexandri），和帕提亚—萨珊波斯人宣传"阿契美尼德遗产"（Achaemenid Program）之间存在明显的相互强化关系。但是进入拜占庭—萨珊阶段后，亚历山大和居鲁士传统逐渐被两大帝国遗忘。晚期罗马帝国和早期拜占庭人在对波斯的防御战争中逐渐放弃亚历山大式的普世帝国诉求。进入古代晚期时代后，罗马—拜占庭人进一步回归"希波战争"叙事传统，并将萨珊波斯人描绘成阿契美尼德王朝继承者，将其刻画为难以被征服的另一个世界（divisio orbis）。而晚期萨珊帝国从与中亚游牧帝国嚈哒、突厥的对抗中发掘出"凯扬传统"（Kayanian tradition），在强调"伊朗"和"图兰"对立的同时，适度缓和与"罗马"的关系。罗马和波斯对彼此的认知经历了长期的碰撞和相互形塑过程，双方对对方的族群指认因为长期的战争而逐渐出现固化趋势。其结果便是萨珊波斯人将亚历山大大帝与罗马人族群同一化，以及罗马—拜占庭人将帕提亚人、萨珊波斯人和阿契美尼德波斯人族群同一化。由于长期的罗马波斯战争，"罗马"（Rum）成为中古波斯世界中典型的"伊朗之敌"（Enemy of Iran），而帕提亚—萨珊帝国在地中海史学传统下被描绘成时刻觊觎威胁希腊罗马文明世界边疆的好战蛮族。

从经济贸易层面看，对丝绸之路西段陆海贸易路线和利润的垄断以及反垄断是罗马波斯战争中双方决策者的重要考量因素。帕提亚—萨珊波斯人经略黎凡特、罗马—拜占庭皇帝用兵波斯湾和也门均是为了在某种程度上增大己方对东地中海—红海—波斯湾区域贸易网络的控制比例。从某种程度上看，罗马波斯战争是波斯湾—美索不达米亚区域贸易体系与黎凡特—东地中海区域贸易体系之间相互竞争关系在帝国政治层面的最高表现形式。公元6世纪期间，萨珊波斯人垄断印度洋贸易路线，迫使拜占庭帝国与突厥联盟以开辟"草原丝路"。而库斯洛一世出兵也门主要也是为了扼住拜占庭人从红海东出印度洋的战略咽喉。因此，从陆海丝绸之路贸易竞争与交往关系来看，罗马波斯战争并非单纯地争夺丝绸之路西段传统陆路商道的战争。罗马波斯之间的丝绸之路贸易控制权争夺向北延伸至欧亚草原、向南延伸至印度洋。双方开辟绕过对方垄断的贸易路线的行为，实际上也极大地拓展了公元1—7世纪欧亚大陆商品、货币和技术交流的空间维度和地缘深度。

　　从国内政治层面看，罗马波斯战争与两国统治者和统治集团对财富、人口和物质需求以及对荣誉、军功和普世帝国理念的观念需求紧密相关。由于对对方战争的胜利可以加强己方在国内统治的合法性，罗马波斯强势君主在位时期与双方战争密集爆发期往往重合，罗马波斯战争构成两大帝国统治者强化其国内权力基础的重要合法性渊源。对帕提亚和萨珊帝国发动一场辉煌胜利的远征成为图拉真、尤里安等帝王实现其不朽伟业的必由之路。反之，对罗马—拜占庭帝国发动胜利的掠夺战争则会增强帕提亚—萨珊君主在国内教俗贵族派系中的支持度，而不事戎马的文弱君主往往难逃被波斯贵族推翻的结局。另外，罗马波斯战争中一方的失败往往导致其国内局势的动荡和权力更迭，典型案例如克拉苏、安东尼远征帕提亚失败对罗马政局的影响，以及库斯洛二世西征拜占庭帝国先胜后败导致的萨珊帝国政局动荡。

　　从世界观念层面看，罗马人的"无边帝国"（imperium sine fine）观念、拜占庭人的普世基督教帝国观念和波斯人的"图兰—伊朗—罗马"三分世界观念以及琐罗亚斯德教的普世宇宙观念之间存在着明显的排他性、竞争性和冲突性关系，但又具有某种程度的包容性和兼容性特征。将帕提亚—萨珊波斯人视为蛮族有效遏制了以文明世界中心自居的罗马—拜占庭帝国征服波斯的欲望。而对罗马—拜占庭帝国的"索贡征伐"使得波斯人满足于罗马"朝贡"带来的普世帝国虚荣。因而在绝大部分时期内，萨珊帝国也不谋求征服和灭亡罗马—拜占庭帝国。两国均无法也不愿吞并征服对方的现实，以及在特定时期防御欧亚草原游牧帝国入侵的共同安全需求，使得双方对彼此的认知亦有积极的一面，甚至将双方比作"照亮世界的双眼"。阿卡狄乌斯皇帝对耶兹底格德一世的托孤和莫里斯皇帝对库斯洛二世的恩庇都是两大帝国长期敌对主旋律下密切合作和相互扶持的瞩目案例，但不可夸大这种案例对于罗马波斯关系演进的积极意义。6 世纪波斯对拜占庭的两次毁约开战、7 世纪库斯洛二世的大举西征明显恶化了两国曾经积累的政治互信。进入 7 世纪后罗马波斯战争频烈度不降反升，最终表现出"相互摧毁"的态势。

二　族群政治与军事外交：罗马波斯战争的形式、特点和演变趋势

从作战目标和边界态势来看，罗马波斯战争在绝大部分时期均不以征服和统治对方领土为目标，而是着力于扶植附庸国王以及洗劫城市并掠夺人口和财富，因而每一次战争之后双方边界和领土变动不大。罗马波斯战争平均每隔 30—50 年爆发一次，但战争的主动权经历了从罗马帝国向萨珊帝国的逐渐转移。罗马波斯战争伴随着频繁的人口迁徙、城市被毁、重建和新建，萨珊帝国在两河流域京畿地区城市群的繁荣发展建立在吸纳罗马—拜占庭战俘和基督徒人口的基础上。因此，罗马波斯战争也是拜占庭货币东流和基督教及其异端派别向波斯和东方传播的重要媒介和渠道，亦是中亚和南俄草原游牧帝国插手西亚和东地中海政局的重要手段和方式。罗马波斯战争虽然给中东各族群和国家带来火与剑的痛苦，但也有力地促进了希腊基督教文明、伊朗祆教文明、犹太文明、早期阿拉伯文明、以亚美尼亚为代表的南高加索文明以及欧亚草原游牧文明在军事、科学、艺术、技术和思想等多个领域的深度交流和互鉴。

从族群认同来看，罗马波斯战争以亚美尼亚高原和肥沃新月地带为核心舞台，但双方在幼发拉底河、哈布尔河和阿拉伯沙漠的边界并不代表两大帝国的族群和教派边界。由于整个肥沃新月地区人群在宗教、语言和文化上具有同一性，因此普世高级宗教容易在两大帝国境内跨界传播，如密特拉教、摩尼教西传罗马，以及景教东传波斯。犹太人和基督徒在两大帝国内部呈现出跨界分布、相互联

动的态势。肥沃新月地区的犹太人亲波斯倾向明显，而基督徒由于自身教派分化，被君士坦丁堡正统派迫害压制的一性派和聂斯托利派教徒往往在战争中更加倾向波斯。在罗马—帕提亚时代，罗马帝国犹太人的叛乱是牵制罗马军队在帕提亚作战的后方隐患，昔兰尼—埃及犹太叛乱直接迫使图拉真从帕提亚撤军平叛。进入7世纪后，在萨珊波斯人的兵锋下，叙利亚和埃及一性派基督徒不愿为拜占庭帝国效死，而加利利的犹太人甚至加入波斯军队攻打耶路撒冷，以实现其光复圣殿国家的千年夙愿。

　　从具体战争形态看，罗马波斯战争表现为长途远征、边界袭扰、主力会战、要塞攻防等多种多样的模式。在罗马波斯战争中，骑兵、步兵和攻城部队构成双方军队的主力，在高原、山地、沙漠和要塞城市是双方作战的主要自然人文环境，海上远征和海上作战在罗马波斯战争大部分时期处于边缘地位。罗马波斯战争后期，出现了陆海联合围攻战（公元626年君士坦丁堡战役）和远距离迂回机动战（希拉克略公元622—628年对波斯的反击）。进入6世纪后，双方战争手段和平台日益丰富完善，尤其是要塞围攻—反围攻战术和重骑兵集团突击战术得到长足发展。罗马波斯战争反映出古典时代重步兵战术向中世纪骑兵战术过渡的典型趋势。双方野战的胜负日益取决于重骑兵的战力和运用方式，而城市围攻战的胜负则取决于各攻城兵种之间的配合程度。公元626年君士坦丁堡战役中，拜占庭海军和希腊火首次发挥重要作用，制海权对于海陆联合围攻战的必要性在罗马波斯战争最后阶段已经初步彰显。6—7世纪的罗马波斯战争具有明显的僵持性和消耗性特点，双方往往只在某一地区停战，而在其他地区继续保持战争状态。公元562年罗马波斯和平协议虽然只维持了10年，但却是古代晚期文明国家间为有效制止战争、建立两极共治秩序做出努力的典范，深刻体现了两大帝国文明交往的深度和广度。

　　从外交战略来看，罗马波斯战争中双方广泛使用长距离制衡外交，远交近攻（拜占庭—突厥联盟，萨珊—阿瓦尔联盟）和近交远攻战略（拜占庭—阿克苏姆联盟、波斯—莱赫米联盟）被充分运用。同盟军和仆从军在罗马波斯战争中发挥重要作用，但同盟国、附庸国与宗主国之间的战略配合并不默契，甚至出现龃龉（如拜占庭—加萨尼联盟因长期相互猜忌而瓦解）。罗马波斯之间多次缔结和平条约，向罗马—拜占庭帝国索要贡金和高加索关隘防务是波斯方面谈判时的核心关切。而罗马—拜占庭一方倾向于一次性支付贡金以保全"帝国颜面"，并且关心波斯境内基督徒的利益甚于对高加索关隘防务的关切，导致双方难以建立持久的政治互信。罗马和波斯双方试图将各自的同盟国和附庸国纳入和平条约约束范围内，但在实际操作中难以执行，而附庸国对宗主国的反叛和对对方附庸势力的干预往往导致双方和平条约的失效（如 572 年亚美尼亚和也门叛乱，分别导致拜占庭和波斯介入，双方战端重启）。

三　连接古典时代和中世纪的桥梁：罗马波斯战争的历史意义和影响

从罗马—拜占庭帝国历史发展进程来看，罗马波斯战争加速了罗马帝国的基督教化进程和统治重心的东移。在罗马波斯战争中，早期拜占庭帝国的普世基督教观念和圣徒圣像崇拜不断强化。对波斯战争的胜利被归于"神佑"，反之则是"天罚"。拜占庭帝国"神圣战争"观念萌芽于君士坦丁大帝时期，在 6 世纪罗马波斯战争期间迅速发展，至希拉克略时期发展成熟。而拜占庭帝国东正教仪式在与波斯的"神圣战争"中不断完善，从而与拉丁天主教传统形成明显分野。另外，波斯对安条克等黎凡特拜占庭属地的长期攻伐洗劫与同时期的瘟疫地震相伴随，导致晚期罗马帝国东地中海城市群的普遍衰落。由于长期暴露在兵火中，支撑罗马帝国的古典城市精英趋于破产。而以乡村为根据地的修院地产在战争中通过收留庇护难民、归化信徒而得到长足发展，战争中显示奇迹的圣徒圣物被人们顶礼膜拜，修院和圣徒逐渐构成中古拜占庭帝国的经济文化底色和身份认同的重要标志。而戴克里先—君士坦丁堡纵深防御体系在罗马波斯战争中的瓦解为军区制和农兵制的兴起奠定了基础。7世纪波斯军队攻陷埃及之后（后来阿拉伯人彻底征服埃及），拜占庭帝国愈益依赖黑海贸易路线并发展同可萨汗国的政治军事同盟，黑海取代东地中海成为拜占庭帝国核心经济圈。由上可知，罗马波斯战争是罗马帝国向中古拜占庭帝国转型的重要影响因素，同时也间接推动了古典地中海世界经济重心的解体和北移进程。

从帕提亚—萨珊帝国历史发展进程来看，罗马波斯战争加速了晚期萨珊帝国中央集权化和教派多元化进程，从外部激化了萨珊帝国内部各教派、阶层和统治集团内部的矛盾。萨珊君主通过对罗马—拜占庭帝国的战争加强中央集权，打压帕提亚贵族世家。但是6世纪后期的罗马波斯战争日益呈现出胜负各半久拖不决的态势，达到"索贡征伐"战争的成本—收益临界点，而萨珊王室又不愿意停战。在这样的背景下，萨珊王室与帕提亚贵族之间数百年的联盟首次出现裂痕，并最终诱发楚宾之乱。与此同时，波斯国教琐罗亚斯德教由于景教合法地位的确立和马兹达克运动的打击而逐渐走向衰落。为了在战争中获得拜占庭帝国境内一性派基督徒的支持和忠诚，萨珊帝国统治者在宗教政策上进一步偏袒基督教而疏远祆教僧侣集团，导致萨珊帝国内部凝聚力的下降。对拜占庭帝国作战的最终失败使萨珊王室威信扫地，帕提亚贵族世家联合反叛并相继僭位称王。对拜占庭帝国的常年征战使得两河流域灌溉系统年久失修，复遭水患瘟疫的打击而一蹶不振。由上可知，在罗马波斯战争最后阶段，萨珊帝国政教联盟和萨珊—帕提亚世家联盟出现解体征兆。库斯洛二世被废后，萨珊帝国统治集团自相残杀，以致在阿拉伯人征服前夕已精疲力竭无力抵御。可以说，7世纪由库斯洛二世主动挑起，高起低落、结局惨淡的罗马波斯战争为日后萨珊帝国的急剧衰亡埋下了引线。

从中东族群认同层面看，罗马波斯战争降低了中东在地族群对两大帝国的忠诚和向心力。叙利亚和埃及的一性派基督徒由于长期被拜占庭帝国打压迫害，因此在波斯军队面前抵抗甚微。波斯军队攻占耶路撒冷后，为笼络基督徒而将对犹太人重建圣殿的许诺抛之脑后，使得犹太人对萨珊帝国的忠诚亦遭到削弱。而波斯军队洗劫圣城、掠夺真十字架、俘虏耶路撒冷主教的做法也损害了萨珊帝国在基督教世界的声誉。萨珊帝国的最终战败更使得犹太人摆脱基督教帝国统治并回归故土的希望彻底幻灭，只能将其寄托于后来的阿拉伯穆斯林征服大军。作为罗马和波斯的阿拉伯同盟者，加萨尼王国和莱赫米王国在罗马波斯战争中与宗主国难以真正做到同进退共命运。加萨尼王国的一性派信仰为拜占庭官方所不容，而拜占庭帝国最终选择废黜加萨尼王室。加萨尼王国解体后，拜占庭帝国的沙漠屏障遂不复存在。而萨珊帝国君主贪图眼前利益，于 7 世纪初贸然废黜吞并莱赫米王国，使得莱赫米王国残余势力投靠敌对波斯的阿拉伯部落，萨珊帝国南方防线遂门户洞开。可以说，6—7 世纪之交两大帝国废黜各自阿拉伯同盟者的行为无异于自毁长城，并为伊斯兰教兴起后阿拉伯人对两大帝国的大举征服扫清了障碍。

　　从阿拉伯人和伊斯兰文明兴起背景来看，罗马波斯战争间接推动了 3—7 世纪阿拉伯半岛古代农业文明的兴替进程，并为阿拉伯各部落的世纪大迁徙和伊斯兰教的产生创造了不可或缺的外部环境。公元 1—2 世纪罗马帝国大力经营红海—印度洋贸易，使得占据曼德海峡枢纽的也门希木叶尔王国依靠香料之路繁盛一时。然而公元 3 世纪萨珊帝国兴起后，丝绸之路西段海上贸易路线的重心重新回到波斯湾沿岸，此后南阿拉伯半岛的古代农业定居点便呈现出持续减少的态势。公元 290 年马里卜大坝第一次溃堤，古代晚期阿拉伯各部落的"民族大迁徙"进程拉开帷幕。至公元 5 世纪，北迁的阿拉伯人先后在半岛中部和罗马波斯边境建立莱赫米王国、加萨尼王国和肯德王国。阿拉伯人的北迁与犹太教、基督教的南传构成伊斯兰文明兴起前夜阿拉伯半岛文明交往与冲突的核心张力，与罗马波斯两大帝国的密切互动和交往使得长期处于部落社会发展阶段的阿拉伯人在文明、组织、政治制度和高级宗教等领域一度实现跨越式发展。莱赫米王国和加萨尼王国通过分别汲取萨珊帝国和拜占庭基督教文明的成果，将前伊斯兰时代阿拉伯早期国家推进至最后辉煌阶段。然而拜占庭帝国和萨珊帝国为控制红海—印度洋贸易在也门进行的军事介入和干预，导致了希木叶尔文明的彻底终结和阿拉伯半岛稳定政治秩序的崩溃，并在周边地区引发连锁效应。持续向北迁徙冲击的阿拉伯各部落不断分化重组，逐渐在汉志以麦加为中心形成新的极不稳定的部落社会结构。而罗马波斯帝国对莱赫米和加萨尼王国王室处置策略的失误直接导致了这两个屏障罗马波斯帝国沙漠边疆的附庸政权走向崩溃解体，阿拉伯半岛在伊斯兰教诞生前夕重新退回至无国家权威的部落社会。

不仅如此，7世纪阿拉伯—伊斯兰文明的兴起与公元602—628年的罗马波斯战争之间也有着密切的逻辑关系。7世纪最后阶段的罗马波斯战争使得传统的东地中海—波斯湾贸易路线长期不振，依赖红海过境贸易致富的麦加遂成为中东地区贸易的新枢纽。在商业贸易中财富剧增的麦加贵族与中下层部落平民之间矛盾激化，遂为穆罕默德创立并传播伊斯兰信仰奠定了社会基础。公元614年波斯军队攻陷并洗劫耶路撒冷，公元622年希拉克略对波斯发起"圣战"反攻，使得7世纪初西亚和东地中海地区的末世天启氛围在残酷的战争和两大帝国命运的沉浮翻转中达到顶峰。这场战争深刻震撼着先知穆罕默德和广大阿拉伯人的心灵，可以说在无形中充当了伊斯兰教义广泛传播和深入人心的催化剂。希拉克略皇帝在亚美尼亚与波斯军队反复周旋的同时，同情基督教罗马帝国的早期穆斯林与同情萨珊帝国的麦加多神教贵族在阿拉伯半岛也进行着同样艰苦卓绝的斗争。因此，公元622—630年间希拉克略战胜波斯，与早期穆斯林战胜麦加贵族在时间线上的高度吻合并非历史的偶然，而是有着深刻的内在逻辑和因果关系。可以说，希拉克略的"圣战"是后来阿拉伯穆斯林"圣战（Jihad）"观念与实践的先驱。而伊斯兰文明兴起阶段普世宗教与对外扩张实践之间的紧密关系，实则奠基于7世纪罗马波斯战争酝酿的肥沃政治文化土壤之中。

最后，从欧亚文明整体历史演变和东西文明交往层面看，罗马波斯战争有力推动了欧亚草原游牧帝国的兴替进程，并对远东华夏文明政治格局、东欧—斯拉夫文明以及西欧中世纪文明的形成起到了重要推动作用，产生了明显的"外溢效应"。公元 4—5 世纪，以匈人帝国和嚈哒帝国为代表的草原游牧帝国分别在南俄和中亚崛起，形成威胁罗马波斯帝国北疆安全的主要政治力量。正是在这种形势下，罗马和波斯在长期战争后捐弃前嫌迈入难能可贵的"5 世纪和平"时期。然而进入 6 世纪后，北高加索的匈人、萨比尔人和可萨人频繁翻越高加索山脉，深度卷入罗马波斯战争，同时充当两大帝国的马前卒和仆从军。由于罗马波斯两大帝国在西亚长期战争引发的"虹吸效应"，欧亚草原游牧部落被深度卷入西亚和东地中海地区的军事冲突和文明交往中，这反过来又加速了南高加索地区农耕文明与游牧文明的冲突与融合进程。6 世纪中叶突厥汗国兴起后，为控制丝绸之路贸易与拜占庭帝国建立起了长期的交往关系，拜占庭帝国与西突厥汗国逐渐形成针对萨珊帝国的政治军事同盟。与此同时，萨珊帝国则大力加强对北高加索游牧势力的笼络，先后与阿兰人和阿瓦尔人建立针对拜占庭帝国的军事同盟。在 7 世纪的罗马波斯战争中，拜占庭—可萨联盟对希拉克略皇帝战胜波斯发挥了关键作用，而阿瓦尔—波斯联军围攻君士坦丁堡的失败则敲响了萨珊帝国和阿瓦尔汗国从极盛走向衰亡的丧钟。阿瓦尔汗国在罗马波斯战争中的失败沉重打击了其南俄游牧帝国根基，从而为保加尔人的崛起和斯拉夫人向巴尔干半岛的南迁和定居创造了必要条件。与此同时，可萨人在罗马波斯战争中异军突起，迅速脱离西突厥汗国独立，成为中世纪前期南俄草原霸主，并与拜占庭帝国一同建立起抵挡阿拉伯帝国扩张的坚强防线。而长期与萨珊帝国争雄的西突厥汗国在罗马波斯战争中也元气大伤，最终为隋唐帝国攻灭。从欧亚整体历史进程来看，阿拉伯帝国、唐帝国和可萨汗国在 7 世纪的崛起，无疑得力于拜占庭、波斯、突厥和阿瓦尔四大帝国在罗马波斯战争中"四败俱伤"后留出的权力真空。因此，7 世纪最后阶段的罗马波斯战争，从地缘政治和国际体系层面深刻影响了同时期远东华夏文明和地中海—东欧文明在中世纪前期的基本格局。鉴于此，我们可以当之无愧地将 7 世纪的罗马波斯战争称为古典地中海—西亚文明世界秩序彻底解体的"终结之战"和中世纪东西方文明新秩序开启新生的"奠基之战"。

四　总结

彭树智先生曾将人类文明交往的基本内容归纳为物质文明、精神文明、制度文明和生态文明四个维度的交往。从文明交往的视角可以窥见，以罗马波斯战争为主要交往形态的罗马波斯时代在以上四大维度的文明交往中体现出中东文明交往的丰富内涵，既呈现出跨文明交往的长期性、平等性和互鉴性特点，又充满了帝国争霸兴衰的起伏性、残酷性和悲剧性特征。对于罗马波斯时代中东文明的交往内容和交往特征，具体可以从以上四个维度分别归类总结如下：

罗马波斯时代的物质文明交往，具体体现在四个层面，分别是罗马—拜占庭货币的东流、中国蚕种和丝织技术的西传、丝绸和香料等大宗奢侈品在丝绸之路西段罗马波斯境内的流动以及罗马波斯帝国对对方军事装备、手工业、农业和其他科学技术的学习与借鉴。波斯对罗马发动的掠夺性战争和和平时期对罗马的"索贡"是罗马—拜占庭货币向东方传布的主要渠道。拜占庭帝国的索利得金币（solidus）与萨珊帝国的第尔汉银币（dirham）一起，扮演了 4—7 世纪丝绸之路上的国际通用货币角色，其规格、形制和影响力一直延续至伊斯兰时期。而拜占庭帝国为了打破萨珊帝国对丝绸贸易的垄断，派基督教僧侣自黑海草原绕道波斯取回中亚商人从中国偷运出的蚕种，使得丝绸生产技术在拜占庭帝国生根发芽。在罗马帝国时代，由于红海—印度洋贸易的繁荣，来自阿拉伯半岛的乳香、没药和印度的名贵木材、香料等奢侈品大量输入罗马帝国，而罗马商人也在印度西海岸留下了丰富的考古遗存和遗址，尤其是在当地发现了大量罗马金币。为了应对帕提亚—萨珊帝国的铁甲骑兵—弓骑兵战术体系，罗马—拜占庭帝国也发展自己的甲骑具装和骑射手部队与波斯抗衡。萨珊帝国灭亡后，拜占庭帝国更成为中古世界重装骑兵战术的传承人和发扬光大者。而帕提亚—萨珊帝国也在战争中逐步学习罗马军队的步兵战术和攻城武器技术，其渠道也主要来自在战争中俘获的罗马士兵。农业和手工业方面，萨珊帝国通过战争中获得的大量战俘引进罗马帝国的灌溉技术、金银细工和建筑技术，其典型例证便是在胡泽斯坦修建的大型水坝灌溉设施"凯撒坝（Band-e Kaisar）"以及毕沙普尔遗址出土的由罗马战俘士兵和平民创作的带有鲜明早期基督教风格并反映普通民众日常生活场景的镶嵌画。

罗马波斯时代的精神文明交往，主要体现在普世高级宗教在两大帝国的跨界传播、希腊哲学科学思想的东传以及基督教、犹太教和祆教对两大帝国中间和边缘地带落后民族与国家文明的影响三个层面。首先，在普世高级宗教的跨界传播方面，源自伊朗的摩尼教、密特拉教（Mithrasim）突破罗马波斯边界并在罗马帝国得到广泛传播，密特拉教成为罗马帝国基督教化之前最有竞争力的官方和民间信仰，对早期基督教仪式的形成产生了许多关键性影响（如基督圣诞日便借自密特拉神的生日）。而摩尼教的教义带来的挑战迫使罗马帝国的基督教学者做出回应，这方面的典型例证便是早年信奉摩尼教、后来成为基督教父并为基督教思想正典化做出卓越贡献的圣奥古斯丁。罗马帝国对萨珊帝国的宗教输出以基督教聂斯托利派（即景教）为主要形式，景教传入波斯并取得合法地位后，与祆教祭司、犹太教拉比们在萨珊帝国宽松的文化氛围下进行密切的相互切磋、交流和互鉴。景教在适应波斯传统发生在地化的同时，也反过来进一步推动了祆教和犹太教教义、世界观和律法编纂在古代晚期走向成熟。在精神领域的思想和文化交流方面，波斯祆教对火的崇拜、二元善恶观和末世救赎观深刻影响了罗马帝国晚期希腊哲学和早期基督教思想。跟随亚历山大·塞维鲁皇帝东征波斯的普罗提诺（Plotinus）成为新柏拉图主义学派的奠基人，而柏拉图"理想国"关于"哲学王"的政治思想在萨珊帝国一代明主库斯洛一世·阿努西尔万身上得到了完美的实现。萨珊帝国治下的贡德沙普尔（Gundeshapur）是会聚古典希腊罗马文化、波斯祆教文化、犹太文化、基督教文化和印度文化的中心，是罗马波斯时代西亚和东地中海地区跨文明交往的枢纽城市，结出了丰硕的文明交往成果。拜占庭帝国君主迫害古典希腊文化遗产、关闭雅典学院后，希腊哲学科学人才纷纷进入波斯并受到萨珊君主的礼遇。贡德沙普尔成为萨珊帝国广泛引进罗马—拜占庭基督教学者东来的重要落户地。不仅如此，萨珊君主还大力支持对希腊、波斯和印度科学、哲学和文学作品的翻译研究。萨珊帝国的景教徒对于罗马波斯时代的文明交往做出了突出贡献，他们将希腊语和叙利亚语著作翻译成巴列维语的同时，又将巴列维语和印度梵语著作翻译成叙利亚语和希腊语并由此引介至欧洲，从而极大地推动了古代晚期东西方文明成果在各个领域的相互交流。在东来波斯的景教徒的支持下，贡德沙普尔得以建立世界上最早的医科大学，从而为中古伊斯兰黄金时期科学、哲学和艺术的繁荣发展奠定了坚实的基础。

罗马波斯时代精神文明交往的另一重要成果，是祆教、基督教和犹太教对亚美尼亚人和阿拉伯人文明发展的深刻影响。亚美尼亚既是古代伊朗祆教文化对外输出的重要阵地，亦受到希腊罗马基督教文化长期浸染，最终成为早期基督教教会—国家组织最早产生之地。古代晚期亚美尼亚极具特色的基督教—伊朗复合贵族社会文化是亚美尼亚在两大帝国夹缝中经历磨难痛苦和挣扎求存后结成的硕果。以口头史诗—书面纪史复合传统、世袭贵族社会、基督教圣徒崇拜和民族语言文字为依托的基督一性论信仰为核心元素的亚美尼亚基督教文化，是波斯祆教文明、亚美尼亚本土文明和拜占庭基督教文明在罗马波斯时代汇聚南高加索并长期冲突、碰撞与融合后结出的一朵文明交往奇葩，它代表了中世纪高加索基督教文明圈在东西方文明经历复杂深刻交往后达到的典型成就。另外，基督教、犹太教和祆教对早期阿拉伯人文明的跨越式发展和伊斯兰教的诞生起到了重要的促进和启迪作用。皈依景教的莱赫米阿拉伯人、皈依基督一性论信仰的加萨尼阿拉伯人和皈依犹太教信仰的希木叶尔人在基督教和犹太教相对成熟的宗教—国家观以及罗马波斯两大帝国文明的辐射和庇佑下，得以打破阿拉伯部落传统建立一度辉煌灿烂的前伊斯兰阿拉伯文明。为了回应基督教和犹太教一神信仰在阿拉伯半岛广泛传播带来的冲击和挑战，主张一神信仰的哈尼夫运动在阿拉伯半岛迅速兴起。而伊斯兰教先知穆罕默德在接受天启创立伊斯兰教的过程中，大量汲取了基督教、犹太教和袄教在教义、礼仪和世界观等诸多方面的养分。可以说，古代晚期至伊斯兰时代阿拉伯文明的跨越式发展，正是得益于罗马波斯时代高级宗教以各种方式（帝国官方传教、民间自发传教和被迫害教派及人群的主动或被动外迁等）在西亚—东地中海及其周边地区的广泛传播。

罗马波斯时代的制度文明交往，主要包括两大帝国在政治制度、军事制度、教会组织制度、族群—教派管理制度、经济贸易制度和外交制度六大层面的交往。政治制度方面，晚期罗马帝国君主专制和官僚统治的加强，在很大程度上可以说受到萨珊帝国的影响。萨珊帝国是西亚地区典型的王朝统治和王室直系血亲世袭制帝国，拥有发达成熟的君主继承制度。而罗马—拜占庭帝国早期缺乏稳定连贯的皇位继承制度，养子甥子过继和军人势力的政变长期构成罗马帝国和早期拜占庭帝国的皇位继承方式。进入 5—7 世纪后，拜占庭帝国的皇位继承制度日益向单一家族的直系血亲继承制度靠拢，阿卡狄乌斯皇帝将萨珊帝国君主作为皇储狄奥多西的监护人以及卡瓦德一世对查士丁一世提出的收养王储库斯洛的提议，是古代晚期两大帝国对彼此政治制度了解日益加深的典型例证。而莫里斯一世扶持库斯洛二世击败巴赫兰·楚宾夺回王位，以及库斯洛二世在莫里斯皇帝被弑后对福卡斯政权合法性的否定和大张挞伐，更充分显示了拜占庭帝国高层对萨珊帝国继承制度的熟稔以及两大帝国统治家族对王朝统治形式和直系血亲继承制度的高度认同。军事制度方面，帕提亚—萨珊帝国的骑兵组织制度和战略战术对罗马—拜占庭帝国产生了深远影响。拜占庭军队在充分学习波斯和欧亚草原民族骑兵战术的基础上青出于蓝，莫里斯皇帝的《战略论》便是两大帝国长期在长期战争中交往、学习和竞争反馈到军事作战理论领域而结出的硕果。不仅如此，戴克里先—君士坦丁改革确立的军政分权制度、6世纪萨珊帝国卡瓦德一世的四大军区改革以及7—8世纪拜占庭帝国的军区制改革之间，是否存在相互影响以及影响的方式和程度，也值得学界进一步探讨。在教会组织制度方面，拜占庭帝国的东正教教会与萨珊帝国的琐罗亚斯德教会和景教教会之间来往密切，琐罗亚斯德教与萨珊帝国世俗官僚体系相匹配的等级制教会组织无疑对拜占庭基督教帝国的教会组织和政教关系模式产生过重要影响。在族群—教派管理制度方面，萨珊帝国和拜占庭帝国相比更加具有"因俗而治"的特点，而拜占庭帝国在扶植并维持国教独尊地位以及形塑统一的族群国家认同方面比波斯更加成功。拜占庭帝国对正统派基督教一教独尊、排斥打压异教异端的政策，与犹太人和基督教异端派别在萨珊帝国的长期繁荣稳定形成了鲜明对比。但伊朗民族宗教祆教对上层国家建筑的依赖性和其自身固有的排他性特征，使其无法对追求普世扩张的基督教和伊斯兰教做出有效的应对和挑战，到萨珊帝国后期祆教愈益难以维持其国教独尊地位。而伊斯兰文明一教独尊、多教包容模式在中古时代欧亚大陆腹地的成功推行，可以说是对拜占庭基督教帝国和萨珊祆教帝国族群—教派管理制度各自利弊的批判性继承和总结性创新。

　　罗马波斯时代经济贸易制度和外交制度层面的文明交往同样活跃而成就斐然，频繁的丝绸之路陆海过境贸易使得双方在长期的经济交往中逐渐形成一套行之有效的贸易规范和管理措施。两大帝国对边境贸易口岸城市的管理与协商制度以详细明文规定的形式保存于《查士丁尼法典》中，并得到两大帝国在平战时期的长期遵守。公元562年罗马波斯和平协定进一步详细规定了双方互市贸易的形式和内容，并严格约束两大帝国各色臣属民族一并遵守。从公元3世纪末起，萨珊帝国与罗马—拜占庭帝国在外交高层往来、谈判领域以及使节接待礼节等领域取得长足进步，将彼此视为"照亮地球的双眼"成为两大帝国和平谈判时的惯用话语，而边境要塞城市的兴废、关税贸易口岸的划定、高加索关隘防务的分配、罗马对波斯"贡金"的支付数额和支付方式、两国之间长期性的军事财政互助义务、两大帝国臣属民族事务以及对对方国内少数族群—教派生活状况的关切成为罗马、波斯外交谈判的常设议题。不仅如此，公元562年罗马、波斯两大帝国和约文本巨细靡遗的拟定、签署、备份和互换程序也充分展现了古代世界文明国家间理性交往在其交往形式、交往内容以及交往观念和交往制度层面的长足发展和进步。在长期的交往中，罗马—拜占庭帝国逐渐承认帕提亚—萨珊帝国是与罗马有着相同文明程度的世界大国，双方交往形态的暴力性与交往方式的和平性、包容性及平等性并存，对对方的理性认知在绝大部分时期内有效抑制着两大帝国统治者对单极秩序的理想追求。从制度文明继承与传承的角度看，罗马—拜占庭帝国的法律制度、教会制度、宫廷礼仪制度和从大一统帝国向单一族群—宗教国家过渡的历史经验为中古欧洲文明的发展和延续提供了不可或缺的养分和参照对象，代表了古代中世纪地中海世界文明国家秩序建设和制度建设的顶峰。而帕提亚—萨珊帝国多元自治的族群—教派管理制度、等级分明的社会阶层制度和王权与教权紧密结合的祆教律法制度代表了前伊斯兰时代西亚帝国制度文明的最高成就，并对伊斯兰时代中东帝国的王权观念、政教关系和族群治理模式产生深远持久的影响。

罗马波斯时代的生态文明交往，体现在环境史、城市史、疾病史、心态史、宗教史和观念史的跨学科维度之中，体现在罗马波斯战争中人与人之间以及人与自然之间频繁互动、相互形塑的复杂交往过程中。罗马波斯战争对西亚和东地中海文明生态的影响呈现出破坏性与建设性并存的特点，见证了两大帝国在西亚经营城市文明的力度和限度。一个城市的沦陷、居民的死亡和战俘的被掳虽然对当地人民和所在国家造成惨重的生命财产损失，但是迁居敌国的战俘又扮演着在对方国内建设新兴城市或补充旧有城市人口的关键角色。萨珊帝国在两河流域以塞琉西亚—泰西封为中心的"麦达因"大都会城市群的形成，离不开数百年来萨珊帝国从罗马帝国东地中海诸省掠夺的人口和财富补充。在罗马—帕提亚战争中被彻底摧毁的希腊化城市塞琉西亚，由于 3 世纪阿达希尔一世及其后继君主从对罗马帝国战争中掠夺人口的补充而得到重建。被毁的塞琉西亚以韦赫—阿达希尔（Veh-Ar-dashir）的名字在萨珊帝国时代重获新生，成为古代晚期萨珊帝国首都"双城"不可或缺的组成部分。罗马波斯战争中，瘟疫、地震等自然灾害往往与战争相伴随。以瘟疫、地震和火山爆发为代表的"天启骑士"们与两大帝国的血火冲突一道，深刻左右着罗马波斯帝国及其治下臣民百姓命运的沉浮起落。公元 162—166 年阿维狄乌斯·卡西乌斯的帕提亚战争中，罗马士兵对塞琉西亚和泰西封居民大肆屠杀后暴掠而返，来不及掩埋的尸体使得天花和疟疾在军队中迅速传播，"安东尼瘟疫"成为罗马帝国盛世荣耀下一道挥之不去的阴影。2 世纪下半叶"安东尼瘟疫"对罗马帝国的残酷洗礼，使安东尼王朝的盛世在罗马—帕提亚战争的辉煌胜利中一去不返，并最终黯然落幕，而在战争中同样遭到瘟疫重创的帕提亚帝国在 60 年后便土崩瓦解，并由对罗马帝国更加"好战"的萨珊帝国取而代之。

进入古代晚期后，普世宗教与自然灾害、瘟疫疾病和帝国战争之间的联系更加紧密，罗马波斯战争的密集爆发和久拖不决深刻影响着西亚和地中海世界上至帝王将相、下至普通百姓的物质生活、心灵世界和命运沉浮。公元 6 世纪是地中海和西亚世界自然灾害爆发的高峰期，公元 536—542 年，拜占庭帝国治下的东地中海世界先后遭到火山爆发引发的"尘幕"和自埃塞俄比亚传来的淋巴腺鼠疫的肆虐，后者即所谓的"查士丁尼瘟疫"。其中，"查士丁尼瘟疫"的反复爆发对拜占庭帝国的影响尤为酷烈，而萨珊帝国也未能幸免，双方一度因为瘟疫导致的军队瘫痪和库斯洛一世本人染病而罢兵。公元 602—628 年的罗马波斯战争和公元 630—642 年间的阿拉伯大征服使得淋巴腺鼠疫继续在中东大地的战火中多次复发。公元 628 年卡瓦德二世弑父继位后杀尽萨珊王族子孙，自己却在半年后染病驾崩，导致萨珊帝国在随后数年间陷入王位继承的血腥动荡之中。

而公元569—570年阿克苏姆王国也门分支阿布莱海国王进攻麦加的"象年战争"，不仅因为天花在军队中的肆虐而惨淡收场，还构成先知穆罕默德童年记忆的重要内容。6世纪末至7世纪初拜占庭帝国基督修士西克昂的塞奥多尔（Theodore of Sykeon）甚至在莫里斯皇帝倒台被弑之前便预言"世界末日"将要来临。公元602—610年间，莫里斯皇帝死后的拜占庭帝国陷入无休止的内部动荡中，库斯洛二世遂吹响了"毁灭世界"的号角，对拜占庭帝国发动了一场前所未有而规模空前战争，正是这场战争将萨珊帝国推向国运的巅峰，也是这场战争将拜占庭帝国推向一度灭亡的边缘。公元611—619年间，波斯军队先后攻陷安条克、大马士革、耶路撒冷和埃及亚历山大里亚，自庞培征服东方以来罗马帝国的东地中海诸省在数年间全部沦陷。正是在波斯军队大举推进东地中海的兵荒马乱岁月中，在希拉山洞中接受天启后的先知穆罕默德及与他同时代的阿拉伯人，目睹或间接得知以基督教卫教士自居的拜占庭军队在黎凡特至埃及一线一败涂地的不堪，又作为"旁观者"见证了公元622年起希拉克略皇帝对波斯的"惊天逆转"和"绝地反击"。萨珊波斯人不可战胜的神话在尼尼微战役中被彻底粉碎，而库斯洛二世"恢复"阿契美尼德王朝版图、将"罗马"和"伊朗"并为一国的梦想从只差一步到变为水月镜花。拜占庭帝国和萨珊帝国的命运在这场战争中一波三折跌宕起伏，其对当时地中海和西亚世界民众造成的心灵震荡、冲击和创伤可想而知。而这一切都使得伊斯兰教诞生前夕末世图景和天启氛围密布于阿拉伯半岛上空，一个前所未有的宗教和文明即将横空出世，在罗马波斯两大帝国的战火废墟上征服土地和城市，收服久已厌战的民众和人心，从而在中东大地上建设一个全新的世界性文明。可以说，罗马波斯战争结局造成的深远世界历史影响穿越时空，至今仍然在潜移默化中形塑着东西方文明之间复杂多变但又一脉相承的交往模式、冲突形态和观念认知，因而值得对之进行长期性研究、跨学科探讨和多维度总结，从而通过历史上的帝国兴替把握文明交往互鉴规律的本质。

结　　语

　　罗马波斯战争肇始于公元前 1 世纪罗马共和国与帕提亚帝国在近东政治舞台上的相遇和初步交锋，以公元 7 世纪 20 年代末拜占庭帝国与萨珊帝国进行的"古代世界最后大战（The Last Great War in Late Antiquity）"的结束而收尾，总共历时 694 年（涵盖和平休战时期），其间分别经历了四大阶段，堪称世界历史上总持续时间最长的大国争霸战争。

　　罗马波斯战争的第一阶段是晚期罗马共和国和帕提亚帝国的战争。在罗马波斯战争这一阶段中，晚期罗马共和国逐渐向帝制过渡，而帕提亚帝国则开始从其极盛期走向衰落。帕提亚帝国由于米特里达梯二世死后的 30 年内乱，错过了与本都和亚美尼亚联手对抗罗马乃至征服东地中海地区的最佳时机，使得罗马人相继击败本都和亚美尼亚并扩张至帕提亚边境。克拉苏东征惨败一度刺激起了帕提亚人的帝国雄心，但一度席卷东地中海诸省的帕提亚军队却迅速遭到罗马人的反击而失败。帕提亚人有效地利用了罗马内战带来的契机，但其缺乏征服东地中海的长期战略准备，因此公元前 40 至公元前 38 年的"帕克如斯西征"是帕提亚帝国唯一一次大举进攻罗马在东地中海领土。此后直至帕提亚王朝灭亡，未有相同规模的军事行动。公元前 53 年的卡莱战役作为罗马波斯战争中双方首战，奠定了此后两大帝国军事力量交往的基本特点，罗马人在此战中由于统帅轻敌和对帕提亚人骑射战术的陌生而遭到耻辱性失败①。卡莱战役开启了罗马波斯战争中双方学习对方战略战术的历史进程。罗马军队的构成和战略战术在卡莱战役后迅速优化（骑兵和远程投射部队的比重显著提高），此后再未遭到卡莱式的惨败②。而帕提亚人作为胜利的一方反而所获教益不多。不仅如此，帕提亚国王在战后因忌惮地方势力坐大而杀死名将苏莱纳斯，暴露出帕提亚帝国地方分权结构在战争中的重大缺陷。随着奥罗德二世的去世，帕提亚帝国再未出现中兴式的强有力统治者，而是陷入了王室不断内乱与平叛的死循环中。帕提亚帝国中央集权的先天性不足和罗马帝国对其王位继承的长期干涉，使晚期帕提亚帝国无力抵抗安东尼王朝时期罗马帝国的强力进攻，罗马波斯战争的天平在公元 2 世纪后开始完全倒向罗马一边。

罗马波斯战争的第二阶段是早期罗马帝国与帕提亚帝国的战争。在这一阶段中，早期罗马帝国在军事组织③和综合国力上处于对帕提亚帝国的全面优势。在亚美尼亚问题上，罗马帝国以军事干预和扶持代理人手段有效反制了帕提亚帝国对亚美尼亚的多次控制企图，并以大规模的军事行动多次攻取帕提亚帝国在两河流域的统治中心，沉重打击其经济基础。但由于罗马帝国此时已经扩张到极限，无法深入伊朗高原扩大战果，即使对两河流域和亚美尼亚的占领也很快因为民心不稳而迅速放弃。尤其是公元115—117 年昔兰尼、埃及、塞浦路斯和巴勒斯坦犹太人同时起义，直接迫使图拉真从两河流域前线撤回大军平叛，使得处于亡国边缘的帕提亚人逃过一劫。犹太人在罗马帝国时期的多次起义和暴动无疑打乱了罗马人在东方的长

---

①　Frank E. Adcock, *The Roman Art of War Under the Republic*, Martin Classical Lectures 8, Cambridge: Harvard University Press, 1940.

②　Graham Webster, *The Roman Imperial Army of the First and Second Centuries A. D*, London: Adam and Charles Black, 1969, pp. 170 – 171.

③　Albert Harkness, *The Military System of the Romans*, New York: D. Appleton and Company, 1887, p. xlix.

期战略，成为罗马帝国与帕提亚人战争中最大的后方隐患。最终罗马帝国采取强硬镇压和流徙手段将犹太人逐出巴勒斯坦。犹太人在罗马波斯战争中虽无法作为一个独立的国际行为体存在，但由于其广泛分布于西亚和埃及地区且具有明显的反罗马倾向，因此在罗马帝国体系内部，犹太人的向背将间接影响罗马波斯在西亚争霸态势的走向。随着犹太人在公元 135 年后进入大流散状态，无法再对罗马帝国在东方的统治构成直接威胁（虽然仍是潜在的）[①]。而帕提亚—萨珊帝国也由此丧失了一个有力的对抗罗马人的"第五纵队（The Fifth Column）"，其对罗马—拜占庭帝国东方领土的征服难度也越来越大，波斯阿契美尼德王朝释放"巴比伦之囚"的历史美谈再也无法复制。[②] 而罗马帝国由于错失三次征服帕提亚的机遇，反而在所耗不菲的削弱帕提亚帝国的军事行动后为自己创造了一个更强大的对手——波斯萨珊王朝。

　　罗马波斯战争的第三阶段是晚期罗马帝国与萨珊帝国的战争。此阶段罗马波斯战争的特点主要在于萨珊王朝利用帕提亚王朝的衰落和罗马帝国进入"3 世纪危机"成功崛起，在 3 世纪末之前取得了对罗马帝国在东方的战略优势。具体体现则是沙普尔一世对罗马人取得的一系列辉煌军事胜利。但随着沙普尔一世去世（272 年）和罗马帝国戴克里先继位，萨珊帝国再次遭遇一系列军事失败，甚至被迫放弃美索不达米亚北部地区。更为严峻的是，亚美尼亚王国利用萨珊王朝中衰期（272—309 年）的历史机遇再次独立并奉基督教为国教，对萨珊帝国的高加索战略构成致命打击。[③] 尽管亚美尼亚后来仍被罗马波斯双方肢解并被萨珊帝国征服其核心地区，后者却

---

　　① S. Applebaum, *Prolegomena to the Study of the Second Jewish ReVolt* (*A. D.* 132 – 135), BAR Supplementary Series 7, Oxford, 1976.

　　② M. Avi-Yonah, *The Holy Land from the Persian to the Arab Conquest* (536 *B. C.* – *A. D.* 640), A Historical Geography, revised edition, Grand Rapids, 1977.

　　③ Leon Arpee, *A History of Armenian Christianity*, New Jersey: Princeton University Press, 1946.

再未能逆转亚美尼亚的基督教化进程。① 公元 363 年罗马皇帝尤里安东征是此阶段双方战事的转折点，萨珊帝国方面利用尤里安死于战阵、罗马帝国皇位更迭之机收复了美索不达米亚北部（即所谓"外底格里斯河五省"）。此后直至 7 世纪初，罗马帝国再未对萨珊帝国核心地区采取大规模军事行动。另外，"异教皇帝"尤里安的身死锁定了罗马帝国基督教化的历史进程，罗马帝国此后再也无法恢复到多神教的可能，并于公元 392 年正式以基督教为国教。② 罗马波斯战争至此由单纯的世俗帝国争霸战争演进为两种帝国、两种宗教和两种文明的对抗。公元 4 世纪末两大帝国对亚美尼亚的瓜分极大地增加了双方直接接壤的疆界，这为公元 6 世纪后双方在南高加索地区的全面对抗埋下了更深的隐患。

罗马波斯战争的第四阶段是早期拜占庭帝国与萨珊帝国的战争。公元 5 世纪期间罗马—拜占庭帝国与萨珊帝国由于欧亚草原游牧帝国的共同威胁以及双方各自统治理念的变化和战略重心的转移，保持了长期稳定的和平局面，即使是公元 421—422 年、公元 440—441 年双方的两次战争都及时得到控制。这一时期罗马和波斯开始日益关注高加索山隘口防务，萨珊帝国方面希望拜占庭帝国以缴纳年贡的方式为波斯人防守高加索地区提供经费，但两大帝国由于在高加索地区实际控制范围的差异，两国高加索防务共识在具体实践时仍然困难重重。进入公元 6 世纪后，随着萨珊帝国国力的恢复和拜占庭帝国第一次黄金时代的到来，罗马波斯战争再次进入密集爆发期。在整个 6 世纪期间，从北高加索到中亚草原、从曼德海峡到叙利亚—阿拉伯沙漠，两大帝国的欧亚草原和沙漠同盟者长期深度卷入罗马波斯战争。至公元 6 世纪 70 年代，拜占庭—突厥联盟形成。而萨珊帝国为从海上打开丝绸之路贸易控制权新格局，出兵征服了臣

---

① 　Movses Khorenats'i, *History of the Armenians*, translation and commentary of the literary sources by R. W. Thompson, Harvard University Press, 1978.

② 　G. W. Bowersock, *Julian the Apostate*, Cambridge, Massachusetts：Harvard University Press, 1978, pp. 66 – 119.

服拜占庭帝国达半个世纪之久的阿克苏姆王国也门分支。查士丁尼一世死后，拜占庭帝国在国内外安全局势迅速恶化，而萨珊帝国高层坚决拒绝和谈，并加强了对拜占庭帝国的攻势。然而在萨珊帝国内部，长期的对外征战使得帕提亚世家贵族与萨珊王室的关系出现裂隙，最终酿成巴赫兰·楚宾之乱。莫里斯皇帝抓住此千载难逢之机遇，帮助萨珊王室成功渡过危机，从而结束了6世纪期间最后一次久拖不决的罗马波斯战争。然而，库斯洛二世即位不过10年，拜占庭帝国便陷入了福卡斯叛乱造成的查士丁尼王朝皇统断绝的危机之中，萨珊波斯人利用这一时机对拜占庭帝国发动了古代晚期最后一次大规模的毁灭性战争。在战争进入到白热化阶段之时，拜占庭帝国希拉克略一世动员全国教俗资源发动"圣战"，在小亚细亚和亚美尼亚开辟第二战场直插萨珊帝国腹心地区。而公元626年君士坦丁堡围城战失败之后，库斯洛二世对帕提亚世家将领的猜忌和其在国内的横征暴敛政策最终成就了希拉克略皇帝绝境逆转战局的不世武功。随着公元628年2月库斯洛二世的倒台和罗马波斯和平协议的签署，持续近700年的罗马波斯战争最终以两败俱伤的局面收场。

从罗马波斯战争的结局看，作为地中海大一统国家和西亚大一统国家主导意识形态的基督教和祆教的衰落与近东族群和教派认同之间的复杂张力对帝国上层建筑的解构效应有着直接联系，这迫使后世伊斯兰统治者必须重新定义宗教与国家的关系。而伊斯兰教确实汲取了基督教和祆教过度依附于世俗国家的教训，从一开始便超然于国家之上，形成了新型的影响后世极为深远的伊斯兰政教关系模式，这可以认为是罗马波斯战争对伊斯兰文明的反向启迪。[①] 罗马波斯战争的文明交往结局证明，文明交往应"以我为主，兼收并蓄"，文明交往需要在充分吸收外族智慧的基础上保持自身的传统特

---

① Peter Crawford, *The War of the Three Gods*: *Romans*, *Persians and the Rise of Islam*, Pen & Sword, Military, 2013, pp. 196 – 207.

性和交往的主动性①。自亚历山大东征以来，中东地区便浸淫在希腊罗马文化的强势影响中，以波斯祆教为代表的中东传统文化和意识形态奋起抗争，从而间接构成罗马波斯战争的文化动力和认同强化机制。但经过 600 年对抗，波斯无法打破西亚两极对抗僵局。萨珊帝国无法在西亚大一统国家与民族宗教的排他性之间找到均衡点，而罗马—拜占庭帝国内部在希腊化与东方化之间的张力也造成了基督教世界认同在东地中海地区的严重分裂。此时传统中东文明迫切需要一种新的治理模式以回应拜占庭帝国与萨珊帝国因处理宗教、族群与战争关系失控而造成的社会和人心混乱局面，从而重拾中东本土文明交往的主动权②。伊斯兰文明的兴起就是对基督教"三位一体"正统信仰和祆教对内等级化、对外排他化趋势的反动和纠正。伊斯兰教认主独一、反对一切偶像崇拜的彻底一神教教义符合中东长期存在的"一神"信仰传统，是在古代晚期罗马波斯帝国长期冲突所造成的"末世氛围"环境下诞生的全新意识形态。而伊斯兰帝国最终实现了对犹太教、基督教与祆教等诸多"前辈"高级宗教在"大一统国家"与"大一统教会"之间关系的全新突破，从而打破了罗马和波斯帝国在中东相持不下的二分治理模式。可以说，由阿拉伯帝国和奥斯曼帝国为代表的兼具地中海与西亚大一统国家特点的"伊斯兰之居"（Dar al-Islāmiyyah），在继承罗马—波斯帝国遗产的基础上，也重新定义了地中海世界与中东传统文明之间兼容并包但冲突仍存的独特交往模式，这便是罗马—波斯时代两大帝国天下观念、治理模式与族群关系对希腊化至伊斯兰时代中东文明演进的主要贡献与启示。

　　由上可知，罗马波斯战争作为古代世界旷日持久、勾连东西的

---

　　①　彭树智、刘德斌、孙宏年、董欣洁：《世界历史上的文明交往》，《史学理论研究》2011 年第 2 期，第 4—19 页。

　　②　Hannah Cotton，Robert Hoyland，Jonathan Price and David Wasserstein，*From Hellenism to Islam：Cultural and Linguistic Change in the Roman Near East*，Cambridge University Press，2009，pp. 255–342.

文明大战，给现代西方和东方文明对彼此的历史认知产生了许多潜在的深刻影响。在文明理想和统治者意志层面上，罗马人恢复亚历山大大帝事业的理想和波斯人恢复居鲁士大帝事业的宏愿在西亚和东地中海地区形成战略对冲，双方均不具备凌驾于对方的绝对政治和军事优势，仅在不同时期先后占据相对优势。双方综合国力对比在 7 个世纪内经历了此消彼长的复杂变化，但总体在西亚和东地中海保持战略均势，双方对对方领土的征服成果均不能持久。罗马波斯战争后期，随着两大帝国交界处的缓冲国和附庸国相继被瓜分和吞并（亚美尼亚、加萨尼和莱赫米王国等），两国战争烈度在 7 世纪初达到最高峰，且均一度将对方逼至绝境。与此同时，阿拉伯沙漠各部落由于长期参与罗马波斯战争，其政治组织、军事技术和文明程度迅速提高，终于在各种内外因素的催化下诞生了中东地区最后一个一神教——伊斯兰教和阿拉伯人统一国家——麦地那乌玛政权。罗马人和波斯人在 7 世纪初的生死大战之后国家实力消耗殆尽，而西亚和东地中海地区因长期处于战争前线经济凋敝、民怨沸腾，两国在阿拉伯沙漠边缘构建的附庸国体系也于此时彻底瓦解，遂使得阿拉伯人大征服的门户洞开。罗马波斯战争是希腊罗马文明和波斯文明在古代的终极对决，见证了古代世界帝国的发展极限。罗马波斯战争和欧洲民族大迁徙、阿拉伯—伊斯兰文明兴起等重大历史事件相互影响，最终导致了古典时代的结束和中世纪的到来。

参考文献

一 古代史料

(一) 希腊罗马拜占庭史料

Ammianus Marcellinus, *Res Gestae*, translated by J. C. Rolfe, Cambridge, Massachusetts: Harvard University Press, 1939.

Appian, *Roman History*, With an English translation by Horace White, Cambridge, Mass.: Harvard University Press, 1913.

Agathias, *The Histories*, translated with an Introduction and short explanatory notes by Joseph D. Frendo, Berlin: Walter de Gruyter, 1975.

Adler, William and Paul Tuffin, eds., *The Chronology of George Synkellos: A Byzantine Chronicle of Universal History from the Creation.* New York/Oxford: Oxford University Press, 2002.

Croke, B., *The Chronicle of Marcellinus: Translation and Commentary*, Sydney, 1995.

Cassius Dio, *Dio's Roman History*, with an English translation by Earnest Cary, Harvard University Press, 1957.

Chronicle Paschale, 284 – 628 *AD*, translated with notes and introduction by Michael Whitby and Mary Whitby, Liverpool University Press, 1989.

Diodorus Siculus, *Library of History*, Loeb Classical Library, with an English Translation by C. H. Oldfather, Harvard University Press, reprinted 1998.

Evagrius Scholasticus, *The Ecclesiastical History of Evagrius Scholasticus*, trans by M. Whitby, Liverpool: Liverpool University Press, 2000.

Creed, J. L., *Lactantius. De Mortibus Persecutorum. Edited and Translated*, Oxford, 1984.

Eadie, J. W., *The Breviarium of Festus. A Critical Edition with Historical Commentary*, London, 1967.

John Malalas, *The Chronicle of John Malalas*, trans by Elizabeth Jeffery et. al., Melbourne: Australian Association for Byzantine Studies Department of Modern Greek, 1986.

Justin, *Epitome of the Philippic History of Pompeius Trogus*, trans, J. C. Yardly. Altlanda, Altlanda Ga: Scholars Press, 1994.

Libanius, *Selected Orations*, Vol. 1, translated by A. F. Norman, Cambridge University Press, London, 1969.

Maurice, *Maurice's Strategikon*, Hand Book of Byzantine Military Strategy, trans by G. T. Dennis, University of Pennsylvania Press, Philadelphia, 1984.

Menander, *The History of Menader the Guardsman*, introductory Essay, Text, Translation, and Historiographical, translated by R. C. Blockley, Liverpool: F. Cairns, 1985.

Casson, L., *The Periplus Maris Erythraei: Text with Introduction, Translation, and Commentary*, Princeton: Princeton University Press, 1989.

Pliny, *Natural History*, with an English Translation by H. Rackham, Cambridge, Mass.: Harvard University Press, 1942.

Procopius, *History of the Wars*, trans by H. B Dewing, The Loeb Classical Library, Cambridge: Harvard University Press, 2006.

Blockley, R. C., *The Fragmentary Classicising Historians of the Later Roman Empire: Eunapius, Olympiodorus, Priscus and Malchus*, Vol. I – II, Liverpool, 1981 – 1983.

Strabo, *Geography*, With an English translation by Hotace Leonard Jones, Loeb Classical Library, Harvard University Press, 1930.

Tacitus, *The Annals of Tacitus*, Loeb Classical Library, with an English Translation by John Jackson, London: William Heinemann Ltd, 2004.

Theophanes, *The Chronicle of Theophanes Confessor: Byzantine and Near Eastern History*, AD 284 – 813, trans by Cyril Mango and Roger Scott, Oxford: Clarendon Press, 1997.

Theophylact Simocatta, *The History of Theophylact Simocatta*, English Translation with Introduction and Notes, trans by Michael and Mary Whitby, Oxford: Clarendon Press, 1986.

Zonaras, *The History of Zonaras: From Alexander Severus to the Death of Theodosius the Great*, trans by Thomas M. Banchich and Eugene N. Lane, Routledge, 2009.

Zosimus, *Zosimus New History*, a translation with commentary by Ronald T. Ridley, Australian Association for Byzantine Studies, Department of Greek, University of Sydney, 2006.

(二) 亚美尼亚史料

Agathangelos, *History of the Armenians*, translated by Robert W. Thomson, State University of New York Press, 1974.

Buzandaran Patmutiwnk, *The Epic Histories Attributed to Pawstos Buzand*, translation and commentary by N. G. Garsoian, Cambridge, 1989.

Elishe, *History of Vardan and the Armenian War*, translation and commentary by R. W. Thompson, Harvard University Press, 1982.

Larzar Parpetsi, *The History of Lazar Parpetsi*, translation and commentary by R. W. Thompson, Occasional Papers and Proceedings, Columbia University, Program in Armenian Studies, Georgia, 1991.

Movses Khorenatsi, *History of the Armenians*, translation and commentary of the literary sources by R. W. Thompson, Harvard University Press, 1978.

Sebeos, *The Armenian History Attributed to Sebeos*, translated with notes by Robert Thomson, Liverpool University Press, 1999.

（三）阿拉伯—伊斯兰史料

al-Tabari, *Tarikh al-rusul wa-al-muluk*, ed. M. J. de Goeje, Leiden, 1879 – 1901, English translation with copious notation is by C. E. Bosworth, *The History of al-Tabarı*, Vol. V, *The Sasanids, the Byzantines, the Lakmids, and Yemen*, State University of New York Press, 1999.

al-Biruni, *Athar al-Baghiya*, ‘an al-qurunal-akhaliah, E. Sachau, as Chronologie orientalischer Völker, Leipzig, 1878.

al-Tha ‘alibi, *Gharar Axbar al-mulâk al-Fars wa Sayrhum*, ed. H. Zotenberg, Paris, 1990.

Ali ibn Husayn Mas'udi, *Muruj al-Dhahab wa Ma'adin al-Jawhar*, edited by Barbier de Meynard, Paris, 1869.

Abu Hanifa Ahmad Dinawari, *Akhbar al-Tiwal*, edited by Abd al Mun'im' Amir Jamal al-Din al-Shayyal, Cairo, 1960.

Ibn el-Athiri, *Chronicon quod Perfectissimum inscribitur*, edited by C. J. Tornberg, Upsala 1851 – 1853, Lugduni Batavorum, 1867 – 1876.

（四）中波斯语史料

Ayadgar-i Zareran, edited and translated in German by D. Monchi-Za-deh, Uppsala, 1981; into Persian by B. Gheiby, Pahlavi Literature Series, Nemudar Publication, Bielefeld, 1999.

Bundahišn, edited and translated by B. T. Anklesaria, *Zand-i Akasih*, Bombay, 1956; into Persian by M. Bahar, *Bondaheš*, Tus Publishers, 1369.

Denkard, Sanjana, *The Denkard*, edited and translated by D. P. Sanjana, Vol. xvi, Kegan Paul, Trench, Trubner and Co., London, 1917; Provides a complete but outdated translation. Also W. West, *Pahlavi Texts*, The Sacred Books of the East, Oxford, 1880; for Book three, J. P. de Menasce, *Denkart Ⅲ*, Paris, Librairie Klincksieck, 1974; Book five, J. Amuzegar and A. Tafazzoli, *Denkard V*, Cahiers

de Studia Iranica, Peeters, Luven, 2001; *Denkard V*, Studia Irani-
ca-Chaier xx, 2001; Book six, Sh. Shaked, *Wisdom of the Sasanian
Sages*, Caraban Books, 1979; Book Seven, M. Molé, *La légende de
Zoroastre*, Paris, 1967.

Draxt-ī Asurīg, *Manzume-ye Draxt-e Asurik*, edited and translated into
Persian by M. Navabi, Tehran, 1346; into English by C. J. Brunner,
"The Babylonian Tree, A Western Middle Iranian Verse Text," *Special
Supplement to the Grapevine*, Selected Texts from PreIslamic Iran.

Kārnāme-ye ardaširi Bābakān, edited and translated into English by E.
K. Antia, Bombay, 1900.

Madigani Hazar Dadestan, edited and translated by A. Perikhanian, *The
Book of a Thousand Judgments*, Mazda Publishers, Costa Mesa, 1997.

Nama-ye Tansar, ed. M. Minoi, Tehran, 1352. English translation by
M. Boyce, *The Letter of Tansar*, Rome, 1968.

Pahlavi Vendidad, edited and translated by B. T. Anklesaria, Bombay, 1949.

Šahrestaniha-i Eranšahr, *A Catalogue of the Provincial Capitals of the
Eranšahr*, J. Markwart, ed. G. Messina, Pontificio Istituto Biblico,
Rome, 1931, and T. Daryaee, *Šahrestaniha i Eranšahr*, *A Middle
Persian Text on Geography*, *Epic and History*, Mazda Publishers, Cos-
ta Mesa, 2002.

（五）叙利亚史料

The Chronicle of Arbela, English translation by Timothy Kroll. Lovanii in
Aedibus E. Peeters, 1985.

Zachariah Mitylene, *Syriac Chronicle*, trans by F. J. Hamilton and E.
W. Brooks, in Byzantine Texts, ed. by J. B. Bury, London: Methuen,
1899.

The Chronicle of Pseudo-Joshua the Stylite, translated with note and intro-
duction by F. F. Trombley and J. W. Watt, Liverpool University
Press, 2000.

（六）犹太史料

Josephus, *The Jewish War*, trans by H. St. J. Thackeray, Loeb Classical Library, London and New York: William Heinemann and G. P. Putnam, 1927 – 1929.

Flavius Josephus, *Antiquities of the Jews*, New Updated Version of Whiston's Translation, Hendrickson Publishers, 1987.

（七）巴比伦史料

Jean-Jacques Glassner, *Mesopotamian Chronicles*, ed. Benjamin R. Foster, Society of Biblical Literature Writings from the Ancient World, No. 19, ser. ed. Theodore J. Lewis, Atlanta: Society of Biblical Literature, 2004.

二　外文专著、论文及析出论文

Abbott, N., "Gundi Shapur: A Preliminary Historical Sketch", *Ars Orientalis*, Vol. 7, 1968.

Abkai-Khavari, M., *Das Bild des Königs in der Sasanidenzeit, Schriftliche Überlieferungen im Vergleich und Antiquaria*, Hildesheim, 2000.

Adcock, Frank E., *The Roman Art of War Under the Republic*, Martin Classical Lectures 8, Cambridge: Harvard University Press, 1940.

Adontz, N., *Armenia in the Period of Justinian: The Political Conditions Based on the Naxara System*, translated with partial revisions by N. G. Garsoan, Lisbon, 1970.

Aitken, Bradshaw, E., Berenson Maclean, Jennifer K., (eds.), *Philostratus's Heroikos: Religion and Cultural Identity in the Third Century C. E.*, Writings of the Greco-Roman World, Number 6, ser. ed. John T. Fitzgerald, Atlanta: Society of Biblical Literature, 2004.

Alram, M., "Die Geschichte Ostirans von den Griechenkönigen in Baktrien und Indien bis zu den iranischen Hunnen", in *Weihrauch und Seide*, ed. W., Seipel, Milan and Vienna, 1996.

Al-Salihi, W., "Hatra. Aspects of Hatran Religion", *Sumer*, Vol. 26,

1979.

Altheim, Franz, *Geschichte der Hunnen*, 5 Vols. 2nd edition, Berlin: Walter der Gruyter, 1969.

Altheim-Stiehl, R., "Der Beginn der sasanidischen Reichsherrschaft", in *Chronik von Arbela*, 1985.

Altheim-Stiehl, R., "Die Zeitangaben der mitterlpersischen Dipinti in der einstigen Synagoge zu Dura-Europos", *Boreas* 5, 1982.

Altheim-Stiehl, R., "The Sasanians in Egypt-Some Evidence of Historical Interest", *Bulletin de la Société d'Archéologie Copte* 31, 1992.

Anderson, J. G. C., "The Eastern Frontier from Tiberius to Nero", in *Cambridge Ancient History*, Vol. 10, 1934.

Angeli Bertinelli, M. G., *Rome e l'Oriente: Strategia, economia, società e cultura nelle relazioni politiche fra Roma, la Giueda e l'Iran*, Problemi e ricerche di storia antica 7, Rome: L'Erma di Bretschneider, 1979.

Arce, J. J., "On Festus' Sources for Julian's Persian Expedition", *Athenaeum*, Vol. 52, 1974.

Arpee, Leon, *A History of Armenian Christianity*, New Jersey: Princeton University Press, 1946.

Asmussen, J. P., "Christians in Iran", *Cambridge History of Iran*, Vol. 3, 1983.

Austin N. J. E. & Rankow, B. Exploratio, *Military and Political Intelligence in the Roman World from the Second Punic War to the Battle of Adrianople*, London, 1995.

Avi-Yonah, M., *The Holy Land from the Persian to the Arab Conquest (536B. C. - A. D. 640), A Historical Geography*, revised edition, Grand Rapids, 1977.

Azarpay, G., "Bishapur Ⅵ: An Artistic Record of an Armeno-Persian Alliance in the Fourth Century", *Artibus Asiae*, Vol. 43, 1981

- 1982.

Back, M., *Die sassanidischen Staatsinschriften. Studien zur Orthographie und Phonologie des Mittelpersischen der Inschriften zusammen mit einem etymologischen Index des mittelpersischen Wortgutes und einem Textcorpus der behandelten Inschriften*, Acta Iranica 18, Troisième série, Textes et Memoires, Leiden, 1978.

Bader, Andrei, "Parthian ostraca from Nisa: Some Historical Data", in-*Convegno Internazionale sul Tema: La Persia e L'Asia Centrale da Alessandro al X Secolo (Roma, 9 – 12, November* 1994), Atti dei Convegni Lincei 127, Rome: Accademia Nazionale dei Lincei, 1996.

Badian, E., *Roman Imperialism in the Late Republic*, 2nd edn, Ithaca and New York, 1971.

Barclay, John M. G. (eds.), *Negotiating Diaspora: Jewish Strategies in the Roman Empire*, T&T Clark International, 2004.

Barnes, T. D., *The New Empire of Diocletian and Constantine*, Cambridge, 1982.

Baynes, N. H., *Rome and Armenia in the Fourth Century*, Byzantine Studies and Other Essays, London, 1955.

Baynes, N. H., "The First Campaign of Heraclios Against Persia", *English Historical Review* 19, 1904.

Bedoukian, Paul Z., "A Hoard of Copper Coins of Tigranes the Great and a Horad of Artaxiad Coins", *Armenian Numismatic Society: Special Publication*, No. 7, Los Angeles: Armenian Numismatic Society, 1991.

Bedoukian, Paul Z., "Coinage of the Armenian Kingdoms of Sophene and Commagene", *Armenian Numismatic Society: Special Publication*, No. 4, Los Angeles: Armenian Numismatic Society, 1985.

Bedoukian, Paul Z., "Coinage of the Artaxiads of Armenia", *Royal Numismatic Society: Special Publication*, No. 10, London: Oxford University Press, 1978.

Bengtson, H., *Zum Partherfeldzug des Antonius*（36 *v. Chr.*）, Munich, 1974.

Birley, E., "Hadrianic Frontier Policy", in *Carnuntia, Ergebnisse der Forschungen über die Grenzprovinzen des römischen Reiches*, e- d. E. Swoboda, Graz, 1956.

Bivar, A. D. H., "Calvary Equipment and Tactics on the Euphrates fron- tier", *Dumbarton Oaks Papers* 26, 1972.

Bivar, A. D. H., "Trade between China and the Near East in the Sasa- nian and Early Muslim Periods", in *Pottery and Metalwork in T'ang China*, ed. W. Watson, London, 1970.

Blockley, R. C., "Constantius II and Persia", in *Studies in Latin Litera- ture and Roman History Vol.* 5, ed. C. Deroux. Brüssel, 1989.

Blockley, R. C., "Doctors and Diplomats in the Sixth Century AD", *Florilegium* 2, 1980.

Blockley, R. C., "Subsidies and Diplomacy: Rome and Persia in Late Antiquity", *Phoenix*, Vol. 39, 1985.

Blockley, R. C., "The Division of Armenia between the Romans and Per- sians at the End of the Fourth Century AD", *Historia*, Vol. 36, 1987.

Blockley, R. C., "The Romano-Persian Peace Treaties of AD 299 and 363", *Florilegium* 6, 1984.

Blockley, R. C., *East Roman Foreign Policy. Formation and Conduct from Diocletian to Anastasius*, Leeds, 1992.

Bowersock, G. W., *Julian the Apostate*, Cambridge, Massachusetts: Harvard University Press, 1978.

Bowersock, Glen Warren, "Augustus and the East: The Problem of Suc- cession", in *Caesar Augustus: Seven Aspects*, ed. Fergus Millar and Erich Segal, Oxford: Clarendon Press, 1984.

Boyce, Mary, *A History of Zoroastrianism*, *Vol. 1: The Early Period*, Leiden: Brill, 1975.

Boyce, Mary, *A History of Zoroastrianism*, *Vol. 2*: *Under the Achaeme-nians*, Leiden: Brill, 1982.

Boyce, Mary, *A History of Zoroastrianism*, *Vol. 3*: *Zoroastrianism under Macedonian and Roman Rule*, Leiden: Brill, 1991.

Butcher, Kevin, "A Vast Process: Rome, Parthia and the Formation of the Eastern 'Client' States", *Journal of Roman Archaeology*, Vol. 7, 1994.

Cameron, Averil, *Procopius and the Six Century*, Routledge: Taylor Francis e – Library, 2005.

Canepa, Matthew P. , *The Two Eyes of the Earth*: *Art and Ritual of Kingship between Rome and Sasanian Iran*, University of California Press, 2009.

Cotton, H. , Hoyland, R. , Price, J. Wasserstein, D. , *From Hellen-ism to Islam*: *Cultural and Linguistic Change in the Roman Near East*, Cambridge University Press, 2009.

Curta, Florin (ed), *East Central and Eastern Europe in the Middle Ages*, *vol. 2*: *The Other Europe in the Middle Ages*: *Avars, Bulgars, Khazars, Cumans*, Leiden: Brill, 2008.

Daryaee, Touraj, *Sasanian Persia*: *The Rise and Fall of an Empire*, London: I. B. Tauris, 2009.

Daryaee, Touraj, "The Construction of the Past in Late Antique Persia", *Historia* 55, No. 4, 2006.

Dignas, B. , Winter, E. , *Rome and Persia in Late Antiquity*: *Neigh-bours and Rivals*, Cambridge University Press, 2007.

Downey, Evansville, *A History of Antioch in Syria*: *from Seleucus to the Arab Conquest*, Princeton University Press, 1961.

Drijvers, Jan William, "Ammianus Marcellinus' Image of Sasanian Socie-ty", in Eran urd Aneran: Studien zu den Beziehungen zwischen dem Sasanidenreich und der Mittelmeerwelt: Beiträge des internationalen

Colloquiums in Eutin, 8.‑9. Juni 2000, ed. Josef Wiesehöfer and Philip Huyse, Oriens et Occidens: Studien zu antiken Kulturkontakten und ihrem Nachlebens, Band 13, ser. ed. Josef Wiesehöfer, Stuttgart: Franz Steiner Verlag, 2006.

E. Kaegi, Walter, *Heraclius, Emperor of Byzantium*, Cambridge University Press, 2003.

Edwell, Peter, *Arsacids, Romans, and Local Elites: Cross-Cultural Interactions of the Parthian Empire*, Oxbow Books, 2017.

Edwell, Peter, *Between Rome and Persia: The Middle Euphrates*, Mesopotamia and Palmyra under Roman Control, Routledge, 2008.

Farrokh, Kaveh, *Shadows in the Dessert: Ancient Persia at War*, Osprey Publishing, 2007.

Ferguson, R. James, *Rome and Parthia: Power Politics and Diplomacy across Cultural Frontiers*, The Center for East-West Cultural and Economic Studies-Research Paper No. 12. Robina, Queensland: Faculty of Humanities and Social Sciences, Bond University, 2005.

Fisher, Greg, *Between Empires: Arabs, Romans and Sasanians in Late Antiquity*, Oxford University Press, 2011.

Fowden, Garth, *Empire to Commonwealth: Consequences of Monotheism in Late Antiquity*, Princeton, New Jersy: Princeton University Press, 1993.

Frendo, David, "Sasanian Irredentism and the Foundation of Constantinople: Historical Truth and Historical Reality", *Bulletin of the Asia Institute* 6, 1992.

Frendo, David, "Cassius Dio and Herodian on the First Sasanian Offensive against the Eastern Provinces of the Roman Empire (229–232)", *Bulletin of the Asia Institute*, Vol. 16 [2002 (2006)].

Frye, Richard Nelson, *The History of Ancient Iran*, ed. Hermann Bengston, Handbuch der Altertumswissenschaft, Abteilung 3, Teil

7. Munich：C. H. Beck'sche Verlagsbuchhandlung，1984.

Garsoian，Nina，*Interregnum：Introduction to a Study on the Formation of Armenian Identity*（ca 600 – 750），Lovanii in Aedibus Peeters，2012.

Gnoli，Tommaso，*The Interplay of Roman and Iranian Titles in the Roman East*（1st – 3rd *Century A. D*），ed. Bert G. Fragner and Velizar Sadovski. Österreichischen Akademie der Wissenschaften，phil-hist，Klasse，Sitzungsberichte，Band 765-Veröffentlichungen zur Iranistik，No. 43，Vienna：Verlag der Österreichischen Akademie der Wissenschaften，2007.

Graham，Mark W. ，*News and Frontier Consciousness in the Late Roman Empire*，University of Michigan Press，2006.

Greatrex，Geoffrey，*Rome and Persia at War* 502 – 532，Leeds：Francis Cairns，1998.

Haldon，John，*Byzantium at War A. D.* 600 – 1453，New York：Osprey Publishing Ltd，2003.

Haruta，Siero，"A Primary Source of the Arshakid Parthia：Astronomical Diaries from 164 B. C. to 61 B. C. "，*Oriento：Bulletin of the Society for Neat Eastern Studies*，ed. Antonio Panaino and Andrea Piras，Milan：Mimesis，2006.

Herman，Geoffrey，"Persia in Light of the Babylonian Talmud：Echos of Contemporary Society and Politics：Hargbed and Bidaxs"，in *The Talmud in its Iranian Context*，ed. Carol Bakhos and M. Rahim Shayegan，Texts and Studies in Ancient Judaism 135，Tübingen：Mohr Siebeck，2010.

Hill，George Francis，*Catalogue of Greek Coins of Arabia，Mesopotamia and Persia*（*Nabataea，Arabia Provincia，S. Arabia，Mesopotamia，Babylonia，Assyria，Persia，Alexandrine Empire of the East，Persis，Elymais，Characene*），London：The Trustees of the British Museum，1922.

Isaac, Benjamin, *The Limits of Empire*: *The Roman Army in the East*, Oxford University Press, 1990.

Jones, A. H. M. , *Cities of the East Roman Provinces*, Oxford University Press, 1998.

Kaegi, Walter, *Byzantium and the Early Islamic Conquests*, Cambridge University Press, 1992.

Kalmin, Richard, *Jewish Babylonia between Persia and Roman Palestine*, Oxford University Press, 2006.

Keaveney, Arthur, *Lucullus*: *A Life*, Routledge, 1992.

Keaveney, Arthur, "Roman Treaties with Parthia Circa 95-Circa 64 B. C. ", *The American Journal of Philology*, Vol. 102, No. 2, Sum. 1981.

Keaveney, Arthur, "The King and the War-Lords: Romano-Parthian Relations Circa 64 – 53 B. C. ", *The American Journal of Philology*, Vol. 103, No. 4, 1982.

Keppie, Laurence, *The Making of the Roman Army*: *From Republic to Empire*, London: Routledge, 1998.

Maenchen-Helfen, Otto J. , *The World of the Huns*: *Studies in the History and Culture*, University of California Press, 1973.

Maksymiuk, Katarzyna, *Geography of Roman-Iranian Wars*: *Military Operations of Rome and Sasanian Iran*, University of Natural Sciences and Humanities in Siedlce, Institute of History and International Relations, Department of Old History, 2015.

Marciak, Michal, *Sophene, Gordyene, and Adiabene*: *Three Regna Minora of Northern Mesopotamia between East and West*, Leiden: Brill, 2017.

McLaughlin, Raoul, *Near Eastern Royalty and Rome*, *100 – 30 BC*, University of Toronto Press, 1990.

McLaughlin, Raoul, *Rome and the Distant East*: *Trade Routed to the Ancient Land of Arabia*, *India and China*, Continuum, 2010.

McLaughlin, Raoul, *The Roman Empire and the Indian Ocean: The Ancient World Economy and the Kingdoms of Africa, Arabia and India*, Pen & Sword Military, 2014.

Ostrogorsky, George, *History of the Byzantine State*, trans. by Joan Hussey, Oxford: Basil Blackwell, 1956.

P. Z. Bedoukian, "Coinage of the Ataxiads of Armenia", *Royal Numismatic Society Special Publication*, No. 10, London, 1980.

Payaslian, Simo, *The History of Armenian: From the Origins to the Present*, Palgrave Macmillan, 2007.

Phillipson, David W. , *Foundations of an African Civilization: Aksum and the Northern Horn 1000BC – AD 1300*, James Currey, 2012.

Pohl, Walter, *The Avars: A Steppe Empire in Central Europe*, 567 – 822, Cornell University Press, 2018.

Pourshariati, Parvaneh, *Decline and Fall of the Sasanian Empire: Sasanian-Parthian Confederacy and the Arab Conquest of Iran*, London: I. B. Tauris, 2008.

Rawlinson, George*The Six Great Oriental Monarchy: The Geography, History and Antiquities of Parthia*, London: Longmans, Green and Co, 1873.

Reinink, Geritt. J. , Stolte, Bernard H. (eds.), *The Reign of Heraclius* (610 – 641): *Crisis and Confrontation*, Peeters, 2002.

Rezakhani, K. and Morony, Michael G. , "Markets for Land, Labour and Capital in Late Antique Iraq, AD 200 – 700", *Journal of the Economic and Social History of the Orient*, Vol. 57, No. 2, Themeissue: Emerging and Declining Markets for Land, Labour and Capital: Iraq from c. 700 BC to c. 1100 AD (2014).

Rezakhani, Khodadad, *Reorienting the Sasanians: East Iran in Late Antiquity*, Edinburgh University Press, 2017.

Richardson, John, *Roman Provincial Administration: 227BC to AD 117*,

Bristol Classical Press, 1976.

Rostovtzeff, M., *The Social and Economic History of the Hellenistic World*, Oxford University Press, 1941.

Rubenstein, Jeffrey L., *The Culture of the Babylonian Talmud*, The Johns Hopkins University Press, 2003.

Sandwell, Isabella, *Religions Identity in Late Antiquity: Greeks, Jews and Christians in Antioch*, Cambridge University Press, 2007.

Sauer, Eberhard W., *Sasanian Persia: Between Rome and Steppes of Eurasia*, Edinburgh University Press, 2017.

Seager, Robin, *Pompey the Great: A Political Biography*, 2nd Edition, Blackwell Publishing, 2002.

Shahid, Irfan, *Byzantium and the Arabs in the Sixth Century*, Washington D. C: Dumbarton Oaks, 1995.

Sheldon, Rose Mary, *Romes' Wars in Parthia: Blood in the Sand*, Vallentine Mitchell, 2010.

Sinor, Denis, *The Cambridge History of Early Inner Asia*, New York, Cambridge University Press, 1990.

Sommer, Michael, *Palmyra: A History*, translated by Diana Sommer-Theohari, Routledge, 2018.

Southern, Pat, *Empress Zenobia: Palmyra's Rebel Queen*, London: Continuum, 2008.

Steven L. Dyson, *The Creation of the Roman Frontier*, Princeton University Press, 1985.

Sulimirski, T., *The Sarmatians*, Thames and Hudson, 1972.

Toumanoff, Cyril, "Christian Caucasia between Byzantium and Iran: New Light from Old Sources", *Traditio*, Vol. 10, 1954.

Treadgold, Warren, *Byzantine and Its Army*, 284 – 1081, Stanford: Stanford University Press, 1995.

Vasiliev, A. A., *History of the Byzantine Empire: 324 – 1453*, Madison：The University of Wisconsin Press，1952.

Warmington，E. H.，*The Commerce between the Roman Empire and India*，London：Curzon Press，1974.

Webster，Graham，*The Roman Imperial Army of the First and Second Centuries A. D*，London：Adam and Charles Black，1969.

Whately，Conor，*Battles and Generals：Combat，Culture and Didacticism in Procopius' Wars*，Leiden：Brill，2015.

Wiesehöfer，Josef，*Ancient Persia：From 550BC – 650AD*，trans by Azizeh Azodi，London：I. B. Tauris，2001.

Yarshater，Ehsan（eds.），*The Cambridge History of Iran：The Seleucid，Parthian and Sasanian Periods*，Vol. 3，Cambridge University Press，1983.

Zarrinkub，Abd al Husain，"The Arab Conquest of Iran and its Aftermath"，in *The Cambridge History of Iran*，Vol. 3，Cambridge University Press，1983.

三　中文论文

张爽：《公元前3—公元6世纪亚欧大陆丝绸贸易——以罗马—拜占庭、中国为中心》，博士学位论文，东北师范大学，2009年。

马锋：《查士丁尼时代军事战略研究》，博士学位论文，东北师范大学，2013年。

邵大路：《希腊化时期新建城市研究》，博士学位论文，南开大学，2017年。

武鹏：《奠基与转型时代——埃瓦格里乌斯〈教会史〉中的拜占庭帝国研究》，博士学位论文，南开大学，2009年。

邵兆颖：《贝利撒留研究》，博士学位论文，南开大学，2014年。

董晓佳：《帝国秩序的重建——苏格拉底教会史中的拜占庭世界》，博士学位论文，南开大学，2010年。

苏聪：《战争与变革时代——塞奥非拉克特〈历史〉中的拜占庭帝

国研究》，博士学位论文，南开大学，2014 年。

任德胜：《论自然灾害对中东文明发展的影响》，博士学位论文，西北大学，2007 年。

陈志强：《古代晚期研究：早期拜占庭研究的超越》，《世界历史》2014 年第 4 期。

马锋：《从戴克里先至查士丁尼时代的军事变革》，《古代文明》2012 年第 4 期。

王三三、邵兆颖：《帕提亚人的斯基泰渊源——文献与考古学证据》，《世界历史》2014 年第 2 期。

杨巨平：《帕提亚王朝的"爱希腊"情节》，《中国社会科学》2013 年第 11 期。

张绪山：《罗马帝国沿海路向东方的探索》，《史学月刊》2001 年第 1 期。

李隆国：《从"罗马帝国衰亡"到"罗马世界转型"——晚期罗马史研究范式的转变》，《世界历史》2012 年第 3 期。

武鹏：《拜占庭帝国早期阶段军队的缺陷刍议》，《贵州社会科学》2017 年第 11 期。

陈志强：《拜占庭军区制和农兵》，《历史研究》1996 年第 5 期。

余太山：《贵霜王朝的终结》，《西域研究》2014 年第 3 期。

董晓佳：《同盟与赠礼：浅议拜占庭帝国早期阶段对外政策中的两种措施》，《内蒙古大学学报》（哲学社会科学版）2018 年第 4 期。

陈志强：《查士丁尼瘟疫影响初探》，《世界历史》2008 年第 2 期。

王铁铮、郭瑞：《试论前伊斯兰时代基督教在阿拉伯半岛的传播》，《史学月刊》2019 年第 3 期。

张志远：《6—12 世纪南俄草原民族变迁》，《贵州社会科学》2011 年第 7 期。

王新中、李杨：《前伊斯兰时期圣城麦加的建立与发展》，《山西师大学报》（社会科学版）2010 年第 6 期。

李逸夫：《韦格蒂乌斯〈兵法简述〉与晚期罗马帝国军事危机》，硕士学位论文，上海师范大学，2017 年。

马凤雅：《也门在伊斯兰教创立时期的历史作用》，硕士学位论文，
　　对外经贸大学，2007 年。

张文久：《试析公元前 53 年至公元前 36 年帕提亚与罗马的军事冲
　　突》，硕士学位论文，东北师范大学，2015 年。

刘衍钢：《尤里安东征试析》，硕士学位论文，东北师范大学，
　　2008 年。

刘强：《阿瓦尔汗国初探》，硕士学位论文，华东师范大学，
　　2010 年。

漆怀梅：《埃及脱离拜占庭帝国的经济原因探析》，《昭通学院学报》
　　2016 年第 4 期。

向丽丽：《哈扎尔研究》，硕士学位论文，广西师范大学，2006 年。

王政林、左永成：《论西突厥汗国与拜占庭帝国的结盟》，《河西学
　　院学报》2013 年第 6 期。

张绪山：《拜占庭作家科斯马斯中国闻纪释证》，《中国学术》2002
　　年第 1 期。

张绪山：《我国境内发现的拜占庭金币及其相关问题》，《西学研究》
　　创刊号，商务印书馆 2003 年版。

李明伟：《丝绸之路研究百年历史回顾》，《西北民族研究》2005 年
　　第 2 期。

张绪山：《6—7 世纪拜占庭帝国对中国的丝绸贸易活动及其历史见
　　证》，《北大史学》第 11 辑，北京大学出版社 2005 年版。

余太山：《汉文史籍有关罗马帝国的记载》，《文史》2005 年第 2 辑。

王元林：《浅谈地理环境对北方、南方陆上丝路及海上丝路的影响》，
　　《新疆大学学报》2006 年第 6 期。

四　中文专著

岑仲勉：《突厥集史》，中华书局 1958 年版。

岑仲勉：《西突厥史料补阙及考证》，中华书局 1958 年版。

岑仲勉：《汉书西域传地理校释》，中华书局 1981 年版。

陈佳荣：《中外交通史》，香港学津书店 1987 年版。

陈炎：《海上丝绸之路与中外文化交流》，北京大学出版社 1996 年版。

崔艳红：《古战争——拜占庭历史学家普罗柯比〈战记〉研究》，时事出版社 2006 年版。

方豪：《中外文化交通史论丛》，上海书店 1992 年版。

方豪：《中西交通史》，岳麓书社 1987 年版。

冯承钧：《西域南海史地考证著注汇辑》，中华书局 1957 年版。

冯承钧译：《西域南海史地考证译丛》，商务印书馆 1995 年版。

龚方震、晏可佳：《祆教史》，上海社会科学院出版社 1998 年版。

韩振华：《中外关系历史研究》，香港大学亚洲研究中心 1999 年版。

黄盛璋：《中外交通与交流史研究》，安徽教育出版社 2002 年版。

黄时鉴：《东西交流史论稿》，上海古籍出版社 1998 年版。

姜伯勤：《敦煌吐鲁番文书与丝绸之路》，文物出版社 1994 年版。

姜伯勤：《中国祆教艺术史研究》，生活·读书·新知三联书店 2004 年版。

李明伟：《丝绸之路贸易史研究》，甘肃人民出版社 1991 年版。

李铁生编著：《古波斯币》，北京出版社 2006 年版。

厉以宁：《罗马—拜占庭经济史》，商务印书馆 2015 年版。

林干：《突厥史》，内蒙古人民出版社 1988 年版。

林英：《金钱之旅——从君士坦丁堡到长安》，人民美术出版社 2004 年版。

刘津瑜：《罗马史研究入门》，北京大学出版社 2014 年版。

刘小枫编：《西方古代的天下观》，杨志城、安蒨等译，华夏出版社 2018 年版。

马长寿：《突厥人与突厥汗国》，上海人民出版社 1957 年版

彭树智：《文明交往论》，陕西人民出版社 2002 年版。

荣新江、张志清主编：《从撒马尔干到长安——粟特人在中国的文化遗迹》，北京图书馆出版社 2004 年版。

沈福伟：《中西文化交流史》，上海人民出版社 1985 年版。

沈光耀：《中国古代对外贸易史》，广东人民出版社 1985 年版。

石云涛：《三至六世纪丝绸之路的变迁》，文化艺术出版社 2007 年版。

石云涛：《早期中西交通与交流史稿》，学苑出版社 2003 年版。

唐世平：《国际政治的社会演化：公元前 8000 年到未来》，董杰旻、
　　朱鸣译，中信出版社 2017 年版。

田明：《罗马—拜占庭时代的埃及基督教史研究》，天津人民出版社
　　2009 年版。

王晓朝：《罗马帝国文化转型论》，上海辞书出版社 2017 年版。

王治来：《中亚史》，中国社会科学出版社 1980 年版。

吴玉贵：《突厥汗国与隋唐关系史研究》，商务印书馆 2017 年版。

邢义田：《汉代中国与罗马关系的再审察——拉西克著〈罗马东方贸
　　易新探〉读记》，西洋古代史参考资料（一），台北：联经出版事
　　业公司 1987 年版。

杨建新：《丝绸之路》，甘肃人民出版社 1988 年版。

杨建新、卢苇：《历史上的欧亚大陆桥——丝绸之路》，甘肃人民出
　　版社 1992 年版。

杨建新主编：《古西行记选注》，宁夏人民出版社 1987 年版。

余太山：《两汉魏晋南北朝与西域关系史研究》，中国社会科学出版
　　社 1995 年版。

余太山：《两汉魏晋南北朝正史西域传研究》，中华书局 2003 年版。

余太山：《嚈哒史研究》，齐鲁书社 1986 年版。

张维华主编：《中国古代对外关系史》，高等教育出版社 1993 年版。

张晓校：《罗马近卫军史纲》，中国社会科学出版社 2018 年版。

张星烺编著、朱杰勤校订：《中西交通史料汇编》，中华书局 2003
　　年版。

张绪山：《中国与拜占庭帝国关系研究》，中华书局 2012 年版。

周伟洲：《中国中世西北民族关系研究》，西北大学出版社 1992
　　年版。

周一良：《中外文化交流史》，河南人民出版社 1987 年版。

朱杰勤：《中外关系史论文集》，河南人民出版社 1984 年版。

朱杰勤译：《中外关系史译丛》，海洋出版社 1984 年版。

朱杰勤：《中国和伊朗关系史稿》，新疆人民出版社 1988 年版。

五　译著

［阿拉伯］伊本·胡尔达兹比赫：《道里邦国志》，宋岘译，中华书局 1991 年版。

［德］A-M. 威特基、E. 奥尔斯豪森、R. 希德拉克编：《古代世界历史地图集》，葛会鹏等译，华东师范大学出版社 2016 年版。

［德］夏德：《大秦国全录》，朱杰勤译，商务印书馆 2000 年版。

［法］阿里·玛扎海里：《丝绸之路：中国—波斯文化交流史》，耿昇译，新疆人民出版社 2006 年版。

［法］费琅编：《阿拉伯波斯突厥人东方文献辑注》，耿昇等译，中华书局 1989 年版。

［法］戈岱司编：《希腊拉丁作家远东古文献辑录》，耿昇译，中华书局 1987 年版。

［法］让 - 诺埃尔·罗伯特：《从罗马到中国——恺撒大帝时代的丝绸之路》，马军、宋敏生译，广西师范大学出版社 2005 年版。

［法］沙畹：《西突厥史料》，冯承钧译，中华书局 1958 年版。

［美］戴维·莱克：《国际关系中的等级制》，高婉妮译，上海人民出版社 2013 年版。

［美］W. M. 麦高文：《中亚古国史》，章巽译，中华书局 2004 年版。

［美］爱德华·勒特韦克：《罗马帝国的大战略：从公元一世纪到三世纪》，时殷弘、惠黎文译，商务印书馆 2008 年版。

［美］丹尼斯·塞诺：《中古内亚的外交实践》，《丹尼斯·塞诺内亚研究文选》，北京大学历史系民族史教研室译，中华书局 2006 年版。

［美］费雷德里克·J. 梯加特：《罗马与中国：历史事件的关系研

究》，丘进译，大象出版社 2000 年版。

［美］弗兰克：《罗马帝国主义》，宫秀华译，上海三联书店 2008 年版。

［美］汉斯·约纳斯：《诺斯替宗教：异乡神的信息与基督教的开端》，张新樟译，上海三联书店 2006 年版。

［美］劳费尔：《中国伊朗编》，林筠因译，商务印书馆 1964 年版。

［美］米夏埃尔·比尔冈：《古代波斯诸帝国》，李铁匠译，商务印书馆 2014 年版。

［美］斯蒂芬·范·埃弗拉：《战争的原因：权力与冲突的根源》，何曜译，上海人民出版社 2018 年版。

［美］斯蒂芬·沃尔特：《联盟的起源》，周丕启译，北京大学出版社 2007 年版。

［美］希提：《阿拉伯通史》，马坚译，商务印书馆 1979 年版。

［苏联］A. A. 吐鲁莎里姆斯卡娅：《丝路上的阿兰世界》，列宁格勒 1978 年版。

［日］白鸟库吉：《康居粟特考》，傅勤家译，商务印书馆 1936 年版。

［日］长泽和俊：《丝绸之路史研究》，钟美珠译，天津古籍出版社 1990 年版。

［日］三杉隆敏：《探索海上的丝绸之路》，创文社 1967 年版。

［日］矢则利彦：《东西文明交流史》，中村书店 1957 年版。

［日］藤田丰八：《西域研究》，杨炼译，商务印书馆 1937 年版。

［日］藤田丰八：《中国南海古代交通丛考》，何健民译，上海：商务印书馆 1936 年版。

［日］伊藤义教：《波斯文化渡来考从丝绸之路到飞鸟时代日本》，岩波书店 1980 年版。

［苏联］穆尔扎耶夫：《中亚细亚》，商务印书馆 1959 年版。

［苏联］斯米尔诺娃：《粟特史纲要》，莫斯科，1970 年版。

［苏联］伊凡诺夫：《伊朗史纲》，李希泌等译，生活·读书·新知

三联书店 1958 年版。

［西］胡斯托·L. 冈萨雷斯：《基督教史：初期教会到宗教改革前夕》，赵城艺译，上海三联书店 2016 年版。

［英］H. 裕尔撰，［法］H. 考迪埃修订：《东域纪程录丛》，张绪山译，云南人民出版社 2002 年版。

［英］巴里·布赞、理查德·利特尔：《世界历史中的国际体系：国际关系研究的再构建》，刘德斌等译，世界知识出版社 2018 年版。

［英］彼得·霍普柯克：《丝绸之路上的外国魔鬼》，甘肃人民出版社 1983 年版。

［英］赫德逊：《欧洲与中国》，李申、王遵仲、张毅译，何兆武校，中华书局 2004 年版。

［英］加文·汉布里主编：《中亚史纲要》，吴玉贵译，商务印书馆 1994 年版。

［英］佐伊·马什、G. W. 金斯诺思：《东非史简编》，上海人民出版社 1974 年版。

索　引

后　　记

本书来自我攻读博士前夕与我的导师黄民兴教授商定的博士论文选题。在此，首先要感谢黄老师对我一直以来的指导和培养，以及黄老师对我自主选择学术研究方向的默默支持和肯定。之所以选择这个与"中东研究"看似关系不大的题目，与我自己对古代伊朗史的浓厚兴趣有关。波斯人与地中海世界希腊罗马文明的关系是古代伊朗史绕不开的话题，而"罗马波斯战争"相比家喻户晓的"希腊波斯战争"其知名度要小得多。我写作本书的初衷，其实是为开启我本人研究古代波斯诸帝国历史打下基础的一个敲门砖。对于古希腊罗马和拜占庭帝国的历史，我虽有兴趣但并没有能力成为这方面的专家。我的志向是做一名深耕古代伊朗史的学者，因此对于罗马波斯战争中由两大"核心行为体"之一的帕提亚帝国和萨珊帝国构成的"波斯"一极，我在书中给予了相当多的关注。本书的核心内容是梳理两大帝国七百年的战争交往史，这在国内学界应当是首次。拙作虽然回答了一些基础性史实问题，但也提出了更多引人深思的难题。而本书在细节史料考证和宏大历史叙事之间取得平衡尤其困难，因此个中不足疏漏之处在所难免。

从卡莱战役到尼尼微之战，六百余年间见证了罗马—拜占庭和帕提亚—萨珊两大帝国各自的高光时刻和苦涩年代。因此，罗马波斯战争可以说是研究古代西方军事史和古代帝国兴衰史的绝佳素材。然而，仅仅从军事史意义上来探讨罗马波斯战争，未免低估了罗马波斯战争的世界历史意义。传统的西方文明史叙事，对于罗马帝国的欧洲文明属性给予了充分关注，但长期忽视了罗马—拜占庭帝国的"中东"属性和"亚洲"属性的一面，其结果便是形成以日耳曼蛮族入侵覆灭西罗马帝国开启欧洲中世纪文明的狭隘史观。如果从波斯视角来看，东地中海的罗马—拜占庭文明是长期延续的，并没有受到西欧日耳曼人的打断。至公元600年，萨珊王朝面对的仍然是一个拥有环地中海地区大部分领土的"晚期罗马帝国"或"基督教罗马帝国"，当然也可称其为早期拜占庭帝国。西方史学界古代晚期学派兴起之后，对于罗马拜占庭帝国近东行省以及周边文明的研究兴趣日增，其结果便是萨珊帝国和早期阿拉伯—伊斯兰文明被逐渐纳入古代晚期研究框架。而7世纪伊斯兰文明的兴起，是引发古代世界向中世纪时代转型真正意义上的"大变局"。这个大变局的展开，离不开公元602—628年罗马波斯战争的铺垫。因此，从中近东历史研究的意义上来说，罗马波斯战争是一个与希腊化至伊斯兰时代近东文明演进关系极为密切的一个宏大而复杂的历史进程。如果不能够理解罗马波斯战争的参与力量、发展趋势并阐释其对公元7世纪世界历史大变局造成的影响，那么改变欧洲中心主义的全新的世界历史叙事体系就难以出现。因此本书所力图阐发的主旨，即罗马波斯战争在时间上的"承上启下"和空间上的"东西勾连"作用。但由于笔者能力所限，阐明如此宏大的主旨并非一本小书可以实现，许多重大历史命题只能用我的整个学术生涯去探索和回答。

　　帕提亚帝国和萨珊帝国统治伊朗的时代，也是伊朗历史上一个十分特殊而重要的时期。公元前2世纪末，在经历了亚历山大东征、塞琉古王朝的统治和中亚游牧民的入侵浪潮之后，帕提亚帝国重新建立了一个包括两河流域、伊朗高原和中亚南部地区在内的统一政权，并延续其国祚总达470年之久。而公元224年阿尔达希尔推翻帕提亚帝国建立的萨珊王朝，其疆域在绝大部分时期与帕提亚帝国是差不多的，其国祚也接近430年之久。我将帕提亚帝国和萨珊帝国连缀在一起写入罗马波斯战争的尝试及其原因，已在本书绪论概念界定部分有所提及。但我在这里，仍然想强调一下帕提亚—萨珊时期伊朗历史的连续性而非断裂性。由于现代伊朗民族主义史观对阿契美尼德王朝的重新发现和渲染，阿契美尼德王朝和萨珊王朝所具备的"波斯性"和"民族性"特征被过多地强调。这种史观忽略了伊朗历史上其他伊朗语人群对波斯文明的贡献，更遮蔽了伊朗历史上许多帝国具有"世界主义"和多元文化主义的治理特征。从历史继承性来看，正是帕提亚帝国重新使用古波斯"王中之王"称号、恢复并发展琐罗亚斯德教的经典、神话和仪式的举措为萨珊王朝时期波斯文化的鼎盛奠定了基础。萨珊王朝时期的"波斯人"已经是波斯—帕提亚贵族融合的产物，而非阿契美尼德王朝时期的"古波斯人"。萨珊王朝继承了帕提亚帝国的文化多元主义，对于其治下的基督徒和犹太人许以自治甚至帮助其发展教会组织和商贸网络，这反过来也促进了萨珊帝国经济的发展和王权的加强。实际上，传统西方学界将帕提亚帝国视为落后游牧民族建立的弱小政权，将萨珊帝国视为独尊祆教、以东方专制主义为模板的"不宽容帝国"，都是一种基于欧洲文明优越论的"东方主义"。历史的真实往往与我们所想象的背道而驰：萨珊君主对希腊哲学的熟悉程度，可能会令君士坦丁堡的罗马皇帝甘拜下风。而帕提亚人在打着"希腊之友"政治口号的同时，悄无声息地将中亚游牧伊朗人的史诗传统注入波斯。伊朗民族史诗《列王纪》中的鲁斯塔姆，虽然拥有自己的世袭封地和家臣，却始终把勠力勤王作为自己的座右铭，并克己奉公到生命的终结。很少有人知道，鲁斯塔姆的传奇来自中亚塞种人的史诗。而《列王纪》中的凯扬王朝部分，可以说生动地诠释了帕提亚贵族传统与伊朗民族文化之间的紧密联系。

如果要问，罗马波斯战争对于中古波斯文化和伊朗族群认同的孕育产生何种影响，那么最好的答案便是中古波斯诗人对包括亚历山大在内的"罗马凯撒"们的叙述。尼扎米的《亚历山大传》（Iskendarnameh）将亚历山大塑造成了标准的伊朗式君王，个中原因耐人寻味。而《列王纪》追述法里东国王三分天下为罗马、伊朗和图兰的典故，或可道出波斯历史记忆中"罗马人"双重形象的玄机。

阿契美尼德王朝曾经统治过后世被东罗马帝国统治的东地中海地区，故而波斯人将"罗马"想象为古代伊朗神王分封的西海大国。而中古波斯人认为伊朗位居"天下之中"的我族中心主义，以及明确区分自我和他者的族群认同分野，正是成熟于萨珊王朝时期。罗马—拜占庭帝国和帕提亚—萨珊帝国在欧亚大陆西部文明世界"中分天下"的过去，在萨珊王朝的历史书写中神圣化、正典化。而三分天下中的另一个重要角色"图兰"，则是古代晚期中亚游牧帝国的缩影。中古波斯人的"罗马"记忆，其实囊括了对古希腊人、马其顿人、罗马人和拜占庭人的记忆。不仅如此，这种记忆还传递给了罗姆苏丹国和奥斯曼帝国。因此，"罗马"在波斯古典天下世界观念中是指代伊朗西部东地中海邻国的记忆符号。16世纪奥斯曼帝国的"罗马凯撒们"和萨法维王朝的"王中之王"交战，在欧洲学者看来是"突厥—波斯战争"。而在同时代的奥斯曼人和萨法维人看来，这不过是"罗马波斯战争"的延续而已。罗马波斯战争与希腊波斯战争的不同之处很多，这里无法详述。或许最有趣的一点在于，希腊波斯战争形塑了古希腊人的历史观念和族群认同，而罗马波斯战争形塑了中古波斯人的天下观念和历史记忆。古希腊人将波斯帝国排除在"文明世界"之外，而中古波斯人将"罗马"和"图兰"都内化为了自己拥有并为周边民族所共享的文化记忆，两种文明传统的差别自不必说。文明交往与互鉴，只有反照自身才能认识他者。而只有接纳"他者"，才能获得更大的"自我"。

最后，对于本书的编辑、校对和出版，中国社会科学出版社安芳老师付出了辛勤的劳动，在此表示诚挚的谢意！

龙沛

2023 年 7 月 29 日